Beck-Rechtsberater im dtv

Die UNO

dtv

Beck-Rechtsberater im dtv

Die UNO

Aufgaben, Strukturen, Politik

Von Dr. Günther Unser

Mit einem Geleitwort von
Kofi A. Annan
Generalsekretär der Vereinten Nationen

7., neubearbeitete und erweiterte Auflage
Stand: 1. Juli 2003

Deutscher Taschenbuch Verlag

Im Internet:
dtv.de
beck.de

Originalausgabe
Deutscher Taschenbuch Verlag GmbH & Co. KG,
Friedrichstraße 1 a, 80801 München
© 2004. Redaktionelle Verantwortung: Verlag C. H. Beck oHG
Druck und Bindung: Druckerei C. H. Beck, Nördlingen
(Adresse der Druckerei: Wilhelmstraße 9, 80801 München)
Satz: Fotosatz Otto Gutfreund GmbH, Darmstadt
Umschlaggestaltung: Agentur 42 (Fuhr & Partner), Mainz
ISBN 3 423 05254 6 (dtv)
ISBN 3 406 51470 7 (C. H. Beck)

Zum Geleit

Generalsekretär der Vereinten Nationen
Kofi A. Annan

Die Vereinten Nationen sind Ihre Organisation. Sie wurde vor mehr als 50 Jahren gegründet, um allen Menschen der Welt, deren Zukunft Sie darstellen, zu dienen.

Im Laufe der vergangenen Jahrzehnte hat sich die Welt wesentlich verändert. In der globalisierten Welt, in der wir heute leben, können Probleme oft ungehinderter Grenzen überschreiten als Menschen. Für ihre Reise um den Globus brauchen diese Probleme keinen Pass. Um sie in den Griff zu bekommen, brauchen wir Lösungen, die ebenfalls über Grenzen hinaus reichen. Wir brauchen Staaten, ob groß oder klein, die dabei zusammenarbeiten. Wir brauchen die Vereinten Nationen.

Die Charta der Vereinten Nationen bekräftigt die Gleichberechtigung aller Nationen, ob groß oder klein. Unter den 191 Mitgliedstaaten der Vereinten Nationen befinden sich wirklich die größten und die kleinsten Staaten der Welt – von China mit einer Bevölkerung von mehr als einer Milliarde Menschen bis zu Tuvalu mit weniger als zehntausend Einwohnern.

Aber auch wenn die Vereinten Nationen von Staaten gebildet werden, so stehen in Wahrheit doch Menschen im Mittelpunkt ihrer Arbeit. Tagaus tagein ist die Familie der UN-Organisationen darum bemüht, den Frieden zu erhalten, die Menschenrechte zu fördern, die Umwelt zu schützen, Krankheiten zu bekämpfen und die Armut zu lindern. Mit ihrer Arbeit wollen sie ein besseres Leben für alle Menschen in allen Teilen der Welt schaffen.

Um diesem Auftrag gerecht werden zu können, brauchen die Vereinten Nationen die Unterstützung der Menschen in aller Welt. Ich hoffe, Sie finden in dem vorliegenden Buch einen nützlichen Leitfaden für eine besseres Verständnis unserer Arbeit. Und ich hoffe, dass Sie nach der Lektüre dieses Buches erkennen, dass die Vereinten Nationen für Sie arbeiten.

New York, im Frühjahr 2003

Kofi A. Annan

Es wird häufig unterschätzt,
wie tief greifend sich die Vereinten Nationen,
insbesondere seit dem Ende
des Kalten Krieges, verändert haben.
Kofi Annan, 2002

Vorwort zur 7. Auflage

Im Herbst 2003 ist die Bundesrepublik Deutschland 30 Jahre Mitglied der Vereinten Nationen. Anlässlich des 1973 gleichzeitig erfolgten UN-Beitritts der damals zwei deutschen Staaten erschien dieses Taschenbuch als schmales Bändchen in seiner ersten Auflage.

30 ereignisreiche Jahre sind seither vergangen, die Weltpolitik erlebte Ende der 80er Jahre einen tief greifenden Umbruch, die Terroranschläge vom 11. September 2001 führten zu einer weiteren Zäsur – Geschehnisse, die sich naturgemäß in den Vereinten Nationen widerspiegelten. Diesem Wandel mit seinen positiven wie negativen Auswirkungen will auch die vorliegende 7. Auflage Rechnung tragen.

Angesichts des eigenmächtigen militärischen Vorgehens einiger Staaten unter Führung der USA gegen den Irak im März 2003 „ohne UN-Mandat" wurde – wie schon (allzu) oft zuvor – ein Bedeutungsverlust der UNO beklagt oder gar pauschal deren weitere Existenzberechtigung in Frage gestellt. Doch viele dieser vorschnellen Negativurteile ließen – auch dies zum wiederholten Male – ein mangelndes Grundverständnis vom Wesen und dem von den Gründungsvätern normierten, bewusst beschränkten Wirkungsmöglichkeiten der Weltorganisation erkennen.

Was sind eigentlich die Vereinten Nationen? Die UNO auf den Sicherheitsrat zu reduzieren – wohl zu kurz gegriffen. Die Vereinten Nationen sind inzwischen vielmehr ein komplexes Gebilde von Organisationen, Gremien und Programmen mit einem breit gefächerten Aufgabenspektrum. Was die Vereinten Nationen wirklich sind, was sie leisten, wozu sie letztlich bisher (nur) befähigt sind – den Menschen das zu vermitteln, bleibt deshalb notwendiger denn je: Wir brauchen diese einzigartige globale Organisation – und zwar möglichst effizient und effektiv – angesichts der vor uns liegenden, gewaltigen nationalen und internationalen Probleme, wir brauchen sie schon allein deshalb, weil es zu ihr keine Alternative gibt.

Wir können auf die Vereinten Nationen nicht verzichten, aber brauchen wir angesichts der Informationsflut insbesondere durch das Internet noch ein Handbuch wie dieses?

Wie schon bisher versteht sich dieser Überblick über das gesamte UN-System als ein Lotse durch das Gewirr der Fakten und Einzelaussagen, als ein Wegweiser zur Einordnung der Tagesaktualitäten.

Konzeptionell am Aufbau früherer Auflagen festhaltend, werden die Vereinten Nationen aus zwei unterschiedlichen Blickwinkeln beleuchtet: Einmal in einer an der Norm der Charta orientierten, aber die Realität der Struktur- und Aufgabenvielfalt einbeziehenden Zustandsbeschreibung sowie einer Skizzierung der Entwicklungslinien von der Gründung bis zur Gegenwart. Zum anderen werden beispielhaft die Beziehungen einzelner Staaten zur Staatenorganisation im Zeitverlauf nachgezeichnet. Aus nahe liegenden Gründen zielt dabei die Untersuchung auf einen Vergleich der UN-Politiken Deutschlands (einschließlich der früheren DDR) und die seiner im Wesentlichen deutschsprachigen Nachbarländer Österreich, Schweiz und Liechtenstein: Vier Staaten von unterschiedlicher Größe, unterschiedlichem weltpolitischen Gewicht, unterschiedlichen Interessen und unterschiedlichem Handlungsspielraum in den Vereinten Nationen.

Noch ein Wort zur weiterführenden Literatur: In den Anmerkungen und in der Bibliographie werden vor allem Buchtitel sowie Aufsätze aus Fachzeitschriften jüngeren Datums in deutscher Sprache aufgeführt. Zusätzlich findet der Leser am Ende des Literaturverzeichnisses auch Hinweise auf einige englischsprachige Veröffentlichungen der Vereinten Nationen selbst. Des Weiteren ermöglichen Internethinweise den Zugriff auf Dokumente und Informationen.

Obschon im UN-System Deutsch nicht Amtssprache ist, scheint

diese Beschränkung in einem einführenden Nachschlagewerk vertretbar, ebenso wie der weit gehende Verzicht auf die Nennung direkter UN-Quellen. Außerdem hat das deutschsprachige UN-Schrifttum inzwischen erheblich an Quantität und auch Qualität hinzugewonnen.

Mein Dank gilt wiederum einer Vielzahl von Mitarbeiterinnen und Mitarbeitern in UN-Einrichtungen sowie in Behörden der behandelten Länder für ihre Hilfe bei der Materialbeschaffung und für zahlreiche Anregungen. Für Recherche- und Korrekturarbeiten danke ich *Maria Agnese Giordano* und *Dušan Dinić*; *Doris Schümmer* stand mir bei der Erstellung des Manuskripts abermals hilfreich zur Seite. Die tatkräftige Unterstützung durch meine Frau, *Jutta Unser*, in allen Phasen des Unternehmens möchte ich mit besonderer Dankbarkeit auch in dieser Auflage hervorheben.

Aachen, im Juli 2003   *Günther Unser*

Inhaltsübersicht

Inhaltsverzeichnis

Abkürzungsverzeichnis

AA	Auswärtiges Amt
ACABQ	Advisory Committee on Administrative and Budgetary Questions (Beratender Ausschuss für Verwaltungs- und Haushaltsfragen)
ACC	Administrative Committee on Coordination (Verwaltungsausschuss für Koordinierung)
AIDS	Acquired Immuno Deficiency Syndrome (Erworbenes Immundefektsyndrom)
AKV	Allgemeine Kreditvereinbarung
AUNS	Aktionskomitee für eine unabhängige und neutrale Schweiz
BFIO	Büro Führungskräfte zu internationalen Organisationen
BGBl	Bundesgesetzblatt
BVG	Bundesverfassungsgericht
CAT	Committee against Torture (Ausschuss gegen Folter)
CCPCJ	Commission on Crime Prevention and Criminal Justice (Kommission für Verbrechensverhütung und Strafrechtspflegc)
CD	Conference on Disarmament (Abrüstungskonferenz)
CDP	Committee for Development Policy (Ausschuss für Entwicklungspolitik)
CEB	Chief Executive Board for Coordination (Koordinierungsrat der Leiter der Organisationen des UN-Systems)
CEDAW	Committee on the Elimination of Discrimination against Women (Ausschuss für die Beseitigung der Diskriminierung der Frau)
CERD	Committee on the Elimination of Racial Discrimination (Ausschuss für die Beseitigung von Rassendiskriminierung)
CESCR	Committee on Economic, Social and Cultural Rights (Ausschuss für wirtschaftliche, soziale und kulturelle Rechte)
CFC	Common Fund for Commodities (Gemeinsamer Fonds für Rohstoffe)
CHR	Centre for Human Rights (Zentrum für Menschenrechte)

CHR	Commission on Human Rights (Menschenrechtskommission)
CICP	Centre for International Crime Prevention (Zentrum für Internationale Verbrechensverhütung)
CND	Commission on Narcotic Drugs (Suchtstoffkommission)
CNN	Cable News Network
COPUOS	Committee on the Peaceful Uses of Outer Space (Weltraumausschuss)
CPC	Committee for Programme and Co-ordination (Programm- und Koordinierungsausschuss)
CRC	Committee on the Rights of the Child (Ausschuss für die Rechte des Kindes)
CSD	Commission for Social Development (Kommission für soziale Entwicklung)
CSD	Commission on Sustainable Development (Kommission für nachhaltige Entwicklung)
CSW	Commission on the Status of Women (Kommission für die Rechtsstellung der Frau)
CTB	Comprehensive Nuclear-Test-Ban Treaty (Vertrag über das umfassende Verbot von Nuklearversuchen)
CTBTO	Comprehensive Nuclear-Test-Ban Treaty Organization (Organisation des Vertrags über das umfassende Verbot von Nuklearversuchen)
CWC	Chemical Weapon Convention (Chemiewaffenkonvention)
DC	Disarmament Commission (Abrüstungskommission)
DDA	Department for Disarmament (Hauptabteilung Abrüstungsfragen)
DESA	Department for Economic and Social Affairs (Hauptabteilung Wirtschaftliche und Soziale Angelegenheiten)
DETERM	Terminologie-Datenbank des Deutschen Übersetzungsdienstes
DGAACS	Department for General Assembly Affairs and Conferences Services (Hauptabteilung Angelegenheiten der Generalversammlung und Konferenzdienste)
DGVN	Deutsche Gesellschaft für die Vereinten Nationen
DKKV	Deutsches Komitee für Katastrohpenvorsorge
DM	Department of Management (Hauptabteilung Management)

DPA	Department of Political Affairs (Hauptabteilung für Politische Angelegenheiten)
DPI	Department of Public Information (Hauptabteilung Presse und Information)
DPKO	Department of Peace-keeping Operations (Hauptabteilung Friedenssicherungseinsätze)
ECA	Economic Commission for Africa (Wirtschaftskommission für Afrika)
ECE	Economic Commission for Europe (Wirtschaftskommission für Europa)
ECLA	Economic Commission for Latin America and the Caribbean (Wirtschaftskommission für Lateinamerika und die Karibik)
ECOSOC	Economic and Social Council (Wirtschafts- und Sozialrat)
EFF	Erweiterte Fondsfazilität
EG	Europäische Gemeinschaft(en)
EPTA	Expanded Programme of Technical Assistance (Erweitertes Technisches Hilfsprogramm)
EOSG	Executive Office of the Secretary-General (Exekutivbüro des Generalsekretärs)
EPZ	Europäische Politische Zusammenarbeit
ESCAP	Economic and Social Commission for Asia and the Pacific (Wirtschafts- und Sozialkommission für Asien und den Pazifik)
ESCWA	Economic and Social Commission for Western Asia (Wirtschafts- und Sozialkommission für Westasien)
ESVP	Europäische Sicherheits- und Verteidigungspolitik
EU	Europäische Union
EWR	Europäischer Wirtschaftsraum
FAO	Food and Agriculture Organization of the United Nations (Ernährungs- und Landwirtschaftsorganisation der Vereinten Nationen)
FDP	Freie Demokratische Partei Deutschlands
FFHC	Freedom from Hunger Campaign (Weltkampagne gegen den Hunger)
GASP	Gemeinsame Außen- und Sicherheitspolitik
GATT	General Agreement on Tariffs and Trade (Allgemeines Zoll- und Handelsabkommen)
GEF	Global Environment Facility (Globale Umweltfazilität/Umweltfonds)

GEMEF	Global Ministerial Environment Forum (Globales Umweltministerforum)
GEMS	Global Environment Monitoring System (Globales Umweltbeobachtungs-System)
GUS	Gemeinschaft Unabhängiger Staaten
HABITAT	Zentrum der Vereinten Nationen für Wohn- und Siedlungswesen
HDI	Human Development Index
HIPC	Heavily Indebted Poor Countries (Hochverschuldete Entwicklungsländer)
HIV	Human Immunodeficiency
IAA	Internationales Arbeitsamt
IAEA	International Atomic Energy Agency (Internationale Atomenergie-Organisation)
IAEO	Internationale Atomenergie-Organisation
IAO	Internationale Arbeitsorganisation
IARC	International Agency for Research in Cancer (Internationales Krebsforschungszentrum)
IATA	International Air Transport Association (Internationale Lufttransportgesellschaft)
IBE	International Bureau of Education (Internationales Erziehungsbüro)
IBRD	International Bank for Reconstruction and Development (Internationale Bank für Wiederaufbau und Entwicklung/Weltbank)
ICAO	International Civil Aviation Organization (Internationale Zivilluftfahrtorganisation)
ICC	International Criminal Court (Internationaler Strafgerichtshof)
ICPD	International Conference on Population and Development (Weltbevölkerungskonferenz)
ICSID	International Centre for Settlement of Investment Disputes (Internationales Zentrum zur Beilegung von Investitionsstreitigkeiten)
ICTR	International Criminal Tribunal for Ruanda (Internationales Strafgericht für Ruanda)
ICTY	International Criminal Tribunal for the former Yugoslavia (Internationales Strafgericht für das ehemalige Jugoslawien)
IDA	International Development Association (Internationale Entwicklungsorganisation)

IDNDR	International Decade for Natural Disaster Reduction (Internationale Dekade für die Reduzierung von Naturkatastrophen)
IEFR	International Emergency Food Reserve (Internationale Nahrungsmittel-Notreserve)
IFAD	International Fund for Agricultural Development (Internationaler Fonds für landwirtschaftliche Entwicklung)
IFC	International Finance Corporation (Internationale Finanz-Corporation)
IFOR	Implementation Force (Truppe zur Umsetzung des Friedensabkommens von Dayton)
IGH	Internationaler Gerichtshof
IIEP	International Institute for Educational Planning (Internationales Institut für Bildungsplanung)
IKRK	Internationales Komitee vom Roten Kreuz
ILC	International Law Commission (Völkerrechtskommission)
ILO	International Labour Organisation (Internationale Arbeitsorganisation)
IMCO	Inter-Governmental Maritime Consultative Organization (Zwischenstaatliche Beratende Seeschifffahrtsorganisation)
IMF	International Monetary Fund (Internationaler Währungsfonds)
IMO	International Maritime Organization (Internationale Seeschifffahrtsorganisation)
IMS	International Monitoring System (Internationales Überprüfungssystem)
INFOTERRA	International Environment Information System (Internationales Umweltinformationssystem)
INCB	International Narcotics Control Board (Internationaler Suchtstoffkontrollrat)
INGO	International Non-Governmental Organization (Internationale Nichtstaatliche Organisation)
INIS	International Nuclear Information System (Internationales nukleares Informationssystem)
INST	International Institute for Labour Studies (Internationales Institut für Arbeitsfragen)
INSTRAW	International Research and Training Institute for the Advancement of Women (Internationales Forschungs- und Ausbildungsinstitut zur Förderung der Frau)

IPC	Integrated Programme Commodities (Integriertes Rohstoffprogramm)
IPCC	Intergovernmental Panel on Climate Change (Zwischenstaatliches Sachverständigen-Gremium über Klimaänderungen)
IPDC	International Programme for the Development of Communication (Internationales Programm für die Entwicklung der Kommunikation)
IPTF	International Police Task Force (Internationale Polizeitruppe)
IRPTC	International Register of Potentially Toxic Chemicals (Internationales Register potenziell toxischer Chemikalien)
IRO	International Refugee Organization (Internationale Flüchtlingsorganisation)
ISAF	International Security Assistance Force (Internationale Sicherheitsbeistandstruppe)
ISGH	Internationaler Seegerichtshof
ITC	International Trade Centre (Internationales Handelszentrum)
ITLOS	International Tribunal for the Law of the Sea (Internationaler Seegerichtshof)
ITO	International Trade Organisation (Internationale Handelsorganisation)
ITU	International Telekommunication Union (Internationale Fernmeldeunion)
IWF	Internationaler Währungsfonds
JIU	Joint Inspection Unit (Gemeinsame Inspektionsgruppe)
KFOR	Kosovo Force (Kosovo-Truppe)
KSZE	Konferenz für Sicherheit und Zusammenarbeit in Europa
LDC	Least Developped Country (Am wenigsten entwickeltes Land)
MIGA	Multilateral Investment Guarantee Agency (Multilaterale Investitions-Garantie-Agentur)
MINUCI	Mission des Nations Unies en Côte d'Ivoire (Mission der Vereinten Nationen in Côte d'Ivoir)
MINUGA	United Nations Verification Mission in Guatemala (Verifikationsmission der Vereinten Nationen in Guatemala)
MINURSO	United Nations Mission for the Referendum in Western

	Sahara (Mission der Vereinten Nationen für das Referendum in der Westsahara)
MONUC	Mission de l'ONU en Republique Democratique du Congo (Mission in der Demokratische Republik Kongo)
MRK	Menschenrechtskommission
NATO	North Atlantic Treaty Organization (Organisation des Nordatlantikvertrages)
NGO	Non-Governmental Organization (Nichtstaatliche Organisation)
NPT	Non-Proliferation Treaty (Nichtverbreitungsvertrag, Atomwaffensperrvertrag)
NRO	Nichtregierungsorganisationen
OAS	Organisation Amerikanischer Staaten
OAU	Organisation für Afrikanische Einheit
OCHA	Office for the Coordination of Humanitarian Affairs (Amt für die Koordinierung humanitärer Angelegenheiten)
ODCCP	United Nations Office for Drug Control and Crime Prevention (Büro der Vereinten Nationen für Drogenbekämpfung und Verbrechensverhütung)
OECD	Organisation for Economic Co-operation and Development (Organisation für Wirtschaftliche Zusammenarbeit und Entwicklung)
OIOS	Office of International Oversight Services (Amt für Interne Aufsichtsdienste)
OLA	Office of Legal Affairs (Amt für Rechtsangelegenheiten)
ONU	Organisation des Nations Unies (Vereinte Nationen)
ONUC	United Nations Operation in the Congo (UN-Operation im Kongo)
ONUSAL	United Nations Observer Mission in El Salvador (UN-Beobachtungsmission für El Salvador)
ONUVEH	United Nations Observer Group for the Verification of the Elections in Haiti (Beobachtungsmission der Vereinten Nationen für die Überwachung der Wahlen in Haiti)
OOSA	Office of Outer Space Affairs (Büro für Weltraumfragen)
OPCW	Organization for the Prohibition of Chemical Weapons (Organisation für das Verbot chemischer Waffen)
OPEC	Organization of Petroleum Exporting Countries (Organisation Erdölexportierender Länder)
OSZE	Organisation für Sicherheit und Zusammenarbeit in Europa

PHC	Primary Health Care (Primäre Gesundheitsversorgung)
PIACT	Programme International pour Amélioration des Conditions de Travail (Internationales Programm zur Verbesserung der Arbeitsbedingungen und der Arbeitsumwelt)
PLO	Palestine Liberation Organization (Palästinensische Befreiungsorganisation)
PrepCom	Preparatory Commission (Vorbreitungsausschuss)
PTS	Provisional Technical Secretariat (Provisorisches Technisches Sekretariat)
RAIPR	Related Aspects of Intellectual Propertyh Rights (Abkommen über handelsbezogene Rechte geistigen Eigentums)
RBM	Roll Back Malaria (Kampagne zur Zurückdrängung der Malaria)
Res.	Resolutionen
SALT	Strategic Arms Limitation Talks (Gespräche über die Begrenzung strategischer Waffen)
SF	Special Fund (Sonderfonds)
SFOR	Stabilization Force (Stabilisierungstruppe)
SOLAS	International Convention for the Safety of Life at Sea (Internationaler Schiffssicherheitsvertrag)
SPD	Sozialdemokratische Partei Deutschlands
StIGH	Statut des Internationalen Gerichtshofs
SZR	Sonderziehungsrechte
TCP	Technical Co-operation Programme (Programm für Technische Zusammenarbeit)
TDB	Trade and Development Board (Rat für Handel und Entwicklung)
UIE	UNESCO Institute for Education (UNESCO-Institut für Pädagogik)
UIP	UNESCO-Institut für Pädagogik
UIT	Union Internationale des Télécommunications (Internationale Fernmeldeunion)
UNAIDS	United Nations Programme on HIV/AIDS (Programm der Vereinten Nationen gegen HIV/AIDS)
UNAMIR	United Nations Assistance Mission for Ruanda (Unterstützungskommission der Vereinten Nationen für Ruanda)
UNCC	United Nations Compensation Commission (Entschädigungskommission)

UNAMA	United Nations Assistance Mission in Afghanistan (Hilfsmission der Vereinten Nationen in Afghanistan)
UNAMIC	United Nations Advance Mission in Cambodia (Vorausmission der Vereinten Nationen in Kambodscha)
UNAMSIL	United Nations Mision in Sierra Leone (Mission der Vereinten Nationen in Sierra Leone)
UNAT	United Nations Administrative Tribunal (Verwaltungsgericht der Vereinten Nationen)
UNCCD	Secretariat of the United Nations Convention to Combat Deserfication (Sekretariat der Konvention zur Bekämpfung der Wüstenbildung)
UNCDF	United Nations Capital Development Fund (Kapitalentwicklungsfonds der Vereinten Nationen)
UNCED	United Nations Conference on Environment and Development (Konferenz der Vereinten Nationen über Umwelt und Entwicklung)
UNCHS	United Nations Centre for Human Settlements (Zentrum der Vereinten Nationen für Wohn- und Siedlungswesen)
UNCIO	United Nations Conference on International Organization (Gründungskonferenz der Vereinten Nationen)
UNCITRAL	United Nations Commission on International Trade Law (Kommission der Vereinten Nationen für internationales Handelsrecht)
UNCTAD	United Nations Conference on Trade and Development (Handels- und Entwicklungskonferenz der Vereinten Nationen)
UNCTC	United Nations Centre on Transnational Corporations (UN-Zentrum für transnationale Unternehmen)
UNDC	United Nations Disarmament Commission (Abrüstungskommission)
UNDCP	United Nations International Drug Control Programme (Internationales Drogenkontrollprogramm)
UNDOF	United Nations Disengagement Observer Force (Friedenstruppe der Vereinten Nationen im Nahen Osten; Beobachtertruppe auf dem Golan)
UNDP	United Nations Development Programme (Entwicklungsprogramm der Vereinten Nationen)
UNEF	United Nations Emergency Force (Notstandstruppe der Vereinten Nationen im Nahen Osten)

UNEP	United Nations Environment Programme (Umweltprogramm der Vereinten Nationen)
UNEP/CMS	Secretariat of the Convention on the Conservation of Migratory Species of Wild Animals (Sekretariat des Übereinkommens zur Erhaltung der wandernden wildlebenden Tiere
UNESCO	United Nations Educational, Scientific and Cultural Organization (Organisation der Vereinten Nationen für Bildung, Wissenschaft und Kultur)
UNEVOC	International Center for Technical and Vocational Education and Training (Internationales Zentrum für Berufsbildung)
UNFCCC	Secretariat of the United Nations Framework Convention on Climate Change (Sekretariat der Klimarahmenkonvention der Vereinten Nationen)
UNFICYP	United Nations Peace-keeping Force in Cyprus (UN-Friedenstruppe auf Zypern)
UNFPA	United Nations Population Fund (Bevölkerungsfonds der Vereinten Nationen)
UN-HABIT	UN-Human Settlements Programme (Wohn- und Siedlungsprogramm)
UNHCR	Office of the United Nations High Commissioner for Refugees (Amt des Hohen Kommissars der Vereinten Nationen für Flüchtlinge)
UNIC	United Nations Information Centre (Informationszentrum der Vereinten Nationen)
UNICEF	United Nations International Children's Fund (Weltkinderhilfswerk)
UNIDIR	United Nations Institute for Disarmament Research (Institut der Vereinten Nationen für Abrüstungsforschung)
UNIDO	United Nations Industrial Development Organization (Organisation der Vereinten Nationen für industrielle Entwicklung)
UNIFEM	United Nations Development Fund for Women (Entwicklungsfonds der Vereinten Nationen für Frauen)
UNIFIL	United Nations Interim Force in Lebanon (Interimstruppe der Vereinten Nationen im Libanon)
UNIKOM	United Nations Iraq-Kuweit Observation Mission (Friedenstruppe der Vereinten Nationen in Irak und Kuwait)
UNIS	United Nations Information Service (Informationsdienst der Vereinten Nationen)

UNISPACE	United Nations Conference on the Exploration and Peaceful Uses of Outer Space (Weltraumkonferenz)
UNITAR	United Nations Institute for Training and Research (Ausbildungs- und Forschungsinstitut der Vereinten Nationen)
UNMA	United Nations Mission in Angola (Mission der Vereinten Nationen in Angola)
UNMEE	United Nations Mission in Ethiopia and Eritrea (Mission der Vereinten Nationen in Äthiopien und Eritrea)
UNMIBH	United Nations Mission in Bosnia and Hercegovina (Mission der Vereinten Nationen in Bosnien und Herzegowina)
UNMIH	United Nations Mission in Haiti (Mission der Vereinten Nationen in Haiti)
UNMIK	United Nations Interim Administration Mission in Kosovo (Übergangsverwaltungsmission in Kosovo)
UNMISET	United Nations Mission of Support in East-Timor (Unterstützungsmission in Osttimor)
UNMOGIP	United Nations Military Observer Group in India and Pakistan (Militärische Beobachtergruppe der Vereinten Nationen in Indien und Pakistan)
UNMOP	United Nations Mission of Observers in Prevlaka (Beobachtermission der Vereinten Nationen in Prevlaka)
UNMOVIC	United Nations Monitoring, Verification and Inspection Commission (Überwachungs-, Verifikation- und Inspektionsmission der Vereinten Nationen)
UNNEFO	United Nations of New Emerging Forces (Vereinte Nationen der neuen aufstrebenden Staaten)
UN(O)	United Nations (Organization) (Vereinte Nationen)
UNODC	United Nations Office on Drugs and Crime Prevention (Büro der Vereinten Nationen für Drogen- und Kriminalitätsbekämpfung)
UNOG	United Nations Office at Geneva (Büro der Vereinten Nationen in Genf)
UNOMIG	United Nations Observer Mission in Georgia (Beobachtermission der Vereinten Nationen in Georgien)
UNOMIL	United Nations Observer Mission in Liberia (Beobachtermission der Vereinten Nationen in Liberia)
UNON	United Nations Office at Nairobi (Büro der Vereinten Nationen in Nairobi)

UNOPS	United Nations Office for Project Services (Büro der Vereinten Nationen für Projektdienste)
UNOSOM	United Nations Operation in Somalia (Operation der Vereinten Nationen in Somalia)
UNOV	United Nations Office at Vienna (Büro der Vereinten Nationen in Wien)
UNPA	United Nations Postal Administration (Postverwaltung der Vereinten Nationen)
UNPREDEP	United Nations Preventive Deployment Force (Präventiveinsatztruppe der Vereinten Nationen in der ehemaligen jugoslawischen Republik Mazedonien)
UNPROFOR	United Nations Protection Force (Schutztruppe der Vereinten Nationen im ehemaligen Jugoslawien)
UNRISD	United Nations Research Institute for Social Development (Forschungsinstitut der Vereinten Nationen für Soziale Entwicklung)
UNRWA	United Nations Relief and Works Agency for Palestine Refugees in the Near East (Hilfswerk der Vereinten Nationen für Palästina-Flüchtlinge im Nahen Osten)
UNSCOM	United Nations Special Commission on Iraqui Disarmament (Sonderkommission der Vereinten Nationen für Inspektion und Zerstörung irakischer Massenvernichtungswaffen)
UNTAC	United Nations Transitional Authority in Cambodia (Friedenstruppe der Vereinten Nationen in Kambodscha)
UNTAES	United Nations Transitional Administration in Eastern Slawonia, Baranja and Western Sirmium (Übergangsverwaltung der Vereinten Nationen für Ostslawonien, die Baranja und Westsirmien)
UNTAET	United Nations Transitional Administration in East-Timor (Übergangsverwaltung in Osttiomor)
UNTAG	United Nations Transition Assistance Group (Unterstützungseinheit der Vereinten Nationen für die Übergangszeit in Namibia)
UNTOP	United Nations Tajikistan Office of Peacebuilding (Büro der Vereinten Nationen zur Friedensbildung in Tajikistan)
UNTSO	United Nations Truce Supervision Organization (Organisation der Vereinten Nationen zur Überwachung des Waffenstillstandes in Palästina)

UNU	United Nations University (Universität der Vereinten Nationen)
UNV	United Nations Volunteers (Freiwiligenprogramm der Vereinten Nationen)
UPU	Universal Postal Union (Weltpostverein)
VBM	Vertrauensbildende Maßnahmen
VIC	Vienna International Centre (Internationales Zentrum Wien)
VN	Vereinte Nationen
WEG	Welternährungsgipfel
WEOG	Gruppe der Westeuropäischen und Anderen Staaten
WEP	Welternährungsprogramm
WFP	World Food Programme (Welternährungsprogramm)
WHO	World Health Organization (Weltgesundheitsorganisation)
WIPO	World Intellectual Property Organization (Weltorganisation für geistiges Eigentum)
WMO	World Meteorological Organization (Weltorganisation für Meteorologie)
WMU	World Maritime University (Weltschifffartshochschule)
WTO	World Tourism Organization (Weltorganisation für Tourismus)
WTO	World Trade Organization (Welthandelsorganisation)
ZIF	Zentrum für internationale Friedenseinsätze

1. Kapitel. Der Völkerbund als erste Weltfriedensorganisation

Am Ende des Ersten Weltkrieges stand die Gründung der ersten politischen internationalen Organisation, d.h. einer durch einen völkerrechtlichen Vertrag geschaffenen Staatenverbindung mit eigenen Organen,[1] deren vorrangiges Ziel es war, in Zukunft Kriege zwischen den Staaten zu verhindern. Noch vor Abschluss der Kampfhandlungen des Zweiten Weltkrieges wurde erneut der Versuch unternommen, eine zwischenstaatliche Friedensinstitution ins Leben zu rufen: Die Vereinten Nationen traten schließlich an die Stelle des gescheiterten Völkerbundes.

Beide Organisationen sind somit aus den Wirren weltweiter Kriege hervorgegangen, und beide Organisationen sollten die Wiederholung solcher Katastrophen unmöglich machen.

I. Pläne für eine Friedensorganisation vor dem Völkerbund

Frieden – sicherlich eines der meistgebrauchten und auch der am meisten strapazierten Schlagworte unserer Zeit. Mag aus mancherlei Gründen die Friedenssehnsucht der Menschen und Völker unserer Tage besonders groß sein, so zeigt doch ein Blick in die Geschichte, dass der Wunsch nach Frieden ein sehr alter Traum ist. Was Frieden bedeutet, wie sich dieser Zustand umschreiben lässt – darauf eine neue Antwort zu geben, bemühte sich vor allem in den sechziger und siebziger Jahren die moderne Friedensforschung mit

---

1 Über das Wesen internationaler Organisationen aus völkerrechtlicher Sicht vgl. Seidl-Hohenveldern, I. und G. Loibl, Das Recht der Internationalen Organisationen einschließlich der Supranationalen Gemeinschaften, 67. Auflage, Köln 2000, S. 1–13; Köck, H. F. und P. Fischer, Das Recht der Internationalen Organisationen, 3. Auflage, Wien 1997, S. 57–66. Stärker politologisch orientiert: Rittberger, V., Internationale Organisationen. Politik und Geschichte, 2. Auflage, Opladen 2003.

besonderem Nachdruck, denn lange Zeit wurde Frieden lediglich negativ definiert, als die Abwesenheit von Krieg. (Wie dehnbar und ungenau der Begriff Krieg geworden war, bewies die Phase des **Kalten Krieges** zwischen Ost und West nach 1945.) Zu unterscheiden ist ferner zwischen dem **inneren** bzw. **innergesellschaftlichen Frieden** einerseits, abgestellt auf das Zusammenleben von Individuen und Gruppen innerhalb eines Staates, und dem **äußeren** bzw. **internationalen Frieden** andererseits, gerichtet auf die Beziehungen zwischen den Staaten und Völkern. Es ist hier nicht der Ort, die Geschichte des Friedensgedankens, der mit der Geschichte der Menschen und Völker untrennbar verbunden und in der jeweiligen historischen Situation zu sehen ist, von ihren Anfängen bis heute wieder zu geben.[2] Skizziert werden im Folgenden lediglich einige historische Modelle und Theorien für die Gestaltung einer organisierten Friedensordnung.

Friedensideen gab es schon im Altertum. In der griechischen Philosophie wurde beispielsweise das Urbild des Friedens in der Ordnung des Kosmos gesehen. (Es war andererseits ein Grieche, der Naturphilosoph Heraklit, der das Wort prägte: „Der Krieg ist der Vater aller Dinge.") Man findet im antiken Griechenland bereits eine Art zeitlich befristeter Friedensordnung, denn während der Olympischen Spiele war jede Kampfhandlung untersagt, und die Kriegsgegner hatten ungehinderten Zutritt zu den Kampfstätten in Olympia. Im Altertum und im Mittelalter wurden zahlreiche Konzeptionen und Methoden der Eindämmung oder Verhütung von Kriegen vorgelegt – erinnert sei nur an Augustinus (354–430) oder an Dante Alighieri (1265–1321).

Im 17. Jahrhundert, als an die Stelle des mittelalterlichen Reiches allmählich das Europa der Nationalstaaten trat, das machtpolitisch

---

2 Vgl. hierzu Raumer, K. v., Ewiger Friede, Friedensrufe und Friedenspläne seit der Renaissance, Freiburg und München 1953; Schlochauer, H.-J., Die Idee des ewigen Friedens. Ein Überblick über Entwicklung und Gestaltung des Friedenssicherungsgedankens auf der Grundlage einer Quellenauswahl, Bonn 1953; Dietze, A. und W. (Hrsg.), Ewiger Friede? Dokumente einer deutschen Diskussion um 1800, München 1989; systematisch zusammenfassend: Czempiel, E.-O., Friedensstrategien. Eine systematische Darstellung außenpolitischer Theorien von Machiavelli bis Madariaga, 2. Auflage, Wiesbaden 1998; Köck und Fischer, Grundzüge, S. 67 ff.

durch die Vormachtstellung Frankreichs geprägt wurde, kamen im Zusammenhang mit dem Friedensgedanken neue Überlegungen auf: man strebte unter dem Eindruck permanenter Kriege nach der Verwirklichung eines *europäischen* Friedensbundes. Philosophen und Theologen, aber auch Staatsmänner, zunächst in Frankreich, arbeiteten zum Teil detaillierte Pläne für eine organisierte internationale Ordnung aus, in der Frieden als ein Dauerzustand erreicht und gewährleistet werden sollte. So legte der französische Herzog von Sully (1560–1641), Minister unter Heinrich IV., um 1640 seinen **Großen Plan** (Grand Dessein) vor, in dem er als erster eine Konzeption für die Gestaltung einer europäischen Einigung in Form einer Föderation christlicher Staaten unter der Führung Frankreichs entwickelte. Aus Frankreich kamen vor und insbesondere nach dem Großen Plan Sullys noch weitere **Friedensbeiträge** (erwähnt seien noch die Schrift von Emeric Crucé aus dem Jahre 1623 sowie die zwischen 1711 und 1716 von Abbé de Saint-Pierre vorgelegten verschiedenen Projekte), die nicht unbedingt auf gleicher Ebene lagen, eines allerdings gemeinsam hatten: Es waren durchweg konkrete Vorschläge zur Aufrechterhaltung bzw. Herstellung des Friedens in Europa, aber bereits auch über die Grenzen des europäischen Kontinents hinaus.

Im Jahre 1693 erschien in England eine Schrift mit dem Titel "An Essay towards the Present and Future Peace of Europe by the Establishment of a European Diet, Parliament, or Estates" (Ein Entwurf zum gegenwärtigen und zukünftigen Frieden von Europa durch Schaffung eines europäischen Reichstags, Parlaments oder von Reichsständen),[3] dessen Verfasser zunächst anonym blieb und sich schließlich als der nach Amerika ausgewanderte englische Quäker William Penn (1644–1718) entpuppte. Penn legte eine festumrissene Konzeption für eine europäische Friedensordnung vor. Sie war gerichtet auf die Schaffung einer Gesellschaft der Nationen (Society of Nations) in Form eines gemeinsamen europäischen Staatenkongresses, dem alle zwischenstaatlichen Streitfragen zur Entscheidung unterbreitet werden sollten. Diese „souveräne Versammlung" mit

---

3 Deutscher Text in: Raumer, Friede, S. 321–341; vgl. auch Rothbarth, M. (Hrsg.), William Penns Völkerbundplan, Berlin 1920.

dem Recht, gegen widerspenstige Mitglieder Zwangsmaßnahmen ergreifen zu können, sollte im Gegensatz zu ähnlichen französischen Vorschlägen jener Zeit bereits parlamentarischen Charakter aufweisen.

Man kann von einem Versuch der Übertragung des britischen **House of Commons** (Unterhaus) auf die damalige Völkergemeinschaft sprechen. In seiner sehr ins Einzelne gehenden Schrift gab Penn genaue Anweisungen für die Zusammensetzung des europäischen Reichstages, für die Sitzverteilung und Sitzordnung, für den Abstimmungsmodus und für die Geschäftsordnung. Selbst ein „rundes Sitzungszimmer" mit mehreren Türen wurde vorgeschlagen, um Rangstreitigkeiten unter den teilnehmenden Staaten zu vermeiden. Verwirklicht wurde dieser Entwurf, dessen einziger Verhaltenskodex Recht und Gerechtigkeit sein sollten, zwar nicht, aber bei den Überlegungen für die Schaffung des späteren Völkerbundes bezogen sich die amerikanischen Initiatoren nicht zuletzt auf Penn.

Das deutsche Wort Völkerbund findet sich zum ersten Mal in den Schriften des Königsberger Philosophen Immanuel Kant (1724–1804), wie Gottfried Wilhelm Leibniz (1646–1716) und Johann Gottlieb Fichte (1762–1814) in Deutschland ein bedeutender und einflussreicher Vertreter der Friedensidee. Vor mehr als 200 Jahren, 1795, veröffentlichte Kant seinen philosophischen Entwurf „Zum ewigen Frieden",[4] in dem er zwecks Sicherung des Friedens die Errichtung eines Bundes gleichberechtigter Staaten fordert. Kant, der mit seinen Vorschlägen zur Anbahnung eines allgemeinen und weltweiten Friedens den Boden der ihn umgebenden Wirklichkeit insofern nicht verließ, als er den Krieg in der damaligen Epoche als Gegebenheit hinnahm und nur behutsam vorgehend die Dinge allmählich zum Besseren zu verändern gedachte, wählte für seinen Entwurf die Form eines allgemeinen Friedensvertrages. Dieser bestand aus sechs Präliminar- und drei Definitivartikeln, an die sich ein Geheimartikel und ein Zusatz über die Friedensgarantie anschlossen.

---

4 Kant, I., Zum ewigen Frieden. Ein philosophischer Entwurf. Hrsg. von Malter, R., Stuttgart 1999; Schlochauer, Idee, S. 100–129; vgl. auch Batscha, Z. und R. Saage (Hrsg.), Friedensutopien. Kant, Fichte, Schlegel, Görres, Frankfurt 1979.

In den Präliminarartikeln, die nach Ansicht Kants von den beteiligten Staaten am ehesten akzeptiert würden und somit in seiner Vorstellung einen ersten Schritt zur Herbeiführung eines allgemeinen Friedens darstellten, wurde u. a. gefordert:

„Es soll kein für sich bestehender Staat (klein oder groß, das gilt hier gleichviel) von einem andern Staate durch Erbung, Tausch, Kauf oder Schenkung erworben werden können." (Zweiter Präliminarartikel)
„Stehende Heere sollen mit der Zeit ganz aufhören." (Dritter Präliminarartikel)

Die praktische Verwirklichung der in den Definitivartikeln aufgestellten Grundsätze der Friedenswahrung schien Kant weitaus problematischer, insbesondere was den ersten und zweiten Artikel betraf:

„Die bürgerliche Verfassung in jedem Staat soll republikanisch sein." (Erster Definitivartikel)
„Das Völkerrecht soll auf einen Föderalismus freier Staaten gegründet sein." (Zweiter Definitivartikel)

Kant propagierte somit eine Föderation von Staaten, einen losen „Völkerbund", „der aber gleichwohl kein Völkerstaat sein müsste", wie er ausdrücklich betonte. Nicht im Weltstaat sah Kant die Lösung für einen wirklichen und dauerhaften Frieden, denn er wusste um dessen utopischen Charakter, aber auch dessen Gefahren, sondern in einem Bund der Staaten, als deren Regierungsform er die republikanische, d. h. demokratische, als die einzige das Volk repräsentierende voraussetzte. Dieser „Friedensbund" (nach Kant die allein vernünftige Möglichkeit, „aus dem gesetzlosen Zustande der Wilden herauszugehen"), dem sich im Laufe der Zeit alle Staaten der Erde anschließen würden, dürfte kein neuer Machtfaktor werden, sondern sollte lediglich der Hüter der internationalen Ordnung des Weltfriedens sein.

Nach Kant hat nur noch sein Schüler Friedrich von Gentz (1764–1832) einen zumindest in der Theorie konstruktiven Beitrag zum Thema des dauerhaften Friedens geleistet. Darauf folgende romantisch-religiöse, kosmopolitische Utopien wurden der Problematik nicht gerecht. Bei der Bildung von Friedensgesellschaften in vielen Staaten des 19. Jahrhunderts, besonders durch die Initiative der Quäker, und in der weiteren Entwicklung bei internationalen Friedenskonferenzen kam immer deutlicher zum Ausdruck, wie sehr sich das Schwergewicht vom ethischen Motiv einer Friedensgestaltung auf den utilitaristischen Zweck des Friedens verlagerte, was auch durch wohlorganisierte Kongresse, deren Aufgaben sich faktisch in Anti-Kriegs-Demonstrationen erschöpften, nicht aufgewogen werden konnte. Es war zwar das Verdienst der Genfer Konvention (1864) und der Haager Konventionen (1899 und 1907), die sich, vom Faktum des Krieges ausgehend, gezwungen sahen, den Krieg zumindest verbal in seine Grenzen zu weisen, ihn zu humanisieren – und dieser Versuch soll hier nicht abgewertet werden –, aber die gefassten Beschlüsse waren im Grunde zu unverbindlich, als dass sie eine Garantie für die Beachtung durch alle Beteiligten geben konnten. Erst nach der Wende zum 20. Jahrhundert schien die Welt reif für die Schaffung einer permanenten Weltfriedensorganisation.

II. Der Völkerbund

1. Entstehung

Schon während des Ersten Weltkrieges wurden nicht nur in verschiedenen Krieg führenden und neutralen Ländern Pläne für einen Völkerbund diskutiert, sondern mit zunehmender Intensität der Kampfhandlungen und der dadurch bedingten Verluste an Menschen und Material wurde auch dessen Verwirklichung immer deutlicher und lautstärker gefordert. Vor allem in den USA und in Großbritannien, aber auch in Deutschland[5] arbeiteten private Vereinigungen, staatliche Stellen und einzelne Politiker Entwürfe für eine den Frieden sichernde internationale Organisation aus (allein 55 „bekanntere Projekte" werden in einem Völkerbundkommentar aufgezählt).[6] Der für die spätere Gründung des Völkerbundes wich-

---

5 Vgl. hierzu Riesenberger, D., Geschichte der Friedensbewegung in Deutschland. Von den Anfängen bis 1933, Göttingen 1985, S. 193–214.

6 Schücking, W. und H. Wehberg, Die Satzung des Völkerbundes, Kommentar, Bd. 1, 3. Auflage, Berlin 1931, S. 6–11.

tigste Plan war der im März 1918 vorgelegte Phillimore-Bericht, benannt nach dem Vorsitzenden einer britischen Regierungskommission, Sir Walter Phillimore. Dieser amtliche Satzungsentwurf wurde von dem amerikanischen Präsidenten Woodrow Wilson (1856–1924) aufgegriffen und weiterentwickelt. Geistiger Vater des Völkerbundes war somit keineswegs, wie oft behauptet wird, Präsident Wilson; sein Verdienst liegt vielmehr darin, die Realisierung des Völkerbundgedankens nachdrücklich gefordert und gefördert zu haben: Er ist der eigentliche Gründer der ersten Weltfriedensorganisation.

In seiner Botschaft an den amerikanischen Senat am 8. Januar 1918 verkündete der in der moralischen und politischen Tradition Amerikas verwurzelte und von Idealismus durchdrungene Präsident seine berühmten **„Vierzehn Punkte"**,[7] die danach noch durch weitere Punkte ergänzt wurden. Mit dieser programmatischen Erklärung, der in Paris und London zunächst mit großer Skepsis begegnet wurde, legte Wilson nicht nur die Kriegsziele der Vereinigten Staaten dar, vielmehr stellte er ein Projekt für die Neugestaltung der internationalen Beziehungen vor. Eines der Prinzipien, auf denen die friedliche Nachkriegsordnung beruhen sollte, verdeutlichte er einige Monate später wie folgt:

> „Die Errichtung einer Friedensorganisation, die es zur Gewissheit machen soll, dass die vereinte Macht freier Nationen jeden Angriff auf das Recht abwehren und dazu beitragen wird, Frieden und Gerechtigkeit größere Sicherheit zu verleihen durch Schaffung eines endgültigen Tribunals der Öffentlichkeit, dem sich alle unterwerfen müssen und durch dessen Vermittlung jeder internationale Vergleich seine Sanktion erhält, der nicht durch friedliche Übereinkunft der unmittelbar betroffenen Völker erreicht werden kann. Diese großen Ziele lassen sich in einem einzigen Satze zusammenfassen. Was wir suchen, ist die Herrschaft des Rechts, gegründet auf die Zustimmung der Regierten und getragen von der organisierten Meinung der Menschheit."[8]

---

7 Englischer und deutscher Text der Vierzehn Punkte in: Schlochauer, Idee, S. 150–155.
8 Wilson in Mount Vernon am 4. Juli 1918, in: Baker, R. St. (Hrsg.), W. Wilson, Memoiren und Dokumente, über den Vertrag zu Versailles anno MCMXIX, Bd. III, Dokumente, Leipzig 1924, S. 44.

Die in Punkt 14 geforderte Bildung einer „allgemeinen Vereinigung der Nationen mit bestimmten Vertragsbedingungen ... zum Zwecke gegenseitiger Garantieleistungen für die politische Unabhängigkeit und Unverletzlichkeit der großen sowie der kleinen Nationen" wurde im Januar 1919 zu Beginn der Pariser Friedenskonferenz von den Siegerstaaten im Grundsatz beschlossen. Dieses Gremium stimmte auch dem Vorschlag Wilsons zu, die Satzung des Völkerbundes als integrierenden Bestandteil in die abzuschließenden Friedensverträge aufzunehmen. (Wilson, der der Demokratischen Partei angehörte, hoffte mit dieser Koppelung die Ratifizierung der Friedensverträge und damit auch der Völkerbundsatzung durch den von der Republikanischen Partei dominierten US-Kongress sichergestellt zu haben.)

Als Diskussionsgrundlage diente der von der Konferenz eingesetzten Völkerbundkommission, in der die Großmächte USA, Frankreich, Großbritannien, Italien und Japan ein starkes Übergewicht besaßen, ein britisch-amerikanischer Satzungsentwurf. Innerhalb von nur elf Tagen wurde dieser Vorschlag unter dem Vorsitz Wilsons überarbeitet und der endgültige Text dem Plenum der Friedenskonferenz vorgelegt. Am 28. April 1919 billigten die 32 Siegerstaaten des Ersten Weltkrieges einstimmig die Völkerbundsatzung. Zum Sitz des Völkerbundes (englisch: League of Nations; französisch: Société des Nations) wurde Genf bestimmt.

Mit den Friedensverträgen von Versailles, St. Germain, Trianon, Neuilly und Sèvres wurde jeweils auch die Satzung unterzeichnet, die Teil I dieser Abkommen bildete – zunächst somit am 28. Juni 1919 mit dem Vertrag von Versailles. Die Satzung trat am gleichen Tag wie dieser Pariser Vorortvertrag in Kraft, nämlich am 10. Januar 1920. (In der Folgezeit ist die Satzung an verschiedenen Stellen geändert worden.)

Die Bundesversammlung des Völkerbundes hielt ihre konstituierende Sitzung am 15. November 1920 ab. Mit der Gründung des Völkerbundes sollte „in der Geschichte der internationalen Beziehungen ... ein neues Kapitel beginnen".[9]

---

9 Niedhart, G., Internationale Beziehungen 1917–1947, Paderborn u. a. 1989, S. 30.

2. Grundsätze und Ziele

Der Völkerbund, das „Große Experiment" (Memoirentitel des britischen Völkerbunddiplomaten und Friedensnobelpreisträgers Lord R. Cecil), stellte eine völkerrechtliche Staatenverbindung auf der Grundlage der Gleichheit ihrer Mitglieder dar, die durch einen zeitlich nicht begrenzten multilateralen Vertrag zustande kam. Seine Satzung[10] umfasste eine Präambel und 26 Artikel, in denen den Mitgliedern gewisse Rechte und Pflichten zugewiesen wurden. Die Ziele dieses Bundes von Staaten – d. h. von Regierungen, und nicht etwa von Völkern – wurden zusammenfassend in der Präambel niedergelegt, in einzelnen Artikeln jedoch noch präzisiert.

Als wichtigstes Ziel wurde die „Förderung der Zusammenarbeit unter den Nationen und [die] Gewährleistung des internationalen Friedens und der internationalen Sicherheit" (Präambel) angesehen. Jede Frage, die den Weltfrieden berührte, sollte daher den Völkerbund beschäftigen (Artikel 11). In Artikel 10, der sich inhaltlich mit Punkt 14 der Wilson-Erklärung vom Januar 1918 deckte, garantierten die Mitglieder, „die Unversehrtheit des Gebietes und die bestehende politische Unabhängigkeit aller Bundesmitglieder zu achten und gegen jeden äußeren Angriff zu wahren".

Der Abrüstung als einer unabdingbaren Voraussetzung für den Aufbau der internationalen Sicherheit wies die Satzung ebenfalls einen hohen Stellenwert zu: Artikel 8 enthielt die Verpflichtung zu konkreten Maßnahmen; Artikel 9 bestimmte die Einsetzung eines entsprechenden Ständigen Ausschusses für Abrüstungsfragen. In den Artikeln 11–17 wurden Grundsätze aufgestellt, die als prinzipielle Neuerung in den internationalen Beziehungen zwischen Staaten anzusehen waren.

Bedrohungen des Friedens galten von nun an als eine Angelegenheit aller: Alle Staaten waren aufgerufen, Konflikte mit friedlichen

---

10 Text der Satzung mit den 1921 beschlossenen und 1924 in Kraft getretenen Änderungen bzw. Ergänzungen in: Die Charta der Vereinten Nationen mit Völkerbundsatzung, IGH-Statut und zwei UNO-Resolutionen, 7. Auflage, München 1979, S. 7–18; vgl. auch die Dokumentensammlung von Knipping, F. (Hrsg.), Das System der Vereinten Nationen und seine Vorläufer, Bd. II: Vorläufer der Vereinten Nationen. 19. Jahrhundert und Völkerbundszeit, München 1996.

Mitteln beizulegen; sollte es dennoch zu kriegerischen Auseinandersetzungen kommen, gab es die Verpflichtung, solchen Friedensverletzungen gemeinsam zu begegnen. Das Prinzip der **kollektiven Sicherheit**, das besagt, dass sich die Mitgliedstaaten zu gemeinschaftlichen, kollektiven Aktionen vereinen, wenn ein Staat gegen die Normen der Friedensordnung verstößt, wurde damit erstmals zum Grundprinzip der internationalen Politik erhoben. Sicherheitspolitisch handelte es sich um ein Abschreckungsmodell zur Verhinderung kriegerischer Auseinandersetzungen. In der Satzung des Völkerbundes wurde gleichzeitig ein institutioneller Rahmen geschaffen, innerhalb dessen nach diesen Grundsätzen verfahren werden sollte.

An dieser Stelle ist jedoch darauf hinzuweisen, dass die Völkerbundsatzung nicht etwa ein generelles uneingeschränktes, sondern lediglich ein **partielles** (eingeschränktes) **Kriegsverbot** enthielt: Die Mitglieder waren im Konfliktfall lediglich verpflichtet, sich einem der satzungsgemäßen friedlichen Streitschlichtungsmechanismen zu unterwerfen. Blieb das ordnungsgemäß durchgeführte Verfahren erfolglos, hatte nach einer dreimonatigen Frist jeder Staat das Recht, Krieg zu führen, ohne dass er gegen die Satzung verstieß.[11] Dennoch bedeuteten die Kriegsverhütungsregelungen der Satzung einen tiefen Einschnitt in das klassische Völkerrecht, erfuhr doch das Recht des souveränen Staates zum Krieg (ius ad bellum) eine erste Einschränkung.

Das Verhalten im Falle von Streitigkeiten und die streng formalisierten Verfahren zur Lösung solcher Streitfälle wurden in den Artikeln 12–17 geregelt. Die Mitglieder waren zunächst verpflichtet, internationale „Streitfragen" entweder einem Schiedsgerichtsverfahren oder einem gerichtlichen Verfahren (beim zu gründenden Ständigen Internationalen Gerichtshof, Artikel 14) zu unterbreiten und den daraufhin ergehenden Schiedsspruch oder das Urteil des Gerichtshofes „nach Treu und Glauben auszuführen" (Artikel 13 Abs. 4). Streitigkeiten, die nicht einer Schiedsgerichtsbarkeit oder dem Internationalen Gerichtshof zur Entscheidung vorgelegt wur-

---

11 Kimminich, O. und St. Hobe, Einführung in das Völkerrecht, 7. Auflage, Tübingen und Basel 2000, S. 49 ff.

den, mussten vor den Völkerbundrat gebracht werden; ein differenziertes Streitschlichtungsverfahren, das sowohl vor dem Rat wie vor der Bundesversammlung stattfinden konnte, bestimmte die Satzung in Artikel 15.

Das Prinzip der kollektiven Sicherheit wurde in Artikel 16 wie folgt postuliert: „Schreitet ein Bundesmitglied entgegen den [oben genannten] Verpflichtungen [dennoch] zum Kriege, so wird es ohne weiteres so angesehen, als hätte es eine Kriegshandlung gegen alle anderen Bundesmitglieder begangen." In diesem Falle verpflichteten sich die Mitglieder, gegen den vertragsbrüchigen Staat gemeinsame Sanktionen zu ergreifen, die im einzelnen Artikel 16 aufzählt und die wirtschaftliche, politische und letztlich auch militärische Maßnahmen beinhalteten.

Dem Völkerbund waren von seinen Gründungsvätern zur „Förderung der Zusammenarbeit unter den Nationen" (Präambel), insbesondere auf wirtschaftlichem, sozialem und kulturellem Gebiet, noch weitere Aufgaben zugewiesen worden. Artikel 23 forderte demgemäß u. a., „angemessene und menschliche Arbeitsbedingungen" zu schaffen (dies führte zur Gründung der **Internationalen Arbeitsorganisation**),[12] Maßnahmen gegen Rauschgift- und Waffenhandel (auch gegen „Mädchen"- und Kinderhandel) zu ergreifen, für freie Handelsbeziehungen zu sorgen und internationale Maßnahmen im Bereich des Gesundheitswesens in die Wege zu leiten.

Außerdem rief der Völkerbund ein mehrstufiges Mandatssystem (Artikel 22) ins Leben, d. h. er stellte die vormaligen Kolonien des Deutschen Reichs und die arabischen Gebiete des ehemaligen Osmanischen Reichs unter die Treuhandschaft der dazu beauftragten Mitgliedstaaten mit dem Ziel der Förderung des Wohls und der Entwicklung dieser Völker. Erwähnt werden sollte außerdem, dass dem Völkerbund auf Grund der Friedensverträge zusätzliche Aufgaben zufielen.

---

12 Vgl. S. 195 ff.

3. Organe

a) Hauptorgane

Die Hauptorgane des Völkerbundes waren entsprechend der Satzung (Artikel 2)[13]

- die **Bundesversammlung** (Artikel 3)
- der **Rat** (Artikel 4)
- das **Ständige Sekretariat** (Artikel 6)

Der **Bundesversammlung** gehörten alle Mitgliedstaaten an, die unabhängig von ihrer Größe oder ihrem politischen und wirtschaftlichen Potential über jeweils eine Stimme verfügten. Die Versammlung trat in der Regel jährlich zu einer ordentlichen Sitzungsperiode in Genf zusammen; sie war laut Satzung ermächtigt, „jede Frage, die in den Tätigkeitsbereich des Bundes fällt oder die den Weltfrieden berührt", zu behandeln (Artikel 3 Abs. 3). Beschlüsse bedurften, sofern nicht Ausnahmen galten, der Einstimmigkeit (Artikel 5).

Im **Rat**, als dem Parallel-Organ zur Versammlung, war nur ein Teil der Mitgliedstaaten vertreten. Er war mit der gleichen allgemeinen Vollmacht wie die Versammlung ausgestattet und konnte „jede Frage, die in den Tätigkeitsbereich des Bundes fällt oder die den Weltfrieden berührt", behandeln (Artikel 4 Abs. 5).

Die Zuständigkeiten der beiden Organe waren somit konkurrierend und in der Satzung nicht gegeneinander abgegrenzt. In der Praxis des Völkerbundes bildete sich zwar im Laufe der Jahre eine gewisse Arbeitsteilung heraus, grundsätzlich bestand aber keine Trennung der Zuständigkeit beider Organe. Auch bei Streitschlichtungsverfahren nach Artikel 15 hatte der Rat das Recht, die Angelegenheit der Bundesversammlung vorzulegen.

Somit war der Völkerbundrat nicht Exekutive im engeren Sinne, die sich ausschließlich auf die Beilegung von Streitigkeiten und die Verwirklichung der politischen Ziele des Völkerbundes konzentrieren konnte. Jedes Mitglied des Rates besaß eine Stimme, Beschlüsse erforderten grundsätzlich Einstimmigkeit der anwesenden Mitglieder (Artikel 5).

---

13 Vgl. hierzu Weber, H., Vom Völkerbund zu den Vereinten Nationen, Bonn 1987, S. 29 ff.

Der Rat bestand aus einer im Laufe seines Bestehens wechselnden Zahl von ständigen und nichtständigen Mitgliedern. Nach Artikel 4 sollten ursprünglich „Vertreter der alliierten und assoziierten Hauptmächte" der Friedensverträge (Großbritannien, Frankreich, Italien, Japan, USA) ständig im Rat vertreten sein, außerdem sollten die Vertreter von vier anderen – auf Zeit gewählten – Bundesmitgliedern dem Rat angehören. Die Erhöhung der Zahl sowohl der ständigen als auch der nichtständigen Mitglieder war satzungsgemäß möglich (Artikel 4 Abs. 2).

Der Rat konnte jedoch seine Tätigkeit im November 1920 nicht in der vorgesehenen Zusammensetzung aufnehmen, da die USA nicht vertreten waren.[14] Obschon auch Deutschland (1926 bis 1933) und die Sowjetunion (ab 1934) nach ihrer Aufnahme in den Völkerbund einen ständigen Sitz im Rat erhielten, blieben die privilegierten Ratsmitglieder während der ganzen Völkerbundzeit gegenüber den nichtständigen, deren Zahl zweimal erhöht wurde, in der Minderheit. Im Jahre 1938 bestand der Rat, der in der Regel zunächst fünf-, später viermal im Jahr zusammentrat, schließlich aus vier ständigen und elf nichtständigen Mitgliedern.

Das **Ständige Sekretariat** in Genf (zunächst untergebracht im ehemaligen Hotel „National", ab 1936 im neu errichteten „Palais des Nations") setzte sich aus dem „Generalsekretär sowie den erforderlichen Sekretären und dem erforderlichen Personal" (Artikel 6) zusammen. Obgleich das Sekretariat als ausführendes Organ im Wesentlichen mit der Verwaltung der Organisation beauftragt war, übte es unter den beiden Generalsekretären Sir James Eric Drummond (bis 1933) und François Joseph Avenol auch politischen Einfluss aus und wirkte bei der Formulierung der politischen Ziele des Völkerbundes mit.

Der **Ständige Internationale Gerichtshof** in Den Haag bildete **kein Organ des Völkerbundes**. Die Gründung des Gerichtshofs sah zwar der Artikel 14 der Völkerbundsatzung vor, und sie erfolgte schließlich im Jahre 1920 mit der Billigung seines Statuts durch den Rat und die Bundesversammlung. Die Unterzeichnung des dem Statut beigefügten Beitrittsprotokolls stand den Mitgliedstaaten des Völker-

---

14 Vgl. hierzu S. 15 f.

bundes sowie auch anderen Staaten offen. Der Gerichtshof war aber dem Völkerbund lediglich affiliiert, d. h. beigestellt. Die Verknüpfung lag im Wesentlichen darin, dass er bei internationalen Streitfällen für die Durchführung des „gerichtlichen Verfahrens" zuständig war und auf Ersuchen des Rates oder der Versammlung Rechtsgutachten erstattete.

b) Hilfsorgane

Der Völkerbund verfügte für die Bewältigung der unterschiedlichsten Einzelaufgaben in der Praxis über zahlreiche Hilfs- oder Unterorgane bzw. Kommissionen und Ausschüsse, die je nach ihrem Zweck dauernder oder vorübergehender Art waren. Zwei Ausschüsse sah die Satzung selbst vor, den so genannten Rüstungsausschuss (Artikel 9), dessen Hauptaufgabe in der Ausarbeitung eines allgemeinen Abrüstungsplans lag, und den Mandatsausschuss (Artikel 22 letzter Abs.) im Zusammenhang mit dem Mandatssystem.

Daneben gab es eine Reihe weiterer, mit politischen Aufgaben betrauter Hilfsorgane, zu denen auch das **Hochkommissariat des Völkerbundes für die russischen Flüchtlinge** zählte, das nach dem Tod seines langjährigen Leiters, des norwegischen Polarforschers Fridtjof Nansen, 1930 in **Internationales Nansen-Amt für Flüchtlinge** umbenannt und 1939 in eine zentrale Behörde mit Sitz in London, das Amt des **Hohen Kommissars für das Flüchtlingswesen**, übergeführt wurde.

Außerdem bestand eine Reihe ökonomisch-technischer Nebenorgane, die sich u. a. mit Wirtschafts-, Finanz-, Verkehrs- oder Gesundheitsfragen beschäftigten, und schließlich einige autonome Organisationen, welche mit dem Völkerbund in enger Verbindung standen. Diese Organisationen, wie die **Internationale Arbeitsorganisation**, hatten in den entsprechenden Bereichen eine ordnende und verwaltende Funktion, wodurch die Zusammenarbeit der Staaten und Völker gefördert werden sollte. Gemäß Artikel 24 der Völkerbundsatzung waren „alle früher durch Gesamtverträge errichteten internationalen Stellen... dem Bunde" unterzuordnen, d. h. eine Vielzahl internationaler Fachverbände, wie beispielsweise der 1874 gegründete **Weltpostverein**,[15] sollte dem Völkerbund organisa-

---

15 Vgl. S. 246 ff.

torisch angegliedert werden. Diese Bestimmung fand allerdings nur bei den so genannten Internationalen Büros Anwendung.

Zur Lösung akuter Probleme wurden vom Völkerbund einige spektakuläre internationale Fachkonferenzen einberufen (so die 1933 ergebnislos durchgeführte Abrüstungskonferenz).

4. Mitgliedschaft

„Ursprüngliche Mitglieder", d. h. Gründungsmitglieder, waren die in der Anlage zur Völkerbundsatzung aufgeführten 32 Signatarmächte der fünf Friedensverträge, also die Sieger des Ersten Weltkrieges sowie die an gleicher Stelle genannten 13 neutralen Staaten (darunter die Schweiz[16]), soweit sie der Satzung innerhalb von zwei Monaten beitraten (Artikel 1).

An die Aufnahme weiterer Mitglieder – „Staaten, Dominien oder Kolonien mit voller Selbstverwaltung" –, die der Zustimmung einer Zweidrittelmehrheit der Bundesversammlung bedurfte, wurden gewisse Bedingungen geknüpft (Artikel 1 Abs. 2), so dass die im Ersten Weltkrieg besiegten Staaten, und damit auch Deutschland, faktisch von einer Mitgliedschaft zunächst ausgeschlossen blieben.

Jedes Mitglied konnte nach „zweijähriger Kündigung aus dem Bunde austreten" (Artikel 1 Abs. 3) oder bei einer nicht zu akzeptierenden Satzungsänderung „ausscheiden" (Artikel 26 Abs. 2); nach Artikel 16 Abs. 4 hatte der Völkerbundrat die Kompetenz, „jedes Mitglied, das sich der Verletzung einer aus der Satzung entspringenden Verpflichtung schuldig macht", aus dem Völkerbund auszuschließen.

Zur Zeit der Gründung zählte die Organisation nicht wie vorgesehen 45, sondern nur 42 ursprüngliche Mitglieder, weil drei Staaten die Friedensverträge und damit die Satzung nicht ratifiziert hatten. Unter diesen Staaten befanden sich neben Ecuador und Hedschas (seit 1932 Saudi-Arabien) auch die USA, die trotz der maßgeblichen Rolle, welche ihr Präsident Wilson bei dem Zustandekommen des Völkerbundes gespielt hatte, den Versailler Friedensvertrag ablehnten: Der Beitritt der Vereinigten Staaten schei-

---

16 Vgl. hierzu S. 342.

terte am zweimaligen Votum des amerikanischen Senats, der sich schließlich am 19. März 1920 mit 49 zu 35 Stimmen zwar für die Ratifizierung des Vertragswerks aussprach, aber die notwendige Zweidrittelmehrheit verfehlte.

Während die USA dem Völkerbund niemals beitraten und sich nach Abschluss eines Separatfriedens mit Deutschland 1921 in den Isolationismus zurückzogen, fanden Deutschland 1926 und die Sowjetunion 1934 Zugang zur Organisation; die Schweiz und Österreich erklärten 1920 ihre Mitgliedschaft. Insgesamt 21 Staaten wurden später aufgenommen, 19 Mitglieder haben den Völkerbund in den nahezu 27 Jahren zwischen Gründung und Auflösung wieder verlassen, darunter auch das Deutsche Reich (1933) und Japan (1933) sowie Italien (1937); ein Staat, nämlich die Sowjetunion, wurde wegen der Invasion Finnlands durch die Rote Armee am 14. Dezember 1939 ausgeschlossen, zwei Mitgliedschaften (Österreich 1938 und Albanien 1939) erloschen de facto durch die Annexion beider Länder. In der Zeit seines Bestehens haben dem Völkerbund niemals mehr als 57 Staaten gleichzeitig angehört.

5. Versagen und Ende des Völkerbundes

Das Scheitern des Völkerbundes als Weltfriedensorganisation wird am augenfälligsten dadurch dokumentiert, dass er neben vielen anderen Konflikten und Streitigkeiten zwischen den Staaten den Ausbruch des Zweiten Weltkrieges nicht verhindern konnte. Während des Krieges blieb der Völkerbund nahezu handlungsunfähig; die letzte Sitzung fand am 11. Dezember 1939 statt, anschließend wurde sein Vermögen nach London transferiert. Erst nach Abschluss der Kampfhandlungen traten die damals 43 Mitgliedstaaten Ende Januar 1946 in London zusammen, um seine formelle Liquidation einzuleiten. Am 18. April 1946 löste die Bundesversammlung auf ihrer 21. Tagung – nochmals in Genf – den Völkerbund sowie den Ständigen Internationalen Gerichtshof, der bis zum Ausbruch des Zweiten Weltkrieges – danach wurde er nicht mehr angerufen – 32 Urteile gefällt und 27 Rechtsgutachten erstattet hatte, mit Wirkung vom 19. April 1946 auf.

Über die Gründe für die insgesamt geringe Wirksamkeit wie über die Tätigkeit der Organisation im Einzelnen gibt es inzwischen zwar zahlreiche Untersuchungen, die in ihrem Urteil weitgehend übereinstimmen, doch bemerkenswert scheint, dass in den zurückliegenden Jahrzehnten – nach Öffnung des Genfer Völkerbundarchivs im Jahre 1969[17] – relativ wenige tief greifende Analysen erschienen sind. In der Literatur jüngeren Datums wird der Völkerbund – wie dies auch in dieser Arbeit der Fall ist – vorwiegend im Zusammenhang bzw. im Vergleich mit den Vereinten Nationen in einem einleitenden Kapitel behandelt. Die letzte umfassende Monographie über den Völkerbund in deutscher Sprache ist 1938 (!) erschienen.[18] Eine dreibändige Gesamtbibliographie über die Völkerbundliteratur seit 1918 wurde zwar in den 80er Jahren von der Bibliothek der Vereinten Nationen in Genf erstellt, bis heute jedoch nicht veröffentlicht.

Durch die enge Verknüpfung mit den Pariser Friedensverträgen von 1919/20 war der Völkerbund – nicht nur aus deutscher Sicht – von Anfang an mit der Hypothek belastet, eine Einrichtung der Siegermächte zur Durchsetzung ihrer kontinentalen Vormachtstellung zu sein. Eine Bilanz seiner Tätigkeit hat diese historische Ausgangslage ebenso zu berücksichtigen wie die internationalen Konstellationen, die machtpolitischen Realitäten und Rivalitäten sowie eine allenthalben an internationalen Fragen wenig interessierte Öffentlichkeit.

Der Völkerbund, der sich in einer ersten Phase durchaus erfolgreich mit einer Reihe von Aufgaben befasste, die sich aus dem Ende des Ersten Weltkrieges ergaben (beispielsweise die fünfzehnjährige Verwaltungsaufsicht über das Saarland), in einigen internationalen Streitfällen vermittelte, so um Spitzbergen (1920), die Åland-Inseln

---

17 Vgl. hierzu Simon, W., Das historische Archiv der Bibliothek der Vereinten Nationen in Genf, in: Vereinte Nationen, 29. Jg., Heft 4, 1981, S. 122–126.

18 Göppert, O., Der Völkerbund. Organisation und Tätigkeit des Völkerbundes, Stuttgart 1938; Aufbau und Arbeitsweise des Völkerbundes aus heutiger Sicht werden ausführlich behandelt bei: Weber, Völkerbund; vergleichend angelegt sind die beiden Aufsätze: Heideking, J., Völkerbund und Vereinte Nationen in den internationalen Beziehungen, in: Aus Politik und Zeitgeschichte, B 36/1983, S. 3–16, und Kreis, G., Das System der kollektiven Friedenssicherung von 1919 und 1945, in: Schweizer Monatshefte, 66. Jg., Heft 1, 1986, S. 25–36.

(1921) oder um Korfu (1923), und in all den Jahren seines Bestehens auf wirtschaftlichem, sozialem und humanitärem Gebiet die internationale Zusammenarbeit sichtlich gefördert hat, trat bereits zu Beginn der dreißiger Jahre in die Periode des Niedergangs ein, als es ihm in den immer zahlreicher werdenden Konflikten (so bei den Aggressionen Japans in der chinesischen Mandschurei 1931, Italiens in Abessinien 1935 und bei dem Einmarsch der Sowjetunion in Finnland 1939) nicht gelang, wirksame Maßnahmen zu ergreifen.

Als wesentlich für den Misserfolg auf dem Gebiet der Sicherung des Friedens gilt zunächst der Umstand, dass das Prinzip der Universalität, gerichtet auf die Mitgliedschaft möglichst **aller Staaten**, im Völkerbund zu keiner Zeit verwirklicht war. Trotz der Mitgliedschaft einiger Länder aus der heutigen Dritten Welt blieb er weitgehend eine „eurozentrische Organisation".[19] Nach seiner Gründung stand nicht nur die Großmacht USA abseits und trat niemals bei, auch die Sowjetunion als erster sozialistischer Staat und Zentrum der kommunistischen Weltbewegung sowie Deutschland blieben zunächst außerhalb der Organisation. Als die UdSSR schließlich 1934 (bis 1939) Völkerbundmitglied wurde und einen ständigen Ratssitz erhielt, hatten Deutschland und Japan schon wieder ihren Austritt erklärt. Die Abkehr dieser wie anderer Staaten vom Völkerbund, der auch auf dem Gebiet der Abrüstung keine Fortschritte erzielen konnte, lag vorwiegend darin begründet, dass die jeweiligen nationalen Interessen mit den Zielen des Bundes nicht übereinstimmten, d.h. eine große Zahl von Staaten, darunter die europäischen Großmächte, war nicht willens, den ihnen durch die Satzung auferlegten Pflichten nachzukommen.

Der Völkerbund als eine Organisation der auf ihre Souveränität bedachten Nationalstaaten sollte und konnte keine Weltregierung sein, er war lediglich ein Instrument der Mitgliedstaaten, die es im Laufe der Zeit in immer stärkerem Maße vorzogen, ihre politischen Ziele außerhalb des Bundes mit Gewalt durchzusetzen. Er konnte das in der Satzung konzipierte Kriegsverhütungsmodell, beruhend auf den drei Säulen friedliche Streitbeilegung, kollektive Sicherheit als neuartigem Sanktionssystem und Abrüstung, nicht in die Wirk-

---

19 Kreis, System, S. 29.

lichkeit umsetzen und scheiterte letztlich nicht an der Substanz seiner Satzung, sondern am nationalstaatlichen Egoismus seiner Mitglieder.

Der Völkerbund war dennoch eine Pionierleistung, der erste, bahnbrechende Versuch, die internationale Zusammenarbeit weltweit zu institutionalisieren – ein im Wesentlichen misslungenes Experiment, wie wir heute wissen. Andererseits darf nicht übersehen werden, dass zumindest die multilaterale Diplomatie als ständige Einrichtung mit der Genfer Organisation einen Aufschwung erlebte und neuartige Prinzipien und Zielsetzungen sowie neu geschaffene Konsultations- und Entscheidungsmechanismen Eingang in die internationale Politik fanden.

Anlässlich der Gründungskonferenz der Vereinten Nationen wies der einflussreiche südafrikanische Politiker Jan C. Smuts, der an der Entstehung der Genfer Organisation maßgeblich mitgewirkt hatte, am 1. Mai 1945 dem Völkerbund einen entsprechenden Platz in der Geschichte zu:

> „Der Völkerbund war eine große und edle Leistung und ging weit über das hinaus, was vorher getan oder auch nur versucht worden war. Heute ist es Mode geworden, den Völkerbund gering zu achten oder ihn sogar zu schmähen. Aber zu dieser Zeit war er ein echter und großer Fortschritt. Alle, die für dieses edle Werk gearbeitet haben, brauchen nichts zu bedauern und haben keine Veranlassung, Entschuldigungen vorzutragen. Der Völkerbund war in allen seinen Bemühungen um die Lösung humanitärer Aufgaben bemerkenswert erfolgreich. Vieles, was er auf dem fruchtbaren Felde des Dienstes am Menschen leistete, ist von bleibendem Wert und kann von der neuen Organisation [den Vereinten Nationen] nur aufgenommen und fortgesetzt werden. Der Völkerbund versagte in einer Hinsicht vollkommen, und zwar bei seiner wichtigsten Aufgabe: Er hat den Krieg nicht verhindert, er verhinderte nicht die unrechtmäßige Aggression."[20]

---

20 Zitiert nach Schlüter, H. W., Diplomatie der Versöhnung. Die Vereinten Nationen und die Wahrung des Weltfriedens, Stuttgart 1966, S. 58 f.; vgl. hierzu auch Bestermöller, G., Die Völkerbundsidee. Leistungsfähigkeit und Grenzen der Kriegsverhütung durch Staatensolidarität, Stuttgart 1995.

2. Kapitel. Die Gründung der Vereinten Nationen

Die Entstehungsgeschichte der Vereinten Nationen ist vor dem Hintergrund des Versagens der ersten Weltfriedensorganisation, des Völkerbundes, zu sehen.

Mit der Gründung des Völkerbundes im Jahre 1919 war der in seiner Zielsetzung bis dahin einzigartige praktische Versuch einer institutionalisierten Friedenssicherung unternommen worden. Während im 19. Jahrhundert die Erhaltung des internationalen Friedens weitgehend auf dem Gleichgewicht der Mächte (Balance of Powers) beruhte, sollte nunmehr durch ein Zusammenwirken aller Staaten eine permanente internationale Einrichtung geschaffen und damit eine dauerhafte, friedliche Weltordnung erreicht werden. Das Prinzip der kollektiven Sicherheit galt als zukunftweisender Fortschritt gegenüber dem alten Allianzsystem.

Die Ursachen für das Scheitern des Völkerbundes, der sich nach einer Phase der Apathie am 18. April 1946 schließlich selbst aufgelöst hatte, waren für die Architekten der Vereinten Nationen von prägendem Gewicht, wollte man doch die Fehler der Vergangenheit nicht wiederholen. Ein Weiterbestehen des Völkerbundes ist aus den verschiedensten Gründen niemals ernsthaft erwogen worden.

War die Realisierung des Völkerbundes im Wesentlichen das Werk Woodrow Wilsons gewesen, so ging die Initiative zur Gründung der Vereinten Nationen[1] wiederum von einem US-amerikanischen Präsidenten aus, wurzelnd in der Tradition des amerikanischen Völkerrechts- und Politikverständnisses: Franklin Delano Roosevelt – von 1933 bis 1945 im Amt – beauftragte bereits in den ersten Kriegsjahren seine Administration mit der Planung für eine neue und wirk-

---

1 Zur Entstehungsgeschichte der Vereinten Nationen vgl. Schlüter, Diplomatie, S. 60–77; Pfeifenberger, W., Die Vereinten Nationen, Salzburg und München 1971, S. 17–69; Weber, Völkerbund, S. 128–148; Volger, H., Geschichte der Vereinten Nationen, München und Wien 1995, S. 1–19.

samere Weltorganisation.[2] Darin sollten nach seinen Vorstellungen die damaligen Großmächte als eine Art Weltpolizei Ordnungsfunktionen übernehmen und den Frieden sichern; zunächst waren für diese Rolle nur die USA und Großbritannien vorgesehen, später wurde der Kreis um die Sowjetunion und China erweitert. (Die von Roosevelt stammende und erstmals in einem Briefwechsel mit Winston Churchill verwandte Bezeichnung „Vereinte Nationen" fand am 1. Januar 1942 mit der „Erklärung der Vereinten Nationen" offizellen Eingang in die internationale Politik.)

Unter der Führung der USA, der UdSSR, Großbritanniens und Chinas verpflichteten sich in diesem Kriegsbündnis (auch Washington-Pakt genannt) insgesamt 26 alliierte Staaten, die gegen die Achsenmächte – insbesondere das Deutsche Reich, Italien und Japan – im Krieg standen, zur Fortsetzung des Kampfes mit allen Mitteln bis zum vollständigen Sieg (21 weitere Staaten traten der Erklärung noch während des Krieges bei). Gleichzeitig bekannten sich die Unterzeichner – die *Vereinten Nationen* also – zu der von Roosevelt und dem britischen Premierminister Churchill ausgearbeiteten, am 14. August 1941 verkündeten Atlantik-Charta, in der die Grundzüge und Ziele einer weltweiten Nachkriegsfriedensordnung umrissen und die Errichtung eines „umfassenden und dauerhaften Systems allgemeiner Sicherheit" proklamiert wurde.

Vorrangig in den USA wurden nach dem japanischen Überfall auf Pearl Harbour im Dezember 1941 die Anstrengungen zur Schaffung einer internationalen Organisation intensiviert; so legte das State Department (Außenministerium) schon im Juli 1943 einen Satzungsentwurf vor, und bereits im Herbst desselben Jahres sprach sich der amerikanische Kongress grundsätzlich für die Beteiligung der Vereinigten Staaten an einer zukünftigen Weltfriedensorganisation aus. Die Weichen waren damit gestellt, um ein Wiederaufleben der verhängnisvollen Politik des nordamerikanischen Isolationismus zu verhindern.

Auf internationaler Ebene fand das Drängen der Vereinigten Staa-

---

2 Über Roosevelts Pläne für ein neues Sicherheitssystem vgl. Craig, G. A. und A. L. George, Zwischen Krieg und Frieden. Konfliktlösung in Geschichte und Gegenwart, München 1988, S. 138 ff.

ten am 30. Oktober 1943 ein Echo, als sich auf der Moskauer Außenministerkonferenz die USA, die UdSSR, Großbritannien und China gemeinsam für die baldmöglichste Bildung einer „internationalen Organisation zur Aufrechterhaltung des internationalen Friedens und der internationalen Sicherheit" aussprachen.

Diese Absicht wurde von den **Großen Drei** (Churchill, Roosevelt, Stalin) auf der Teheraner Konferenz (28. November bis 1. Dezember 1943) bekräftigt. Den Großmächten blieb es in der Folgezeit zunächst vorbehalten, die Grundsätze und Grundzüge der zu schaffenden Institution zu konkretisieren.

Expertenvertreter der vier Regierungen trafen sich vom 21. August bis 7. Oktober 1944 in Dumbarton Oaks, einem privaten Landsitz im Washingtoner Stadtteil Georgetown, um Einzelheiten der organisatorischen Ausgestaltung festzulegen. Am Ende der Verhandlungen, die in zwei Abschnitte zerfielen (zunächst berieten die amerikanische, britische und sowjetische Delegation, danach die Abgesandten der USA, Großbritanniens und Chinas), wurde ein erster, allerdings noch unvollständiger Entwurf für eine Satzung der Vereinten Nationen („Vorschläge für die Errichtung einer allgemeinen internationalen Organisation") veröffentlicht und den Regierungen der alliierten Staaten vorgelegt.

Die „Dumbarton Oaks Proposals" wiesen den damaligen Großmächten eine herausragende Rolle für die Friedenswahrung zu. In jenem historischen Stadium liefen deren Interessen im Hinblick auf die künftige Nachkriegsorganisation letztlich darauf hinaus, einen „Kooperationsrahmen für eine Art Kollektivhegemonie der Großmächte"[3] einschließlich Frankreichs unter eingeschränkter Beteiligung weiterer Staaten zu schaffen. Auf der Gipfelkonferenz von Jalta (4.–11. Februar 1945) erfuhren die ausgearbeiteten Vorschläge wichtige Konkretisierungen in umstrittenen Einzelfragen;[4] so einigten sich Churchill, Roosevelt und Stalin schließlich über den noch

---

3 Link, W., Die Neuordnung der Weltpolitik. Grundprobleme globaler Politik an der Schwelle zum 21. Jahrhundert, 3. Auflage, München 2001, S. 110.
4 Zur sowjetischen Haltung in der Gründungsphase vgl. Moeller, K.-U., Die UNO-Politik der Sowjetunion zwischen Kriegskoalition und Kaltem Krieg 1943–1949, Dissertation, Tübingen 1980, S. 33 ff.

offenen Abstimmungsmodus im Sicherheitsrat – in der so genannten **Jalta-Formel**;[5] die Forderung der USA, die Menschenrechte in der Satzung angemessen zu berücksichtigen, scheiterte jedoch am Widerstand sowohl des sowjetischen wie auch des britischen Regierungschefs.

Anfang März 1945 luden die vier Hauptmächte jene Staaten, die bis dahin die Erklärung der Vereinten Nationen vom Januar 1942 unterschrieben hatten, zu einer Konferenz zwecks Gründung „einer allgemeinen internationalen Organisation zur Aufrechterhaltung des Weltfriedens und der internationalen Sicherheit" ein.

Noch vor Beendigung des Krieges in Europa, am 25. April 1945, dem Tag, an dem sich amerikanische und sowjetische Soldaten bei Torgau an der Elbe symbolträchtig die Hände reichten, begann im Opernhaus in San Francisco die „**United Nations Conference on International Organization**" (UNCIO), an der schließlich 50 Länder teilnahmen. Diskussionsgrundlage in den zahlreichen Kommissionen und Ausschüssen bildete der Satzungsentwurf der Großmächte, der auf Grund von mehr als tausend eingebrachten Vorschlägen ergänzt und modifiziert wurde.

Ein wesentliches Ergebnis des dabei zustande gekommenen Kompromisses lag insbesondere für die in vielen Punkten auf Änderungen drängenden kleinen und mittleren Staaten darin, dass sie in einigen Organen der zukünftigen Organisation größere Mitsprache erhielten und dass die Kompetenzen zwischen einzelnen Gremien neu verteilt bzw. erweitert wurden (so beispielsweise die Befugnisse der Generalversammlung und des Wirtschafts- und Sozialrats). Trotz heftiger Kritik blieb aber das in Jalta vereinbarte Vetorecht der Großmächte im Sicherheitsrat unangetastet, denn ohne dieses Privileg wären weder die Sowjetunion noch die USA der zu schaffenden Organisation beigetreten.

Die endgültige Satzung (Charta) der Organisation, die in Würdigung des am 12. April 1945 verstorbenen US-Präsidenten Roosevelt den Namen der siegreichen Kriegskoalition „*Vereinte Nationen*" (United Nations Organization – UNO, Organisation des Nations

---

5 Vgl. S. 119.

Unies – ONU) erhielt, wurde – obwohl eine Vielzahl von Meinungsverschiedenheiten nicht ausgeräumt werden konnte – vom Plenum der Konferenz am 25. Juni 1945 letztlich einstimmig angenommen; einen Tag später erfolgte im „Herbst Theater" des Veterans War Memorial Building in San Francisco die Unterzeichnung. Zu den Gründungsmitgliedern zählten 51 Staaten – ein Land (Polen) hatte an der Konferenz nicht teilnehmen können und unterschrieb deshalb später –, die als „ursprüngliche Mitglieder"[6] bezeichnet werden.

Nachdem die erforderliche Anzahl von Staaten die Urkunde ratifiziert hatte (der amerikanische Senat billigte die Satzung und damit den Beitritt der USA am 29. Juli 1945 mit 89 gegen zwei Stimmen), trat die Charta am 24. Oktober 1945 in Kraft. (Der Gründungstag wird auf Beschluss der Generalversammlung seit 1972 alljährlich als **Tag der Vereinten Nationen** begangen.)

Vergleicht man die Kernsubstanz der schließlich verabschiedeten Charta mit den ursprünglichen Entwürfen der US-Regierung, so wird deutlich, dass sich die USA mit ihren Vorstellungen und Interessen am Zustandekommen und der Verfasstheit der zweiten Weltorganisation weitgehend durchsetzen konnten.

Die Vereinten Nationen nahmen mit Beginn der ersten Sitzungsperiode der Generalversammlung am 10. Januar 1946 in der Central Hall zu Westminster in London unter Vorsitz des Belgiers Paul-Henri Spaak ihre Arbeit auf; am 17. Januar 1946 formierte sich der Sicherheitsrat ebenfalls zunächst in London und begann seine Tätigkeit.

Mit der Gründung der UNO war der Grundstein für das sich nach und nach herausbildende, inzwischen weit verzweigte System der Vereinten Nationen (UN-System) gelegt worden. Hatte es zunächst auch Pläne zur Schaffung einer in ihren Tätigkeitsbereichen allumfassenden Weltorganisation gegeben, so setzte sich schließlich in der Charta die Konzeption eines „dezentralisierten und funktional ausdifferenzierten Gesamtsystems"[7] durch. Politischer Mittelpunkt

---

6 Vgl. S. 437.
7 Hüfner, K., UN-System, in: Wolfrum, R. (Hrsg.), Handbuch Vereinte Nationen, 2. Auflage, München 1991, S. 969.

sollte die mit Koordinierungsfunktionen ausgestattete Kernorganisation, die UNO, sein. Mit ihr „in Beziehung gebracht" werden sollte ein Kreis von „Sonderorganisationen" mit spezifischen, sektoralen Aufgabenstellungen (Charta, Artikel 57).

3. Kapitel. Ziele und Grundsätze – gemäß der Charta der Vereinten Nationen

I. Charta

Die Charta – oder auch Satzung – der Vereinten Nationen ist ein zeitlich nicht begrenzter völkerrechtlicher Vertrag zwischen souveränen Staaten, der, im Gegensatz zur Völkerbundsatzung, nicht mit Friedensverträgen verknüpft ist. Sie weist zwar manche Züge einer Verfassung der Staatengemeinschaft auf und hat inzwischen universelle Geltung erlangt, ist aber dennoch keine Verfassung im engeren juristischen Sinne. Die Vereinten Nationen sind, obwohl sie als Völkerrechtssubjekt eine Rechtspersönlichkeit eigener Art besitzen (beispielsweise Verträge abschließen können), kein Weltstaat mit einer Weltregierung, sondern – wie schon der Völkerbund – ein politischer Zweckverband ohne überstaatliche Autorität, d. h. letztlich ein Instrument ihrer Mitgliedstaaten.[1] Die Vereinten Nationen dienen den Staaten

- als weltpolitische Diskussionsplattform,
- als Forum zur Erarbeitung von Politiken und Strategien,
- als operationelle Organisation zur Umsetzung gemeinsamer Ziele.

Die Charta – geprägt von der Epoche des Zweiten Weltkrieges und zugleich Vision und Bauplan einer Neuen Weltordnung – besteht aus einer Präambel, die einen integralen Bestandteil dieses multilateralen Vertragswerkes darstellt,[2] und 19 Kapiteln mit insgesamt 111 Artikeln.[3] Formal fällt im Vergleich zur Völkerbundsatzung mit ihren insgesamt nur 26 Artikeln die Ausführlichkeit des UN-Organisationsstatuts ins Auge.

Die Charta der Vereinten Nationen kann nach Artikel 108 und

---

1 Norm und Praxis der Satzungsbestimmungen behandelt ausführlich Simma, B. (Hrsg.), Charta der Vereinten Nationen. Kommentar, München 1991.

2 Vgl. hierzu Hobe, St., Die Präambel der UN-Charta im Lichte der aktuellen Völkerrechtsentwicklung, Berlin 1997.

3 Text der Charta im Anhang, S. 407 ff.

109 formell unter folgenden Voraussetzungen geändert bzw. revidiert werden, wobei kein materieller Unterschied zwischen beiden Verfahren besteht: **Änderungen** müssen von der Generalversammlung mit einer Mehrheit von zwei Dritteln aller Mitglieder bewilligt werden (Artikel 108). Zwecks **Revision**, d. h. Gesamtüberprüfung der Charta, kann eine spezielle Mitgliederkonferenz (General Conference) einberufen werden, deren Beschlüsse ebenfalls einer Zweidrittelmehrheit bedürfen (Artikel 109). In beiden Fällen wird das Inkrafttreten von der Ratifikation durch zwei Drittel der UN-Staaten einschließlich sämtlicher Ständigen Mitglieder des Sicherheitsrats abhängig gemacht. Jede Veränderung des Charta-Textes unterliegt somit dem Vetorecht eines jeden permanenten Ratsmitglieds.

Die Gründer der Organisation sahen bereits die Notwendigkeit voraus, im Laufe der Zeit die Charta-Norm neuen internationalen Entwicklungslinien und Gegebenheiten anzupassen; deshalb bestimmt Artikel 109 Abs. 3, dass spätestens zehn Jahre nach Inkrafttreten der Satzung eine **Generalkonferenz** mit dem Ziel der Charta-Überprüfung abgehalten werden soll. Die 10. Generalversammlung der Vereinten Nationen beschloss am 21. November 1955 lediglich, eine solche Revisionskonferenz solle „zu gegebener Zeit" stattfinden, ein eigens dafür eingesetzter Ausschuss wurde mit den Vorbereitungen betraut.

Ein konkreter Beschluss konnte danach jedoch nicht erzielt werden, obschon entsprechende Vorstöße insbesondere nach 1969 wiederholt auf der Tagesordnung der Generalversammlung standen. Die Mitgliedstaaten wurden 1970 außerdem um konkrete Stellungnahmen zur Frage einer Satzungsrevision ersucht, und Ende 1974 rief das UN-Plenum einen Ad-hoc-Ausschuss zur Überprüfung der Charta ins Leben, der ein Jahr später – mit erweitertem Zuständigkeitsbereich – in den „Sonderausschuss für die Charta der Vereinten Nationen und die Stärkung der Rolle der Organisation" (kurz: Charta-Ausschuss)[4] umgewandelt wurde. Seiner ursprünglichen Hauptaufgabe, Satzungsänderungen in die Wege zu leiten, ist der Ausschuss bisher lediglich in einem Fall einen Schritt näher gekommen; erstmals im Februar/März 1995 empfahl der Ausschuss

---

4 Vgl. S. 64.

der Generalversammlung einvernehmlich eine konkrete Satzungsänderung: die Streichung der längst obsolet gewordenen Feindstaatenartikel 53 und 107.[5] Nahe liegende Überlegungen, den inzwischen funktionslos gewordenen Treuhandrat[6] aus der Satzung zu
eliminieren oder mit anderen Aufgaben zu betrauen, haben bisher
den Sonderausschuss nur am Rande beschäftigt.

Die Erfolgsaussichten für eine Totalreform der Charta, wie sie
etwa im Zuge des 50-jährigen UN-Jubiläums 1995 von verschiedenen Seiten propagiert wurde,[7] sind derzeit gering, denn jede umfassende Satzungsänderung stößt bei den Großmächten im Sicherheitsrat auf Ablehnung. Vorwiegend Staaten der Dritten Welt rekla-
mieren seit längerem eine Gesamtüberprüfung der Satzung, wie
auch einzelner Bestimmungen. Die neuerdings allseits unstrittige
Forderung nach einer Reform des Sicherheitsrats ist etwa von der
Gruppe der Blockfreien Staaten im Grundsatz bereits seit den 60er
Jahren wiederholt erhoben worden.

Seit Gründung der Vereinten Nationen ist die Satzung nur an insgesamt vier Stellen (Artikel 23, 27, 61 und 109) formell abgeändert
worden, wobei lediglich die Mitgliederzahlen im Sicherheitsrat bzw.
Wirtschafts- und Sozialrat (hier zweimal) erhöht wurden; rechtlich
basierten diese Änderungen auf dem in Artikel 108 vorgesehenen
Verfahren. Eine Reihe von Charta-Bestimmungen wurde in der Vergangenheit jedoch de facto, d. h. faktisch-politisch, mit Zustimmung
der Mehrheit der Mitglieder neu interpretiert bzw. modifiziert (Beispiele hierfür sind etwa die „Uniting-for-Peace-Resolution"[8] oder
die Abstimmungspraxis im Sicherheitsrat[9]).

---

5 Vgl. S. 287 f.
6 Vgl. S. 150 f.
7 Vgl. etwa Kapitel V des Berichts der Carlsson-Ramphal-Commission on Global
  Governance (deutsche Textausgabe: Stiftung Entwicklung und Frieden [Hrsg.],
  Nachbarn in Einer Welt, Bonn 1995) oder das von der Unabhängigen Arbeitsgruppe zur Zukunft der Vereinten Nationen (u. a. mit Richard von Weizsäcker) vorgelegte Reformpapier „Die UNO in ihren nächsten 50 Jahren" (deutsche Textausgabe:
  Deutsche Gesellschaft für die Vereinten Nationen [Hrsg.], Die Vereinten Nationen
  in ihren nächsten 50 Jahren, Bonn 1995).
8 Vgl. S. 44 f.
9 Vgl. S. 119 f.

II. Ziele

Die Ziele oder Aufgabenbereiche der Vereinten Nationen werden bereits in der Präambel umrissen und in Artikel 1 der Charta in vier Punkten zusammengefasst. Zentrale Ziele der Vereinten Nationen sind demnach:[10]

(1) Die Erhaltung und gegebenenfalls Wiederherstellung des „Weltfriedens und der internationalen Sicherheit" (international peace and security), d. h. Wahrung des Friedens in den internationalen Beziehungen und Schutz der Mitgliedstaaten vor äußerer Bedrohung. Erreicht werden soll dieses Ziel einmal durch eine Reihe politischer und rechtlicher Verfahren zur friedlichen Regelung zwischenstaatlicher Konflikte (friedliche Streitschlichtung gemäß Kapitel VI der Charta), zum anderen mittels „wirksamer Kollektivmaßnahmen" (Artikel 1 Ziff. 1), d. h. durch den Aufbau eines Systems der kollektiven Sicherheit (Friedenssicherung durch gemeinsame Aktionen aller Staaten gegen den Friedensbrecher entsprechend Kapitel VII der Satzung);

(2) die Entwicklung „freundschaftlicher", auf der Grundlage der „Gleichberechtigung und Selbstbestimmung" beruhender „Beziehungen zwischen den Nationen" (Artikel 1 Ziff. 2);

(3) die Herbeiführung einer „internationalen Zusammenarbeit ... um internationale Probleme wirtschaftlicher, sozialer, kultureller und humanitärer Art zu lösen", und die Förderung und Festigung der „Menschenrechte und Grundfreiheiten" für alle Menschen „ohne Unterschied der Rasse, des Geschlechts, der Sprache oder der Religion" (Artikel 1 Ziff. 3);

(4) „ein Mittelpunkt zu sein" für die Verwirklichung dieser Ziele (Artikel 1 Ziff. 4).

Diese sehr allgemein gehaltenen Formulierungen, die an verschiedenen Stellen der Charta selbst wie auch durch Resolutionen

---

10 Vgl. hierzu insbesondere Cede, F., Die Grundsätze und Ziele der Vereinten Nationen, in: Cede, F. und L. Sucharipa-Behrmann (Hrsg.), Die Vereinten Nationen, Wien und München 1999, S. 12–24.

der Generalversammlung[11] konkretisiert bzw. interpretiert werden und im Zusammenhang mit den Aufgaben der einzelnen Organe eingehender zu erörtern sind, lassen erkennen, wie umfassend der Wirkungskreis der Organisation bereits von Anfang an sein sollte.

Betrachtet man die Rangfolge der Zielsetzungen im Kontext der Entstehungsgeschichte der Vereinten Nationen, so wird deutlich, weshalb an oberster Stelle die Wahrung des Friedens steht. Doch welcher „Frieden" ist gemeint? Der herausragende und in der Charta mehr als fünfzig Mal verwendete Begriff Frieden – sowohl in der Zusammensetzung Weltfrieden (international peace) als auch ohne jeglichen Zusatz – wird an keiner Stelle der Satzung definiert, und die Interpretationen der Völkerrechtler und Politikwissenschaftler hinsichtlich der Reichweite des zugrunde liegenden Friedensbegriffs waren bis Ende der 80er Jahre durchaus kontrovers.[12]

Inzwischen ist jedoch angesichts der dramatischen Zunahme innerstaatlicher gewaltsamer Auseinandersetzungen unbestritten, dass sich das oberste Gebot der Erhaltung bzw. Wiederherstellung eines Friedenszustandes nicht nur, wie in der Charta formuliert, auf internationale Konflikte bezieht. Außerdem besteht die Notwendigkeit – und darüber herrschte bereits auf der UN-Gründungskonferenz in San Francisco (1945) prinzipielle Einhelligkeit –, die **Ursachen** möglicher Konflikte zu beseitigen. Ohne die weltweite Lösung der wirtschaftlichen und sozialen Probleme **innerhalb** der Staaten ist kein **positiver** Friedenszustand, kein **gerechter** Frieden, erreichbar, der mehr beinhaltet als die Abwesenheit von Krieg im Sinne der direkten Gewaltanwendung (traditioneller negativer

---

11 Vgl. hierzu S. 41 ff.
12 Vgl. beispielhaft die enge Auslegung bei Arntz, J., Der Begriff der Friedensbedrohung in Satzung und Praxis der Vereinten Nationen, Berlin 1975, S. 18–24, und Dicke, D. Ch., W.-W. Rengeling, Die Sicherung des Weltfriedens durch die Vereinten Nationen. Ein Überblick über die Befugnisse der wichtigsten Organe, Baden-Baden 1975, S. 15–23. Neuerdings wird allenthalben eine weitergefasste Interpretation bevorzugt, z. B. bei Wolfrum, R., in: Simma (Hrsg.), Charta, S. 7 f. und Paech, N. und G. Stuby, Völkerrecht und Machtpolitik in den internationalen Beziehungen, Hamburg 2001, S. 522 f.

Friedensbegriff). Der Forderung nach sozialer Gerechtigkeit wendet die Charta aus diesem Grunde besondere Aufmerksamkeit zu.

Neben die Verhinderung gewaltsamer Konflikte treten damit die Förderung der wirtschaftlichen und sozialen Zusammenarbeit sowie die Achtung und Verwirklichung der Menschenrechte als wesentliche Funktionsbereiche der Vereinten Nationen, wobei die Charta diesen beiden Komplexen erheblich mehr Platz und Gewicht einräumt, als dies in der Völkerbundsatzung der Fall war.

Seit Bestehen der Vereinten Nationen sind die grundlegenden Zielsetzungen ihrer Charta ständig von neuem bestätigt, aber auch in ihrer Reichweite weiterentwickelt worden. Veränderte internationale Rahmenbedingungen und neue Herausforderungen (etwa Umweltprobleme oder der internationale Terrorismus) haben zu einer beträchtlichen Ausweitung des Aufgabenkatalogs und der Betätigungsfelder der Organisation geführt.

Aus heutiger Sicht lassen sich die zentralen Tätigkeitsfelder der Vereinten Nationen mit den Schlagworten charakterisieren: Friedenssicherung, Entwicklung und Armutsbeseitigung, Umweltschutz sowie Menschenrechtsschutz. Auf dem Gipfeltreffen der Staats- und Regierungschefs Anfang September 2000 in New York wurden diese „grundlegenden Ziele" in der so genannten Millenniumserklärung (Resolution 55/2) ausdrücklich bekräftigt.

Vor dem Hintergrund der Erfahrungen mit dem gescheiterten Völkerbund kommt dem in der Satzung nicht ausdrücklich genannten Prinzip der **Universalität** besondere Bedeutung zu, d.h. möglichst alle Staaten der Welt sollen der Organisation angehören.

III. Grundsätze

Die in Artikel 2 der Charta niedergelegten sieben Grundsätze regeln einmal generell die Rechte und Pflichten der Mitglieder, zum anderen stecken sie die Möglichkeiten und Grenzen der Organisation ab. Eine Ausgestaltung erfuhren diese allgemein gefassten Handlungsprinzipien in der am 25. Jahrestag des Inkrafttretens der Satzung (24. Oktober 1970) von der Generalversammlung angenommenen „Erklärung über völkerrechtliche Grundsätze für freundschaftliche Beziehungen und Zusammenarbeit zwischen den Staaten im Sinne der Charta der Vereinten Nationen" (Friendly-Relations-Declaration).[13]

Folgende Grundsätze, die in ihrer Interpretation und Konsequenz zum Teil umstritten sind, nennt die Charta:[14]

(1) Die Organisation beruht auf dem Prinzip der „souveränen Gleichheit aller ihrer Mitglieder" (Artikel 2 Ziff. 1). Die **Staatensouveränität** stellt somit einen Grundpfeiler der Organisation dar; d. h. die Charta geht von der zentralen Rolle des souveränen Staates als des primären Trägers der internationalen Beziehungen aus, wobei dieses Prinzip durch das Verbot der Einmischung in die inneren Angelegenheiten eines Staates (Art. 2 Ziff. 7) ergänzt wird. **Staatengleichheit** bedeutet Gleichheit vor dem Recht, aber nicht Gleichheit im Recht, d. h. die den Ständigen Sicherheitsratsmitgliedern in der Satzung zugestandenen Vorrechte sind durchaus mit dem Grundsatz der formalen Gleichheit vereinbar.

(2) „Alle Mitglieder erfüllen nach ... Treu und Glauben" die ihnen in der Charta auferlegten „Verpflichtungen" (Artikel 2 Ziff. 2). Diesem allgemeinen völkerrechtlichen Grundsatz gemäß sind die einzelnen Bestimmungen im Zweifelsfall im Geiste der Charta zu erfüllen.

(3) Alle Mitglieder regeln ihre „internationalen Streitigkeiten" mit „friedlichen Mitteln" (Artikel 2 Ziff. 3). Dieses Gebot zur friedlichen Streitbeilegung „stellt ... eines der Fundamente des UNO-Systems der Streiterledigung dar".[15] Die Generalversammlung hat im Laufe der Zeit diesen Grundsatz mehrfach bekräftigt und ergänzende Empfehlungen hierzu verabschiedet; genannt seien die „Erklärung von Manila über die friedliche

---

13 Text der Erklärung in: Vereinte Nationen, 26. Jg., Heft 4, 1978, S. 138–141; vgl. auch Scheuner, U., Zur Auslegung der Charta durch die Generalversammlung, in: ebenda, S. 111–117.
14 Vgl. hierzu insbesondere Simma (Hrsg.), Charta, S. 33 ff.
15 Escher, R., Friedliche Erledigung von Streitigkeiten nach dem System der Vereinten Nationen, Zürich 1985, S. 9 f.

Beilegung internationaler Streitigkeiten" (1982)[16] sowie die „Erklärung über die Verhütung und Beseitigung von Streitigkeiten und Situationen, die den Weltfrieden und die internationale Sicherheit bedrohen können, und über die Rolle der Vereinten Nationen auf diesem Gebiet" (1988).[17] Die inzwischen allgemein gültige Verpflichtung zur friedlichen Streitbeilegung steht in unmittelbarem Zusammenhang mit dem Gewaltverbot, verankert im nachfolgenden Absatz der Charta.

(4) Alle Mitglieder verzichten auf internationaler Ebene auf die „Androhung oder Anwendung von Gewalt" (Artikel 2 Ziff. 4). Der in der Völkerbundsatzung verankerte Grundsatz des partiellen Kriegsverbots wird mit dieser Charta-Bestimmung zu einem allgemeinen Gewaltverbot ausgeweitet. Jeder Staat verpflichtet sich somit, die Erstanwendung, selbst die Androhung militärischer Gewalt in den gegenseitigen Beziehungen zu unterlassen. Davon unberührt bleiben jedoch gemäß Artikel 51 das – allerdings zeitlich befristete – Recht eines jeden angegriffenen Staates auf individuelle und kollektive Verteidigung (Selbstverteidigungsrecht) bei Vorliegen eines „bewaffneten Angriffs" (Artikel 51) – womit ein präventives Selbstverteidigungsrecht verneint wird – sowie durch den Sicherheitsrat gemäß Kapitel VII verhängte Zwangsmaßnahmen (Artikel 2 Ziff. 7, letzter Halbsatz); d. h. Ausnahmen vom Gewaltverbot sind gemäß der Charta nur in engen Grenzen zulässig. Das jedoch in der Auslegung und Reichweite – insbesondere seit dem Ende des Kalten Krieges – umstrittene Prinzip des Gewaltverbots gilt inzwischen unabhängig von der UN-Satzung als zwingende Norm des allgemeinen Völkerrechts.[18]

---

16 Vgl. hierzu: Koch, M., Stillstand unter der Flagge des Fortschritts. Die Erklärung von Manila zur friedlichen Streitbeilegung, in: Vereinte Nationen, 31. Jg., Heft 4, 1983, S. 124–126 (Text der Erklärung, S. 134 f.).

17 Vgl. hierzu: Dicke, K., Der kategorische Konjunktiv der Friedenssicherung. Zur Deklaration der Generalversammlung über die Prävention und Beilegung internationaler Konflikte, in: Vereinte Nationen, 37. Jg., Heft 3, 1989, S. 91–95 (Text der Erklärung, S. 105 f.).

18 Kimminich und Hobe, Völkerrecht, S. 252 ff.; Ipsen, K., Völkerrecht. Ein Studien-

Eine in ihren Aussagen wenig präzise „Erklärung über die Verstärkung der Wirksamkeit des Grundsatzes der Unterlassung einer Androhung oder Anwendung von Gewalt in den internationalen Beziehungen" hatte die Generalversammlung im November 1987 angenommen.[19]

Die Verankerung des universell geltenden Gewaltverbots in der UN-Charta bedeutete jedenfalls 1945 eine epochale Weichenstellung, denn fortan war letztlich nur der Sicherheitsrat legitimiert, militärische Gewalt anzuwenden; nur er ist zur Gewaltanwendung autorisiert. Die Vereinten Nationen besitzen somit ein „Autorisierungsmonopol"[20] für Gewaltmaßnahmen in den internationalen Beziehungen. Auf Grund der Vorrechte der Ständigen Mitglieder erscheint es problematisch, von einem „Gewaltmonopol" des Sicherheitsrats im normativen und tatsächlichen Sinne zu sprechen.[21]

(5) Alle Mitglieder unterstützen die Organisation bei „jeder Maßnahme", die diese im „Einklang" mit der Charta ergreift; andererseits leisten die Mitglieder den Staaten, gegen die seitens der Organisation „Vorbeugungs- oder Zwangsmaßnahmen" verhängt werden, „keinen Beistand" (Artikel 2 Ziff. 5). Der Anwendungsbereich dieser Bestimmung ist nach herrschender Meinung auf „Maßnahmen" des Sicherheitsrats gemäß Kapitel VII beschränkt.

(6) „Die Organisation trägt dafür Sorge", dass auch Nichtmitglieder „nach diesen Grundsätzen handeln", soweit dies zur „Wahrung des Weltfriedens und der internationalen Sicherheit erforderlich ist" (Artikel 2 Ziff. 6). Die praktische Bedeutung dieses Gebotes ist durch die inzwischen nahezu vollständige Universalität der Vereinten Nationen nur noch gering.

(7) Die Vereinten Nationen haben grundsätzlich nicht das Recht

---

buch, 4. Auflage, München 1999, S. 929 ff.; Delbrück, J., Die Effektivität des UN-Gewaltverbots, in: Die Friedens-Warte, Jg. 74, Nr. 1–2, 1999, S. 139–158.

19 Text der Erklärung vom 18. November 1987, in: Vereinte Nationen, 36. Jg., Heft 2, 1988, S. 68 ff.

20 Vgl. hierzu Kühne, W., Humanitäre NATO-Einsätze ohne Mandat? Ein Diskussionsbeitrag zur Fortentwicklung der UNO-Charta, Stiftung Wissenschaft und Politik, Bericht 3096, 1999, S. 7–9.

21 Vgl. hierzu Link, Neuordnung, S. 114 ff.

zum „Eingreifen in Angelegenheiten, die ihrem Wesen nach zur inneren Zuständigkeit eines Staates gehören" (Artikel 2 Ziff. 7). Dieser Grundsatz des **Interventionsverbots** gilt als wesentliches „Verfassungsprinzip der Charta".[22]

Er leitet sich aus dem klassischen Völkerrechtsprinzip der Souveränität des einzelnen Staates her, und bereits in den Gründungsverhandlungen wie auch in der bisherigen Geschichte der Vereinten Nationen war er wiederholt Gegenstand heftiger Kontroversen. Adressaten dieser Bestimmung sind die Organe der Vereinten Nationen, zugleich ist sie „Interpretationsrichtlinie für die Befassung mit Fragen, die wesentlich zum inneren Zuständigkeitsbereich gehören oder ihn berühren könnten".[23]

Die Generalversammlung hat zum Interventionsverbot eine Reihe grundlegender Empfehlungen mit zum Teil unterschiedlichen Konkretisierungen verabschiedet, so u. a. die „Erklärung über die Unzulässigkeit der Einmischung in die inneren Angelegenheiten von Staaten und den Schutz ihrer Unabhängigkeit und Souveränität" vom 21. Dezember 1965 oder die „Erklärung über die Unzulässigkeit der Intervention und Einmischung in die inneren Angelegenheiten von Staaten" vom 9. Dezember 1981. Auch die Prinzipiendeklaration über freundschaftliche Beziehungen zwischen den Staaten, die sog. „Friendly-Relations"-Deklaration vom 24. Oktober 1970 enthält ein allgemeines Interventionsverbot.[24]

Völkerrechtlich, aber auch politisch strittig sind folgende Fragen: Welche Bereiche bleiben in welchem Umfang den Mitgliedstaaten vorbehalten und was ist unter Einmischung, also Intervention, zu verstehen? Inwieweit dürfen sich, um ein relevantes Beispiel zu nennen, die Vereinten Nationen gegen den ausdrücklichen Willen eines Staates mit Menschenrechtsverletzungen in diesem Land beschäftigen und möglicherweise auch militärische Abhilfemaßnahmen empfehlen oder gar in die Wege leiten?

---

22 Simma (Hrsg.), Charta, S. 103.
23 Ebenda, S. 104.
24 Text der Erklärungen in: Knipping, F. u. a. (Hrsg.), Das System der Vereinten Nationen und seine Vorläufer, Bd. I/1 Vereinte Nationen, München 1995, S. 226–271 und S. 293–311.

Die Praxis der Organisation in der Vergangenheit zeigt, dass einzelne UN-Organe die Entscheidung, ob eine innere Angelegenheit vorliegt, von Fall zu Fall weitgehend nach dem Gesichtspunkt der politischen Opportunität trafen. Insbesondere bei Fragen der Entkolonialisierung und der Apartheid im südlichen Afrika in den 60er und 70er Jahren setzten sich Mehrheiten regelmäßig über die Interventionsschranken hinweg.[25]

Inzwischen tendieren die Vereinten Nationen immer stärker zu einer engeren Auslegung des Vorbehaltes der inneren Zuständigkeit eines Staates. Die Auffassungen hierüber haben sich seit Inkrafttreten der Charta sowohl im Völkerrecht als auch in der Staatenpraxis „grundlegend gewandelt".[26] Die Diskussion innerstaatlicher Vorgänge und allgemeine Empfehlungen hierzu, etwa der Generalversammlung, fallen nicht (mehr) unter das Interventionsverbot. Speziell „der Menschenrechtsschutz kann heute nicht mehr wesentlich zur eigenen Zuständigkeit eines Staates gerechnet werden".[27] Die sog. Wiener Erklärung der UN-Menschenrechtskonferenz vom Juli 1993 stellt hierzu unmissverständlich fest: „Die Förderung und Wahrung aller Menschenrechte (ist) ein legitimes Anliegen der internationalen Gemeinschaft."[28]

Seit Anfang der 90er Jahre hat angesichts der Zunahme gewaltsamer **innerstaatlicher Konflikte**, mit denen die Vereinten Nationen befasst werden, die Auslegung des Interventionsverbots eine neue Qualität erreicht. Besitzen die Vereinten Nationen bei massiven, systematischen Menschenrechtsverletzungen oder Völkermord in einem Staat nunmehr ein „Recht auf humanitäre Intervention"?[29]

---

25 Ipsen, Völkerrecht, S. 962 f.

26 Cede, Grundsätze, in: Cede u. a. (Hrsg), Vereinte Nationen, S. 24.

27 Ermacora, F., Die Menschenrechte im Rahmen der Vereinten Nationen, in: Aus Politik und Zeitgeschichte, B 19/1986, S. 18. Zum Problem des Interventionsverbots speziell: Bestermann, J., Das Einmischungsverbot im Völkerrecht, Frankfurt u. a. 1991.

28 Deutsche Gesellschaft für die Vereinten Nationen (Hrsg.), Gleiche Menschenrechte für alle. Dokumente zur Menschenrechtskonferenz der Vereinten Nationen in Wien 1993, Bonn 1994, S. 16.

29 Vgl. Greenwood, Ch., Gibt es ein Recht auf humanitäre Intervention?, in: Europa-Archiv, 48. Jg., Folge 4, 1993, S. 93–107. Aus der Vielzahl der Veröffentlichungen

Ein Recht, das letztlich auch den Einsatz militärischer Gewalt rechtfertigt?

Als Präzedenzfall für diese neue Sichtweise nach dem Ende des Ost-West-Konflikts gilt der Beschluss des Sicherheitsrats vom 5. April 1991. Mit dieser sog. „Kurden-Resolution" (Resolution 688) wurde eine „neue völkerrechtliche Entwicklung eingeleitet"[30]. Die „Unterdrückung der irakischen Zivilbevölkerung", d. h. speziell der kurdischen und schiitischen Minderheit, durch die irakische Regierung wurde vom Rat als eine Bedrohung des „Weltfriedens und der internationalen Sicherheit" verurteilt.[31]

Diesem Argumentationsmuster folgend verfügte der Sicherheitsrat 1991/92 in den Krisenfällen Jugoslawien und Somalia sowie 1999 im Osttimor-Konflikt weit reichende Maßnahmen unter Einsatz militärischer Mittel zum Schutz der Menschen-, Minderheiten- und Volksgruppenrechte.[32]

Kein Mandat des Sicherheitsrats lag allerdings den NATO-Luftangriffen gegen die Bundesrepublik Jugoslawien – „zur Abwendung einer humanitären Katastrophe" (so die offizielle Begründung) – vom März bis Juni 1999 zugrunde.[33] Und ohne ausdrückliche Ermächtigung des Sicherheitsrats führten die USA mit einer „Koalition der Willigen" ab Mitte März 2003 einen präventiven Militärschlag gegen den Irak.[34]

---

zum Thema „humanitäre Intervention" seien genannt: Matthies, V. (Hrsg.), Frieden durch Einmischung?, Bonn 1993; Pape, M., Humanitäre Intervention. Zur Bedeutung der Menschenrechte in den Vereinten Nationen, Baden-Baden 1997; Schobener, B., Schutz der Menschenrechte mit militärischer Gewalt: die humanitäre Intervention zwischen Völkerrecht und internationaler Politik, in: Zeitschrift für Politik, 47. Jg., Heft 3, 2000, S. 297–317; Schorlemer, S. von, Menschenrechte und „humanitäre Intervention", in: Internationale Politik, 55. Jg., Nr. 2, 2000, S. 41–48.

30 Delbrück, Effektivität, S. 146.

31 Text der sog. Kurdenresolution in: Vereinte Nationen, 39. Jg., Heft 2, 1991, S. 77.

32 Vgl. S. 105.

33 Vgl. hierzu Lutz, D. S. (Hrsg.), Der Kosovo-Krieg. Rechtliche und rechtsethische Aspekte, Baden-Baden 1999/2000; Merkel, R. (Hrsg.), Der Kosovo-Krieg und das Völkerrecht, Frankfurt 2000; vgl. auch S. 110 f.

34 Vgl. hierzu S. 111 f.

4. Kapitel. Die Organe der Vereinten Nationen

Die Bezeichnung „Vereinte Nationen" ist insofern wenig präzise, als es sich einmal im engeren Sinne um die UNO, United Nations Organization, handeln kann, zum anderen im weiter gefassten Verständnis um das komplexe System der Vereinten Nationen, „das einem ‚planetarischen Modell' ähnelt"[1] – UN-System oder auch UN-Familie genannt.[2] Demgemäß ist bei der Skizzierung der Struktur der Vereinten Nationen zu unterscheiden zwischen den Organen der Kernorganisation (UNO) und den Organen der rechtlich selbständigen Sonderorganisationen und anderen (autonomen) Organisationen.

Die Organisation der Vereinten Nationen (UNO) verfügt gemäß Artikel 7 Abs. 1 der Charta über folgende **sechs Hauptorgane** (principal organs):[3]

- **Generalversammlung** (General Assembly),
- **Sicherheitsrat** (Security Council),
- **Wirtschafts- und Sozialrat** (Economic and Social Council – ECOSOC),
- **Treuhandrat** (Trusteeship Council); verschiedentlich mit Treuhandschaftsrat oder Treuhänderrat übersetzt,
- **Internationaler Gerichtshof** (International Court of Justice),
- **Sekretariat** (Secretariat).

Über Zusammensetzung, Funktion und Entscheidungsmechanis-

---

1 Göthel, D., Die Vereinten Nationen: Eine Innenansicht, hrsg. vom Auswärtigen Amt, 2. Auflage, Berlin 2002, S. 4.
2 Vgl. Organigramm des UN-Systems auf S. 450 f.
3 Grundsätzliches über den organisatorischen Aufbau mit weiteren Literaturhinweisen bei: Wolfrum, R. (Hrsg.), Handbuch Vereinte Nationen, 2. Auflage, München 1991; Hüfner, K., Die Vereinten Nationen und ihre Sonderorganisationen. Teil 1: Die Haupt- und Spezialorgane, 2. Auflage, Bonn 1995; Trauttmannsdorff, F., Die Organe der Vereinten Nationen, in: Cede, F. und Sucharipa-Behrmann, L. (Hrsg.), Die Vereinten Nationen, Wien 1999, S. 24–53; Volger, H., Lexikon der Vereinten Nationen, München und Wien 2000.

men der Hauptorgane gibt die Charta Auskunft, während Verfahrensfragen in den einzelnen Geschäftsordnungen geregelt sind.

Artikel 7 Abs. 2 der Charta bestimmt, dass die Hauptorgane „je nach Bedarf" Neben- bzw. Hilfsorgane (subsidiary organs) einsetzen können. Darüber hinaus war und ist die sich verändernde politische Wirklichkeit der Vereinten Nationen dadurch gekennzeichnet, dass verschiedene subsidiäre Organe ihrerseits wiederum Unterorgane oder Arbeitsgruppen geschaffen haben; außerdem bestehen gemeinsame Nebenorgane zweier Hauptorgane wie auch eines UN-Hauptorgans und einer UN-Sonderorganisation.[4] Die meisten dieser auf Dauer oder zeitlich befristet wirkenden Gremien, die als Kommissionen, Unterkommissionen oder Ausschüsse eingesetzt werden, haben begrenzte Mitgliederzahlen und üben unterschiedliche Funktionen aus. Als wichtige Clearingstelle unterschiedlicher Interessen dienen neben den offiziellen Nebenorganen oftmals informelle Gruppierungen.

Über die Gesamtzahl der Nebenorgane, Kommissionen usw. lassen sich deshalb nur vage Angaben machen – allein im Wirtschafts-, Sozial- und Menschenrechtsbereich waren Ende der 90er Jahre mehr als 100 Einrichtungen tätig.

Überblickartig und vereinfachend liegt die Zuständigkeit in den aus heutiger Sicht zentralen Aufgabenfeldern der Vereinten Nationen bei folgenden Organen (Haupt- bzw. Sonderorganen):

- **Friedenssicherung**
  - **Sicherheitsrat**
  - Generalversammlung
  - Sekretariat (Generalsekretär)
- **Förderung der internationalen Zusammenarbeit und Entwicklung**
  - Generalversammlung
  - Wirtschafts- und Sozialrat
  - Sekretariat
  - Entwicklungsprogramm (UNDP)
  - Welthandelskonferenz (UNCTAD)
  - Weltkinderhilfswerk (UNICEF)

---

4 Vgl. hierzu Simma (Hrsg.), Charta, S. 152–164.

- Flüchtlingskommissariat (UNHCR)
- Bevölkerungsfonds (UNFPA)
- Welternährungsprogramm (WEP)
● **Umweltpolitik**
- Generalversammlung
- Wirtschafts- und Sozialrat
- **Umweltprogramm (UNEP)**
- Kommission für nachhaltige Entwicklung
● **Menschenrechtspolitik**
- Generalversammlung
- Wirtschafts- und Sozialrat
- **Menschenrechtskommission**

I. Generalversammlung

1. Zusammensetzung

In der Generalversammlung als dem Plenum der Vereinten Nationen sind sämtliche Mitgliedstaaten ohne jegliche Rangunterschiede vertreten (Artikel 9). Jeder Mitgliedsdelegation, die sich aus weisungsgebundenen Regierungsvertretern zusammensetzt, dürfen maximal fünf Delegierte angehören (Artikel 9 Abs. 2); die Zahl der jeweiligen Berater und Hilfskräfte ist hingegen nicht begrenzt. Staaten oder Organisationen, die den Beobachterstatus[5] besitzen, können – allerdings ohne Stimmrecht – an Sitzungen der Generalversammlung teilnehmen.

2. Aufgaben und Befugnisse

a) Allgemeine politische Funktionen

Die Vollversammlung besitzt auf Grund der Generalklausel des Artikels 10 als einziges Hauptorgan eine umfassende Zuständigkeit hinsichtlich der Erörterung „aller Fragen und Angelegenheiten...", die in den Rahmen dieser Charta fallen oder Befugnisse und Aufgaben eines in dieser Charta vorgesehenen Organs betreffen". Sie

---

5 Vgl. S. 170.

kann darüber hinaus – mit einer Ausnahme – zu all diesen Fragen den Mitgliedern oder/und dem Sicherheitsrat „Empfehlungen" erteilen. In akuten Krisensituationen kann satzungsgemäß die Generalversammlung Empfehlungen zu Fragen der Friedenswahrung – ohne Aufforderung des Sicherheitsrats – nicht abgeben, solange der Rat mit diesem Vorfall befasst ist (Artikel 12 Abs. 1); in der Praxis hat diese Kompetenzabgrenzung ihre Bedeutung weitgehend verloren.

Die Generalversammlung ist satzungsgemäß den anderen Hauptorganen zwar nicht übergeordnet, aber sie stellt zweifellos den Mittelpunkt der Organisation dar. Alle anderen Hauptorgane sind verpflichtet, der Generalversammlung zumindest einmal jährlich einen Rechenschaftsbericht vorzulegen (Art. 15). Als „Forum der Welt" ist das Plenum im Wesentlichen ein Organ mit politischer Leitfunktion zur Erarbeitung von Politiken und Strategien, dessen nach außen gerichtete Kompetenzen allerdings beschränkt sind; organisationsintern verfügt die Generalversammlung über konkrete Entscheidungsbefugnisse.

Zu **Sachfragen** kann sie zwar Empfehlungen in Form von Resolutionen prinzipieller Art oder abgestellt auf einen konkreten Einzelfall abgeben und damit die Mitgliedstaaten zu einem bestimmten Verhalten auffordern, aber diese Empfehlungen sind für die Mitglieder **rechtlich nicht verbindlich,** d. h. ihre Nichtbefolgung stellt keine Verletzung des Völkerrechts dar. Ob die von der Generalversammlung seit den sechziger Jahren häufiger beschlossenen **Deklarationen** oder **Erklärungen** – beides in der UN-Satzung unbekannte Bezeichnungen – wegen der zumeist grundsätzlichen rechtlichen oder politischen Aussage und Bedeutung in ihrer völkerrechtlichen Wirkung (als neue Völkerrechtsnormen) anders einzuordnen sind als die gewöhnlichen Empfehlungen, bleibt umstritten; gleichwohl leisten sie in der Regel einen wichtigen Beitrag zur Fortentwicklung des Völkerrechts. Beispielhaft seien hier genannt die „Allgemeine Erklärung der Menschenrechte" aus dem Jahr 1948, die so genannte Dekolonialisierungsdeklaration von 1960, die „Erklärung von Manila über die friedliche Beilegung von internationalen Streitigkeiten" vom November 1982 oder die Ende 1988 verabschiedete „Flüchtlingsdeklaration".

In der Millenniumserklärung der Vereinten Nationen vom September 2000 (Res. A/55/2) wurde von den Staatenvertretern die „zentrale Rolle der Generalversammlung als wichtigstes Beratungs-, richtliniengebendes und repräsentatives Organ" nicht nur bekräftigt, sie sollte vielmehr auch befähigt werden, „diese Rolle wirksam wahrzunehmen".

b) Spezielle politische Funktionen

aa) Friedenssicherung und Abrüstung: Obschon nach Artikel 24 der Charta die „Hauptverantwortung für die Wahrung des Weltfriedens und der internationalen Sicherheit" beim Sicherheitsrat liegt, besitzt die Generalversammlung ebenfalls die Befugnis, sich mit allen Fragen des Friedens und der Sicherheit wie auch mit der „Abrüstung und Rüstungsregelung" zu befassen und – mit der erwähnten Einschränkung – Empfehlungen auszusprechen.

Die Generalklausel des Artikels 10 wird durch die Vorschriften der Artikel 11, 12 und 14 spezifiziert, um die subsidiäre bzw. sekundäre Zuständigkeit der Vollversammlung bei der Erhaltung des Weltfriedens herauszustellen: Der Sicherheitsrat trägt zwar die Hauptverantwortung, ist aber nicht ausschließlich für die Beilegung internationaler Konflikte verantwortlich. Der in der Satzung verankerte Hauptunterschied zwischen den Kompetenzen des Sicherheitsrats und der Generalversammlung liegt darin, dass der Rat Beschlüsse fassen kann, die für alle Mitglieder verbindlich sind;[6] die Versammlung hingegen kann zwar in konkreten Konfliktfällen weit reichende Aktivitäten entfalten, beispielsweise die Lage ausführlich erörtern, Untersuchungen durchführen und Lösungsvorschläge unterbreiten – oftmals unter Einschaltung ad hoc zu schaffender Hilfsorgane –, ihre Beschlüsse haben allerdings für die streitenden Parteien nur empfehlenden Charakter.[7]

Unter dem Eindruck des Korea-Krieges kam es im Jahre 1950 insofern zu einer politischen Aufwertung der Generalversammlung,

---

6 Vgl. S. 119 f.

7 Mit der Befugnis der Generalversammlung bei der Friedenswahrung befassen sich ausdrücklich Dicke und Rengeling, Sicherung, S. 95–127; vgl. auch Escher, R., Erledigung, S. 118 ff; Kimminich, in: Simma (Hrsg.), Charta, S. 213–224.

als ihre Handlungsmöglichkeiten im Bereich der Friedenssicherung erweitert wurden.

Wie oben ausgeführt, ist es der Generalversammlung gemäß der Sperrklausel untersagt, Empfehlungen auszusprechen, solange sich der Sicherheitsrat mit der betreffenden Angelegenheit befasst. Nach Ausbruch des Korea-Konflikts im Juni 1950 konnte der Sicherheitsrat deshalb zunächst rasch weit reichende Beschlüsse treffen, da die Sowjetunion den Rat zu jener Zeit boykottierte.[8] Als die UdSSR im August 1950 in den Rat zurückkehrte, blockierte sie durch ihr Veto weitere Entscheidungen. In dieser Situation legte der damalige US-Außenminister Dean Acheson einen Plan vor, der am 3. November 1950 von der seinerzeit westlich dominierten Vollversammlung als **Uniting-for-Peace-Resolution** (benannt nach den einleitenden Worten „Einig für den Frieden...") mit 52 Ja- gegen 5 Nein-Stimmen – darunter die der Sowjetunion – bei 2 Enthaltungen angenommen wurde und eine De-facto-Änderung der Charta bewirkte. Der Kernsatz der überwiegend unter ihrer englischen Bezeichnung bekannten Resolution (Res. 377 (V)) lautet:

> „Falls der Sicherheitsrat mangels Einstimmigkeit seiner ständigen Mitglieder [d. h. der fünf Großmächte] es in einem Fall einer offenbaren Bedrohung des Friedens, eines Friedensbruchs oder einer Angriffshandlung unterlässt, seine erstgegebene Verantwortung für die Aufrechterhaltung des internationalen Friedens und der Sicherheit auszuüben, [soll] die Generalversammlung unverzüglich die Angelegenheit beraten, um den Mitgliedern geeignete Empfehlungen für Kollektivmaßnahmen zu geben, im Fall des Friedensbruches oder einer Angriffshandlung auch für den Gebrauch bewaffneter Kräfte...".[9]

Mit diesem Beschluss, dessen Rechtmäßigkeit insbesondere von der Sowjetunion damals angezweifelt und als Verletzung der Charta betrachtet wurde, weil die Vorrechte des Sicherheitsrats tatsächlich eine Einschränkung erfuhren, erwuchs der Generalversamm-

---

8 Vgl. S. 109.
9 Die Charta der Vereinten Nationen mit Völkerbundsatzung, IGH-Statut und zwei UNO-Resolutionen, 7. Auflage, München 1979, S. 64 (dort auch vollständiger Text, S. 63–69); vgl. Tomuschat, Ch., „Uniting for Peace". Ein Rückblick nach 50 Jahren, in: Die Friedens-Warte, 76. Jg., Heft 2–3, 2001, S. 289–303.

lung auf dem Gebiet der Friedenssicherung eine offensichtliche friedenspolitische Kompetenzerweiterung. Das Plenum kann bei einer Lähmung des Sicherheitsrats in bestimmten, in der Resolution genannten friedensbedrohenden Konflikten binnen 24 Stunden zu einer Notstandssondertagung (emergency special session) zusammentreten, selbständig handeln und Kollektivmaßnahmen gegen den oder die Friedensstörer **empfehlen;** allerdings – und dies ist gleichzeitig eine gewichtige Einschränkung – steht ihm kein Entscheidungsrecht zu, d. h. es kann im Gegensatz zum Sicherheitsrat keine Zwangsmaßnahmen verbindlich anordnen.

Die Uniting-for-Peace-Resolution fand in der Praxis bisher nur bei wenigen internationalen Streitigkeiten Anwendung: in der Phase zwischen Verabschiedung der Resolution und 1967 in fünf und nach einer Pause wieder in den 80er Jahren in vier Fällen.[10] Die zehnte und bisher letzte Sondersitzung kam 1997 auf Antrag Katars zustande und beschäftigte sich in mehreren Zusammenkünften bis Ende 2002 mit der Situation in den von Israel besetzten palästinensischen Gebieten. Die Blockade des Sicherheitsrats in der Kosovo-Krise im Frühjahr 1999 und die nachfolgenden Luftangriffe der NATO gaben erstaunlicherweise keinen Anlass zur Einberufung einer Dringlichkeitssitzung.

Seit dem Ende des Ost-West-Konflikts hat nicht nur diese friedenspolitische Eingriffsmöglichkeit des Plenums weiter an Relevanz verloren. Zwar nimmt die Generalversammlung inzwischen das Recht für sich in Anspruch, zu schwerwiegenden Konflikten Stellung zu nehmen, selbst wenn der Sicherheitsrat mit der Angelegenheit noch befasst ist, doch der Rat dominiert die UN-Sicherheitspolitik nunmehr wieder eindeutig.

Die erste Notstandssondertagung war im November 1956 anlässlich der Suez-Krise zusammengetreten, als deren Ergebnis die Generalversammlung schließlich eine aus Truppenkontingenten von zehn Mitgliedstaaten gebildete UN-Friedenstruppe mit der Aufgabe entsandte, die Einstellung der Feindseligkeiten zu überwachen. Diese Truppe (United Nations Emergency Force – UNEF) hatte je-

---

10 Vgl. hierzu Schaefer, M., Notstandssondertagungen der Generalversammlung, in: Vereinte Nationen, 31. Jg., Heft 3, 1983, S. 78–83.

doch nur eine Überwachungs- und Polizeifunktion, und ihrer Stationierung stimmten die direkt betroffenen Staaten zunächst zu, bis im Mai 1967 Ägypten ihren Abzug forderte. Mit dem Einsatz der UNEF I begann ein neues Kapitel im Bemühen der Vereinten Nationen um die Bewahrung des Friedens: Das Instrument der **friedenserhaltenden** oder **friedenssichernden Operationen** war entstanden.[11]

Abrüstungsfragen, denen in der UN-Charta ein deutlich geringerer Stellenwert eingeräumt wird als in der Völkerbundsatzung, fallen in den Aufgabenbereich sowohl der Generalversammlung wie auch des Sicherheitsrats.[12] Dem Auftrag der Charta, „Grundsätze" für die Abrüstung auszuarbeiten (Artikel 11), kommt die Generalversammlung seit Bestehen der Organisation in besonderer Weise nach. Mehr als ein Viertel aller jährlich verabschiedeten Resolutionen, die im Ersten Hauptausschuss vorbereitet werden, befasst sich in der Regel mit diesem komplexen Thema der Abrüstung, Rüstungskontrolle und Nichtverbreitung von Massenvernichtungswaffen. Die geographische und substantielle Spannbreite ist entsprechend groß und reicht von der universellen bis zur regionalen und bilateralen Ebene, von der allgemeinen Abrüstung über Abrüstungs- und Rüstungskontrollbemühungen in den verschiedensten konventionellen, atomaren, chemischen und biologischen Waffenbereichen bis zum Waffentransfer, der Ächtung von Landminen, der Konversionsproblematik und dem Zusammenhang zwischen Abrüstung und Entwicklung in neuerer Zeit. Die Generalversammlung ist das weltweit zentrale Forum für abrüstungspolitische Initiativen, Debatten und Entwürfe.

Mit der Errichtung der Abrüstungskommission,[13] eines Unterorgans, im Jahre 1952 hatte sich der Schwerpunkt der Abrüstungsaktivitäten innerhalb der Vereinten Nationen endgültig vom Sicher-

---

11 Vgl. hierzu S. 124 ff.
12 Über die Funktionen der Vereinten Nationen im Abrüstungsbereich vgl. Volger, Vereinte Nationen, S. 102 ff.; Lang, W., Abrüstungsfragen, in: Cede u. Sucharipa-Behrmann (Hrsg.), Vereinte Nationen, S. 116–129; Brauch, H. G., Abrüstung, in: Volger (Hrsg.), Lexikon, S. 1–12.
13 Vgl. S. 64 f.

heitsrat auf die Generalversammlung verlagert, wobei jedoch die danach geschlossenen Abkommen meist außerhalb der Organisation zustande kamen. Eine weitere Abrüstungsinstitution, die – formal zwar unabhängig – eng mit der Weltorganisation zusammenarbeitet, ist die Genfer Abrüstungskonferenz.[14]

Um die Bedeutung der Abrüstung hervorzuheben, fand erstmals 1978 eine Sondertagung des Plenums über diese Thematik statt, der 1982 und 1988 weitere folgten. Inzwischen befasst sich das Plenum in unregelmäßigen Abständen während seiner Jahrestagungen in speziellen Sitzungen mit der Abrüstungsproblematik.

bb) Förderung der internationalen Zusammenarbeit: Für die „Wahrnehmung" der Aufgaben zur Förderung der internationalen Zusammenarbeit, durch die das Tätigkeitsfeld der Organisation seit den sechziger Jahren unverändert dominiert wird, sind die Generalversammlung und – „unter ihrer Autorität" – der Wirtschafts- und Sozialrat verantwortlich (Artikel 60).

Auf eine zentrale politische Funktion der Generalversammlung weist die Charta in Artikel 13 gesondert hin. Gemäß dieser Bestimmung soll die Versammlung die politische, wirtschaftliche, soziale und kulturelle Zusammenarbeit der Staaten im weitesten Sinne dadurch „fördern", dass sie „Untersuchungen" veranlasst und „Empfehlungen" an alle übrigen Hauptorgane, Mitglieder und Nichtmitglieder der UN richtet.

Um die internationale **politische Zusammenarbeit** voranzutreiben, hat die Generalversammlung in zahlreichen Resolutionen Grundsätze für das Handeln der Staaten festgeschrieben. Erklärungen des Plenums, oftmals in Form von Konventionen, die mit der Ratifikation durch die Staaten Rechtskraft erlangen (von herausragender Bedeutung etwa die Internationale Seerechtskonvention von 1982[15] oder das Internationale Übereinkommen zur Bekämpfung terroristischer Bombenanschläge von 1997[16]), sind ein wichtiges Instru-

---

14 Vgl. S. 65.
15 Vgl. S. 96.
16 Text des Übereinkommens: Deutsche Gesellschaft für die Vereinten Nationen (Hrsg.), Erklärungen zu den Terroranschlägen gegen die USA vom 11. September 2001, Policy Paper, Nr. 4, Bonn 2001, S. 23–28.

ment zur Weiterentwicklung und Kodifizierung des Völkerrechts auf den verschiedensten Gebieten.[17] Zur Erfüllung dieser Aufgaben wird die Generalversammlung von Unterorganen, insbesondere von der Völkerrechtskommission,[18] unterstützt.

Im Blickpunkt der internationalen **wirtschaftlichen, sozialen und kulturellen Zusammenarbeit,** deren Zielsetzungen Artikel 55 umreißt, stehen seit langem die Entwicklungsländer, d. h. das weit reichende Bemühen der Vereinten Nationen zunächst um die Durchsetzung des Selbstbestimmungsrechts und der Entkolonialisierung und danach um die Beseitigung der Unterentwicklung in ihren vielfältigen Auswirkungen. Satzungsgemäß muss sich die Generalversammlung hierbei im Wesentlichen auf die Ausarbeitung entwicklungspolitischer Grundlinien und Prinzipien beschränken. Daneben ist das Plenum zu einem universellen Forum geworden, in dem alle Entwicklungsfragen behandelt werden, während die operativen Aufgaben, d. h. die Finanzierung und Durchführung konkreter Hilfsmaßnahmen dem weit verzweigten System von UN-Sonderorganen, Fonds, Programmen und UN-Sonderorganisationen vorbehalten bleibt. Die „Technische Zusammenarbeit" (früher „Technische Hilfe" genannt) ist das wichtigste operative Instrument zur Verbesserung der wirtschaftlichen und sozialen Bedingungen der Entwicklungsländer,[19] während die „Humanitäre Hilfe" auf die Linderung der dringendsten Not abzielt.[20]

Grundsätze, Ziele und Mittel der internationalen Zusammenarbeit in den verschiedensten Bereichen und vorwiegend zwischen den Industriestaaten und den Entwicklungsländern – d. h. der **Entwicklungspolitik** bzw. **Entwicklungszusammenarbeit** (als der neuer-

---

17 Vgl. Kimminich, O., Der Beitrag der Vereinten Nationen zur Fortentwicklung des Völkerrechts, in: Aus Politik und Zeitgeschichte, B 42/1995, S. 13–26; Haedrich, M., Völkerrechtsentwicklung im Rahmen der UN, in: Volger (Hrsg.), Lexikon, S. 615–623.

18 Vgl. S. 66.

19 Göthel, Vereinten Nationen, S. 57 f.

20 Reinhardt, D., Unvermeidliche Politisierung der humanitären Hilfe. Neuere Entwicklungen im Verhältnis von humanitärer Hilfe und internationaler Politik, in: Vereinte Nationen, 47. Jg., Heft 1, 1999, S. 11–15; Swamy, G., Humanitäre Hilfe, in: Volger (Hrsg.), Lexikon, S. 232–239.

dings verwendete Begriff) – wurden seit den sechziger Jahren mehrfach fixiert: Sowohl in den Strategien der bisherigen vier Entwicklungsdekaden (1961–2000)[21] – die Ausarbeitung einer neuen Internationalen Entwicklungsstrategie stellte die 55. Generalversammlung allerdings erst einmal zurück – als auch in einer Reihe weiterer Dokumente: z. B. der „Charta der wirtschaftlichen Rechte und Pflichten der Staaten" von 1974, die als Grundlage für eine neue, gerechtere Weltwirtschaftsordnung dienen sollte.

Von der Generalversammlung ausgerufene Dekaden (etwa die Erste Dekade der Vereinten Nationen zur Beseitigung der Armut – 1997–2006), internationale Jahre (2003 – das Internationale Jahr des Süßwassers) und internationale Tage (z. B. Tag der Umwelt – jeweils am 5. Juni, Internationaler Friedenstag – jeweils am 21. September oder Welt-Aids-Tag – jeweils am 1. Dezember) dienen ebenso der Sensibilisierung und Mobilisierung der Öffentlichkeit[22] wie eine Vielzahl von UN-Weltkonferenzen, auf denen nach Lösungsstrategien für drängende Probleme der internationalen Zusammenarbeit gesucht wird;[23] mit speziellen Aktionsprogrammen (z. B. für das krisengeschüttelte Afrika[24] oder für die Gruppe der am wenigsten entwickelten Länder – LDCs) sollen besonders gravierende ökonomische oder soziale Krisen entschärft werden.

Eine Neubestimmung der internationalen Wirtschaftskooperation im Zeichen des weltpolitischen Umbruchs bildete die von der 18. Sondergeneralversammlung 1990 verabschiedete „Erklärung über internationale wirtschaftliche Zusammenarbeit...".[25]

---

21 Text der Internationalen Entwicklungsstrategie für die Vierte Entwicklungsdekade der Vereinten Nationen, in: Vereinte Nationen, 39. Jg., Heft 3, 1991, S. 108–119.

22 Vgl. D'Orville, H., Internationale Tage, Wochen, Jahre und Jahrzehnte der Vereinten Nationen. Ein Nachtrag, in: Vereinte Nationen, 37. Jg., Heft 1, 1989, S. 16–23.

23 Vgl. S. 95 ff.

24 Melchers, K., Hehre Ziele, klares Scheitern. Die Schlussbilanz des Aktionsprogrammes der Vereinten Nationen für Afrika (UNPAAERD), in: Vereinte Nationen, 40. Jg., Heft 3, 1992, S. 81–87. Im März 1996 wurde eine neuerliche, auf zehn Jahre angelegte und auf 25 Milliarden US-Dollar veranschlagte Sonderinitiative für Afrika gestartet, wobei die gesamte institutionelle Infrastruktur der Vereinten Nationen in den Dienst des Projektes gestellt werden soll.

25 Text der Erklärung sowie Kommentierung in: Vereinte Nationen, 38. Jg., Heft 4, 1990, S. 153–155 bzw. 138–140.

Als Meilenstein für die multilaterale Entwicklungszusammenarbeit auf dem Weg ins 21. Jahrhundert gilt die „Konferenz der Vereinten Nationen über Umwelt und Entwicklung" (UNCED)[26] im Juni 1992 in Rio de Janeiro, auf der mit dem Prinzip der „nachhaltigen Entwicklung" (sustainable development) ein plakatives Credo geschaffen wurde, das seither wie ein roter Faden nahezu alle entwicklungspolitischen Diskussionen und Maßnahmen der Vereinten Nationen durchzieht. Ehrgeizige entwicklungspolitische Zielvorgaben bis zum Jahre 2015 enthält die von den Staats- und Regierungschefs 2000 gebilligte Millenniumserklärung (z. B. Halbierung der Zahl der Hungernden, Halbierung des Anteils der extrem armen Bevölkerung); d. h. die Armutsbeseitigung ist für das gesamte UN-System von zentraler und vorrangiger Bedeutung. So auch der Tenor des 2002 durchgeführten „Weltgipfels für nachhaltige Entwicklung" (Rio+10).

Zahlreiche Problemfelder der internationalen Zusammenarbeit, denen sich die Vereinten Nationen bzw. die Generalversammlung heute stellen müssen, waren den Gründern noch weitgehend unbekannt und finden deshalb in der Charta keine Erwähnung; genannt seien die immer bedeutsamer werdenden Zukunftsfragen der Umweltzerstörung,[27] des Bevölkerungswachstums,[28] des internationalen Terrorismus, des weltweiten Drogenhandels und der Kriminalität[29] oder das sich zunehmend verschärfende Problem der Flüchtlingsströme.[30]

cc) Menschenrechtsschutz: Die „Verwirklichung der Menschenrechte und Grundfreiheiten" nimmt als Aufgabengebiet der Verein-

---

26 Unmüssig, B., Zwischen Hoffnung und Enttäuschung. Die Konferenz der Vereinten Nationen über Umwelt und Entwicklung (UNCED), in: Vereinte Nationen, 40. Jg., Heft 4, 1992, S. 117–122; Stahl, K., Die UN-Konferenz über „Umwelt und Entwicklung", in: Massarrat, M. u. a. (Hrsg.), Die Dritte Welt und wir, Freiburg 1993, S. 299–316. Vgl. auch die Bilanz nach fünf Jahren (Rio+5): bei Martens, J., Abstieg vom Erdgipfel. Fünf Jahre nach Rio: 19. UN-Sondergeneralversammlung mit ernüchternder Bilanz, in: Vereinte Nationen, 45. Jg., Heft 4, 1997, S. 137–142.

27 Vgl. S. 88 ff.

28 Vgl. S. 69 f.

29 Vgl. S. 93 f.

30 Vgl. S. 67 f.

ten Nationen bereits in der Charta einen hohen Stellenwert ein, wird doch – erstmalig in der Geschichte – die universelle Achtung der Menschenrechte als legitimes Anliegen der internationalen Gemeinschaft anerkannt, in sieben verschiedenen Artikeln ein programmatischer und institutioneller Rahmen vorgegeben sowie ein entsprechendes Engagement der Organisation gefordert.

Die Satzung sagt jedoch nichts Konkretes darüber aus, welche Rechte zu schützen sind und welcher Handlungsspielraum – vor allem angesichts des in Artikel 2 Abs. 7 verankerten restriktiven innerstaatlichen Interventionsverbots[31] – den Vereinten Nationen zukommen soll.

Die Beantwortung beider Fragen war von Anbeginn zwischen den einzelnen Gruppen der Mitgliedstaaten heftig umstritten und gibt bis heute immer wieder Anlass zu Kontroversen, obwohl inzwischen das Völkerrecht den Menschenrechtsschutz als eine internationale Angelegenheit eindeutig legitimiert hat und von der universellen Gültigkeit der Menschenrechte auszugehen ist. Von völkerrechtlicher Seite wird andererseits auch darauf verwiesen, dass „selbst dann, wenn die Staaten bereits eine Verpflichtung zur Achtung der Menschenrechte übernommen haben, der Vollzug der betreffenden Rechtsnormen den souveränen Staaten anvertraut (ist)".[32] Mit anderen Worten: Den Vereinten Nationen stehen in der Regel nur die „Mittel der Überzeugungsbildung und des Drucks durch Publizität zur Verfügung".[33] Nur bei extremen Menschenrechtsverletzungen gab es mit Beginn der 90er Jahre unter dem Signum „humanitäre Intervention" einige Präzedenzfälle eines weit reichenden und letztlich auch gewaltsamen UN-Eingriffs.[34]

Die Vereinten Nationen haben in den Jahrzehnten ihres Bestehens zum Schutz der Menschenrechte ein Netzwerk von Normen und Instrumentarien geschaffen, wobei sie auf drei Ebenen tätig

---

31 Vgl. hierzu die entsprechende Diskussion auf S. 36 ff.
32 Kimminich, O., Vereinte Nationen und die Menschenrechte, in: Aus Politik und Zeitgeschichte, B 36/1991, S. 30.
33 Tomuschat, Ch., Menschenrechte. Eine Sammlung internationaler Dokumente zum Menschenrechtsschutz, Bonn 1992, S. 21.
34 Vgl. S. 105.

werden: Aufstellung von Menschenrechtsstandards, Entwicklung von Kontrollmechanismen und Aktivitäten zur Förderung der Menschenrechte.[35] Sowohl bei der Ausarbeitung von Rechtsgrundlagen wie auch bei der vor allem in den siebziger und achtziger Jahren erfolgten Schaffung von Kontrollmechanismen spielt die Generalversammlung eine führende Rolle.

Inzwischen sind neben dem Wirtschafts- und Sozialrat eine Reihe von Unter- bzw. Spezialorganen sowie auch UN-Sonderorganisationen (insbesondere die Internationale Arbeitsorganisation – ILO) mit weitgefächerten menschenrechtlichen Schutzaufgaben betraut; so stellen die Vereinten Nationen auch den wichtigsten Akteur des Flüchtlingsschutzes dar. Besondere Bedeutung kommt der Menschenrechtskommission[36] zu, die sich zum zentralen Organ für die Koordinierung aller Menschenrechtsaktivitäten entwickelt hat. Als Kontrollorgan fungieren die verschiedenen Menschenrechtsausschüsse.[37]

Den Kern des von der Generalversammlung entwickelten „Internationalen Menschenrechtskodex", der sowohl bürgerliche und politische als auch wirtschaftliche und soziale Rechte umfasst, bilden die beiden Menschenrechtspakte, die durch zahlreiche Einzelabkommen und Empfehlungen der Generalversammlung ergänzt werden; die meisten der multilateralen Verträge sehen Sicherungsverfahren vor, die von der periodischen Berichterstattung der Vertragsstaaten bis zur sog. Individualbeschwerde reichen.

---

35 Zur UN-Menschenrechtspolitik vgl. Partsch, K. J., Hoffen auf Menschenrechte. Rückbesinnung auf eine internationale Entwicklung, Zürich 1994; Baum, G., Riedel, E. und Schaefer, M. (Hrsg.), Menschenrechtsschutz in der Praxis der Vereinten Nationen, Baden-Baden 1998; Boekle, H., Die Vereinten Nationen und der internationale Schutz der Menschenrechte. Eine Bestandsaufnahmen, in: Aus Politik und Zeitgeschichte, B 46–47, 1998, S. 3–17; Tomuschat, Ch., Globale Menschenrechtspolitik, in: Kaiser, K., und Schwarz, H.-P. (Hrsg.), Weltpolitik im neuen Jahrhundert, Bonn 2000, S. 431–441; Tomuschat, Ch. (Hrsg.), Menschenrechte, 2. Auflage, Bonn 2002; Opitz, P. J., Menschenrechte und Internationaler Menschenrechtsschutz im 20. Jahrhundert, München 2002; sowie die Dokumentenbände: Simma, B. und Fastenrath, U. (Hrsg.), Menschenrechte. Ihr internationaler Schutz, 4. Auflage, München 1998; Bundeszentrale für politische Bildung (Hrsg.), Menschenrechte. Dokumente und Deklarationen, 3. Auflage, Bonn 1999.
36 Vgl. S. 145 f.
37 Vgl. S. 74 ff.

Am 10. Dezember 1948 – seither **Tag der Menschenrechte** – beschloss die Generalversammlung die so genannte **Menschenrechts-deklaration**[38], die „Allgemeine Erklärung der Menschenrechte". Dieser erste internationale, rechtlich unverbindliche Menschenrechtskatalog sollte sich im Hinblick auf die nachfolgenden Menschenrechtsverträge als „systemprägend erweisen".[39]

Am 3. Januar 1976 traten der „Internationale Pakt über wirtschaftliche, soziale und kulturelle Rechte" – der so genannte **Sozialpakt** – und am 23. März 1976 der „Internationale Pakt über bürgerliche und politische Rechte" – der **Zivilpakt** – mit einem wichtigen Zusatzprotokoll in Kraft. Beide Pakte, die sich gegenseitig ergänzen, wurden bereits Ende 1966 von der Generalversammlung angenommen und zur Ratifikation ausgelegt. Diese als Menschenrechtspakte bekannten Konventionen und das Erste Fakultativprotokoll, das die Möglichkeit für eine Individualbeschwerde eröffnete, sind für jene Staaten, die sie ratifizieren, rechtsverbindlich (bis Ende 2002 hatten 146 Staaten den Sozialpakt, 149 den Zivilpakt und nur 104 das Protokoll ratifiziert). Am 15. Dezember 1989 nahm die Generalversammlung das 1991 in Kraft getretene Zweite Fakultativprogramm zum Internationalen Pakt über bürgerliche und politische Rechte zur Abschaffung der Todesstrafe an.

Neben den beiden Pakten verabschiedete die Generalversammlung inzwischen über zwei Dutzend weitere Vertragswerke zum internationalen Menschenrechtsschutz; genannt seien die vier anderen Konventionen, deren Einhaltung ebenfalls von so genannten Vertragsorganen (Sachverständigenausschüssen) überwacht wird:[40]
- Internationales Übereinkommen zur Beseitigung jeder Form von Rassendiskriminierung (Inkrafttreten: 4. Januar 1969),
- Übereinkommen zur Beseitigung jeder Form der Diskriminierung der Frau (Inkrafttreten: 3. September 1981), mit einem Fakultativprotokoll (Inkrafttreten: 22. Dezember 2000),

---

38 Vgl. hierzu Dicke, K., „das von allen Völkern und Nationen zu ereichende gemeinsame Ideal..." Zum Politikprogramm der Allgemeinen Erklärung, in: Vereinte Nationen, 46. Jg., Heft 6, 1998, S. 191–194.

39 Kimminich und Hobe, Einführung, S. 344.

40 Vgl. hierzu S. 74 ff.

- Übereinkommen gegen Folter und andere grausame, unmenschliche oder erniedrigende Behandlung und Strafe (Inkrafttreten: 26. Juni 1987); die Schaffung eines effektiven Überwachungsmechanismus sieht ein Zusatzprotokoll vor, das derzeit erarbeitet wird,
- Übereinkommen über die Rechte des Kindes (Inkrafttreten: 2. September 1990),[41] mit zwei Zusatzprotokollen, verabschiedet am 25. Mai 2000.[42]

Am 4. Dezember 1986 verabschiedete das Plenum die „Erklärung zum Recht auf Entwicklung" und erweiterte damit den universellen Menschenrechtskatalog um eine dritte Kategorie.[43] Am 18. Dezember 1992 folgte die „Deklaration über die Rechte von Personen, die zu nationalen oder ethnischen, religiösen und sprachlichen Minderheiten gehören" (UN-Deklaration zum Minderheitenschutz).[44] Angesichts der Zunahme innerstaatlicher Konflikte gilt dem sensiblen Problem eines wirksamen Minderheitenschutzes inzwischen besondere Aufmerksamkeit.

Der gewachsenen Bedeutung der UN-Menschenrechtspolitik Rechnung tragend, berief die Generalversammlung für Juni 1993 die zweite Menschenrechtsweltkonferenz nach Wien ein, auf der neben der Bekräftigung der Universalität der Menschenrechte der Menschenrechtsschutz als Querschnittsaufgabe im UN-System propagiert und eine entsprechende Stärkung der Rolle der Vereinten Nationen gefordert wurde. Ein Ergebnis dieses Appells war die Einset-

---

41 Texte dieser und weiterer UN-Übereinkommen, in: Tomuschat, Menschenrechte; Simma und Fastenrath (Hrsg.), Menschenrechte; Bundeszentrale für politische Bildung (Hrsg.), Menschenrechte.

42 Vgl. hierzu Tomuschat, Ch., Mehr Schutz für die Schutzlosen. Die beiden Fakultativprotokolle zu dem Übereinkommen über die Rechte des Kindes, in: Vereinte Nationen, 50. Jg., Heft 3, 2002, S. 89–93.

43 Vgl. hierzu Mbaya, E.-R. und M. Palm-Risse, Recht auf Entwicklung – ein Menschenrecht. Zur Deklaration der Generalversammlung von 1986; in: Vereinte Nationen, 35. Jg., Heft 6, 1987, S. 194–198; Falterbaum, J., Entwicklungsförderung im Völkerrecht, in: Aus Politik und Zeitgeschichte, B 47/1994, S. 22–29; Scharpenack, H., Das Recht auf Entwicklung, Frankfurt 1996.

44 Vgl. Dicke, K., Die UN-Deklarationen zum Minderheitenschutz, in: Europa-Archiv, 48. Jg., Folge 4, 1993, S. 107–116; Strauß, E., Minderheitenschutz, in: Volger (Hrsg.), Lexikon, S. 388–392.

zung eines Hohen Kommissars für Menschenrechte durch die Generalversammlung im Dezember 1993.[45] Mit dem Amt wurde zunächst 1994 José Ayalo Lasso aus Ecuador betraut, ihm folgte im Herbst 1997 Mary Robinson aus Irland, nach deren Rückzug übernahm im September 2002 der Brasilianer Vieira de Mello, ein erfahrener UN-Menschenrechtsexperte, diesen Posten. (Als Sonderbeauftragter des Generalsekretärs für den Irak fiel er im August 2003 einem Anschlag zum Opfer.) Für die Koordination der verschiedenen Menschenrechtsgremien steht dem Kommissar ein durchweg unterbesetztes Büro in Genf zur Seite. Ein neuartiges Instrument des Schutzes und der Förderung der Menschenrechte vor Ort stellen die Menschenrechtsfeldmissionen dar.

c) Organisatorische Funktionen

Das Tätigkeitsfeld der Generalversammlung umfasst nicht nur politische Funktionen im engeren Sinne, sondern auch organisatorische Aufgaben, die sich unter den Stichworten Wahl- und Haushaltsfunktionen zusammenfassen lassen.

• Die Generalversammlung entscheidet mit dem Sicherheitsrat über die Aufnahme eines Mitglieds in die Vereinten Nationen, über die Suspension oder den Ausschluss.

• Sie wählt in alleiniger Verantwortung: die Nichtständigen Mitglieder des Sicherheitsrats (Artikel 23 Abs. 1), die Mitglieder des Wirtschafts- und Sozialrats (Artikel 61 Abs. 1) und einen Teil der Mitglieder des Treuhandrats (diese Bestimmung des Artikels 86 ist inzwischen de facto überholt).

• Sie wählt in Zusammenarbeit mit dem Sicherheitsrat den Generalsekretär (Artikel 97) und die Richter des Internationalen Gerichtshofes (Statut des Internationalen Gerichtshofes, Artikel 4 Abs. 1).

• Sie allein „prüft" und „genehmigt" den Haushaltsplan der Vereinten Nationen und setzt die Höhe der Mitgliedsbeiträge fest (Arti-

---

45 Vgl. hierzu Wolfrum, R., Die Entwicklung des internationalen Menschenrechtsschutzes. Perspektiven nach der Weltmenschenrechtskonferenz von Wien, in: Europa-Archiv, 48. Jg., Folge 23, 1993, S. 681–690 und Much, Ch., Der begrenzte Handlungsspielraum des UN-Kommissars für Menschenrechte, in: Europa-Archiv, 49. Jg., 1994, S. 560–566.

kel 17 Abs. 1 und 2). Sie besitzt somit die ausschließliche Haushaltskompetenz.

• Sie begutachtet die Budgets der Sonderorganisationen (Artikel 17 Abs. 3).

• Sie „prüft" gemäß der Chartabestimmung (Artikel 15) die Jahres- und Sonderberichte des Sicherheitsrats und der „anderen Organe der Vereinten Nationen". In der Praxis beschränkt sich die Prüfung der Berichte des Sicherheitsrats, des Wirtschafts- und Sozialrats, des Generalsekretärs und des Internationalen Gerichtshofs auf kurze Debatten bzw. die Kenntnisnahmen durch das Plenum.

Bei diesen und einer Reihe weiterer organisationsinterner Fragen besitzt die Generalversammlung Entscheidungsgewalt, d. h. die von ihr getroffenen Beschlüsse haben innerhalb der Vereinten Nationen und für die Mitgliedstaaten rechtlich bindenden Charakter.

3. Verfahrensregeln

Die Verfahrensregeln der Generalversammlung sind festgelegt in den Artikeln 20 bis 22 der Charta und in der Geschäftsordnung (Rules of Procedure of the General Assembly), die sich das Plenum gemäß Artikel 21 am 17. November 1947 gegeben hat und die am 1. Januar 1948 in Kraft trat. Sie umfasst 163 teils mehrfach geänderte Regeln und zahlreiche Anhänge.[46]

Für die Arbeitsweise der Generalversammlung charakteristisch sind zudem informelle Verhandlungspraktiken, die sich im Laufe der Zeit nicht nur im Plenum herausgebildet haben und die sowohl bei verfahrenstechnischen als auch bei inhaltlichen Fragen Anwendung finden.[47]

Die Generalversammlung tritt alljährlich zu einer ordentlichen Tagung (regular session) zusammen, die nach einer Ende 2000 erfolgten Änderung der entsprechenden Regel 1 der Geschäftsord-

---

46 Eine deutsche Übersetzung der aktualisierten Geschäftsordnung findet sich auf der Website des Deutschen UN-Übersetzungsdienstes: www.un.org/Depts/german.
47 Vgl. hierzu Peterson, M. J., „Freunde des Präsidenten" und andere Helfer. Informelle Verhandlungspraktiken in der Generalversammlung, in: Vereinte Nationen, 37. Jg., Heft 4, 1989, S. 121–125.

nung nunmehr – kompliziert ausgedrückt – „am Dienstag nach dem zweiten Montag im September" beginnt und kurz vor Weihnachten ausgesetzt wird; eine Wiederaufnahme (resumed session) im darauf folgenden Jahr bis unmittelbar vor Beginn der nächsten ordentlichen Tagung ist inzwischen die Regel. Die 58. Sitzungsperiode begann somit am 16. September 2003. Sondertagungen (special sessions) müssen auf Ersuchen des Sicherheitsrats oder der Mehrheit der Mitgliedstaaten vom Generalsekretär einberufen werden. Bis Mitte 2003 fanden 27 Sondergeneralversammlungen statt, so z. B. zu dem Thema Abrüstung (1978, 1982, 1988), über Fragen der Entwicklungszusammenarbeit (1975, 1990, 1997, 1999), zum Drogenproblem (1998), zu HIV/AIDS (2001) und zuletzt im Mai 2002 zur Lage der Kinder.

Bei internationalen Krisen ist ein Zusammentritt zu einer Notstandssondertagung (emergency special session) gemäß der Uniting-for-Peace-Resolution binnen 24 Stunden möglich.[48]

Nach einer neuerlichen Änderung der Geschäftsordnung im Juli 2002 wählt die Versammlung in Zukunft drei Monate vor Sitzungsbeginn einen Präsidenten[49] und seit 1978 die 21 Vizepräsidenten, die nach festgelegten geographisch-politischen Gesichtspunkten bestimmt werden: sowohl Vertreter der fünf Regionalgruppen (Afrika, Asien, Osteuropa, Lateinamerika und karibische Staaten, Westeuropa und andere Staaten) – diese zu Zeiten des Ost-West-Konfliktes vorgenommene regionale Staatengruppierung spielt durchweg bei der Besetzung von UN-Gremien mit beschränkter Mitgliederzahl eine maßgebende Rolle – als auch die fünf Ständigen Sicherheitsratsmitglieder, die dem Präsidium permanent angehören.

Der Sitzungseröffnung folgt zunächst eine knapp zweiwöchige sog. Generaldebatte (ohne Aussprache), in der in der Regel Staatschefs oder Außenminister der Mitgliedstaaten zu grundsätzlichen Fragen der internationalen Politik Stellung nehmen und ihre Sichtweise der Weltorganisation darlegen. Danach setzt die Generalver-

---

48 Vgl. S. 44.
49 Ku, Ch., Geschäftsordnung und Gestaltungsfreiheit. Führungsrolle und Einfluss des Präsidenten der Generalversammlung der Vereinten Nationen, in: Vereinte Nationen, 34. Jg., Heft 4, 1986, S. 134–138.

sammlung ihre Arbeit gemäß der jeweils umfangreichen Tagesordnung fort. (Die 58. Jahrestagung 2003/04 umfasst wiederum 165 Tagesordnungspunkte, obwohl im Zuge der Reformbemühungen eine Straffung der jährlichen Agenda mit Nachdruck propagiert wird.)

Alle Sitzungen, die grundsätzlich öffentlich sind, finden am Hauptsitz der Vereinten Nationen in New York statt, sofern sich nicht die Mehrheit der Generalversammlung (auf einer vorhergehenden Tagung) oder eine Adhoc-Mehrheit der UN-Mitglieder für einen anderen Tagungsort entscheidet. Zu ihrer ersten Sitzung trat die Generalversammlung am 10. Januar 1946 in London zusammen; in Paris hielt sie 1948 und 1951/52 ihre regulären Sessionen ab; sechs Sitzungen der 43. Generalversammlung fanden aufgrund des von der damaligen US-Regierung gegen PLO-Führer Arafat verhängten Einreiseverbots vom 13. bis 15. Dezember 1988 in Genf statt.

4. Abstimmungsmodus

In der Generalversammlung gilt das Prinzip der formalen Stimmengleichheit, d. h. jeder Mitgliedstaat verfügt über eine Stimme. Beschlussfähig ist die Versammlung, wenn mindestens die Mehrheit der Mitglieder anwesend ist. Abgestimmt wird nach dem Mehrheitsprinzip: entweder mit Zweidrittelmehrheit oder mit einfacher Stimmenmehrheit, je nachdem ob es sich – das wird in der Charta unterschieden – um „wichtige Fragen" oder um „andere Fragen" handelt. Nach Artikel 18 Abs. 2 zählen zu den wichtigen Fragen:

- Empfehlungen über die Wahrung des Friedens und der internationalen Sicherheit,
- Wahl der Nichtständigen Sicherheitsratsmitglieder,
- Wahl der Mitglieder des Wirtschafts- und Sozialrats,
- Wahl von Mitgliedern des Treuhandrats,
- Aufnahme neuer Mitglieder,
- Suspension der Mitgliedschaftsrechte,
- Ausschluss von Mitgliedern,
- Fragen zur Wirkungsweise des Treuhandsystems,
- Haushaltsfragen.

Dieser Katalog ist allerdings nicht vollständig, da die Generalversammlung mit nur einfacher Mehrheit jede „andere Frage" zur „wichtigen Frage" erklären kann (Artikel 18 Abs. 3).

Die Abstimmung im Plenarsaal erfolgt gemäß der Geschäftsordnung durch Handzeichen, Aufstehen oder Sitzenbleiben oder – so das heute vorherrschende Verfahren – durch einen mechanischen Knopfdruck; namentliche Abstimmungen (roll-call votes) sind auf Antrag möglich, werden jedoch seit Jahren nicht mehr angewandt.

Neben dem formellen Abstimmungsverfahren ist die Praxis der Generalversammlung wie auch zahlreicher Nebenorgane durch den Verzicht auf eine förmliche Abstimmung gekennzeichnet. Die Annahme von Beschlüssen vollzieht sich stattdessen aufgrund einverständlicher Einigung in Form des Konsensverfahrens: Der jeweilige Sitzungspräsident stellt bei einem Antrag Übereinstimmung aller an der Beschlussfassung teilnehmenden Staaten fest, und die Mitglieder bekräftigen bestenfalls durch Beifallskundgebung ihre Zustimmung. Neuerdings werden Resolutionen auch ohne formelle Feststellung des Konsenses verabschiedet.

Während in der 43. Sitzungsperiode (1988) bereits 58 Prozent aller Resolutionen im Konsens oder ohne Abstimmung angenommen wurden, erhöhte sich der Anteil in der 55. Generalversammlung (2000/01) auf nahezu 80 Prozent.

Um die Leistungsfähigkeit des Plenums zu stärken (die 40. Sitzungsperiode 1985 verabschiedete eine Rekordzahl von 351 Resolutionen), werden seit Ende der achtziger Jahre immer wieder Vorschläge unterbreitet und auch Beschlüsse gefasst. So finden sich etwa im 1997 von Generalsekretär Kofi Annan vorgelegten und vielbeachteten Reformprogramm für eine Erneuerung der Vereinten Nationen (UN Dok. A/51/950) zahlreiche Vorgaben. Wiederholt verabschiedete die Generalversammlung selbst bereits entsprechende Beschlüsse über die „Neubelebung" bzw. „Rationalisierung" der Tätigkeit des Plenums und seiner Nebenorgane, so z. B. die 51. Generalversammlung 1997 (Res. 51/241) oder die 55. Versammlung 2001 (Res. 55/285).

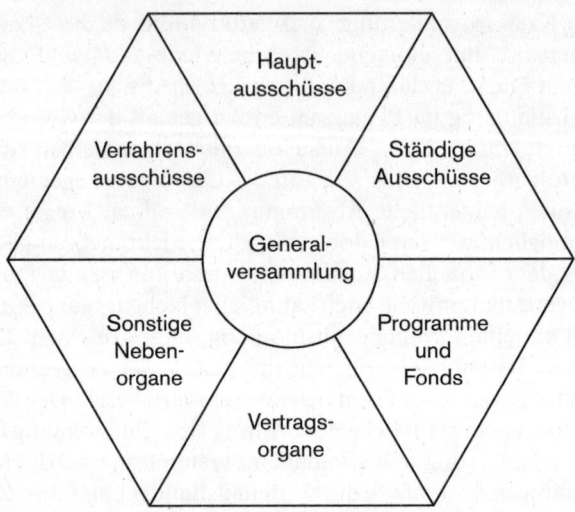

Die Generalversammlung und ihre Neben- und Sonderorgane

5. Nebenorgane

In Ergänzung zu Artikel 7 Abs. 2 der Charta verleiht Artikel 22 der Generalversammlung ausdrücklich das Recht, „Nebenorgane" einzusetzen, „soweit sie dies zur Wahrnehmung ihrer Aufgaben für erforderlich hält".

Die Vollversammlung hat zur Bewältigung ihrer Aufgabenvielfalt seit ihrem Bestehen von dieser Möglichkeit regen Gebrauch gemacht und eine komplexe Organisationsstruktur, bestehend aus Neben- bzw. Hilfsorganen (so die österreichische Terminologie) bzw. Ausschüssen, geschaffen, die fortwährend Änderungen und Ergänzungen erfährt. Zu diesen Institutionen, die zum Teil auf Dauer, zum Teil auf Zeit errichtet wurden und in ihrer Autonomie Unterschiede aufweisen, zählen[50]

• Hauptausschüsse (main committees),
• Verfahrensausschüsse (procedural committees),

---

50 Vgl. hierzu Lindemann, B. und D. Hesse-Kreindler, Ausschusssystem, in: Wolfrum, Handbuch, S. 26 f.; Simma (Hrsg.), Charta, S. 347–359.

- Ständige Ausschüsse (standing committees),
- Sonstige Nebenorgane (subsidiary, ad hoc and related bodies),
- Vertragsorgane (treaty bodies).

a) Hauptausschüsse

Es bestehen auf Grund eines Reformbeschlusses des Plenums vom August 1993 nur noch sechs (zuvor sieben) Hauptausschüsse, die den wesentlichen Aufgabenbereichen der Generalversammlung entsprechen:

- Der Erste Ausschuss – **Ausschuss für Abrüstung und internationale Sicherheit** (Disarmament and International Security Committee); er befasst sich mit allgemeinen politischen Fragen, Problemen der Sicherheit und mit dem vielfältigen Komplex der Abrüstung.
- Der Zweite Ausschuss – **Wirtschafts- und Finanzausschuss** (Economic and Financial Committee) –, zuständig für Fragen der multilateralen Entwicklungszusammenarbeit.
- Dritter Ausschuss – **Ausschuss für soziale, humanitäre und kulturelle Fragen** (Social, Humanitarian and Cultural Committee) –, mit dem Schwerpunkt Menschenrechtsschutz.
- Vierter Ausschuss – **Ausschuss für besondere politische Fragen und Entkolonialisierung** (Special Political and Decolonisation Committee) –, kurz Politischer Spezialausschuss genannt, neben den verbliebenen Problemen der Entkolonialisierung mit besonderen politischen Fragen, insbesondere mit dem gesamten Spektrum der friedenssichernden Operationen befasst.
- Fünfter Ausschuss – **Verwaltungs- und Haushaltsausschuss** (Administrative and Budgetary Committee) –, behandelt haushaltsrechtliche und administrative Fragen; er wird in seiner Tätigkeit vom Ausschuss für Verwaltungs- und Haushaltsfragen[51] unterstützt.
- Sechster Ausschuss – **Rechtsausschuss** (Legal Committee) –; zuständig für die Weiterentwicklung und Kodifizierung des Völkerrechts; arbeitet eng mit der Völkerrechtskommission[52] zusammen.

---

51 Vgl. S. 62 f.
52 Vgl. S. 66 f.

Bei den so genannten Gesamtausschüssen, die mit Ausnahme des ganzjährig tagenden Sechsten Ausschusses während der ordentlichen Sitzungsperioden des Plenums zusammentreten und die Hauptarbeit der Generalversammlung leisten, handelt es sich um zahlenmäßig nicht beschränkte Gremien. Jeder Mitgliedstaat der Vereinten Nationen hat vielmehr das Recht, in diesen Ausschüssen vertreten zu sein. Die meisten Tagesordnungspunkte des Plenums werden in einem der Hauptausschüsse intensiv vorberaten und die erarbeiteten Resolutionsanträge nach erfolgter Abstimmung (stets mit einfacher Mehrheit) zur endgültigen Beschlussfassung an die Generalversammlung überwiesen.

b) Verfahrensausschüsse

Es gibt zwei Verfahrensausschüsse, deren Funktion in der Geschäftsordnung der Vollversammlung festgelegt sind:
- **Präsidialausschuss** – oft auch Lenkungsausschuss oder Allgemeiner Ausschuss genannt (General Committee). Er setzt sich aus dem Präsidenten und den 21 Vizepräsidenten der Generalversammlung sowie den Vorsitzenden der sechs Hauptausschüsse zusammen. Seine Aufgabe liegt in der Koordination und Steuerung der Arbeit des Plenums; außerdem wirkt er bei der Aufstellung der Tagesordnung der Generalversammlung mit.
- **Mandatsprüfungsausschuss** – verschiedentlich als Beglaubigungsausschuss bezeichnet (Credentials Committee). Dessen Funktion besteht in der Überprüfung der Beglaubigungsschreiben der Regierungen für ihre UN-Vertreter; besondere Relevanz erhält seine Tätigkeit bei Streitfragen über die Legitimität einer Regierung. Seine neun Mitglieder werden auf Vorschlag des Präsidenten der Generalversammlung zu Beginn jeder Sitzungsperiode ernannt.

c) Ständige Ausschüsse

Die Generalversammlung verfügt über zwei so genannte Ständige Ausschüsse, die mit Haushalts- und Finanzfragen befasst sind:
- **Beratender Ausschuss für Verwaltungs- und Haushaltsfragen** (Advisory Committee on Administrative and Budgetary Questions – ACABQ). Diesem einflussreichen Prüfungs- und Beratungsgremium kommt in den UN-Haushaltsfragen eine Schlüsselrolle zu. Es

ist nicht nur für die Vorprüfung des Budgetentwurfs zuständig, vielmehr wird es mit allen budgetrelevanten Vorlagen befasst und berät das Plenum in administrativen und finanziellen Fragen.[53]

- **Beitrags-Ausschuss** (Committee on Contributions). Seine Aufgabe besteht im Wesentlichen in der Aufstellung der jeweils drei Jahre gültigen Beitragsskala für die Mitgliedsbeiträge; zudem ist er in Fragen der Anwendung des Artikels 19 bei Beitragsrückständen beratend tätig.[54]

Die sachverständigen Mitglieder (16 bzw. 18) dieser Ausschüsse, die nicht nur während der regulären Sitzungsperiode des Plenums zusammentreten, werden für jeweils drei Jahre vom Fünften Hauptausschuss in geheimer Wahl bestimmt und danach von der Generalversammlung bestätigt, wobei eine möglichst ausgewogene geographische Vertretung gewährleistet sein soll.

d) Sonstige Nebenorgane

Für die Erfüllung festumrissener Aufgaben hat die Generalversammlung im Laufe ihrer Geschichte zahlreiche nachrangige Organe bzw. Ad-hoc-Ausschüsse eingesetzt. Nach einer Übersicht im offiziellen „Yearbook of the United Nations" bestehen derzeit etwa 60, teils nur vorübergehend – so etwa zur Vorbereitung einzelner Konferenzen –, überwiegend jedoch ständig wirkende Einrichtungen der verschiedensten Art. Unterschiede in der Zuordnung der Nebenorgane – selbst in UN-Publikationen – sind dadurch bedingt, dass einige direkt der Generalversammlung, andere wiederum über den Wirtschafts- und Sozialrat dem Plenum Bericht erstatten.

Um ein ineffizientes Ausufern dieser Verfahrensweise zu verhindern, beschloss die Generalversammlung seit Ende der siebziger Jahre mehrfach eine grundsätzliche Überprüfung dieser Praxis, zum andern verfügte sie einen bedingten Stopp hinsichtlich der Schaffung neuer Nebenorgane. Einige der bedeutenderen Neben-

---

53 Vgl. hierzu Münch, W., Experten für den Interessenausgleich. Aufgaben und Arbeitsweise des Beratenden Ausschusses für Verwaltungs- und Haushaltsfragen (ACABQ), in: Vereinte Nationen, 44. Jg., Heft 2, 1996, S. 45–50.
54 Vgl. hierzu S. 173 f.

organe, die sich sowohl aus Staatenvertretern als auch aus unabhängigen Sachverständigen zusammensetzen, seien im Folgenden genannt:

- **Sonderausschuss für friedenssichernde Operationen** (Special Committee on Peacekeeping Operations), wurde am 18. Februar 1965 zur „Überprüfung der friedenssichernden Operationen in allen Aspekten" ins Leben gerufen. Nach seiner zahlenmäßigen Ausweitung im Jahr 1996 gehören ihm im Wesentlichen alle an der Truppenbereitstellung beteiligten Staaten an, Mitte 2002 über 100.

- **Sonderausschuss für die Charta der Vereinten Nationen und die Stärkung der Rolle der Organisation** (Special Committee on the Charter of the United Nations and on the Strengthening of the Role of the Organization), 1975 zur Stärkung der Rolle der Weltorganisation bei der friedlichen Beilegung internationaler Konflikte geschaffen, hat eine Reihe wichtiger Grundsatzdokumente erarbeitet. Sein Mandat wurde zuletzt 1998 erneuert; aktuelle Themenschwerpunkte sind die Sanktionsproblematik (Kriterien für deren Verhängung, Sanktionsfolgen für Drittstaaten), Stärkung des Internationalen Gerichtshofs, Zukunft des funktionslosen Treuhandrats. Der Ausschuss, der jeweils im April zu seiner Sitzungsperiode zusammentritt, steht allen Staaten offen. Beschlüsse setzen das Einverständnis aller voraus.

- **Reform-Arbeitsgruppen.** Mitte 2003 waren insgesamt drei Arbeitsgruppen (Finanzen, Sicherheitsratsreform, Frieden und Entwicklung in Afrika) im Auftrag der Generalversammlung mit der Ausarbeitung von Reformvorschlägen betraut.

- **Abrüstungskommission** (Disarmament Commission – UNDC). Dieses ursprünglich 1952 geschaffene Unterorgan steht seit 1959 allen UN-Mitgliedern offen; nach nur zwei Treffen (1960 und 1965) lebten die Aktivitäten dieses zwischen den Sitzungsperioden des Plenums fungierenden Beratungsgremiums im Zuge der Ersten Sondergeneralversammlung über Abrüstung (1978) wieder auf. Im Konsens wird die Rüstungs- bzw. Abrüstungsproblematik behandelt. Seit 1998 konzentriert sie sich in ihren jeweils dreiwöchigen Frühjahrssitzungen auf nur noch zwei konkrete Themen. die in einem dreijährigen Zyklus behandelt werden – einmal aus dem konventionellen, zum anderen aus dem nuklearen Bereich.

Substantielle Verhandlungen über Rüstungskontrolle und Abrüstung finden seit 1962 formell außerhalb, jedoch unter der Schirmherrschaft der Vereinten Nationen statt. Die gegenwärtig aus 66 Mitgliedstaaten (den fünf Nuklearmächten sowie 61 Nichtnuklearstaaten) bestehende autonome **Abrüstungskonferenz** (Conference on Disarmament – CD) in Genf – bis 1983 als **Abrüstungsausschuss** (Committee on Disarmament) bekannt – arbeitet aufgrund eines komplizierten Regelwerks (in drei Sitzungsphasen jährlich und mit Ad-hoc-Ausschüssen) thematisch und organisatorisch eng mit der Generalversammlung zusammen und legt dieser regelmäßig Berichte vor. Das dem Konsensprinzip verpflichtete, nach wie vor wichtigste multilaterale Forum für Abrüstung und Rüstungskontrolle ist nach beachtlichen Erfolgen Anfang der 90er Jahre (z. B. 1992 Zustandekommen des Chemiewaffen-Vertrages) in eine Krise geraten. Bereits 1996 gelang es nicht, das danach von der Generalversammlung gebilligte Abkommen über einen umfassenden Atomteststopp im Konsens zu verabschieden. Seit 1997 ist die Kommission praktisch blockiert, da bisher eine Einigung über die jeweilige Agenda und das Arbeitsprogramm nicht erzielt werden konnte. Tief greifende Differenzen zwischen den Interessenblöcken bestehen insbesondere hinsichtlich der Rüstungskontrolle im Weltraum und des Verbots der Produktion spaltbaren Materials für Nuklearwaffen.

• **Weltraumausschuss** (Committee on the Peaceful Uses of Outer Space – COPUOS). Seit 1960 beschäftigt sich dieses nunmehr 61 Staaten umfassende Nebenorgan mit Sitz in Wien, das über zwei Unterausschüsse verfügt, mit Fragen der friedlichen Nutzung des Weltraums (neuerdings auch mit dem Problem des Weltraummülls) und hat bisher fünf inzwischen rechtsgültige Abkommen vorbereitet.[55] Als eine allen UN-Mitgliedstaaten offen stehende

---

55 Vgl. hierzu Heintze, H.-J., Weltraumrecht, in: Volger (Hrsg.), Lexikon, S. 644–646.

Sondersitzung des Ausschusses fand im Juli 1999 in Wien die III. Weltraumkonferenz statt (UNISPACE III).

- **Entkolonialisierungsausschuss** (Special Committee on the Implementation of the Declaration on Decolonisation, auch „Committee of Twenty-Four" genannt). 1961 gegründet mit der Aufgabe, die Anwendung der ein Jahr zuvor verabschiedeten „Deklaration über die Gewährung der Unabhängigkeit an koloniale Länder und Völker" zu überwachen; besteht derzeit aus 24 Mitgliedern (meist Vertretern von Staaten der Dritten Welt) und ist heute mit den Überresten des Kolonialismus in noch 17 in Abhängigkeit befindlichen Gebieten befasst.

- **Völkerrechtskommission** (International Law Commission – ILC). Vorwiegend mit der Ausarbeitung von Konventionsentwürfen befasst, stellt die 1947 gegründete und aus 34 – für jeweils fünf Jahre gewählten – unabhängigen Rechtsexperten zusammengesetzte Kommission das zentrale Organ dar für die Weiterentwicklung des Völkerrechts und dessen Kodifizierung, d. h. die Fixierung ungeschriebenen Völkerrechts in Vertragsform.[56] Mehrere Konventionen, die auf Entwürfe der Kommission zurückgehen, zählen heute zu den Fundamenten des Völkerrechts. Schon 1994 konnte die Kommission den Entwurf eines Statuts für einen Internationalen Strafgerichtshof[57] verabschieden. Die Arbeiten an einem Textentwurf zur Verantwortlichkeit von Staaten für rechtswidriges Verhalten, der bereits 1962 in Angriff genommen worden war, konnte 2002 abgeschlossen werden.

- **Kommission der Vereinten Nationen für internationales Handelsrecht** (United Nations Commission on International Trade Law – UNCITRAL). Aus 36 Staatenvertretern bestehend, soll dieses 1966 gegründete und in Wien ansässige Gremium die Generalversammlung bei deren Bemühen um eine fortschreitende Harmonisierung und Vereinheitlichung des internationalen Handelsrechts unterstützen und ist vorrangig mit der Ausarbeitung einheitlicher

---

56 Vgl. hierzu Simma, B., ILC – Völkerrechtskommission, in: Volger (Hrsg.), Lexikon, S. 266–269.
57 Vgl. S. 280 ff.

Vorschriften sowie der Koordination des internationalen Handelsrechts beschäftigt.[58]

- **Verwaltungsgericht der Vereinten Nationen** (United Nations Administrative Tribunal – UNAT). Dieses seit 1950 aus sieben Juristen bestehende Gericht befasst sich mit dienstrechtlichen Streitigkeiten im Bereich der Organisation und einiger Sonderorganisationen.[59]

- **Gemeinsame Inspektionsgruppe** (Joint Inspection Unit – JIU). Angesichts der Finanzprobleme der Vereinten Nationen Mitte der sechziger Jahre beschloss die Generalversammlung 1966 die Einsetzung einer Inspektionseinrichtung zur Untersuchung und Evaluierung der Funktions- und Arbeitsweise des gesamten UN-Systems. Anfang 1968 nahm die aus nunmehr elf unabhängigen Inspektoren (unter ihnen bis Ende 2005 der Deutsche Wolfgang Münch) gebildete Inspektionsgruppe, die über weit reichende Untersuchungsvollmachten verfügt, mit Sitz in Genf ihre Tätigkeit auf. Ihre jährlich dem Plenum vorzulegenden Berichte enthalten detaillierte Empfehlungen zur Verbesserung der Effizienz der Aktivitäten der Vereinten Nationen.[60]

- **Informationsausschuss** (Committee on Information). Das inzwischen 96 Mitglieder umfassende Gremium beschäftigt sich mit allen Aspekten, Auswirkungen und Problemen der vielschichtigen Informationspolitik der Organisation insbesondere angesichts der neuen Kommunikationstechniken.

- **Amt des Hohen Kommissars der Vereinten Nationen für Flüchtlinge** (Office of the United Nations High Commissioner for Refugees – UNHCR). Flüchtlingen in vielfältiger Weise zu helfen, durch materielle wie durch rechtliche Hilfe – so lautet der weitgesteckte Aufgabenbereich dieser nach 1954 im Jahre 1981 zum zweiten Mal mit dem Friedensnobelpreis ausgezeichneten Ein-

---

58 Vgl. Ott, P., UNCITRAL – Kommission der Vereinten Nationen für internationales Handelsrecht, in: Volger (Hrsg.), Lexikon, S. 534–536.

59 Vgl. hierzu Göthel, Vereinte Nationen, S. 210–213.

60 Wündisch, M., Die United Nations Joint Inspection Unit als Instrument zur Einführung organisatorischer Rationalität in internationalen Organisationen, Frankfurt 1999.

richtung.[61] Mit Wirkung vom 1. Januar 1951 von der Generalversammlung begründet, verfügt das Amt, dessen Mandat mehrmals verlängert wurde und das aus freiwilligen Beiträgen überwiegend von einem kleinen Kreis (im Wesentlichen USA, Japan, Europäische Union bzw. deren Mitgliedstaaten) sowie von zwischenstaatlichen und privaten Hilfsorganisationen finanziert wird (Gesamtbudget 2001 rund 825 Millionen US-Dollar), neben dem Hauptsitz in Genf über 280 Büros in 120 Ländern (darunter in Berlin mit einer Zweigstelle in Bonn).[62] Seit Anfang Januar 2001 übt der frühere niederländische Ministerpräsident Ruud Lubbers als Nachfolger der Japanerin Sodako Ogata (1991–2000) das Amt des Flüchtlingskommissars aus, das von einem derzeit 57 Mitgliedstaaten umfassenden Exekutiv-Ausschuss kontrolliert wird. Als „Magna Charta" des internationalen Flüchtlingsrechts gilt die UN-Konvention über die Rechtsstellung der Flüchtlinge (Genfer Flüchtlingskonvention) aus dem Jahre 1951 mit dem Zusatzprotokoll von 1967; beide Abkommen wurden bis Mitte 2002 von 140 Staaten ratifiziert).

Neben kurzfristigen Nothilfeeinsätzen und Soforthilfsprogrammen (so jüngst in Afghanistan) zielt die materielle Unterstützung auf dauerhafte Lösungen, sei es die Eingliederung, die Umsiedlung oder die freiwillige Repatriierung der Flüchtlinge und neuerdings auch der sog. Binnenvertriebenen, die im streng juristischen Sinne keine Flüchtlinge sind. Angesichts der dramatisch gestiegenen Flüchtlingszahlen (derzeit betreut UNHCR etwa 22 Millionen

---

61 Vgl. Ogata, S., UNHCR – Hoher Flüchtlingskommissar der Vereinten Nationen, in: Volger (Hrsg.), Lexikon, S. 559–561; Angemendt, St., Das Weltflüchtlingsproblem und die Vereinten Nationen, in: Aus Politik und Zeitgeschichte, B 27–28, 2002, S. 26–31.

62 Vgl. Jahresbericht: United High Commissioner for Refugees (Hrsg.), Zur Lage der Flüchtlinge in der Welt. UNHCR-Report 2000/2001. 50 Jahre humanitärer Einsatz, Bonn 2000.
Neben der Berliner UNHCR-Vertretung, über die die viermal jährlich erscheinende Zeitschrift „Flüchtlinge" kostenlos bezogen werden kann, wurde 1980 die Deutsche Stiftung für UNO-Flüchtlingshilfe e. V. ins Leben gerufen, die sich mit Sitz in Bonn um Spendengelder für die beiden Flüchtlingshilfsorganisationen UNHCR und UNRWA bemüht.

Menschen) und der seit Jahren andauernden Unterfinanzierung (1995 standen noch 1,3 Milliarden US-Dollar zur Verfügung) des Hilfswerks kann UNHCR das Schutzmandat nur noch unzureichend erfüllen und ist letztlich zur Einstellung von Projekten gezwungen. Internet: www.unhcr.ch

• **Hilfswerk der Vereinten Nationen für Palästina-Flüchtlinge im Nahen Osten** (United Nations Relief and Works Agency for Palestine Refugees in the Near East – UNRWA), 1949 als Folge des arabisch-israelischen Konfliktes zur Betreuung der palästinensischen Flüchtlinge gegründet.[63] Das zeitlich befristete UNRWA-Programm, das regelmäßig um jeweils drei Jahre verlängert wurde (zuletzt bis 30. Juni 2005) und ständig den sich ändernden Bedürfnissen – zuletzt einschneidend nach Unterzeichnung des Friedensabkommens zwischen Israel und der PLO im Herbst 1993 – angepasst wurde, konzentriert sich heute auf die Grundbedürfnisbefriedigung in den Hilfsbereichen Erziehung und Ausbildung, medizinische Versorgung, humanitäre Maßnahmen sowie auch Infrastrukturverbesserung und Arbeitsplatzbeschaffung für die derzeit etwa 3,9 Millionen palästinensischen Flüchtlinge. Für 2003 stehen dem Hilfswerk, das ebenfalls seit Jahren unter Geldnot leidet, 292 Millionen US-Dollar zur Verfügung, die nahezu ausschließlich durch freiwillige Zahlungen aufgebracht wurden. Seit Anfang 1996 wird UNRWA von dem Dänen Peter Hansen geleitet. Internet: www.unrwa.org

• **Bevölkerungsfonds der Vereinten Nationen** (United Nations Population Fund – UNFPA). Dieser weltweit größte Fonds, 1966 zur Finanzierung von Bevölkerungsprogrammen in Entwicklungs- und neuerdings auch in Transformationsländern eingerichtet, ist seit 1979 ein Nebenorgan der Generalversammlung.

Im Zuge institutioneller Reformmaßnahmen der Generalversammlung wurde 1993 das bisherige gemeinsame Leitungsgremium des Entwicklungsprogramms UNDP/Bevölkerungsfonds in

---

63 Vgl. Hansen, P., Wechsel nach Gaza als neue Herausforderung. Das UNRWA und der Friedensprozess im Nahen Osten, in: Vereinte Nationen, 45. Jg., Nr. 6, 1997, S. 208–214; Kotthaus, H. P., UNWRA – Hilfswerk der Vereinten Nationen für Palästinaflüchtlinge im Nahen Osten, in: Volger (Hrsg.), Lexikon, S. 590–595.

einen UNDP/UNFPA Exekutivrat umgewandelt. Exekutiv-Direktorin ist seit Anfang 2001 Thoraya Ahmed Obaid aus Saudi-Arabien mit Sitz in New York. An Finanzmitteln verfügte der Fonds 2002 über ein Jahresbudget, das überwiegend aus freiwilligen Beiträgen finanziert wird, in Höhe von 242 Millionen US-Dollar. Die jüngste Zahlungsverweigerung der USA, die damit begründet wurde, UNFPA toleriere Abtreibungen und Zwangssterilisation in China, belastet die Weiterarbeit des Programms.

Eine wegweisende, umfassende bevölkerungspolitische Lageanalyse liefert der seit 1969 jährlich veröffentlichte „Weltbevölkerungsbericht".[64] Die Programmprioritäten und die Förderungskriterien wurden auf der Dritten Weltbevölkerungskonferenz (ICPD) 1994 in Kairo in einem Aktionsprogramm neu festgelegt, das 1999 auf der Sondergeneralversammlung („Kairo+5") überprüft und bewertet wurde. Demnach liegen die Unterstützungsschwerpunkte in den Bereichen: reproduktive Gesundheit und Familienplanung, aktive Bevölkerungspolitik, Informations- und Überzeugungsarbeit. Internet: www.unfpa.org

• **Entwicklungsfonds der Vereinten Nationen für Frauen** (United Nations Development Fund for Women – UNIFEM). Der Vorgängerfonds des 1984 von der Generalversammlung geschaffenen speziellen Hilfsprogramms wurde 1976 anlässlich der Frauendekade der Vereinten Nationen gegründet und ist mit dem Entwicklungsprogramm (UNDP) assoziiert. UNIFEM leistet direkte technische und finanzielle Hilfe zur Unterstützung vielfältiger Initiativen von Frauen in der Dritten Welt. Mit Sitz in New York wird die Einrichtung von Frau Noeleen Heyzer aus Singapur geleitet. An freiwillig finanzierten Finanzmitteln standen 2000 rund 27 Millionen US-Dollar zur Verfügung.

• **Freiwilligenprogramm der Vereinten Nationen** (United Nations Volunteers – UNV). Das 1970 gegründete Programm, seit 1996 mit Sitz in Bonn, wird vom UNDP verwaltet und teilweise auch finanziert und ist für die Vermittlung Freiwilliger mit beruflicher Qualifikation in Projekte multilateraler Zusammenarbeit zustän-

---

64 Deutsche Stiftung Weltbevölkerung (Hrsg.), Weltbevölkerungsbericht 2001. Bevölkerung und Umwelt, Stuttgart 2002.

dig.[65] Im Jahr 2000 waren weltweit über 5100 Freiwillige aus 157 Nationen in 140 Ländern eingesetzt. Internet: www.unv.org

- **Welternährungsprogramm** (World Food Programme – WFP). Um den sich ausbreitenden Hunger in den Ländern der Dritten Welt zu mildern und gleichzeitig die wirtschaftliche und soziale Entwicklung zu fördern, beschlossen die FAO-Konferenz[66] am 24. November 1961 und die Generalversammlung der Vereinten Nationen am 19. Dezember 1961 die Gründung dieses gemeinsamen UN/FAO-Sonderprogramms als Instrument der multilateralen Nahrungsmittelhilfe für Länder mit niedrigem Pro-Kopf-Einkommen und defizitärer Nahrungsmittelversorgung. Das Programm ist inzwischen die weltweit größte Einrichtung zur Versorgung von Opfern von Naturkatastrophen und kriegerischen Auseinandersetzungen.

Dem WFP, das 1963 seine Arbeit in Rom aufnahm, stehen ausschließlich freiwillige Beiträge überwiegend von OECD-Ländern in Form von Nahrungsmitteln, Geldzahlungen und Dienstleistungen (für Transport und Verteilung) zur Verfügung. Die Nahrungsmittelhilfe wird mit dem langfristigen Ziel der Entwicklung überwiegend an Länder mit niedrigem Einkommen in Projektform gewährt, beispielsweise zur Durchführung sog. „Nahrung-für-Arbeit"-Projekte (d. h. Lebensmittel zur Arbeitsentlohnung), für Speisungsprogramme oder Vorhaben zur Versorgung von Müttern und Kindern in Krankenhäusern.

Neuerdings müssen etwa 80 Prozent der Mittel für Soforthilfemaßnahmen in akuten Katastrophenfällen, verstärkt in den Hungergebieten Afrikas, und für Flüchtlinge in den von kriegerischen Auseinandersetzungen betroffenen Gebieten (schwerpunktmäßig in Afrika und in Afghanistan, wo das Welternährungsprogramm eine der größten Hilfsaktionen durchführt) verwendet werden. Die operationellen Ausgaben beliefen sich im Jahr 2002 auf rund 1,75 Milliarden US-Dollar.

---

65 Gael McSweeney, B., Neue Anschrift: Bundesstadt Bonn. Das Freiwilligenprogramm der Vereinten Nationen (UNV), in: Vereinte Nationen, 44. Jg., Nr. 6, 1996, S. 199–205.
66 Vgl. S. 204.

Das WFP verwaltet zudem die 1975 ebenfalls zur Beseitigung von Notlagen geschaffene **Internationale Nahrungsmittel-Notreserve** (International Emergency Food Reserve – IEFR), der jährlich – wiederum freiwillig aufgebracht – 500 000 Tonnen Getreide zur Verfügung stehen sollen.

Als Steuerungs- und Ausführungsorgan fungiert seit Anfang 1996 ein von der Generalversammlung und der FAO-Konferenz gemeinsam eingerichteter, 36 Mitgliedstaaten umfassender Exekutivrat. Exekutivdirektor ist seit 2002 James T. Morris, USA.

Das Welternährungsprogramm, das inzwischen auch die Koordinierung der von den verschiedensten bilateralen, multilateralen und auch nichtstaatlichen Organisationen gewährten Nahrungsmittelhilfen übernommen hat, wird heute zu den leistungsfähigsten Hilfs- und Entwicklungsinstitutionen innerhalb des UN-Systems gerechnet; allerdings hat es angesichts der gestiegenen Anforderungen zunehmend mit Finanzproblemen zu kämpfen. Internet: www.wfp.org

• **Wohn- und Siedlungsprogramm der Vereinten Nationen** (UN-Human Settlements Programme – UN-HABITAT). Durch einen Beschluss der Generalversammlung wurde 2001 die Kommission und das Zentrum für Wohn- und Siedlungswesen in ein eigenständiges Programm[67] umgewandelt, das für die Umsetzung der sog. HABITAT-Agenda von 1996 bzw. 2001 zuständig ist. HABITAT ist die zentrale UN-Einrichtung für die Bereiche Städtebau, Bau- und Wohnungswesen.

• **Universität der Vereinten Nationen** (United Nations University – UNU). Ende 1972 durch einen Beschluss der Generalversammlung gegründet, wurden 1974 erstmals die Mitglieder der beiden wichtigsten Organe, der 24 Wissenschaftler umfassende Rat sowie der Rektor (seit 1997 Hans J. H. van Ginkel, Niederlande), vom Generalsekretär der Vereinten Nationen, dem Exekutivdirektor von UNITAR und vom Generaldirektor der UNESCO berufen.[68]

Die UNU – mit dem eingängigen Kürzel „Weltuniversität" verse-

---

67 Vgl. S. 143.
68 Vgl. Hüfner, K., UNU – Universität der Vereinten Nationen, in: Volger (Hrsg.), Lexikon, S. 598–600.

hen – unterscheidet sich von traditionellen Universitäten u. a. dadurch, dass sie über keinen eigenen Lehrkörper verfügt und keine akademischen Grade verleiht; sie versteht sich vielmehr satzungsgemäß als eine internationale Gemeinschaft von Wissenschaftlern, die in der Forschung, in der akademischen Weiterbildung und in der Wissensvermittlung tätig sind und sich mit Fragen des menschlichen Überlebens beschäftigen. Als Koordinierungszentrum eines weltweiten Netzes von zurzeit 40 Forschungseinrichtungen hat die Universität der Vereinten Nationen mit Sitz in Tokio Mitte der 80er Jahre mit dem Aufbau eigener Forschungs- und Ausbildungszentren (so in Helsinki, Maastricht mit dem dortigen Institut für Neue Technologien und in Macau, China) begonnen. Finanziert aus einem Stiftungsfonds der Mitgliedstaaten leidet die Universität seit Jahren unter Mittelknappheit. Internet: www.unu.edu

- **Forschungsinstitute der Vereinten Nationen.** Neben der UNU verfügt die Organisation über weitere, in ihrer Arbeit autonome Einrichtungen, die sich mit speziellen Forschungsbereichen, z. T. auch mit Ausbildungs-, Informations- und Dokumentationsaufgaben beschäftigen und die im Wesentlichen alle auf freiwillige Finanzzuwendungen angewiesen sind. Die wichtigsten Institute seien hier genannt:[69]

  – **Forschungsinstitut der Vereinten Nationen für Soziale Entwicklung** (United Nations Research Institute for Social Development – UNRISD). Das 1963 gegründete, in Genf ansässige, interdisziplinär arbeitende Institut befasst sich mit sozialen Fragen im Zusammenhang mit Entwicklung.[70]

  – **Ausbildungs- und Forschungsinstitut der Vereinten Nationen** (United Nations Institute for Training and Research – UNITAR). Mit Hauptsitz in Genf beschäftigt sich dieses Institut – geleitet von einem Treuhänderrat – seit 1966 zum einen inzwischen vorrangig mit der Aus- und Fortbildung von Verwaltungspersonal aus Entwicklungsländern, zum anderen werden vielfältige pra-

---

69 Die einzelnen Institute werden behandelt bei Hüfner, Vereinte Nationen.

70 Vgl. Westendorff, D. G., Kernfragen der Entwicklungsforschung in den neunziger Jahren. Das Programm des Forschungsinstituts der Vereinten Nationen für soziale Entwicklung (UNRISD), in: Vereinte Nationen, 39. Jg., Heft 5, 1991, S. 162–167.

xisorientierte Forschungsprogramme über die verschiedenen Tätigkeitsfelder der Vereinten Nationen durchgeführt und ihre Ergebnisse veröffentlicht.[71]

– **Internationales Forschungs- und Ausbildungsinstitut zur Förderung der Frau** (International Research and Training Institute for the Advancement of Women – INSTRAW). Im Jahre 1976 beschloss die Generalversammlung die Errichtung eines Instituts zur Erforschung, Ausbildung und Informationsvermittlung über Fragen der Beteiligung von Frauen am Entwicklungsprozess vorwiegend in Ländern der Dritten Welt. Sitz dieser Einrichtung ist Santo Domingo in der Dominikanischen Republik.[72]

– **Fortbildungsakademie des Systems der Vereinten Nationen** (United Nations System Staff College). Mit Jahresbeginn 2002 wurde nach einer kurzen Erfahrungsphase die Gründung der Fortbildungsakademie mit Sitz in Turin von der Generalversammlung förmlich beschlossen. Mit dieser Institution verfügen die Vereinten Nationen über eine spezielle Einrichtung, die der Aus- und Fortbildung von Bediensteten im UN-System dienen soll.

– **Institut der Vereinten Nationen für Abrüstungsforschung** (United Nations Institute for Disarmament Research – UNIDIR). Mit Annahme des Statuts 1984 durch die Generalversammlung wurde diese unabhängige, ebenfalls praxisorientierte Forschungseinrichtung für Fragen der Abrüstung und Sicherheitspolitik mit Sitz in Genf geschaffen.[76]

e) Vertragsorgane

Eine besondere Kategorie von Nebenorganen der Generalversammlung stellen die sog. Vertragsorgane dar, die durch einen „ge-

---

71 Walter, M., UNITAR – Ausbildungs- und Forschungsinstitut der Vereinten Nationen, in: Volger (Hrsg.), Lexikon, S. 568–571.

72 Shields, M., Frauenforschung: Unsichtbares sichtbar machen. Das Programm des Internationalen Forschungs- und Ausbildungsinstituts der Vereinten Nationen zur Förderung der Frau (INSTRAW), in: Vereinte Nationen, 40. Jg., Heft 6, 1992, S. 188–192.

73 Vgl. Bernauer, Th. und Th. Schmalberger, Forschung im Dienste der internationalen Sicherheit und Abrüstung. Das Programm des Instituts der Vereinten Nationen für Abrüstungsforschung (UNIDIR), in: Vereinte Nationen, 40. Jg., Heft 3, 1992, S. 93–97.

sonderten völkerrechtlichen Vertrag eingesetzt und institutionell der Generalversammlung zugeordnet werden".[74] Hierzu zählen vor allem die sechs Sachverständigenausschüsse, die im Zuge der wichtigsten internationalen Menschenrechtskonventionen[75] ins Leben gerufen wurden, um deren Durchführung zu überwachen. Sie prüfen auf ihren jährlichen Sitzungsperioden in Genf bzw. New York im Wesentlichen die von den Regierungen in gewissen Abständen vorzulegenden Berichte („Staatenberichte") über die Erfüllung ihrer vertraglich übernommenen Verpflichtungen. In jüngster Zeit haben sie ihre Arbeitsmethoden verbessert, indem sie beispielsweise spezielle Empfehlungen abgeben, Sonderberichte anfordern oder Feldmissionen durchführen.[76] Die Mitglieder dieser Kontrollgremien, sind keine Regierungsvertreter, werden aber von den Vertragsstaaten zur Wahl vorgeschlagen und von diesen gewählt.

Menschenrechtspakt	Vertragsorgan
Pakt über bürgerliche und politische Rechte (Zivilpakt)	Menschenrechtsausschuss
Pakt über wirtschaftliche, soziale und kulturelle Rechte (Sozialpakt)	Ausschuss für wirtschaftliche, soziale und kulturelle Rechte (CESCR)
Übereinkommen zur Beseitigung jeder Form von Rassendiskriminierung	Ausschuss für die Beseitigung von Rassendiskriminierung (CERD)
Übereinkommen zur Beseitigung jeder Form von Diskriminierung der Frau	Ausschuss zur Beseitigung der Diskriminierung der Frau (CEDAW)
Antifolterkonvention	Ausschuss gegen Folter (CAT)
Übereinkommen über die Rechte des Kindes	Ausschuss für die Rechte des Kindes (CRC)

---

74 Simma (Hrsg.), Charta, S. 352.
75 Vgl. S. 53 f
76 Oberleitner, G., Menschenrechtsschutz durch Staatenberichte, Frankfurt u. a. 1998.

- **Ausschuss für die Beseitigung von Rassendiskriminierung** (Committee on the Elimination of Racial Discrimination – CERD). 18 Sachverständige kontrollieren seit Anfang 1970 aufgrund von Berichten der Vertragsstaaten die Durchführung des gleichnamigen Übereinkommens.

- **Menschenrechtsausschuss** (Human Rights Committee). Der aus 18, jeweils für vier Jahre gewählten Experten bestehende, seit 1977 tätige Ausschuss wurde im Gefolge des „Internationalen Paktes über bürgerliche und politische Rechte" geschaffen.

- **Ausschuss für die Beseitigung der Diskriminierung der Frau** (Committee on the Elimination of Discrimination against Women – CEDAW). Mit der Prüfung der Berichte der Vertragsstaaten des Frauenrechtsübereinkommens sind die 23 Mitglieder dieses Ausschusses seit 1983 befasst, dem inzwischen nur Expertinnen angehören (darunter die Deutsche Hanna-Beate Schöpp-Schilling).[77]

- **Ausschuss gegen Folter** (Committee against Torture – CAT). Gemäß der 1987 in Kraft getretenen Antifolterkonvention nimmt der aus zehn Experten gebildete Ausschuss vertragsgemäß Untersuchungen vor.

- **Ausschuss für wirtschaftliche, soziale und kulturelle Rechte** (Committee on Economic, Social and Cultural Rights – CESCR). Nachdem zunächst der Wirtschafts- und Sozialrat für die Prüfung der Staatenberichte des 1976 in Kraft getretenen „Sozialpaktes" zuständig war, übernahm 1987 dieses dem Menschenrechtsausschuss nachgebildete, 18 Experten umfassende Gremium diese Funktion. Die Mitglieder (darunter derzeit der deutsche Völkerrechtler Eibe Riedel) werden jedoch nicht von den Vertragsstaaten, sondern vom Wirtschafts- und Sozialrat gewählt.[78] In der offiziellen UN-Organsystematik wird der Ausschuss den Expertengremien des Wirtschafts- und Sozialrats zugeordnet.

---

77 Vgl. hierzu Schöpp-Schilling, H. B., Die Effektivität von Abkommen zum Schutz der Menschenrechte am Beispiel des CEDAW, in: Die Friedens-Warte, 74. Jg., Heft 1–2, 1999, S. 205–228.

78 Vgl. den Beitrag des langjährigen deutschen Ausschussmitglieds Simma, B., Der Ausschuss für wirtschaftliche, soziale und kulturelle Rechte (CESCR), in: Vereinte Nationen, 37 Jg., Heft 6, 1989, S. 191–196.

- **Ausschuss für die Rechte des Kindes** (Committee on the Rights of the Child – CRC). Ende September 1991 nahm dieser mit der Überwachung der Durchführung der Kinderkonvention betraute, aus nunmehr 18, unabhängigen Experten (darunter dem Deutschen Lothar Krappmann) bestehende Ausschuss seine Arbeit auf.

6. Programme und Fonds

Die politische Funktion der Generalversammlung beschränkt sich satzungsgemäß im wirtschaftlichen und sozialen Bereich im Allgemeinen darauf, anderen Organen – speziell dem Wirtschafts- und Sozialrat – generelle Leitlinien und Anregungen für die praktische Arbeit zu geben. Mit Beginn der sechziger Jahre war jedoch, im Wesentlichen unter dem Druck der Staaten der Dritten Welt, eine Entwicklung in Gang gesetzt worden, die darauf hinauslief, die Generalversammlung auf den genannten Gebieten stärker als bisher direkt mit der Wahrnehmung operativer Tätigkeiten zu betrauen. Unzufrieden mit den sich weiter verschlechternden Lebensbedingungen in ihren Ländern übten die Staaten Afrikas, Asiens und Lateinamerikas, die im Plenum inzwischen über eine sichere Mehrheit verfügten, sowohl am Organisationssystem insgesamt wie auch an konkreten Institutionen Kritik.[79]

Eine in diesem Zusammenhang wichtige Forderung der Entwicklungsländer beinhaltete die Gründung solcher Organe oder Organisationen, die nicht dem Wirtschafts- und Sozialrat, sondern direkt der Versammlung unterstehen sollten. In der Folgezeit schuf die Generalversammlung eine Reihe von Einrichtungen – insbesondere zur „Wahrnehmung operationeller Aufgaben", die als „quasi-autonome Sonderorgane"[80] der Vereinten Nationen bezeichnet werden können. Sie besitzen zwar formal den Rechtsstatus von Nebenorganen des Plenums, aber sie genießen insofern eine gewisse Selbständigkeit, als sie die ihr zugewiesenen Aufgaben weitgehend autonom realisieren können. Außerdem besitzen sie in der Regel eine komplexe Organstruktur.

---

49 Vgl. hierzu Dicke, D. Ch., Die administrative Organisation der Entwicklungshilfe durch die Vereinten Nationen, Frankfurt 1972, S. 17 ff.

80 Simma (Hrsg.), Charta, S. 352.

Da jedoch eine gewisse Unübersichtlichkeit und auch Uneinigkeit bei der Einordnung einzelner UN-Einrichtungen festzustellen ist, soll im Weiteren auf die von den Vereinten Nationen selbst propagierte Kategorie der „Programme und Fonds" abgestellt werden.[81] Deren Funktionen und Aufgaben konzentrieren sich auf

• die Erarbeitung von Prinzipien, Normen, Programmen oder
• die Finanzierung bzw. Durchführung von Hilfsprogrammen.

a) Weltkinderhilfswerk

Das **Kinderhilfswerk der Vereinten Nationen** (ursprünglich United Nations International Children's Emergency Fund – UNICEF, 1953 unter Beibehaltung der Abkürzung in United Nations Children's Fund abgeändert), auch Weltkinderhilfswerk genannt, wurde am 11. Dezember 1946 von der Generalversammlung als ein Hilfsprogramm ins Leben gerufen – mit dem Ziel, vorwiegend den Kindern im zerstörten Nachkriegseuropa zu helfen. Ab Mitte der fünfziger Jahre verlagerte UNICEF – nunmehr auf der Grundlage eines unbefristeten Mandats – seine Tätigkeit immer stärker auf die Entwicklungsländer, denen heute vor allem in Afrika und Asien schwerpunktmäßig Hilfe zuteil wird.

Die Lebensbedingungen der Kinder und Jugendlichen, aber auch der Mütter sollen durch gezielte, vorwiegend langfristige Programme verbessert werden, wobei mit einer Vielzahl von UN-Einrichtungen sowie mit nicht staatlichen Organisationen eine enge Zusammenarbeit besteht.

Derzeit konzentriert sich UNICEF auf vier Gebiete:

• Basisgesundheitsversorgung für Mutter und Kind; nahezu die Hälfte aller Programmaufwendungen werden für verschiedene Formen der Gesundheitspflege in über 130 Ländern eingesetzt. Als Leitfaden dient hierbei das Konzept der „elementaren Gesundheitsfürsorge".

• Ernährung und Ernährungserziehung; Kampf gegen Unterernährung von Müttern und Kindern.

• Erziehung und Ausbildung; gefördert wird beispielsweise durch

---

81 Vgl. hierzu z. B. Hauptabteilung Presse und Information der Vereinten Nationen (Hrsg.), Das System der Vereinten Nationen, Bonn 2002.

die Schulung von Lehrkräften und die Lieferung von Lehrmitteln schwerpunktmäßig die Grundbildung in ländlichen Gebieten.

• Soziale Dienste; insbesondere Familien- und Kinderfürsorge, z. B. durch die Schaffung von Kindergärten, Jugendheimen oder durch die Schulung des entsprechenden Fachpersonals.

Bei akuten Notsituationen, z. B. im ehemaligen Jugoslawien oder jüngst in Afghanistan, leistet UNICEF mit der Bereitstellung von Material und Personal auch Soforthilfe.

Als federführende Institution im System der Vereinten Nationen versteht sich UNICEF als „Anwalt der Kinder", und bereits im Jahresbericht 1984[82] hatte der damalige Generaldirektor zu einer „Revolution zugunsten der Kinder" aufgerufen.

Seit der Verabschiedung der UN-Konvention über die Rechte des Kindes 1989[83] liegt der Schwerpunkt der Programmarbeit zunehmend auf der Verwirklichung der Kinderrechte. Anfang Oktober 1990 organisierte das Kinderhilfswerk in New York einen „Weltkindergipfel", der eine Kinderschutzdeklaration und einen zehnjährigen Aktionsplan verabschiedete. Auf einer UN-Sondergeneralversammlung im Mai 2002 erfolgte eine Überprüfung der 1990 vereinbarten grundsätzlichen Zielrichtung zur Verbesserung der Lage der Kinder; zugleich wurde neuerlich ein 21 Punkte umfassender Aktionsplan für „Eine kindgerechte Welt" beschlossen, der u. a. die Senkung der Säuglingssterblichkeit um ein Drittel und den Rückgang der Todesrate junger Mütter um ebenfalls ein Drittel bis zum Jahr 2015 vorsieht.

In Anerkennung der verdienstvollen Arbeit erhielt UNICEF im Herbst 1965 den Friedensnobelpreis.

UNICEF, mit Sitz in New York und weiteren acht Regionalbüros sowie zahlreichen Vertretungen in aller Welt, arbeitet heute weitgehend dezentralisiert und wird von einem **Verwaltungsrat** mit inzwischen nur noch 36 vom ECOSOC gewählten Mitgliedern geleitet; es verfügt außerdem über einen vom Generaldirektor (seit Mitte 1995 hat die US-Amerikanerin Carol Bellamy dieses Amt inne) geführten Büroapparat. Finanziert werden die Hilfsprogramme durch freiwil-

---

82 Grant, J. P. (Hrsg.), Zur Situation der Kinder in der Welt, Wuppertal 1984.
83 Vgl. S. 54.

lige Beiträge der mitarbeitenden Staaten, durch private Spenden und durch den Verkauf von Grußkarten (mit nahezu 18 Millionen verkauften Exemplaren stand Deutschland 1995 an der Spitze aller Länder); 2002 konnte UNICEF über rund 1,2 Milliarden US-Dollar verfügen, davon rund 65 Prozent aus Regierungsbeiträgen. Insgesamt 38 **nationale UNICEF-Komitees** – zumeist in Industriestaaten – unterstützen und propagieren in vielfältiger Weise die Anliegen des Hilfswerks; das **Deutsche Komitee für UNICEF** befindet sich in Köln, das **österreichische** in Wien und das **schweizerische** in Zürich. Internet: www.unicef.org

b) Welthandelskonferenz

Die Welthandelskonferenz, genauer die **Konferenz der Vereinten Nationen für Handel und Entwicklung** (United Nations Conference on Trade and Development – UNCTAD),[84] ist seit dem einstimmigen Beschluss der Generalversammlung am 30. Dezember 1964 ein ständiges Organ des Plenums und diesem daher unmittelbar verantwortlich.

Die Ziele und Aufgaben der UNCTAD, deren Institutionalisierung auf Druck der Entwicklungsländer zustande kam, sind in der Satzung verankert und liegen: in der Förderung des internationalen Handels im Hinblick auf eine beschleunigte wirtschaftliche Entwicklung – und zwar des Handels sowohl zwischen den Staaten mit verschiedenen Entwicklungsstufen als auch zwischen den Entwicklungsländern; in der Festlegung von Grundsätzen und Maßnahmen für die internationalen Handelsbeziehungen und damit verbundenen Problemen der wirtschaftlichen Entwicklung; in der Koordinierung der Tätigkeit anderer Einrichtungen innerhalb des UN-Systems auf den genannten Gebieten; in der Einleitung von Maßnahmen mit dem Ziel des Abschlusses rechtsverbindlicher Handelsvereinbarungen. Außerdem soll die UNCTAD als ein Zentrum für die Harmonisierung des Handels und der damit zusammenhängenden Entwicklungsstrategien fungieren.

---

84 Ausführliche Darstellung mit weiteren Literaturhinweisen: Dieckman, B., in: Altmann, J. und Kulessa, M.E. (Hrsg.), Internationale Wirtschaftsorganisationen, Stuttgart 1998, S. 218–227; Ferdowsi, M.A., UNCTAD, in: Volger (Hrsg.), Lexikon, S. 537–543.

Das Tätigkeitsfeld der UNCTAD – letztlich auf eine effizientere Integration der Entwicklungsländer in die Weltwirtschaft gerichtet – sollte somit über den Bereich des Handels hinausgehen; die wechselseitigen Beziehungen zwischen Handel, wirtschaftlicher Entwicklung und internationaler Wirtschaftshilfe sollen vielmehr im Mittelpunkt stehen.

Schwerpunkte der bisherigen Aktivitäten der Welthandelskonferenz waren: Einführung eines Zollpräferenzsystems für Fertig- und Halbfertigwaren zugunsten der Entwicklungsländer; herausragend der Abschluss internationaler Rohstoffabkommen unter dem Dach des 1980 unterzeichneten **Integrierten Rohstoffprogramms** (Integrated Programme for Commodities – IPC) zur Preis- und Erlösstabilisierung bei ausgewählten Rohstoffen. Kernstück des Programms bildete der 1989 ins Leben gerufene **Gemeinsame Fonds für Rohstoffe** (Common Fund for Commodities – CFC) zur Finanzierung der Marktausgleichslager. Das ambitionierte Reformprojekt scheiterte letztlich jedoch daran, dass die Industriestaaten das Zustandekommen entsprechender Rohstoffabkommen blockierten.

Fragen der Entwicklungsfinanzierung („0,7 Prozent-Ziel"), der Verschuldung der Entwicklungsländer und der Neuordnung der internationalen Währungsordnung standen von Anbeginn ebenso im Vordergrund wie eine Verbesserung der Übertragung technologischen Wissens auf die Entwicklungsländer (hierzu wurde 1980 der Entwurf eines Verhaltenskodex für den Technologietransfer vorgelegt). Propagiert wurde auch eine verstärkte wirtschaftliche Zusammenarbeit zwischen den Entwicklungsländern („Süd-Süd-Kooperation").

Seit ihrem Bestehen hatte sich die UNCTAD immer deutlicher zu einem Sprachrohr und Sachwalter der „Gruppe der 77" (kurz G-77) der Entwicklungsländer mit einer wachsenden Zahl von Verhandlungsgegenständen entwickelt. Doch während diese Länder die UNCTAD als Schlüsselinstrument der internationalen Zusammenarbeit im Dienste der Entwicklung betrachteten und eine institutionelle Weiterentwicklung, verbunden mit größeren, auch operativen Entscheidungskompetenzen, anstrebten, sahen die Industriestaaten in diesem Organ lediglich ein Diskussionsforum und setzen sich für eine Straffung und Kanalisierung der UNCTAD-Aktivitäten ein.

Nachdem bereits 1987 UNCTAD VII eine Abkehr von der oftmals ideologisch bedingten Polarisierung der Interessenblöcke zum Ergebnis hatte, stand UNCTAD VIII Anfang 1992 ganz im Zeichen der „Neuen Entwicklungspartnerschaft" – beruhend auf marktwirtschaftlichen Prinzipien, mit veränderten Arbeitsprioritäten und durchgreifenden institutionellen UNCTAD-Reformen. Mit der endgültigen Etablierung der Welthandelsorganisation (WTO) Anfang 1995 stellte sich dann mit Nachdruck die Frage nach der zukünftigen Existenzberechtigung der UNCTAD.

Die 1996 in Midrand (Südafrika) durchgeführte neunte UN-Konferenz für Handel und Entwicklung (UNCTAD IX) brachte insofern eine Klärung, als das Fortbestehen von UNCTAD als einem wichtigen Forum der Meinungs- und Konsensbildung im Nord-Süd-Dialog grundsätzlich garantiert, zugleich jedoch eine inhaltliche Neuausrichtung für notwendig erachtet wurde.[85]

Im Mittelpunkt des Treffens standen die fortschreitende Globalisierung und Liberalisierung der Weltwirtschaft sowie die damit verbundene Gefahr eines weiteren ökonomischen Zurückbleibens der ärmsten Entwicklungsländer. Unter dem Motto „Partnerschaft für Wachstum und Entwicklung" wurde eine Abschlusserklärung verabschiedet, die das UNCTAD-Arbeitsprogramm für die nächsten vier Jahre festlegt und Beschlüsse zur institutionellen Straffung enthält. Der eingeleitete Prozess der marktwirtschaftlichen und praxisbezogenen Reorientierung im Zusammenwirken mit dem privaten Sektor (NGOs und Privatwirtschaft) sollte konsequent weitergeführt werden.

UNCTAD wird sich in Zukunft auf die entwicklungspolitisch orientierte Beratungs- und Analysetätigkeit konzentrieren sowie stärker als bisher durch Technische Zusammenarbeit Beistand leisten, und zwar Entwicklungs- wie auch Reformländern in Mittel- und Osteuropa, vorrangig jedoch den ärmsten Ländern Afrikas. Der Beratungs- und Entscheidungsmechanismus wurde schlagkräftiger gestaltet, das UNCTAD-Sekretariat verkleinert, und mit anderen UN-

---

85 Melchers, K., Totgesagte leben länger. Nach UNCTAD IX: eine gestraffte Organisation mit Zukunft, in: Vereinte Nationen, 44. Jg., Heft 4, 1996, S. 81–87.

Einrichtungen wie auch der WTO sollte eine engere Abstimmung bzw. Vernetzung erfolgen.

Die im Februar 2000 nach Bangkok einberufene UNCTAD X bestätigte die Umsetzung des Mandats von Midrand. In dem umfangreichen Aktionsplan spiegeln sich die unterschiedlichen Beratungs- und Unterstützungsbedürfnisse der Entwicklungsländer in den Bereichen Handel und Entwicklung wider.

Eine führende Rolle kam UNCTAD bei der Vorbereitung und Durchführung der von der Europäischen Union im Mai 2001 initiierten 3. UN-Konferenz für die am wenigsten entwickelten Länder (LDC III) zu. Ein dort verabschiedeter Aktionsplan soll in den nächsten zehn Jahren zu konkreten Verbesserungen der Lebensbedingungen, insbesondere bei der Armutsbekämpfung, in den 49 ärmsten Ländern führen.

Beim organisatorischen Aufbau der UNCTAD ist zu berücksichtigen, dass die **Konferenz** als das Plenum der Institution in der Regel alle drei bis vier Jahre zusammentritt und Grundsätze, Empfehlungen und Beschlüsse formuliert, die jedoch für die Mitglieder nicht bindend sind. Bisher fanden zehn Welthandelskonferenzen statt: 1964 in Genf – UNCTAD I genannt; 1968 in Neu-Delhi – UNCTAD II; 1972 in Santiago de Chile – UNCTAD III; 1976 in Nairobi – UNCTAD IV; 1979 in Manila – UNCTAD V; 1983 in Belgrad – UNCTAD VI; 1987 in Genf – UNCTAD VII; 1992 in Cartagena (Kolumbien) – UNCTAD VIII; 1996 in Midrand (Südafrika) – UNCTAD IX; 2000 in Bangkok – UNCTAD X.

In der Gründungsvereinbarung ist festgelegt, dass solche Staaten Mitglied der UNCTAD werden können, die bereits in den Vereinten Nationen, in Sonderorganisationen oder in der Internationalen Atomenergie-Organisation vertreten sind. Jedes der inzwischen 191 Mitglieder gehört formal nach wie vor einer der vier regionalen, nach wirtschaftlichen Gesichtspunkten gebildeten Staatengruppen an.

Zwischen den Konferenzen ist als Steuerungsgremium der **Rat für Handel und Entwicklung** (Trade and Development Board – TDB), auch Welthandelsrat genannt, mit neuerdings nur noch drei Ausschüssen („Kommissionen") tätig; er steht allen UNCTAD-Mitgliedern offen und tritt jeden Herbst für knapp zwei Wochen in Genf zu einer ordentlichen Sitzung zusammen. Um dringende Angelegenheiten zu klären, kann der Rat auch bis zu dreimal jährlich für einen Tag zusammenkommen. Die laufenden Arbeiten erledigt ein **Sekretariat** mit rund 400 hauptamtlichen Mitarbeitern, das als Teil des UN-Sekretariats in New York seinen Sitz in Genf hat und dem ein **Generalsekretär** vorsteht.

Drei Generalsekretäre prägten bisher maßgeblich Gesicht und Gewicht der Institution: Zunächst amtierte von 1964 bis 1969 der angesehene argentinische Entwicklungstheoretiker und -politiker Raúl Prebisch, 1974 gefolgt von dem aus Sri Lanka stammenden Gamani Corea (bis Ende 1984) und dem Ghanaer Kenneth K. S. Dadzie (bis März 1994). Erst im September 1995 – nach einer unbefriedigenden Interimslösung – konnte die Führungsposition mit dem ehemaligen brasilianischen Finanzminister Rubens Ricupero wieder besetzt werden.

Seit Anfang 1968 verwalteten UNCTAD und das Allgemeine Zoll- und Handelsabkommen (GATT) gemeinsam das **Internationale Handelszentrum** (International Trade Centre – ITC) in Genf, das durch vielfältige Dienstleistungen die Exportmöglichkeiten der Entwicklungsländer fördert; nachdem 1995 das GATT in der neuen Welthandelsorganisation (WTO) aufging, hat diese die Partnerschaft übernommen.

Die UNCTAD verfügt über keinen eigenen Verwaltungshaushalt, sondern wird aus dem regulären Budget der Vereinten Nationen finanziert; derzeit stehen jährlich rund 45 Millionen US-Dollar zur Verfügung, hinzukommen rund 24 Millionen extrabudgetärer Mittel verschiedener Geldgeber für Programme im Rahmen der Technischen Zusammenarbeit. Internet: www.unctad.org

c) Entwicklungsprogramm der Vereinten Nationen

Das Entwicklungsprogramm der Vereinten Nationen (United Nations Development Programme – UNDP)[86] entstand aufgrund eines

---

86 Ausführliche Darstellungen mit weiteren Literaturhinweisen: Hampe, M., Das Entwicklungsprogramm der Vereinten Nationen (UNDP): Anspruch, Probleme, Reformen, Wiesbaden 1997; Klingebiel, St., Leistungsfähigkeit und Reform des Entwicklungsprogramms der Vereinten Nationen (UNDP), Köln 1998: Kulessa, M., UNDP, in: Altmann und Kulessa (Hrsg.), Wirtschaftsorganisationen, S. 227–233.

Beschlusses der Generalversammlung vom 22. November 1965 und stellt die Verschmelzung zweier davor bestehender Sonderorgane des Wirtschafts- und Sozialrats dar. Das 1949 gegründete **Erweiterte Technische Hilfsprogramm** (Expanded Programme of Technical Assistance – EPTA) und der 1958 geschaffene **Sonderfonds der Vereinten Nationen** (United Nations Special Fund – SF) wurden zu einem gemeinsamen Hilfsprogramm zusammengefasst. UNDP ist eine der größten multilateralen operativen Entwicklungseinrichtungen und gilt als das wichtigste zentrale Steuerungs-, Koordinations- und Finanzierungsgremium des UN-Systems auf dem Gebiet der Technischen Zusammenarbeit (Vermittlung von Kenntnissen und Fähigkeiten durch Beratung, Ausbildung, Experten usw.). Seine Hauptaufgabe liegt in der Planung, Finanzierung und Koordinierung der Umsetzung von Entwicklungsprojekten; es führt in der Regel Projekte nicht selbst durch, sondern beauftragt damit fachlich zuständige Einrichtungen – Trägerorganisationen (executing agencies) – innerhalb und außerhalb des UN-Systems.

Zu den inzwischen mehr als 30 Trägerorganisationen gehören hauptsächlich die UN-Sonderorganisationen, aber auch die Vereinten Nationen selbst mit ihren Fachorganen; nicht dem UN-System zugeordnete internationale Organisationen (z. B. regionale Entwicklungsbanken) werden ebenfalls in Anspruch genommen. Mehr und mehr Projekte (1997 bereits nahezu 80 Prozent der Programmausgaben) werden in jüngster Zeit von den Regierungen der Entwicklungsländer selbst ausgeführt.

Sektorale Schwerpunkte, gemessen an den Ausgaben, waren Mitte der neunziger Jahre die Bereiche Entwicklungsplanung, Land- und Forstwirtschaft, Industrie, Umwelt und Gesundheit. UNDP wird nur auf Ersuchen von Regierungen tätig und konzentriert seine Aktivitäten auf die Armutsbekämpfung in den ärmsten Ländern. Erarbeitet werden vorwiegend mehrjährige (neuerdings nur noch dreijährige) integrierte „Länderprogramme", für die UNDP Zuschüsse an die Regierungen gewährt. Die Koordinierung vor Ort übernimmt der jeweilige UNDP-Repräsentant (Resident Representative).

Viel Beachtung findet inzwischen der 1990 erstmals veröffentlichte UNDP-Jahresbericht über die „menschliche Dimension der Entwicklung" (Human Development Report), der das Entwicklungsniveau eines jeden Landes zu quantifizieren sucht und als Maßstab einen jeweils aktualisierten „Index für menschliche Entwicklung" (HDI) enthält. Zudem behandelt der Bericht, der zwar im Auftrag des UNDP von Experten erstellt wird, aber laut Beschluss der Generalversammlung (1994) kein offizielles UNDP-Dokument darstellt, in jedem Jahr ein anderes Schwerpunktthema; 2003 steht die Frage der Erreichbarkeit der sogenannten Milleniums-Entwicklungsziele im Mittelpunkt.[87]

Ausgelöst durch Beitragsrückstände am Kern-Budget und Kritik der Geberländer an der Überlappung der UNDP-Aktivitäten mit anderen UN-Einrichtungen wurde Mitte der 90er Jahre ein Reformprozess eingeleitet, der mit dem Amtsantritt des neuen Administrators (1999) forciert wurde.[88] Mit der Einführung eines effizienten ergebnisorientierten Managementsystems, der Auslagerung umfangreicher Kompetenzen vom Hauptquartier in New York in die Länderbüros und nicht zuletzt mit der Neuausrichtung der Programme begann eine Neuorientierung, die in Zusammenhang mit den Bemühungen des UN-Generalsekretärs um eine grundlegende Reform der gesamten UN-Entwicklungspolitik zu sehen ist. UNDP soll übergreifend vor allem im Bereich entwicklungspolitischer Regierungsberatung mit den Programmländern in sechs Kernbereichen zusammenarbeiten: Demokratische Regierungsführung, Armutsbekämpfung, Krisenvorsorge und Konfliktbewältigung, Energie und Umwelt, Informations- und Kommunikationstechnik, HIV/AIDS. Außerdem sollen die Aktivitäten des gesamten UN-Systems auf Länderebene jeweils durch einen „Resident Coordinator", der überwiegend von UNDP gestellt wird, koordiniert werden.

UNDP kennt keine Mitgliedschaft im eigentlichen Sinne; allen UN-Mitgliedern steht die Mitarbeit offen. Als höchstes UNDP-Organ ist der dreimal jährlich tagende **Exekutivrat** (Executive Board) –

---

87 Die UNDP-Berichte werden in Zusammenarbeit mit der DGVN in deutscher Sprache veröffentlicht: Deutsche Gesellschaft für die Vereinten Nationen (Hrsg.), Bericht über die menschliche Entwicklung 2003: Die Milleniums-Entwicklungsziele: Ein Pakt zwischen Nationen zur Beseitigung menschlicher Armut, Bonn 2002.

88 Vgl. hierzu Klingebiel, St., Verlässliche Finanzierung als unverzichtbares Reformelement. Perspektiven für die Entwicklungszusammenarbeit der Vereinten Nationen und das UNDP, in: Vereinte Nationen, 47. Jg., Heft 1, 1999, S. 7–11.

mit nurmehr noch 36 Mitgliedern (in der Mehrzahl Entwicklungsländer) – für die Festlegung der generellen Richtlinien und die Genehmigung der Länderprogramme verantwortlich; außerdem verwaltet er derzeit sechs UN-Sonderfonds, eine Reihe weiterer Treuhandfonds sowie zusammen mit dem Umweltprogramm der
Vereinten Nationen (UNEP) und der Weltbank die Globale Umweltfazilität (GEF).[89]

Die Sonderfonds gelten als eigenständige Abteilungen innerhalb
der UNDP-Organisationsstruktur; genannt seien:

- **Freiwilligenprogramm der Vereinten Nationen** (UNV).[90]
- **Entwicklungsfonds der Vereinten Nationen für Frauen** (UNI-
  FEM).[91]
- **Kapitalentwicklungsfonds der Vereinten Nationen** (United Nations
  Capital Development Fund – UNCDF), ein 1966 von der Gene-
  ralversammlung ins Leben gerufener Entwicklungshilfefonds, der
  inzwischen kleinere Kapitalinvestitionsprojekte in den am we-
  nigsten entwickelten Ländern finanziert, d. h. er stellt Kredite für
  Infrastrukturmaßnahmen, industrielle und landwirtschaftliche
  Kleinobjekte sowie Frauenprojekte zur Verfügung; von Anbeginn
  stand UNCDF mit einer derzeitigen Mittelausstattung von jährlich
  rund 40 Millionen US-Dollar im Schatten der Bretton-Woods-
  Institute.[92]
- Vom UNDP beaufsichtigt wird das **Büro der Vereinten Nationen
  für Projektdienste** (UNOPS), das ursprünglich aus einer UNDP-
  Abteilung hervorging und auf Grund eines Beschlusses der Gene-
  ralversammlung (Res. 48/501) seit dem 1. Juni 1995 innerhalb der
  Vereinten Nationen eine „eigene Stelle" (separate entity) bildet.
  Das sich selbst finanzierende und nach unternehmerischen
  Grundsätzen geleitete Büro, eine Art Consulting-Unternehmen,
  das seine Dienstleistungen den Vereinten Nationen und anderen
  internationalen Organisationen anbietet und als Generalunter-
  nehmer umfangreiche Projekte durchführt (2001 mit einem Volu-

---

89 Vgl. S. 233.
90 Vgl. S. 70 f.
91 Vgl. S. 70.
92 Vgl. S. 230 ff.

men von 504 Millionen US-Dollar), wird von einem Exekutivdirektor geleitet; derzeit nimmt diese Position im Range eines Beigeordneten Generalsekretärs der Kanadier Nigel Fischer ein.[93]

UNDP, dessen Verwaltungsapparat mit einem **Administrator** an der Spitze (seit 1999 der Brite Mark Malloch Brown), aus dem ordentlichen UN-Haushalt finanziert wird, hat seinen Sitz in New York und unterhält ein weltweites Netz von nahezu 140 Länderbüros. Deren Leiter, „Residierende Vertreter" (Resident Representatives) genannt, sind mit weit reichenden Funktionen und Kompetenzen betraut und inzwischen – ganz im Sinne der eingeleiteten Reformen – in Personalunion als „Resident Coordinators" auch für andere entwicklungspolitische Einrichtungen und Programme der Vereinten Nationen sowie bei der Katastrophenhilfe koordinierend tätig.

Die Geldmittel für den Programmhaushalt werden überwiegend von den Industriestaaten auf freiwilliger Basis bereitgestellt. Im Haushaltsjahr 2002 betrugen die Beitragsleistungen für das UNDP-Kernprogramm rund 660 Millionen US-Dollar (1991 stand noch rund 1 Milliarde US-Dollar zur Verfügung!). Gestiegen sind neuerdings die zweckgebundenen Beiträge der Eigenleistungen der Entwicklungsländer und der Zufluss von Mitteln verschiedener Treuhandfonds in Höhe von insgesamt 2,1 Milliarden US-Dollar im Jahr 2002. Internet: www.undp.org

d) Umweltprogramm

Die Gründung des **Umweltprogramms der Vereinten Nationen** (United Nations Environment Programme – UNEP)[94] geht auf eine Empfehlung der von der Generalversammlung 1972 nach Stockholm einberufenen Konferenz über die menschliche Umwelt (Umweltkonferenz) zurück, nachdem sich das UN-Plenum erstmals

---

93 Vgl. hierzu Helmke, R., Der Kunde ist König. Prinzip Selbstfinanzierung: Reformbeispiel UNOPS, in: Vereinte Nationen, 47. Jg., Heft 2, 1999, S. 60–65.

94 Kilian, M., Umweltschutz durch Internationale Organisationen. Die Antwort des Völkerrechts auf die Krise der Umwelt?, Berlin und München 1987, insbesondere S. 78 ff.; Keil, J., Wer rettet die Welt? Die Umweltpolitik der Vereinten Nationen, in: WeltTrends, Nr. 8, 1995, S. 57–67; UNEP, in: Altmann und Kulessa, Wirtschaftsorganisationen, S. 233–237.

1968 mit der globalen Umweltproblematik befasst hatte; am 15. Dezember 1972 legte die Generalversammlung das Mandat von UNEP fest. Die Vereinten Nationen erkannten somit die aufkommende Umweltkrise, Jahre bevor dieses Problem Eingang in die Politik ihrer Mitgliedstaaten fand.

Das Umweltprogramm – auf dessen Anregung der alljährliche „Tag der Umwelt" (5. Juni) zurückgeht – sollte als Koordinierungsstelle und Katalysator für die Umweltaktivitäten aller international tätigen staatlichen und nichtstaatlichen Umwelteinrichtungen innerhalb und außerhalb des UN-Systems dienen und entwickelte danach Aktivitäten auf drei Ebenen:

• Anregung bzw. Förderung internationaler Abkommen mit dem Ziel der Schaffung eines Umwelt-Völkerrechts. Eine Reihe bedeutender globaler und regionaler Umweltverträge kamen auf Initiative von UNEP zustande, so vorrangig zum Schutz der Ozonschicht, wie das Wiener Übereinkommen zum Schutz der Ozonschicht von 1985 mit einem Zusatzprotokoll (seit 1989 in Kraft), das Montrealer Protokoll über Substanzen, welche die Ozonschicht verringern (1987); 1994 trat hierzu eine den Zeitrahmen verkürzende, ergänzende Konvention in Kraft, und hinzu kommen noch zahlreiche Vereinbarungen zum Meeresumweltrecht.[95]

• Ausarbeitung internationaler Umweltschutzgrundsätze im Sinne ökologischer Leitlinien, etwa die Weltcharta für Natur (1982), das Umweltrechtsprogramm von Montevideo (1982) oder die Konvention über die Berücksichtigung grenzüberschreitender Auswirkungen von Aktivitäten auf die Umwelt (1991 verabschiedet).

• Hilfeleistungen für die nationale Umweltgesetzgebung und Umweltpolitik. Im Rahmen des so genannten Earthwatch-Programms hat UNEP in Zusammenarbeit mit zahlreichen internationalen Einrichtungen verschiedene computer- und satellitengestützte Beobachtungs-, Überwachungs- und Informationssysteme errichtet, wie beispielsweise GEMS (Global Environment Monitoring System), ein globales Überwachungssystem, das weltweit

---

95 Hohmann, H., Meeresumweltschutz als globale und regionale Aufgabe. Die Anstrengungen von UNEP, IMO und ECE, in: Vereinte Nationen, 37. Jg., Heft 2, 1989, S. 53–61.

sämtliche Umweltveränderungen registriert und an die Staaten weitergibt; einen computergesteuerten Informationsdienst (INFOTERRA) sowie eine Datenbank für potentiell giftige Chemikalien (IRPTC).

Hilfsmaßnahmen bei der Ausbildung von Umweltexperten, zur Umwelterziehung und Umweltinformation sind einige weitere der vielgestaltigen UNEP-Aktivitäten.

Eine von den Vereinten Nationen 1982 vorgenommene Umweltbilanz ergab, dass die Zielvorstellungen der Stockholmer Umweltkonferenz von 1972 nicht realisiert worden waren und die Umweltschäden global zugenommen hatten. Die umweltpolitischen Aktivitäten und Leistungen der Vereinten Nationen, vor allem die des dafür geschaffenen Leitorgans, bedurften deshalb der Intensivierung.

Auf Initiative von UNEP wurde 1984 die nach ihrer Vorsitzenden, der norwegischen Ministerpräsidentin, benannte Brundtland-Kommission eingesetzt, die Empfehlungen über den Zusammenhang zwischen wirtschaftlicher Entwicklung und Schutz der Umwelt ausarbeiten sollte und im Frühjahr 1987 ihren Abschlussbericht vorlegte.[96] Darin findet sich der entwicklungspolitische Ansatz, der bis in die Gegenwart die multilaterale Entwicklungszusammenarbeit bestimmt: „sustainable devolopment", d. h. wachstumsorientierte, aber umweltschonende nachhaltige bzw. dauerhafte Entwicklung.

Aufgrund des Brundtland-Berichtes beschloss die Generalversammlung 1989 die Einberufung einer Konferenz über Umwelt und Entwicklung (UNCED), die im Juni 1992 in Rio de Janeiro stattfand).[97]

Auf diesem „Erdgipfel", dessen vier Vorbereitungstreffen bereits die tief greifenden Divergenzen zwischen den Industrie- und den Entwicklungsländern offenbarten,[98] wurden statt einer verbindlichen Erd-Charta lediglich eine „Erklärung von Rio über Umwelt

---

96 Hauff, V. (Hrsg.), Unsere gemeinsame Zukunft. Weltkommission für Umwelt und Entwicklung, Greven 1987.

97 Unmüssig, Hoffnung.

98 Vgl. hierzu Wöhlcke, M., Der ökologische Nord-Süd-Konflikt, München 1993.

und Entwicklung" und ein etwas substantielleres Aktionsprogramm, die „Agenda 21", verabschiedet.[99] Daneben konnten zwei Umweltschutzkonventionen unterzeichnet werden, einmal die Artenschutz-Konvention (1994 in Kraft getreten), zum anderen die Rahmenkonvention über Klimaänderungen (ebenfalls seit 1994 in Kraft), die allerdings erst 1997 durch das Kyoto-Protokoll[100] über die Reduktion von Treibhausgasemmissionen im Zeitraum 2008 bis 2012 konkretisiert wurde. Ein weiteres Konferenzergebnis führte zur Einsetzung einer speziellen UN-Kommission für nachhaltige Entwicklung.[101]

Die Umweltkonferenz von 1992 hatte für UNEP insofern Konsequenzen, als der Verwaltungsrat beschloss, UNEP in seiner umweltpolitischen Führungs- und Koordinatorrolle zu stärken und mit zusätzlichen Finanzressourcen auszustatten sowie grundlegende Veränderungen in der Schwerpunktsetzung des Programms und eine Intensivierung der Beziehungen zu anderen Umwelteinrichtungen staatlicher und nichtstaatlicher Art einzuleiten.

Das 1997 schließlich in der so genannten „Nairobi-Erklärung" gebilligte Programm setzte folgende sechs Aufgabenprioritäten:

- Analyse des Zustandes der globalen Umwelt und Registrierung von Umweltschäden. (Eine entsprechende Bestandsaufnahme liefert der seit 1997 alle zwei Jahre erscheinende Weltumweltbericht.)
- Verbesserung der Umsetzung bisher vereinbarter internationaler Normen und Politiken.
- Stärkung der Rolle von UNEP als Katalysator der gesamten Umweltaktivitäten im UN-System.
- Fortentwicklung des Umwelt-Völkerrechts.
- Bereitstellung politischer und beratender Dienstleistungen.
- Förderung eines gesellschaftlichen Umweltbewusstseins.

Auf der Grundlage eines 1998 vorgelegten Reformberichts („Töp-

---

99 Vgl. Dokumente zum Umweltgipfel in Rio de Janeiro im Juni 1992, in: Europa-Archiv, 48. Jg., Folge 2, 1993, S. D 27-D 50.
100 Vgl. hierzu Oberthür, S. und H. E. Ott, Das Kyoto-Protokoll, Opladen 2000; Witzsch, G., Von Rio nach Kyoto. Die großen Umweltkonferenzen der Vereinten Nationen in den 90er Jahren, Münster 1999.
101 Vgl. S. 148.

fer-Bericht")[102] wurde die bereits begonnene Umstrukturierung von UNEP fortgesetzt. Dabei standen die Finanzierungsfrage, die Schaffung eines Internationalen Umweltmanagements, die Koordination der von UNEP betreuten Umweltübereinkommen sowie die zukünftige Zusammenarbeit mit dem ebenfalls in Nairobi ansässigen Zentrum für menschliches Siedlungswesen (UNCHS/Habitat)[103] im Mittelpunkt.

Mit dem Entwicklungsprogramm der Vereinten Nationen (UNDP) wurden zwei Kooperationsabkommen unterzeichnet, und zusammen mit UNDP und Weltbank fungiert UNEP als eines der drei Durchführungsorgane der 1994 neugeordneten „Globalen Umweltfazilität".[104] Projekte und Programme werden meist in Zusammenarbeit mit anderen UN-Einrichtungen, etwa mit der FAO, WHO oder ILO, und neuerdings verstärkt mit nichtstaatlichen Organisationen (NGOs) durchgeführt.

Das höchste Organ des UNEP ist der von der UN-Generalversammlung auf jeweils vier Jahre gewählte **Verwaltungsrat;** er besteht aus 58 Mitgliedern (davon 39 aus Staaten der Dritten Welt), tritt alle zwei Jahre zusammen und ist das zentrale Leitungsorgan. Im Zuge der UNEP-Reform trat im Mai 2000 erstmals das als Ministersegment des Verwaltungsrates neu geschaffene **Globale Umweltministerforum** (GMEF) zusammen, das sich als beratende Einrichtung in jährlichen Treffen mit globalen Umweltproblemen befassen und insbesondere nach Möglichkeiten einer Stärkung des Umweltschutzes im UN-System und einer Weiterentwicklung von UNEP suchen soll.

An der Spitze des seit Oktober 1973 in Nairobi, Kenia, angesiedelten UNEP-Büros steht ein von der Generalversammlung gewählter **Exekutivdirektor.** Seit Anfang 1998 hat der ehemalige deutsche Bundesminister Klaus Töpfer dieses Amt inne; 2001 wurde er für weitere vier Jahre bestätigt. UNEP, dessen Sekretariat rund 500

---

102 Vgl.. Töpfer, K., Abschied von der Wegwerfgesellschaft. Neues Paradigma Lebenszyklen: das UNDP im Reformprozess, in: Vereinte Nationen, 47. Jg., Heft 2, 1999, S. 56–59.
103 Vgl. S. 143.
104 Vgl. S. 233.

Mitarbeiter umfasst, unterhält weltweit eine Reihe von Regionalbüros.

Während die Kosten für das UNEP-Büro dem regulären Haushalt
der Vereinten Nationen zufallen, werden die Ausgaben für die
Durchführung von Umweltprogrammen (jährlich nahezu 250 Projekte) aus einem **Umweltfonds** (United Nations Environment Fund)
finanziert, der aus freiwilligen Mitgliedsbeiträgen gespeist wird; für
besondere Projekte steht noch eine Reihe kleinerer Spezialfonds zur
Verfügung. Finanzprobleme belasten auch den Umweltfonds, dessen Programmbudget 2000/2001 rund 100 Millionen US-Dollar beträgt, wovon die westlichen Industriestaaten über 80 Prozent bei-
steuerten. Internet: www.unep.org

e) Internationales Drogenkontrollprogramm

Das Internationale Drogenkontrollprogramm der Vereinten Nationen (United Nations International Drug Control Programme –
UNDCP) wurde 1990/91 durch die Zusammenlegung dreier Vor-
gängereinheiten geschaffen.[105] Die Generalversammlung übertrug
dem UNDCP die ausschließliche Verantwortung für die **Koordinierung** sämtlicher Aktivitäten der Vereinten Nationen auf dem Gebiet
der Drogenkontrolle.

Das Kontrollprogramm spielt eine wichtige Rolle als Fach- und Informationszentrum für Fragen des Drogenmissbrauchs sowie bei
der Umsetzung einschlägiger internationaler Strategien und Abkommen zur Suchtstoffkontrolle. Zudem werden Regierungen auf
Wunsch in den verschiedensten Bereichen der Drogenbekämpfung
unterstützt, und es wird Technische Hilfe geleistet.

So organisiert und koordiniert UNDCP Projekte zur Produkti-
onseinschränkung von Opiaten und Kokain und fördert alternative
Entwicklungsprojekte, ebenso werden Maßnahmen zur Verringe-
rung der Nachfrage nach Suchtstoffen unterstützt.

Richtungweisend für einen umfassenden Ansatz des Drogenkon-
trollsystems sind u. a. folgende internationalen Vereinbarungen:

---

105 Vgl. hierzu Mayrhofer-Günbühel, F., Maßnahmen gegen Verbrechen und Drogenmissbrauch, in: Cede und Sucharipa-Behrmann (Hrsg.), Vereinte Nationen,
S. 239–244.

- Einheitliche Drogenkonvention (1961), ergänzt durch ein Protokoll (1972),
- Übereinkommen über psychotrope Stoffe (1971),
- Internationale Strategie zur Kontrolle des Drogenmissbrauchs (1981),
- Übereinkommen gegen den unerlaubten Verkehr mit Suchtstoffen und psychotropen Stoffen (1988),
- Globales Aktionsprogramm der Sondergeneralversammlung (1990),
- Konvention gegen das transnational organisierte Verbrechen (1998) mit zwei Zusatzprotokollen (2000).

Außerdem dienen die Ergebnisse einer weiteren UN-Sondergeneralversammlung zum Weltdrogenproblem im Juni 1998 als Grundlage für die multilaterale Zusammenarbeit im Bereich der Drogenkontrolle.

Das Leitungsorgan des UNDCP ist die Suchtstoffkommission der Vereinten Nationen – eine der funktionellen Kommissionen des Wirtschafts- und Sozialrates –, welche die grundsätzlichen Richtlinien in allen Fragen der internationalen Drogenkontrolle festlegt.[106]

Ende 1997 wurde das Drogenkontrollprogramm im Rahmen des von Kofi Annan durchgeführten Reformprogramms organisatorisch in das Wiener Büro für Drogenbekämpfung und Verbrechensverhütung (ODCCP) – inzwischen in Büro für Drogen- und Kriminalitätsbekämpfung (UNODC) umbenannt[107] integriert. Nach Turbulenzen in der Programmspitze erfolgte 2001 eine Umstrukturierung von Organisationseinheiten, und seit Mai 2002 übt der Italiener Antonio Maria Costa das Amt des Exekutivdirektors aus. UNDCP verfügt über ein weltweites Netz von Regional- und Länderbüros. Internet: www.odccp.org

---

106 Vgl. S. 146 f.
107 Vgl. S. 339.

7. Konferenzen

Seit Bestehen haben die Vereinten Nationen eine Vielzahl internationaler Konferenzen veranstaltet, auf denen zumeist über einzelne Politikfelder von internationalem Interesse diskutiert und nach Lösungen gesucht wird. Für die Einberufung solcher UN-Konferenzen ist keineswegs nur die Generalversammlung zuständig, die 1974 einen ständigen Konferenz-Ausschuss (Committee on Conferences) einsetzte, vielmehr besitzen auch andere Organe innerhalb des Systems der Vereinten Nationen dieses Recht.[108]

Um die besondere Bedeutung und die globale Verantwortung für bestimmte Problembereiche herauszustellen, nutzen die Vereinten Nationen immer wieder das Instrument sog. **Weltkonferenzen,** die durchweg auf formalen Beschluss der Generalversammlung zustande kommen, in der Regel jedoch auf Vorschlägen und Vorarbeiten nachrangiger UN-Gremien (z. B. Wirtschafts- und Sozialrat bzw. so genannter Vorbereitungskommissionen) beruhen. Die Mehrzahl der Konferenzen dieser Art, deren Häufung in den siebziger Jahren erstmals Anlass zu Kritik gab, führt in jüngster Zeit verstärkt zu vielfältigen Folgeaktivitäten (follow-ups) im UN-System.

Angesichts der Dichte in der Abfolge von UN-Großkonferenzen mit Tausenden von Teilnehmern (Delegierten, Nichtregierungsvertretern, Journalisten) insbesondere in den 90er Jahren (von 1990 bis 1998 fanden insgesamt 14 solcher Konferenzen statt) stellt sich nicht zuletzt unter Berücksichtigung der hohen Kosten erneut die Frage nach der Sinnhaftigkeit solcher Mammutveranstaltungen.[109]

Zumindest jeweils kurzfristig kann sicherlich die Öffentlichkeit durch eine verstärkte Medienberichterstattung für bestimmte Problemkreise sensibilisiert und ein gewisser Druck zum Handeln auf die nationalen Entscheidungsträger ausgeübt werden. Bemerkenswert scheint auch die Tatsache, dass die UN-Konferenzen, die seit

---

108 Vgl. Messner, D. und F. Nuscheler (Hrsg.), Weltkonferenzen und Weltberichte, Bonn 1996.

109 Vgl. hierzu Fues, Th. und B. I. Hamm (Hrsg.), Die Weltkonferenzen der neunziger Jahre, Bonn 2001; Zumach, A., Globale Zukunftssicherung oder Geldverschwendung? Was die UN-Weltkonferenzen bewirken können, in: Internationale Politik, 56. Jg., Nr. 5, 2001, S. 21–24.

dem Ende des Kalten Krieges zunehmend unter dem Eindruck der Globalisierung stehen, durch das Bemühen um gegenseitige Vernetzung, eine ganzheitliche Betrachtungsweise und vor allem durch die Einbeziehung neuer Akteure (insbesondere der Nichtregierungsorganisationen wie auch anderer privater Akteure) eine andere Qualität erhielten.

Die bisher größte Konferenz aller Zeiten mit rund 60000 Teilnehmern war der im August/September 2002 in Johannesburg durchgeführte Weltgipfel für nachhaltige Entwicklung – zehn Jahre nach dem Erdgipfel von Rio. Neuerdings werden zur Überprüfung der von „Weltgipfeln" verabschiedeten Zielvorgaben vermehrt Sondersitzungen der Generalversammlung einberufen, die inzwischen überdimensionierten Großkonferenzen gleichen; so war das als zweiter Weltgipfel bezeichnete Treffen (vom 8.–10. Mai 2002 in New York) eine Sondergeneralversammlung zur Bilanzierung der Ergebnisse des Weltkindergipfels von 1990.

Aus der Vielzahl der Konferenzen bzw. Weltkonferenzen seit Anfang der achtziger Jahre seien hier genannt:

- **Dritte Seerechtskonferenz** (1973 bis 1982 in New York, Caracas und Genf). Nach elf mehrwöchigen Sitzungsperioden wurde am 30. April 1982 die Internationale Seerechtskonvention, welche die Errichtung eines Internationalen Seegerichtshofs (ISGH) in Hamburg zur Folge hatte, angenommen, am 12. Dezember 1982 in Montego Bay unterzeichnet und ist seit dem 16. November 1994 in Kraft; die Bundesrepublik Deutschland trat im Oktober 1994 als erster EU-Staat dem Abkommen bei.[110]

- **Zweite Weltbevölkerungskonferenz** (6. bis 14. August 1984 in Mexico City).

- **Konferenz über den Zusammenhang zwischen Abrüstung und Entwicklung** (24. August bis 11. September 1987 in New York).

---

110 Vgl. hierzu Platzöder, R. und H. Grunenberg (Hrsg.), Internationales Seerecht, München 1990; Eitel, Th., Eine Konvention zur friedlichen Nutzung der Meere. Das Seerechtsübereinkommen der Vereinten Nationen, in: Europa-Archiv, 49. Jg., Folge 24, 1994, S. 701–708; Wolfrum, R., Der Internationale Seegerichtshof in Hamburg, in: Vereinte Nationen, 44. Jg., Heft 6, 1996, S. 205–210; ders., Der Internationale Seegerichtshof – eine erste Bilanz, in: Vereinte Nationen, 48. Jg., Heft 4, 2000, S. 127–132.

- **Internationale Konferenz der Vereinten Nationen über Drogenmissbrauch und illegalen Drogenhandel** (17. bis 26. Juni 1987 in Wien).
- **Zweite Konferenz der Vereinten Nationen über die am wenigsten entwickelten Länder** (3. bis 14. September 1990 in Paris).
- **Weltkonferenz über die Rechte des Kindes** – Weltkindergipfel (29. bis 30. September 1990 in New York).
- **Konferenz über Umwelt und Entwicklung** – Erdgipfel (3. bis 14. Juni 1992 in Rio de Janeiro).[111]
- **Weltkonferenz über Menschenrechte** (14. bis 25. Juni 1993 in Wien).[112]
- **Konferenz der Vereinten Nationen über Bevölkerung und Entwicklung** (5. bis 13. September 1994 in Kairo).[113]
- **Weltgipfel für soziale Entwicklung** – Sozialgipfel (6. bis 12. März 1995 in Kopenhagen).
- **Vierte Weltfrauenkonferenz** (4. bis 15. September 1995 in Peking).[114]
- **Zweite Weltkonferenz zu Fragen der menschlichen Siedlungen** – HABITAT II (3. bis 14. Juni 1996 in Istanbul).
- **Weltgipfel für soziale Entwicklung** (26. bis 30. Juni 2000 in Genf).
- **Welternährungsgipfel** (13. bis 17. November 1996 in Rom).
- **Dritte Konferenz der Vereinten Nationen über die am wenigsten entwickelten Länder** (14. bis 20. Mai 2001 in Brüssel).
- **Weltkonferenz gegen Rassismus, Rassendiskriminierung, Fremdenfeindlichkeit und darauf bezogene Intoleranz** (31. August bis 8. September 2001 in Durban, Südafrika).[115]

---

111 Vgl. S. 90 f.
112 Vgl. hierzu S. 54 f.; Deutsche Gesellschaft für die Vereinten Nationen (Hrsg.), Gleiche Menschenrechte für alle. Dokumente zur Menschenrechtsweltkonferenz der Vereinten Nationen in Wien 1993, Bonn 1994; Nuscheler, F., Universalität und Unteilbarkeit der Menschenrechte? Zur Kakophonie des Wiener Wunschkonzerts, in: Österreichische Zeitschrift für Politikwissenschaft, Heft 2, 1995, S. 199–210.
113 Vgl. hierzu Deutsche Gesellschaft für die Vereinten Nationen (Hrsg.), Aktionsprogramm der Konferenz der Vereinten Nationen über Bevölkerung und Entwicklung (JCPD), Blaue Reihe, Nr. 54, Bonn 1994.
114 Vgl. hierzu Wichterich, Ch., Frauen – die Vierte, in: Vereinte Nationen, 43. Jg., Heft 3, 1995, S. 95–99.
115 Vgl. hierzu Meinecke, Ch., Grundwerte Solidarität, Respekt, Toleranz. Ein Rückblick auf die Weltkonferenz gegen Rassismus in Durban, in: Vereinte Nationen, 50. Jg., Heft 3, 2002, S. 94–99.

- **Internationale Konferenz über Entwicklungsfinanzierung** (18. bis 22. März 2002 in Monterrey, Mexiko).
- **Weltgipfel für nachhaltige Entwicklung** (26. August bis 4. September 2002 in Johannesburg).[116]

II. Sicherheitsrat

1. Zusammensetzung

Der Sicherheitsrat setzt sich nach Artikel 23 der Charta aus 15 Mitgliedstaaten zusammen, die jeweils durch einen Vertreter repräsentiert werden: den fünf **Ständigen** (permanent) und den zehn **Nichtständigen** (non-permanent) **Mitgliedern**. Ursprünglich waren es nur sechs Nichtständige Mitglieder, aber angesichts der Erhöhung der Mitgliederzahl in den Vereinten Nationen (Ende 1961 hatte sie sich gegenüber dem Gründungsjahr bereits mehr als verdoppelt) beschloss die Generalversammlung am 17. Dezember 1963 eine Erweiterung des Sicherheitsrats. Diese Neuregelung, die eine Änderung der Charta voraussetzte, trat zum 1. Januar 1966 in Kraft, nachdem sie von der in der Satzung vorgesehenen Zahl von Mitgliedstaaten ratifiziert worden war.

Von Seiten der Entwicklungsländer wurde danach mehrmals der Versuch unternommen, die Zusammensetzung des Sicherheitsrats zu ihren Gunsten zu verändern. So brachte auf Initiative Indiens eine Gruppe von Drittweltstaaten sowohl 1975 als auch 1980 in der Generalversammlung zwei Resolutionen mit dem Ziel der Aufstockung der Nichtständigen Ratsmitglieder von 10 auf 21 ein, über die jedoch das Plenum nicht entschied.

Die gegenwärtig noch andauernde Reformdebatte wurde wiederum von diesem Interessenverbund ausgelöst, als nämlich die Blockfreienbewegung auf ihrem zehnten Gipfeltreffen im September 1990 in Jakarta nicht nur eine Änderung der Zusammensetzung des Rats mit Blick auf eine gerechtere Repräsentanz forderte, sondern

---

116 Vgl. hierzu Maier, J., Weder Durchbruch noch Rückschlag. Eine erste Bilanz des Weltgipfels für nachhaltige Entwicklung in Johannesburg, in: Vereinte Nationen, 50. Jg., Heft 5, 2002, S. 177–182.

auch auf eine Überprüfung des Vetorechts drängte. Die Thematik fand unmittelbaren Eingang in die Generalversammlung, beschäftigte sowohl das Plenum wie zunächst auch den Sonderausschuss für die Charta,[117] und im Dezember 1992 erhielt der Generalsekretär den Auftrag, eine Meinungsumfrage unter den UN-Mitgliedstaaten durchzuführen. In ihren Stellungnahmen sprach sich die überwältigende Mehrheit der mehr als 80 antwortenden Regierungen zwar grundsätzlich für eine Reform des Sicherheitsrats aus, aber ihre Alternativen verrieten tief greifende Interessenunterschiede.[118]

Im Dezember 1993 setzte schließlich die Generalversammlung eine eigene Arbeitsgruppe zur Erweiterung des Sicherheitsrats und anderen damit verbundenen Fragen ein (Open-ended Working Group on the Question of Equitable Representation on and Increase in the Membership of the Security Council and Other Matters related to the Security Council)[119] in entscheidenden Punkten, wie Anzahl und Kreis der Ständigen Mitglieder sowie zukünftige Anwendung des Vetorechts, konnte bisher, da nur im Konsens entschieden werden kann, keine Einigung erzielt werden.

Die fünf Ständigen Mitglieder des Sicherheitsrats werden in Artikel 23 Abs. 1 namentlich aufgeführt; es sind dies:

● Die „Republik China". Bis zum 25. Oktober 1971 nahm Taiwan (Nationalchina) diesen Sitz ein; an diesem Tag beschloss jedoch die Generalversammlung, die Volksrepublik China als einzigen rechtmäßigen Vertreter Chinas anzuerkennen und Taiwan aus den Vereinten Nationen auszuschließen. Am 23. November 1971

---

117 Vgl. S. 64.
118 Zum Zwischenstand der Reformdiskussion Mitte der 90er Jahre vgl. Dokumente zur Reform des Sicherheitsrates der Vereinten Nationen, in: Europa-Archiv, 48. Jg., Folge 19, 1993, S. D 379-D 396; Kühne, W., Erweiterung und Reform des UN-Sicherheitsrats: keine weltpolitische Nebensache, in: Europa-Archiv, 49. Jg., Folge 24, 1994, S. 685–692. Zur neuesten Entwicklung vgl. Proidl, K., in: Cede und Suacharipa-Behrmann (Hrsg.), Vereinte Nationen, S. 281–287; Pleuger, G., Die Reform des Sicherheitsrates der Vereinten Nationen, in: Schorlemer, S. von, Praxishandbuch, S. 683–693.
119 Vgl. hierzu die einzelnen Jahresberichte der Arbeitsgruppe („Report of the Open-ended Working Group...").

nahm der Vertreter Pekings erstmals an einer Sitzung des Sicherheitsrats teil.

- Frankreich.
- Union der Sozialistischen Sowjetrepubliken. Die Auflösung der Sowjetunion im Dezember 1991 zog keine Änderung dieser Chartabestimmung nach sich, da Russland nicht als Rechtsnachfolger, sondern als „Fortsetzerstaat" angesehen wurde. In einem Brief vom 24. Dezember 1991 hatte Boris Jelzin als Präsident der Russischen Föderation dem UN-Generalsekretär mitgeteilt, dass die Mitgliedschaft der UdSSR im Sicherheitsrat und allen anderen UN-Organen durch die Russische Föderation „fortgesetzt" wird.[120]
- Großbritannien.
- USA.

Die zehn Nichtständigen Mitglieder werden von der Generalversammlung mit Zweidrittelmehrheit für jeweils zwei Jahre gewählt, wobei in jedem Jahr fünf Mitglieder bestimmt werden; eine sofortige Wiederwahl der ausscheidenden Mitglieder ist nicht möglich. Gemäß Artikel 23 Abs. 1 sind bei der Wahl „besonders" zu berücksichtigen:

> „in erster Linie der Beitrag von Mitgliedern der Vereinten Nationen zur Wahrung des Weltfriedens und der internationalen Sicherheit und zur Verwirklichung der sonstigen Ziele der Organisation sowie ferner eine angemessene geographische Verteilung der Sitze".

Die Sitzverteilung nach geographisch-politischen Gesichtspunkten wurde jedoch in der Praxis sehr bald als ausschließliches Kriterium herangezogen und gab wiederholt Anlass zu Auseinandersetzungen, so dass die Generalversammlung im Zusammenhang mit der Erhöhung der Zahl der Nichtständigen Mitglieder ab 1. Januar 1966 folgenden Aufteilungsschlüssel nach Regionalgruppen verbindlich festlegte: fünf Sitze für afroasiatische Staaten, zwei Sitze für lateinamerikanische, zwei Sitze für westeuropäische und andere Staaten, ein Sitz für einen osteuropäischen Staat. (Nichtständige Mitglieder des Sicherheitsrats am 1. Januar 2003 – jeweils bis Ende

---

120 Vgl. hierzu Unser, G., Moskaus Rolle auf der New Yorker Weltbühne, in: Osteuropa, 51. Jg., Heft 4/5, 2001, insbesondere S. 408–410.

des angegebenen Jahres: Angola – 2004, Bulgarien – 2003, Chile – 2004, Deutschland – 2004, Guinea – 2003, Kamerun – 2003, Mexiko – 2003, Pakistan – 2004, Spanien – 2004, Syrien – 2003.)

2. Aufgaben und Befugnisse

Nach Artikel 24 der Charta trägt der Sicherheitsrat ausdrücklich die „Hauptverantwortung für die Wahrung des Weltfriedens und der internationalen Sicherheit"; er handelt – nach herrschender Völkerrechtsauffassung – als Organ im Namen der Organisation und nicht der einzelnen Mitgliedstaaten. Entsprechend umfassend und weit reichend sind seine Aufgaben und Kompetenzen in diesem Bereich, die durch organisatorische Funktionen ergänzt werden.[121]

a) Politische Funktionen

Die politischen Funktionen beziehen sich, ausgehend von der oben erwähnten Generalklausel, vor allem auf Friedens- und Sicherheitsfragen, d. h. der Rat soll in all jenen Fällen tätig werden, in denen der Frieden in Gefahr ist. Ihm werden von der Satzung besondere Kompetenzen eingeräumt, die in den Kapiteln VI, VII und VIII näher ausgeführt sind.

Seit Anfang der neunziger Jahre versteht sich der Sicherheitsrat nicht mehr nur als „sicherheitspolitisches Organ", sondern auch als „friedenspolitisches Organ" zur Wahrung der Völkerrechtsordnung und Durchsetzung ihrer grundlegenden Normen.[122]

Der Funktionswandel des Gremiums hat sich seit Beginn dieses Jahrzehnts fortgesetzt; neue Tätigkeitsfelder wurden erschlossen, neue Maßnahmen verkündet, neue Instrumente kommen zum Einsatz.[123] Nicht zuletzt angesichts des weit reichenden Beschlusses (Resolution 1373) als Reaktion auf den Terroranschlag vom 11. September 2001, in dem die Staaten verpflichtet werden, umfassende

---

121 Zum Sicherheitsrat allgemein: Bruha, Th., Sicherheitsrat, in: Wolfrum, Handbuch, S. 763–772; Simma (Hrsg.), Charta, S. 360 ff.; Winkelmann, I., Sicherheitsrat, in: Volger (Hrsg.), Lexikon, S. 476–484.

122 Dicke, K., Friedenswahrung durch Intervention? Die Notwendigkeit eines internationalen Ordnungsrechts, in: Internationale Politik, 50. Jg., Heft 12, 1995, S. 23.

123 Bruha, Th., und M. Krajewski, Funktionswandel des Sicherheitsrats als Verfassungsproblem, in: Vereinte Nationen, 46. Jg., Heft 1, 1998, S. 13–18.

Maßnahmen zur Bekämpfung des Terrorismus zu ergreifen und ein spezielles Kontrollorgan[124] geschaffen wurde, stellt sich die Frage, „ob sich der Rat auf dem Weg zu einem globalen Gesetzgeber befindet".[125]

Hinsichtlich des Umfangs und der Konsequenzen der Rechte des Sicherheitsrats bei – so das ursprüngliche Satzungsverständnis – „internationalen" Konflikten ist gemäß der Charta zu unterscheiden zwischen Befugnissen zur **friedlichen Beilegung von Streitigkeiten** nach Kapitel VI und Befugnissen zu **Maßnahmen bei einem Friedensbruch,** einer **Friedensbedrohung** oder einer **Angriffshandlung** (Aggression) gemäß Kapitel VII der Charta.

aa) Friedliche Streitbeilegung: Die Einzelheiten über die Rolle des Rats bei der friedlichen Streitbeilegung sind in Kapitel VI Artikel 33 bis 38 niedergelegt.[126]

Gemäß Artikel 33 werden die „Parteien einer Streitigkeit, deren Fortdauer geeignet ist ... [den] Weltfrieden und [die] internationale Sicherheit zu gefährden", aufgefordert, „sich zunächst um eine Beilegung durch Verhandlung, Untersuchung, Vermittlung, Vergleich, Schiedsspruch, gerichtliche Entscheidung, Inanspruchnahme regionaler Einrichtungen oder Abmachungen oder durch andere friedliche Mittel eigener Wahl" zu bemühen; d. h. die friedliche Beilegung internationaler Streitigkeiten ist satzungsgemäß zunächst Aufgabe der Parteien selbst – eine Verpflichtung, die im Übrigen alle Mitglieder mit ihrem UN-Beitritt in feierlicher Form übernommen haben. Der Sicherheitsrat ist befugt, sie nachdrücklich an dieses Versprechen zu erinnern (Artikel 33 Abs. 2). Gelingt den Parteien eine einvernehmliche Regelung nicht, so sind sie allerdings verpflichtet, die Streitigkeit dem Sicherheitsrat vorzulegen (Artikel 37 Abs. 1); dieser hat dann satzungsgemäß zu prüfen, ob der betreffen-

---

124 Vgl. S. 123.
125 Dicke, K., Globales Recht ohne Weltherrschaft. Der Sicherheitsrat der Vereinten Nationen als Welt-Gesetzgeber? Forum Politicum Jenense, Nr. 11, Jena 2001, S. 14.; vgl. auch Gareis und Varwick, Vereinte Nationen, S. 147 f.
126 Vgl. hierzu Frei, Organisationen, S. 81 ff.; Neuhold, H., Das System friedlicher Streitbeilegung der Vereinten Nationen, in: Cede und Sucharipa-Behrmann (Hrsg.), Vereinte Nationen, S. 57–68.

de Konfliktfall tatsächlich den internationalen Frieden und die Sicherheit gefährdet. (In der Praxis hat der Sicherheitsrat bisher solch eine Feststellung nach Artikel 37 Abs. 2 nur gelegentlich ausdrücklich getroffen, d. h. er schaltet sich de facto nicht nur bei schwerwiegenden, den Weltfrieden gefährdenden Konflikten ein.)

Der Sicherheitsrat kann darüber hinaus aus eigener Initiative „jede Streitigkeit sowie jede Situation, die zu internationalen Reibungen führen oder eine Streitigkeit hervorrufen könnte, untersuchen" (Artikel 34). Auf Grund dieser Bestimmung in Verbindung mit Artikel 35 braucht der Rat nicht zu warten, bis ihn die streitenden Parteien einschalten oder jedes UN-Mitglied – und unter gewissen Voraussetzungen auch Nichtmitglieder – ihn auf solche Konflikte oder Konfliktsituationen aufmerksam machen; dieses Recht besitzen auch der Generalsekretär und die Generalversammlung. Zwecks Untersuchung der Situation (im Sinne von Tatsachenermittlung oder Fact-finding) kann der Sicherheitsrat seine Hilfsorgane beauftragen oder spezielle Ausschüsse (z. B. fact-finding-Missionen) einsetzen.

Neben die **Untersuchungsfunktion** des Rats tritt die **Vermittlungs- und Vergleichsfunktion,** d. h. der Sicherheitsrat kann in einem Konfliktfall jederzeit „geeignete Verfahren oder Methoden" für die Bereinigung der Streitigkeit empfehlen (Artikel 36 Abs. 1), zwischenstaatliche **Rechtsstreitigkeiten** sollen hingegen grundsätzlich dem Internationalen Gerichtshof unterbreitet werden (Artikel 36 Abs. 3).

Als ständig einsatzbereitem Organ der friedlichen Streitbeilegung steht dem Sicherheitsrat somit eine Palette von Handlungsmöglichkeiten offen, um schon präventiv, d. h. im Entstehungsstadium, sowie nach Ausbruch internationaler Konflikte die Kontrahenten zum Einlenken zu bewegen. Er besitzt jedoch im Rahmen des Kapitels VI mit Ausnahme der Anordnung von Untersuchungen **keine Entscheidungsgewalt,** d. h. er kann – nach allgemeiner Einschätzung trotz des Artikels 25 – nur **rechtlich unverbindliche Empfehlungen** abgeben, eine Schlichtung ist nicht erzwingbar.

Die langjährige Praxis des Rats ist dadurch gekennzeichnet, dass er die teilweise unpräzisen und wenig systematischen Charta-Bestimmungen großzügig interpretiert und nur selten ausdrücklich auf die einzelnen Vorschriften des Kapitels VI Bezug nimmt; dennoch kann bilanzierend festgestellt werden, dass bei bisher anhängigen Konflikten das eben skizzierte Spektrum der friedlichen Streitbeilegung Anwendung fand. Doch durchschlagende Erfolge waren bisher im Rahmen dieses Systems eher die Ausnahme.

bb) Maßnahmen der kollektiven Sicherheit: Zur Erhaltung und Wiederherstellung des Weltfriedens haben die Gründungsväter der Vereinten Nationen mit dem System der kollektiven Sicherheit eine „zweite Verteidigungslinie"[127] errichtet. Das bereits in der Völkerbundsatzung ausgestaltete Prinzip ist – wesentlich modifiziert – in Kapitel VII der UN-Charta verankert; allerdings nur mit begrenzter Reichweite, weil der Grundsatz des gemeinsamen Vorgehens gegen einen Friedensbrecher durch das Vetorecht der Ständigen Ratsmitglieder relativiert wird, d. h. gegen Bedrohungen durch diese Staaten besteht kein Schutz.[128]

Dem Sicherheitsrat wird mit Kapitel VII ein flexibel nutzbares Eskalationsmodell in die Hand gegeben, dessen Anwendung allerdings an Voraussetzungen geknüpft ist:

Gemäß Artikel 39 muss der Rat in einem Konfliktfall zunächst **verbindlich** feststellen, ob eine Friedensbedrohung, ein Friedensbruch oder eine Angriffshandlung vorliegt. Die genannten Begriffe sind allerdings in der Charta nicht definiert; lediglich der Terminus Angriffshandlung erfuhr nach langwierigen Verhandlungen in der von der Generalversammlung am 14. Dezember 1974 verabschiedeten Aggressionsdefinition[129] eine nähere Bestimmung (als „Anwendung von Waffengewalt durch einen Staat gegen einen anderen"), ohne den Rat daran binden zu können.

Dass dem Sicherheitsrat auch bei der Feststellung der beiden anderen Tatbestände ein erheblicher Ermessensspielraum bleibt, zeigt

---

127 Marschik, R. und H. Neuhold, Der Sicherheitsrat, Wien 1973, S. 12; vgl. auch Seidl-Hohenveldern, Recht, S. 303 ff.

128 Vgl. hierzu Menk, Th., Gewalt für den Frieden. Die Idee der kollektiven Sicherheit und die Pathognomie des Krieges im 20. Jahrhundert, Berlin 1992, S. 15 ff.; Freudenschuss, H., Kollektive Sicherheit, in: Cede und Sucharipa-Behrmann (Hrsg.), Vereinte Nationen; Gareis und Varwick, Vereinte Nationen, S. 68–74.

129 Text der Aggressionsdefinition in: Vereinte Nationen, 23. Jg., Heft 4, 1975, S. 120; vgl. auch Heidelmeyer, W., Die Definition der Aggression – ein Instrument für den Sicherheitsrat, in: ebenda, S. 108–112.

nicht nur die Praxis seit Beginn der 90er Jahre. Bereits in den weiter zurückliegenden Fällen Rhodesien (heute Simbabwe) und Südafrika nahm der Rat dieses Recht für sich in Anspruch. In beiden Konflikten wurde Mitte der sechziger bzw. der siebziger Jahre im Wesentlichen die Herrschaft der weißen Minderheit bzw. die Apartheidspolitik – somit ein **innerer Vorgang** – als eine **Bedrohung des internationalen Friedens** bewertet.[130]

In seinen Beschlüssen über das Eindringen nordkoreanischer Truppen in Südkorea (1950), zum Falklandkonflikt (1982) und zur irakischen Invasion Kuwaits (am 2. August 1990) stellte der Rat jeweils einen eindeutigen Bruch des Weltfriedens fest.

Nach 1991 hat die Einschätzung des Sicherheitsrats insofern eine ständige Ausweitung erfahren, als neue Tatbestände – neben dem internationalen Terrorismus (bereits 1992 im Falle Libyen und besonders gravierend nach den Anschlägen vom 11. September 2001) vor allem humanitäre Notlagen und massive Menschenrechtsverletzungen in einem Land (so im Gefolge des Irak-Kuwait-Konflikts, im ehemaligen Jugoslawien, in Liberia, Somalia, Haiti, Ruanda und Afghanistan) – als eine ernsthafte Bedrohung des Friedens angesehen wurden.[131]

Völkerrechtlich notwendig erscheint jedoch insbesondere für kollektive militärische Interventionen aus humanitären Gründen – sprachlich irreführend humanitäre Interventionen genannt – die Entwicklung von „Kriterien zur Rechtfertigung derartiger Eingriffe".[132]

---

130 Zur Praxis des Sicherheitsrats vgl. Finke, U., Kollektive Friedenssicherung. Kapitel VII UN-Charta in der Praxis des Sicherheitsrats der Vereinten Nationen, Frankfurt u. a. 1999.

131 Vgl. hierzu die vergleichende Fallanalyse des langjährigen österreichischen UN-Diplomaten Freudenschuss, H., Beschlüsse des Sicherheitsrats der VN nach Kapitel VII: Anspruch und Wirklichkeit, Bonn 1994.; und ders., Kollektive Sicherheit, S. 69–84; Bartl, J., Die humanitäre Intervention durch den Sicherheitsrat der Vereinten Nationen im „Failed State". Das Beispiel Somalia, Frankfurt u. a. 1999.

132 Kimminich und Hobe, Einführung, S. 274; vgl. auch Leiß, E., Interventionen des Sicherheitsrates bei innerstaatlich begangenen Menschenrechtsverletzungen nach Kapitel VII der Charta der Vereinten Nationen. Versuch einer Standardisierung, Frankfurt u. a. 2000; Williams, I., Nur das letzte Mittel. Der Bericht der Axworthy-Kommission zur humanitären Intervention, in: Vereinte Nationen, 50. Jg., Heft 1, 2002, S. 10–16.

Hat der Sicherheitsrat die entsprechende Feststellung unter **ausdrücklicher Bezugnahme** auf Artikel 39 getroffen – was jedoch in der Praxis nicht immer der Fall ist –, so stehen ihm vier Handlungsvarianten zur Verfügung:

(1) Der Sicherheitsrat kann die Parteien auffordern, die von ihm für notwendig erachteten **vorläufigen Maßnahmen** zu befolgen, um eine Zuspitzung der Lage zu verhindern (Artikel 40). Solche Sofortmaßnahmen (gefordert etwa in den Golfkriegen 1987 und 1990/91) sind beispielsweise Feuereinstellung, Truppenabzug oder Abschluss eines Waffenstillstandes. (Aufforderungen diesen Inhalts können ohne rechtliche Bindungswirkung für die Streitparteien auch schon vor einer Feststellung nach Artikel 39 ergehen.)

(2) Hält der Sicherheitsrat die vorläufigen Maßnahmen für unzureichend oder führen sie nicht zum Erfolg, so kann er **Empfehlungen** zur Wiederherstellung des internationalen Friedens aussprechen (Artikel 39). Diese Empfehlungen sind rechtlich nicht bindend; werden sie nicht befolgt, so ergeben sich jedoch folgende Konsequenzen:

(3) Der Rat kann, „um seinen Beschlüssen Wirksamkeit zu verleihen", **Maßnahmen nichtmilitärischer Art** anordnen (Artikel 41). Entscheidungen solcher Art sind gemäß Artikel 25 verbindlich, und die Mitgliedstaaten sind zur Durchführung der Maßnahmen verpflichtet, d. h. die Staatengemeinschaft tritt dem Friedensbrecher als Einheit entgegen (Prinzip der kollektiven Sicherheit). Der Sicherheitsrat entscheidet nach Artikel 41, welche Sanktionsmaßnahmen zur Durchsetzung seiner Entscheidung ergriffen werden sollen; beispielhaft, aber nicht abschließend aufgezählt werden die „vollständige oder teilweise Unterbrechung der Wirtschaftsbeziehungen, des Eisenbahn-, See- und Luftverkehrs, der Post-, Telegraphen- und Funkverbindungen sowie sonstiger Verkehrsmöglichkeiten und der Abbruch der diplomatischen Beziehungen". Erstmals ordnete der Sicherheitsrat unter förmlicher Bezugnahme auf Artikel 39 und 41 im Dezember 1966 wirtschaftliche Sanktionen gegen Rhodesien an (die 1968 bzw. 1970 eine Ausweitung erfuhren). Außer gegen Rhodesien wurden bis 1990 nur noch in einem Fall Wirt-

schaftssanktionen verhängt (1977/84/86 ein stufenweise ver-
schärftes Waffenembargo gegen Südafrika).

Bereits vier Tage nach der irakischen Invasion in Kuwait verfügte der Rat am 6. August 1990 ein Bündel von Wirtschaftssanktionen, die danach stufenweise verschärft wurden. Nie zuvor und
bis heute hat der Sicherheitsrat solch umfassende wirtschaftliche
Zwangsmaßnahmen gegen einen Mitgliedstaat erlassen.

Danach, d. h. insbesondere in den neunziger Jahren, kam es
zu einer beträchtlichen Zunahme der Sanktionsbeschlüsse; so
wurden von 1990 bis Ende 2002 vierzehn Sanktionsregime eingerichtet (u. a. gegen das ehemalige Jugoslawien, Somalia, Liby-
en, Haiti, Angola, Ruanda, Afghanistan, Äthiopien und Eritrea,
Liberia). Mit der beträchtlichen Zunahme der Sanktionsregime
wuchs auch die Kritik an der internationalen Sanktionspraxis.[133] In zahlreichen Untersuchungen wurden zum einen die
weit gehende Wirkungslosigkeit dieses Instrumentes und zum
anderen unerwünschte humanitäre Nebenfolgen insbesondere
auf die Bevölkerung des betreffenden Landes konstatiert. Kofi
Annan charakterisierte in seinem Millenniumsbericht 2000 die
Wirtschaftssanktionen als „stumpfes und sogar kontraprodukti-
ves Werkzeug".[134] Nicht zuletzt der Schweiz und Deutschland
war es zu verdanken, dass die Sanktionspraxis nicht nur auf den
Prüfstand gestellt, sondern auch konkrete Vorschläge – u. a. auf
Sachverständigenebene – für zielgerichtete oder „intelligente"
Sanktionen (targeted or small sanctions) erarbeitet werden.[135]

(4) Falls der Sicherheitsrat zur Auffassung gelangt, dass Maßnahmen gemäß Artikel 41 „unzulänglich" sind bzw. „sein würden"

---

133 Vgl. hierzu Coulon, P., Die fragwürdige Sanktionspraxis der UNO, in: Außenpolitik,
46. Jg., Heft 4, 1995, S. 327–338; Kulessa, M., Von Märchen und Mechanismen.
Gefahren und Chancen der Sanktionen des Sicherheitsrats, in: Vereinte Nationen,
44. Jg., Heft 3, 1996, S. 89–96; Stark, D., Die Rechtmäßigkeit von UNO-Wirtschaftssanktionen in Anbetracht ihrer Auswirkungen auf die Zivilbevölkerung, Berlin 2000.

134 Annan, K., Wir die Völker. Die Rolle der Vereinten Nationen im 21. Jahrhundert,
Bonn 2000, S. 48.

135 Vgl. hierzu Brzoska, M., Der Schatten Saddams. Die Vereinten Nationen auf der
Suche nach zielgerichteten Sanktionen, in: Vereinte Nationen, 49. Jg., Heft 2,
2001, S. 56–60.

(demnach müssen nicht unbedingt zuvor nichtmilitärische Sanktionen beschlossen und praktiziert worden sein), kann er mit „Luft-, See- oder Landstreitkräften die zur Wahrung oder Wiederherstellung des Weltfriedens und der internationalen Sicherheit erforderlichen Maßnahmen durchführen" (Artikel 42). Bei einer festgestellten Bedrohung des Friedens, bei Friedensbrüchen oder bei Aggressionen kann der Rat also **militärische Zwangsmaßnahmen verbindlich** anordnen. Die Durchführung militärischer Maßnahmen durch den Rat selbst (Artikel 42 Satz 1) würde allerdings voraussetzen, dass ihm von Mitgliedern der Vereinten Nationen aufgrund von Sonderabkommen, die Art und Umfang der Beteiligung regeln, Streitkräfte zur Verfügung gestellt werden. Die „strategische Leitung" der Einsatztruppe würde der Sicherheitsrat einem Generalstabs-Ausschuss (Artikel 47 Absatz 3). übertragen. Gemäß Artikel 43 sind zur Teilnahme an militärischen Sanktionen jedoch nur Mitglieder verpflichtet, die Sonderabkommen geschlossen und ratifiziert haben. In der Satzung nicht eindeutig geregelt ist die Frage, ob die Vereinten Nationen über eine eigene, ständig einsatzbereite internationale Streitmacht verfügen sollten.

Aus vielerlei Gründen kamen Sondervereinbarungen bisher nicht zustande, so dass eine weitere elementare Voraussetzung für die Funktionsfähigkeit des kollektiven Sicherheitssystems nicht erfüllt ist.

Eine im Zusammenhang mit dem Militäreinsatz alliierter Kampfverbände im Golfkonflikt im Januar/Februar 1991 wichtige Regelung findet sich in Artikel 42 Absatz 2. Demnach können militärische Maßnahmen des Sicherheitsrats auch den Einsatz von „Luft-, See- oder Landstreitkräften von **Mitgliedern** der Vereinten Nationen einschließen"; Entsprechendes besagt zudem Artikel 48. Hieraus folgt, „dass – ungeachtet des Abschlusses von Sonderabkommen – der Sicherheitsrat militärische Maßnahmen in der Weise ergreifen kann, dass er Mitglieder der UN zu entsprechenden Maßnahmen **ermächtigt**".[136]

---

136 Heinz, U., u. a., Zweiter Golfkrieg: Anwendungsfall von Kapitel VII der UN-Charta, in: Vereinte Nationen, 39. Jg., Heft 4, 1991, S. 126.

Da der Sicherheitsrat in der für den Verlauf des Zweiten Golfkrieges entscheidenden Resolution 678 („der Sicherheitsrat... ermächtigt die Mitgliedstaaten... alle erforderlichen Mittel einzusetzen") vom 29. November 1990 lediglich pauschal Kapitel VII als rechtlichen Rahmen anführte, kommen für die rechtliche Einordnung des alliierten Militäreinsatzes entweder die Artikel 42 Satz 2 in Verbindung mit Artikel 48 oder Artikel 51, der das individuelle und kollektive Selbstverteidigungsrecht der Staaten regelt, in Betracht.

Einigkeit besteht in der rückblickenden Bewertung darüber, dass es sich nicht um eine Aktion unter „Leitung und Regie" des Sicherheitsrats nach dem „ursprünglichen (Charta-)Konzept"[137] handelte; strittig bleibt die Frage nach der speziellen Rechtsgrundlage, wobei die oben genannte Variante (Artikel 42 und 48) bevorzugt wird.[138]

Bereits der Einsatz alliierter Truppenverbände mit einem „Vereinten Kommando" unter Führung der USA nach dem Angriff Nordkoreas auf Südkorea im Sommer 1950 war kein echter Fall einer militärischen Zwangsmaßnahme gemäß Artikel 42. Der Sicherheitsrat hatte in seinen Beschlüssen vom 27. Juni und 7. Juli 1950 bezugnehmend auf Kapitel VII den Mitgliedern der Vereinten Nationen lediglich „empfohlen", Südkorea militärische Hilfe zu leisten. Die Korea-Aktion – im Gegensatz zum Kampfeinsatz im Golfkrieg 1991 – mit der Flagge und dem Emblem der Vereinten Nationen war der erste Versuch, das Konzept des kollektiven Sicherheitssystems der Satzung wenigstens auf freiwilliger Basis zu verwirklichen.

---

137 Bothe, M., Die Golfkrise und die Vereinten Nationen – eine Rückkehr zur kollektiven Sicherheit?, in: Demokratie und Recht, 19. Jg., Heft 1, 1991, S. 2.

138 So u. a. von Kimminich und Hobe, Völkerrecht, S. 270 sowie Ipsen, Völkerrecht, S. 967 f. Die Gegenposition vertritt beispielsweise Deisenroth, D., Krieg im Namen der Vereinten Nationen? Eine Kurzstudie zur völkerrechtlichen Lage, in: Blätter für deutsche und internationale Politik, 36. Jg., Heft 3, 1991, S. 302–316. Zur Frage der Ermächtigung vgl. auch Böhmer, F., Die Ermächtigung zu militärischer Gewaltanwendung durch den Sicherheitsrat seit 1990, Baden-Baden 1997; Troost, G., Die Autorisierung von UN-Mitgliedstaaten zur Durchführung militärischer Zwangsmaßnahmen des Sicherheitsrates in Recht und Praxis der Vereinten Nationen, Aachen 1997.

Die „Ermächtigungsvariante" à la Golfkrieg – mit der sich der Sicherheitsrat ein „neues Instrument" geschaffen hatte[139] – fand danach 1993 Anwendung im Jugoslawienkonflikt (Einhaltung des Flugverbots und Verteidigung der Schutzzonen) als auch in Somalia (Eingreiftruppe UNITAF), 1994 in Ruanda und in Haiti (Umwandlung der Friedenstruppe UNMIH in eine Kapitel-VII-Operation), 1995/96 zur Umsetzung des Dayton-Friedensabkommens in Bosnien-Herzegowina (durch IFOR bzw. SFOR), 1997 in Albanien (Bildung einer Schutztruppe unter Führung Italiens) und 1999 in Ost-Timor (Einrichtung einer multinationalen Truppe): Einzelne Staaten oder regionale Organisationen, z. B. die NATO in Bosnien-Herzegowina wurden jeweils ermächtigt, alle notwendigen Maßnahmen zur Erfüllung des Mandats zu ergreifen.

Ohne ausdrückliches Mandat des Sicherheitsrats unternahmen die USA im August 1998 Militärschläge gegen mutmaßliche Terroristen im Sudan und Afghanistan und bombardierten ab Dezember 1998 amerikanische und britische Flugzeuge irakische Stellungen. Hinsichtlich der Frage der Legitimation noch viel gravierender waren die kriegerischen Handlungen im Frühjahr 1999, als die NATO einen massiven Luftkrieg (Operation „Allied Force") mit Zielen im Kosovo und in ganz Jugoslawien führte. Die Angriffe wurden von der NATO als völkerrechtskonform eingestuft und das Eingreifen mit dem Vorliegen schwerster Verletzungen der Menschenrechte und des humanitären Völkerrechts sowie mit beginnendem Völkermord im Kosovo begründet. Erst nach Ende des Militärschlags ermächtigte der Sicherheitsrat, gestützt auf Kapitel VII, die Mitgliedstaaten und internationale Organisationen (d. h. die NATO), im Kosovo eine Sicherheitspräsenz zu schaffen.

Das militärische Eingreifen in Jugoslawien löste nicht nur unter Völkerrechtlern eine kontroverse Diskussion über die Zulässigkeit nicht vom Sicherheitsrat autorisierter Gewaltanwendung aus. Allerdings bleibt festzuhalten, dass im Vorfeld des Luftkrieges die ablehnenden Positionen eindeutig überwogen („eine militärische Intervention ohne explizites Mandat des UNO-Sicherheitsrates ist

---

139 Freudenschuss, Beschlüsse, S. 57.

völkerrechtswidrig"[140]), während nach Kriegsbeginn ein offensicht-
liches Umschwenken der Völkerrechtspositionen erfolgte und unter den Befürwortern das Argument einer gerechtfertigten humanitären Nothilfeaktion überwog.[141]

Der Kosovo-Luftkrieg wurde zwar allenthalben nicht als Präzedenzfall für weitere, nicht autorisierte militärische Operationen eingestuft, doch bleibt bedenklich, dass in dem im April 1999 verabschiedeten neuen „Strategischen Konzept" der NATO, demzufolge
ein „Tätigwerden ohne vorherige Ermächtigung durch den Sicherheitsrat", nicht ausdrücklich ausgeschlossen[142] – und damit die Autorität des Sicherheitsrats grundsätzlich in Frage gestellt wird.

Die ab Mitte März 2003 begonnene massive militärische Intervention der USA, Großbritanniens und einer Reihe anderer Staaten
gegen den Irak ohne ausdrückliches Mandat des Sicherheitsrats
wurde von den Völkerrechtlern unisono als völkerrechtswidrig eingestuft;[143] die auch von deutschen Politikern angeführte Legiti-

---

140 Fazit eines Seminars von Völkerrechtsexperten und Regierungsvertretern im Oktober 1998, Zusammenfassung in: Neue Zürcher Zeitung, 30. 10. 1998; gleich lau-
tende Aussagen finden sich auch in der Stellungnahme von Staats- und Völkerrechtlern vom 15. 10. 1998, in: Blätter für deutsche und internationale Politik,
43. Jg., Nr. 11, 1998, S. 1395–1397.

141 Vgl. hierzu die Grundsatzdiskussion bei Delbrück, Effektivität, S. 148–157. Die
NATO-Aktion für völkerrechtskonform halten u. a.: Klein, E., Keine innere Angele-
genheit. Warum die NATO-Aktion aus völkerrechtlicher Sicht zulässig war, in:
Frankfurter Allgemeine Zeitung, 21. 6. 1999; Tomuschat, Ch., Völkerrechtliche
Aspekte des Kosovo-Konflikts, in: Die Friedens-Warte, 74. Jg., Heft 1–2, 1999,
S. 33–37; Simma, B., Die NATO, die UN und die militärische Gewaltanwendung,
in: Merkel (Hrsg.), Kosovo-Krieg, S. 9–49; Thürer, D., Der Kosovo-Konflikt im Lich-
te des Völkerrechts, in: Archiv des Völkerrechts, Bd. 38, Heft 1, 2000, S. 1–22.
Eine kritische Position vertreten u. a. Weber, H., Rechtsverstoß, Fortentwicklung
oder Neuinterpretation? Wie die NATO-Aktion gegen Serbien im Lichte des Völ-
kerrechts zu würdigen ist, in: Frankfurter Allgemeine Zeitung, 9. 7. 1999; Bothe,
M. und B. Martenczuk, Die NATO und die Vereinten Nationen nach dem Kosovo-
Konflikt. Eine völkerrechtliche Standortbestimmung, in: Vereinte Nationen, 47. Jg.,
Heft 4, 1999, S. 125–132; Eitel, T., Bewährungsproben für den Sicherheitsrat der
Vereinten Nationen, in: Die Friedens-Warte, 74. Jg., Heft 1–2, 1999, S. 127–138.

142 Bothe und Martenczuk, NATO, S. 126.

143 Simma, B., Präventivschläge brechen das Völkerrecht, in: Süddeutsche Zeitung,
1./2. 2. 2003; Tomuschat, Ch., Das Ende der Weltordnung, SPIEGEL-Interview in
Nr. 4, 2003, S. 24.

mationsgrundlage (Sicherheitsratsresolution 1441 vom 8. November 2002) sowie die offizielle rechtliche Begründung der USA und Großbritanniens[144] – es liege eine schwerwiegende Verletzung des Waffenstillstandsabkommens von 1991 vor – stießen auf weit gehende Ablehnung.

Ein Novum in der Praxis des Sicherheitsrats stellt sein Vorgehen nach den Terroranschlägen am 11. September 2001 in den USA dar.[145] In Verbindung mit der Feststellung einer Friedensbedrohung durch Akte des internationalen Terrorismus bekräftigte der Rat in den Resolutionen 1368 und 1378 das in der Charta in Artikel 51 verbriefte Recht auf „individuelle oder kollektive Selbstverteidigung". Damit schuf er die Rechtsgrundlage für das militärische Eingreifen der USA und ihrer Verbündeten gegen das Taliban-Regime und das Al-Qaida-Netzwerk.[146]

Beschließt der Rat in einem Konflikt den Truppeneinsatz im Rahmen einer **friedenserhaltenden Operation,** so handelt es sich in der Regel nicht um einen Einsatz mit Zwangscharakter gemäß Kapitel VII.[147]

Neuland beschritt der Sicherheitsrat – und bewegte sich damit bereits „weit in den Bereich quasi-legislativer Befugnisse" hinein[148] – ebenfalls mit der Schaffung zweier temporärer Gerichtshöfe auf der Rechtsgrundlage von Kapitel VII der Charta zur Verfolgung individueller Kriegsverbrechen (Resolutionen 808 und 827). Am 25. Mai 1993 beschloss er mit der Annahme des Statuts die Errichtung eines „Internationalen Gerichts zur Verfolgung der Verantwortlichen für

---

144 Vgl. hierzu den zusammenfassenden Bericht der offiziellen Begründung der USA und Großbritanniens für ihr militärisches Vorgehen vom 17. 4. 2003, in: Neue Zürcher Zeitung, 22. 3. 2003.

145 Vgl. hierzu Wüstenhagen, A., Die Vereinten Nationen und der internationale Terrorismus – Versuch einer Chronologie, in: Schorlemer (Hrsg.), Praxis-Handbuch, S. 101–144.

146 Vgl. hierzu Bruha, Th. und M. Bortfeld, Terrorismus und Selbstverteidigung. Voraussetzungen und Umfang erlaubter Selbstverteidigungsmaßnahmen nach den Anschlägen vom 11. September 2001, in: Vereinte Nationen, 49. Jg., Heft 5, 2001, S. 161–167; Dicke, K., Die Vereinten Nationen und der 11. September 2001, in: Zeitschrift für Politikwissenschaft, 13. Jg., Heft 1, 2003, S. 105–121.

147 Vgl. S. 124 ff.

148 Bruha und Krajewski, Funktionswandel, S. 14.

die seit 1991 im Hoheitsgebiet des ehemaligen Jugoslawien begangenen schweren Verstöße gegen das humanitäre Völkerrecht" – kurz: „Internationaler Strafgerichtshof für das ehemalige Jugoslawien" (International Criminal Tribunal for the Former Yugoslavia – ICTY) mit Sitz in Den Haag. Um die Wirksamkeit seiner Arbeit zu erhöhen, hat der Gerichtshof in den vergangenen Jahren eine Reihe von Reformen durchgeführt und hofft, bis zum Jahr 2008 alle Verfahren abschließen zu können. Am 8. November 1994 stimmte der Rat – ebenfalls unter Berufung auf Kapitel VII – der Gründung eines dem Jugoslawientribunal entsprechenden „Internationalen Strafgerichtshofs für Ruanda" (International Criminal Tribunal for Ruanda – ICTR) mit Sitz in Arusha (Tansania) zu.[149] Er sah darin einen „Beitrag zur Wiederherstellung des internationalen Friedens und der Sicherheit".

cc) Regionale Abmachungen: Eine sicherheitspolitische „Revitalisierung"[150] erfuhr in den neunziger Jahren zweifellos Kapitel VIII der Charta, das Abmachungen mit „regionalen Einrichtungen und Organisationen" vorsieht, womit diese unter der Autorität des Sicherheitsrats gleichsam als Durchführungsorgan von Zwangsmaßnahmen in das UN-Friedenssicherungssystem eingebettet werden sollen.[151]

Wenn auch die Charta keine genaue Definition des Begriffspaars

---

149 Vgl. Graefrath, B., Jugoslawien und die internationale Strafgerichtsbarkeit, in: Hankel, G. und G. Stuby (Hrsg.), Strafgerichte gegen Menschheitsverbrechen, Hamburg 1995, S. 295–324 (in beiden Publikationen ist der Text des Statuts abgedruckt); Roggemann, H., Die internationalen Strafgerichtshöfe. Einführung, Rechtsgrundlage, Dokumente, 2. Auflage, Berlin 1998; Arnold, P., Der UNO-Sicherheitsrat und die strafrechtliche Verfolgung von Individuen, Basel u. a. 1999; Ahlbrecht, Geschichte, S. 232–301 und 302–334.

150 Theuermann, E., Regionale Friedenssicherung im Lichte von Kapitel VIII der Satzung der Vereinten Nationen: Juristische und politische Probleme, in: Kühne, W. (Hrsg.), Blauhelme in einer turbulenten Welt, Baden-Baden 1995, S. 231.

151 Vgl. neben Theuermann, Friedenssicherung, insbesondere Walter, Ch., Vereinte Nationen und Regionalorganisationen. Eine Untersuchung zu Kapitel VIII der Satzung der Vereinten Nationen, Berlin 1996; Körbs, H., Die Friedenssicherung durch die Vereinten Nationen und Regionalorganisationen nach Kapitel VIII der Satzung der Vereinten Nationen, Bochum 1997; Kühne, H., Friedenssicherung durch regionale Organisationen in Europa, Frankfurt u. a. 1998.

enthält, so gelten inzwischen als klassische Einrichtungen dieser Art die Organisation Amerikanischer Staaten (OAS), die Organisation für Afrikanische Einheit (OAU) und die Arabische Liga, neuerdings auch die Organisation für Sicherheit und Zusammenarbeit in Europa (OSZE),[152] auch die NATO,[153] ursprünglich als kollektives Selbstverteidigungssystem nach Artikel 51 der Charta konzipiert, wird heute mit Kapitel VIII in Beziehung gebracht.

In den letzten Jahren haben sich vielfältige Formen der Zusammenarbeit zwischen Regionalorganisationen und den Vereinten Nationen herausgebildet; am spektakulärsten sicherlich das Zusammenspiel zwischen Sicherheitsrat und NATO im ehemaligen Jugoslawien oder auch die Einbeziehung verschiedener regionaler Einrichtungen in friedenssichernde Operationen.

Um den Konsultations- und Kooperationsmechanismus weiter zu festigen und eine verbesserte Arbeitsteilung zwischen den Vereinten Nationen und den regionalen Einrichtungen zu erreichen, verabschiedete die Generalversammlung im Dezember 1994 eine entsprechende Erklärung.[154] Inzwischen finden alle zwei Jahre Konsultationen auf hoher Ebene zwischen den Vereinten Nationen und den verschiedenen Regionalorganisationen statt.

dd) Abrüstung: Auf dem Gebiet der **Abrüstung** kommt dem Sicherheitsrat eine weitere politische Funktion zu. Er soll Pläne für die Schaffung eines „Systems der Rüstungsregelung", d. h. der Rüstungsbeschränkung und Abrüstung, ausarbeiten (Artikel 26). Im Jahre 1952 setzte die Generalversammlung eine **Abrüstungskommission** ein, die bis 1977/78 dem Sicherheitsrat unterstellt war und inzwischen – der Generalversammlung verantwortlich – mehrfach Änderungen ihrer Zusammensetzung und ihrer spezifischen Aufgaben erfuhr.[155] Daneben ist ein Hilfsorgan des Rats, der **Generalstabs-**

---

152 Honsowitz, H., „OSZE zuerst". Die Neugestaltung des Verhältnisses zwischen UN und OSZE, in: Vereinte Nationen, 43. Jg., Heft 2, 1995, S. 49–54.

153 Nassauer, O., Junger Wein in alten Schläuchen. Vereinte Nationen oder Nordatlantik-Organisation?, in: Vereinte Nationen, 47. Jg., Heft 4, 1999, S. 132–139.

154 Text der „Erklärung über die Verstärkung der Zusammenarbeit zwischen den Vereinten Nationen und regionalen Abmachungen . . ." vom 9. Dezember 1994, in: Vereinte Nationen, 43. Jg., Heft 5–6, 1995, S. 214 f.

155 Vgl. 64 f.

ausschuss, eigentlich gehalten, den Sicherheitsrat in Fragen der Abrüstung zu beraten. Seit Bestehen der Vereinten Nationen hat sich der Sicherheitsrat selbst niemals **systematisch** mit der Abrüstungsproblematik befasst und ist insgesamt gesehen seiner Satzungsverpflichtung „sehr ungenügend nachgekommen".[156] Die Generalversammlung entwickelte sich hingegen zum Leit- und Diskussionsforum für diesen Fragenkomplex.[157]

Spezielle Probleme der Abrüstung und Rüstungskontrolle standen in den neunziger Jahren jedoch sehr wohl auf der Tagesordnung des Rats, so vor allem mit zwei Stoßrichtungen: Einmal im Bemühen, dem unkontrollierten Waffentransfer ein Ende zu bereiten (Mitte 1991 erfolgte ein Vorstoß des Rats zur Schaffung eines Verhaltenskodex für Rüstungsexporte, der zur Einführung eines UN-Registers für konventionelle Waffen zum 1. Januar 1992 durch die Generalversammlung führte[158]), zum anderen durch Initiativen, um der Verbreitung von Massenvernichtungswaffen Einhalt zu gebieten.

Nach dem Ende des Zweiten Golfkriegs errichtete der Sicherheitsrat im April 1991 (Resolution 687) im Irak ein neuartiges Abrüstungsregime, in dem er unter Einbeziehung der Internationalen Atomenergie-Organisation (IAEO) einer Sonderkommission (UN-SCOM – United Nations Special Commission) die Aufspürung und Zerstörung aller atomarer, biologischer und chemischer Waffen sowie der Mittelstreckenraketen im Irak übertrug.[159]

Nachdem UNSCOM Ende 1998 endgültig aus dem Irak abgezogen werden musste, schuf der Sicherheitsrat Ende 1999 (Resolution 1284) mit UNMOVIC (United Nations Monitoring, Verification and Inspection Commission) zwar eine entsprechende Nachfolgeeinrichtung, aber erst auf Grund des mit einer Warnung vor „ernsthaf-

---

156 Lang, W., Abrüstungsfragen, in: Cede und Behrmann (Hrsg.), Vereinte Nationen, S. 119.

157 Vgl. S. 121 f.

158 Vgl. hierzu Kunze, R., Das Waffenregister der Vereinten Nationen, in: Europäische Sicherheit, Heft 12, 1994, S. 642–643; Volger, Vereinte Nationen, S. 114–116.

159 Vgl. Krause, J., Neuartiges internationales Regime mit Präzedenzwirkung? Die Kontrolle der irakischen Rüstung durch Vereinte Nationen und IAEA, in: Vereinte Nationen, 40. Jg., Heft 2, 1992, S. 46–51.

ten Konsequenzen" verbundenen Beschlusses des Sicherheitsrats im November 2002 (Resolution 1441) konnten die Waffenkontrolleure ihre Arbeit im Irak wieder aufnehmen.

b) Organisatorische Funktionen

Die Charta weist dem Sicherheitsrat u. a. folgende organisatorische Funktionen zu, die er im Zusammenwirken mit der Generalversammlung wahrnimmt:

- Entscheidung über Erwerb oder Verlust der Mitgliedschaft (Artikel 4–6);
- Wahl des Generalsekretärs (Artikel 97);
- Wahl der Richter des Internationalen Gerichtshofs;
- Vorlage von Jahres- und Sonderberichten an die Generalversammlung (Artikel 24 Abs. 3).

3. Verfahrensregeln

Die Verfahrensregeln des Sicherheitsrats finden sich in der Charta (Artikel 28–32) und in einer eigenen, immer noch Vorläufigen Geschäftsordnung, die sich der Rat satzungsgemäß (Artikel 30) in seiner allerersten Sitzung gegeben hat und die zuletzt 1982 geändert wurde;[160] zudem hat die Verfahrenspraxis die Arbeitsabläufe des Gremiums geprägt.[161] Artikel 28 bestimmt, dass der Sicherheitsrat so zu „organisieren" ist, dass er seine „Aufgaben ständig wahrnehmen kann", d. h. Vertreter der jeweiligen Ratsmitglieder müssen jederzeit am Hauptsitz der Vereinten Nationen anwesend sein.

Die Zusammenkünfte des Rats werden von dessen Präsidenten auf Antrag eines seiner Mitglieder, einzelner UN-Mitgliedstaaten, der Generalversammlung oder des Generalsekretärs einberufen; unter bestimmten Voraussetzungen steht auch Nichtmitgliedstaaten dieses Recht zu.

Gemäß Artikel 28 Abs. 1 und 2, ergänzt durch die Geschäftsord-

---

160 Text der vorläufigen Geschäftsordnung des Sicherheitsrats in der Fassung vom 21. Dezember 1982, in: Hüfner, Vereinte Nationen, S. 86 ff.

161 Vgl. hierzu insbesondere Kaul, H.-P., Arbeitsweise und informelle Verfahren des Sicherheitsrats. Beobachtungen eines Unterhändlers, in: Vereinte Nationen, 46. Jg., Heft 1, 1998, S. 6–13.

nung und die vom Rat entwickelten Praktiken, lassen sich inzwischen folgende Beratungsformen unterscheiden:

• **Sitzungen ranghoher Regierungsvertreter im Sinne regelmäßiger Sitzungen.** Die Geschäftsordnung sieht zweimal jährlich solche Treffen vor; die erste Sitzung dieser Art fand im Oktober 1970 statt, die darauf folgende erst wieder im September 1988; danach kam es Ende Januar 1992 zu einem Treffen auf der Ebene der Staats- und Regierungschefs; ein weiteres in dieser Zusammensetzung fand im September 2000 anlässlich des so genannten Millenniums-Gipfels statt und endete mit der Verabschiedung einer Grundsatzerklärung über die „Rolle des Sicherheitsrats bei der Wahrung des Weltfriedens und der internationalen Sicherheit, insbesondere in Afrika" (Resolution 1318).

• **Formelle öffentliche Sitzungen** (formal public meetings) im Saal des Sicherheitsrats. Diese dienen der Aussprache und der Verabschiedung von Resolutionen oder förmlichen Erklärungen des Gremiums.

• **Informelle Konsultationen des Plenums** (informal consultations of the whole). Diese nichtöffentlichen Treffen werden in einem gesonderten Konsultationsraum neben dem offiziellen Sitzungssaal abgehalten.

• **Sonstige informelle Konsultationen** aller oder einzelner Ratsmitglieder.

Seit den siebziger Jahren spielt sich ein immer größer werdender Teil der Arbeit des Rats, der inzwischen fast täglich zusammentritt, auf der Ebene nichtöffentlicher informeller Konsultationen und sonstiger Kontakte ab (so gab es im Jahr 2002 185 formelle Sitzungen, aber die Zahl der informellen Plenarkonsultationen lag erheblich höher); – hier finden die „eigentlichen politischen Beratungen und Verhandlungen" statt.[162] Da zudem im Gefolge der weltpolitischen Entwicklung die Ständigen Sicherheitsratsmitglieder (die so genannten „P 5") zu exklusiven Verständigungsformen neigen, wuchs die Kritik an den Arbeitsmethoden des Rats unter den nicht privilegierten Mitgliedstaaten.

---

162 Ebenda, S. 10.

Das Gremium hat sich seit etwa 1992/93 mehrfach mit diesen Vorbehalten – unterhalb der Ebene der Erweiterungsdiskussion – befasst und auch eine Reihe von Entscheidungen getroffen, um die Arbeit des Rats zu straffen und vor allem transparenter zu gestalten, etwa durch vermehrte öffentliche Sitzungen oder Informationstreffen für Nichtratsmitglieder. Seit Beginn der neunziger Jahre finden im Sicherheitsrat auch so genannte offene Sitzungen statt, bei denen Mitgliedstaaten der Vereinten Nationen im Rahmen einer förmlichen Sitzung zu Themen von allgemeinem Interesse Stellung nehmen können. (So kam es im Oktober 2002 und im März 2003 auf Antrag der Gruppe der Blockfreien Staaten zu einer offenen Irak-Debatte.) Der Trend zu mehr Transparenz in der Arbeitsweise des Rats setzt sich augenscheinlich fort.

Der Sicherheitsrat, dessen Präsidentschaft monatlich entsprechend der alphabetischen Reihenfolge der im Rat vertretenen Staaten wechselt, tagt am Hauptsitz der Vereinten Nationen in New York; doch er kann, falls es ihm zweckmäßig erscheint, auch an jedem anderen Ort zusammentreten – so geschehen 1948 und 1951/52 in Paris, im Februar 1972 in Addis Abeba, im März 1973 in Panama-City und im Juni 1990 in Genf. Am 3. April 1962 hielt der Sicherheitsrat seine tausendste, am 6. April 1977 seine zweitausendste Sitzung und am 30. Dezember 2002 seine 4653. Sitzung ab; die bisher meisten Sitzungen innerhalb eines Jahres fanden 2002 mit 185, die wenigsten 1959 mit 5 statt.

Jedes Mitglied der Vereinten Nationen, das nicht dem Rat angehört, kann ohne Stimmrecht an den Erörterungen von Einzelfragen teilnehmen, falls der Rat der Meinung ist, die „Interessen" dieses Staates seien „besonders" betroffen (Artikel 31); in der Praxis genügt zur Teilnahme der entsprechende Wunsch eines Mitglieds. Der Sicherheitsrat muss jedes UN-Mitglied, das nicht im Rat vertreten ist, und jeden Nichtmitgliedstaat zur Beratung ohne Stimmrecht einladen, wenn dieser Staat selbst Partei in einem Streitfall ist, den der Rat behandelt (Artikel 32).

4. Abstimmungsmodus

Jedes Mitglied des Sicherheitsrats verfügt über eine Stimme. Das Abstimmungsverfahren richtet sich nach der so genannten **Jalta-Formel,** die auf der Krimkonferenz (im Februar 1945) zwischen Roosevelt, Churchill und Stalin ausgehandelt worden war, danach als Artikel 27 Eingang in die UN-Charta fand und den fünf Ständigen Ratsmitgliedern eine recht umstrittene Sonderstellung verleiht.

Beschlüsse über „Verfahrensfragen" bedürfen der Zustimmung von mindestens neun Mitgliedern (vor der Erweiterung des Rats genügten sieben Stimmen), also der qualifizierten Mehrheit (Artikel 27 Abs. 2). Beschlüsse über „alle sonstigen Fragen" erfordern ebenfalls das Einverständnis von neun Mitgliedern, doch müssen in diesen Fällen sämtliche fünf Ständigen Ratsmitglieder zustimmen (Artikel 27 Abs. 3).

Diese Regelung räumt somit jedem der fünf Ständigen Mitglieder ein **Vetorecht** ein, denn durch den Einspruch eines der fünf Staaten kann jeder Beschluss über eine materielle Angelegenheit verhindert werden. Dem Vetorecht unterliegen satzungsgemäß alle Fragen, die nicht im sehr engen Sinn das Verfahren betreffen, beispielsweise die Entscheidung über den Tagungsort.

Die Abgrenzung zwischen Verfahrens- und „allen sonstigen" Fragen hat sich von Anbeginn als sehr schwierig erwiesen; generell lässt sich feststellen, dass der Kreis der materiellen Fragen in der Praxis sehr weit gezogen ist und dass grundsätzlich alle im Zusammenhang mit den politischen und organisatorischen Funktionen des Rats aufgeführten Entscheidungen dem Vetorecht unterliegen. Ist dennoch einmal umstritten, ob eine Angelegenheit prozedural ist oder nicht, wird darüber zunächst abgestimmt; da ein Ständiges Ratsmitglied bereits bei der Entscheidung dieser Vorfrage sein Veto einlegen kann, besitzen diese fünf Staaten ein **doppeltes Vetorecht.**

Zwischen 1945 und Ende 1989 legte 235-mal ein Ständiges Mitglied ein Veto ein: die Sowjetunion 114-mal, Großbritannien dreißigmal und Frankreich achtzehnmal, Taiwan, das bis zum Einzug des Vertreters aus Peking den chinesischen Ratssitz innehatte, legte einmal sein Veto ein; die USA, die am 17. März 1970 erstmals einen Beschluss des Sicherheitsrats blockierten, haben in 69 Fällen ihr Einspruchsrecht ausgeübt. Die Volksrepublik China brachte im August 1972 mit ihrem ersten Veto – dem später ein zweites folgte – einen Sicherheitsratsbeschluss zu Fall.[163] Von Anfang 1990 bis Ende 2002 wurde nur zwölfmal ausdrücklich vom Vetorecht Gebrauch gemacht (von den USA neunmal, von China zweimal und von Russland einmal).

Ausnahmen vom Prinzip der Einstimmigkeit bei allen wesentlichen Fragen sieht die Charta einmal bei Empfehlungen im Rahmen der friedlichen Beilegung solcher Streitigkeiten (ausschließlich nach Kapitel VI) vor, in denen ein Ratsmitglied selbst Partei ist; das betreffende Mitglied – gleichviel, ob ständig oder nichtständig im Rat vertreten – muss sich der Stimme enthalten (Artikel 27 Abs. 3). Ein Veto kann auch nicht gegen eine Empfehlung des Sicherheitsrats zur friedlichen Beilegung von Streitfällen durch regionale Einrichtungen eingelegt werden (Artikel 27 Abs. 3 und Artikel 52 Abs. 3).

Zwei weitere Ausnahmen haben sich im Verlauf der praktischen Arbeit des Rats herausgebildet und wurden in dem sog. Namibia-Gutachten des Internationalen Gerichtshofs von 1971 auch als satzungskonform bewertet: Die **freiwillige Stimmenthaltung** eines Ständigen Mitglieds ist entgegen dem Wortlaut des Art. 27 Abs. 3, der die Zustimmung aller Ständigen Mitglieder fordert, nicht als Veto zu werten; dasselbe gilt bei Abwesenheit bzw. Nichtteilnahme eines solchen Mitglieds an Ratssitzungen. (Die Geschichte des Sicherheitsrats kennt einen bedeutsamen Präzedenzfall: Als nämlich die Sowjetunion zu Beginn des Korea-Krieges im ersten Halbjahr 1950 die Ratssitzungen wieder einmal boykottierte, wurde eine Reihe weitreichender Beschlüsse möglich.)

Bis Ende 2002 hat der Sicherheitsrat insgesamt 1553 Resolutionen verabschiedet, die neuerdings zumeist ausführlicher, inhaltsreicher und komplexer sind.[164] Der Sicherheitsrat nutzt jedoch seit einiger Zeit verstärkt die Möglichkeit, auch in anderer Form seine Position

---

163 Löwe, V., Die Vetos im Sicherheitsrat der Vereinten Nationen (1983–1990), in: Vereinte Nationen, 39. Jg., Heft 1, 1991, S. 11 ff.

164 Vgl. hierzu Die Resolutionen des Sicherheitsrats von 1996–1998 und von 1999–2001, in: Vereinte Nationen, 47. Jg., Heft 3, 1999, S. 108–113 und 50. Jg., Heft 4, 2002, S. 149–153.

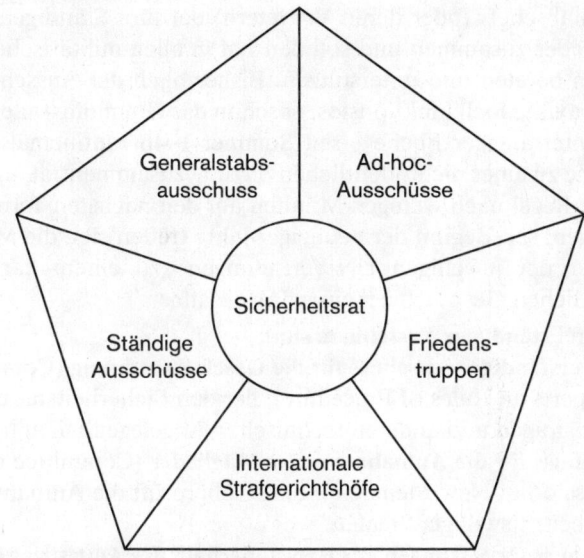

Der Sicherheitsrat und seine Nebenorgane

zum Ausdruck zu bringen:[165] durch förmliche Erklärungen des Gremiums, die als Konsensentscheidungen vom Ratspräsidenten abgegeben werden (42 im Jahr 2002) und durch Schreiben des Präsidenten sowie durch nicht-förmliche Verlautbarungen des Präsidenten, etwa gegenüber der Presse.

5. Nebenorgane

Ebenso wie die Generalversammlung besitzt auch der Sicherheitsrat das Recht, Hilfsorgane einzusetzen (Artikel 29). Derzeit stehen dem Rat neben einem von der Charta ihm zugeordneten Organ (Generalstabsausschuss) und den Ad-hoc-Ausschüssen drei ständige Ausschüsse zur Verfügung.

• **Generalstabsausschuss** (Military Staff Committee), dessen Aufgaben und Befugnisse in Artikel 47 geregelt sind: Er setzt sich aus

---

165 Einzelheiten bei Kaul, Arbeitsweise, S. 10.

den Stabschefs (oder deren Vertretern) der fünf Ständigen Ratsmitglieder zusammen und soll den Rat in allen militärischen Belangen beraten und unterstützen. Bisher blieb der Ausschuss in der Praxis jedoch funktionslos, obschon das Gremium – allerdings auf unterrangiger Ebene – seit Sommer 1948 routinemäßig alle 14 Tage zu einer nichtöffentlichen Sitzung zusammentrat, um sich in der Regel nach wenigen Minuten auf den nächsten Termin zu vertagen; seit Beginn der neunziger Jahre treffen sich die Militärberater der jeweiligen UN-Vertretungen „zu einem kameradschaftlichen Gespräch bei einer Tasse Kaffee".[166]

Die drei **ständigen Ausschüsse** sind:

- **Sachverständigenausschuss für die Geschäftsordnung** (Committee of Experts an Rules of Procedure), der den Sicherheitsrat in Verfahrensfragen und anderen technischen Angelegenheiten berät.

- **Ausschuss für die Aufnahme neuer Mitglieder** (Committee on the Admission of New Members); dieser überprüft die Aufnahmeanträge beitrittswilliger Staaten.

- **Ausschuss für Sitzungen des Rats außerhalb des Amtssitzes** (Committee on Council Meetings away from Headquarters), zur Vorbereitung der Ratssitzungen außerhalb New Yorks (1972, 1973 und 1990) geschaffen, seither nicht mehr zusammengetreten.

In diesen drei genannten Ausschüssen sind alle Ratsmitglieder vertreten.

Ad-hoc-Ausschüsse werden – meist vorübergehend – für bestimmte Aufgaben eingesetzt, um den Handlungsspielraum des Rats zu erweitern. Sie können die verschiedensten Funktionen als nichtöffentliche Ausschüsse oder als Einzelpersonen (z. B. Sonderbeauftragte) wahrnehmen. So wird zur Überwachung und Durchführung der vom Rat verhängten Sanktionen jeweils ein Sanktionsausschuss (Sanction Committee) gebildet (Ende 2002 waren es zehn), in dem alle Mitglieder des Sicherheitsrats vertreten sind und Entscheidungen nur einstimmig getroffen werden können.[167]

---

166 Eisele, M., Die Vereinten Nationen und das internationale Krisenmanagement. Ein Insider-Bericht, Frankfurt 2000, S. 67.

167 Kaul, H.-P., Die Sanktionsausschüsse des Sicherheitsrats. Ein Einblick in Arbeitsweise und Verfahren, in: Vereinte Nationen, 44. Jg., Heft 3, 1996, S. 96–103.

Im Zuge der Waffenstillstandsvereinbarung mit dem Irak im April 1991 wurden außerdem zwei weitere Sonderkommissionen verfügt: zum einen die Sonderkommission für Inspektion und Zerstörung irakischer Massenvernichtungswaffen (United Special Commission on Iraqui Disarmament – UNSCOM); diese wurde 1999 durch UN-MOVIC (United Nations Monitoring, Verification and Inspection Commission) ersetzt,[168] zum anderen eine Entschädigungskommission für den Irak (United Nations Compensation Commission – UNCC) zur Verwaltung eines Entschädigungsfonds, finanziert aus irakischen Erdöleinnahmen.[169]

Nebenorgane des Sicherheitsrats sind des Weiteren die beiden 1993 bzw. 1994 ins Leben gerufenen Internationalen Strafgerichtshöfe.[170]

Arbeitsgruppen mit spezifischen Aufträgen wurden in den letzten Jahren etwa zu den Fragenkomplexen Sanktionen (2000), friedenssichernde Operationen (2001) oder Konfliktprävention in Afrika (2002) eingesetzt.

In der Anti-Terrorismus-Resolution 1373 des Sicherheitsrats vom September 2001, die ein umfangreiches Maßnahmenpaket enthält, wurde die Schaffung eines **Ausschusses zur Bekämpfung des Terrorismus** (Counter Terrorism Committee – CTC) verfügt, dem sämtliche Ratsmitglieder angehören und dem alle UN-Mitgliedstaaten nach einem genauen Zeitplan Berichte über die Umsetzung der in der Resolution auferlegten Pflichten vorlegen müssen.[171]

Eine eigene Kategorie von Nebenorganen des Sicherheitsrats stellen die **Friedenstruppen** dar, die, vom Sicherheitsrat eingesetzt, zu-

---

168 Vgl. S. 115.
169 Vgl. hierzu Jütte, V., Die United Nations Compensation Commission. Eine Darstellung von Aufbau und Verfahren sowie der historischen und rechtlichen Grundlagen, Frankfurt u. a. 1999; Böckstiegel, K. H., Ein Aggressor wird haftbar gemacht. Die Entschädigungskommission der Vereinten Nationen (UNCC) für Ansprüche gegen Irak, in: Vereinte Nationen, 45. Jg., Heft 3, 1997, S. 89–93.
170 Vgl. S. 113.
171 Vgl. hierzu Williams, I., Abbringen, Verweigern, Zusammenarbeit. Der Ausschuss des Sicherheitsrats zur Bekämpfung des Terrorismus, in: Vereinte Nationen, 50. Jg., Heft 6, 2002, S. 213–216.

mindest organisationsrechtlich diesen Status besitzen. Mitte 2003 belief sich deren Zahl auf 14.

6. Exkurs: Friedenssichernde Operationen

a) Entstehung

Das von den Gründungsvätern der Vereinten Nationen konzipierte mehrstufige System zur Lösung internationaler Konflikte beruhte auf der Voraussetzung des Fortbestehens der Allianz der Großmächte über das Kriegsende hinaus. Mit dem Zerfall dieses Bündnisses und dem Aufkommen des Ost-West-Gegensatzes schon in den ersten Jahren des Wirkens der Organisation konnten entscheidende Teile der in der Charta vorgesehenen Friedenssicherungsmechanismen nicht zur Anwendung gelangen; dies galt insbesondere für das in Kapitel VII verankerte und auf dem Prinzip der kollektiven Sicherheit basierende Verfahren der zwangsweisen Streitbeilegung.

Vor diesem Hintergrund entwickelte sich in der Praxis der Vereinten Nationen – zunächst weitgehend improvisiert – ein Verfahren zur Entschärfung vorwiegend regionaler Auseinandersetzungen, für das sich allmählich die Bezeichnung **friedenserhaltende bzw. friedenssichernde Operationen** (peacekeeping operations), verkürzt **Friedenssicherung** oder einfach **Peacekeeping**,[172] herausbildete. Als Oberbegriffe gebräuchlich sind inzwischen auch die Bezeichnungen **Friedensoperationen** (peace operations) oder **friedensunterstützende Operationen** (peace support operations).

Unter diesem Schlagwort werden Aktionen der Vereinten Nationen zusammengefasst, die ursprünglich von der Entsendung militärischer unbewaffneter Beobachter (mit „Blaumützen" oder „blauen Baretten" ausgestattet) bis zum Einsatz leicht bewaffneter militärischer Einheiten als Friedenstruppen („Blauhelme") reichten.

---

172 Vgl. hierzu insbesondere Kühne, Blauhelme; Keil, I. und S. Lobner, UNO-Weltpolizei auf dem Prüfstand. 30 Jahre Friedensmissionen von Suez bis Kambodscha, Hamburg 1994; Schmidl, E. A. und J. Wimmer, Friedenserhaltende Operationen, Wien 1998; Sucharipa-Behrmann, L., Die friedenserhaltenden Operationen der Vereinten Nationen, in: Cede und Sucharipa-Behrmann (Hrsg.), Vereinte Nationen, S. 84–100.

Nach dem Ende des Kalten Krieges hatte dieses Instrument nicht nur zahlenmäßig einen ungeheuren Aufschwung erlebt, auch das Spektrum der Einsätze hat sich wesentlich erweitert. In seinem Jahresbericht 1993 brachte der vormalige Generalsekretär Boutros-Ghali diese Dynamik auf den einfachen Nenner: „Ohne Übertreibung lässt sich feststellen, dass es heutzutage ebenso viele Arten von Friedensoperationen gibt wie Arten von Konflikten."

In Anknüpfung an frühere „Friedenserhaltungsprojekte"[173] und ähnliche Einsätze im 19. Jahrhundert und im Rahmen des Völkerbundes setzten die Vereinten Nationen bereits in den ersten Jahren ihres Bestehens Militärbeobachter ein, so 1947 auf dem Balkan, ab 1948 im Nahen Osten, 1947–1950 in Indonesien und seit 1949 im Kaschmir-Konflikt zwischen Indien und Pakistan (UNMOGIP). Die eigentliche Geburtsstunde friedenssichernder Operationen stellt die Schaffung einer UN-Friedenstruppe, UNEF (United Nations Emergency Force), während der Suez-Krise im Jahre 1956 dar – der Begriff selbst fand erst sehr viel später Eingang in die UN-Terminologie. Als Pionier dieses Systems der kooperativen Friedenswahrung gilt der in der schwierigen Phase des Kalten Krieges der fünfziger Jahre amtierende Generalsekretär Dag Hammarskjöld.

In der Charta findet Peacekeeping keine (ausdrückliche) Erwähnung, und weder Sicherheitsrat noch Generalversammlung haben sich bisher auf eine allgemeinverbindliche Definition festgelegt. Auch die von Boutros-Ghali in seiner „Agenda für den Frieden"[174] (1992) vorgenommene – und damit erste UN-offiziöse – Begriffsbestimmung („Einrichtung einer Präsenz der Vereinten Nationen vor Ort") wird der Vielfalt der Operationen nicht mehr wirklich gerecht.

Bei Einsätzen dieser Art geht es nicht darum, einen Konflikt von außen zu lösen – dies ist nur durch die Streitparteien selbst möglich –, sondern ihnen durch die internationale Präsenz und die dadurch gegebene Stabilisierung eine politische Lösung zu erleichtern. Damit ist aber auch eine Grundproblematik dieser Einsätze angesprochen: die von außen erfolgte Entschärfung verringert unter Um-

---

173 Frei, Organisationen, S. 94.
174 Deutscher Text der Agenda u. a. in Stiftung Entwicklung und Frieden (Hrsg.), Die Agenda für den Frieden, Bonn-Bad Godesberg 1992.

ständen auch den Druck auf die Parteien, selbst eine Lösung zu finden.

Aus heutiger Sicht lassen sich im Hinblick auf die Merkmale drei oder auch vier nicht immer eindeutig voneinander abzugrenzende Typen oder Kategorien friedenssichernder UN-Operationen unterscheiden:[175] Dabei von aufeinander folgenden Generationen zu sprechen, ist historisch zumindest irreführend, „weil sie sich parallel entwickelt haben und auch heute nebeneinander existieren".[176]

b) Peacekeeping der ersten Kategorie

Missionen der ersten Kategorie oder traditionelle bzw. klassische Blauhelmeinsätze (traditional peacekeeping) beinhalten vorrangig – jedoch nicht ausschließlich – militärische Aufgaben, wie Beobachtung und Überwachung eines bereits eingetretenen Waffenstillstands oder Pufferbildung bei Konflikten zwischen Staaten oder staatsähnlichen Gebilden durch unbewaffnete Beobachter oder leicht bewaffnete Truppen. Weitere wesentliche Merkmale sind:

- Konsens aller am Konflikt beteiligten Parteien über Art und Umfang der Mandatsausübung,
- Gewaltanwendung bzw. Waffengebrauch nur zur persönlichen Selbstverteidigung, d. h. nur leichte Bewaffnung der Truppe,
- strikte Unparteilichkeit der Truppe,
- freiwillige Entsendung von Truppenteilen durch die Mitgliedstaaten (lange Zeit unter besonderer Berücksichtigung blockfreier und neutraler Staaten – wie z. B. Österreich[177]).

Beispiele für solche – immer noch existente – Missionen sind: UNTSO, seit 1948 Beobachtermission im Nahen Osten; UNFICYP, Friedenstruppe seit 1964 auf Zypern; UNDOF, seit 1974 Beobach-

---

175 Aus der Vielzahl der zu dieser Thematik vorliegenden Literatur seien besonders hervorgehoben: Freudenschuss, H., Drei Generationen von Friedensoperationen der VN: Stand und Ausblick, in: Österreichisches Jahrbuch für Internationale Politik 1993, Wien 1994, S. 44–72; Ehrhardt, H.-G. und K. Klinkenburg, Was heißt Peacekeeping?, in: S+F, 12. Jg., Heft 2, 1995, S. 52–63.; Eisele, M., Blauhelme als Krisenmanager, in: Schorlemer, S. von (Hrsg.), Praxis-Handbuch, S. 27–39.

176 Schmidl, E. A., Im Dienste des Friedens. Die österreichische Teilnahme an Friedensoperationen seit 1960, Graz 2001, S. 11.

177 Vgl. S. 335 ff.

tertruppe auf den Golanhöhen; UNIKOM seit 1991 Friedenstruppe im irakisch-kuwaitischen Grenzgebiet.

c) Peacekeeping der zweiten Kategorie

Wesentliches Kennzeichen dieses Typs (wider peacekeeping) – bei ansonsten unveränderten Merkmalen –, der sich verstärkt seit 1989 herausbildete, ist die Erweiterung des Aufgabenspektrums. Zu den militärischen Aufgaben (wie Überwachung von Waffenstillstandsabkommen, Entwaffnung von Truppenverbänden, Minenräumung) treten bei diesen multifunktionalen Einsätzen nichtmilitärische Komponenten, d. h. Polizei- und/oder Zivilfunktionen, hinzu oder stehen sogar im Vordergrund. Die Aufgabenpalette umfasst z. B. die Übernahme allgemeiner Verwaltungsfunktionen, Durchführung bzw. Überwachung von Wahlen, Rückführung von Flüchtlingen, Beobachtung der Menschenrechtssituation, Organisation humanitärer Hilfe. An der Wahrnehmung der vielfältigen Aufgaben im Sinne des von dem früheren Generalsekretär Boutros-Ghali skizzierten Konzeptes der Friedenskonsolidierung (post-conflict peacebuilding)[178] sind neben Militärpersonal, Polizeikräften und zivilem Personal oftmals auch UN-Einrichtungen wie das Flüchtlingshilfswerk (UNHCR) oder das Entwicklungsprogramm (UNDP) sowie Nichtregierungsorganisationen (NGOs) beteiligt.[179] Im Unterschied zum klassischen Peacekeeping handelt es sich hier zudem um **innerstaatliche Operationen** der Vereinten Nationen. Als Modell für diese multidimensionale Peacekeeping-Variante gilt die UNTAG-Mission in Namibia, mit der die Vereinten Nationen 1989/90 innerhalb eines Jahres das Land erfolgreich in die Unabhängigkeit führten; nachfolgend die UNTAC-Operation in Kambodscha (1992/93), die Beobachtermission ONUSAL (1991–1995) in El Salvador orientierten sich an diesem Vorbild. Noch laufende Friedenssicherungseinsätze dieses Typs sind etwa:

- MINURSO (seit Mitte 1991), in der Westsahara, Überwachung des Waffenstillstandes und Vorbereitung eines Referendums,

---

178 Vgl. hierzu Theuermann, B., Friedenskonsolidierung, in: Cede und Sucharipa-Behrmann (Hrsg.), Vereinte Nationen, S. 101–116.
179 Vgl. hierzu Hufnagel, F.-E., UN-Friedensoperationen der zweiten Generation, Berlin 1996.

- UNMIBH (seit Ende 1995), in Bosnien-Herzegowina, in Ergänzung der militärischen Friedenssicherung durch die NATO (IFOR bzw. SFOR), Umsetzung der zivilen Dimension des Friedensabkommens von Dayton, u. a. Reform und Neustrukturierung der Polizei.

- Die Polizeitruppe in Bosnien-Herzegowina (IPTF) wurde am 1. Januar 2003 in die Europäische Polizeimission in Bosnien-Herzegowina (EUPM) überführt und ist damit die erste Operation im Rahmen der Europäischen Sicherheits- und Verteidigungspolitik (ESVP).

- UNMIK (seit Mitte 1999), im Kosovo, in Ergänzung der militärischen Friedenssicherung durch die NATO-Truppe (KFOR), Aufbau einer zivilen Übergangsverwaltung,

- UNMISET (seit Mitte 2002), in Osttimor, Aufbau einer Zivilverwaltung und Unterstützung der Regierung.

d) Peacekeeping der dritten Kategorie

UN-Friedenseinsätze dieser Kategorie (robust peacekeeping) zeichnen sich im Vergleich zu den beiden genannten durch eine Besonderheit aus: Im Gegensatz zur strikten Beschränkung des Waffengebrauchs zur Selbstverteidigung ist die UN-Truppe nunmehr zur begrenzten Anwendung militärischer Gewalt zur Durchsetzung des erteilten Mandats („mission defense") berechtigt.

Obwohl es bereits Vorläufer gab (so ONUC im vormals belgischen Kongo 1960–1964), wurde dieser qualitative Sprung durch das Scheitern der beiden multifunktionalen UN-Operationen der zweiten Generation in Somalia (UNOSOM) und UNPROFOR im ehemaligen Jugoslawien aktuell, so dass im Frühjahr 1993 zur Absicherung humanitärer Aktionen – im Falle Somalia – bzw. der Schutzzonen in Bosnien-Herzegowina das Mandat um friedenserzwingende Elemente erweitert wurde. Derartige „robuste" Einsätze,[180] mit de-

---

180 Ein von Winrich Kühne in die deutsche Blauhelmdiskussion eingeführter Begriff, vgl. hierzu u. a. Kühne, W., Friedenssicherung durch die Vereinten Nationen in einer Welt ethno-nationaler Konflikte, in: Aus Politik und Zeitgeschichte, B 15–16/ 1993, insbesondere S. 15 f. Vgl. auch Meyer, G.-M. (Hrsg.), Friedensengel im Kampfanzug? Zu Theorie und Praxis militärischer UN-Einsätze, Opladen 1996.

nen die Grenze zwischen „Peacekeeping" und „Peace-Enforcement"
offensichtlich verwischt wird, setzen naturgemäß keine Zustimmung der Konfliktparteien voraus und bedeuten auch das Aufgeben
der Unparteilichkeit der Vereinten Nationen in dem betreffenden
Konfliktfall. Sie sind jedoch von den „klassischen" Zwangsmaßnahmen des Sicherheitsrats bzw. den per Ermächtigung verfügten
Zwangsmaßnahmen (Golfkrieg II-Modell) zu unterscheiden, bei denen es sich um nach militärischen Grundsätzen durchgeführte Feld-
züge handelt – auch wenn robuste Friedensoperationen ebenfalls
unter Bezug auf Kapitel VII der Charta mandatiert sind.

Friedensoperationen dieses Typs haben zweifellos an Relevanz ge-
wonnen. Wie in der von 1996–1998 in Ostslawonien (Kroatien) sta-
tionierten multifunktionalen Mission UNTAES demonstrieren inzwischen mehrere UN-Truppenverbände militärische Stärke und
sind entsprechend schwerer bewaffnet.

Keine friedenssichernden Operationen der Vereinten Nationen im
eigentlichen Sinne – so die Sichtweise in den offiziellen UN-Übersichten – stellen die Militärpräsenz in Bosnien-Herzegowina
(SFOR), im Kosovo (KFOR) und in Afghanistan (ISAF) dar. Solche
Einsätze sind zwar vom Sicherheitsrat mandatiert, aber mit der Ausführung wurden nicht die Vereinten Nationen, sondern Staatenko-
alitionen oder auch die NATO beauftragt. Mangels einer einheitli-
chen Führung ist in diesen Fällen die Zusammenarbeit zwischen
den einzelnen Komponenten besonders schwierig, weshalb die Vereinten Nationen solchen Parallelaktionen mit Skepsis begegnen.

e) Peacekeeping der vierten Kategorie

Im Hinblick auf die Typisierung der UN-Friedensoperationen
wird neuerdings auf eine Weiterentwicklung der zweiten Kategorie
der Einsätze verwiesen.

Bei verschiedenen multifunktionalen Missionen, etwa in Osttimor
(UNTAET, 1999–2002 bzw. UNMISET seit Mai 2002) oder im Kosovo (UNMIK, seit 1999), wurde deren politische und administrative Verantwortung erheblich ausgedehnt und den Einsatzleitern
„ausdrücklich exekutive Aufgaben" übertragen. Einsätze dieser Art
umfassen beispielsweise die Anberaumung von Wahlen, die Ein-
und Absetzung von Kommunalvertretern oder die Anordnung von

Festnahmen und sind somit mit der Ausübung von „Regierungsgewalt" verbunden).[181]

Getrennt von den UN-Friedenssicherungseinsätzen im eigentlichen Sinne wird neuerdings in UN-Übersichten die Kategorie der **„Politischen und Friedensbildenden Missionen der Vereinten Nationen"** (Political and Peace-building Missions) angeführt, obschon die Tätigkeitsbereiche z. T. identisch sind.[182]

Insgesamt 13 solcher – in der Regel vom Sicherheitsrat mandatierten – friedenskonsolidierenden Missionen, die sich nur auf Zivilpersonal stützen, waren Ende 2002 in Afrika, Asien, in der Pazifikregion sowie in Zentralamerika in Gang, so etwa in Angola (Büro der Vereinten Nationen – UNMA), in Tadjikistan (Büro der Vereinten Nationen zur Friedensbildung – UNTOP), in Guatemala (Verifikationsmission der Vereinten Nationen – MINUGA) oder in Afghanistan (Hilfsmission der Vereinten Nationen – UNAMA). UNAMA, seit März 2002 in dem zerstörten Land tätig, ist die größte friedensbildende Mission und darauf ausgelegt, politische Prozesse sowie die Staats- und Regierungsführung zu unterstützen und im humanitären Bereich und bei der Schadensbeseitigung Hilfestellung zu gewähren.

f) Rechtsgrundlagen und Finanzierung

Die **Zuständigkeit** für das Zustandekommen liegt seit den siebziger Jahren ausschließlich beim Sicherheitsrat (lediglich kleinere Missionen zur Wahlbeobachtung, wie z. B. in Haiti [ONUVEH] im Jahr 1990 beschloss die Generalversammlung). Der Rat erteilt bei Einsätzen der ersten, zweiten und vierten Kategorie im Rahmen seiner Kompetenzen zur friedlichen Streitbeilegung (Kapitel VI der Charta) ein zunächst zeitlich befristetes Mandat (in der Regel für sechs Monate) und behält die Oberhoheit über die gesamte Aktion. Während der Generalsekretär – in Abstimmung mit dem Rat neuerdings immer konsequenter – die (politische) Führung übernimmt, wird ein Sonderbeauftragter des Generalsekretärs oder ein militäri-

---

181 Kühne, W., Zukunft der UN-Friedenseinsätze. Lehren aus dem Brahimi-Report, in: Blätter für deutsche und internationale Politik, 45. Jg., Heft 11, 2000, S. 1357.
182 Vgl. hierzu etwa www.un.org/Depts/dpko

scher Oberbefehlshaber mit der operationellen Leitung und dem Kommando vor Ort betraut. Die einzelnen UN-Verbände in ihren nationalen Uniformen, die jedoch blaue Kappen und bei ihren Einsätzen blaue Helme (Friedenstruppe) bzw. blaue Barette (Beobachter) tragen und das UN-Emblem verwenden, werden vom Generalsekretär und der zuständigen Abteilung für friedenssichernde Operationen im Generalsekretariat zusammengestellt.

Das Sicherheitsratsmandat für die Einsätze der dritten Kategorie stützt sich ausschließlich auf Kapitel VII der Charta, mit dem Zwangsmaßnahmen verfügt werden können, wobei inzwischen oftmals auch Missionen der anderen Kategorien durch ein Kapitel VII-Mandat abgesichert werden.

Entsprechend der generellen Zielsetzung von Peacekeeping sollen die einzelnen Operationen nur vorübergehenden Charakter haben, d. h. der Einsatzzeitraum sollte beschränkt sein. Friedenssichernde Operationen werden deshalb durchweg von diplomatischen Bemühungen, insbesondere des Generalsekretärs, im Sinne des Peacemaking begleitet.

Die **Finanzierung** friedenssichernder Operationen führte unmittelbar nach Schaffung der ersten Truppe 1956 zu grundlegenden Meinungsverschiedenheiten, die schließlich eine erste Finanzkrise der UN-Organisation auslösten. Seit Mitte der siebziger Jahre ist der Streit, ob die Kosten durch freiwillige oder durch Pflichtleistungen zu decken sind, dahingehend entschieden, dass eine kollektive Zahlungsverpflichtung aller Mitglieder gemäß Artikel 17 Abs. 2 besteht. Die Friedenssicherungsmissionen werden somit in der Regel durch Pflichtbeiträge finanziert.[183]

Für jede Operation wird in einem komplizierten Verfahren ein eigener, von der Generalversammlung zu verabschiedender Haushalt erstellt, der nach einer 1973 erfolgten Entscheidung des Plenums zunächst von vier Gruppen von Beitragszahlern getragen wurde,

---

183 Vgl. hierzu Honsowitz, H., Friedenssicherung: auch eine Kostenfrage. Die Finanzierung der Friedenstruppen der Vereinten Nationen, in: Vereinte Nationen, 37. Jg., Heft 1, 1989, S. 6–12; Schoettle, E. C. B., Kein Geld für den Frieden? Die Finanzierung der UN-Friedenserhaltung, in: Europa-Archiv, 48. Jg., Folge 16, 1993, S. 453–462.

wobei 15 Staaten mehr als 90 Prozent aufbrachten, darunter die USA rund 32 Prozent.

Ende Dezember 2000 wurde von der Generalversammlung (Resolution 55/235) mit Wirkung zum 1. Juli 2001 die Lastenverteilung der Friedensoperationen neu geregelt,[184] nachdem die USA eine Minderung ihrer Zahllast auf 25 Prozent gefordert hatten. Auch weiterhin wird bei der Beitragsbemessung von der Skala zum regulären UN-Budget ausgegangen, jedoch modifiziert durch ein Anpassungssystem mit nunmehr zehn Gruppen. Der Anteil der USA, die mit den übrigen Ständigen Sicherheitsratsmitgliedern eine eigene Gruppe bilden, wurde stufenweise reduziert und lag 2002 bei 26,5 Prozent.

Lediglich zwei der derzeitigen Operationen – UNTSO im Nahen Osten und UNMOGIP im Kaschmir-Gebiet – werden aus dem ordentlichen UN-Haushalt finanziert.

Für ihren Einsatz erhalten die truppenstellenden Staaten – seit einigen Jahren sind dies zu nahezu 80 Prozent Entwicklungsländer –, welche die anfallenden Kosten zunächst selbst finanzieren müssen, eine Vergütung (2002 mehr als 1000 US-Dollar pro Mann und Monat). Diese Vergütung ist für viele Entwicklungsländer eine willkommene Einnahme, deckt aber in den Industriestaaten nur einen Bruchteil der tatsächlichen durch die Teilnahme an derartigen Einsätzen entstehenden Kosten.

Angesichts der großen Zahlungsaußenstände bei den Peacekeeping-Haushalten (Ende 2002 rund 1,7 Milliarden US-Dollar bei einem Jahresbudget 2002/03 für Friedenssicherung von 2,6 Milliarden) sind die Vereinten Nationen ihrerseits mit den Erstattungszahlungen für Personal und Gerät in erheblichem Rückstand.

g) Peacekeeping in Zahlen

In der Zeitspanne von 1948 bis Mitte 2003 kamen 56 Friedenssicherungseinsätze zustande. Nahezu 1780 Soldaten verloren dabei ihr Leben.

Während Anfang 1988 lediglich fünf Operationen (mit 9500 Mann) aus 26 Ländern in Gang waren, stieg die Zahl Anfang 1992

---

184 Vereinte Nationen, 49. Jg., Heft 2, 2001, S. 67 f.

auf 11 (11 500 Personen – darunter 1,7 Prozent Frauen – aus 56 Ländern). Der absolute personelle Höchststand war im September 1994 zu verzeichnen, als in 16 Missionen insgesamt 78 111 Peacekeeper zum Einsatz kamen.

Die Kosten beliefen sich im Jahr 1988 auf 730 Millionen, danach (1992) auf rund 1,7 Milliarden und im Haushaltsjahr 2002/03 auf 2,6 Milliarden US-Dollar; insgesamt wurden von 1948–2002 rund 29 Milliarden Dollar für UN-Friedenseinsätze aufgewandt.

Am 1. Juli 2003 waren 39 987 Militär- und Zivilpersonen aus 89 Ländern (an der Spitze Pakistan und Bangladesh) in den folgenden 14 Peacekeeping-Operationen eingesetzt:

- UNTSO (UN Truce Supervision Organization), seit 1948, im Nahen Osten.
- UNMOGIP (UN Military Observer Group in India and Pakistan), seit 1948 in Kaschmir.
- UNFICYP (UN Peace-keeping Force in Cyprus), seit 1964.
- UNDOF (UN Disengagement Observer Force), seit 1974 auf den Golanhöhen.
- UNIFIL (UN Interim Force in Lebanon), seit 1978.
- UNIKOM (UN Iraq-Kuwait Observer Mission), seit 1991 im Grenzgebiet Irak-Kuwait.
- MINURSO (UN Mission for the Referendum in Western Sahara), seit 1991.
- UNOMIG (UN Observer Mission in Georgia), seit 1993.
- UNMIK (UN Interim Administration Mission in Kosovo), seit 1999.
- UNAMSIL (UN Mission in Sierra Leone), seit 1999.
- MONUC (Mission de l'ONU en Republique Democratic du Congo), seit Ende 1999.
- UNMEE (UN Mission in Ethiopia and Eritrea), seit 2000.
- UNMISET (UN Mission an Support in East Timor), seit 2002.
- MINUCI (Mission des Nations Unies en Côte d'Ivoire), seit Mai 2003.

h) Peacekeeping der Zukunft

Mit den friedenssichernden Operationen steht vorrangig dem Sicherheitsrat ein umfassendes Instrumentarium zur effektiven Verwirklichung seiner Hauptaufgabe zur Verfügung, ein Instrumentarium, das jedoch in jedem Einzelfall den jeweiligen historischen und politischen Gegebenheiten angepasst werden muss.

Bereits der Einsatz in den Wirrnissen des Kongo-Konflikts (1960–1964), in dem zur Wiederherstellung von Ruhe und Ordnung die damalige Friedenstruppe (ONUC) schließlich zur Gewaltanwendung befugt wurde, zog nicht nur eine ernste Finanzkrise nach sich, sondern war auch Anlass zu einer „Gesamtüberprüfung aller relevanten Gesichtspunkte friedenssichernder Operationen". Hierfür wurde 1965 ein spezieller „Sonder-Ausschuss für friedenssichernde Operationen"[185] eingesetzt, der noch immer tätig ist und ebenso wie der Sicherheitsrat und das Generalsekretariat nach Lehren und Konsequenzen aus den jüngsten Fehlschlägen des UN-Peacekeeping (vor allem in Somalia und Ex-Jugoslawien) sucht.

Eine Reihe von Problemfeldern steht auf dem Prüfstand, und offensichtlich sind konzeptionelle, organisatorische und nicht zuletzt finanzielle Neuorientierungen notwendig.[186]

Generalsekretär Boutros-Ghali hatte bereits in seiner „Agenda für den Frieden" (1992) und den Folgedokumenten Wegzeichen gesetzt, die etwa durch eine Strukturreform im Sekretariatsbereich zu Verbesserungen führte, z. B. Schaffung der Hauptabteilung Friedenserhaltende Maßnahmen (DPKO) und einer Planungseinheit mit dem deutschen General Manfred Eisele[187] als Beigeordnetem Generalsekretär (von 1994–1998) an der Spitze.

Auf Initiative Kofi Annans erarbeitete dann im Jahr 2000 eine mit erfahrenen Praktikern besetzte Expertengruppe einen Bericht mit dem Auftrag, „die Schwachstellen" des bestehenden Systems der

---

185 Vgl. S. 64.
186 Hildenbrand, J. Ch., Zur Krisenreaktionsfähigkeit der Friedenstruppen der VN. Notwendigkeiten, Konzepte und Perspektiven ihrer Verbesserung, Baden-Baden 2001.
187 Vgl. hierzu Eisele, M., Im Auftrag des Sicherheitsrats: Friedensmissionen der Vereinten Nationen. Erfahrungen als Beigeordneter Generalsekretär für Planung und Unterstützung der UN-Friedenseinsätze, in: Vereinte Nationen, 46. Jg., Heft 1, 1998, S. 1–6.

Friedensmissionen „zu analysieren und freimütige, konkrete und realistische Reformempfehlungen abzugeben".[188]

Der sog. Brahimi-Bericht, benannt nach seinem Vorsitzenden, dem ehemaligen algerischen Außenminister, wurde anlässlich des Millenniumsgipfels im Juli 2000 veröffentlicht. Ausgehend von einer erstaunlich schonungslosen Auflistung der Defizite der herrschenden Peacekeeping-Doktrin, der zugrunde liegenden Strategie und der Entscheidungsprozesse enthielt der in der Fachwelt allgemein als „Schlüsseldokument der Friedenssicherung"[189] qualifizierte Report handlungsorientierte Vorschläge zur Verbesserung der UN-Friedenseinsätze, die in vier Richtungen zielten:[190]

(1) Konzeptionelle Fortentwicklung der Einsätze, z. B. realistischere Mandate mit „robusteren Einsatzregeln", stärkere Betonung der präventiven, vorbeugenden Elemente (wie dies bereits modellhaft mit der Stationierung von UNPREDEP – von 1995–1999 – in Mazedonien praktiziert wurde).

(2) Schnellerer Truppeneinsatz von gut ausgebildeten Soldaten, Polizei- und Zivilpersonal.

Da es bereits in der Vergangenheit immer wieder Probleme bei der Bereitstellung von Personal und Material für eine Friedensmission gab, wurde Mitte der 90er das aus den 60er Jahren stammende System der Verfügungsbereitschaftsabkommen (Stand-by-Arrangements) neu belebt.[191] In einem formellen Abkommen erklären sich einzelne Mitgliedstaaten prinzipiell, aber mit unterschiedlicher Verbindlichkeit, bereit, spezielle Truppenteile, Militärbeobachter, Zivilpolizisten und deren Ausrüstung auf Abruf zur Verfügung zu stellen. Allerdings behalten

---

188 Die deutsche Fassung des Berichtes veröffentlichte: Deutsche Gesellschaft für die Vereinten Nationen (Hrsg.), Bericht der Sachverständigengruppe für die Friedensmissionen der Vereinten Nationen, Blaue Reihe, Nr. 82, Bonn 2000.

189 Griep, E., Neue Maßstäbe für die UN-Friedensmissionen. Der Brahimi-Bericht und seine Folgen: eine Bestandsaufnahmen, in: Vereinte Nationen, 50. Jg., Heft 2, 2002, S. 66.

190 Vgl. hierzu Kühne, Zukunft.

191 Eisele, M. und E. Grieg, „Standby": neue Wege in der Friedenssicherung. Die Verfügungsbereitschaftsabkommen für Blauhelmeinsätze, in: Vereinte Nationen, 44. Jg., Heft 2, 1996, S. 50–56.; Eisele, Vereinte Nationen, S. 69–74.

sich die Staaten das Recht vor, im spezifischen Einzelfall über den tatsächlichen Einsatz zu entscheiden („Prinzip des zweiten Schlüssels"). Mitte 2003 hatten insgesamt 79 Länder dem von der Peacekeeping-Abteilung des Generalsekretariats geführten Stand-by-Register ihre Bereitstellungsdaten übermittelt. Mit dieser Datenbank konnte der Planungsprozess für einzelne Operationen zwar beschleunigt werden, weiter gehende Verbesserungen hielt die Sachverständigengruppe jedoch für erforderlich.

Bedenklich erscheint allerdings, dass eine Reihe europäischer Staaten sich nicht mehr in der Lage sieht, den Vereinten Nationen in größerem Umfang Truppen zur Verfügung zu stellen, da diese Einheiten für die im Aufbau befindlichen EU-Verbände benötigt würden.[192] Konsequenz: Auf der Rangliste der truppenstellenden Staaten belegten Ende 2002 acht Entwicklungsländer mit insgesamt über 22 000 Peacekeepern die ersten acht Plätze; der erste EU-Staat – Großbritannien – folgt auf Rang 21.

Eine wichtige Voraussetzung zum Schutz des an Friedensoperationen beteiligten Personals wurde mit dem Anfang 1999 in Kraft getretenen „Übereinkommen über die Sicherheit von Personal der Vereinten Nationen und beigeordnetem Personal" geschaffen.[193]

(3) Ausbau und Stärkung der Peacekeeping Abteilung (DPKO) im Generalsekretariat. Aufstockung des Personalbestandes und Verbesserung der Struktur u. a. durch die Errichtung einer Einheit für Information und Strategieanalyse.

(4) Bessere Finanzausstattung und Modifizierung des Finanzierungssystems.

Die von der Generalversammlung und dem Sicherheitsrat ausdrücklich begrüßte Reformvorlage Brahimis wurde danach in dem für die Friedenseinsätze zuständigen Sonderausschuss[194] gründlich

---

192 Vgl. hierzu Guehenno, J-M., Konfliktverhütung und Friedenssicherung. Für eine Bündelung der Interessen von EU und UN, in: Internationale Politik, 57. Jg., Heft 12, 2002, S. 12.

193 Text des Abkommens, in: Vereinte Nationen, 43. Jg., Heft 3, 1995, S. 133 ff.

194 Vgl. S. 64.

behandelt, und in einem abschließenden Bericht wurde eine Reihe von Maßnahmen zur Umsetzung empfohlen.[195] Hinsichtlich der Realisierungschancen machte allerdings schon Kofi Annan in seinem Millenniumsbericht deutlich: „Die strukturbedingten Schwächen der Friedenseinsätze der Vereinten Nationen können jedoch allein von den Mitgliedstaaten behoben werden."[196] Erste konkrete Schritte der Verwirklichung sind inzwischen erfolgt,[197] so traf der Sicherheitsrat im März 2002 eine Vereinbarung, die als Richtschnur für Beratungen über die Einsetzung, Überprüfung und Beendigung von Friedenssicherungseinsätzen dienen soll.

Derzeitige Überlegungen der Vereinten Nationen weisen freilich in eine andere, realistischere Richtung. Während im Brahimi-Bericht noch von robusten Einsätzen unter UN-Führung die Rede war (deren Durchführung durch die UNO mangels einer klaren militärischen Führungsstruktur auch in Zukunft nur in Ausnahmefällen erfolgversprechend sein wird), sollten künftig derartige Missionen zwar unter UN-Mandat, aber von dazu befähigten Koalitionsstreitkräften durchgeführt werden – erfolgreiche Modelle dafür waren etwa die Einsätze in Haiti 1994/95 (unter US-Führung) oder in Osttimor (1999/2000) unter australischem Befehl. Danach sollten multidimensionale Missionen unter zentraler UN-Führung (auch der militärischen Komponente) stehen, um ein Nebeneinander verschiedener Organisationen ohne straffe Führung (wie in Bosnien seit 1995/96 oder im Kosovo seit 1999) zu vermeiden.

Peacekeeping – oder wie neuerdings vom UN-Generalsekretär bevorzugt: Peace Operations, d. h. Friedenssicherung und Friedenskonsolidierung – werden die Vereinten Nationen auch in Zukunft als ein erfolgversprechendes Instrument nutzen – jedoch mit einem neuen Rollenverständnis, dessen Eckpunkte sich bereits deutlich abzeichnen.

---

195 Vgl. hierzu Kühne, W., UN-Friedenseinsätze verbessern – Die Empfehlungen der Brahimi-Kommission, in: Schorlemer (Hrsg.), Praxis-Handbuch, S. 715–731.
196 Annan, Völker, S. 47.
197 Vgl. hierzu Griep, Maßstäbe, S. 63 ff.

III. Wirtschafts- und Sozialrat

1. Zusammensetzung

Der Wirtschafts- und Sozialrat (Economic and Social Council – ECOSOC), der ursprünglich aus 18 Mitgliedern bestand, wurde mit Inkrafttreten der Beschlüsse der Generalversammlung zum 31. August 1965 auf 27 und zum 12. Oktober 1973 auf 54 Mitgliedstaaten erweitert. Es gilt nun folgende, die Staaten der Dritten Welt begünstigende Quotenregelung: 14 afrikanische, 11 asiatische, 10 lateinamerikanische, 13 westeuropäische und andere sowie 6 osteuropäische Staaten.

Alljährlich wird von der Generalversammlung ein Drittel der Mitglieder für eine Amtszeit von drei Jahren gewählt; ausscheidende Mitglieder können sogleich wiedergewählt werden (Artikel 61 Abs. 2).

In der Praxis gehörten bisher die Ständigen Mitglieder des Sicherheitsrats auch regelmäßig dem ECOSOC an. Österreich war zuletzt von 1999–2001 Mitglied, Deutschland seit 1974 ununterbrochen.

Im Wirtschafts- und Sozialrat ist jedes gewählte Mitglied durch einen Delegierten vertreten.[198]

2. Aufgaben und Befugnisse

Der ECOSOC ist unter der „Autorität" der Generalversammlung für die in Artikel 55 genannten Aufgaben bezüglich der internationalen Zusammenarbeit auf verschiedenen Gebieten „verantwortlich" (Artikel 60), insbesondere für Schaffung besserer Lebensbedingungen, Förderung des Fortschritts auf wirtschaftlichem und sozialem Gebiet, Lösung wirtschaftlicher, sozialer, gesundheitlicher und ähnlicher Probleme im internationalen Rahmen, Zusammenarbeit auf den Gebieten der Kultur und Erziehung sowie Schutz und Verwirklichung der Menschenrechte und Grundfreiheiten.

---

[198] Der Wirtschafts- und Sozialrat wird ausführlicher behandelt in: Simma (Hrsg.), Charta, S. 772 ff.; Spröte, W., Wirtschafts- und Sozialrat, in: Volger (Hrsg.), Lexikon, S. 662–665.

Während somit die endgültige Entscheidungskompetenz über wirtschaftliche, soziale, kulturelle und humanitäre Tätigkeiten der Organisation bei der Generalversammlung liegt, soll der ECOSOC mit seinen Kommissionen sowie in den mit ihm kooperierenden UN-Sonderorganisationen nicht nur die hierfür erforderliche laufende Arbeit leisten, er verkörpert satzungsgemäß das **Lenkungs- und Koordinierungsorgan,** eine Clearingstelle für die genannten Bereiche. Sein spezifisches Betätigungsfeld wird zwar in der Charta umrissen (Artikel 62 bis 65), neue und zusätzliche Aufgaben können ihm jedoch jederzeit von der Generalversammlung zugewiesen werden (Artikel 66 Abs. 3), deren Empfehlungen er im Übrigen generell durchzuführen hat (Artikel 66 Abs. 1).

Dem Rat, der selbst keine verbindlichen Beschlüsse fassen kann und de facto eine Art Hilfsorgan der Generalversammlung ist, obliegt im Bereich der wirtschaftlichen und sozialen Zusammenarbeit sowie der Menschenrechte

- die Durchführung von Untersuchungen,
- das Verfassen von Berichten,
- die Ausarbeitung von Konventionsentwürfen,
- der Abschluss von Beziehungsabkommen mit den Sonderorganisationen, die allerdings der Zustimmung der Generalversammlung bedürfen,
- die Einberufung internationaler Konferenzen,
- die Kooperation mit dem Sicherheitsrat,
- die Koordinierung der Tätigkeit der Sonderorganisationen und anderer UN-Untergliederungen.

Zur Wahrnehmung seiner Aufgaben ist er chartagemäß verpflichtet, Nebenorgane auch für die Förderung der Menschenrechte einzusetzen.

Mit nichtstaatlichen internationalen und nationalen Organisationen, die sich mit ähnlichen Aufgaben wie der ECOSOC befassen, kann er Konsultationsabkommen schließen (Artikel 71).

Auf der Grundlage dieser Bestimmung arbeitete der Rat – maßgeblich seit 1968 – Grundsätze für die Errichtung von Konsultativbeziehungen mit nichtstaatlichen Organisationen (Non-Governmental Organizations – NGOs) aus, wobei er drei nach Partizipationsmöglichkeiten abgestufte Kategorien von NGOs unterscheidet.[199] Während Mitte 2003 131 NGOs mit dem „allgemeinen Konsultativstatus" (Kategorie I) – vor allem Menschenrechtsorganisationen – die weitestgehenden Mitwirkungsrechte im ECOSOC und seinen Kommissionen besitzen (z. B. Rede- und Vorschlagsrecht, schriftliche Stellungnahmen), sind die Möglichkeiten der 1317 Organisationen mit dem „besonderen Konsultativstatus" (Kategorie II) eingeschränkt. Die dritte Kategorie bildet ein vom UN-Generalsekretär geführtes Verzeichnis („Roster") von inzwischen 931 NGOs, wonach Einladungen zu gelegentlichen Beratungen ergehen. Über die jeweilige Zulassung entscheidet der Ausschuss für nichtstaatliche Organisationen.[200] Nach der beträchtlichen Aufwertung der NGOs auf der UN-Konferenz über Umwelt und Entwicklung (1992) setzte ein Prozess der grundlegenden Überprüfung der Konsultativbeziehungen zwischen den Vereinten Nationen und den NGOs ein, und im Juli 1996 wurden schließlich die Beteiligungsrechte von Nichtregierungsorganisationen erweitert (ECOSOC-Resolution 1999/31), insbesondere was die Teilnahmemöglichkeiten an UN-Konferenzen betrifft.

Aus der Vielfalt der Aufgaben einerseits und der mangelnden Durchsetzungsmöglichkeit andererseits erwuchsen für die praktische Ratsarbeit im Laufe der Zeit Probleme, auf die zunächst vornehmlich die Entwicklungsländer in den siebziger Jahren aufmerksam machten. Dem ECOSOC wurden und werden Unzulänglichkeiten in seiner zentralen Funktion, der Koordination der UN-Wirtschafts- und Sozialpolitik, vorgeworfen, und viele sahen in ihm nur noch ein unverbindliches Diskussionsforum.

Im Rat selbst setzte 1989 unter dem Schlagwort „Revitalisierung" eine Diskussionsphase ein, und im Mai 1991 beschloss die Generalversammlung in der Grundsatzresolution „Neugliederung und Neubelebung der Vereinten Nationen im Wirtschafts- und Sozial-

---

199 Vgl. hierzu Schulze, P. M., Nichtstaatliche Organisationen, in: Volger (Hrsg.), Lexikon, S. 399–404 sowie den Bericht des Generalsekretärs über die Zusammenarbeit mit den Nichtregierungsorganisationen vom Juli 1998 (A/53/170).

200 Vgl. S. 143.

bereich und damit zusammenhängenden Bereichen"[201] u.a. eine Änderung des Arbeitsprogramms des Wirtschafts- und Sozialrats.

So werden seit 1992 die Jahrestagungen des Rats in vier Tagungssegmente gegliedert (hochrangiges Segment, Koordinierungssegment, operationelles und allgemeines Segment). In entsprechenden Erklärungen der Generalversammlung in den Jahren 1993 und 1995–1997 wurden praktische Verbesserungen der Arbeitsweise vereinbart und zudem ein dezidiertes Programm für eine in Zukunft effizientere Arbeitsteilung in diesem Aufgabenbereich zwischen Generalversammlung und ECOSOC auf den Weg gebracht. Anlässlich des Millenniumsgipfels (2000) trat der Rat erstmals auf der Ebene der Staats- und Regierungschefs zusammen.

Nachfolgende grundlegende Reformbemühungen blieben bisher ohne Ergebnis. Anlässlich des Millenniumsgipfels 2000 trat der Rat erstmals auf der Ebene der Staats- und Regierungschefs zusammen.

3. Verfahrensregeln

Gemäß Artikel 72 Abs. 1 hat sich der ECOSOC am 12. August 1947 eine Geschäftsordnung gegeben, die am 6. März 1950 grundlegend revidiert und zwischenzeitlich mehrfach geändert wurde. Entsprechend den Reformbeschlüssen tritt der Rat seit 1997 alljährlich zu einer substantiellen Sitzungsperiode – im Wechsel zwischen New York und Genf – zusammen, die durch eine mehrtägige Ministertagung zu einem aktuellen sozioökonomischen Thema eröffnet wird. Darüber hinaus finden häufig informelle Treffen statt. Die Tagungen, zu denen nicht dem Rat angehörende UN-Mitgliedstaaten, Vertreter der Sonderorganisationen wie auch von Nichtregierungsorganisationen eingeladen werden können, sind grundsätzlich öffentlich.

4. Abstimmungsmodus

Jedes der 54 ECOSOC-Mitglieder verfügt über eine Stimme (Artikel 67 Abs. 1). Beschlüsse werden mit einfacher Mehrheit der anwesenden Mitglieder gefasst (Artikel 67 Abs. 2).

---

201 Zusammenfassung der Resolution, in: Vereinte Nationen, 39. Jg., Heft 3, 1991, S. 100 ff.

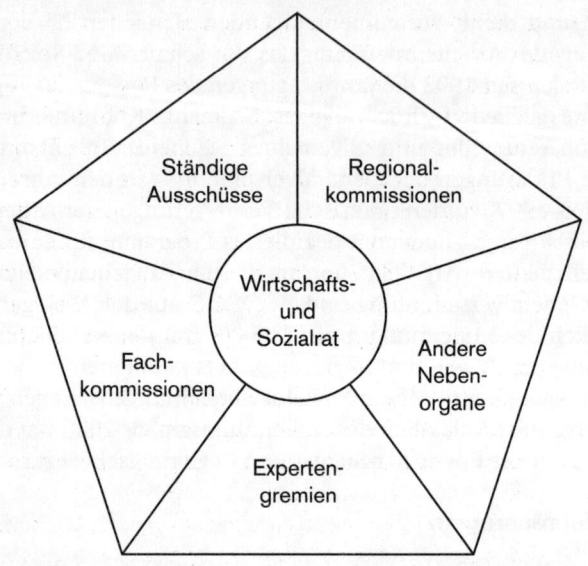

Der Wirtschafts- und Sozialrat und seine Neben- und Sonderorgane

5. Nebenorgane

Gemäß Artikel 68 hat der ECOSOC die Pflicht, „Kommissionen für wirtschaftliche und soziale Fragen und für die Förderung der Menschenrechte sowie alle sonstigen zur Wahrnehmung seiner Aufgaben erforderlichen Kommissionen" einzusetzen. Angesichts des umfangreichen Aufgabenkatalogs ist eine Dezentralisierung der Arbeit erforderlich, und der Wirtschafts- und Sozialrat verfügt deshalb über eine Reihe von Gremien, die, nach inhaltlichen, organisatorischen und geographischen Gesichtspunkten – nicht immer systematisch – gegliedert, dem Rat rechenschaftspflichtig sind. Insgesamt fünf Arten von Nebenorganen, die z. T. ihrerseits wiederum Unterorgane besitzen, lassen sich unterscheiden (Stand: Mitte 2003):

(1) **Ständige Ausschüsse** (standing committees), die außerhalb der Sitzungsperioden des Rats zusammentreten; dazu gehören derzeit:

- **Ausschuss für nichtstaatliche Organisationen** (Committee on Non-Governmental Organizations), 2003: 19 Mitglieder.
- **Kommission für Wohn- und Siedlungswesen** (Commission on Human Settlements). Als Sekretariat der Kommission fungierte das Zentrum der Vereinten Nationen für Wohn- und Siedlungswesen (United Nations Centre for Human Settlements – UNCHS oder auch HABITAT) mit Sitz in Nairobi als Zentralstelle für die UN-Aktivitäten in den Bereichen Städtebau, Bau- und Wohnungswesen. Inzwischen wurden Kommission und Zentrum aufgewertet und als Nebenorgan der Generalversammlung in ein **UN-Programm für Siedlungswesen** umgewandelt.[202]
- **Programm- und Koordinierungsausschuss** (Committee for Programme and Coordination – CPC), 2003: 34 Mitglieder; seit 1976 als gemeinsames Nebenorgan von ECOSOC und Generalversammlung mit der sektoralen Überprüfung der UN-Programme beschäftigt, enge Kooperation mit dem Beratenden Ausschuss für Verwaltungs- und Haushaltsfragen (ACABQ).[203]
- **Ausschuss für Verhandlungen mit zwischenstaatlichen Organisationen** (Committee on Negotiations with Intergovernmental Agencies); zuständig für die Ausarbeitung von Abkommen mit zukünftigen Sonderorganisationen;[204] wechselnde Zusammensetzung, Zusammentritt nach Bedarf.

(2) Fünf **regionale Wirtschaftskommissionen** (regional economic commissions):

- **Wirtschaftskommission für Europa** (Economic Commission for Europe – ECE), 1947 gegründet, Sitz in Genf, Mitglieder 2003: 55.
- **Wirtschafts- und Sozialkommission für Asien und den Pazifik** (Economic and Social Commission for Asia and the Pacific – ESCAP), 1947 unter der Bezeichnung Wirtschaftskommission für Asien und den fernen Osten gegründet, Sitz in Bangkok, Mitglieder 2003: 52 sowie neun assoziierte Mitglieder.

---

202 Vgl. S. 72.
203 Vgl. S. 62 f.
204 Vgl. S. 91.

- **Wirtschafts- und Sozialkommission für Westasien** (Economic and Social Commission for Western Asia – ESCWA), 1973 gegründet, Sitz seit 1996 Beirut, Mitglieder 2003: 13.
- **Wirtschaftskommission für Lateinamerika und die Karibik** (Economic Commission for Latin America and the Caribbean – ECLA), 1948 gegründet, Sitz in Santiago de Chile, Mitglieder 2003: 41, sowie sieben assoziierte Mitglieder.
- **Wirtschaftskommission für Afrika** (Economic Commission for Africa – ECA), 1958 gegründet, Sitz in Addis Abeba, Mitglieder 2003: 53.

Die regionalen Wirtschaftskommissionen[205] – insbesondere Afrikas, Asiens und Lateinamerikas –, die ihrerseits wiederum Unterorgane eingesetzt haben und jeweils auch ein eigenes Sekretariat besitzen, stellen innerhalb des UN-Systems als die regionalen Zentren für wirtschaftliche und soziale Entwicklung noch immer – trotz der Konkurrenz durch andere regionale Einrichtungen außerhalb des UN-Systems – einen wichtigen Aktivposten dar. Sämtliche Kommissionen haben zum Ziel, durch Beratung und Information den wirtschaftlichen Aufbau zu fördern und die Zusammenarbeit zu intensivieren. Ihre Tätigkeit ist nicht auf einzelne Staaten, sondern auf die Förderung regionaler Initiativen und Strategien konzentriert. Sie arbeiten umfassende Entwicklungspläne und konkrete Projekte aus, unterbreiten Vorschläge zur Integration regionaler Wirtschaftsräume, sie beraten die Regierungen in Fragen der ökonomischen, ökologischen und sozialen Entwicklung.

Die Wirtschaftskommission für Europa[206] – ursprünglich zur Förderung des Wiederaufbaus des zerstörten Europas geschaffen – hatte sich in der Phase des Kalten Krieges als blockübergreifendes multilaterales Forum zur Schalt- und Kontaktstelle für wirtschaftliche Ost-West-Beziehungen entwickelt. Nach dem Wandel in Europa

---

205 Einzelheiten über die regionalen Wirtschaftskommissionen bei Dicke, Organisation, S. 29–38; Stoll, P. T., Wirtschaftskommissionen, regionale, in: Volger (Hrsg.), Lexikon, S. 665–666.

206 Vgl. hierzu Hübner, D., Gestalt und Gestaltung Europas. Die aktuellen und künftigen Herausforderungen für die ECE, in: Vereinte Nationen, 49. Jg., Heft 3, 2001, S. 89–96.

war eine Anpassung an das veränderte Umfeld nötig, was zu einer inhaltlichen und strukturellen Änderung der ECE führte. Neben der Unterstützung der mittel- und osteuropäischen Länder beim Übergang zur Marktwirtschaft wurde als Tätigkeitsschwerpunkten den Bereichen Umwelt, Verkehr, Energie, Statistik, Handelserleichterungen und Wirtschaftsanalysen Vorrang eingeräumt.

Um die oftmals ausufernden Aufgaben zu konkretisieren und auch zu begrenzen, befassten sich 2002 alle Kommissionen mit der Frage der zukünftigen Prioritätensetzung. Die Mitgliedschaft in den Kommissionen, die auch mit anderen UN-Organisationen zusammenarbeiten, steht grundsätzlich allen UN-Staaten in den jeweiligen Regionen offen; darüber hinaus können auch andere Staaten mit einem besonderen Bezug zur jeweiligen Region einer Kommission angehören. Finanziert werden die Kommissionen aus dem regulären UN-Haushalt sowie aus verschiedenen Fonds.

(3) Neun **funktionale Kommissionen** (functional commissions):

- **Menschenrechtskommission – MRK** (Commission on Human Rights – CHR), mit einer seit 1999 umbenannten Unterkommission zur Förderung und zum Schutz der Menschenrechte sowie zahlreichen Arbeitsgruppen hat sie sich inzwischen zum zentralen **politischen** Organ der weltweiten Förderung und Durchsetzung der Menschenrechte und zum Zentrum des UN-Menschenrechtssystems entwickelt. Die mit Sitz in Genf tätige, seit Anfang 1992 nunmehr 53 Regierungsvertreter umfassende Kommission – nicht zu verwechseln mit dem Menschenrechtsausschuss[207] – ist das einzige namentlich in der UN-Charta (Art. 68) genannte Unterorgan des ECO-SOC.[208] Sie ist seit 1947 mit der Ausarbeitung von Entwürfen zur völkerrechtlichen Kodifizierung und Weiterentwicklung der Menschenrechte befasst, soll seit 1979 alle UN-Menschenrechtsaktivitäten koordinieren und bildet ein Forum, in

---

207 Vgl. S. 76.
208 Vgl. hierzu Baum, G. R. und H. Volger, Menschenrechtskommission in: Volger (Hrsg.), Lexikon, S. 347–351; Heinz, W. S., Internationaler Menschenrechtsschutz durch die VN-Menschenrechtskommission (MRK): Chancen und Grenzen, in: S+F, 19. Jg., Heft 3, 2001, S. 120–125.

dem Regierungsvertreter und NGOs öffentlich Menschenrechtsfragen erörtern können.

• Im Mittelpunkt der Tätigkeit und des Interesses der Öffentlichkeit steht inzwischen die Lage der Menschenrechte in einzelnen Ländern. Allerdings hat die Behandlung und Einschätzung der Situation in Ländern wie Israel, China, Iran und Russland in den letzten Jahren immer wieder heftige Kontroversen ausgelöst. Zudem wird von den Ländern der Dritten Welt den Industriestaaten des Nordens Selektivität und übertriebene Politisierung vorgeworfen.

Die Kontrollkompetenzen des Gremiums selbst sind allerdings begrenzt, es darf in der Regel Menschenrechtsverletzungen nur feststellen und öffentlich verurteilen. Die Kommission, die jährlich zu einer sechswöchigen ordentlichen Sitzungsperiode im März/April zusammentritt (zudem finden hin und wieder Sondersitzungen statt), hat im Laufe der Jahre zahlreiche Ermittlungsmechanismen (z. B. Einsatz von Sonderberichterstattern über die Menschenrechtslage in einzelnen Ländern; „Vertrauliche Verfahren" – 1503-Verfahren genannt – bei individuellen Menschenrechtsbeschwerden) entwickelt. In jüngster Zeit wird angesichts einer überladenen Tagesordnung, nahezu 1000 Erklärungen und knapp 1000 Resolutionen und Entscheidungen sowie Teilnehmerzahlen von nahezu 3000 Delegierten – fast alle UN-Mitgliedstaaten sind inzwischen bei den Jahrestagungen als Beobachter vertreten –, und 200 Nichtregierungsorganisationen (NGOs) eine Konzentration der Kommissionsarbeit diskutiert; 1998 kam es lediglich zu einer Straffung der Tagesordnung.

• **Kommission für die Rechtsstellung der Frau** (Commission on the Status of Women – CSW), 45 Mitglieder, Jahressitzungen in New York (bis 1993 in Wien). CSW ist das wichtigste zwischenstaatliche Gremium für Frauenfragen der Vereinten Nationen.

• **Suchtstoffkommission** (Commission on Narcotic Drugs – CND), 53 Mitglieder, Jahressitzungen in Wien. CND ist das politische UN-Leitorgan für Drogenmissbrauchkontrolle, welches auch die Tätigkeit des Internationalen Drogenkontrollprogramms (UNDCP)[209] überwacht. Sie kontrolliert die Anwendung der drei Drogenkontrollkonventionen und ist mit der Umsetzung der Beschlüsse des Zehn-Jahres-Aktionsprogramms der UN-Sondergeneralversammlung zum Weltdrogenproblem (1998) befasst.

- **Kommission für Verbrechensverhütung und Strafrechtspflege** (Commission on Crime Prevention and Criminal Justice – CCPCJ), 1992 an Stelle des vormaligen Ausschusses für Verbrechensverhütung getreten; als politisches Richtlinienorgan ist die 40 Mitglieder umfassende Kommission mit der Entwicklung, Überwachung und Überprüfung von Programmen und Strategien der Vereinten Nationen zur Verbrechensbekämpfung, Strafrechtspflege sowie Justizreformen betraut".[210] 2001 nahm die Kommission einen Aktionsplan zur Umsetzung der im Rahmen des Internationalen Verbrechensverhütungskongresses (2000) verabschiedeten „Wiener Erklärung" an; Jahrestagungen in Wien.
- **Bevölkerungskommission** (Commission on Population and Development), 47 Mitglieder, Jahressitzung in New York; sie fungiert als Beratungsgremium für Bevölkerungs- und Migrationsfragen.
- **Kommission für soziale Entwicklung** (Commission for Social Development – CSD), inzwischen 46 Mitglieder, Jahressitzung in New York. Ist mit der Umsetzung des Aktionsprogramms des Weltsozialgipfels (1995) beauftragt, wobei Aufgabenbereich und Arbeitsmethoden der Kommission entsprechend angepasst werden sollen.
- **Kommission für Wissenschaft und Technologie der Entwicklung** (Commission on Science and Technology for Development), 1992 eingesetzt, inzwischen nur noch 33 Mitglieder, tritt alle zwei Jahre in Genf zusammen (so 2001).
- **Kommission für nachhaltige Entwicklung** (Commission on

---

209 Vgl. S. 93 f.
210 Vgl. hierzu Damman, B. und D. Vlassis, Stärkung des internationalen Strafrechts. Das Übereinkommen der Vereinten Nationen gegen die grenzüberschreitende organisierte Kriminalität, in: Vereinte Nationen, 49. Jg., Heft 6, 2001, S. 222–226.

Sustainable Development – CSD), 1993 mit der Aufgabenstellung geschaffen, den nationalen und internationalen Umsetzungsprozess der auf der UN-Konferenz über Umwelt und Entwicklung (1992) verabschiedeten „Agenda 21"[211] zu überwachen.[212] Die Kommission soll alle hierzu notwendigen Maßnahmen im Rahmen des UN-Systems unter aktiver Beteiligung der Nichtregierungsorganisationen koordinieren. Der CSD, die auf ihrer ersten Sitzung im Juni 1993 in New York ein nach Themenbereichen gegliedertes mehrjähriges Arbeitsprogramm (z. B. 1998–2002) beschloss, gehören Delegierte aus 53 Staaten an; sie tritt jährlich für zwei bis drei Wochen in New York zusammen. Der Weltgipfel für Nachhaltige Entwicklung (Rio+10) im Jahr 2002 hat die CSD mit der Überprüfung der Umsetzung der Gipfelergebnisse betraut.

- **Statistische Kommission** (Statistical Commission), 24 Mitglieder, jährliche Sitzungsperiode in New York.

6. Expertengremien

Zu diesen Ausschüssen, deren unabhängige Mitglieder auf Vorschlag der Mitgliedstaaten bestellt werden, gehört u. a. der

- **Ausschuss für Entwicklungspolitik** (Committee for Development Policy – CDP), seine 24 Mitglieder beraten den ECOSOC in Fragen der langfristigen Wirtschaftsentwicklung und der Entwicklungspolitik.
- **Ausschuss für Energie und natürliche Hilfsquellen zur Entwicklung** (Committee on Energy und Natural Resources for Development), 1998 durch die Zusammenlegung zweier Expertengremien entstanden; zwei Untergruppen mit jeweils 12 Sachverständigen.
- **Ausschuss für wirtschaftliche, soziale und kulturelle Rechte** (CESCR).[213]

---

211 Vgl. S. 50.
212 Vgl. hierzu Stephan, P., Die Kommission für Nachhaltige Entwicklung (CSD): „talkshop" der Vereinten Nationen oder wirksame Institution zur Umsetzung der Agenda in: Fues und Hamm (Hrsg.), Weltkonferenzen, S. 126–157.
213 Vgl. Vertragsorgane der Generalversammlung, S. 76.

7. Andere mit dem Wirtschafts- und Sozialrat verbundene Organe

Eine Reihe von Einrichtungen sind im Aufgabenbereich des Rats tätig und stehen auf unterschiedliche Weise mit diesem in ständiger Beziehung, ohne Neben- oder Sonderorgane des ECOSOC zu sein. Zu diesen gehören u. a.:

- **Koordinierungsrat der Leiter der Organisationen des UN-Systems** (Chief Executives Board for Coordination – CEB). Nach der 2001 vom ECOSOC beschlossenen Umbenennung führt der CEB die Arbeit des 1946 eingesetzten **Verwaltungsausschusses für Koordinierung** (Administrative Committee on Coordination – ACC) in modifizierter Form fort. Dieses Gremium, in dem der Generalsekretär als Vorsitzender und die Verwaltungsspitzen aller Sonderorganisationen, Fonds und Programme des Systems der Vereinten Nationen vertreten sind, dient der wirkungsvollen Koordinierung der Tätigkeiten der verschiedenen UN-Einrichtungen. Die von Kofi Annan in seinem Reformprogramm von 1997 geforderte wirksamere Zusammenarbeit im UN-System führte 1999 zu effizienteren Arbeitsmethoden und strukturellen Veränderungen des obersten Koordinierungsorgans. Der Ausschuss, der 2003 aus 26 Mitgliedern bestand, tritt in der Regel zweimal jährlich zusammen und wird von zwei Unterausschüssen für Management- bzw. Programmfragen unterstützt.

- **Internationaler Suchtstoffkontrollrat** (International Narcotics Control Board – INCB)

  Der INCB mit Sitz in Wien wurde 1966 vom Wirtschafts- und Sozialrat als unabhängiges, jedoch berichtspflichtiges Kontrollorgan zur Überwachung der Einhaltung der drei Drogenkontrollverträge der Vereinten Nationen geschaffen. Die gesamte Tätigkeit des aus 13 Experten bestehenden Gremiums zielt auf die Eindämmung des weltweiten Drogenmissbrauchs; eine entsprechende Bestandsaufnahme liefert der jährlich veröffentlichte Weltdrogenbericht.

- **Welternährungsprogramm** (World Food Programme – WPF).[214]

---

214 Vgl. S. 71 f.

IV. Treuhandrat

Die Schaffung des Treuhandrats und des damit verbundenen **Treuhandsystems**[215] ist vor dem Hintergrund des Mandatssystems des Völkerbunds zu sehen: Das Treuhandsystem der Vereinten Nationen (geregelt in Kapitel XII und XIII der Charta, Artikel 75–91) stellte eine modifizierte Fortsetzung des Mandatssystems dar und bezweckte die „Verwaltung und Beaufsichtigung" abhängiger Gebiete durch die Vereinten Nationen, die aufgrund von Einzelabkommen (Treuhandverträgen gemäß Artikel 79) freiwillig diesem System unterstellt und als Treuhandgebiete bezeichnet wurden.

Hauptziel des Treuhandsystems, dem nur wenige Gebiete bzw. Kolonien unterstellt wurden, sollte es nach Artikel 76 sein, die politische, wirtschaftliche, soziale und erzieherische Entwicklung der Bevölkerung so weit zu fördern, dass sie schließlich in freier Wahl die Selbstregierung oder Unabhängigkeit erlangten.

Am 1. Oktober 1994, dem Tag der Unabhängigkeit des letzten verbliebenen Treuhandgebiets, der Inselrepublik Palau, ging für den Treuhandrat die Aufgabe zu Ende, die ihm in der UN-Charta übertragen worden war. Mit Auslaufen dieses letzten Treuhandabkommens fand die Änderung der Geschäftsordnung von 1994 Anwendung, wonach der Rat nur noch dann zusammentritt, wenn die Umstände dies erfordern sollten.

Über die Zukunft dieses Gremiums, dessen formelle Auflösung eine Chartaänderung voraussetzt, ist bisher nicht entschieden worden. Der vormalige Generalsekretär der Vereinten Nationen empfahl der Generalversammlung 1994, entsprechende Schritte zu unternehmen. Generalsekretär Annan beauftragte 1998 eine Arbeitsgruppe mit der Ausarbeitung von Vorschlägen zur Umwandlung des Rats und einer Neuzuteilung von Aufgaben, etwa im Umweltbereich.[216]

---

215 Vgl. hierzu mit Literaturhinweisen: Simma (Hrsg.), Charta, S. 888 ff.; Volger, H., Treuhandrat, in: Volger (Hrsg.), Lexikon, S. 515–517.

216 Vgl. hierzu Sand, P. H., Trusteeship for Common Pool Resources? Zur Renaissance des Treuhandbegriffs im Umweltvölkerrecht, in: Schorlemer (Hrsg.), Praxishandbuch, S. 202–224

Nicht dem Treuhandsystem der Vereinten Nationen **unterworfen** waren und sind die in Kapitel XI (Artikel 73) der Satzung angesprochenen „Hoheitsgebiete..., deren Völker noch nicht die volle Selbstregierung erreicht haben". (74 **Gebiete ohne Selbstregierung** zählte die UN-Generalversammlung im Herbst 1946 auf.) Solche Gebiete – im wesentlichen Kolonien – verwaltende UN-Mitglieder werden jedoch direkt aufgefordert, das „Wohl" dieser Bewohner „aufs äußerste" zu fördern, indem sie u. a.

- den politischen, wirtschaftlichen, sozialen und erzieherischen Fortschritt gewährleisten,
- die den Völkern gemäße Selbstregierung entwickeln und vorantreiben,
- Aufbau- und Entwicklungsmaßnahmen in die Wege leiten,
- dem Generalsekretär regelmäßig Berichte über das Wirtschafts-, Sozial- und Erziehungswesen in den betreffenden Gebieten vorlegen.

Diese Chartabestimmung bildet bis heute die Rechtsgrundlage für die bedeutsame und nahezu abgeschlossene **Entkolonialisierungspolitik** der Vereinten Nationen. Die Grundsätze und Ziele dieser Politik fanden ihren dezidierten Ausdruck in der von der Generalversammlung am 14. Dezember 1960 angenommenen „Deklaration über die Gewährung der Unabhängigkeit an koloniale Länder und Völker"; gemäß dieser Erklärung gab es Ende 2002 noch 16 Hoheitsgebiete ohne Selbstregierung (so etwa die Westsahara, Gibraltar oder St. Helena) mit knapp drei Millionen Einwohnern.

V. Internationaler Gerichtshof

Der Internationale Gerichtshof (IGH)[217] ist nach Artikel 92 der Charta das „Hauptrechtsprechungsorgan" der Vereinten Nationen. Aus dieser Formulierung geht hervor, dass der IGH nicht das ein-

---

217 Den IGH behandeln: Simma (Hrsg.), Charta, S. 927 ff.; Oellers-Frahm, K., IGH – Internationaler Gerichtshof, in: Volger (Hrsg.), Lexikon, S. 254–265; Ipsen, Völkerrecht, S. 1026–1034; Fleischhauer, C.-A., Der Internationale Gerichtshof und die Staatengemeinschaft am Ende des Jahrhunderts, in: Die Friedens-Warte, 74. Jg., Heft 1–2, 1999, S. 113–125; Kimminich und Hobe, Einführung, S. 428–436.

zige Gerichtsorgan der Vereinten Nationen ist, vielmehr bestehen daneben:

- das **Verwaltungsgericht der Vereinten Nationen** (UN Administrative Tribunal – UNAT), das den Status eines Nebenorgans der Generalversammlung besitzt;[218] daneben bestehen innerhalb des UN-Systems drei weitere Verwaltungsgerichte.

- Des Weiteren wurden 1993 bzw. 1994 zwei temporäre UN-Strafgerichtshöfe zur Verfolgung der Kriegsverbrechen in Ex-Jugoslawien bzw. in Ruanda eingerichtet.[219]

- Im Herbst 1996 nahm der **Internationale Seegerichtshof** (International Tribunal for the Law of the Sea – ITLOS), der kein UN-Organ, vielmehr eine eigenständige internationale Organisation mit Sitz in Hamburg ist, seine Arbeit auf. Dessen Aufgabe besteht darin, auf der Grundlage des 1994 in Kraft getretenen Seerechtsübereinkommens der Vereinten Nationen Meeresstreitigkeiten unter den Mitgliedern des Übereinkommens verbindlich und friedlich zu regeln. Unter den 21 Richtern amtiert auch der deutsche Völkerrechtler Rüdiger Wolfrum.[220]

Vorläufer des IGH war der **Ständige Internationale Gerichtshof**, der zur Zeit des Völkerbundes wirkte, mit diesem jedoch nur lose verbunden war. Die Aufgaben und Befugnisse sowie die Verfahrensweise des IGH sind sowohl in der UN-Charta (Artikel 92–96) als auch in einem eigenen Statut (StIGH)[221] niedergelegt, das weitgehend mit dem des aufgelösten Ständigen Internationalen Gerichtshofs übereinstimmt und integraler Bestandteil der Charta ist. Eine Verfahrensordnung, die das Prozessverfahren regelt, hat der Gerichtshof am 6. Mai 1946 beschlossen; sie wurde seither mehrfach geändert.

---

218 Vgl. S. 67.
219 Vgl. S. 113.
220 Internet: www.itlos.org. Vgl. hierzu Wolfrum, R., Der Internationale Seegerichtshof in Hamburg, in: Vereinte Nationen, 44. Jg., Heft 6, 1996, S. 205–210; ders., Der Internationale Seegerichtshof – eine erste Bilanz, in: Vereinte Nationen, 48. Jg., Heft 4, 2000, S. 127–132.
221 Text des Statuts in: Charta, S. 48–62, und Randelzhofer, A. (Hrsg.), Völkerrechtliche Verträge, 8. Auflage, München 1999, S. 514–526.

1. Parteien vor dem Internationalen Gerichtshof

Grundsätzlich können nur **Staaten** als Parteien vor dem IGH in einem internationalen Streitfall auftreten (Artikel 34 Abs. 1 StIGH). Es gibt drei verschiedene Möglichkeiten, die Parteifähigkeit zu erwerben:

• Alle Mitglieder der Vereinten Nationen sind ohne weiteres Vertragsparteien des Statuts des IGH (Artikel 93 Abs. 1 Charta), d. h. wenn ein Staat in die Vereinten Nationen aufgenommen wird, nimmt er automatisch das Statut des IGH an.

• Ferner kann auch ein Nichtmitglied der Vereinten Nationen unter Bedingungen, die im Einzelfall auf Empfehlung des Sicherheitsrats durch die Generalversammlung festgelegt werden, dem Statut des Internationalen Gerichtshofes beitreten (Artikel 93 Abs. 2 Charta); gemäß diesem Verfahren haben die Schweiz (1948) und Liechtenstein (1950) bereits vor ihrer UN-Mitgliedschaft die Parteifähigkeit erworben.

• Auf Grund einer auf Artikel 35 Abs. 2 StIGH fußenden Entschließung des Sicherheitsrats vom 15. Oktober 1946 können auch Staaten, die nicht Parteien des Statuts sind, vor dem IGH auftreten, wenn sie sich generell oder im Einzelfall der Zuständigkeit des Gerichtshofes unterwerfen (so mehrfach die Bundesrepublik Deutschland vor ihrem UN-Beitritt).

2. Zuständigkeit und Entscheidungsbefugnis

a) Internationale Streitigkeiten

Nach Artikel 36 Abs. 1 StIGH erstreckt sich die Zuständigkeit des IGH auf alle ihm von den Parteien unterbreiteten „Rechtssachen sowie auf alle in der Charta der Vereinten Nationen oder in geltenden Verträgen und Übereinkommen besonders vorgesehenen Angelegenheiten", d. h. der Gerichtshof ist nicht nur bei zwischenstaatlichen **Rechtsstreitigkeiten**, sondern auch bei internationalen **politischen Streitfällen** zuständig – jedoch nicht gegen den Willen einer Partei. (Da jeder Konflikt sowohl rechtlich wie politisch begründet ist, erscheint eine idealtypische Klassifizierung in eine der beiden Kategorien in der Praxis nicht durchführbar.)[222]

Der Beitritt zum IGH-Statut verpflichtet die Staaten jedoch nicht, ihre internationalen Streitigkeiten durch den IGH entscheiden zu lassen; der Rechtsweg zum Gerichtshof steht ihnen aber offen (Artikel 35 Abs. 1 StIGH). Während im **innerstaatlichen Recht** die Gerichtsbarkeit obligatorisch ist – d. h. ein Gericht muss, wenn es von einer Partei angerufen wird, sich mit der Sache befassen, unabhängig davon, wie sich die Gegenpartei verhält –, beruht die **internationale Gerichtsbarkeit** bisher weitgehend auf dem Grundsatz der einvernehmlichen Zustimmung, d. h. der IGH kann nur dann tätig werden, wenn die Beteiligten sich ausdrücklich der Zuständigkeit des Gerichts unterwerfen.

Die Zuständigkeit des Gerichtshofs kann auf dreifache Weise begründet werden: durch vertragliche Staatenvereinbarung, durch Ad-hoc-Entscheidung für eine bereits bestehende Streitigkeit und im Voraus durch einseitige Staatenerklärung gemäß der so genannten Fakultativklausel des Artikel 36 Abs. 2 StIGH, wonach die Zuständigkeit des Gerichtshofs ohne besondere Übereinkunft gegenüber anderen Staaten, die dieselbe Erklärung abgegeben, anerkannt wird; solcherart Verpflichtungen enthalten jedoch zumeist einschränkende Vorbehalte. Bis Ende 2002 haben nur etwa ein Drittel der UN-Mitglieder – einige davon mit Vorbehalt – die obligatorische Gerichtsbarkeit des IGH per Unterwerfungserklärung akzeptiert, darunter Österreich, Liechtenstein und die Schweiz, nicht aber Deutschland.

Der IGH hat die ihm unterbreiteten Streitigkeiten, die nahezu alle Teilgebiete des Völkerrechts betreffen, grundsätzlich nach dem Völkerrecht zu entscheiden (bis Mitte 2003 wurden in nahzu 40 internationalen Streitfällen 76 Urteile gefällt). Die hierbei zugrunde liegenden Rechtsquellen werden in Artikel 38 Abs. 1 des Statuts im Einzelnen aufgeführt. Mit Zustimmung der Parteien kann der Gerichtshof seine Entscheidungen auch ex aequo et bono, d. h. nach dem Billigkeitsprinzip treffen (Artikel 38 Abs. 2 StIGH).

---

222 Vgl. hierzu Jaenicke, G., Der Internationale Gerichtshof im Friedenssicherungssystem der Vereinten Nationen, in: Außenpolitik, 36. Jg., Heft 3, 1985, S. 341–348.

Auf das Streitverfahren selbst soll hier nicht im Einzelnen eingegangen werden;[223] festzustellen bleibt lediglich, dass die Urteile des Gerichtshofs nur für die streitenden Parteien und nur für den zur Entscheidung gestellten Fall bindend sind (Artikel 59 StIGH); ein solches Urteil kann somit nicht als Präjudiz angesehen werden. Gleichwohl kommt ihm für die Entwicklung des Völkerrechts Bedeutung zu. Der verurteilte Staat ist verpflichtet, die Entscheidung des Gerichts zu respektieren und sie auszuführen. Unterlässt es eine der Parteien, die ihr auf Grund einer Entscheidung des IGH obliegende Verpflichtung zu erfüllen, so kann die andere Partei den Sicherheitsrat um geeignete Maßnahmen ersuchen, um so der Rechtsentscheidung Geltung zu verschaffen (Artikel 94 Abs. 2 Charta).

In der bisherigen UN-Geschichte ist der Sicherheitsrat nur zweimal – bisher erfolglos – eingeschaltet worden; zuletzt zur Durchsetzung des IGH-Spruchs vom 27. Juni 1986, in dem die USA im Konflikt mit Nicaragua wegen „militärischer und paramilitärischer Aktivitäten" verurteilt wurden – eine Entscheidung, die Washington nicht akzeptierte.

b) Rechtsgutachten

Neben der Rechtsprechung übt der Gerichtshof insofern eine wichtige Funktion aus, als er im UN-System Gutachten erstellt. Nach Artikel 96 der Charta kann die Generalversammlung oder der Sicherheitsrat über jede **Rechtsfrage** vom IGH Gutachten anfordern, die jedoch grundsätzlich nicht rechtsverbindlich sind. Andere UN-Organe und die Sonderorganisationen können mit „Ermächtigung" der Generalversammlung über solche Rechtsfragen, die ihren jeweiligen Tätigkeitsbereich berühren, ebenfalls Gutachten des Gerichtshofs einholen. Bis Mitte 2003 erstattete der IGH insgesamt 24 Gutachten, in der Mehrzahl auf Ersuchen der Generalversammlung, z. B. Gutachten vom 20. Juli 1962 betreffend die Kosten für die UN-Friedenstruppen im Kongo (ONUC) und im Nahen Osten (UNEF);[224] Namibia-Gutachten vom 21. Juni 1971 auf Antrag des

---

223 Vgl. hierzu Simma (Hrsg.), Charta, S. 949 ff.
224 Vgl. S. 131.

Sicherheitsrats.[225] Im Dezember 1994 stellte die Generalversammlung – wie zuvor schon 1993 die WHO – einen Antrag auf ein Gutachten über die Frage der Legalität, der Androhung oder des Einsatzes von Kernwaffen, das am 8. Juli 1996 veröffentlicht wurde.[226]

3. Zusammensetzung des Gerichts

Der IGH besteht aus 15 unabhängigen Richtern, die mit der Möglichkeit der Wiederwahl für die Dauer von jeweils neun Jahren von der Generalversammlung und dem Sicherheitsrat in getrennten Wahlgängen bestimmt werden, wobei die meistverbreiteten Rechtssysteme der Welt vertreten sein sollen und aus einem Land immer nur ein Kandidat in das Amt berufen werden kann. Um ein gewisses Maß an Kontinuität zu gewährleisten, werden nach Ablauf von drei Jahren jeweils fünf Richter neu gewählt (Artikel 2–4 und 13 StIGH). (Von 1976–1985 bzw. von 1994–2003 gehörten mit Hermann Mosler bzw. Carl-August Fleischhauer zwei Juristen aus der Bundesrepublik Deutschland dem Gerichtshof an; seit Februar 2003 bekleidet mit Bruno Simma ein weiterer deutscher Völkerrechtler ein Richteramt.) 1996 wurde erstmals eine Frau berufen.

4. Verfahrensregeln und Abstimmungsmodus

Der IGH ist ein ständiger Gerichtshof; die Sitzungen sind grundsätzlich öffentlich, die Beratungen jedoch geheim. Der IGH wählt auf die Dauer von drei Jahren einen Präsidenten und einen Vizepräsidenten (Artikel 21 Abs. 1 StIGH) und kann Kammern mit mindestens drei Richtern zur Entscheidung eines Einzelfalles oder bestimmter Arten von Streitigkeiten einrichten (Artikel 26 StIGH), wovon in den letzten Jahren zunehmend Gebrauch gemacht wurde; so hat der Gerichtshof nach einigem Zögern im Juli 1993 eine mit

---

225 Vgl. die Liste der IGH-Gutachten bei Kimminich, Völkerrecht, S. 504 f.
226 Vgl. hierzu Paech, N., Nuklearwaffen vor dem Internationalen Gerichtshof. Zum Gutachten des IGH über die Völkerrechtswidrigkeit von Nuklearwaffen, in: Kritische Justiz, 30. Jg., Heft 3, 1997, S. 345–356.

sieben Richtern besetzte Kammer für Umweltfragen geschaffen, die bisher jedoch noch nicht genutzt wurde.

In der Regel entscheidet der Gerichtshof in Plenarsitzungen, bei denen mindestens neun Richter mitwirken müssen (Artikel 25 Abs. 3 StIGH). Die Urteile werden mit einfacher Stimmenmehrheit getroffen (Artikel 55 StIGH).

Am Sitz des Gerichtshofs in Den Haag, der aus dem ordentlichen UN-Haushalt finanziert wird, befindet sich ein umfangreicher Verwaltungsapparat.

5. Bedeutung des Gerichtshofs

In den Jahren seines Bestehens ist es dem Gerichtshof nicht gelungen, bei der Regelung internationaler Streitigkeiten die Rolle zu spielen, die ihm Charta und Statut zuweisen, d. h. Effizienz und Autorität der internationalen Gerichtsbarkeit bleiben letztlich unbefriedigend. Die größte Schwäche der Haager Gerichtsbarkeit liegt darin, dass das Gericht seine Entscheidungen nicht durchsetzen kann.

Gemessen an der Zeitspanne wurden bis Anfang der neunziger Jahre relativ wenige Urteile gefällt, wobei die Zahl der dabei behandelten Fälle noch kleiner war (so ergingen beispielsweise jeweils zwei Urteile im Streit um Fischereizonen und um den Nordsee-Festlandsockel); einige wenige Urteile wurden in eklatanter Weise missachtet.

Konnte man lange Zeit von einer quantitativen Unterbeschäftigung des Gerichts sprechen, so ist im letzten Jahrzehnt eine Trendwende dahingehend zu verzeichnen, dass das Gericht deutlich häufiger in Anspruch genommen wird (Mitte 2002 waren 24 Streitsachen anhängig). Dies führte zu einem erhöhten Finanzbedarf und zu einer Zunahme der Verfahrensdauer, die derzeit durchschnittlich viereinhalb Jahre beträgt.[227]

Ein Blick auf die bisher gefällten Urteile macht jedoch deutlich, dass sich mit wenigen Ausnahmen – etwa der Konflikt Nicaragua/ USA (1986) oder Libyen/USA wegen des Absturzes einer US-Ma-

---

227 Fleischhauer, Gerichtshof, S. 123.

schine 1988 über Lockerbie[228] – die Bedeutung der zur Entscheidung stehenden Fälle in engen Grenzen hielt. Erst in jüngster Zeit nahm auch die Relevanz der zu verhandelnden Streitfälle zu, so im Konflikt im ehemaligen Jugoslawien (1993 und 1999), im Zusammenhang mit den unterirdischen Atomtests Frankreichs im Südpazifik (aus formalen Gründen lehnte der IGH eine entsprechende Klage Neuseelands gegen Frankreich im September 1995 ab) oder 2002 im Grenzkonflikt zwischen Nigeria und Kamerun.

Doch nach wie vor gilt wohl der Grundsatz: Solange die auf dem Dogma der souveränen Gleichheit der Staaten basierende Freiwilligkeit der Gerichtsbarkeit nicht zu überwinden ist, wird der Gerichtshof mit wirklich gravierenden internationalen Streitfällen gar nicht erst befasst. Auch nach den weltpolitischen Umwälzungen 1989/90 hat die Bereitschaft der Staaten, sich in Zukunft etwa obligatorisch der Jurisdiktion des Gerichtshofs zu unterwerfen, bisher nicht zugenommen.

Bei aller Kritik an der Wirksamkeit des Gerichtshofs sollte jedoch nicht außer Acht bleiben, dass seine Rechtssprechung der Fortentwicklung des Völkerrechts wesentliche Impulse verlieh.

Angesichts des offensichtlichen Funktionswandels des Sicherheitsrats seit den 90er Jahren stellt sich zunehmend die Frage nach einer gerichtlichen Kontrolle der Befugnisse des Rates durch den IGH.[229] Aus der Vielzahl der vorgeschlagenen Maßnahmen zur Stärkung der friedensstiftenden Rolle des Internationalen Gerichtshofs wurde bisher nur eine – die Substanz der Gerichtsbarkeit nicht beeinflussende – verwirklicht: die Schaffung eines Treuhandfonds für Länder, welche die mit einem Gerichtsverfahren verbundenen Kosten nicht aufbringen können. Internet: www.icj-cij.org

---

228 Vgl. hierzu Mohr, M., Der Lockerbie-Fall vor UN-Sicherheitsrat und Internationalem Gerichtshof, in: Demokratie und Recht, 20. Jg., Heft 3, 1992, S. 305–314.

229 Vgl. hierzu Bruha, Th. und M. Krajewski, Gerichtliche Kontrolle des UN-Sicherheitsrates?, in: S+F, 16. Jg., Heft 2, 1998, S. 93–97.

VI. Sekretariat

1. Zusammensetzung

Gemäß Artikel 97 besteht das Sekretariat, als eines der Hauptorgane, aus einem Generalsekretär und den sonstigen Bediensteten (staff). Der Generalsekretär (Secretary General) – formell ein Teil des Sekretariats – wird auf Empfehlung des Sicherheitsrats, die die Zustimmung aller Ständigen Ratsmitglieder erfordert, von der Generalversammlung in geheimer Wahl mit einfacher Mehrheit bzw., wie schon häufig praktiziert, per Akklamation gewählt (Artikel 97); d. h. der Rat besitzt das Vorschlagsrecht und hat bisher stets nur einen Kandidaten „empfohlen". In der Charta findet sich kein Hinweis auf die Dauer der Amtszeit des Generalsekretärs, doch beschloss die Generalversammlung am 24. Januar 1946, den ersten Generalsekretär mit der Möglichkeit der Wiederwahl auf fünf Jahre zu ernennen; gleichzeitig wurde der Versammlung und dem Sicherheitsrat das Recht zugebilligt, die Amtszeit künftiger Generalsekretäre neu festzusetzen.[230]

Seit dem 1. Januar 1997 bekleidet der Ghanaer Kofi A. Annan das Amt des Generalsekretärs der Vereinten Nationen; am 17. Dezember 1996 wurde er auf der 51. Tagung der Generalversammlung – nachdem die USA mit ihrem Veto im Sicherheitsrat eine Wiederwahl Boutros-Ghalis verhindert hatten – per Akklamation ernannt. Ende Juni 2001 wurde Kofi Annan sowohl vom Sicherheitsrat als auch von der Generalversammlung – sicherlich in Anerkennung seiner klugen Amtsführung – einvernehmlich für eine zweite Amtszeit vom 1. Januar 2002 bis 31. Dezember 2006 nominiert.

Seine Vorgänger waren: der Ägypter Boutros Boutros-Ghali (1992–1996), der Peruaner Javier Pérez de Cuéllar (1982–1991), der Österreicher Kurt Waldheim (1972–1981), der Birmane Sithu U Thant (1961–1971), der Schwede Dag Hammarskjöld (1953–1961) und der Norweger Trygve Lie (1946–1953), dessen Amtszeit nur um drei Jahre verlängert worden war.

---

230 Vgl. hierzu Simma (Hrsg.), Charta, S. 970–979.

Der Generalsekretär ernennt auf Grund des von ihm erlassenen Dienstrechts (staff rules), beruhend auf Richtlinien, die die Generalversammlung aufstellte (staff regulations) und in gewissen Abständen immer wieder modifiziert – zuletzt 1998[231] – die Bediensteten der Organisation (Artikel 101 Abs. 1), bei deren Auswahl ein „Höchstmaß an Leistungsfähigkeit, fachlicher Eignung und Ehrenhaftigkeit" zu gewährleisten ist; außerdem soll die Rekrutierung des Personals auf einer möglichst breiten geographischen Grundlage vorgenommen werden (Artikel 101 Abs. 3).[232]

Neben der Berücksichtigung geographisch-politischer Auswahlkriterien erfolgt in der Praxis die Besetzung der Positionen des mit dem Höheren Dienst vergleichbaren „Professional Service" (etwa 2500 Stellen) nach einem ausgeklügelten Quotensystem,[233] maßgeblich auf der Grundlage des jeweiligen Finanzbeitrags zum ordentlichen Haushalt. Während für lange Zeit stillschweigend der Grundsatz galt, dass Staaten mit hohen Finanzleistungen auch Anspruch auf eine entsprechende personelle Vertretung im Sekretariat haben, wird verstärkt seit Mitte der 70er Jahre die Erhöhung des Personalanteils der Entwicklungsländer und allgemein der Frauen (dieser beträgt derzeit im Höheren Dienst des Sekretariatbereichs 35 Prozent) gefordert.

Der Generalsekretär ist formal der Vorgesetzte der internationalen Beamtenschaft, er trägt demnach die alleinige politische Verantwortung für die Tätigkeit des Sekretariats, das neben der New Yorker Zentrale die Außenbüros in Genf, Wien und Nairobi sowie Sekretariate einiger angegliederter Einrichtungen wie Programme, Fonds, Hilfswerke und eine Reihe weiterer Dienststellen in fast allen Teilen der Welt umfasst.

Seit Februar 1998 steht Kofi Annan eine Stellvertreterin (Deputy Secretary-General) zur Seite, nachdem die Generalversammlung

---

231 Vgl. hierzu Paschke, K. Th., UNO von innen – die Besonderheiten einer multinationalen Bürokratie, in: Schorlemer (Hrsg.), Praxishandbuch, S. 558 f.

232 Über das Personalwesen der Organisation informiert im Einzelnen auf Grund langjähriger Erfahrungen im UN-System: Göthel, Vereinte Nationen, insbesondere S. 113–240; und ders., Im Auftrag der Weltorganisation. Das Personal der Vereinten Nationen im Wandel, in: Vereinte Nationen, 43. Jg., Heft 3, 1995, S. 99–105.

233 Vgl. hierzu Göthel, Vereinte Nationen, S. 175–177.

seinem Vorschlag auf Schaffung dieses Amtes schließlich im Dezember 1997 zugestimmt hatte. Mit der Kanadierin Louise Fréchette ernannte der Generalsekretär eine erfahrene Diplomatin und Politikerin, die ihn bei der Wahrnehmung seiner umfangreichen Aufgaben entlasten und wichtige Koordinationsfunktionen im UN-System übernehmen soll.

Die Aufgaben des Sekretariats als dem organisatorischen Zentrum der Vereinten Nationen lassen sich mit den Schlagworten Service-, Dokumentations- und öffentliche Informationsfunktion charakterisieren.

Angaben über die Zahl der UN-Bediensteten schwanken z. T. beträchtlich (selbst innerhalb offizieller UN-Veröffentlichungen), wobei die Beschäftigten nach recht unterschiedlichen Kategorien zusammengefasst werden; gesichert erscheint folgende Größenordnung: Ende 2002 betrug der Personalbestand der Kernorganisation einschließlich der Neben- und Sonderorgane nahezu 37 000 Mitarbeiterinnen und Mitarbeiter, davon rund 15 600 im Sekretariatsbereich und rund 21 400 in den angegliederten UN-Organisationen.

2. Aufgaben und Befugnisse des Generalsekretärs

Der Generalsekretär, der wie das gesamte Sekretariat weder von einer Regierung noch von einer „Autorität außerhalb der Organisation" Weisungen einholen oder entgegennehmen darf (Artikel 100), ist nicht nur, wie in der Charta ausdrücklich hervorgehoben, der „höchste Verwaltungsbeamte der Organisation" (Artikel 97), er übt darüber hinaus auch politische Funktionen im engeren Sinne aus, ohne dass seine Rolle genau festgelegt ist. Folgende Aufgabenbereiche sind zu unterscheiden:[234]

a) Verwaltungsfunktionen

Als oberster Verwaltungsbeamter soll der Generalsekretär die Tätigkeit des Sekretariats und der übrigen Hauptorgane, mit Ausnahme des Internationalen Gerichtshofes, koordinieren. Als Vorsit-

---

234 Vgl. hierzu Volger, H., Generalsekretär, in: Volger (Hrsg.), Lexikon, S. 172–175.

zender des Lenkungsausschusses zur Koordinierung (CEB)[235] ist er auch für die gegenseitige Abstimmung der Organe der Vereinten Nationen und der Sonderorganisationen mitverantwortlich.

Er bereitet die vorläufigen Tagesordnungen der Generalversammlung, des Sicherheitsrats, des Wirtschafts- und Sozialrats vor und besitzt das Recht zur Teilnahme an deren Sitzungen.

Er hat die außerordentlichen Sitzungen der Generalversammlung einzuberufen.

Er hat den Haushaltsplan der Organisation vorzubereiten und ist für die gesamte Finanzverwaltung verantwortlich.

Völkerrechtliche Verträge, die ein UN-Mitglied schließt, werden von ihm registriert und publiziert.

Der Generalsekretär vertritt die Organisation rechtlich in ihrer Gesamtheit.

Die diplomatischen Vertreter der Staaten bei den Vereinten Nationen werden bei ihm akkreditiert. Ihm werden ferner die Beglaubigungsschreiben der Delegierten der Generalversammlung überreicht.

b) Politische Funktionen

aa) Übertragene Aufgaben: Artikel 98, der die Aufgaben des Generalsekretärs umreißt, bestimmt recht allgemein, dass die Generalversammlung, der Sicherheitsrat, der Wirtschafts- und Sozialrat und der Treuhandrat dem Generalsekretär „sonstige Aufgaben", d. h. andere als administrative Aufgaben übertragen können. Der Handlungsspielraum des Generalsekretärs wurde besonders in den späten achtziger Jahren beträchtlich erweitert, so dass er nunmehr in weitgehender Eigenverantwortung Funktionen ausübt, die ihm von den genannten Organen zugewiesen werden – in Krisensituationen vom Sicherheitsrat oder der Generalversammlung. Da nur er über einen ausreichenden Mitarbeiterstab verfügt, ist er für die Ausführung schwieriger und komplexer Einzelaufträge besonders geeignet. Bei deren Erfüllung gerät er jedoch oft in das „Kampffeld der politischen Auseinandersetzung" (U Thant).

Wie fließend die Grenzen zwischen übertragenen und eigenstän-

---

235 Vgl. S. 149.

digen Aufgaben des Generalsekretärs sind, zeigt sich daran, dass ihm der Sicherheitsrat bei den friedenssichernden Operationen mittlerweile die gesamte Vorbereitung und Durchführung überlässt und ihn zusätzlich – recht pauschal – mit friedenstiftenden Maßnahmen betraut.

bb) Originäre Aufgaben: Artikel 99 ist insofern für die politische Stellung des Generalsekretärs von grundlegender Bedeutung, als er ihm mit einem politischen Initiativrecht eine unmittelbare Verantwortung bei der Wahrung des Weltfriedens zuweist. Diese Bestimmung legitimiert den Generalsekretär, „die Aufmerksamkeit des Sicherheitsrats auf jede Angelegenheit [zu] lenken", die nach seiner Meinung den Weltfrieden und die internationale Sicherheit bedroht.

Wenn auch die bisherigen Generalsekretäre in ihrer Amtsführung ein recht unterschiedliches Verständnis ihres Handlungsspielraumes an den Tag legten,[236] so lässt Artikel 99 doch wenig Zweifel daran, dass den Generalsekretär jede Friedensbedrohung zu beschäftigen hat und dass es seine Aufgabe ist, zur Entspannung der Lage beizutragen. Hierauf beruht auch die von Dag Hammarskjöld und seinen Nachfolgern praktizierte **„vorbeugende, stille Diplomatie",** d. h. der Versuch, Streitigkeiten durch Verhandlungen ohne eine ausdrückliche Ermächtigung eines anderen UN-Organs beizulegen, ehe sie ein akutes Stadium erreicht haben.

Bereits unter Boutros-Ghali hat der Präventivgedanke hohe Priorität erfahren und eine konzeptionelle Neuorientierung erlebt, wie seine entsprechenden Vorschläge in seiner Agenda für den Frieden (1992) beweisen (von vertrauensbildenden Maßnahmen bis zur Tatsachenermittlung). Die nachhaltigen Bemühungen des derzeitigen Generalsekretärs, vorbeugend tätig zu werden, finden ihren Nieder-

---

236 Vgl. hierzu Göller, J.-Th., Anwälte des Friedens. Die UNO und ihre sechs Generalsekretäre, Bonn 1995. Zum (unterschiedlichen) Amtsverständnis einzelner UN-Generalsekretäre vgl. Fröhlich, M., Dag Hammarskjöld und die Vereinten Nationen. Die politische Ethik des UNO-Generalsekretärs, Paderborn u. a. 2002; U Thant, Die Rolle des Generalsekretärs der Vereinten Nationen, in: Vereinte Nationen, 19. Jg., Heft 6, 1971, S. 154–160; Waldheim, K., Der schwierigste Job der Welt, München 1979; Boutros-Ghali, B., Hinter den Kulissen der Weltpolitik. Die UNO – wird ein Hoffnungsträger verspielt? Bilanz meiner Amtszeit als Generalsekretär der Vereinten Nationen, Hamburg 2000.

schlag auch in der inzwischen recht hohen Zahl der von ihm ernannten Sonderbevollmächtigten oder Spezialrepräsentanten (Spe-
cial/Personal Representatives oder Envoys of the Secretary-General), die insbesondere in Krisengebieten mit vielfältigen Aufgaben
betraut sind (in jüngster Zeit vermehrt mit Fact-Finding-Missionen
auch im Bereich der Menschenrechte).

Der Generalsekretär, der nach einem geflügelten Wort des ersten
Amtsinhabers Trygve Lie den „unmöglichsten", nach Ansicht Kurt
Waldheims den „schwierigsten Job der Welt" ausübt, bringt seine
politische Verantwortung auch in dem alljährlich vor der Generalversammlung zu erstattenden Bericht über die Tätigkeit der Weltorganisation vom 16. Juni des Vorjahres bis zum 15. Juni des laufenden Jahres zum Ausdruck (Artikel 98). Die Jahresberichte[237] geben
nicht nur einen gerafften Überblick über die vielfältige Arbeit der
Organisation, sondern enthalten auch Kritik und Anregungen des
Generalsekretärs zur Verbesserung der Funktionsfähigkeit der Vereinten Nationen.

3. Organisation des Sekretariats

Das Sekretariat ist der Charta entsprechend weitgehend hierarchisch verfasst, mit dem Generalsekretär an der Spitze.[238] Seit Bestehen der Vereinten Nationen war die konkrete Struktur mehrfa-
chen Änderungen unterworfen.

Einen wegweisenden Beschluss zur zeitgemäßen Ausgestaltung
fasste die Generalversammlung bereits im Dezember 1986, als sie
den ausgearbeiteten Reformvorschlägen einer Expertengruppe zu-
stimmte.[239] Doch erst mit dem Amtsantritt des Generalsekretärs
Boutros-Ghali Anfang 1992 begann im Zusammenspiel mit dem
Plenum ein tief greifender Prozess der Umstrukturierung des Sekretariats.

Im März 1992 billigte die Generalversammlung die vom neuen
Generalsekretär für notwendig erachteten Reformschritte, wobei

---

237 Die Jahresberichte erscheinen regelmäßig auch in deutscher Übersetzung.
238 Vgl. hierzu Göthel, Vereinte Nationen, S. 83 ff.
239 Vgl. hierzu Lindemann, B. und Hesse-Kreindler, D., Sekretariat, in: Wolfrum, Handbuch, insbesondere S. 743 f.

der erste in der Umbildung der Führungsspitze und der schlagartigen Reduzierung der Zahl der Untergeneralsekretäre um 13 bestand.

Bis Anfang 1996 hatte Boutros-Ghali die Zahl der Spitzenpositionen um 35 Prozent gekürzt und den allgemeinen Personalbestand um rund 2500 Dienstposten reduziert, nicht zuletzt unter dem Druck der Zahlungsverweigerung der USA und der dadurch ausgelösten Finanznot. Hinzu traten Maßnahmen zur personellen Qualitätsverbesserung, wie etwa die Einführung eines neuen Systems zur Beurteilung der Leistung des Personals oder einer umfassenden Managementstrategie.

Im Sommer 1994 schuf die Generalversammlung auf Druck der USA mit dem **Amt für Interne Aufsichtsdienste** (Office of Internal Oversight Services – OIOS) eine Sekretariatseinheit für Innenrevision, die zum 15. November 1994 (bis November 1999) mit dem deutschen Diplomaten Karl Theodor Paschke besetzt wurde.[240]

Unmittelbar nach seinem Amtsantritt im Januar 1997 ergriff der neue Generalsekretär Kofi Annan die Initiative zu einer weiter gehenden Sekretariatsreform, und sein im Sommer 1997 vorgelegtes Reformprogramm „Erneuerung der Vereinten Nationen"[241] enthielt eine Reihe weiterer Maßnahmen zur „Organisation und zum Management des Sekretariats", die nach und nach auch umgesetzt wurden.[242]

So wurden die Arbeitsbereiche des Sekretariats in die fünf Sektoren Frieden und Sicherheit, Wirtschaftliche und Soziale Angelegenheiten, Entwicklungszusammenarbeit, Humanitäre Angelegenheiten und Menschenrechte aufgegliedert. Für jeden der Sektoren wurde ein Exekutivausschuss gebildet, der zu monatlichen Koordinierungssitzungen zusammentritt und dem die Leiter aller jeweils

---

240 Vgl. hierzu Paschke, K. Th., Innenrevision in den Vereinten Nationen – eine neue Erfahrung, in: Vereinte Nationen, 44. Jg., Heft 2, 1996, S. 41–45; und ders., Kein hoffnungsloser Fall. Fünf Jahre UN-Inspektorat: Versuch einer Bilanz, in: Vereinte Nationen, 47. Jg., Heft 6, 1999, S. 187–191; Göthel, Vereinte Nationen, S. 119 f.

241 Deutsche Gesellschaft für die Vereinten Nationen (Hrsg.), Erneuerung der Vereinten Nationen: Ein Reformprogramm. Bericht des Generalsekretärs. Blaue Reihe, Nr. 69, Bonn 1997.

242 Vgl. hierzu Volger, H., Sekretariat, in: Volger (Hrsg.), Lexikon, S. 468–471.

zuständigen Hauptabteilungen des Sekretariats, der UN-Programme und -Fonds sowie der Sonderorganisationen angehören; der Schutz der Menschenrechte wird als übergreifende Querschnittsaufgabe gesehen, die in jedem der vier Bereiche zum Tragen kommen soll.

Die von Kofi Annan eingeführte kollegiale Leitungsstruktur fand ihren Niederschlag auch in der Schaffung einer 16köpfigen **Hochrangigen Managementgruppe** (Senior Management Group), einer Art Arbeitskabinett, gebildet aus den Leitern der Exekutivausschüsse und weiteren hochrangigen Führungspersönlichkeiten des UN-Systems. Seit August 1998 besteht mit der **Strategischen Planungseinheit** (Strategie Planning Unit) ein kleiner persönlicher Arbeitsstab des Generalsekretärs, der sich mit Zukunftsentwicklungen befasst. Auf Initiative des Generalsekretärs treffen seit 1998 die Spitzen der sechs Hauptorgane alljährlich zu einem Meinungsaustausch zusammen.

Durch eine energisch vorangetriebene Reform der Strukturen und Arbeitsabläufe konnte eine weitere Reduzierung des Personalbestands im Sekretariat um rund 1000 Stellen erreicht werden.

Nach den bisher realisierten Veränderungen der Führungsebenen weist das Sekretariat heute folgende Struktur auf:

Die oberste Organisationsebene wird vom Generalsekretär mit seinem kleinen Exekutivbüro (Executive Office of the Secretary-General – EOSG) gebildet, die zweite Ebene der Zentrale in New York besteht aus zehn Hauptabteilungen bzw. Ämtern und Büros, die von Untergeneralsekretären (Under-Secretaries-General) geleitet werden.[243]

- Hauptabteilung für Politische Angelegenheiten (Department of Political Affairs – DPA).
- Hauptabteilung Abrüstungsfragen (Department for Disarmament Affairs – DDA).
- Hauptabteilung Friedenssicherungseinsätze (Department of Peacekeeping Operations – DPKO), mit der seit Ende 1994 (bis Ende 1998) von dem deutschen General Eisele geleiteten Unterabtei-

---

243 Vgl. hierzu Göthel, Vereinte Nationen, S. 86.

lung für Planung und Unterstützung friedenssichernder Operationen.

- Amt für die Koordinierung humanitärer Angelegenheiten (Office for the Coordination of Humanitarian Affairs – OCHA), als die zentrale Mobilisierungs- und Koordinierungsstelle für Notsituationen.
- Hauptabteilung Wirtschaftliche und Soziale Angelegenheiten (Department for Economic and Social Affairs – DESA).
- Hauptabteilung Angelegenheiten der Generalversammlung und Konferenzdienste (Department for General Assembly Affairs and Conference Services – DGAACS).
- Hauptabteilung Management (Department of Management – DM).
- Hauptabteilung Presse und Informationen (Department of Public Information – DPI).
- Amt für Rechtsangelegenheiten (Office of Legal Affairs – OLA).
- Amt für Interne Aufsichtsdienste (Office of Internal Oversight Services – OIOS). Der Unterschied zu den anderen Hauptabteilungen liegt darin, dass der Amtsinhaber für fünf Jahre fest von der Generalversammlung ernannt wird und dieser verantwortlich ist. Mit besonderen Befugnissen ausgestattet, soll er mit seinem Mitarbeiterstab die Aktivitäten aller UN-Dienststellen, Programme usw. auf ihre Wirksamkeit hin überprüfen, Verschwendung, Misswirtschaft und Korruption aufdecken sowie auch konstruktive Verbesserungsvorschläge vorlegen.

Neben den aufgeführten Hauptabteilungen, die z. T. über Unterabteilungen – geleitet von Beigeordneten Generalsekretären (Assistant Secretaries-General) – und Sektionen verfügen, unterstehen dem Generalsekretär außerdem:

- Büro der Vereinten Nationen in Genf (UN Office at Geneva – UNOG).[244]
- Büro der Vereinten Nationen in Wien (UN Office at Vienna – UNOV).[245]

---

244 Eine Auflistung der Genfer UN-Einrichtungen findet sich bei: Auswärtiges Amt (Hrsg.), Die Vereinten Nationen in Genf. Die deutsche Mitarbeit, 4. Auflage, Bonn 1995, S. 22 ff.
245 Vgl. S. 339.

- Büro der Vereinten Nationen in Nairobi (UN Office at Nairobi – UNON).

An der Spitze der drei Außenbüros steht jeweils ein Untergeneralsekretär; der Leiter des erst Anfang 1996 in Ostafrika eröffneten Büros, derzeit der Deutsche Klaus Töpfer, ist in Personalunion Exekutivdirektor des Umweltprogramms (UNEP).[246]

Eine Reihe von UN-Einrichtungen, wie UNHCR, UNCTAD, UNEP, UNOPS oder auch die Sekretariate der fünf Regionalorganisationen sind mit dem Sekretariat organisatorisch verbunden.

---

246 Vgl. S. 92 f.

5. Kapitel. Mitgliedschaft

Die Mitgliedschaft in den Vereinten Nationen ist in Kapitel II, Artikel 3–6 der Charta geregelt. Die Satzung unterscheidet ohne rechtliche Bedeutung zwei Gruppen von Mitgliedern: die ursprünglichen Mitglieder und solche, die nach Inkrafttreten der Charta zugelassen werden. Artikel 3 bestimmt, dass als **ursprüngliche Mitglieder** jene Staaten bezeichnet werden, welche die Deklaration der Vereinten Nationen vom 1. Januar 1942 unterschrieben oder an der UN-Gründungskonferenz (UNCIO) in San Francisco im Frühjahr 1945 teilgenommen, die Charta unterzeichnet und satzungsgemäß ratifiziert haben. 51 Staaten gelten daher als Gründungsmitglieder bzw. als ursprüngliche Mitglieder; inzwischen (Stand: 1. Juli 2003) hat sich die Mitgliederzahl auf 191 erhöht (vgl. Übersicht im Anhang, S. 437ff.). Diese Größenordnung macht deutlich, dass das Prinzip der Universalität nunmehr verwirklicht ist, denn nur wenige Staaten wie der Heilige Stuhl und die Republik China (Taiwan) gehören der Weltorganisation nicht an.

Obschon die Charta in Kapitel II im Zusammenhang mit der Mitgliedschaft[1] von „Staaten" spricht, müssen UN-Mitglieder nicht unbedingt souveräne Staaten sein. In einigen Fällen wurden in der Vergangenheit auch nicht voll völkerrechtsfähige Staaten in die Vereinten Nationen aufgenommen. So gehörten neben der UdSSR die Sowjetrepubliken Belorussland (nunmehr Belarus) und Ukraine als gesonderte Mitglieder ebenfalls der UNO von Anbeginn an. (Diese Forderung der Sowjetunion – angesichts der Übermacht „westlicher" Staaten – nach einer De-facto-Mehrfachmitgliedschaft, die ursprünglich auf die Teilnahme sämtlicher damals 15 Teilrepubliken der UdSSR hinauslief, wurde von den Westmächten schließlich nach langem Zögern auf der Jalta-Konferenz im Februar 1945 erfüllt.) Die Mitgliedschaft der ehemaligen Sowjetunion wird in-

---

1 Vgl. hierzu mit Literaturhinweisen: Simma (Hrsg.), Charta, S. 15–150; Ipsen, Völkerrecht, S. 413–417.

zwischen von der Russischen Föderation (Russland) wahrgenommen.[2]

Zu den Gründungsmitgliedern zählten 1945 darüber hinaus noch folgende Länder, die nicht im Besitz der vollen Souveränität waren, d. h. ihre staatliche Unabhängigkeit noch nicht erlangt hatten: Indien, Libanon, die Philippinen und Syrien.

Die UN-Charta macht keinen Unterschied hinsichtlich der Qualität der Mitgliedschaft – etwa zwischen Vollmitgliedern und assoziierten Mitgliedern –, sie spricht stets nur von „Mitgliedern". Durch die Aufnahme zahlreicher Klein- und Kleinststaaten rückte Ende der sechziger Jahre die Problematik der UN-Zugehörigkeit solcher „Mikrostaaten" vorübergehend in den Blickpunkt.[3]

Nichtmitglieder können in den Vereinten Nationen einen **Beobachterstatus**[4] erhalten; diesen im Wesentlichen auf Gewohnheitsrecht beruhenden Status – mit Zugang zu Sitzungen der Generalversammlung oder anderen UN-Gremien, mit oder ohne Rederecht, aber stets ohne Stimmrecht – besitzen auch Internationale Organisationen und andere internationale Einrichtungen.

Eine Reihe bedeutender Mitgliedstaaten (so etwa Italien, Japan, Österreich, die beiden deutschen Staaten und bis Herbst 2002 die Schweiz) waren vor ihrem UN-Beitritt durch Beobachtermissionen vertreten. Politische Brisanz war in der Vergangenheit vor allem mit der Zuerkennung des Beobachterstatus an verschiedene Befreiungsbewegungen verbunden; zuletzt erfolgte 1998 eine erhebliche Aufwertung der Mitwirkungsrechte der Palästinensischen Befreiungsfront (PLO), die nunmehr faktisch den Status eines nicht stimmberechtigten Mitglieds besitzt. Unter den derzeit 16 Einrichtungen, die eine Dauereinladung als Beobachter besitzen,[5] befinden sich u. a. der Heilige Stuhl,[6] das Internationale Komitee vom Roten

---

2 Vgl. S. 100.

3 Vgl. Ramonat, W., Mikrostaaten in den Vereinten Nationen, in: Außenpolitik, 32. Jg., Heft 3, 1981, S. 282–295.

4 Vgl. hierzu Dippel, A.-K., Beobachterstatus, in: Volger (Hrsg.), Lexikon, S. 31–33.

5 Vgl. hierzu www.un.org/Overview/missions.htm

6 Vgl. hierzu Mayr-Singer, J., Unheilige Allianz oder segensreiche Partnerschaft. Der Heilige Stuhl und die Vereinten Nationen, in: Vereinte Nationen, 48. Jg., Heft 6, 2000, S. 193–198.

Kreuz (IKRK), die Europäische Gemeinschaft (EG) – nicht jedoch die Europäische Union (EU) –, die Organisation für Sicherheit und Zusammenarbeit in Europa (OSZE), die Gemeinschaft Unabhängiger Staaten (GUS) und der Malteserorden. Nichtstaatlichen Organisationen steht prinzipiell kein Beobachter-, sondern vielmehr ein Konsultativstatus beim Wirtschafts- und Sozialrat und dessen Nebenorganen zu.[7]

I. Erwerb der Mitgliedschaft

Staaten, die nicht ursprüngliche Mitglieder nach Artikel 3 sind, können unter folgenden Voraussetzungen die Mitgliedschaft erwerben:

Sie müssen „friedliebend" sein, die „Verpflichtungen" der Charta übernehmen und nach dem „Urteil der Organisation fähig und willens [sein], diese Verpflichtungen zu erfüllen" (Artikel 4 Abs. 1). Weitere Bedingungen für die Aufnahme dürfen laut Gutachten des Internationalen Gerichtshofs vom Mai 1948 nicht gestellt werden, so dass beispielsweise die Regierungsform eines Staates unberücksichtigt bleibt und nicht etwa nur „Demokratien" Zugang zu den Vereinten Nationen haben. Kriterien für die „Friedensliebe" von Staaten wurden bisher nicht entwickelt, vielmehr bleibt es in der Praxis den zuständigen UN-Organen vorbehalten, zu entscheiden, ob ein Staat diese Voraussetzung erfüllt.

Der Beitrittswillige versichert in einer förmlichen Urkunde, die seinem Aufnahmegesuch beigefügt ist, sich den in der Charta enthaltenen Verpflichtungen zu unterwerfen. Über den Antrag auf Mitgliedschaft, der beim Generalsekretär gestellt wird, entscheidet die Generalversammlung mit Zweidrittelmehrheit auf Grund einer Empfehlung des Sicherheitsrats, die der Zustimmung von mindestens neun Ratsmitgliedern einschließlich der fünf Ständigen Mitglieder bedarf (Artikel 4 Abs. 2). Entsprechend einem Rechtsgutachten des Internationalen Gerichtshofs vom 3. März 1950 kann die Generalversammlung nur dann ein neues Mitglied aufnehmen,

---

7 Vgl. S. 139 f.

wenn der Sicherheitsrat eine solche Empfehlung ausgesprochen hat.

Die Aufnahme neuer Mitglieder scheiterte in der Zeit des Kalten Krieges häufig am wechselseitigen Veto der beiden Blöcke, so dass in den acht Jahren zwischen 1947 und 1954 lediglich fünf Staaten die UN-Mitgliedschaft erhielten. 1955 wurden dann 16 Länder aufgenommen. Ein Rekord war 1960 zu verzeichnen, als insgesamt 17, meist junge schwarzafrikanische Staaten, in die Vereinten Nationen eintraten; bemerkenswert ist die Aufnahme von 20 Mitgliedern 1991/92 – im Wesentlichen eine Folge der Auflösung der Sowjetunion und Jugoslawiens (vgl. Übersicht im Anhang, S. 444 ff.).

II. Verlust der Mitgliedschaft

Ein Mitglied der Vereinten Nationen kann aus der Weltorganisation austreten, suspendiert werden, sein Stimmrecht in einem der UN-Organe verlieren oder ausgeschlossen werden.

1. Austritt

Im Gegensatz zur Völkerbundsatzung (Artikel 1) enthält die UN-Charta keine Bestimmung über den freiwilligen Austritt aus der Weltorganisation. Aus einer einstimmig angenommenen Erklärung der Gründungskonferenz in San Francisco geht jedoch hervor, dass ein Ausscheiden auf Grund des Prinzips der Staatensouveränität prinzipiell gegeben ist. Eingedenk der Völkerbundpraxis wurde allerdings auf eine ausdrückliche Verankerung dieses Rechtes in der Charta verzichtet.

Als erstes und bisher einziges Mitglied verließ Indonesien am 1. März 1965 wegen der Wahl Malaysias in den Sicherheitsrat die Vereinten Nationen, trat jedoch am 28. September 1966 wieder ein, wobei es sich um eine formlose Wiederaufnahme handelte, die von der Generalversammlung ohne förmliche Abstimmung, per Akklamation erfolgte.

2. Suspension

Hat der Sicherheitsrat gegen ein Mitglied „Vorbeugungs- oder Zwangsmaßnahmen" gemäß Kapitel VII der Charta ergriffen, so kann eine Zweidrittelmehrheit der Generalversammlung auf Empfehlung des Sicherheitsrats, die der Zustimmung von mindestens neun Ratsmitgliedern einschließlich der Fünf bedarf, einem Mitglied die „Rechte und Vorrechte aus seiner Mitgliedschaft zeitweilig entziehen" (Artikel 5).

Eine Suspension betrifft somit lediglich die Ausübung der Mitgliedschaftsrechte und -privilegien, nicht die Mitgliedschaft als solche, d. h. der betreffende Staat bleibt weiterhin Mitglied der Organisation mit allen sich hieraus ergebenden Pflichten. Der Verlust der Ausübung der Rechte und Privilegien bedeutet, dass der betroffene Staat in den UN-Organen nicht mehr vertreten ist und sein Wahl- und Stimmrecht verliert.

Gemäß der Charta kann der Sicherheitsrat eine Suspension mit der Mehrheit von neun Stimmen, darunter die der Ständigen Mitglieder, wieder aufheben (Artikel 5). Bisher wurde auf Grund dieser Satzungsbestimmung kein Mitglied suspendiert.

3. Entzug des Stimmrechts in der Generalversammlung

Der Entzug des Stimmrechts in einem Hauptorgan der Vereinten Nationen, nämlich der Generalversammlung, stellt einen Sonderfall der Suspension dar.

Nach Artikel 19 hat ein Mitglied in der Generalversammlung kein Stimmrecht, wenn es mit zwei Jahresraten oder mehr seiner Beitragszahlungen im Rückstand ist.[8] Diese eindeutige Regelung wird jedoch dadurch erheblich abgeschwächt, dass die Generalversammlung einem solchen Mitglied die Stimmausübung gestatten „kann ..., wenn nach ihrer Überzeugung der Zahlungsverzug auf Umständen beruht, die dieses Mitglied nicht zu vertreten hat".

Ende 2002 umfasste die entsprechende Liste 27 Staaten – fast ausschließlich Entwicklungsländer –, die vorübergehend in der Gene-

---

8 Vgl. hierzu Reckhard, M., Die rechtlichen Rahmenbedingungen der Sanktionierung von Beitragsverweigerungen im System der Vereinten Nationen, Frankfurt 1999.

ralversammlung kein Stimmrecht besaßen. Die USA, über Jahre hinweg der größte Schuldner, blieben bisher von der Anwendung dieser Klausel verschont, da die Zahlungsrückstände niemals zwei Jahresbeiträge überstiegen.

Der Beschluss der Generalversammlung vom 12. November 1974, die Republik Südafrika wegen ihrer Rassenpolitik von der weiteren Teilnahme an Sitzungen und Abstimmungen der Versammlung und deren Ausschüssen auszuschließen, stellte einen in der Charta nicht geregelten Präzedenzfall dar und war nach Meinung von Völkerrechtsexperten rechtswidrig; seit Juni 1994 ist das „neue" Südafrika wieder im Plenum vertreten. Ähnlich zu beurteilen bleibt der in den achtziger Jahren wiederholt unternommene Versuch, dem UN-Mitglied Israel das Recht zur Teilnahme an der Generalversammlung zu verweigern.

Schwierigkeiten ergaben sich auch bei der rechtlichen Einordnung des „Falles" Jugoslawien.[9] Mit dem Austritt von vier Republiken aus der „Sozialistischen Föderativen Republik Jugoslawien" und deren Unabhängigkeitserklärungen im Verlauf des Jahres 1991 sowie mit dem Ausbruch der Kampfhandlungen in diesem Gebiet stellte sich die Frage nach dem Status des Reststaates, bestehend aus Serbien und Montenegro, in den Vereinten Nationen. Der Anspruch dieses Rumpfgebildes, automatisch die UN-Mitgliedschaft Jugoslawiens fortzuführen, wurde vom Sicherheitsrat und danach von der Generalversammlung im September 1992 abgelehnt und die Mitgliedschaft des „alten" Jugoslawien eingefroren. Gleichzeitig ging an die „Bundesrepublik Jugoslawien" die Aufforderung, einen formellen Antrag auf Aufnahme in die Vereinten Nationen zu stellen, dem zum 1. November 2000 stattgegeben wurde.[10]

---

9 Vgl. hierzu Partsch, K. J., Belgrads leerer Stuhl im Glaspalast. Das Einfrieren der UN-Mitgliedschaft Jugoslawiens durch Sicherheitsrat und Generalversammlung, in: Vereinte Nationen, 40. Jg., Heft 6, 1992, S. 181–188.

10 Vgl. hierzu den Bericht von Hummer, W. und J. Mayer-Singer, in: Vereinte Nationen, 48. Jg., Heft 6, 2000, S. 203–205.

4. Ausschluss

Voraussetzung für den Ausschluss eines Mitglieds aus den Vereinten Nationen ist nach Artikel 6 die „beharrliche", d. h. fortdauernde Verletzung der Grundsätze der UN-Charta. (Beim Völkerbund konnte nach Artikel 16 Abs. 4 bereits eine einmalige Verletzung der Satzung zum Ausschluss führen.) Der Ausschluss hat zur Folge, dass die Mitgliedschaft mit allen sich daraus ergebenden Rechten und Pflichten erlischt.

Wie die Suspension, so beruht auch der Ausschluss auf einem Zweidrittelmehrheits-Votum der Generalversammlung, wobei ebenfalls eine mit mindestens neun Stimmen – einschließlich der der Ständigen Mitglieder – beschlossene Sicherheitsratsempfehlung vorliegen muss (Artikel 6). (Ein Ständiges Mitglied des Sicherheitsrats kann somit infolge seines Vetorechts de facto niemals ausgeschlossen werden.) Bei der Wiederaufnahme eines ausgeschlossenen Mitglieds finden die Vorschriften des Artikels 4 Anwendung (vgl. Erwerb der Mitgliedschaft).

Im Gegensatz zur Praxis des Völkerbunds musste seit Bestehen der Vereinten Nationen noch kein Mitglied auf Grund der vorgenannten Bestimmungen die Weltorganisation verlassen; ein Antrag afrikanischer Staaten auf Ausschluss der Republik Südafrika scheiterte am 30. Oktober 1974 im Sicherheitsrat am Veto der westlichen Ständigen Mitglieder.

Bei dem am 25. Oktober 1971 durch die Generalversammlung beschlossenen Ausschluss Taiwans handelte es sich nicht um einen satzungsgemäßen Ausschluss. Vielmehr wurde lediglich entschieden, dass die Volksrepublik China und nicht, wie bis dahin, Taiwan berechtigt ist, China in den Vereinten Nationen zu vertreten, d. h. Peking nimmt seither den Sitz Taipehs ein. Den jüngsten Bemühungen Taiwans um eine eigenständige UN-Mitgliedschaft werden wenig Chancen eingeräumt.

6. Kapitel. Finanzen, Sitz und Sprachen

I. Finanzen

Die Finanzierung der Vereinten Nationen (UNO) erfolgt durch[1]
- Pflichtbeiträge zum ordentlichen Haushalt,
- Pflichtbeiträge für die Haushalte der Friedensoperationen,
- Pflichtbeiträge für die Haushalte der beiden Internationalen Strafgerichtshöfe[2] (die Finanzierung der beiden temporären Gerichtshöfe – 2002 insgesamt rund 464 Millionen US-Dollar – erfolgt entgegen den Statuten nicht aus dem regulären Haushalt, sondern über einen jeweils eigenen Etat),
- freiwillige Beitragsleistungen für operative Aufgaben im Bereich der Entwicklungszusammenarbeit und der humanitären Hilfe.

Das gesamte System der Vereinten Nationen, d. h. die Kernorganisation einschließlich aller Unterorgane, Programme und Fonds sowie alle UN-Sonderorganisationen, tätigte im Jahr 1999 Ausgaben in Höhe von 9,5 Milliarden US-Dollar; dabei brachten die Mitgliedstaaten rund 3 Milliarden an Pflichtbeiträgen für die ordentlichen Haushalte der UN-Organisationen auf, 1,1 Milliarden für Friedensmissionen und 5,4 Milliarden an freiwilligen Beiträgen.[3]

Der **ordentliche Haushalt** (regular budget) der Vereinten Nationen für die Jahre 2002 und 2003 (seit 1974 werden jeweils mit einer geraden Jahreszahl beginnende Zweijahresbudgets erstellt) in Höhe von zunächst 2,625 Milliarden US-Dollar wurde nach wochenlangem Ringen am 24. Dezember 2000 von der Generalversammlung

---

1 Vgl. hierzu Hüfner, K., Die Vereinten Nationen und ihre Sonderorganisationen. Teil 3: Finanzierung des Systems der Vereinten Nationen 1971–1995. Teil 3 A: Vereinte Nationen – Friedensoperationen – Spezialorgane (DGVN-Texte 45), Bonn 1997; ders., Haushalt, in: Volger (Hrsg.), Lexikon, S. 220–226.

2 Vgl. S. 112 f.

3 Die Angaben über die jährlichen Ausgaben im UN-System schwanken u. a. deshalb erheblich, weil solche Gesamtzahlen offiziell nicht regelmäßig ausgewiesen werden. Für das Jahr 2002 wurden die Gesamtausgaben im UN-System auf etwa 12 Milliarden US-Dollar beziffert.

ohne förmliche Abstimmung beschlossen und später auf 2,890 Milliarden aufgestockt. Gegenüber dem revidierten Zweijahreshaushalt 2000/01 in Höhe von 2,561 Milliarden Dollar bedeutete dies eine Steigerung um rund 2,5 Prozent, nachdem die Haushalte davor im Zeichen eines nominalen Nullwachstums gestanden hatten. Für 2004/05 sind 3,058 Milliarden US-Dollar vorgesehen.

Bei dem ordentlichen Haushalt der Vereinten Nationen handelt es sich seit Mitte der 70er Jahre um einen Zweijahres-Programmhaushalt, in dem die politischen Ziele und Programme den Kostenansätzen vorangestellt werden. Inzwischen ist auf Anregung des Generalsekretärs mit dem so genannten ergebnisorientierten Haushaltsverfahren eine Weiterentwicklung in der Art des Budgetierens erfolgt.[4]

Um den Umfang der UN-Budgets relativierend einordnen zu können, werden – zu Recht – immer wieder Vergleiche angestellt, sei es der Verweis auf den Haushalt der Stadt New York (das UN-Budget macht vier Prozent hiervon aus) oder die jährlichen Kosten für die Feuerwehr der Stadt Tokio (entsprachen in etwa den Peacekeeping-Aufwendungen für 1999 mit rund einer Milliarde US-Dollar); dagegenzustellen wäre etwa auch der Jahreshaushalt des Auswärtigen Amtes in Bonn, der sich 2003 auf rund 2,2 Milliarden Euro beläuft.

Das **Haushaltsverfahren** wurde 1986 auf Druck der USA von der Generalversammlung (Resolution 41/213) grundlegend geändert, um das Mitspracherecht der Hauptbeitragszahler zu stärken und ihnen de facto ein Vetorecht zuzubilligen. „Komplizierter als das der meisten Sonderorganisationen"[5] vollzieht sich das zweistufige Verfahren beim ordentlichen UN-Budget wie folgt:[6]

Der Generalsekretär legt im Jahr vor der Verabschiedung des Haushalts (einem „geraden" Jahr) für die anstehende Zweijahresperiode einen Haushaltsrahmenentwurf vor, der in groben Zügen die

---

4 Vgl. hierzu Mizutani, T., J. Müller und W. Münch, Ergebnisorientiertes Handeln. Erste Erfahrungen mit einem neuen Budgetverfahren im Verband der Vereinten Nationen, in: Vereinte Nationen, 48. Jg., Heft 2, 2000, S. 59–64.

5 Göthel, Vereinte Nationen, S. 104.

6 Vgl. hierzu ebenda, S. 96, und Koch, L. und A. Plaga, Interessenausgleich mit Hindernissen. Das reformierte Haushaltsaufstellungsverfahren, in: Vereinte Nationen, 40. Jg., Heft 1, 1992, S. 16–19; Hüfner, Haushalt, in: Volger (Hrsg.), Lexikon, S. 221 f.

Programmaktivitäten festlegt. Dieser wird dann im Programm- und Koordinierungsausschuss (CPC), in dem neben den 34 ordentlichen Mitgliedern auch andere UN-Staaten als Beobachter mit Rederecht vertreten sind, und im Beratenden Ausschuss für Verwaltungs- und Haushaltsfragen (ACABQ),[7] einem Gremium von Haushaltsexperten, vorberaten und anschließend dem Fünften Hauptausschuss der Generalversammlung[8] vorgelegt, ehe das Plenum den Haushaltsrahmen verabschiedet.

Innerhalb des „zeitaufwendigen und unflexiblen"[9] Haushaltsverfahrens gilt es in den Ausschüssen eine Reihe von Hürden zu überwinden, wozu vor allem die Vorgehensweise im herausgehobenen Programm- und Koordinierungsauschuss zählt. Die Position des CPC – seit 1976 ein mit Regierungsvertretern besetztes gemeinsames Unterorgan von Generalversammlung und Wirtschafts- und Sozialrat[10] – wurde 1986 im Haushaltsverfahren insofern erheblich gestärkt, als seine Empfehlungen an das Plenum nur noch im Konsens verabschiedet werden können, d. h. dass insbesondere die Hauptgeldgeber mit seinen präjudizierenden Entscheidungen einverstanden sein müssen.

Im so genannten Haushalts-Jahr (einem „ungeraden" Jahr) durchläuft der Haushalt eine zweite Stufe, wobei die institutionelle Abfolge mit der der ersten Stufe nahezu identisch ist: Der Generalsekretär legt auf der Grundlage des vom Plenum beschlossenen Rahmens nunmehr einen konkreten Programmhaushalt vor, der der Reihe nach von den drei genannten Ausschüssen begutachtet und in der Regel auch modifiziert wird. Die endgültige Annahme des Zweijahreshaushalts liegt dann in den Händen der Generalversammlung, die mit der nach der Charta erforderlichen Zweidrittelmehrheit – seit dem geänderten Haushaltsverfahren stets im Konsens – zustimmen muss.

Die Ausgabenseite des ordentlichen Haushalts, der lediglich etwa 25 Prozent der Gesamtausgaben der Kernorganisation (UNO) ab-

---

7 Vgl. S. 62 f.
8 Vgl. S. 61.
9 So Kofi Annan, zitiert in: Göthel, Vereinte Nationen, S. 105.
10 Vgl. S. 143.

deckt, ist neuerdings in 13 Einzelpläne mit insgesamt 33 Sachtiteln gegliedert und umfasst neben den Verwaltungskosten – davon rund 65 Prozent Personalkosten – auch Ausgaben für Programmaktivitäten, wenngleich in geringerem Ausmaß; außerdem werden ausnahmsweise die Aufwendungen für die Entsendung zweier seit den vierziger Jahren laufenden Beobachtermissionen (UNTSO und UN-MOGIP) aus dem regulären Budget bestritten.

Der ordentliche Haushalt der Organisation wird überwiegend durch Pflichtbeiträge (assessments) der Mitgliedstaaten finanziert, deren Höhe von der Generalversammlung für jeweils drei Jahre im Voraus festgelegt wird. Ende Dezember 2000 verabschiedete die 55. Generalversammlung (Resolution 55/5B) unter „durchaus dramatischen Umständen"[11] die substantiell revidierten Beitragsquoten (prozentualer Anteil am jeweiligen – um die Eigeneinkünfte verminderten – UN-Budget) für den Zeitraum 2001–2003, wobei die Beitragssätze einzelner Mitglieder in den drei Jahren leicht variieren.[12] Die Höhe des Beitragsanteils wird vom Beitragsausschuss der Generalversammlung[13] nach einem komplizierten und in der Vergangenheit immer wieder modifizierten Schlüssel berechnet, der die unterschiedliche Leistungsfähigkeit der Mitglieder berücksichtigt und seit 1998 im Wesentlichen auf dem Indikator Bruttosozialprodukt der zurückliegenden sechs Jahre beruht.[14]

Neben der Festlegung der Beitragsbemessung und der Dauer des Veranlagungszeitraums sind jeweils die Höchst- und Mindestgrenzen für den jeweiligen Beitragsschlüssel auszuhandeln. Bis 1997 lag die Obergrenze bei 25 Prozent und der Mindestbeitrag bei 0,01, danach bei 0,001 Prozent. Die im Dezember 2000 schließlich gefundene Neuregelung kam unter massivem Druck der USA zustande

---

11 Koschorrek, W., Verwaltung und Haushalt, in: Vereinte Nationen, 49. Jg., Heft 2, 2001, S. 65.

12 Vgl. den Beitragsschlüssel für die Periode 2001–2003, in: Vereinte Nationen, 49. Jg., Heft 2, 2001, S. 61 f. Die Beitragsquoten der einzelnen Mitglieder sind im Anhang, S. 437 ff., aufgeführt.

13 Vgl. S. 63.

14 Einzelheiten bei Hüfner, Haushalt, in: Volger (Hrsg.), Lexikon, S. 223–226; ders., Die Finanzierung des UN-Systems in der Dauerkrise, in: von Schorlemer (Hrsg.), Praxishandbuch, S. 622–625.

und sah eine Absenkung des Höchstsatzes auf 22 Prozent vor. Zum Ausgleich boten die USA eine Sonderleistung für das Jahr 2001 in Höhe von 34 Millionen Dollar an, die – ein einmaliger Vorgang in der UN-Geschichte – von einem Privatmann, dem CNN-Gründer Ted Turner, als Schenkung bereitgestellt wurde.

Die Vereinigten Staaten leisten damit, wie schon in den Perioden davor, weiterhin den mit Abstand höchsten Einzelbeitrag, gefolgt von Japan mit 19,515 und Deutschland mit 9,769 Prozent – jeweils bezogen auf 2003; der Anteil Österreichs beträgt 0,947 Prozent, der Liechtensteins liegt bei 0,006 Prozent des ordentlichen Nettohaushaltes; die Schweiz wurde nach ihrem Beitritt im September 2002 für 2003 mit 1,274 Prozent veranlagt. Im Zeitraum 2001–2003 entrichten 44 Mitgliedstaaten lediglich den Mindestsatz und tragen damit lediglich 0,044 Prozent zum Haushalt bei. Die gültige Veranlagungsformel hat zur Folge, dass 140 Staaten zusammen nur knapp ein Prozent des ordentlichen UN-Budgets, 10 Mitglieder dagegen weit mehr als 75 Prozent finanzieren. Mit einem Anteil von 37,054 Prozent bilden die EU-Staaten die stärkste Finanzgruppe.

Die größten Beitragszahler (Anteil am ordentlichen Haushalt von mehr als einem Prozent) treffen sich seit 1964 als so genannte **Genfer Gruppe**,[15] ein informelles Gremium, zweimal jährlich zu einem breit angelegten Meinungsaustausch über grundlegende Fragen der UN-Haushalte, -Finanzen und -Programme.

Den Vereinten Nationen stehen des Weiteren für den Ausgleich des ordentlichen Etats direkte Einnahmen zur Verfügung, beispielsweise Einkünfte aus der Besteuerung der Gehälter der Bediensteten, Erlöse aus dem Absatz von Briefmarken, Souvenirs und Publikationen. (Die Nettoeinnahmen aus dem Verkauf eigener Briefmarken und Souvenirs bringen seit Jahren mehr Geld in die Kasse, als etwa 75 der Mitglieder jeweils an Beiträgen zahlen).

Für die Finanzierung der **Friedensoperationen** werden spezielle Sondertitel oder Sonderfonds (peacekeeping support accounts) errichtet, die nach einem eigenen Verteilungsschlüssel aus zusätzlichen Pflichtbeiträgen gespeist werden.[16]

---

15 Vgl. hierzu Altenburg, G., Genfer Gruppe, in: Volger (Hrsg.), Lexikon, S. 183–184.
16 Vgl. hierzu S. 131 f.

Zur Zwischenfinanzierung von Zahlungsverpflichtungen bildet die Generalversammlung für jede Haushaltsperiode einen Betriebsmittelfonds, der durch Vorauszahlungen der Mitglieder finanziert wird und derzeit mit 100 Millionen US-Dollar ausgestattet ist. Für die Anschubfinanzierung von Friedensoperationen wurde 1992 ein eigenständiger Reservefonds mit einem Volumen von 150 Millionen Dollar errichtet, wovon jedoch bisher nur ein Teil zur Verfügung steht – meist zur Überbrückung akuter Finanzlücken.

Die wirtschaftlichen, sozialen und humanitären Aktivitäten der Vereinten Nationen werden überwiegend durch **freiwillige Beitragsleistungen** finanziert. Hierzu gehören beispielsweise die operativen Aktivitäten in Form von UN-Hilfsprogrammen, wie das Entwicklungsprogramm der Vereinten Nationen (UNDP), das Weltkinderhilfswerk (UNICEF), das Amt des Hohen Kommissars für Flüchtlinge (UNHCR) und der Bevölkerungsfonds der Vereinten Nationen (UNFPA). Die UN-Mitglieder wie auch die mitarbeitenden Nichtmitgliedstaaten speisen derzeit mehr als 30 Programme, Fonds und Sonderkonten mit freiwilligen Zahlungen, deren Höhe nach eigenem Gutdünken alljährlich auf so genannten Beitragsankündigungskonferenzen (pledging conferences) für Entwicklungsaktivitäten festgelegt wird. Das jeweilige Gesamtvolumen dieser Zusagen (1999 nahezu 5,5 Milliarden US-Dollar) übersteigt stets mehrfach die Höhe des ordentlichen UN-Haushaltes.

Die Vereinten Nationen befinden sich seit Anfang der sechziger Jahre, bedingt durch Zahlungsverzug und Zahlungsverweigerung, in einer permanenten Finanzkrise.[17] Eine größere, in ihrer Zusammensetzung wechselnde Zahl von Mitgliedern geriet mit ihren Beitragszahlungen in Rückstand, eine Reihe anderer Staaten weigerte sich, Zahlungen zur Finanzierung bestimmter friedenssichernder Missionen zu leisten.

Die erste ernsthafte Finanzkrise entzündete sich an dem Streit um die Finanzierung der frühen Friedensoperationen. So wurden der Einsatz einer UN-Polizeitruppe im Nahen Osten (UNEF I,

---

17 Vgl. hierzu Schlesinger, Th., Finanzierung und Finanzkrisen der Vereinten Nationen, in: Cede und Sucharipa-Behrmann (Hrsg.), Vereinte Nationen, S. 267–279; Hüfner, K., Finanzkrisen, in: Volger (Hrsg.), Lexikon, S. 120–125.

1956–1967) und die Entsendung von UN-Truppen in den Kongo (ONUC, 1960–1964) von Frankreich und im Falle Suez von der Sowjetunion und einigen Verbündeten abgelehnt. Gemäß einem Rechtsgutachten des Internationalen Gerichtshofs vom 20. Juli 1962 bestand jedoch für alle Mitgliedstaaten eine Zahlungsverpflichtung.

Eine zweite Finanzkrise wurde Anfang der 80er Jahre durch die selektiven Beitragszahlungen bzw. Zahlungsverweigerung der USA ausgelöst. Die Gründe für das Verhalten der damaligen US-Regierung und des US-Kongresses lagen weniger im amerikanischen Haushaltsdefizit und den damit verbundenen Sparmaßnahmen als vielmehr in prinzipiellen politischen Vorbehalten gegenüber den Vereinten Nationen; unverhüllt wurden die Kürzungsbeschlüsse als Druckmittel für eine Änderung des UN-Haushaltsverfahrens zugunsten der potenten Beitragszahler (statt Mehrheitsentscheidungen Konsensfindung bei Budget- und Finanzfragen) benutzt.[18] Die in diesem Sinne im Dezember 1986 vorgenommene Neuregelung des Budgetverfahrens ließ auf eine Verbesserung der Finanzsituation der Vereinten Nationen ebenso hoffen wie die Bereitschaft der Sowjetunion, ihre aufgelaufenen Rückstände für friedenserhaltende Operationen zu begleichen.

Von einer Gesundung der Finanzen der Organisation konnte jedoch Anfang der neunziger Jahre trotz oder gerade wegen der weltpolitischen Wiederentdeckung des Instrumentariums der Vereinten Nationen nach Ende des Ost-West-Konfliktes keine Rede sein. Die Aufgaben und damit die Ausgaben wuchsen sprunghaft an – nicht zuletzt durch die explosionsartige Ausweitung der Kosten für friedenssichernde Operationen –, während sich die Einnahmenseite zunehmend verschlechterte. Eine weitere Krisenphase begann.

Das von Boutros-Ghali zum Ende seiner Amtszeit oft benutzte Schlagwort von der „Einnahmekrise" der Vereinten Nationen kenn-

---

18 Vgl. hierzu Münzig, E., Die UNO – Instrument amerikanischer Außenpolitik?, München und Hamburg 1995; Loeper, S., Multilateralismus ohne Hegemonie? Die amerikanische Politik gegenüber den Vereinten Nationen, in: Dembinski, M. u. a. (Hrsg.), Amerikanische Weltpolitik nach dem Ost-West-Konflikt, Baden-Baden 1994, S. 381–406.

zeichnete die das UN-Jubiläum 1995 überschattende, inzwischen gravierend gewordene Finanzmisere durchaus treffend: Es waren dies die über Jahre hinweg angewachsenen Außenstände einer Vielzahl von Mitgliedstaaten, mit den USA als dem Hauptschuldner, die zu der existenzbedrohenden Situation führten.

Im Verlauf des Jahres 2002 hat sich die Finanzlage der Vereinten Nationen, ausgelöst durch eine abrupte Verhaltensänderung des US-Kongresses, erstmals entspannt. Die USA, die der Organisation über Jahre hinweg 1,6 Milliarden US-Dollar schuldeten, fanden sich nach den Terroranschlägen des 11. September 2001 bereit, eine zweite Tranche in Höhe von mehr als 500 Millionen Dollar zu begleichen, und leisteten danach weitere Zahlungen.

Bereits in seinem ersten Amtsjahr (1992) hatte Boutros-Ghali die Einsetzung einer unabhängigen Beratergruppe, bestehend aus elf Sachverständigen (darunter auch der ehemalige Präsident der Deutschen Bundesbank, Karl Otto Pöhl) initiiert, die Anfang 1993 ihren Bericht (Ogata-Volcker-Bericht) zu Fragen der Finanzierung der Vereinten Nationen vorlegte.[19]

Das Plenum seinerseits rief im Dezember 1994 eine „Hochrangige Arbeitsgruppe" zur UN-Finanzsituation unter Vorsitz des Präsidenten der Generalversammlung ins Leben, deren Vorschläge weitgehend unbeachtet blieben und deren Arbeit inzwischen ruht.

Neuartige Finanzierungsmodelle (etwa über Kredite oder direkte UN-Steuern) zeichnen sich für die Vereinten Nationen als einer nach wie vor gouvernementalen Einrichtung nicht ab bzw. erscheinen realitätsfern,[20] wahrscheinlicher hingegen ist neben einem strikten Sparkurs eine Beitragsumverteilung – wie sie auch Ende 2000 in Angriff genommen wurde –, doch das Gefeilsche um die neue Lastenverteilung machte deutlich – mehr bezahlen will letztlich keiner.

---

19 Vgl. hierzu Hüfner, Finanzierung, in: Hüfner, Reform, S. 216–218. Vgl. auch Sucharipa, E. und L. Sucharipa-Behrmann, Die Finanzkrise der Vereinten Nationen. Gibt es Chancen für eine Lösung?, in: Österreichisches Jahrbuch für Internationale Politik, 12. Jg., Wien 1995, S. 1–20.
20 Vgl. hierzu etwa Piel, A. H., Finanzierungsproblematik der Vereinten Nationen und pragmatische Lösungsperspektiven unter Berücksichtigung einer alternativen Finanzierungsstrategie für den ordentlichen Haushalt, Berlin 1996.

II. Sitz und Sprachen

Über den **Sitz der Organisation** finden sich in der Charta im Gegensatz zur Völkerbundsatzung (Artikel 7 Abs. 1) keinerlei verbindliche Regelungen. Zwar wurde bei den Gründungsverhandlungen vorgeschlagen und von der Generalversammlung in ihrer ersten Session in London akzeptiert, dass die Vereinten Nationen ihr ständiges Domizil in den USA nehmen sollten, aber erst am 14. Dezember 1946 bestimmte dieses Gremium New York endgültig zum Hauptsitz (Headquarters) der Weltorganisation. Zunächst in verschiedenen New Yorker Unterkünften (so im Hunter College in der Bronx und in Flushing Meadows) provisorisch untergebracht, bezogen die Vereinten Nationen 1952 den von den USA vorfinanzierten Neubaukomplex am East River in Manhattan.

Da die Gebäude des Amtssitzes inzwischen so schadhaft und z. T. baufällig sind, wurde ein umfassender Sanierungsplan erstellt, der noch der Finanzierung bedarf und einen Beginn der Arbeiten im Herbst 2004 vorsieht.

Die Hauptorgane – mit Ausnahme des Internationalen Gerichtshofs in Den Haag – treten in der Regel in New York zusammen, jedoch können auch andere Tagungsorte vereinbart werden. (Nach einem Beschluss der Generalversammlung von Ende 1985 sollten Gremien der Vereinten Nationen allerdings aus Kostengründen ihren jeweiligen Amtssitz möglichst nicht verlassen.)

Insbesondere in Genf, wo die Vereinten Nationen 1946 im inzwischen erweiterten Völkerbundgebäude (Palais des Nations) einen europäischen und damit zweiten Sitz (UNOG – Büro der Vereinten Nationen in Genf) errichtet hatten, finden seit langem gerade solche Tagungen von UN-Organen und -Unterorganen statt, bei denen wirtschaftliche und soziale Fragen behandelt werden.[21] Im August 1979 wurde im Wiener Donaupark mit dem Internationalen Zentrum Wien (VIC), kurz UNO-City genannt, eine weitere Niederlas-

---

21 Vgl. hierzu Auswärtiges Amt (Hrsg.), Die Vereinten Nationen in Genf. Die deutsche Mitarbeit, Bonn o. J. (1995), S. 22 ff. (mit einer Auflistung der UN-Einrichtungen in Genf).

sung der Vereinten Nationen (UNOV – Büro der Vereinten Nationen in Wien) offiziell in Dienst gestellt,[22] zahlreiche Organisationen und Unterorgane sind in diesem Gebäudekomplex untergebracht. Als Letztes konnte im Januar 1996 in einem Land der Dritten Welt, in Nairobi, ein weiteres UN-Büro eröffnet werden. Darüber hinaus sind etwa 60 Dienststellen gemäß dem globalen Anspruch der Vereinten Nationen weltweit (darunter inzwischen auch in Bonn[23]) verstreut.

Die Mitgliedstaaten unterhalten am Hauptsitz sowie teilweise auch in den anderen UN-Städten jeweils eine Ständige Vertretung (Permanent Mission), deren Funktion und Struktur weitgehend der einer Botschaft entspricht; Nichtmitglieder haben das Recht, Ständige Beobachtermissionen zu errichten. Status und Privilegien der zentralen Dienstorte und der Staatenvertretungen sind in so genannten Amtssitzabkommen geregelt, die zwischen der Organisation und dem jeweiligen Gastland geschlossen werden.[24]

In allen UN-Hauptorganen mit Ausnahme des Internationalen Gerichtshofs sind gemäß den Geschäftsordnungen Chinesisch, Englisch, Französisch, Russisch, Spanisch und Arabisch sowohl **Amts- als auch Arbeitssprachen**.[25] In den vielen Kommissionen und Ausschüssen hat sich Englisch immer mehr zur Sprache des Multilateralismus entwickelt.

Seit Juli 1975 ist zudem Deutsch „Dokumentensprache", d. h. wie von der Bundesrepublik Deutschland, der ehemaligen DDR und Österreich gemeinsam beantragt, werden die Beschlüsse der Generalversammlung, des Sicherheitsrats und zahlreiche weitere wichtige UN-Dokumente von dem beim UN-Sekretariat in New York eingerichteten Deutschen Übersetzungsdienst (DÜD) der Vereinten Nationen[26] ins Deutsche übersetzt. Heute wird der Sprachendienst

---

22 Vgl. S. 339.
23 Vgl. S. 323 f.
24 Vgl. hierzu Heintze, H.-J., Sitzstaatsabkommen, in: Volger (Hrsg.), Lexikon, S. 485–487.
25 Vgl. hierzu Paqué, R., Vielsprachigkeit, Mehrsprachigkeit, Einsprachigkeit. Zu den Sprachen der Vereinten Nationen und zur Resolution 50/11 der Generalversammlung über „Multilingualism", in: Vereinte Nationen, 45. Jg., Heft 2, 1997, S. 61–68.
26 Internet: http://www.un.org/depts/german

vorwiegend von Deutschland, aber auch von Österreich, der Schweiz und Liechtenstein über einen Treuhandfonds finanziert. Um die deutschsprachige UN-Terminologie zu harmonisieren, wurde die vom Deutschen Übersetzungsdienst erarbeitete Terminologiedatenbank, DETERM, 2002 ins Internet gestellt.[27]

Die offiziellen Sprachen des Gerichtshofs sind Englisch und Französisch.

---

27 www.determ.un.org

7. Kapitel. Zwischenstaatliche Organisationen in Verbindung mit den Vereinten Nationen

Ein wesentlicher Teil der Arbeit der Vereinten Nationen mit dem Ziel der weltweiten Verbesserung der wirtschaftlichen, sozialen, ökologischen und kulturellen Verhältnisse wird von einer Reihe zwischenstaatlicher Organisationen geleistet. Inzwischen sind 20 solcher Organisationen, die zum Teil lange vor der UNO und dem Völkerbund bestanden hatten, mit den Vereinten Nationen durch besondere Verträge verbunden. Sie sind keine Unter- oder Spezialorgane der Vereinten Nationen, vielmehr handelt es sich um rechtlich selbständige Organisationen, die Verträge abschließen und in sonstiger Weise völkerrechtlich tätig werden können.

Auf Grund ihrer vertraglich geregelten völkerrechtlichen Beziehungen zu den Vereinten Nationen sind diese zwischenstaatlichen Organisationen jedoch Teile des UN-Systems, wobei unterschieden wird zwischen:

- **Sonderorganisationen** (specialized agencies) bzw. **Spezialorganisationen** (so der Terminus vor allem in der Schweiz),
- **angeschlossenen Organisationen** (related organizations), oftmals auch als **autonome Organisationen** bezeichnet, die zu den Vereinten Nationen in einem speziellen Vertragsverhältnis stehen.

Gemeinsam ist allen diesen Organisationen, dass sie eine eigene Satzung, eigene Organe und einen eigenen Haushalt besitzen. Die Mitgliedschaft in diesen Organisationen ist nicht von einer Zugehörigkeit zu den Vereinten Nationen abhängig, d. h. in der Kernorganisation nicht vertretene Staaten, wie die Schweiz bis zu ihrem UN-Beitritt, können dennoch einzelnen oder auch allen diesen UN-Organisationen angehören.

I. Sonderorganisationen

1. Grundsätze

Bereits in der Gründungsphase der Vereinten Nationen waren die Großmächte übereingekommen, dass sich die UNO zur Intensivierung der weltweiten wirtschaftlichen und sozialen Zusammenarbeit auch auf andere autonome internationale Organisationen stützen sollte. In der UN-Satzung wurde dieser Grundsatz verankert, womit gleichzeitig die Nachteile einer schwerfälligen und unübersichtlichen „Superorganisation" ausgeschaltet werden sollten. Die gefundene Lösung stellt eine Mischung zwischen strengem Zentralismus und völliger Dezentralisierung dar: Die Vereinten Nationen sollen die Tätigkeit dieser Organisationen koordinieren, sie sind gleichsam der Kristallisationspunkt für die internationale Zusammenarbeit auf bestimmten Gebieten; während die einzelnen Einrichtungen ihre rechtliche und organisatorische Selbständigkeit zwar behalten, sind sie dennoch Bestandteil des – nicht hierarchisch strukturierten – UN-Systems und gehören daher zur „UN-Familie".[1]

Die UN-Charta (Artikel 57) geht davon aus, dass zwischenstaatliche internationale Organisationen, „die auf den Gebieten der Wirtschaft, des Sozialwesens, der Kultur, der Erziehung, der Gesundheit und auf verwandten Gebieten weit reichende, ... internationale Aufgaben zu erfüllen haben", mit den Vereinten Nationen „in Beziehung" gebracht werden. Diese Fachorganisationen auf Staatenebene, die zum Teil schon vor der Gründung der Vereinten Nationen entstanden waren (beispielsweise der Weltpostverein oder die Internationale Arbeitsorganisation), zum Teil später geschaffen wurden (manche auf Anregung und Initiative der Vereinten Nationen), zeichnen sich somit dadurch aus, dass sich ihre Tätigkeitsbereiche mit denen des Wirtschafts- und Sozialrats decken. Der ECOSOC ist deshalb befugt, mit solchen Organisationen Kooperations-

---

1 Zur rechtlichen Stellung der Sonderorganisationen vgl. Simma (Hrsg.), Charta, S. 739 ff. und S. 805 ff..; Ipsen, Völkerrecht, S. 430–433; Vitzhum (Hrsg.), Völkerrecht, S. 365–368.

bzw. Beziehungsabkommen[2] (relationship agreements) abzuschließen, in denen die Zusammenarbeit mit den Vereinten Nationen im Einzelnen geregelt wird (Artikel 63).

Vorbereitet und ausgehandelt wird der jeweilige Vertrag von einem Ausschuss des Wirtschafts- und Sozialrats, dem „**Ausschuss für Verhandlungen mit zwischenstaatlichen Organisationen**" (Committee on Negotiations with Intergovernmental Agencies)[3], danach wird die Abmachung dem jeweils zuständigen Organ der Organisation und dem ECOSOC zur Verabschiedung vorgelegt. Die endgültige Entscheidung über das Zustandekommen des Abkommens liegt bei der UN-Generalversammlung; erst durch deren Zustimmung erhält die Organisation den Status einer Sonderorganisation. Aufbau und Inhalt der einzelnen Verträge weisen große inhaltliche Übereinstimmungen auf, wobei das erste – 1946 mit der Internationalen Arbeitsorganisation geschlossene – Abkommen als Muster für die nachfolgenden Vereinbarungen diente.

Einleitend wird gewöhnlich festgestellt, dass es sich bei der Sonderorganisation um eine durch Regierungsabkommen begründete internationale Organisation handelt, die auf globaler Ebene einen der in Artikel 57 UN-Charta genannten Aufgabenbereiche abdeckt. Anschließend folgt ein Verweis auf die Satzung der Sonderorganisation, die es gestattet, mit den Vereinten Nationen zusammenzuarbeiten und einen solchen Vertrag abzuschließen. Die Autonomie und Eigenverantwortlichkeit der Sonderorganisation auf ihrem speziellen Wirkungsfeld wird von den Vereinten Nationen anerkannt und garantiert. Nach diesen mehr grundsätzlichen Regelungen folgen Vorschriften über die Zusammenarbeit und Koordination, einmal mit den Vereinten Nationen, zum anderen auch mit anderen Sonderorganisationen. So besteht zwischen der UN-Kernorganisation und den einzelnen Sonderorganisationen eine gegenseitige Einladungspflicht zur Teilnahme an Sitzungen der Organe und an Konferenzen, außerdem sind die Sonderorganisationen gehalten, dem ECOSOC regelmäßig Berichte vorzulegen.

---

2 Vgl. hierzu Hüfner, K., Sonderorganisationen, in: Volger (Hrsg.), Lexikon, S. 488–489.
3 Vgl. S. 143.

Zwischen einer Reihe von Sonderorganisationen wurden mittlerweile ebenfalls Kooperationsabkommen geschlossen, die sich auf gemeinsame Tätigkeitsfelder beziehen. Artikel 63 Abs. 2 der UN-Charta bestimmt, dass der Wirtschafts- und Sozialrat die „Tätigkeit der Sonderorganisationen koordiniert, indem er Konsultationen mit ihnen führt und an sie, an die Generalversammlung und die Mitglieder der Vereinten Nationen Empfehlungen richtet".

Zur Wahrnehmung dieser Aufgabe setzte der ECOSOC 1946 den ihm verantwortlichen **Verwaltungsausschuss für Koordinierung** (ACC)[4] ein, der 2001 in **Koordinierungsrat der Leiter der Organisationen des UN-Systems** (Chief Executives Board for Coordination – CEB) umbenannt wurde. Dieses unter dem Vorsitz des UN-Generalsekretärs stehende Gremium, dem die Verwaltungsspitzen der Sonderorganisationen sowie weiterer UN-Organisationen, -Programme und -Fonds angehören und das in der Regel zweimal jährlich für wenige Tage zusammentritt, wird in seiner Koordinationsarbeit von zwei Unterausschüssen unterstützt.

Die mit der Umbenennung verbundene planerische Aufwertung des CEB soll zu der von Kofi Annan in seinem Reformprogramm von 1997 geforderten Stärkung des interinstitutionellen Hauptinstruments für die Abstimmung der Aktivitäten innerhalb des Systems der Vereinten Nationen führen.

Ebenfalls mit Koordinationsaufgaben betraut ist ein 1962 vom Wirtschafts- und Sozialrat eingesetzter Ständiger Ausschuss, der seit 1966 die Bezeichnung **Programm- und Koordinierungsausschuss** (Committee for Programme and Coordination – CPC)[5] trägt und einmal jährlich für jeweils mehrere Wochen zusammentritt. Er soll die Programme im UN-System sektorenweise überprüfen und Leitlinien zur besseren Abstimmung der Aktivitäten im System vorgeben.

Die Sonderorganisationen, die in ihrer organisatorischen Struktur – mit Ausnahme des Währungsfonds und der Weltbankgruppe – große Parallelen aufweisen, besitzen als selbständige internationale Einrichtungen eigene Finanzhoheit, d. h. einen eigenen Haushalt,

---

4 Vgl. S. 149.
5 Vgl. S. 143.

der zu einem Großteil durch Pflichtbeiträge der Mitgliedstaaten aufgebracht wird. Die UN-Generalversammlung hat jedoch nach Artikel 17 Abs. 3 das Recht, die Haushaltspläne der Sonderorganisationen zu „prüfen" und Empfehlungen an die einzelnen Organisationen zu richten. In den verschiedenen Kooperationsverträgen ist die finanzielle Zusammenarbeit der Sonderorganisationen mit den Vereinten Nationen im Einzelnen geregelt; bis auf einige Ausnahmen (Währungsfonds und Weltbankgruppe) wurden darin de jure enge haushaltsrechtliche und finanzielle Beziehungen vereinbart. Die Vorarbeiten für die Wahrnehmung dieser – in der Praxis zur reinen Formsache erstarrten – Kompetenzen ohne erkennbaren Einfluss auf das Haushaltsgebaren der Sonderorganisationen werden im **Beratenden Ausschuss für Verwaltungs- und Haushaltsfragen** (ACABQ)[6] der Generalversammlung geleistet.

Im Zuge der neuesten Diskussion über eine Reform des Wirtschafts- und Sozialrats der Vereinten Nationen zielen viele Bestrebungen und Vorschläge auf eine wirksamere Nutzung des formal bereits sehr „engen Kommunikationsnetzes"[7] zwischen den Organisationen des Systems.

Im Folgenden werden die gegenwärtig (Stand: 1. Juli 2003) existierenden sechzehn Sonderorganisationen der Vereinten Nationen anhand eines für alle Organisationen geltenden Gliederungsschemas dargestellt, wobei überblickartig vor allem die Ziele und Tätigkeitsbereiche sowie die Organisationsstrukturen behandelt werden.[8]

Einige Organisationen fehlen in dieser Übersicht, obschon sie im Zusammenhang mit den Vereinten Nationen oftmals behandelt werden: einmal die von 1948 bis 1952 als Sonderorganisation wirkende, aber inzwischen aufgelöste **Internationale Flüchtlingsorganisation** (International Refugee Organization – IRO), zum anderen das am 1. Januar 1948 in Kraft getretene **Allgemeine Zoll- und Han-**

---

6 Vgl. S. 62 f.

7 Hüfner, K. und W. Spröte, Zur Reform des Wirtschafts- und Sozialrats der Vereinten Nationen, in: Hüfner (Hrsg.), Reform, S. 105.

8 Vgl. den Organisationenüberblick bei: Hüfner, K., Die Vereinten Nationen und ihre Sonderorganisationen, Teil 2: Die Sonderorganisationen, Bonn 1992.

delsabkommen (General Agreement on Tariffs and Trade – GATT). Das GATT, ursprünglich als Vorstufe zu einer Internationalen Handelsorganisation (International Trade Organization – ITO) konzipiert, stand als zwischenstaatliche Einrichtung mit lockerer Organisationsform lediglich in loser Verbindung zu den Vereinten Nationen und wurde nach langwierigen Verhandlungen mit der Unterzeichnung der Schlussakte der sog. Uruguay-Runde im April 1994 schließlich am 1. Januar 1995 durch die **Welthandelsorganisation** (World Trade Organization – WTO)[9] abgelöst. Mit Sitz in Genf (auch Bonn hatte sich um die Ansiedlung des Sekretariats bemüht) erhielt der Handel mit Waren, Dienstleistungen und geistigem Eigentum einen festen weltumspannenden Rahmen, wobei die Tätigkeitsfelder erhebliche Berührungspunkte mit Arbeitsgebieten verschiedener UN-Einrichtungen aufweisen. Bisher gibt es jedoch keine Bestrebungen, die WTO rechtlich in das System der Vereinten Nationen zu integrieren, jedoch haben sich in den vergangenen Jahren „vielfältige Kooperationsstrukturen"[10] herausgebildet.

Die seit Anfang 1975 mit Sitz in Madrid tätige, mit der Behandlung aller Angelegenheiten des Fremdenverkehrs betraute **Weltorganisation für Tourismus** (World Tourism Organization – ebenfalls abgekürzt WTO) ist zwar auch eine eigenständige internationale Organisation, aber (bisher) formal keine UN-Sonderorganisation.[11] Sie arbeitet seit 1997 eng mit den Vereinten Nationen zusammen und nahm ausgangs 2001 Vertragsverhandlungen über den Status einer Sonderorganisation auf, die Ende 2003 abgeschlossen sein dürften.

---

9 Vgl. hierzu Stoll, P.-T., WTO/GATT – Welthandelsorganisation/Allgemeines Zoll- und Handelsabkommen, in: Volger (Hrsg.), Lexikon, S. 668–675; Beise, M., Die Welthandelsorganisation (WTO). Funktion, Status, Organisation, Baden-Baden 2002; Stoll, P.-T. und F. Schorkopf, WTO. Welthandelsordnung und Welthandelsrecht, Köln 2002.Internet: www.wto.org

10 Schorlemer, S. v., Zwischen Abgrenzung und Kooperation. Die Rechtsnatur der WTO und ihr Verhältnis zum UN-System, in: Vereinte Nationen, 49. Jg., Heft 3, 2001, S. 101–104.

11 Vgl. hierzu Pahr, W. P., Im Interesse der Gäste wie der Gastgeber. Die Weltorganisation für Tourismus (WTO), in: Vereinte Nationen, 35. Jg., Heft 3, 1987, S. 98–102; Dicke, K., WTO – Weltorganisation für Tourismus, in: Wolfrum, Handbuch, S. 1148–1151. Internet: www.world-tourism.org

Ebenfalls nicht zu den Sonderorganisationen der Vereinten Nationen zählt die 1985 gegründete **Multilaterale Investitions-Garantie-Agentur** (Multilateral Investment Guarantee Agency – MIGA)[12], deren Satzung am 12. April 1988 in Kraft trat. Als selbständige internationale Organisation arbeitet die MIGA unter dem Dach der Weltbank, d. h. sie ist Teil der Weltbankgruppe und ergänzt deren Tätigkeit insofern, als sie die Aufgabe hat, Kapitalbeteiligungen und andere privatwirtschaftliche Direktinvestitionen in Entwicklungsländern durch Garantien hinsichtlich nichtkommerzieller Risiken zu fördern. Diese Versicherungsagentur mit Sitz in Washington verpflichtet sich in ihrer Satzung lediglich zur „Zusammenarbeit mit den Vereinten Nationen".

Die Organisationen werden nachfolgend mit zwei Ausnahmen in der Reihenfolge vorgestellt, in der sie in den von den Vereinten Nationen herausgegebenen Publikationen (beispielsweise im Yearbook of the United Nations) zu finden sind.

2. Internationale Arbeitsorganisation (ILO)

a) Entstehung

Die **Internationale Arbeitsorganisation** (International Labour Organisation – ILO, gebräuchlich ist auch die Abkürzung IAO)[13] wurde 1919 als autonome, aber mit dem Völkerbund assoziierte Organisation gegründet. Ihre ursprüngliche Verfassung war Bestandteil (Teil XIII) des Friedensvertrages von Versailles und wurde, nachdem sie 1934 aus diesem Abkommen herausgelöst worden war,

---

12 Vgl. hierzu Ebenroth, C. Th. und J. Karl, Die Multilaterale Investitions-Garantie-Agentur. Kommentar zum MIGA-Übereinkommen, Heidelberg 1989; Bachmann, D., MIGA – Multilaterale Investitions-Garantie-Agentur, in: Wolfrum, Handbuch, S. 592–598.

13 Darstellungen über die ILO: Internationales Arbeitsamt, Die Internationale Arbeitsorganisation, Genf 1994; Bundesministerium für Arbeit und Sozialordnung u. a. (Hrsg.), Weltfriede durch soziale Gerechtigkeit. 75 Jahre Internationale Arbeitsorganisation, Baden-Baden 1994; Willers, D., ILO, in: Altmann und Kulessa (Hrsg.), Wirtschaftsorganisationen, S. 98–105; Jetzlsberger, Ch., ILO – Internationale Arbeitsorganisation, in: Volger (Hrsg.), Lexikon, S. 270–272.

mehrmals geändert; die heute gültige Verfassung trat 1974 in Kraft.[14] Zwei 1986 bzw. 1997 beschlossene Verfassungsrevisionen sind bisher noch nicht wirksam geworden. Am 14. Dezember 1946 erhielt die ILO auf Grund eines Abkommens mit den Vereinten Nationen den Status einer Sonderorganisation. Damit war sie die erste UN-Sonderorganisation; sie hat seit 1946 ihren Sitz wieder in Genf, unterhält weltweit rund 40 Außenstellen – Regional-, Verbindungs- und lokale Büros.[15]

b) Aufgaben und Aktivitäten

Die 40 Artikel umfassende Verfassung der ILO geht von dem Grundsatz aus, dass „der Weltfriede auf Dauer nur auf sozialer Gerechtigkeit aufgebaut werden [kann]" (Präambel).

Demgemäß hat diese UN-Sonderorganisation zum Ziel: die globale Förderung der sozialen Gerechtigkeit durch Verbesserung der Lebens- und Arbeitsbedingungen, Schaffung neuer Beschäftigungsmöglichkeiten und durch Anerkennung fundamentaler Menschenrechte. Die einzelnen Grundsätze und Aufgaben sind in der am 10. Mai 1944 verkündeten „Erklärung von Philadelphia" konkretisiert, die als Anlage Bestandteil der Verfassung ist.

In Erfüllung ihres Auftrages wird die ILO auf drei einander ergänzenden Ebenen tätig:

(1) Ihr Kernmandat liegt in der Schaffung internationaler Arbeitsnormen in Form von **Übereinkommen** (conventions) und **Empfehlungen** (recommendations), die in ihrer Gesamtheit eine Art **Internationales Arbeitsgesetzbuch** (International Labour Code) darstellen. Über Jahre hinweg hat die Organisation ein Normensystem zu nahezu allen die Arbeitswelt betreffenden Fragen entwickelt, wie etwa: Abschaffung der Zwangsarbeit, Mindestlöhne, Arbeitsbedingungen, Berufsausbildung, Koalitionsfrei-

---

14 Text der Verfassung der ILO, in: Knipping, F. H. von Mangoldt, V. Rittberger (Hrsg.), Das System der Vereinten Nationen und seine Vorläufer. Bd. I/2: Sonderorganisationen und andere Institutionen, Bern und München 1995, S. 412–479; vgl. auch Internationales Arbeitsamt, Verfassung der Internationalen Arbeitsorganisation und Geschäftsordnung der Internationalen Arbeitskonferenz, Genf 1993.

15 Ein Büro der Internationalen Arbeitsorganisation befindet sich in Bonn. Internet: www.ilo.org/bonn.

heit und Beschäftigungsförderung sowie Schutzbestimmungen verschiedenster Art (z. B. Unfall, Kinder, Frauen, Wanderarbeiter). Die Übereinkommen sind völkerrechtlichen Verträgen vergleichbar, die dadurch in den Mitgliedstaaten der ILO Rechtskraft erlangen, dass sie von den jeweiligen nationalen gesetzgebenden Organen ratifiziert werden.[16] Ihre Einhaltung wird ohne direkte Sanktionsmöglichkeiten gemäß den ILO-Vorschriften von der Organisation kontrolliert, wobei die Bedeutung der im UN-System einzigartigen Normenüberwachungsverfahren (Berichts-, Beschwerde- und Klageverfahren) in deren politisch-moralischem Druck liegt. Die Empfehlungen sollen den jeweils zuständigen nationalen Instanzen als Leitlinien dienen.

Von 1919 bis Ende 2002 wurden insgesamt 184 Übereinkommen verabschiedet und 192 Empfehlungen angenommen.

(2) Ein inzwischen bedeutsames Arbeitsgebiet stellt die internationale Technische Zusammenarbeit dar. Zur Beseitigung der wirtschaftlichen und sozialen Schwierigkeiten in den weniger entwickelten Regionen konzentrierte die ILO ihre speziellen entwicklungspolitischen Aufgaben über Jahrzehnte auf die Dritte Welt; neuerdings erfahren auch die Reformstaaten Mittel- und Osteuropas praktische ILO-Unterstützung. Mehr als zwei Drittel der für Technische Zusammenarbeit zur Verfügung stehenden Mittel dienen in Hilfe suchenden Ländern der effizienten Erschließung des Arbeitskräftepotentials (durch Berufsbildung, Weiterbildung, rationellen Arbeitseinsatz). Die Förderung demokratischer und sozialer Strukturen sowie Institutionen zielt u. a. auf die Stärkung des Rechtsstaates, der Sozialpartnerschaft und der Sozialgesetzgebung.

Mit einigen anderen, ebenfalls mit sozialpolitischen Fragen befassten UN-Organisationen (beispielsweise WHO und UNESCO) hat die ILO Kooperationsabkommen geschlossen. Eine wachsende Zusammenarbeit ist auch mit den Finanzinstituten (insbesondere Weltbank und Währungsfonds, zu verzeichnen. Auf Betreiben der ILO hat die Welthandelsorganisa-

---

16 Vgl. hierzu Morhard, Th., Die Rechtsnatur der Übereinkommen der Internationalen Arbeitsorganisation, Frankfurt u. a. 1988.

tion (WTO) nach anfänglichem Zögern 1996 die Achtung der internationalen Arbeitnehmernormen bekräftigt.

(3) Weitere Tätigkeitsgebiete sind Forschung, Dokumentation und Information im sozialpolitischen, arbeitsrechtlichen und arbeitswissenschaftlichen Bereich. Als gewichtige ILO-Publikation gilt der seit 1995 alljährlich erscheinende Weltbeschäftigungsbericht.

Während sich die ILO in ihren Anfangsjahren nach dem Ersten Weltkrieg vorwiegend mit Fragen des Arbeitsschutzes befasste, veränderte sich im Verlauf der 60 er Jahre mit dem Beitritt zahlreicher „junger" Entwicklungsländer nicht nur die Mitgliederstruktur der Organisation, sondern die ursprünglich auf Normensetzung fixierte Funktion der ILO wurde durch einen operativen, durch Dienstleistungen charakterisierten Tätigkeitsbereich erheblich erweitert. Das 1976 angenommene „Internationale Programm zur Verbesserung der Arbeitsbedingungen und der Arbeitsumwelt" (nach der französischen Abkürzung PIACT genannt) bildet einen Eckpfeiler in den Bemühungen um die Humanisierung der Arbeit.

Im Kampf gegen die Arbeitslosigkeit wurde bereits 1969 ein „**Weltbeschäftigungsprogramm**" verabschiedet, und 1976 einigte sich die „**Weltbeschäftigungskonferenz**" auf eine Strategie zur Befriedigung der Grundbedürfnisse primär in den Entwicklungsländern.

In Würdigung ihres Bemühens um Verbesserung der wirtschaftlichen und sozialen Verhältnisse erhielt die ILO zum 50-jährigen Bestehen 1969 den Friedensnobelpreis. Die Arbeitsorganisation versteht sich nach den Worten eines ihrer Generaldirektoren als das „soziale Gewissen der Menschheit".

Im Jahre 1994 konnte die ILO auf eine 75-jährige Tätigkeit zurückblicken. Dieses Jubiläum fiel in eine Epoche politischer, wirtschaftlicher und sozialer Umbrüche, die die Organisation vor eine neue Ausgangslage stellten und nach einer grundsätzlichen Überprüfung der Zielsetzungen, Aktionsprogramme und Arbeitsmethoden verlangten. In der Folgezeit wurden insbesondere das Normensetzungs- und -überwachungsverfahren auf den Prüfstand gestellt.

Der Zerfall des sozialistischen Staatensystems in Osteuropa, der

Aufstieg der Marktwirtschaft zum allgemein propagierten wirtschaftlichen Bezugsmodell, die zunehmende Globalisierung der Wirtschaft und die tief greifenden Veränderungen in der Arbeitswelt mit den derzeit weltweit 180 Millionen Arbeitslosen sind Herausforderungen mit neuen Dimensionen.

Als Antwort auf die sozialen Auswirkungen der Globalisierung hat die ILO 1998 die „Erklärung über grundlegende Prinzipien und Rechte bei der Arbeit und ihre Folgemaßnahmen" verabschiedet – bestimmt von dem Ziel: „menschenwürdige Arbeit für alle".[17] Anfang 2002 wurde eigens eine „Weltkommission für die soziale Dimension der Globalisierung" eingesetzt, die einen Bericht sowohl über die ökonomischen als auch über die sozialen Folgen der Globalisierung von Wirtschaft, Märkten und Gesellschaft erstellen sollte.

Die Besonderheit der Arbeitsorganisation liegt in dem in dieser Form auf internationaler Ebene einmaligen Strukturprinzip des Tripartismus (Dreigliedrigkeit): in allen Organen sind außer den Regierungen der Mitgliedstaaten auch die Sozialpartner (Repräsentanten der Arbeitgeber- und Arbeitnehmerverbände) vertreten. Eine Stärkung dieser Grundmaxime der Organisation sieht die am 24. Juni 1986 beschlossene, aber noch nicht in Kraft getretene Verfassungsrevision[18] vor, bei der die Autonomie der drei Gruppen (Regierungen, Arbeitnehmer, Arbeitgeber) besonders betont wird; eine weitere Verfassungsänderung wurde 1997 beschlossen.

c) Organe

Der dreigliedrige Aufbau ist seit ihrer Gründung das einzigartige Charakteristikum der ILO. In durchweg allen Gremien sitzen Repräsentanten der Arbeitnehmer und der Arbeitgeber gleichberechtigt neben Regierungsvertretern. Die drei Hauptorgane sind:

• **Internationale Arbeitskonferenz.** Sie bildet als Vollversammlung die höchste Instanz der ILO. Jedes Mitglied entsendet zwei Regie-

---

17 Somavia, J., Menschenwürdige Arbeit: vorrangige Aufgabe im neuen Jahrtausend, in: Vereinte Nationen, 48. Jg., Heft 2, 2000, S. 49–52.

18 Vgl. hierzu Brinkmann, G., Ausgleich zwischen Beweglichkeit und Starrheit. Die Verfassungsreform der Internationalen Arbeitsorganisation (ILO), in: Vereinte Nationen, 35. Jg., Heft 3, 1987, S. 93–98.

rungs-, einen Arbeitnehmer- und einen Arbeitgebervertreter, die auf den jährlich im Juni stattfindenden Konferenzen voll stimmberechtigt sind. Dieses „Weltparlament der Arbeit" diskutiert und bestimmt die allgemeine politische Linie der Organisation, beschließt die internationalen Übereinkommen und Empfehlungen und entscheidet alle zwei Jahre über das Tätigkeitsprogramm und den Haushalt; außerdem wählt es alle drei Jahre die Mitglieder des Verwaltungsrats (mit Ausnahme der ständigen Mitglieder).

- **Verwaltungsrat.** Er besteht gegenwärtig aus 56 ordentlichen Mitgliedern: 28 Regierungs-, 14 Arbeitgeber- und 14 Arbeitnehmervertretern sowie 66 nicht stimmberechtigten Ersatzmitgliedern (28 : 19 : 19). Die zehn wirtschaftlich bedeutendsten Länder (darunter Deutschland) haben ein ständiges Mitgliedschaftsrecht und entsenden direkt je einen Regierungsvertreter. Nach Inkrafttreten der Verfassungsänderung von 1986 wird das Gremium auf 112 Mitglieder (Zusammensetzung 56 : 28 : 28) erweitert, zahlenmäßig aufgeteilt auf die vier Regionen Afrika, Amerika, Asien und Europa; die bisher ständigen Sitze entfallen. Der Rat als Vollzugsorgan tritt in der Regel dreimal im Jahr zusammen, entscheidet über Maßnahmen sowie Programmfragen, wählt den Generaldirektor und beaufsichtigt die Tätigkeit des IAA.
- **Internationales Arbeitsamt** (IAA). Es ist mit derzeit etwa 2300 hauptamtlichen Mitarbeitern das ständige ILO-Sekretariat mit einem Generaldirektor an der Spitze (der seit März 1999 amtierende Chilene Juan Somavia wurde für fünf Jahre gewählt), zugleich auch Koordinierungsorgan für die Tätigkeit der weltweit etwa 600 agierenden Experten, außerdem fungiert das IAA als Forschungs- und Informationszentrale auf dem Gebiet der Arbeits- und Sozialpolitik.

Wie bei internationalen Organisationen üblich hat die ILO zur Lösung von Einzelproblemen seit Bestehen eine Reihe spezieller Gremien geschaffen (etwa den Sachverständigenausschuss für die Anwendung der Übereinkommen und Empfehlungen, Industrieausschüsse, Beratergruppen, Regionalkonferenzen). In den Jahren 1970 bzw. 1965 wurden von der ILO zwei rechtlich weitgehend selbständige Bildungsinstitute gegründet. Das **Internationale Insti-**

tut für Arbeitsfragen (International Institute for Labour Studies – INST) in Bern befasst sich im Rahmen seiner Lehr- und Forschungstätigkeit mit arbeits- und sozialpolitischen Problemen, während das **Internationale Zentrum für berufliche und fachliche Fortbildung** (International Centre for Advanced Technical and Vocational Training) in Turin – die größte Ausbildungseinrichtung im UN-System – ausschließlich der beruflichen Weiterbildung von Fachkräften aus Entwicklungsländern und neuerdings aus den Reformländern Mittel- und Osteuropas dient.

d) Mitglieder und Finanzierung

Am 1. Juli 2003 waren 177 Staaten Mitglied der Internationalen Arbeitsorganisation. Die Bundesrepublik Deutschland fand 1951 Aufnahme. Die Schweiz ist seit 1919 Mitglied; Österreich trat 1947 bei. Zwei Staaten hatten die Organisation vorübergehend verlassen: USA (1977–1980), Südafrika (1964–1995).

Der Zweijahreshaushalt für 2002/2003 beläuft sich auf rund 434 Millionen US-Dollar. Da die Mittelaufbringung durch Mitgliedsbeiträge erfolgt, deren Höhe sich an dem UN-Beitragsschlüssel orientiert, ist die Bundesrepublik Deutschland mit 9,5 Prozent nach den USA (bisher 25 Prozent) und Japan der drittgrößte Beitragszahler; der Anteil Österreichs beträgt 0,928 Prozent.

Neben dem ordentlichen Haushalt verfügt die ILO über ein außerordentliches Budget zur Finanzierung ihrer Technischen Hilfeleistungen, das zum überwiegenden Teil aus Sondermitteln der Geberländer und Mitteln des Bevölkerungsfonds (UNFPA) und des Entwicklungsprogramms (UNDP) gespeist wird.

Die Arbeit der ILO ist seit Jahren durch Finanzprobleme wie Beitragskürzungen und Nullwachstum beeinträchtigt.

Internet: www.ilo.org

3. Ernährungs- und Landwirtschaftsorganisation der Vereinten Nationen (FAO)

a) Entstehung

Die Ernährungs- und Landwirtschaftsorganisation der Vereinten Nationen (Food and Agriculture Organization of the United Nations – FAO)[19] nahm am 16. Oktober 1945 in Quebec (Kanada) ihre Tätigkeit auf, nachdem die Gründung auf einer von US-Präsident F. D. Roosevelt initiierten Fachkonferenz im Frühjahr 1943 in Hot Springs, Virginia, beschlossen worden war.

Seit dem 14. Dezember 1946 hat die FAO auf Grund eines Kooperationsvertrages mit den Vereinten Nationen den Status einer Sonderorganisation. Im Jahre 1951 wurde ihr Sitz von Washington nach Rom verlegt; außerdem verfügt sie über ein weltweites Netz von fünf Regionalbüros, fünf Verbindungsbüros und derzeit 101 Ländervertretungen.

b) Aufgaben und Aktivitäten

Die Hauptziele dieser UN-Fachorganisation sind in der Präambel der Satzung vom 16. Dezember 1945 wie folgt umrissen:[20]

• Den Ernährungs- und Lebensstandard weltweit zu heben und damit zur Beseitigung des Hungers beizutragen;

• die Erzeugung und Verteilung von Agrarprodukten zu verbessern;

• günstige Lebensbedingungen für die ländliche Bevölkerung zu schaffen;

• die Expansion der Weltwirtschaft zu fördern.

Der Kampf der FAO gegen Unter-, Fehlernährung und Armut, getreu dem Leitspruch in ihrem Emblem „Fiat panis" (Es möge Brot geben), konzentriert sich – nachdem zunächst die Beseitigung der Folgen des Zweiten Weltkriegs im Vordergrund gestanden hatte – bereits seit Jahren auf die Entwicklungsländer, wobei vielfältige Aufgaben übernommen und zahlreiche Maßnahmen eingeleitet wurden.

---

19 Darstellungen über die FAO mit weiteren Literaturhinweisen: Die FAO und die Mitwirkung der Bundesrepublik Deutschland, Schriftenreihe des Bundesministeriums für Ernährung, Landwirtschaft und Forsten, Heft 446, Münster 1995; Siebold, Th., FAO, in: Altmann und Kulessa (Hrsg.), Wirtschaftsorganisationen, S. 76–80; Hofner, B., FAO – Ernährungs- und Landwirtschaftsorganisation der Vereinten Nationen, in: Volger (Hrsg.), Lexikon, S. 116–118. Der vom Bundesministerium für Verbraucherschutz, Ernährung und Landwirtschaft herausgegebene Informationsdienst „Blickpunkt Welternährung" (zuvor „FAO-aktuell") berichtet schwerpunktmäßig über die FAO. Internet: www.verbraucherministerium.de, Link Welternährung

20 Text der Satzung in: Knipping, System, Bd. I/2, S. 617–649.

Die FAO als „Weltagrarbehörde" sammelt, wertet aus und veröffentlicht Daten und Informationen über die Ernährungssituation, über die Land- und Forstwirtschaft sowie über das Fischereiwesen. (Seit 1994 betreibt die FAO ein Landwirtschaftliches Informationszentrum und eine über das Internet zugängliche Datenbank.)

Zu diesen herkömmlichen Aufgaben trat im Laufe der Zeit die Erarbeitung globaler, regionaler und nationaler Strategien und Maßnahmen zur Steigerung der Nahrungsmittelproduktion und der Sicherung der Ernährung der Bevölkerung vor allem in Entwicklungsländern unter zunehmender Beachtung der Nachhaltigkeit und des Schutzes der natürlichen Ressourcen. Als Einzelaktivitäten seien beispielhaft genannt: die nachhaltige Nutzung der Anbauflächen, Verhütung von Tier- und Pflanzenkrankheiten, Anwendung von Nukleartechnik und Biotechnologie (in Zusammenarbeit mit der Atomenergie-Organisation).

Die FAO bemüht sich angesichts der Überfischung der Weltmeere und der Umweltverschmutzung um die Erhaltung und umweltschonende Bewirtschaftung der Fischereiressourcen (so wurde zuletzt 1995 ein Verhaltenskodex für verantwortungsvolle Fischerei vereinbart). Im Bereich der Forstwirtschaft hat die Verabschiedung der „Walderklärung" auf der UN-Konferenz über Umwelt und Entwicklung (UNCED – 1992) für die FAO die Übernahme wichtiger Funktionen bei der Umsetzung der Beschlüsse über eine nachhaltige Waldbewirtschaftung nach sich gezogen.

Die konkreten Schwerpunkte der Aktivitäten werden jeweils in zweijährigen Arbeitsprogrammen festgelegt; für den Zeitraum 2000–2005 wurde 1999 ein Strategierahmen verabschiedet.

Neben ihrer Funktion als internationales Agrarforum, landwirtschaftliches Informationszentrum und Ratgeber in Fragen der Ernährung und Landwirtschaft ist die FAO zugleich eine der wichtigsten Entwicklungsinstitutionen. Ein wesentlicher Teil ihrer Aktivitäten entfällt auf die Durchführung von Entwicklungsprogrammen und -projekten in der Dritten Welt (z. B. durch die Schaffung von Mustereinrichtungen, Ausbildung von Fachkräften sowie die Bereitstellung von Betriebsmitteln), davon etwa die Hälfte in Afrika, dem Kontinent, dessen Unterstützung in der gesamten Arbeit der Organisation höchste Priorität genießt.

Im Rahmen des 1976 eingerichteten **Programms für Technische Zusammenarbeit** (Technical Cooperation Programme – TCD) stehen der FAO zur Finanzierung kurzfristig angelegter, kleinerer Projekte zwar eigene Mittel aus dem ordentlichen Haushalt zur Verfügung, überwiegend erfolgt jedoch die Programm- und Projektfinanzierung aus Sonderhaushalten.

Die angestrebten FAO-Ziele lassen sich durchweg nur in enger Abstimmung und in Zusammenarbeit mit anderen internationalen Einrichtungen erreichen; entsprechend umfangreich und intensiv sind daher auch die Beziehungen zu anderen UN-Sonderorganisationen und -organen, die auf verwandten Gebieten tätig sind (von besonderer Bedeutung sind dabei UNDP, Weltbankgruppe und WHO). Beispielhaft sei hier das Vorhaben herausgegriffen, gemeinsam mit der WHO einen „Codex Alimentarius" zu erarbeiten, d. h. Standards für Lebensmittel zum Schutz der Verbraucher.[21]

Des Weiteren verfügt die FAO über ein satellitengestütztes Informations- und Frühwarnsystem für Ernährung und Landwirtschaft, mit dessen Hilfe Versorgungskrisen und andere Notlagen rechtzeitig erkannt und entsprechende Gegenmaßnahmen eingeleitet werden können. Zur Linderung akuter Notstandssituationen leistet die Organisation selbst keine direkte Nahrungsmittelhilfe, sie wirkt aber an der Vergabe von Notstandshilfe durch das Welternährungsprogramm (WFP)[22] mit.

Bereits im Jahr 1960 begann die FAO eine „**Weltkampagne gegen den Hunger**" (Freedom from Hunger Campaign – FFHC), die die Weltöffentlichkeit auf die Tatsache hinweisen sollte, dass bereits damals zwei Drittel der Menschheit unzureichend ernährt oder unterernährt waren, die zum anderen gezielte und beschleunigte Aktionen zur Verbesserung dieser Situation forderte. In mehr als 90 Ländern entstanden inzwischen nationale FFHC-Komitees (in der Bundesrepublik Deutschland die „**Deutsche Welthungerhilfe**" als gemeinnütziger eingetragener Verein mit Sitz in Bonn[23]), die Öffent-

---

21 Vgl. hierzu Merkle, R., Der Codex Alimentarius der FAO und WHO, Bayreuth 1994.
22 Vgl. S. 71.
23 Deutsche Welthungerhilfe, Internet: www.welthungerhilfe.de

lichkeit herstellen und mit privaten Geldspenden und staatlichen Zuschüssen Projekte im ländlichen Bereich der Dritten Welt unterstützen.

Mit der **Welternährungskonferenz** des Jahres 1974 und dem Amtsantritt des Libanesen Edouard Saouma als FAO-Generaldirektor zu Beginn des Jahres 1976 (er amtierte bis Ende 1993) erfuhr die FAO eine ständige Aufgabenausweitung, die zunehmend finanzielle und organisatorische Probleme mit sich brachte.

Seit Mitte der achtziger Jahre wurden jedoch insbesondere von den westlichen Hauptgeberländern Forderungen nach grundlegenden Reformen in dieser weitausgreifenden Organisation erhoben; als Kritikpunkte galten dabei das FAO-Management, die Organisationsstruktur sowie die Effizienz- und Erfolgskontrolle und nicht zuletzt die Programm- und Budgetgestaltung.

Mit dem Amtsantritt des neuen Generaldirektors, Jacques Diouf, am 1. Januar 1994 sollte endlich der geforderte Reformprozess mit Nachdruck vorangetrieben werden. Bereits Mitte jenes Jahres legte der ehemalige senegalesische Spitzenpolitiker mit dem Ziel der Effizienzsteigerung ein umfassendes Konzept zur Reorganisation vor, das Vorschläge zur Programmpolitik, zur Arbeitsweise und zur Struktur der FAO enthielt. Ein Reorganisations- und Dezentralisierungsprozess wurde eingeleitet, der Personalbestand reduziert und zwei Hauptabteilungen neu strukturiert bzw. geschaffen, einmal für „Nachhaltige Entwicklung", zum anderen für „Technische Zusammenarbeit", die insbesondere die Kooperation mit dem privaten Sektor und den Nichtregierungsorganisationen suchen sollten.

Spätestens seit der Welternährungskonferenz von 1996 kommt der Ernährungssicherheit oberste Aufgabenpriorität zu. Der Gipfel von Rom bekräftigte das „Recht, frei von Hunger zu sein" und setzte sich das Ziel, die Zahl der unterernährten Menschen bis zum Jahr 2015 auf rund 400 Millionen zu halbieren.

Die unzureichende Umsetzung der Vereinbarungen von 1996 bildete fünf Jahre danach den politischen Ausgangspunkt für einen weiteren, bilanzierenden **Welternährungsgipfel** (WEG+5) im Juli 2002, wiederum in Rom. Unter dem ambitionierten Titel „Internationale Allianz gegen den Hunger" bekräftigte die Abschlusserklärung jedoch lediglich die 1996 gefassten Beschlüsse und forderte ein verstärktes Handeln. Weiterhin strittig blieb auch die Konkretisierung des „Rechtes auf Nahrung" als eines der menschlichen Grundrechte; eine zwischenstaatliche Arbeitsgruppe erhielt danach den Auftrag, entsprechende Leitlinien zu entwickeln.[24]

c) Organe

Die FAO verfügt über folgende Hauptorgane:

- **Konferenz.** Sie ist das alle zwei Jahre (32. Konferenz im November/Dezember 2003) in Rom zusammentretende oberste Organ, in dem jeder Mitgliedstaat mit einer Stimme vertreten ist und in dem u. a. die allgemeinen Richtlinien der Organisation festgelegt sowie Arbeitsprogramm und Haushalt beschlossen werden.
- **Rat.** Dieses Organ setzt sich aus 49 jeweils für drei Jahre von der FAO-Konferenz aus sieben Regionalgruppen gewählten Mitgliedern zusammen. Seine Aufgaben werden ihm von der Konferenz übertragen; er tagt zumindest dreimal zwischen den FAO-Konferenzen und überwacht im Wesentlichen die Arbeit der FAO. Zur Unterstützung seiner Aufgaben bedient er sich acht Ständiger Ausschüsse (so existieren u. a. der Programm-, der Finanz- und der Landwirtschaftsausschuss sowie der Ausschuss für Welternährungssicherheit), Arbeitsgruppen und Kommissionen.
- **Sekretariat.** An der Spitze des Verwaltungsapparates steht ein auf sechs Jahre gewählter Generaldirektor; der Senegalese Jacques Diouf wurde 1999 für eine weitere Amtszeit bestätigt. Die Gesamtzahl der FAO-Bediensteten belief sich Ende 2002 auf rund 4000 (Mitte 1987 waren es noch über 6000).

d) Mitglieder und Finanzierung

Am 1. Juli 2003 gehörten der FAO 183 Mitglieder an. Die Schweiz trat 1946, Österreich 1947, die Bundesrepublik Deutschland 1950 bei. Mit der Aufnahme der Europäischen Gemeinschaft (EG) – nicht der Europäischen Union (EU), wie fälschlicherweise oftmals zu lesen – im November 1991 wurde – nach erfolgter Satzungs-

---

24 Vgl. hierzu Donner, J., FAO: Fünf Jahre nach dem Welternährungsgipfel, in: Vereinte Nationen, 50. Jg., Heft 6, 2002, S. 220–222.

änderung – erstmals eine regionale Organisation Mitglied mit beschränkten Rechten in einer UN-Sonderorganisation.

Die FAO finanziert sich aus folgenden Quellen:

• Aus Mitteln des ordentlichen Haushalts standen für die Zweijahresperiode 2002/03 rund 652 Millionen US-Dollar zur Verfügung, nachdem das Budget acht Jahre gleich bleibend bei 650 Millionen lag. Die Budgetmittel werden von den Mitgliedstaaten in Anlehnung an die Beitragsskala des UN-Haushalts in Form gestaffelter Pflichtbeiträge aufgebracht. (Die Bundesrepublik Deutschland gehört mit einem Anteil von 9,901 Prozent nach den USA mit neuerdings nur noch 22 und Japan mit 19,78 Prozent zu den Hauptbeitragszahlern.) Nach und nach werden inzwischen die beträchtlichen Zahlungsrückstände einzelner Mitgliedstaaten abgebaut, so haben die USA Ende 2002 ihren Rückstand in Höhe von rund 100 Millionen Dollar vollständig ausgeglichen.

• Der Sonderhaushalt (2002/03 etwa 500 Millionen US-Dollar), der vor allem den Feldprogrammen zugute kommt, wird aus freiwilligen Zusatzleistungen der Mitgliedstaaten sowie aus Zuwendungen des Entwicklungsprogramms der Vereinten Nationen (UNDP) und der Weltbank bestritten.

Internet: www.fao.org

4. Internationaler Fonds für landwirtschaftliche Entwicklung (IFAD)

a) Entstehung

Auf Anregung der Welternährungskonferenz im November 1974 vereinbarte die Generalversammlung am 17. Dezember desselben Jahres die „unverzügliche" Gründung des Internationalen Fonds für landwirtschaftliche Entwicklung (International Fund for Agricultural Development – IFAD).[25]

An diesem Fonds „interessierte Staaten" wurden vom UN-Generalsekretär zu einem ersten Vorbereitungstreffen Anfang Mai 1975 einberufen. Die Delegierten beauftragten eine Arbeitsgruppe mit der Ausarbeitung einer Satzung, die am 20. Dezember 1976 zur Unter-

---

25 Vgl. hierzu Frankenfeld, P. H., IFAD – Internationaler Fonds für landwirtschaftliche Entwicklung, in: Wolfrum, Handbuch, S. 311–318.

zeichnung aufgelegt wurde und am 30. November 1977 in Kraft trat.[26] Das Kooperationsabkommen mit den Vereinten Nationen über den Status einer UN-Sonderorganisation wurde am 15. Dezember 1977 von der Generalversammlung verabschiedet. Sitz der Organisation ist Rom.

b) Aufgaben und Aktivitäten

In seinem ersten Jahresbericht (1978) legte der Agrarfonds seinen Tätigkeitsbereich wie folgt fest:

> „Mobilisierung zusätzlicher Ressourcen für die Unterstützung der Kleinbauern und der landlosen Landarbeiter, um ihre Nahrungsproduktion zu steigern, ihre Ernährung zu verbessern und ihr Einkommen sowie ihre Beschäftigung zu erhöhen."

Vor dem Hintergrund der so genannten „armutsbezogenen ländlichen Entwicklungsstrategie" vergibt dieses UN-Finanzierungsinstitute heute Mittel vorrangig an Niedrigeinkommensländer in der Dritten Welt für engbegrenzte Zwecke zu besonders günstigen Bedingungen sowie in geringerem Umfang verlorene Zuschüsse. Die durchweg langfristigen Kredite werden differenziert nach drei Grundtypen gewährt:

- Typ I: zinsfrei, Bearbeitungsgebühr ein Prozent jährlich, Laufzeit 40 Jahre, davon 10 Jahre tilgungsfrei;
- Typ II: vier Prozent Zinsen, 20 Jahre Laufzeit mit fünf Freijahren;
- Typ III: acht Prozent Zinsen, Laufzeit 15 bis 18 Jahre, davon drei Jahre rückzahlungsfrei.

Mehr als zwei Drittel der Fondsmittel unterlagen bisher den weichen Ausleihbedingungen des Kredittyps I, während auf Typ III rund sieben Prozent entfielen.

Der Fonds tritt einmal als Mitfinanzier auf, zusammen mit anderen multinationalen Finanzinstituten wie der Weltbankgruppe oder den regionalen Entwicklungsbanken, zum anderen finanziert er – seinerseits oftmals auch mit nichtstaatlichen Partnern – selbstinitiierte Projekte, wobei in diesem Fall Technische Hilfe einen integralen Bestandteil der Ausleihaktivitäten bildet. Mit der Planung,

---

26 Text der Satzung in: Knipping, System, Bd. I/2, S. 651–701.

Durchführung und Beaufsichtigung der Projekte wurden bis 1985 überwiegend andere Organisationen, etwa die FAO, betraut, danach ging die Projektregie zunehmend auf den Fonds über.

Seit seiner Gründung hat der Fonds rund 600 Projekte in 115 Ländern mit einem Kreditvolumen von etwa 7,7 Milliarden US-Dollar finanziert, davon über 70 Prozent der Hilfsprojekte in Ländern mit geringem Pro-Kopf-Einkommen bzw. mit Nahrungsmitteldefiziten.

Wie bei jeder institutionellen Neugründung, speziell innerhalb des Systems der Vereinten Nationen, stellte sich beim IFAD als einem weiteren UN-Finanzinstitut die Frage nach der Wirksamkeit und damit letztlich nach der Notwendigkeit und Existenzberechtigung. Nach dem „flauen Geschäftsgang" in den achtziger Jahren hat sich jedenfalls die Hilfstätigkeit des anerkannt kostenbewusst geführten Fonds in den vergangenen Jahren insbesondere seit der 1997 beschlossenen Strukturreform wieder belebt.

c) Organe

Der IFAD weist in seiner dreigliedrigen Organstruktur formale Ähnlichkeiten mit den Finanzinstituten der Weltbankgruppe auf.

● **Gouverneursrat.** Dieses höchste Organ tritt mindestens einmal jährlich zusammen und bestimmt die allgemeinen Richtlinien u. a. für die Auswahl der zu finanzierenden Projekte. Jedes Mitgliedsland ist durch einen Gouverneur vertreten.

Als Besonderheit unterscheidet die 1997 geänderte Satzung drei hinsichtlich ihrer Mitgliedschaft durchlässige Länderlisten:

– Liste A: Industrieländer (die frühere OECD-Gruppe), d. h. derzeit 23 westliche Industriestaaten (darunter Deutschland, Österreich und die Schweiz).

– Liste B: Ölexportierende Länder (zuvor die OPEC-Gruppe), derzeit 12 Staaten.

– Liste C: Übrige Entwicklungsländer, derzeit 127 Staaten überwiegend aus der Dritten Welt, darunter auch Israel, Türkei und Rumänien.

In dem 1997 neu eingeführten Abstimmungsverfahren besitzt zwar jedes Mitglied fünf Stimmen, jedoch je nach der Höhe des Kapitaleinsatzes kommen entsprechende Zusatzstimmen hinzu – womit sich das Gewicht der Industriestaaten noch weiter erhöht hat.

- **Verwaltungsrat.** Dieses Gremium, zuständig für die Geschäftsführung, trifft sich in der Regel dreimal jährlich und besteht aus 18 Mitgliedern, Liste A stellt acht, B vier und Liste C sechs Mitglieder. Deutschland gehört diesem Gremium zusammen mit dem Ersatzmitglied Schweiz für den Zeitraum 2000–2003 an.
- **Sekretariat.** Mit einem auf vier Jahre vom Gouverneursrat ernannten Präsidenten an der Spitze (seit 2001 übt dieses Amt der Schwede Lennart Båge aus) verfügt das Verwaltungsorgan knapp über 300 Mitarbeiter.

d) Mitglieder und Finanzierung

Am 1. Juli 2003 gehörten dem Fonds insgesamt 163 Mitglieder an, aufgegliedert in die oben genannten drei Listen.

Die Finanzierung der operativen Mittel sollte ursprünglich durch die Beitragsleistungen der OECD- und OPEC-Staaten erfolgen, wobei bei der Gründung von einer annähernd paritätischen Lastenverteilung als Geschäftsgrundlage ausgegangen worden war.

Für den Zeitraum 1978 bis 1980, unmittelbar nach der Gründung, standen rund 1,022 Milliarden US-Dollar zur Verfügung (OECD: 568 Millionen, OPEC: 435 Millionen, sonstige Entwicklungsländer: 19 Millionen). Bereits im Zuge der ersten Kapitalaufstockung (1981–1984), die schließlich knapp eine Milliarde einbrachte, kam es zu Kontroversen zwischen den beiden Hauptkapitalgebergruppen über die Lastenverteilung.

Nach mehreren ergebnislosen Verhandlungsrunden über eine zweite Fondsaufstockung geriet die Organisation schließlich in eine existenzbedrohende Krise, die Anfang 1986 zumindest entschärft werden konnte. Mit 489 Millionen US-Dollar als Beitragsziel fiel die zweite Wiederauffüllung weit geringer aus als geplant, so dass eine Reduzierung bzw. Modifizierung des Arbeitsprogramms unumgänglich war.

Die dritte Wiederauffüllungsrunde (1989–1992) erbrachte 567 Millionen Dollar, eine vierte (1997–1999) – nach Inkrafttreten der Satzungsänderung beschlossen – 460 Millionen US-Dollar.

Im Jahr 2000 wurde die fünfte Wiederauffüllung des Fonds beschlossen, wonach bis 2002 neue Mittel in Höhe von 460 Millionen Dollar zugeführt werden sollten (Industrieländer: 360 Millionen,

OPEC-Länder: 40 Millionen, Entwicklungsländer: 60 Millionen Dollar).

Die Kosten für den Verwaltungshaushalt des IFAD (2003 45,2 Millionen US-Dollar) werden jeweils aus den durch Investitionen des Fonds entstehenden Zinseinnahmen bestritten.

Internet: www.ifad.org

5. Organisation der Vereinten Nationen für Bildung, Wissenschaft und Kultur (UNESCO)

a) Entstehung

Die Gründung einer Organisation der Vereinten Nationen für Bildung, Wissenschaft und Kultur (United Nations Educational, Scientific and Cultural Organization – UNESCO)[27] wurde auf einer von der Regierung Großbritanniens einberufenen Konferenz der alliierten Erziehungsminister am 16. November 1945 in London beschlossen; die Satzung[28] trat am 4. November 1946 in Kraft, und nur wenige Wochen später, am 14. Dezember 1946, konnte der Kooperationsvertrag mit den Vereinten Nationen unterzeichnet werden. Zum Sitz der UNESCO wurde Paris bestimmt.

b) Aufgaben und Aktivitäten

Ziel der UNESCO ist es nach Artikel 1 der Satzung:

„Durch Förderung der Zusammenarbeit zwischen den Völkern auf den Gebieten der Erziehung, Wissenschaft und Kultur zur Wahrung des Friedens und der Sicherheit beizutragen, um in der ganzen Welt die Achtung vor Recht und Gerechtigkeit, vor den Menschenrechten und Grundfreiheiten zu stärken, die den Völkern der Welt ohne Unterschied der Rasse, des Geschlechts, der Sprache oder Religion durch die Charta der Vereinten Nationen bestätigt worden sind."

Auf der 5. Generalkonferenz der UNESCO 1950 in Florenz wurde mit der Verabschiedung von zehn Basiszielen der Versuch un-

---

27 Darstellungen über die UNESCO mit weiteren Literaturhinweisen: Hüfner, K. und W. Reuther (Hrsg.), UNESCO-Handbuch, Neuwied 1996; Hüfner, K., UNESCO – Organisation der Vereinten Nationen für Erziehung, Wissenschaft und Kultur, in: Volger (Hrsg.), Lexikon, S. 553–556.

28 Text der Satzung in: Knipping, System, Bd. I /2, S. 507–535.

ternommen, die allgemeinen Zielsetzungen der Satzung in Form von Leitlinien zu strukturieren.

Die Arbeit der Weltkulturorganisation, die nur Empfehlungen aussprechen kann und nur auf Wunsch der Regierungen der Mitgliedstaaten in den einzelnen Ländern aktiv werden darf, bewegt sich auf zwei Ebenen. Einmal fördert sie als Forum den weltweiten Austausch von Informationen und Dokumentationen auf den genannten Gebieten, veranstaltet Kongresse und bereitet Protokolle, Abkommen und Konventionen vor, die den Mitgliedstaaten zum Beitritt offen stehen (beispielsweise das „Welturheberrechtsabkommen", verabschiedet am 6. September 1952, revidiert am 24. Juli 1971, das Übereinkommen zum Schutz des Kultur- und Naturerbes der Welt vom 23. November 1972 oder die Konvention über die berufliche Bildung von 1989). Zum anderen befasst sie sich mit speziellen Problemen einzelner Länder oder Regionen und regt Modellprojekte zu deren Lösung an.

Während sich die UNESCO in einer ersten Phase ihres Wirkens um die Beseitigung der Folgen des Zweiten Weltkriegs im zerstörten Europa und in Asien bemühte, rückten mit den frühen sechziger Jahren die Probleme der Entwicklungsländer immer stärker in den Mittelpunkt. Beginnend mit Projekten zur Unterstützung des Bildungswesens in der Dritten Welt nahmen die operativen Aktivitäten der Organisation stetig zu.

Die UNESCO arbeitet bei der Vorbereitung und Durchführung ihrer Programme nicht nur mit einer Vielzahl internationaler Regierungsorganisationen innerhalb und außerhalb des UN-Systems zusammen, sondern auch mit annähernd 600 nichtstaatlichen internationalen Organisationen (NGOs), die auf den Gebieten der Erziehung, Wissenschaft oder Kultur tätig sind.

Im Jahre 1976 konnte der erste mittelfristige, auf sechs Jahre angelegte Rahmenplan verabschiedet werden, der die Realisierung der Zielsetzungen in den einzelnen Tätigkeitsbereichen festhält. Im Herbst 2001 wurde der fünfte mittelfristige Plan für den Zeitraum 2002–2007 beschlossen und in einem Zweijahresprogramm 2002–2003 die durchzuführenden Programme und Projekte bestimmt; beide Projektionen trugen in besonderer Weise den Folgen der Terroranschläge vom 11. September 2001 Rechnung.

Die Hauptaufgabenbereiche der UNESCO sind:

• **Bildung und Erziehung.** In diesem herausragenden Bereich liegt das Hauptgewicht auf der Bekämpfung des Analphabetentums in der Dritten Welt. Der Beginn der Aktivitäten auf diesem Gebiet reicht in das Jahr 1965 zurück, als auf der von der UNESCO einberufenen Weltkonferenz der Erziehungsminister in Teheran ein Alphabetisierungsprogramm beschlossen wurde, um die zuvor gemachten Anstrengungen zu intensivieren. Die UNESCO hat deshalb schwerpunktmäßig in Afrika, Asien und Lateinamerika nationale und regionale Zentren zur Ausbildung von Lehrkräften aller Art errichtet, sie berät Regierungen bei dem Auf- und Ausbau von Erziehungs- und Bildungssystemen, sie erprobt spezielle Lehrmethoden und -mittel, errichtet Modellschulen. Drei internationale Bildungsinstitute unterstützen die UNESCO in diesem Programmbereich: das Internationale Institut für Bildungsplanung (IIEP) in Paris, das Internationale Bildungsbüro (IBE) in Genf und das UNESCO-Institut für Pädagogik (UIP) in Hamburg.[29]

Die UNESCO startete ein Zehnjahres-Aktionsprogramm unter dem Motto „Grundbildung für alle bis zum Jahr 2000", bei dem unter ihrer Federführung möglichst viele UN-Einrichtungen, Regierungen und nichtstaatliche Organisationen zur Mitarbeit aufgerufen waren.

Seit 1991 veröffentlicht die UNESCO alle zwei Jahre einen **Weltbildungsbericht** mit Daten und Fakten über den globalen Bildungsstand; eine Expertenkommission „Bildung für das 21. Jahrhundert" unter Vorsitz von Jacques Delors arbeitete 1995 einen Bericht mit neuen Schwerpunkten aus.

• **Naturwissenschaften.** Hier konzentriert sich das Programm der UNESCO unter dem Motto „Wissenschaft für den Fortschritt und die Umwelt" auf den Auf- und Ausbau wissenschaftlicher Forschungs- und Ausbildungsstätten sowie die Schaffung internationaler Netzwerke in Bereichen der wissenschaftlichen und technischen Grundlagenforschung. Die UNESCO dient dabei als Vermittlungs- und Verbindungsstelle, sie arbeitet mit wissen-

---

29 Vgl. hierzu UNESCO-Institut für Pädagogik, Auf dem Weg zu einer lernenden Welt. 50 Jahre UNESCO-Institut für Pädagogik, Hamburg 2002.

schaftlichen Gesellschaften in aller Welt zusammen und gewährt den Mitgliedstaaten ideelle und materielle Hilfe.

Anfang 1994 erschien der erste UNESCO-**Weltwissenschaftsbericht**, der alle zwei Jahre die weltweite Lage von Wissenschaft und Forschung dokumentieren soll.

- **Kultur.** Schutz und Erhaltung der kulturellen Werke und Werte sowie kulturelle Zusammenarbeit seien als Aufgabenbereich in diesem Zusammenhang genannt. Als besonders öffentlichkeitswirksam erweist sich dabei die „Liste des Kultur- und Naturerbes der Menschheit" zum Schutz bedeutender Bauten bzw. Landschaften. Die Welterbenliste umfasste Ende 2002 rund 730 Denkmäler in 125 Ländern.

- **Kommunikation, Information und Informatik.** Die Tätigkeit der Organisation in diesem – im Zuge der jüngsten UNESCO-Reform aus drei Einzelelementen zusammengefassten – Bereich geht in zwei Richtungen. Einmal soll die Dokumentation auf nationaler und internationaler Ebene gefördert, zum anderen sollen die Massenmedien in all ihren Erscheinungsformen ausgebaut und ein ungehinderter Austausch erreicht werden.

- **Sozialwissenschaften/Frieden und Menschenrechte.** Schwerpunkte des vom Budgetumfang her kleinsten Programmbereichs sind vielfältige Projekte und Handlungslinien, die auf eine Herausbildung einer „Kultur des Friedens und der Demokratie" gerichtet sind. (Die fachübergreifenden Aktivitäten zielen dabei auf die Entwicklung und Erprobung von Methoden nichtmilitärischer Konfliktprävention; konkrete Arbeit wird dabei vor allem in dem Netzwerk der über 5000 UNESCO-Projektschulen in 160 Ländern geleistet).

Gemäß der Zielsetzung, „zur Wahrung des Friedens und der Sicherheit beizutragen", war die UNESCO – mit dem wohl breitesten Programmspektrum aller UN-Sonderorganisationen – von Anbeginn mehr als nur eine „technische" Fachorganisation für Erziehung, Wissenschaft und Kultur und damit auch in weltpolitische Auseinandersetzungen verstrickt.

In eine existenzbedrohende Krise geriet die „Intellektuellen-Organisation" (so die etwas eigenwillige Charakterisierung eines ehemaligen UNESCO-Generaldirektors) in den 80er Jahren, als mit den USA der größte Geldgeber (25 Prozentbeitrag zum Haushalt) zum 31. Dezember 1984 die Mitgliedschaft aufkündigte. Als Gründe für diesen dramatischen Schritt wurden genannt: zunehmende Politisierung im antiwestlichen Sinne, zügellose Haushaltsaufblähung bzw. finanzielle Misswirtschaft, Ineffizienz der Sekretariatsarbeit und geringer Nutzen der zu zahlreichen Programme.[30] Andere westliche Staaten wie Großbritannien, aber auch Singapur (formelles Ausscheiden beider Länder Ende 1985; Großbritannien trat 1995 wieder bei), die Niederlande, die skandinavischen Länder und Japan, drohten ebenfalls mit ihrem Austritt, falls nicht – was auch die Bundesrepublik Deutschland, Österreich und die Schweiz nachdrücklich forderten – substantielle Reformen umgehend in die Wege geleitet würden.[31]

Mit dem Amtsantritt des UNESCO-Generaldirektors Frederico Mayor Zaragoza (1987–1999) und dem Ende der Ost-West-Konfrontation gehörten die ideologisch bedingten Blockauseinandersetzungen der Vergangenheit an und die Voraussetzungen für das Ingangbringen des eingeforderten Reformprozesses schienen gegeben;[32] jedoch von einer zügigen Umsetzung der Vorschläge konnte auch danach nicht die Reden sein.

Der 1999 neugewählte Generaldirektor Koichiro Matsuura stellte nach seiner Amtsübernahme wiederum ein – ambitioniertes – Reformprogramm vor, mit dem Ziel, die Arbeit der Organisation sparsamer, überschaubarer und effizienter zu gestalten; zugleich kürzte er die Zahl der Spitzenpositionen im Sekretariat erheblich und wechselte praktisch die gesamte Führungsriege aus. Inhaltlich sollte die UNESCO deutlichere Schwerpunkte in einigen Kernbereichen setzen. Inzwischen sind an die Stelle einer Vielzahl von Programmen zwölf strategische Ziele in den Kernbereichen Erziehung,

---

30 Vgl. hierzu Kittel, G., Charakteristika internationaler Organisationen und Außenpolitikanalyse. Zwischen konditionierter Kooperation und Austritt: Die Außenpolitik der USA gegenüber der UNESCO und der ITU (1982–1988), Baden-Baden 1997.

31 Rittberger, V. (Hrsg.), Anpassung oder Austritt. Industriestaaten in der UNESCO-Krise (1978–1987), Berlin 1995.

32 Gehlhoff, W., Krise und Wandel in der UNESCO, in: Europa-Archiv, 47. Jg., Folge 19, 1992, S. 557–565; Hüfner und Reuther, UNESCO, S. 126–133.

Wissenschaft, Kultur und Kommunikation getreten. Auf der Generalkonferenz 2001 umriss Generaldirektor Matsuura die aktuelle Aufgabenstellung der UNESCO mit den Worten: „Humanisierung der Globalisierung".

c) Organe

Gemäß der Satzung besteht die Organisation aus drei Hauptorganen

- **Generalkonferenz.** Ihr gehören sämtliche Mitglieder mit jeweils einer Stimme an. In den alle zwei Jahre abzuhaltenden Sitzungsperioden (die 33. Generalkonferenz fand im Herbst 2003 in Paris statt[33]) werden u. a. die generellen Richtlinien und der Haushalt beschlossen.

- **Exekutivrat.** Dieses Gremium wurde 1993 in ein gouvernementales Organ umgewandelt, d. h. nach regionalen Gesichtspunkten auf vier Jahre von der Konferenz gewählt, gehören ihm – seit 1995 nunmehr 58 – Regierungsvertreter an, darunter Deutschland für den Zeitraum 2001–2005. Der Exekutivrat überwacht auf zweimal jährlich stattfindenden Tagungen die Durchführung der Programme der UNESCO.

- **Sekretariat.** An der Spitze der Organisation steht ein bisher auf fünf Jahre gewählter Generaldirektor (seit 1999 der Japaner Koichiro Matsuura); in Zukunft beträgt die Amtszeit vier Jahre mit der Möglichkeit einer einmaligen Wiederwahl. Das entsprechend den Hauptarbeitsgebieten in mehrere Abteilungen gegliederte Sekretariat mit Sitz in Paris und über 40 Außenstellen in allen Erdteilen führt die beschlossenen Programme durch. Der Personalbestand verringerte sich seit 1985 um rund 40 Prozent und betrug Ende 2002 annähernd 2200 Mitarbeiter.

Eine Besonderheit dieser UN-Sonderorganisation liegt darin, dass jedes Mitglied der UNESCO gehalten ist, eine „nationale Kommission" zu gründen, die bei der Durchführung von Programmen in den einzelnen Staaten mitwirkt; die **Deutsche UNESCO-Kommission**,

---

33 Vgl. hierzu Schöfthaler, T., Die Globalisierung menschlich gestalten. Die 31. UNESCO-Generalkonferenz, in: UNESCO heute, 49. Jg., Ausgabe 1–2, 2002, S. 16–20.

ein privatrechtlicher Verein, der entsprechend seiner Satzung in allen UNESCO-Angelegenheiten als Koordinierungs-, Verbindungs- und Beratungsstelle fungiert, hat ihren Sitz in Bonn.[34]

d) Mitglieder und Finanzierung

Der UNESCO gehörten am 1. Juli 2003 188 Vollmitglieder und sechs assoziierte Mitglieder an. Die Bundesrepublik Deutschland wurde am 11. Juli 1951, die Schweiz und Österreich wurden bereits 1948 aufgenommen. Im Herbst 2002 kündigte US-Präsident Bush vor der UN-Generalversammlung die Rückkehr der USA nach 18-jähriger Abwesenheit an; Ende September 2003 erfolgte dann der Wiederbeitritt.

Der ordentliche Haushalt der UNESCO beläuft sich für den Zweijahreszeitraum 2003/04 auf 610 Millionen US-Dollar, die von den Mitgliedern nach einem festgelegten Schlüssel auf der Basis der Beitragsskala für den Etat der Vereinten Nationen aufzubringen sind. Die größten Beitragszahler sind nunmehr wiederum die USA mit 22 Prozent des Budgets. Erhebliche Beitragsrückstände kennzeichnen auch die Finanzsituation dieser Organisation.

Zur Durchführung einzelner Projekte stehen der UNESCO zusätzlich freiwillige Beiträge der Industriestaaten und Mittel anderer UN-Einrichtungen (wie dem UNDP) sowie neuerdings der Privatwirtschaft zur Verfügung.

Internet: www.unesco.org

6. Weltgesundheitsorganisation (WHO)

a) Entstehung

Die Gründung der Weltgesundheitsorganisation (World Health Organization – WHO)[35] wurde auf der vom UN-Wirtschafts- und

---

34 Vgl. hierzu Deutsche UNESCO-Kommission (Hrsg.), Lernziel Weltoffenheit. Fünfzig Jahre deutsche Mitarbeit in der UNESCO, Bonn 2001. Die Zeitschrift der Deutschen UNESCO-Kommission „UNESCO heute" erscheint 2003 im 50. Jahrgang. Internet der Deutschen UNESCO-Kommission: www.unesco.de. Die Österreichische UNESCO-Kommission befindet sich in A-1070 Wien, Mentergasse 11, das Sekretariat der Nationalen Schweizerischen UNESCO-Kommission c/o EDA, in CH-3003 Bern, Eigerplatz 1.

35 Darstellung über die WHO: Kreisel, W., WHO – Weltgesundheitsorganisation, in: Volger (Hrsg.), Lexikon, S. 654–660.

Sozialrat einberufenen Internationalen Gesundheitskonferenz am 22. Juli 1946 in New York beschlossen; damit konnten die verschiedenen bereits bestehenden internationalen Einrichtungen auf dem Gebiet des Gesundheitswesens in einer Institution zusammengefasst werden. Die Satzung[36] trat am 7. April 1948 in Kraft (seither gilt dieser Tag als „Weltgesundheitstag"), nachdem zuvor die UN-Generalversammlung am 15. November 1947 den Kooperationsvertrag mit der WHO genehmigt hatte. Die WHO mit ihrem Hauptsitz in Genf verfügt über eine weltumspannende regionale Untergliederung mit einer Reihe von Büros.

b) Aufgaben und Aktivitäten

Die WHO hat sich zum Ziel gesetzt, allen Völkern zur „Erreichung eines möglichst guten Gesundheitszustands" zu verhelfen, wobei Gesundheit definiert wird als ein „Zustand völligen körperlichen, seelischen und sozialen Wohlbefindens und nicht nur [als] das Freisein von Krankheit oder Gebrechen" (Artikel 1 und Präambel der Satzung).

Die weitgestreuten Funktionen der WHO, als Leit- und Koordinationsstelle internationaler Gesundheitspolitik, umfassen drei Schwerpunkte:

• **Aufrechterhaltung eines weltweiten Gesundheitswarndienstes.** Mit diesen Informations- und Warndiensten wird das Auftreten von Gelbfieber, Pest, Cholera und anderer übertragbarer wie auch nichtübertragbarer Krankheiten ebenso registriert und dokumentiert wie die Ursache von Erkrankungen und Todesfällen. Alljährlich veröffentlicht die WHO einen Weltgesundheitsbericht.

• **Hilfeleistungen.** Die WHO unterstützt nationale Regierungen – heute vor allem in der Dritten Welt – auf deren Ersuchen beim Auf- und Ausbau leistungsfähiger Gesundheitsdienste, die der gesamten Bevölkerung zur Verfügung stehen; so stellt sie Berater und bildet Personal aus.

Auf einer gemeinsam mit UNICEF veranstalteten Konferenz im September 1978 in Alma Ata (Kasachstan) über primäre Gesund-

---

36 Text der Satzung in: Knipping, System, Bd. I/2, S. 381–419.

heitsversorgung wurde eine langfristige „Globale Strategie zur Erreichung des Zieles: Gesundheit für alle bis zum Jahr 2000" entwickelt, die von der Weltgesundheitsversammlung 1981 zur offiziellen WHO-Leitlinie erklärt wurde.

Die Zielsetzung dieser ehrgeizigen Strategie, die 1998 durch ein neues gesundheitspolitisches Rahmenkonzept der veränderten Weltgesundheitslage den Erfordernissen des 21. Jahrhunderts angepasst wurde, besteht darin, weltweit möglichst einen solchen Gesundheitszustand zu erreichen, „der es allen Menschen erlaubt, ein sozial und ökonomisch produktives Leben zu führen". Besonderer Wert wird dabei auf die Errichtung und den Ausbau solcher Gesundheitssysteme gelegt, die der **primären Gesundheitsversorgung** (Primary Health Care – PHC) dienen, d. h. den jeweiligen nationalen gesundheitspolitischen Bedürfnissen angepasst sind. Gefördert werden in diesem Zusammenhang u. a. die Verbesserung der Ernährungslage und eine hygienisch einwandfreie Trinkwasserversorgung sowie die Ausstattung aller Länder mit 250 für existentiell notwendig befundenen Medikamenten. Die Verwirklichung des groß angelegten Konzepts setzt im Verständnis der WHO jedoch in vielen Ländern nicht nur Reformen im Gesundheitswesen, sondern auch auf politischem, wirtschaftlichem, ökologischem und sozialem Gebiet voraus.

Den Kampf gegen Krankheiten führt die WHO an verschiedenen Fronten. Einmal bemüht sie sich mit weltweiten Programmen um die Ausmerzung ansteckender Krankheiten: die Ausrottung der Pocken konnte 1980 offiziell bestätigt werden, die vorgesehene Vernichtung der letzten in Forschungslabors noch vorhandenen Pockenviren wurde nach den Terroranschlägen vom 11. September 2001 aus Angst vor möglichen B-Waffen-Angriffen zunächst aufgeschoben; bereits 1955 wurde ein zunächst erfolgversprechendes Programm zur Ausrottung der Malaria gestartet, veränderte Erregerstämme gaben jedoch der Seuche wieder neuen Auftrieb, so dass die WHO 1998 zu einer gezielten Kampagne zur Zurückdrängung der Malaria (Roll Back Malaria – RBM) aufrief. Zum anderen entwickelt sie große Aktivitäten bei der Bekämpfung von Lepra, Herz-Kreislauf-Leiden, Kinderlähmung (1995 initiierte die Organisation eine neue Poliokampagne), Tuberkulose, Diabetes und Krebserkrankungen. Nach langwierigen Verhandlungen konnte im Mai 2003 die Anti-Tabak-Rahmenkonvention verabschiedet werden, die auf eine Einschränkung des Tabak-Konsums abzielt.

Schon in ihrem Jahresbericht 1995 warnte die WHO nachdrücklich vor einer Welle neuer und dem Wiederaufleben alter Infektionskrankheiten. Die Organisation trägt diesen Gefahren neuerdings dadurch Rechnung, dass eine „schnelle Eingreiftruppe" zur Bekämpfung gefährlicher Epidemien geschaffen wurde, um innerhalb kürzester Zeit das notwendige Personal und medizinisches Gerät zur Einleitung von Gegenmaßnahmen mobilisieren zu können. Auf die rapide Ausbreitung der Immunschwäche AIDS reagierte die WHO im Herbst 1986 mit einem umfassenden Hilfsprogramm, dessen Schwerpunkte auf der Sammlung und Weiterverbreitung von Informationen und der Beratung bei nationalen Kampagnen zur AIDS-Bekämpfung lagen; dem folgte im Mai 1987 die Verabschiedung einer „Globalen Strategie zur Verhütung und Kontrolle von AIDS"[37] Ende 1995 lief das zunehmend unter Kritik geratene AIDS-Programm der WHO aus und wurde mit Beginn des Jahres 1996 durch ein von allen einschlägigen UN-Einrichtungen (WHO, UNICEF, UNDP, UNESCO, UNFPA, Weltbank) getragenes übergreifendes AIDS-Programm abgelöst.

Das neugegründete, unter der Federführung der Vereinten Nationen stehende „United Nations Programme on HIV/AIDS (UN-AIDS)" hat sich zur Aufgabe gestellt, die weltweiten Aktionen gegen die Epidemie zu leiten und zu koordinieren.

Auf Initiative des Exekutivdirektors des Gemeinsamen Programms verabschiedete die Sondertagung der UN-Generalversammlung über HIV/AIDS eine Erklärung, die die UN-Mitgliedstaaten zu einer Reihe konkreter Maßnahmen zur AIDS-Bekämpfung verpflichtet. Gleichzeitig wurde ein „Globaler Fonds zur Bekämpfung von AIDS, Malaria und Tuberkulose" geschaffen, dem nach einer schrittweisen Aufstockung bis 2005 jährlich 7–10

---

37 Vgl. hierzu Mann, J., AIDS: Vorbeugung und Eindämmung. Die globale Strategie der WHO, in: Vereinte Nationen, 35. Jg., Heft 6, 1987, S. 184–188.

Milliarden US-Dollar – finanziert aus öffentlichen und privaten Mitteln – für Hilfsprogramme zur Verfügung stehen sollen.[38]

• **Förderung der medizinischen Forschung.** Austausch wissenschaftlicher Erkenntnisse; Programme, die die Erforschung von Krankheitsursachen zum Ziel haben, werden initiiert und koordiniert, im Vordergrund stehen auch hier verstärkt Tropenkrankheiten, Herz-Kreislauf-Krankheiten, AIDS und Krebserkrankungen; bereits 1965 gründete die WHO in Lyon/Frankreich ein **Internationales Krebsforschungszentrum** (International Agency for Research in Cancer – IARC); zu einer Vielzahl von Wissenschaftszentren und Forschungsstellen bestehen enge Kontakte.

Anfang der 90er Jahre geriet die Organisation – lange Zeit wegen ihrer effektiven Verwaltung und finanziellen Solidität gerühmt – zunächst in personalpolitische Turbulenzen, die unter dem Vorwurf, die Weltgesundheitsorganisation selbst sei krank, alsbald das Aktivitätenspektrum, die Arbeitsweise, die Struktur und die Finanzen erfassten.

Unter zunehmendem politischen und finanziellen Druck begann zwar ab 1993 ein Straffungs- und Konzentrationsprozess, doch erst mit dem Amtsantritt der ehemaligen norwegischen Spitzenpolitikerin Gro Harlem Brundtland als Generaldirektorin im Juli 1998 wurden umfassende Struktur- und Managementreformen umgesetzt, die eine stärkere Bündelung der WHO-Aktivitäten im Zeichen der Armutsbekämpfung zum Ziel hatten. Da Brundtland für eine weitere Amtsperiode nicht mehr zur Verfügung steht, bleibt abzuwarten, welche Akzente der im Mai 2003 von der Weltgesundheitsversammlung bestätigte Nachfolger, der Südkoreaner Jong Wook-Lee, setzen wird.

c) Organe

Die WHO weist folgende Organstruktur auf:

• **Weltgesundheitsversammlung.** In diesem alljährlich, in der Regel im Mai tagenden Gremium sind alle Mitgliedstaaten gleichrangig

---

38 Vgl. hierzu Grossmann, A., Teufelskreis von AIDS und Armut, in: Vereinte Nationen, 49. Jg., Heft 6, 2001, S. 230–232.

vertreten; festgelegt werden die Politik und das Programm wie auch das Budget der Organisation.

- **Exekutivrat.** Dieser besteht aus 32 Sachverständigen auf dem Gebiet des Gesundheitswesens, die – von den jeweiligen Regierungen vorgeschlagen – sechs Regionen vertreten und von der Versammlung für drei Jahre gewählt werden. Der Rat führt die Beschlüsse des Plenums aus und kann in dringenden Fällen (z. B. beim Ausbruch von Epidemien) auch Maßnahmen treffen. Er wird in seiner Arbeit von Ausschüssen unterstützt.

- **Sekretariat.** An der Spitze des in Fachabteilungen gegliederten Sekretariats stand von 1998 bis 2003 die für fünf Jahre gewählte Gro Harlem Brundtland, der im Juli 2003 Jong Wook-Lee nachfolgte. Zum Verwaltungs- und Fachpersonal zählten Ende 2002 nahezu 3500 Personen, davon rund 1400 in der Zentrale in Genf.

- **Regionalbüros.** Insgesamt sechs Regionalbüros in verschiedenen Teilen der Welt wurden geschaffen (z. B. Regionalbüro für Europa in Kopenhagen), um die Arbeit der WHO zu intensivieren und die konkreten Bedingungen in den einzelnen Regionen besser berücksichtigen zu können. Sie setzen sich aus den Mitgliedstaaten einer Region zusammen und werden von Regionaldirektoren geleitet, denen ein Sekretariat zur Seite steht.

d) Mitglieder und Finanzierung

Am 1. Juli 2003 gehörten der WHO 192 Mitglieder und zwei assoziierte Mitglieder (Tokelau-Inseln und Puerto Rico) an. Die Bundesrepublik Deutschland trat 1951 bei, die Schweiz und Österreich 1947.

Der Haushalt für die Jahre 2002/03 beläuft sich auf 824,7 Millionen US-Dollar und wird von den Mitgliedsländern gemäß einer 2002 modifizierten Beitragsskala finanziert. Der Organisation stehen des Weiteren Mittel aus dem Entwicklungsprogramm der Vereinten Nationen (UNDP) und freiwillige Leistungen aus verschiedenen Sonderfonds zur Verfügung.

Auch die WHO leidet unter erheblichen Finanzproblemen, einmal bedingt durch Zahlungsrückstände ihrer Mitglieder (insbesondere der USA und der GUS-Staaten), zum anderen durch die fehlende Bereitschaft der Industriestaaten, mehr Mittel für die Gesundheitsversorgung in den Entwicklungsländern zur Verfügung zu stellen.

Internet: www.who.int

7. Internationaler Währungsfonds (IMF)

a) Entstehung

Die Gründung des Internationalen Währungsfonds (International Monetary Fund – IMF; gebräuchlich ist auch die deutsche Abkürzung IWF)[39] wurde auf einer Währungs- und Finanzkonferenz im Juli 1944 in Bretton Woods im US-Bundesstaat New Hampshire beschlossen. Auf dieser für die Nachkriegsgeschichte folgenreichen Zusammenkunft legten Experten aus 45 Staaten (darunter aus der damaligen Sowjetunion) eine Neuordnung des – ein Vierteljahrhundert später wiederum aus den Fugen geratenen – Weltwährungssystems fest und berieten über die Notwendigkeit und die Möglichkeit des Wiederaufbaus der durch den Krieg zerstörten Volkswirtschaften. Zwei sich in ihrer Zielsetzung ergänzende internationale Finanzierungsinstitute sollten als tragende Säulen des internationalen Währungssystems der Nachkriegszeit fungieren und wurden deshalb ins Leben gerufen; am Ende der Konferenz verabschiedeten die Teilnehmer die Statuten des IMF und der Weltbank. Am 27. Dezember 1945 trat das Abkommen über den Internationalen Währungsfonds in Kraft (Änderungen erfolgten 1969, 1978, 1992 und 1997);[40] 1947 nahm der IMF mit Sitz in Washington seine Tätigkeit auf. Der Kooperationsvertrag mit den Vereinten

---

39 Darstellungen über den IMF mit weiteren Literaturhinweisen: Tetzlaff, R., Weltbank und Währungsfonds. Gestalter der Bretton-Woods-Ära, Opladen 1996; Deutsche Bundesbank, Weltweite Organisationen und Gremien im Bereich von Währung und Wirtschaft, Frankfurt 1997; Schumacher, H., Internationaler Währungsfonds, in: Altmann und Kulessa (Hrsg.), Wirtschaftsorganisationen, S. 119–131; Metzger, M., IWF – Internationaler Währungsfonds, in: Volger (Hrsg.), Lexikon, S. 295–300; Deutsche Bundesbank, Die Rolle des Internationalen Währungsfonds in einem veränderten wirtschaftlichen Umfeld, in: Monatsbericht der Deutschen Bundesbank, September 2000, S. 15–31; Potthoff, M., IWF und Weltbank innerhalb des Weltfinanzsystems, in: Bundesakademie für Sicherheitspolitik (Hrsg.), Sicherheitspolitik in neuer Dimension, Hamburg u. a. 2001, S. 723–746.

40 Text der Satzung in: Knipping, System, Bd. I/2, S. 3–153.

Nationen über den Status einer Sonderorganisation wurde am 15. November 1947 abgeschlossen und am 15. April 1948 rechtswirksam.

b) Aufgaben und Aktivitäten

Die Ziele des IMF umschreibt die Satzung (Artikel 1) des IMF wie folgt:

- Förderung der internationalen Zusammenarbeit auf dem Gebiet der Währungspolitik,
- Erleichterung eines ausgeglichenen Wachstums des Welthandels,
- Förderung der Stabilität der Währungen,
- Einrichtung eines möglichst freien multilateralen Zahlungssystems zur Abwicklung der laufenden Geschäftsbeziehungen,
- Unterstützung der Mitglieder bei der Behebung von Zahlungsbilanzschwierigkeiten durch die Bereitstellung von Fondsmitteln.

Neben seiner zentralen Funktion der Überwachung des internationalen Währungsgeschehens und der Finanzierung vorübergehender Zahlungsbilanzdefizite stellt der Fonds ein wichtiges Informations- und Diskussionszentrum für Währungs- und Wirtschaftsfragen dar; daneben berät er seine Mitglieder, so beispielsweise beim Abbau von Währungseinschränkungen, und stellt sonstige Technische Hilfe, deren Umfang und Komplexität in jüngster Zeit erheblich zugenommen hat, zur Verfügung.

Während der Fonds zunächst eine zentrale Rolle bei der Gewährleistung eines Systems konvertibler Währungen und fester Wechselkurse spielte, verschoben sich mit dem endgültigen Zusammenbruch des Bretton-Woods-Systems 1973 seine Funktionen. Zwar scheiterte schließlich die 1974 konzipierte Neugestaltung der Weltwährungsordnung, aber eine grundlegende Änderung des IMF-Statuts räumte den Mitgliedsländern danach eine größere Freiheit bei der Festlegung der Wechselkurse ein, wobei der Fonds mit der Überwachung der Wechselkurspolitik seiner Mitgliedstaaten betraut wurde. Infolge neuer Entwicklungen und weltpolitischer Veränderungen fielen dem IMF weitere Aufgaben und Kompetenzen zu.

Als Folge der Ölpreiskrise – insbesondere für die ärmsten Entwicklungsländer – in den 70er Jahren und der Schuldenkrise in den Entwicklungsländern in den 80er Jahren, deren Voraussetzung vielfach die Einleitung strukturpolitischer Reformen (Strukturanpassungsprogramme) war, musste sich der Fonds verstärkt mit tendenziell immer langfristigeren und deutlich umfangreicheren Krediten engagieren. Mit dem Ende des Ost-West-Konflikts Anfang der 90er Jahre traten die Transformationsländer Mittel- und Osteuropas mit ihren strukturellen ökonomischen Defiziten als weitere Kreditnehmer hinzu. In den Finanzmarktkrisen der 90er Jahre insbesondere in Asien und später in Lateinamerika schnürte der IWF schließlich immer größere Kreditpakete.

Der Fonds stellt vorzugsweise kurz- und mittelfristige Kredite (für drei bis fünf, seit Mitte der 70er Jahre auch für sieben bis zehn Jahre) zur Überwindung temporärer Zahlungsbilanzstörungen zur Verfügung. Der IMF gewährt jedoch im Rahmen seiner verschiedenen Überbrückungshilfen nicht Kredite im üblichen Sinne, sondern gestattet seinen Mitgliedern, die international verwendbare Währung eines anderen Mitgliedes gegen Landeswährung zu kaufen, zu „ziehen" (Ziehungsrechte). Die Höhe der Kreditlinie (Kredit- bzw. Ziehungsmöglichkeit, auch Fazilität genannt), bis zu der ein Mitglied Mittel vom Fonds erhalten kann, hängt im Wesentlichen von der ihm zugeteilten, alle fünf Jahre zu überprüfenden Quote – ausgedrückt in Sonderziehungsrechten (SZR) – ab, die die Wirtschaftskraft eines jeden Landes widerspiegelt.

Mit der 1969 in Kraft getretenen Statutenänderung wurde mit den so genannten **Sonderziehungsrechten (SZR)** ein internationales Buchgeld[41] geschaffen, wodurch sich das Kreditvolumen der Mitgliedstaaten ausdehnte. Im Zusammenhang mit der geringer werdenden Bedeutung des Goldes im internationalen Währungssystem wurde dann 1978 das SZR zum Hauptreservemedium und zur Recheneinheit des Fonds (und vieler anderer internationaler Finanzinstitute).

Für Kredite, die der Fonds aus Eigenmitteln vergibt, erhebt er eine Bearbeitungsgebühr und sonstige Gebühren, bei fremdfinanzierten Krediten wird der vom Fonds gezahlte Zinssatz in Rechnung gestellt. Die Vergabe regulärer Finanzmittel verbindet der Fonds ge-

---

41 Vgl. hierzu Bargelame, M., Die Sonderziehungsrechte im internationalen Währungssystem, Berlin 1981.

genüber dem Nehmerland je nach Höhe der Inanspruchnahme in der Regel mit gestaffelten Bedingungen und Fristen (Konditionalität), d. h. wirtschaftliche Stabilisierungs- bzw. Anpassungsprogramme für das kreditnehmende Mitgliedsland werden erstellt, die – 1979 in Richtlinien gefasst – von unverbindlichen Empfehlungen bis zu strikten Auflagen reichen und letztlich zur Wiederherstellung des außenwirtschaftlichen Gleichgewichts führen sollen.[42] Die Einmischung des Fonds in nationale Wirtschaftspolitik und die oftmals „harten" Konditionen sind seit langem Gegenstand der Kritik, obwohl der IWF gehalten ist, die spezifischen sozialen und seit den 90er Jahren auch politischen Bedingungen des kreditsuchenden Landes zu berücksichtigen.

Die regulären **Kreditmöglichkeiten** des Fonds sind seit Anfang der sechziger Jahre mit den „Bereitschaftskreditvereinbarungen" bei kurzfristigen und vorübergehenden Zahlungsbilanzschwierigkeiten sowie mit der „Erweiterten Fondsfazilität (EFF)" bei besonders schwierigen außen- und binnenwirtschaftlichen Strukturverzerrungen verbessert worden.[43] Zusätzlich wurde in Anbetracht der besonderen Bedürfnisse der Entwicklungsländer eine Reihe von z. T. zeitlich befristeten und mit unterschiedlichen Konditionen versehenen Sonderfazilitäten geschaffen. Die derzeit wichtigsten Sonderfazilitäten sind:

- Die „Fazilität zur Stärkung von Währungsreserven" bei Zahlungsbilanzproblemen in außergewöhnlichen Krisen (seit 1997).
- „Armutsbekämpfungs- und Wachstumsfazilität", mit der die ärmsten Staaten unterstützt werden (seit 1999).
- „Vorsorgliche Kreditlinie", zielt auf die Verhinderung der Ausbreitung einer Krise ab (seit 1999).
- „Fazilität zur Kompensation bei Exportausfällen" bei zeitweiligen Ausfällen von Exporterlösen (seit 2000).

---

42 Siegler, H.-J. und W. Theis, Möglichkeiten und Grenzen von Strukturanpassungsprogrammen in Entwicklungsländern, in: Vierteljahresberichte, Nr. 131, 1993, S. 69–81.

43 Vgl. Dickmann, B., Die Kreditvergabe des IWF, in: Konjunkturpolitik, 40. Jg., Heft 2, 1994, S. 154–174.

Neuerdings gilt der Schuldenthematik die besondere Aufmerksamkeit der IMF-Gremien;[44] nach neuen Strategien zum Abbau der horrenden Verschuldung einer Reihe von Drittweltstaaten wird ebenso gesucht wie nach einer effizienten Zusammenarbeit mit der Weltbank, bei gleichzeitig eindeutiger Aufgabenteilung zwischen beiden Finanzinstituten.

Gemeinsam mit der Weltbank wurde 1996 eine Schuldeninitiative zur Entschuldung der ärmsten Entwicklungsländer, kurz HIPC-Initiative (Heavily Indebted Poor Countries – HIPC), ins Leben gerufen; 1999 modifiziert, hat sie zum Ziel, mehr als 40 Ländern Schulden von insgesamt 50 Milliarden US-Dollar zu erlassen. Mitte 2002 hatten 27 Staaten, darunter 23 afrikanische, mit einem Entlastungsvolumen von 41,5 Milliarden die entsprechenden Anforderungen des IWF (insbesondere Ausrichtung des nationalen Budgets auf die Armutsbekämpfung) erfüllt.[45]

Die Politik der Milliardenkredite des Währungsfonds, verbunden mit Standard-Rezepten beim Versuch der Bewältigung der Wirtschafts- und Finanzkrisen der 90er Jahre, war zunehmend auf Kritik gestoßen, hatte eine Standortbestimmung über die Aufgaben des Fonds herausgefordert und zu einer Vielzahl von Reformvorschlägen geführt.[46]

Mit dem Amtsantritt des neuen Geschäftsführenden Direktors, Horst Köhler, im Mai 2000 setzte dann ein Kurs der Rückbesinnung ein. Ziel: Den IWF wieder in stärkerem Maße auf seine ursprüngliche Kernaufgabe – die Gewährung kurzfristiger Finanzhilfen an Krisenländer zur Überbrückung von Zahlungsbilanzungleichgewichten – zurückzuführen. Bei der Konzentration der Rolle des Fonds auf die Prävention von Finanzkrisen sind inzwischen erste Fortschritte erzielt worden, die Kreditvergabebedingungen wurden ent-

---

44 Büttner, V., Der Internationale Währungsfonds und die Schuldenkrise der Dritten Welt, Baden-Baden 1988.
45 Vgl. hierzu Potthoff, IWF, in: Bundesakademie, S. 739–740.
46 Vgl. hierzu Falk, R., IWF und Weltbank unter Reformdruck, in: Blätter für deutsche und internationale Politik, 39. Jg., Heft 3, 1994, S. 328–338; Kreile, M., Deutschland und die Reform der internationalen Finanzarchitektur, in: Aus Politik und Zeitgeschichte, B 37–38, 2000, S. 16–20.

sprechend modifiziert und die Strukturanpassungsprogramme grundlegend reformiert. Durch die im Sommer 2002 erfolgte Kreditzusage an Brasilien in Höhe von über 30 Milliarden US-Dollar – eine Rekordsumme in der IWF-Geschichte – kam es jedoch wieder zu einem Rückfall in die frühere Politik massiver Rettungsaktionen.

Der 2001 von europäischer Seite lancierte Vorschlag zur Schaffung eines Insolvenzverfahrens für säumige Staaten unter Aufsicht einer eigens dafür zuständigen Institution konnte bisher nicht realisiert werden.

Die Kredithilfen des Fonds im Geschäftsjahr 2001/02 bewegten sich auf Rekordniveau und lagen bei 41,2 Milliarden SZR Kreditzusagen und 30,1 Milliarden SZR Kreditauszahlungen, umgerechnet 52,2 bzw. 38,2 Milliarden US-Dollar.

c) Organe

Der Aufbau der IMF weist eine Reihe von Besonderheiten auf:

- **Gouverneursrat.** In dieses oberste Organ, dem alle Befugnisse obliegen und das jeweils im September zu seiner Jahrestagung zusammentritt, entsendet jedes Mitglied einen Vertreter und einen Stellvertreter (meist den Finanzminister oder Zentralbankpräsidenten). Die einzelnen Mitgliedstaaten haben jedoch in diesen wie in anderen Gremien kein gleiches Stimmrecht, sondern ihre Stimmen werden nach dem in den Fonds eingebrachten Kapital gewichtet. Zunächst stehen jedem Mitglied 250 Stimmen zu, außerdem erhält es Zusatzstimmen, deren Anzahl sich nach der Höhe der Quote richtet. (Jedem Mitgliedstaat wird vom Fonds eine Quote zugewiesen, die, in Sonderziehungsrechten [SZR] ausgedrückt, gewissermaßen seinen Geschäftsanteil am Fonds darstellt.) Pro 100 000 SZR erhält ein Mitglied eine Stimme. Die Stimmrechtsanteile waren 2001/02 folgendermaßen verteilt: USA 17,5 Prozent, Japan 6,3, Deutschland 6,1, Frankreich und Großbritannien je 5,1 Prozent; 130 Entwicklungsländer besitzen zusammen rund 32 Prozentanteile.

Besondere Ausschüsse des Gouverneursrates sind zudem beauftragt, das Funktionieren des Währungssystems und seine Weiterentwicklung zu beobachten, so das als Steuerungsausschuss dienende Internationale Währungs- und Finanzkomitee (IMFC) und der gemeinsame Entwicklungsausschuss (DC) von IWF und Weltbank.[47]

- **Exekutivdirektorium** (Direktorium). Den 24 Exekutivdirektoren, von denen fünf durch die Staaten mit den höchsten IMF-Quoten (USA, Deutschland, Japan, Frankreich und Großbritannien) ernannt und 19 weitere alle zwei Jahre nach regionalen Gruppierungen vom Gouverneursrat gewählt werden, obliegt die laufende Geschäftsführung des Fonds.
- **Geschäftsführender Direktor.** Der von den Exekutivdirektoren gewählte Geschäftsführende Direktor (bisher stets ein Europäer) ist zugleich Vorsitzender des Direktoriums und Leiter des Sekretariats (mit einem Stab von rund 2650 Mitarbeitern). Der ehemalige deutsche Finanzstaatssekretär Horst Köhler bekleidet dieses Amt seit Mai 2000 für fünf Jahre.

Als informelle Interessengruppierungen innerhalb des Fonds, die sich abstimmen und zu getrennten Sitzungen zusammentreffen, fungieren die fünf stimmstärksten Mitglieder (Fünferclub, im Fachjargon G-5), die Teilnehmer der jährlichen Wirtschaftsgipfel (G-7), die zehn westlichen Industriestaaten (Zehnergruppe oder Zehnerclub, G-10) sowie die Gruppe der 24 (G-24), als Clearingstelle der Entwicklungsländer.

d) Mitglieder und Finanzierung

Am 1. Juli 2003 gehörten dem IMF 186 Mitglieder an; vor allem durch die Auflösung des ehemaligen „Ostblocks", aus dessen Kreis nur wenige sozialistische Staaten im Fonds vertreten waren, ist die Mitgliederzahl seit 1987 um 33 Länder angestiegen. Österreich ist seit 1948, die Bundesrepublik Deutschland seit 1952 Mitglied. Der Finanzplatz Schweiz gehörte dem Fonds lange Zeit nicht an, unterhielt aber enge Beziehungen auf verschiedenen Ebenen. Der Vollzug des schweizerischen Beitritts konnte erst Ende Mai 1992 erfolgen, nachdem im Frühjahr 1991 zwischen dem Fonds und der Eidgenossenschaft über die Beitrittsmodalitäten Einvernehmen er-

---

48 Vgl. S. 236.

zielt worden war und das Schweizer Volk dem Beitritt zugestimmt hatte.

Den Fonds mit Mitteln auszustatten, obliegt zunächst den Mitgliedstaaten; daneben kann er Fremdmittel aufnehmen.

Die Höhe des zu leistenden Beitrages (Subskription) hängt von der jeweiligen Quote ab, wobei die Quoten spätestens alle fünf Jahre zu überprüfen sind, was bisher stets zu einer generellen Quotenerhöhung führte. Ursprünglich wurden 25 Prozent der Quoten in Gold und der Rest in eigener Währung eingezahlt, nach Wirksamwerden der zweiten Satzungsänderung 1978 traten an die Stelle des Goldes die Sonderziehungsrechte (SZR).

Die verfügbaren Liquiditätsreserven des Fonds waren zum Ende des Geschäftsjahres 1996 (Juli 1995–Juni 1996) auf 56,4 Milliarden Sonderziehungsrechte zurückgegangen.

Im Hinblick auf die anhaltend hohe Kreditnachfrage befürwortet der IMF-Generaldirektor seit längerem eine Verdoppelung der Quote, d. h. der von den Mitgliedern einzuzahlenden Beiträge. Diese Forderung, wie auch der Wunsch der Entwicklungsländer nach einer erheblichen Ausweitung des IMF-Kunstgeldes, der Sonderziehungsrechte, stößt auf entschiedenen Widerstand der G-7-Staaten, vor allem der USA, so dass lediglich eine bescheidene allgemeine Anhebung der IMF-Quote im Rahmen der 11. Quotenerhöhung realistisch erscheint. Die Staaten der Zehner-Gruppe (G-10) sowie einige weitere Länder Europas und Asiens haben sich hingegen im Mai 1996 darauf verständigt, den Kreditrahmen innerhalb der sog. Allgemeinen Kreditvereinbarung (AKV) – einer Art Krisenkasse für außergewöhnliche Finanzkrisen, die jedoch seit 1978 nicht mehr genutzt wurde – auf rund 50 Milliarden US-Dollar zu verdoppeln. Als Alternative war Ende 1996 die Schaffung eines Sonderfonds für systemgefährdende Krisen im Gespräch.

Internet: www.imf.org

8. Weltbank (Internationale Bank für Wiederaufbau und Entwicklung)

a) Entstehung

Die Weltbank oder Internationale Bank für Wiederaufbau und Entwicklung (World Bank/International Bank for Reconstruction and Development – IBRD)[48] verdankt ihre Entstehung wie der Internationale Währungsfonds der Bretton-Woods-Konferenz. Die Satzung[49] der Weltbank trat am 27. Dezember 1945 in Kraft; ihre Tätigkeit nahm sie am 25. Juni 1946 auf. Die Weltbank besitzt seit dem 15. November 1947 den Status einer Sonderorganisation der Vereinten Nationen, nachdem die UN-Generalversammlung am 3. November 1947 den Kooperationsvertrag gebilligt hatte. Zusammen mit der IFC, IDA und der MIGA[50] bildet die Weltbank, der noch das Internationale Zentrum zur Beilegung von Investitionsstreitigkeiten (International Centre for Settlement of Investment Disputes – ICSID) unterstellt ist, die **Weltbankgruppe**. Gleiche Zielsetzung, unterschiedliche Funktionen, gemeinsame Leitung und Geschäftsführung kennzeichnen die bestehenden Verflechtungen zwischen den rechtlich selbständigen Finanzinstituten, wobei die MIGA nicht den Status einer UN-Sonderorganisation besitzt. Das besondere Verhältnis zum IMF kommt darin zum Ausdruck, dass Währungsfonds und Weltbankgruppe jeweils am gleichen Ort und zur gleichen Zeit ihre Jahrestagungen abhalten. Mit zahlreichen anderen UN-Einrichtungen hat die Weltbank Vereinbarungen über eine Zusammenarbeit geschlossen; beispielsweise mit dem UNDP, der FAO, der WHO und der UNESCO; in handelspolitischen Fragen bestehen enge Kontakte zur Welthandelsorganisation (WTO).

Der Hauptsitz der Weltbank befindet sich in Washington, daneben unterhält sie derzeit mehr als 100 Büros in allen Teilen der Welt.

b) Aufgaben und Aktivitäten

Die Ziele und Aufgaben der Weltbank sind in Artikel I ihrer Statuten wie folgt zusammengefasst:

• Zum Wiederaufbau und zur Entwicklung der Mitgliedsländer

---

48 Darstellungen über die Weltbank mit weiteren Literaturhinweisen: Tetzlaff, R., Weltbank und Währungsfonds – Gestalter der Bretton-Woods-Ära, Opladen 1996; Deutsche Bundesbank, Organisationen, S. 68 ff. (dort werden alle Organisationen der Weltbankgruppe behandelt); Eggerstedt, H. und M. E. Kulessa, Weltbank, in: Altmann und Kulessa (Hrsg.), Wirtschaftsorganisationen, S. 250–262; Metzger, M., Weltbank/-gruppe, in: Volger (Hrsg.), Lexikon, S. 627–632.

49 Text der Satzung in: Knipping, System, Bd. I/2, S. 155–215.

50 Vgl. S. 195.

durch Erleichterung der Kapitalanlage für *produktive* Zwecke beizutragen;

- Förderung der privaten ausländischen Investitionen durch die Übernahme von Garantien oder Beteiligungen;
- Ausdehnung des internationalen Handels und Aufrechterhaltung des Gleichgewichts der Zahlungsbilanzen durch die Anregung internationaler Investitionen;
- Abstimmung der von der Weltbank gewährten oder garantierten Anleihen mit anderen internationalen Kreditgebern, und zwar derart, dass die produktiven und dringlichen Projekte zuerst in Angriff genommen werden;
- Berücksichtigung der Wirkung internationaler Investitionen auf das Geschäftsklima in den Mitgliedstaaten.

Wie in der Bezeichnung Internationale Bank für Wiederaufbau und Entwicklung bereits zum Ausdruck kommt, wiesen die Gründungsväter der Weltbank eine doppelte Aufgabenstellung zu. In den ersten Nachkriegsjahren konzentrierte sie ihre Tätigkeit auf die Gewährung von Darlehen für den Wiederaufbau Europas. Doch schon ab 1948 – nach Inkrafttreten des Marshall-Hilfsplans für Europa – wandte sie sich der Finanzierung von Projekten in weniger entwickelten Ländern Asiens und Lateinamerikas zu. Heute beschäftigt sie sich als global bedeutendste Kapitalgeberorganisation nahezu ausschließlich mit der Förderung der Entwicklungsländer in der Dritten Welt und neuerdings mit den Transformationsländern in Osteuropa, wobei ihre Hauptaufgabe in der Vergabe längerfristiger Darlehen zur Finanzierung solcher Vorhaben liegt, die für die wirtschaftliche und soziale Entwicklung des betreffenden Gebietes von besonderer Wichtigkeit sind.

Den veränderten Anforderungen entsprechend hat die Weltbank im Laufe der Zeit ihre Kreditpalette erweitert und variiert. Neben projektgebundenen Krediten vergibt sie Programmkredite und seit den achtziger Jahren auch Struktur- und Sektorenanpassungsdarlehen, die in enger Abstimmung mit dem IMF gezielte Anpassungsmaßnahmen in dem betreffenden Land ermöglichen sollen.

Bis in die siebziger Jahre wurden hauptsächlich infrastrukturelle Großprojekte gefördert, während danach auf Grund einer Neuorientierung der Entwicklungsstrategie der Bank solche Investitionen in der Landwirtschaft Vorrang erhielten, die die Situation der ärmsten Bevölkerungsteile in den Entwicklungsländern verbessern sollten („armutsorientierte Strategie für ländliche Entwicklung"). In den letzten Jahren ist auf Grund eines neu entwickelten Ansatzes die Armutsbekämpfung und gleichzeitig eine eher länderbezogene Strategie in den Mittelpunkt der Weltbankpolitik getreten.

Im Rahmen der Geschäftstätigkeit der Bank spielt nicht erst seit der Rio-Konferenz (1992) der Zusammenhang zwischen Entwicklung und Umwelt eine beachtliche Rolle. So werden alle neuen Projekte auf ihre Umweltverträglichkeit überprüft und spezielle Vorhaben mit umweltpolitischen Zielsetzungen in den Förderungskatalog aufgenommen. Ende 1990 startete die Weltbank auf Grund einer deutsch-französischen Initiative zusammen mit dem Umweltprogramm der Vereinten Nationen (UNEP) und dem Entwicklungsprogramm (UNDP) zudem einen Umweltfonds zur Finanzierung von Programmen und Projekten in Entwicklungs- und Transformationsländern, der auf eine Verbesserung der weltweiten Umweltbedingungen abzielt.

Zunächst als dreijähriges Pilotprojekt (1991–1993) – mit rund einer Milliarde SZR ausgestattet – ins Leben gerufen, wurde die **Globale Umweltfazilität** (Global Environment Facility – GEF) 1994 restrukturiert und dient nach einer 2002 erfolgten dritten Wiederauffüllung als Finanzierungsinstrument der auf der UNCED-Konferenz (1992) verabschiedeten Klima- und Artenschutzkonventionen und anderer Umweltschutzabkommen. Die Weltbank fungiert dabei lediglich als Treuhänderin des GEF-Fonds, der bisher rund vier Milliarden US-Dollar in über 1000 Projekte in 160 Ländern investiert hat.

Unter dem Motto „50 Jahre sind genug" kritisierten verstärkt engagierte Nichtregierungsorganisationen (NGOs) anlässlich des 50-jährigen Jubiläums der Bretton-Woods-Institute 1994 die fehlende Transparenz, die Machtstrukturen und die Kreditvergabepolitik (insbesondere die oftmals rigiden markwirtschaftlichen Auflagen sowie die mangelnde Rücksichtnahme auf Mensch und Natur) der Weltbank.

Mit Ernennung des US-Amerikaners James D. Wolfensohn zum neuen Weltbankpräsidenten im März 1995 kündigte sich eine **neue**

Ära in der Bankpolitik an.[51] Tief greifende Veränderungen in der Organisationsstruktur, der Personal- und Informationspolitik einerseits und vor dem Hintergrund der veränderten Rahmenbedingungen eine Umorientierung hin zu einer effektiveren, konsequent auf Armutslinderung ausgerichteten Entwicklungszusammenarbeit (mehr Qualität statt Quantität in der Projektfinanzierung, größere Kundennähe, verstärkte Mitnutzungsmöglichkeiten der NGOs) – lauteten die Kernforderungen des ehemaligen Investmentbankers, der 1999 für eine weitere fünfjährige Amtszeit bestätigt wurde.

Ungeachtet der fortbestehenden und z. T. radikalen Kritik an der Weltbankpolitik, in die ab Anfang 2000 auch die US-Regierung mit dem Vorwurf einstimmte, die Bankenaktivitäten seien zu diffus, sind inzwischen jedoch Reformfortschritte zu verzeichnen. Weltbankkredite dienen zunehmend der Verbesserung der Rahmenbedingungen, so stieg der Anteil der Kredite, die das Gesundheitswesen, Ernährung und Bildung in der Dritten Welt verbessern sollen, in den letzten Jahren um ein Vielfaches. Auf Druck der NGOs – zu denen die Bank neuerdings gezielte Kontakte sucht – kam ein Fonds für die Vergabe von Kleinstkrediten zur Gründung von Kleinunternehmen zustande, und ein unabhängiges Kontrollgremium wurde eingesetzt, das Beschwerden über Fehlleistungen bei Weltbankaktivitäten nachgehen soll.

Während Weltbank und Währungsfonds neben ihren Kooperationsbemühungen gemeinsam eine Initiative (HIPC-Initiative)[52] für einen Schuldenerlass für arme Länder starten konnten, steht eine endgültige Klärung der jeweiligen spezifischen Rolle und der Aufgaben der beiden internationalen Finanzinstitute bei der Wachstumsförderung und der Armutsbekämpfung noch aus.

Die gesamten Kreditzusagen der Weltbank betrugen bis zum 30. Juni 2001 360 Milliarden US-Dollar für insgesamt 4523 Darlehen; die drei größten Kreditnehmer waren Mexiko (33,1), Brasilien (30,4) und Indien (mit 28,8 Millionen US-Dollar). Im Geschäftsjahr

---

51 Vgl. hierzu Goldberg, J., Front gegen Armut? Neue Strategien der Bretton-Woods-Institutionen, in: Blätter für deutsche und internationale Politik, 45. Jg., Heft 4, 2000, S. 456–464.

52 Vgl. S. 227.

2001/2002 (1. Juli 2001–30. Juni 2002) beliefen sich die Zusagen für 96 Darlehen in 40 Staaten auf 11,5 Milliarden Dollar.

Die Laufzeit der Darlehen, die nur Regierungen von Mitgliedstaaten zur Verfügung stehen oder zumindest von den Regierungen garantiert werden müssen, ist in der Regel mittel- und langfristig und beträgt im allgemeinen 15 bis 20 Jahre, bei drei bis fünf tilgungsfreien Jahren; der Zinssatz orientiert sich an den Kosten der Mittelbeschaffung und entspricht in etwa den jeweiligen Geldmarktbedingungen auf den internationalen Kapitalmärkten.

Neben der Darlehensgewährung übernimmt die Weltbank inzwischen verstärkt umfangreiche Analyse- und Beratungstätigkeiten, sie entsendet Experten, bildet Fachkräfte aus und verfügt über ein ausgeprägtes Evaluierungsinstrumentarium. Neben einer Vielzahl von Publikationen veröffentlicht die Weltbank seit 1978 jährlich einen Weltentwicklungsbericht mit unterschiedlichen Situationsanalysen.

c) Organe

Der organisatorische Aufbau der Weltbank weist große Ähnlichkeiten mit dem des Internationalen Währungsfonds auf. Weltbank, Internationale Finanz-Corporation, Internationale Entwicklungs-Organisation und Multilaterale Investitions-Garantie-Agentur sind organisatorisch eng verflochten, d. h. die Organmitglieder sind jeweils in Personalunion für alle vier Institute tätig.

• **Gouverneursrat.** Alle Rechte und Befugnisse der Weltbank liegen bei diesem jährlich einmal zusammentretenden Gremium, in das jeder Mitgliedstaat einen Gouverneur und einen Stellvertreter entsendet (wie beim IMF handelt es sich hierbei zumeist um den jeweiligen Wirtschaftsminister oder den Zentralbankpräsidenten). Jedem Staat stehen 250 Stimmen zu, außerdem erhalten die Mitglieder wie beim Währungsfonds Zusatzstimmen, deren Zahl sich nach der Höhe der Beteiligung am Weltbankkapital richtet: je 100 000 US-Dollar eine Zusatzstimme. Im Geschäftsjahr 2001 besaßen die USA 15,3 Prozent, Deutschland 6,9, die Schweiz 1,74, Österreich 0,73, Indien 3,1 Prozent aller Stimmen.

Die westlichen Industrienationen verfügen somit – wie auch im IMF – in der gesamten Weltbankgruppe über eine Stimmrechtsmajorität.

- **Exekutivdirektorium.** Das nunmehr aus 24 Mitgliedern bestehende Direktorium tritt mindestens einmal im Monat zusammen und
  ist für die Führung der laufenden Geschäfte – de facto für die Weltbankpolitik – verantwortlich. Fünf Direktoren werden von den
  fünf Mitgliedstaaten mit der größten Kapitalbeteiligung (derzeit
  USA, Japan, Deutschland, Frankreich und Großbritannien) ernannt, die weiteren 19 von den übrigen Mitgliedstaaten für zwei
  Jahre gewählt.
- **Präsident.** Der Präsident wird vom Exekutivdirektorium für fünf
  Jahre gewählt und fungiert als Vorsitzender dieses Gremiums; er
  führt die laufenden Geschäfte der Weltbank und steht dem hauptamtlichen Personal – mit einer eindeutigen angloamerikanischen
  Dominanz – vor (rund 6000 Mitarbeiter am 30. Juni 2002). Ver-
  einbarungsgemäß ist der Präsident der Weltbank – in Personalunion zugleich auch Präsident der IFC, der IDA und der MIGA –
  stets ein Amerikaner: seit dem 1. Juni 1995 James D. Wolfensohn,
  der am 1. Juni 2000 seine zweite Amtszeit antrat.

Auf Betreiben der Staaten der Dritten Welt beschlossen Weltbank
und Internationaler Währungsfonds 1974 die Schaffung eines „Gemeinsamen Ministerausschusses des Gouverneursrats von Bank
und Fonds für den Transfer realer Ressourcen an Entwicklungsländer" – kurz **Entwicklungsausschuss** genannt; seine 24 politisch hochrangigen Mitglieder befassen sich konsultativ primär mit den Wachs-
tumsaussichten und den Kapitalerfordernissen der Entwicklungsländer sowie mit Sofortmaßnahmen für die bedürftigen Staaten.

d) Mitglieder und Finanzierung

Am 1. Juli 2003 gehörten der Weltbank 184 Mitglieder an; Österreich ist seit 1948 Mitglied, die Bundesrepublik Deutschland seit
dem Jahre 1952, die Schweiz seit 1992. Liechtenstein ist in der
Weltbankgruppe nicht vertreten. Voraussetzung für eine Mitgliedschaft in der Weltbank ist die Mitgliedschaft im Internationalen
Währungsfonds.

Die der Weltbank zur Verfügung stehenden Mittel stammen aus
vier verschiedenen Quellen: Die Ausgabe von Schuldverschreibun-
gen bildet die bei weitem wichtigste Finanzierungsart; inzwischen gewinnen die Darlehensrückzahlungen immer mehr an Bedeutung, ge-

folgt von den Nettoerträgen (Gewinnen) aus der Geschäftstätigkeit und schließlich den Einzahlungen der Mitglieder auf das Grundkapital. Das mehrfach erhöhte, genehmigte Grundkapital der Weltbank betrug Ende des Geschäftsjahrs 2001/02 (Juni 2002) 189,5 Milliarden US-Dollar, wovon lediglich 11,4 Milliarden eingezahlt worden sind.

Die Höhe der Kapitalzeichnung der einzelnen Mitgliedstaaten wird von der Weltbank nach einem Schlüssel, der auf der wirtschaftlichen und finanziellen Leistungskraft des Mitglieds basiert, festgelegt. Jeder Staat ist lediglich verpflichtet, 10 Prozent seiner Quote sofort einzuzahlen, davon ein Zehntel in Gold und den Rest in Landeswährung. Die übrigen 90 Prozent stehen der Weltbank lediglich als Haftungskapital zur Verfügung und dürfen nur zur Deckung der von der Bank eingegangenen Verpflichtungen abgerufen werden.

Internet: www.worldbank.org/html

9. Internationale Finanz-Corporation (IFC)

a) Entstehung

Die Internationale Finanz-Corporation (International Finance Corporation – IFC)[53] wurde am 20. Juli 1956 als eine Schwestergesellschaft der Weltbank (so der von der Weltbank bevorzugte Verwandtschaftsgrad) gegründet, nachdem die Generalversammlung der Vereinten Nationen die Weltbank am 11. Dezember 1954 beauftragt hatte, einen entsprechenden Satzungsentwurf auszuarbeiten. Obschon mit der Weltbank organisatorisch eng verbunden, ist die IFC eine selbständige juristische Einheit. Am 14. November 1956 erfolgte der Abschluss des Kooperationsvertrages mit den Vereinten Nationen, der am 2. Februar 1957 in Kraft trat und sich inhaltlich nach den Bestimmungen des Abkommens zwischen Weltbank und Vereinten Nationen richtet. Als UN-Sonderorganisation hat die IFC ihren Sitz ebenfalls in Washington.

---

53 Darstellungen über die IFC mit weiteren Literaturhinweisen: Vgl. Hinweise bei Weltbank sowie Woicke, P. L., Geschäftszweck: Förderung des privaten Sektors. Die Internationale Finanz-Corporation (IFC), in: Vereinte Nationen, 47. Jg., Heft 5, 1999, S. 157–162.

b) Aufgaben und Aktivitäten

Die IFC ergänzt die Tätigkeit der Weltbank und der IDA insofern, als sie die Spitzenfinanzierung für bestimmte **privatwirtschaftliche Vorhaben** übernimmt, sie ist somit ein Finanzinstitut zur Stützung des privaten Sektors in Entwicklungsländern. Ihre Aufgabe besteht gemäß Artikel 1 ihrer Satzung[54] in der Förderung produktiver privater Unternehmen in den Mitgliedstaaten, wobei sie

- gemeinsam mit privaten Kapitalgebern Finanzierungsmittel ohne Rückzahlungsgarantie der betreffenden Regierung in den Fällen zur Verfügung stellt, in denen genügend privates Kapital zu angemessenen Bedingungen nicht erhältlich ist;
- bemüht ist, Kapitalanlagen zu ermöglichen, indem sie Kapitalgeber mit erfahrenen Unternehmern zusammenbringt;
- bestrebt ist, den Fluss von privatem Kapital in produktive Investitionen in den Mitgliedsländern anzuregen und bei der Realisierung mitzuhelfen.

Im Jahre 1961 wurde die IFC ermächtigt, in Zukunft auch Kapitalbeteiligungen zu erwerben, d. h. Investitionen im Gesellschaftskapital von Privatunternehmen vorzunehmen.

Die IFC erfüllt ihre Aufgabe als **Katalysator** dadurch, dass sie ohne direkte Regierungsbeteiligung und ohne entsprechende staatliche Garantien die privatwirtschaftliche Investitionstätigkeit fördert und bei der Mobilisierung von Inlands- und Auslandskapital behilflich ist. Sie beteiligt sich entweder am Eigenkapital privater Unternehmen und/oder vergibt für Investitionen mittelfristige Darlehen mit einer Regellaufzeit von sieben bis zwölf Jahren zu deutlich „härteren" Bedingungen als die Weltbank.

Als Mitfinanzier unterstützt sie grundsätzlich nur solche Projekte in den Mitgliedsländern, für die nicht ausreichend Privatkapital zu angemessenen Bedingungen vorhanden ist. Zudem muss den Vorhaben Priorität bei der wirtschaftlichen Entwicklung des Landes zukommen, und sie müssen Aussicht auf einwandfreien Betrieb und entsprechende Erträge bieten. Um solche Erfolge zu erreichen, leistet die IFC gegenüber den Auftraggebern in wachsendem Maße

---

54 Text der Satzung in: Knipping, System, Bd. I/2, S. 217–255.

Technische Hilfe (Beratertätigkeit). Seit Ende der siebziger Jahre ist es das erklärte Ziel, Unternehmen in Ländern mit niedrigem Pro-Kopf-Einkommen vermehrt zu fördern und zu unterstützen. Die zunehmende Bedeutung des Privatsektors – nicht nur in den Reformländern Mittel- und Osteuropas – hatte mit Beginn der 90er Jahre zu einer starken Geschäftsausweitung der IFC geführt.

Anfang 1997 wurde eine Initiative gestartet, um ausgewählte Regionen und Länder zu aktivieren, in denen bisher private Investitionen kaum zum Tragen kamen. Ein weiterer Schwerpunkt der IFC-Tätigkeit liegt neuerdings im Zeichen der Armutslinderung auf der Förderung der Kreditvergabe für Kleinstbetriebe sowie auf der finanziellen und strategischen Umstrukturierung bestehender Privatunternehmen.

Im Geschäftsjahr 2001/02 betrugen die Finanzierungszusagen gegenüber 205 Unternehmen in 74 Staaten (in Form von Krediten und Kapitalübernahmen) 3,9 Milliarden US-Dollar. Der Gesamtumfang der geförderten Investitionen einschließlich der privaten Finanzierungsanteile belief sich bis 2001 auf 16,4 Milliarden Dollar.

c) Organe

Die Organstruktur bestehend aus **Gouverneursrat, Exekutivdirektorium** und **Präsident** entspricht jener der Weltbank. Eine Besonderheit liegt darin, dass die IFC für die laufende Geschäftstätigkeit über einen Geschäftsführenden Vizepräsidenten (seit Anfang 2000 bekleidet der Deutsche Peter L. Woicke dieses Amt) und eigenes Fachpersonal (etwa 400 Personen) verfügt; für administrative Arbeiten nimmt sie allerdings die Dienste der Weltbank in Anspruch. Im Sommer 1993 eröffnete die IFC in Frankfurt/Main ein Verbindungsbüro.

d) Mitglieder und Finanzierung

Am 1. Juli 2003 gehörten 175 Staaten der IFC an; die Bundesrepublik Deutschland und Österreich traten 1956 bei, die Schweiz ist seit dem Frühjahr 1992 Mitglied. Mitglieder der IFC können nur die Staaten werden, die bereits die Mitgliedschaft der Weltbank besitzen. Die meisten, jedoch nicht alle Mitgliedstaaten der Weltbank haben von dieser Möglichkeit Gebrauch gemacht.

Das dem Institut zur Verfügung stehende Kapital – etwa 5,5 Milliarden US-Dollar – wird nur zu einem Teil von den Mitgliedern aufgebracht (ursprünglich betrug das genehmigte Kapital 100 Millionen und wurde – durch mehrere Erhöhungen – auf 2,36 Milliarden US-Dollar aufgestockt); weitere Finanzierungsquellen sind Kredite der Weltbank und seit 1985 auch der internationale Kapitalmarkt, Verkäufe von Beteiligungen, beträchtliche Nettoerträge und Rückzahlungen. 2001/02 wurden mit 3,6 Mrd. US-Dollar 209 Projekte in 75 Staaten finanziert.

Die Höhe der Kapitalanteile der einzelnen Mitgliedstaaten wird nach derselben Formel berechnet, die für die Bestimmung der Weltbankquoten maßgebend ist. Die anteiligen Zeichnungsbeträge sind im Gegensatz zu den Weltbankanteilen in voller Höhe in Gold oder US-Dollar einzuzahlen.

Internet: www.ifc.org

10. Internationale Entwicklungsorganisation (IDA)

a) Entstehung

Die Internationale Entwicklungsorganisation (International Development Association – IDA)[55] ist neben der IFC eine weitere Schwestergesellschaft der Weltbank. Obgleich enge Verbindungen mit der Weltbank bestehen, stellt die IDA eine internationale Regierungsorganisation mit allen Rechten einer juristischen Person dar. Auf der Jahresversammlung des Gouverneursrats der Weltbank wurde am 1. Oktober 1959 einstimmig ein amerikanischer Vorschlag angenommen, der die Gründung einer Internationalen Entwicklungsorganisation vorsah; das Direktorium der Weltbank wurde beauftragt, die Satzung für die neue Gesellschaft auszuarbeiten. Am 24. September 1960 trat die Satzung[56] in Kraft, und bereits am 8. November 1960 nahm die IDA ihre Tätigkeit auf. Auf Grund des mit den Vereinten Nationen geschlossenen Kooperationsvertrags besitzt die IDA seit dem 27. März 1961 den Status einer Sonderorganisation der Vereinten Nationen mit Sitz in Washington.

---

55 Darstellungen über die IDA mit weiteren Literaturhinweisen: Vgl. Hinweise bei Weltbank.

56 Text der Satzung in: Knipping, System, Bd. I/2, S. 257–303.

b) Aufgaben und Aktivitäten

In Artikel 1 der Satzung wird festgelegt, dass die IDA die Entwicklungsziele der Weltbank fördert und deren Tätigkeit ergänzt. Zweck der Organisation ist es,

- in den armen Ländern die wirtschaftliche Entwicklung zu fördern, die Produktivität zu steigern und auf diese Weise den Lebensstandard zu heben.

Um dies zu erreichen, sollen

- insbesondere Finanzierungsmittel zur Deckung der wichtigsten Entwicklungsbedürfnisse dieser Gebiete zu Bedingungen bereitgestellt werden, die elastischer sind und die Zahlungsbilanz weniger belasten als die der Weltbank.

Die Gründung der IDA hatte somit zum Ziel, zusätzliche Möglichkeiten zur **Förderung der ärmeren Entwicklungsländer** zu erschließen. Diese Organisation finanziert Entwicklungsprojekte unter wesentlich günstigeren Bedingungen als die Weltbank, d. h. sie vergibt Kredite für Projekte zwar ebenfalls nur mit Regierungsgarantien an Mitgliedstaaten, aber mit sehr langen Laufzeiten (ursprünglich 50 Jahre, ab 1988 für die am wenigsten entwickelten Länder auf 40, für die anderen auf 35 Jahre reduziert); sie gewährt zehn tilgungsfreie Jahre und erhebt keine Zinsen, sondern lediglich eine Verwaltungsgebühr von 0,75 Prozent pro Jahr. Seit 2003 gewährt sie auch nicht-rückzahlbare Zuschüsse. Die IDA mit ihren „weichen" Finanzierungsbedingungen unterstützt vorwiegend die bedürftigsten Entwicklungsländer, d. h. Staaten, deren jährliches Pro-Kopf-Einkommen derzeit 885 US-Dollar nicht übersteigt; außerdem finanziert die IDA auch solche Vorhaben, die nicht unmittelbar produktiv sind, vorausgesetzt, sie sind innerhalb der Entwicklungspolitik von besonderer Dringlichkeit.

Die Kreditzusagen der IDA seit ihrer Gründung bis zum 30. Juni 2001 beliefen sich auf 127 Milliarden US-Dollar; im Geschäftsjahr 2001/02 wurden 133 Kredite in Höhe von 8,1 Milliarden an 62 Staaten vergeben. Die regionale Gliederung ergibt, dass lange Zeit etwa zwei Drittel der Kredite nach Asien (mit den Schwerpunktländern Indien, China und neuerdings Vietnam) und ein Drittel nach Afrika flossen. In den letzten Jahren ist jedoch eine Verschiebung zugunsten der afrikanischen Länder südlich der Sahara eingetreten.

Während ursprünglich Infrastrukturprojekten Vorrang eingeräumt wurde, trat später der Landwirtschaftssektor bzw. die landwirtschaftliche Entwicklung in den Vordergrund, inzwischen dienen die finanziellen Projekte durchweg der Linderung der Armut und dem Schutz der Umwelt.

Die IDA wird heute als das wichtigste multilaterale Finanzinstitut für Kapitalhilfe zu Vorzugsbedingungen angesehen.

c) Organe

Wie bei der IFC sind die Organe der IDA – **Gouverneursrat, Exekutivdirektorium und Präsident** – mit denen der Weltbank identisch. Im Unterschied zu den beiden anderen Organisationen beträgt jedoch bei IDA-Angelegenheiten im Gouverneursrat und im Direktorium das Grundstimmrecht für jeden Staat 500 Stimmen, dazu kommt für jede Erstzeichnung von 5000 US-Dollar durch ein Land automatisch eine Zusatzstimme; die Gewährung von Zusatzstimmrechten bei allen weiteren Zeichnungen des betreffenden Mitgliedstaates bleibt der Entscheidung der Organisation überlassen.

Der Präsident der Weltbank ist von Amts wegen auch Präsident der IDA und damit Vorsitzender des Direktoriums, gleichzeitig ist er Vorgesetzter des Personals, das sowohl für die Weltbank als auch für die IDA tätig ist. Ein eigenständiger Büroapparat für die IDA entfällt somit.

d) Mitglieder und Finanzierung

Am 1. Juli 2003 waren 163 Staaten in der Internationalen Entwicklungsorganisation vertreten; die Bundesrepublik Deutschland und Österreich traten 1960 bei; die Schweiz ist seit dem Frühjahr 1992 Mitglied. Mitglieder in der IDA können nur jene Staaten werden, die bereits die Mitgliedschaft in der Weltbank besitzen.

Die Satzung der IDA unterscheidet zwei Gruppen von Mitgliedern: Zur Gruppe I gehören die wirtschaftlich fortgeschrittenen und einkommensstarken Länder, inzwischen 26 Industrienationen, zur Gruppe II die wirtschaftlich weniger entwickelten Länder.

Diese Differenzierung erfolgt lediglich im Hinblick auf die unterschiedliche Mittelaufbringung. Während die Staaten der Gruppe I ihre Zahlungen in konvertierbaren Währungen zu leisten haben, müssen die Staaten der Gruppe II nur 10 Prozent ihres Gesamtbetrages in frei austauschbaren Währungen aufbringen; 90 Prozent sind in der jeweiligen Landeswährung zahlbar.

Die Höhe des Kapitalanteils eines jeden Gründungsmitglieds der IDA wurde proportional zu seiner Kapitalbeteiligung bei der Weltbank festgesetzt; d.h. der erste zu zahlende Gesamtbetrag eines Landes (die Kapitalgrundausstattung der IDA betrug insgesamt 757 Millionen US-Dollar) sollte dessen jeweiligem Anteil am Weltbankkapital entsprechen. Bei nachfolgenden Kapitalerhöhungen der IDA bestand für die Mitglieder keine Verpflichtung, ihren Beitrag aufzustocken. Seit 1965 ist das IDA-Kapital überwiegend mit Beiträgen der Industrieländer in mehreren sog. Wiederauffüllungsrunden, die in der Regel den Kapitalbedarf von jeweils drei Jahren abdecken, erhöht worden; die zwölfte Runde (IDA 12) bezog sich auf den Zeitraum Mitte 1999 bis Mitte 2002.

Für den Dreijahreszeitraum 1999–2002 (IDA 12) standen 20,3 Milliarden Dollar für Kredite zur Verfügung. Über die Höhe der fälligen Wiederaufstockung der Mittel für den Zeitraum 2002–2005 (IDA 13) – im Gespräch waren 12,5 Milliarden Dollar – konnte 2002 zunächst keine Einigung erzielt werden.

Internet: www.worldbank. org/ida

11. Internationale Zivilluftfahrt-Organisation (ICAO)

a) Entstehung

Die Gründung der Internationalen Zivilluftfahrtorganisation (International Civil Aviation Organization – ICAO)[57] wurde am 7. Dezember 1944 auf einer von den USA einberufenen Konferenz in Chicago mit der Unterzeichnung des Abkommens über die Internationale Zivilluftfahrt („Chicagoer Abkommen")[58] beschlossen. Am 14. Dezember 1946 bestätigte die UN-Generalversammlung den zuvor mit der ICAO abgeschlossenen Kooperationsvertrag, am

---

57 Darstellung über die ICAO mit weiteren Literaturhinweisen: Maleev, J. N., Internationales Luftrecht. Fragen der Theorie und Praxis, Berlin 1990; Fichert, F., ICAO, in: Altmann und Kulessa (Hrsg.), Wirtschaftsorganisationen, S. 91–95.
58 Text des Abkommens in: Knipping, System, Bd. I/2, S. 843–915.

4. April 1947 nahm sie mit Sitz in Montreal ihre Tätigkeit auf, und am 13. Mai 1947 stimmte die Versammlung der ICAO dem Abkommen mit den Vereinten Nationen formell zu. Die ICAO unterhält sieben Regionalbüros und arbeitet mit zahlreichen UN-Einrichtungen, der Welthandelsorganisation sowie der IATA (International Air Transport Association), der nur Fluggesellschaften angehören und die für die Tarifgestaltung zuständig ist, eng zusammen.

b) Aufgaben und Aktivitäten

Ziel dieser Organisation ist es, eine gesicherte und geordnete Entwicklung der internationalen Zivilluftfahrt durch einheitliche und universelle Regelungen aller das Luftfahrtwesen betreffenden Fragen zu gewährleisten. Die Aufgaben der ICAO bestehen darin, Grundsätze und Techniken zu entwickeln, um

- die Konstruktion von Luftfahrzeugen für friedliche Zwecke und ihre Betriebssicherheit zu fördern,
- den Ausbau von Fluglinien-, -häfen und Navigationseinrichtungen voranzutreiben,
- den Bedarf an sicherem, geregeltem und wirtschaftlichem Luftverkehr zu decken,
- die Flugsicherheit zu erhöhen.

Seit ihrer Gründung hat sich die ICAO um eine enge Zusammenarbeit zwischen allen Mitgliedern und um eine **Vereinheitlichung der Regeln und Bestimmungen** in der internationalen Zivilluftfahrt bemüht. Zahlreiche, für die Mitgliedstaaten prinzipiell verbindliche internationale Richtlinien und Empfehlungen wurden entwickelt, die als Anhänge zum Chicagoer Abkommen Teil des ICAO-Rechts sind, so beispielsweise für den Flugverkehr, die Anlage und Ausstattung von Flugplätzen, die Ausrüstung der Flugzeuge, die Verkehrskontrollen, für die Beschränkung des Fluglärms, den Wetterdienst, den Umweltschutz und für die Qualifikation des Flugpersonals. Bisher hat die ICAO 18 solcher Annexe verkündet, die einer ständigen Überprüfung unterliegen.

Auf Initiative der ICAO kamen außerdem zahlreiche weitere internationale **Luftrechtskonventionen** zustande, so die Haager bzw. Montrealer Konvention zur Bekämpfung von Sabotageanschlägen auf die zivile Luftfahrt vom Dezember 1970 bzw. September 1971.

In jüngster Zeit beschäftigt sich die Organisation auch verstärkt mit wirtschaftlichen und gesundheitspolitischen Problemen des Luftverkehrs (so wird u. a. ein absolutes Rauchverbot auf allen internationalen Flügen gefordert). In Zusammenarbeit mit dem Entwicklungsprogramm (UNDP) hilft die ICAO den Entwicklungsländern beim Auf- und Ausbau ihres Luftverkehrswesens; sie stellt Experten und Gerät zur Verfügung und bildet Flugpersonal aus.

Nachdrücklich fördert die ICAO außerdem die Gründung rechtlich selbständiger Regionalorganisationen für Luftfahrtfragen in weniger entwickelten Regionen.

Die letzte Vollversammlung der ICAO im Herbst 2001 sollte ursprünglich ganz im Zeichen einer Verbesserung des Umweltschutzes stehen, wurde jedoch durch die Terroranschläge des 11. September 2001 überschattet und widmete sich vorrangig Maßnahmen zur Erhöhung der Sicherheit im Luftverkehr. Auf einer im Februar 2002 einberufenen Ministerkonferenz wurde dann ein Aktionsplan zur Bekämpfung des Terrorismus und zur Erhöhung der Flugsicherheit beschlossen. Zum Thema Umweltschutz hat das ICAO-Plenum 2001 weitere Schritte zur Reduzierung des Fluglärms beschlossen.

c) Organe

Die ICAO besitzt drei Hauptorgane:

- **Versammlung.** Diese wird von allen Mitgliedstaaten beschickt und hat in den mindestens alle drei Jahre stattfindenden Sitzungsperioden (die letzte ordentliche ICAO-Versammlung fand 2001 statt) die Politik der Organisation festzulegen und den Haushalt zu verabschieden.
- **Rat.** Dem von der Versammlung für drei Jahre gewählten Gremium gehören 33 Staaten an, wobei eine angemessene Vertretung auf Grund der Bedeutung für den Luftverkehr und unter Beachtung des Prinzips der geographischen Ausgewogenheit der Mitglieder zu gewährleisten ist. Der Rat wird in seiner umfassenden Aufgabenstellung als ständiges Exekutivorgan mit weit reichenden Kompetenzen von sieben Fachausschüssen unterstützt.
- **Sekretariat.** An der Spitze des Sekretariats steht ein vom Rat für jeweils drei Jahre ernannter Generalsekretär, seit Mitte 2003 der

Algerier Paieb Chérif. Die Zahl der Beschäftigten im Sekretariat und in den Regionalbüros betrug Anfang 2003 nahezu 700.

d) Mitglieder und Finanzierung

Am 1. Juli 2003 gehörten 188 Staaten, darunter auch die Schweiz und Österreich (seit 1948) der ICAO an; die Bundesrepublik Deutschland ist seit dem 8. Juni 1956 Mitglied.

Der Haushalt für 2002 belief sich auf 52,7 Millionen US-Dollar. Finanziert wird das Budget im Wesentlichen durch gestaffelte Beitragszahlungen der Mitgliedsländer; daneben stehen der Organisation für ein Technisches Hilfsprogramm vorwiegend für Länder der Dritten Welt u. a. Mittel des Entwicklungsprogramms der Vereinten Nationen (UNDP) zur Verfügung.

Internet: www.icao.int

12. Weltpostverein (UPU)

a) Entstehung

Der Weltpostverein (Union Postale Universelle bzw. Universal Postal Union – UPU)[59] wurde als Allgemeiner Postverein am 9. Oktober 1874 ins Leben gerufen und erhielt 1878 seinen jetzigen Namen; er ist damit eine der ältesten zwischenstaatlichen Einrichtungen. Seit dem 1. Juli 1948 besitzt er auf Grund eines Abkommens mit den Vereinten Nationen den Status einer Sonderorganisation. Der Sitz der UPU befindet sich in Bern; die Amtssprache der Organisation ist Französisch; daneben wird eine Reihe von Arbeitssprachen benutzt.

b) Aufgaben und Aktivitäten

Ausgehend von dem in der zuletzt 1994 revidierten Satzung festgelegten Grundsatz, dass die Mitgliedsländer ein „einheitliches Postgebiet für den gegenseitigen Austausch der Briefpost bilden" und den freien Posttransit „gewährleisten" (Artikel 1),[60] sorgt der

---

59 Darstellung über die UPU mit weiteren Literaturhinweisen: Leinung, H. F., Der Weltpostverein im 110. Jahr, in: Vereinte Nationen, 32. Jg., Heft 3, 1984, S. 83–87; Seitel, H. P., Weltpostverein, in: Altmann und Kulessa (Hrsg.), Wirtschaftsorganisationen, S. 265–269.

60 Text der Satzung des Weltpostvereins in: Knipping, System, Bd. I/2, S. 993–1025.

Verein für den Aufbau und die Verbesserung der Postdienste und fördert die internationale Zusammenarbeit auf diesem Gebiet. Die Haupttätigkeit der UPU liegt darin, für den gesamten Postverkehr Bestimmungen zu schaffen, die von den Postverwaltungen der einzelnen Mitgliedsländer einheitlich angewendet werden. Die bereits bei der Gründung beschlossene und zwischenzeitlich mehrfach geänderte **Universale Postkonvention** (Convention postale universelle) – auch Weltpostvertrag oder Berner Vertrag genannt –, die einschließlich der gleichfalls modifizierten Allgemeinen Verfahrensordnung sowie der Satzung für alle Mitglieder bindend ist, betrifft lediglich den Briefpostdienst (mit den Sendungsarten Briefe, Postkarten, Drucksachen, Blindensendungen und Päckchen); weitere Postdienste, wie beispielsweise der Paketdienst und die Finanzleistungen, werden in derzeit vier Nebenabkommen mit ihren entsprechenden Vollzugsordnungen geregelt, die jedoch nur solche Mitgliedstaaten binden, die ihnen ausdrücklich beitreten.

Seit den sechziger Jahren gewährt der Weltpostverein aus seinem ordentlichen Haushalt sowie einem eigenen UPU-Sonderfonds und im Rahmen der UN-Programme (z. B. UNDP) den Ländern der Dritten Welt Technische Hilfe für die Entwicklung und Modernisierung ihres Postwesens.

Neue Aufgaben stellen sich für die UPU durch die Deregulierung des Kommunikationssektors und die Einschränkung staatlicher Postmonopole.

c) Organe

Der Aufbau der UPU, der von der Dreistufigkeit vieler internationaler Organisationen abweicht, zeigt folgendes Bild:

- **Weltpostkongress.** Er setzt sich aus den Vertretern aller Mitgliedstaaten zusammen und tagt gewöhnlich alle fünf Jahre (zuletzt 1999 in Peking; der 23. Kongress ist für den Herbst 2004 nach Budapest anberaumt). Seine Aufgabe besteht darin, das UPU-Vertragswerk zu überprüfen, zu ergänzen bzw. zu revidieren.
- **Verwaltungsrat.** Dieser besteht aus inzwischen 41 Mitgliedstaaten, die mit einer Ausnahme nach geographisch-politischen Gesichtspunkten vom Kongress auf fünf Jahre gewählt werden; er tritt in der Regel einmal jährlich in Bern zu einer Sitzung zusammen und

fungiert als Vollzugs- und Verbindungsorgan. Er sichert die Kontinuität der Vereinsarbeit zwischen den Kongressen und hält engen Kontakt mit den Mitgliedsländern und anderen internationalen Organisationen.

- **Postvollzugsrat.** Trat 1996 an die Stelle des früheren „Konsultativrats für Poststudien"; seine 40 vom Kongress ausgewählten Fachleute haben über technische, betriebliche und wirtschaftliche Fragen des Postwesens Untersuchungen durchzuführen und Gutachten abzugeben; außerdem ist der Rat mit allen Fragen befasst, die sich bei der Zusammenarbeit mit Ländern der Dritten Welt ergeben.

- **Internationales Büro.** Als ständiges Sekretariat und Zentralstelle (mit lediglich etwa 150 Bediensteten) wird es von einem vom Kongress für fünf Jahre gewählten Generaldirektor geleitet; seit 1995 versieht der US-Amerikaner Thomas E. Leavey dieses Amt. Die Aufsicht über das Büro steht gemäß Satzung der Regierung der Schweiz zu.

d) Mitglieder und Finanzierung

Am 1. Juli 2003 betrug die Zahl der Mitglieder 189. Die Bundesrepublik Deutschland trat im Jahr 1955 bei; Liechtenstein ist seit 1962 Mitglied; Österreich und die Schweiz sind Gründungsmitglieder.

Die Ausgaben der UPU werden vom Kongress in Schweizer Franken fixiert und vom Verwaltungsrat geprüft; die Rechnungskontrolle des Haushalts, der sich für den Zweijahreszeitraum 2001/2002 auf 71,4 Millionen Franken belief, obliegt der Regierung der Schweizerischen Eidgenossenschaft.

Haupteinnahmequelle für das ordentliche Budget bilden die Mitgliedsbeiträge, wobei die Länder letztlich selbst bestimmen, welcher der elf Beitragsklassen zwischen 1 und 50 Einheiten sie angehören wollen. (Die Bundesrepublik Deutschland rangiert in der obersten Klasse und gehört somit zu den Hauptbeitragszahlern.)
Internet: www.upu.int

13. Internationale Fernmeldeunion (ITU)

a) Entstehung

Die Internationale Fernmeldeunion (International Telecommunication Union – ITU; gebräuchlich ist auch die Kurzform UIT – Union Internationale des Télécommunications)[61] ging am 1. Januar 1934 aus einer Verschmelzung der am 17. Mai 1865 in Paris gegründeten Internationalen Telegraphen-Union und der 1906 in Berlin unterzeichneten Internationalen Radio-Telegraphen-Konvention hervor; die ITU bzw. ihre Vorgängerin ist damit wohl die älteste internationale Organisation. Im Oktober 1947 fand in Atlantic City (USA) eine Konferenz der Regierungsbevollmächtigten statt, auf der die Union umstrukturiert und der Internationale Fernmeldevertrag von 1934 neu gefasst wurden. Am 15. November 1947 schloss die ITU mit den Vereinten Nationen ein Kooperationsabkommen, das am 1. Januar 1949 in Kraft trat. Sitz der Fernmeldeunion ist seit 1948 Genf, zuvor Bern.

Im Dezember 1992 wurde der Fernmeldevertrag in zwei Grundsatzdokumente aufgeteilt, eine „**Konstitution der Internationalen Fernmeldeunion**", die Ziele, Aufgaben und Struktur der ITU festlegt (Abänderung nur mit Zweidrittelmehrheit), sowie eine „**Konvention**", die vorwiegend Verfahrensfragen regelt (Abänderung mit einfacher Delegiertenmehrheit); beide Vereinbarungen sind am 1. Juni 1994 völkerrechtlich in Kraft getreten.[62]

b) Aufgaben und Aktivitäten

Anlass der ITU-Reform von 1992 war die Notwendigkeit der inhaltlichen und strukturellen Anpassung der Organisation an die ausgeprägten Veränderungen des informations- und kommunikationspolitischen Umfelds. Im Zentrum ihrer Aktivitäten stehen nun-

---

61 Darstellungen über die ITU mit weiteren Literaturhinweisen: Schrogl, K.-U., Die „neue" ITU, in: Vereinte Nationen, 42. Jg., Heft 3, 1994, S. 97–101; Tegge, A., Die Internationale Telekommunikationsunion, Baden-Baden 1994; Seitel, H. P., Internationale Fernmeldeunion, in: Altmann und Kulessa (Hrsg.), Wirtschaftsorganisationen, S. 110–114.

62 Texte der beiden Verträge in: Knipping, System, Bd. I/2, S. 1027–1207.

mehr die weltweite Standardisierung und koordinierte Anwendung zukunftweisender Kommunikationstechniken.

Ziel der ITU bleibt nach wie vor, die internationale Zusammenarbeit sowie die wirtschaftliche und soziale Entwicklung durch den Aufbau und Ausbau leistungsfähiger Fernmeldedienste zu erleichtern, gleichzeitig wird der Union eine Führungsrolle in der Ausarbeitung einer internationalen Informations- und Telekommunikationspolitik zugewiesen.

Die Aufgabenbereiche wurden entsprechend neu gegliedert und umfassen nunmehr drei Sektoren.[63]

- Im Sektor für **Radiokommunikation** soll insbesondere die Aufteilung des Frequenzspektrums auf die verschiedenen Fernmeldedienste (z. B. Rundfunk, Seefunk, Flugfunk, Amateurfunk) sowie die Registrierung und Koordinierung der Frequenzzuteilungen erfolgen.

- Der Sektor für **Telekommunikations-Standardisierung** konzentriert sich auf die Schaffung weltweiter Standards im Fernmeldewesen (u. a. durch die Abhaltung globaler Standardisierungskonferenzen).

- Im Sektor für **Telekommunikationsentwicklung** wird der ITU unter stärkerer Einbindung anderer UN-Einrichtungen, wie Weltbank oder Regionalkommissionen, die Rolle eines Katalysators für den Ausbau von Telekommunikationseinrichtungen in Entwicklungsländern übertragen.

Die schrittweise Liberalisierung im Bereich der Telekommunikation in zahlreichen Mitgliedstaaten berührt auch das Selbstverständnis und die zukünftige Rolle der ITU, werden doch internationale Vereinbarungen über eine Öffnung der nationalen Telekommunikationsmärkte unter dem Dach der Welthandelsorganisation (WTO) getroffen.

c) Organe

Nach der im Juli 1994 wirksam gewordenen Anpassung verfügt die ITU über folgende, in ihrer Ausformung recht ausgefallene Organisationsstruktur:

---

63 Vgl. hierzu Schrogl, ITU, S. 100 f.

- **Konferenz der Regierungsbevollmächtigten.** Dieses oberste Organ, in dem alle Mitgliedstaaten vertreten sind und das alle vier Jahre (zuletzt im Herbst 2002 in Marrakesch, Marokko) zusammentritt, ist für die Beschlussfassung grundlegender Entscheidungen sowie für die Besetzung anderer ITU-Organe zuständig.
- **Rat.** Seine 46 aus fünf Weltregionen gewählten Mitglieder, die in der Regel einmal jährlich tagen, sind mit der Überwachung und Steuerung der Aufgabenerledigung betraut.
- **Weltweite Konferenzen für internationale Fernmeldedienste.** Diese sollen in der Zeitspanne zwischen den Zusammenkünften des Plenums einberufen werden, um auf neue Entwicklungen und Tendenzen in der Telekommunikation zu reagieren. Sie sind auch für die Revision der ITU-Verwaltungsordnung für Telekommunikationsdienste zuständig. (Dies ist ein völkerrechtlicher Vertrag, in dem alle allgemeinen ITU-Bestimmungen über grenzüberschreitende Fernmeldedienste zusammengefasst sind.)
- **Funk-, Standardisierungs- und Entwicklungssektoren.** Alle drei Sektoren verfügen je über eine eigene Organisationsstruktur mit Beratergremien und Studiengruppen und einem Direktor an der Spitze.
- **Generalsekretariat.** Von einem Generalsekretariat geleitet (im Herbst 1998 wurde der Japaner Yoshito Utsumi bis 2003 in dieses Amt gewählt) und einem Mitarbeiterstab von etwa 770 Beschäftigten ist das Sekretariat – unterstützt von einer Strategie- und Planungseinheit sowie einem Koordinierungsausschuss, welcher die Direktoren der drei Aufgabenbereiche einbindet – für die Verwaltung der Union zuständig.

d) Mitglieder und Finanzierung

Am 1. Juli 2003 gehörten 189 Mitglieder der ITU an, darunter die beiden Gründungsmitglieder Österreich und die Schweiz. Die Bundesrepublik Deutschland trat der Union 1952 bei, Liechtenstein 1963.

Der ordentliche Haushalt, der aus Mitgliedsbeiträgen finanziert wird (die Wahl der Beitragsklasse zwischen ¼ Einheit und 40 Einheiten liegt im Ermessen der einzelnen Staaten), beläuft sich für die Zweijahresperiode 2002/2003 auf 342 Millionen Schweizer Franken. Hinzu kommen regelmäßig noch Projektmittel aus dem Entwicklungsprogramm der Vereinten Nationen (UNDP) für ein Sonderbudget zur Unterstützung der Entwicklungsländer. Zum Jahresende oftmals entstehende Finanzengpässe werden durch (verzinsbare) Vorauszahlungen der schweizerischen Regierung überbrückt. Internet: www.itu.int

14. Weltorganisation für Meteorologie (WMO)

a) Entstehung

Die Weltorganisation für Meteorologie (World Meteorological Organization – WMO)[64] wurde 1947 auf einer Konferenz der seit 1873 bestehenden Internationalen Meteorologischen Organisation in Washington begründet. Das inzwischen mehrfach geänderte „Übereinkommen über die Weltorganisation für Meteorologie"[65] trat am 23. März 1950 in Kraft, und nachdem sich die Vorgängerorganisation aufgelöst hatte, begann die WMO am 19. März 1951 ihre Tätigkeit. Im Dezember desselben Jahres erhielt sie durch den Abschluss eines Kooperationsvertrages den Status einer Sonderorganisation der Vereinten Nationen. Die Organisation hat ihren Sitz in Genf.

b) Aufgaben und Aktivitäten

Ziel der WMO ist es, die meteorologischen, hydrologischen und klimatologischen Tätigkeiten weltweit zu koordinieren, zu vereinheitlichen, zu verbessern und einen wirksamen Austausch von Informationen zwischen den Staaten zu fördern.

Zu den Aufgaben der Organisation, deren Verwirklichung im Einzelnen den Mitgliedstaaten obliegt, gehören u. a.

- Aufbau eines internationalen Netzes von Wetterstationen,
- Errichtung eines Systems zum schnellen Austausch von Wettermeldungen,
- Normung der Wetterbeobachtung und Vereinheitlichung der damit zusammenhängenden Publikationen und Statistiken,
- verbesserte Nutzung der Meteorologie für die Luft- und Schifffahrt sowie für die Landwirtschaft und andere Bereiche,

---

64 Darstellungen über die WMO mit weiteren Literaturhinweisen: Koenig, Ch., WMO – Weltorganisation für Meteorologie, in: Wolfrum, Handbuch, S. 1142–1148.
65 Text des Übereinkommens in: Knipping, System, Bd. I/2, S. 961–991.

- Tätigwerden auf dem Gebiet der operationellen Hydrologie und Förderung der Zusammenarbeit zwischen meteorologischen und hydrologischen Diensten,
- Koordination der Forschung und Ausbildung im Bereich der Meteorologie.

Die Tätigkeit der Organisation erstreckt sich inzwischen auf acht thematisch weitgesteckte Programmbereiche.

Mit ihrem 1963 verkündeten und seit 1968 arbeitenden Programm einer **Welt-Wetter-Wacht** (World-Weather-Watch) hat die WMO ein weltumspannendes System zur Beobachtung, raschen Übermittlung und Auswertung meteorologischer Informationen geschaffen, wobei modernste technologische Hilfsmittel, wie Wettersatelliten, eingesetzt werden.

Einen weiteren Aufgabenschwerpunkt brachte die unter der Schirmherrschaft der WMO stehende Weltklimakonferenz der Vereinten Nationen im Februar 1979 in Genf. Beunruhigt über die klimatischen Veränderungen, die durch Eingriffe des Menschen in das natürliche Gleichgewicht hervorgerufen wurden, verabschiedete das Expertentreffen u. a. ein von der WMO und dem Umweltprogramm der Vereinten Nationen (UNEP) gemeinsam durchzuführendes **Welt-Klima-Programm**,[66] dessen Hauptziel in der Erforschung der Ursachen der Klimaschwankungen liegt. Mit den Erkenntnissen und Ergebnissen der ersten Etappe des Projektes beschäftigte sich die Zweite Weltklimakonferenz[67] im Oktober/November 1990 – wiederum in Genf – und arbeitete politische Strategien zur Eindämmung der Klimaveränderungen aus, die – wiederum unter UNEP-Beteiligung – von einem Epertengremium für Klimafragen, dem „**Intergovernmental Panel on Climate Change**" (IPCC) getragen wird. Mit der Untersuchung des Treibhauseffekts und dem Abbau der Ozonschicht beschäftigen sich neueste Forschungs- und Beobachtungsprogramme. Am Zustandekommen der auf der

---

66 Vgl. hierzu Flohn, H., Mensch und Klima. Das Weltklimaforschungsprogramm der Weltorganisation für Meteorologie (WMO), in: Vereinte Nationen, 35. Jg., Heft 3, 1987, S. 89–93.

67 Vgl. Gehring, T., Das internationale Regime zum Schutz der Ozonschicht, in: Europa-Archiv, 45. Jg., Folge 23, 1990, S. 703–712.

UNCED-Konferenz (1992) unterzeichneten Klima-Schutzkonvention, die 1994 in Kraft trat, war die WMO entscheidend beteiligt; eine Konkretisierung und Weiterentwicklung der Beschlüsse von Rio liegt ebenfalls in Händen der Organisation. Neuerdings wird an einem verbesserten Warnsystem vor Katastrophen gearbeitet.

Zu den weiteren Arbeitsgebieten der WMO, die sich in der Anfangsphase hauptsächlich auf die Standardisierung der nationalen Wetterdienste konzentriert hatte, gehören inzwischen Programme über die Nutzung meteorologischer Erkenntnisse, über Hydrologie und Wasservorräte sowie zahlreiche Forschungsprojekte (etwa über die Erdatmosphäre).

Daneben ist die Organisation auf dem Feld der Entwicklungspolitik (WMO-Programm der Technischen Zusammenarbeit) sehr aktiv; so wurde einerseits die Mitarbeit im Entwicklungsprogramm der Vereinten Nationen (UNDP) verstärkt, andererseits 1968 zusätzlich ein eigenes Freiwilliges Hilfsprogramm ins Leben gerufen.

c) Organe

Die WMO besitzt folgende Organe:
- **Meteorologischer Weltkongress.** Bestehend aus den führenden Vertretern der nationalen meteorologischen Dienste der Mitgliedsländer, tritt dieses Gremium, das u. a. die allgemeinen Richtlinien für die Tätigkeit der WMO festlegt und über den Haushalt bestimmt, alle vier Jahre zusammen (zuletzt im Mai 2003 zum 14. Kongress in Genf).
- **Exekutivrat.** Ihm gehören 36 Direktoren meteorologischer oder hydrometeorologischer Dienste von Mitgliedsländern an, teils von Amts wegen (z. B. die Präsidenten der Regionalverbände), teils ad personam vom Weltkongress gewählt. Das mindestens einmal jährlich tagende Vollzugsorgan überwacht die Durchführung der Kongressausschüsse und prüft die Entschließungen und Empfehlungen der Regionalverbände und Fachkommissionen.
- **Meteorologische Regionalverbände.** Diese nach geographischen Gesichtspunkten gebildeten sechs Vereinigungen sind für die Durchführung von Entschließungen in den einzelnen Regionen zuständig.
- **Fachkommissionen.** Acht Kommissionen dieser Art, die mit Spe-

zialisten der Mitgliedsländer besetzt werden, befassen sich mit allen Fachfragen, die in ihr jeweiliges Aufgabengebiet fallen.

• **Sekretariat.** Es wird von einem auf vier Jahre gewählten Generalsekretär, seit 2003 von dem Franzosen J. P. Jarrand, geleitet, fungiert mit rund 250 Beschäftigten als Verwaltungs- und Koordinierungsorgan der meteorologischen Dienste der Mitgliedstaaten.

d) Mitglieder und Finanzierung

Am 1. Juli 2003 gehörten der WMO 179 Mitgliedstaaten und sechs nicht-souveräne Territorien, u. a. Französisch-Polynesien und die Niederländischen Antillen, an. Die Bundesrepublik Deutschland trat der Organisation 1954 bei; Österreich und die Schweiz zählen zu den Gründungsmitgliedern.

Der Haushaltsrahmen wird vom Weltkongress stets für eine vierjährige Finanzperiode festgelegt (für 2000–2003 stehen 252,3 Millionen US-Dollar zur Verfügung); für den Zeitraum 2000/2001 belief sich der ordentliche Haushalt auf 126 Millionen US-Dollar. Das Budget wird von den Mitgliedstaaten nach einem 1995 modifizierten Schlüssel aufgebracht. Im Rahmen der Technischen Zusammenarbeit führt die WMO zusätzlich Projekte in Entwicklungsländern durch, die zu einem beträchtlichen Teil vom UNDP finanziert werden.
Internet: www.wmo.ch

15. Internationale Seeschifffahrts-Organisation (IMO)

a) Entstehung

Nach Inkrafttreten der 1975 vereinbarten Umbenennung trägt diese Fachorganisation seit dem 22. Mai 1982 den Namen Internationale Seeschifffahrts-Organisation (International Maritime Organization – IMO).[68] Auf einer vom Wirtschafts- und Sozialrat der Ver-

---

68 Darstellung der IMO mit weiteren Literaturhinweisen: Lampe, W. H., Sicherheit der Seeschifffahrt und Schutz der Meeresumwelt. Die Internationale Seeschifffahrts-Organisation, in: Vereinte Nationen, 30. Jg., Heft 3, 1982, S. 86–91; Fichert, F., Internationale Seeschifffahrtsorganisation, in: Altmann und Kulessa (Hrsg.), Wirtschaftsorganisationen, S. 114–117; Bloch, H., Standardisierung im internationalen Seerecht. Moderne Regelsetzungsverfahren der IMO für die Schiffsicherheit, in: Vereinte Nationen, 51. Jg., Heft 1, 2003, S. 11–14.

einten Nationen einberufenen Seekonferenz war am 6. März 1948 in Genf die Gründung der Zwischenstaatlichen Beratenden Seeschifffahrtsorganisation (Inter-Governmental Maritime Consultative Organization – IMCO) beschlossen worden. Das zwischenzeitlich mehrfach geänderte Übereinkommen (Satzung)[69] trat aber erst am 17. März 1958 in Kraft, das Beziehungsabkommen mit den Vereinten Nationen am 13. Januar 1959. Zu Beginn jenes Jahres nahm die IMCO ihre Arbeit als Sonderorganisation mit Sitz in London auf.

b) Aufgaben und Aktivitäten

Zusammenarbeit und Austausch von Informationen zwischen den Regierungen auf dem Gebiet der Handelsschifffahrt, Erhöhung der Sicherheit auf See, Verhütung und Bekämpfung der Meeresverschmutzung, Abschaffung diskriminierender Maßnahmen und unnötiger Beschränkungen – dies sind die Ziele der Organisation.

Die im Laufe der Zeit erfolgte Erweiterung der Aufgabenbereiche, beispielsweise im maritimen Umweltschutz, führte dazu, dass sich die IMO heute in enger Zusammenarbeit mit einer Reihe anderer UN-Einrichtungen wie auch Nichtregierungsorganisationen mit nahezu allen Fragen der zivilen Seeschifffahrt befasst. Während die Funktionen zunächst mehr beratender und gutachterlicher Art waren, verlagerte sich der Schwerpunkt sehr bald auf die Schaffung maritimer Rechtsnormen und danach auch auf den Umweltschutz.

Die IMO erarbeitet und aktualisiert **Konventionen**, die nach der Annahme durch die Mitgliedstaaten ein international verbindliches Regelwerk für die Seeschifffahrt darstellen. Seit 1959 konnten etwa 40 solcher Übereinkommen und Protokolle in den verschiedensten Bereichen verabschiedet und ein Großteil von ihnen inzwischen in Kraft gesetzt werden, so beispielsweise 1974 ein neuer Internationaler Schifffahrtssicherheitsvertrag (International Convention of the Safety to Life at Sea – SOLAS, der regelmäßig fortgeschrieben und ergänzt wird), 1965 ein Übereinkommen zur Erleichterung des Internationalen Seeverkehrs, 1972 ein Übereinkommen über die Internationalen Regeln zur Verhütung von Zusammenstößen auf See, 1973 ein Internationales Übereinkommen zur Verhütung der Ver-

---

69 Text der Satzung in: Knipping, System, Bd. I/2, S. 917–959.

schmutzung des Meeres (mit weiteren Anschlussabkommen und inzwischen aktualisiert), 1979 das Internationale Übereinkommen über die Suche und Rettung in Seenotfällen, 1988 das Übereinkommen zur Bekämpfung widerrechtlicher Handlungen gegen die Sicherheit der Seeschifffahrt und 1990 die Konvention über Ölverschmutzungen und deren Beseitigung.

Die rechtlich wirksamen Konventionen, deren Einhaltung nur teilweise der IMO-Kontrolle unterliegt, werden ergänzt durch über 700 sog. Codes (umfassende Standards für ganze Sicherheits- und Schutzkomplexe), Empfehlungen, Richtlinien und Handbücher auf dem Gebiet der Seeschifffahrt, die laufend dem neuesten Stand der Technik angepasst werden, rechtlich nicht verpflichtend sind, aber einen Verhaltenskodex darstellen.

Mit Inkrafttreten der **Internationalen Seerechtskonvention**[70] im November 1994 übernahm die IMO zusätzliche sektorale Aufgaben bei deren Umsetzung.

Die IMO beschäftigt sich auch verstärkt mit speziellen maritimen Problemen der Entwicklungsländer; im Rahmen der Technischen Zusammenarbeit bildet sie Experten aus und errichtet Ausbildungszentren; als bisher bedeutendstes Projekt dieser Art konnte am 4. Juli 1983 mit Sitz in Malmö (Schweden) die **Weltschifffahrtshochschule** (World Maritime University – WMU) für postgraduierte Studien (eine Art zweijähriger Aufbaustudiengang für jeweils etwa 200 Studierende) eröffnet werden. Ein neues Tätigkeitsfeld stellt die präventive Abwehr gewaltsamer Angriffe auf Schiffe dar.

c) Organe

Die IMO besitzt folgende Hauptorgane:

- **Versammlung.** Sie setzt sich aus allen Mitgliedern zusammen, hält alle zwei Jahre ordentliche Sitzungsperioden ab (die 22. Session im November 2001 in London) und entscheidet über das Arbeitsprogramm und den Haushalt der Organisation.
- **Rat.** Nach Inkrafttreten der 1993 beschlossenen Erhöhung besteht dieses Gremium aus 40 Mitgliedern, die, nach drei Kategorien unterschieden (je nach „Interesse" an der internationalen Schifffahrt

---

70 Vgl. S. 96.

bzw. am Seehandel), von der Versammlung für zwei Jahre gewählt werden. Als Entscheidungsorgan zwischen den Tagungen der Versammlung gewährleistet der Rat die Kontinuität der IMO-Arbeit.

- **Schiffssicherheitsausschuss.** Dieser besteht, wie die vier anderen Ausschüsse, aus allen Mitgliedern der Organisation und befasst sich mit technischen Sicherheitsfragen; er wird in seiner Arbeit von verschiedenen Unterausschüssen unterstützt.
- **Rechtsausschuss.** Er ist hauptsächlich mit der Ausarbeitung seerechtlicher Normen betraut.
- **Ausschuss für den Schutz der Meeresumwelt.** Dieses erst 1973 geschaffene Fachgremium ist zuständig für die immer wichtiger werdenden maritimen Umweltschutzfragen.
- **Ausschuss für Technische Zusammenarbeit.** Beauftragt mit der Vorbereitung und Prüfung aller maritimer Unterstützungsvorhaben in der Dritten Welt.
- **Ausschuss zur Erleichterung des internationalen Seeverkehrs.** 1991 geschaffen und zuständig für Fragen der Vereinheitlichung der Abfertigung.
- **Sekretariat.** An der Spitze dieses Verwaltungsorgans (mit nahezu 300 Beschäftigten) steht ein Generalsekretär; seit 1990 übt dieses Amt der Kanadier William A. O'Neil aus.

d) Mitglieder und Finanzierung

Am 1. Juli 2003 gehörten der IMO 162 Vollmitglieder und zwei assoziierte Mitglieder (Hongkong und Macau) an; die Bundesrepublik Deutschland trat am 7. Januar 1959 bei, Österreich am 2. April 1975 und die Schweiz bereits am 20. Juli 1955.

Der Zweijahreshaushalt 2002/2003 beträgt 39,5 Millionen Pfund Sterling; er wird durch gestaffelte Mitgliedsbeiträge finanziert, Hauptbeitragszahler sind die Schifffahrtsländer mit dem größten Anteil an der Welthandelstonnage (wie Panama, Liberia oder Japan). Für die Gewährung Technischer Unterstützung erhält die IMO auch Mittel vom Entwicklungsprogramm der Vereinten Nationen (UNDP) sowie von der schwedischen Regierung einen gebundenen Unkostenbeitrag für die Weltschifffahrtshochschule. Internet: www.imo.org

16. Weltorganisation für geistiges Eigentum (WIPO)

a) Entstehung

Die Weltorganisation für geistiges Eigentum (World Intellectual Property Organization – WIPO)[71] wurde als Nachfolgerin der Vereinigten Internationalen Büros zum Schutze des geistigen Eigentums am 14. Juli 1967 in Stockholm ins Leben gerufen.

Die Entstehungsgeschichte beginnt in den achtziger Jahren des 19. Jahrhunderts mit dem Abschluss der Pariser Verbandsübereinkunft zum Schutz des gewerblichen Eigentums (1883) und der Berner Übereinkunft zum Schutz von Werken der Literatur und Kunst (1886); beide Verträge schufen zunächst je ein Internationales Büro oder Sekretariat in Bern, die 1893 zu einer Verwaltungsunion, den so genannten Vereinigten Büros, zusammengelegt wurden.

Das Übereinkommen zur Errichtung der WIPO[72] trat am 26. April 1970 zusammen mit den revidierten Bestimmungen der weiterbestehenden Verbände (Pariser und Berner Verband) in Kraft; die UN-Generalversammlung billigte am 17. Dezember 1974 das Kooperationsabkommen, und seit diesem Datum besitzt die WIPO den Status einer UN-Sonderorganisation mit Sitz in Genf.

b) Aufgaben und Aktivitäten

Der Satzung entsprechend hat die Organisation eine zweifache Zielsetzung:
- den Schutz des geistigen Eigentums durch die Zusammenarbeit der Staaten und – soweit sinnvoll – im Zusammenwirken mit anderen internationalen Organisationen zu fördern,
- die verwaltungsmäßige Zusammenarbeit der Verbände für das geistige Eigentum zu gewährleisten.

---

71 Darstellung der WIPO mit weiteren Literaturhinweisen: Pfanner, K., Die Weltorganisation für geistiges Eigentum, in: Vereinte Nationen, 25. Jg., Heft 5, 1977, S. 143–151; Weltorganisation für geistiges Eigentum (Hrsg.), WIPO. Allgemeine Informationen, Genf 1990; Bachmann, D., Ch. Philipp und P. Stoll, WIPO – Weltorganisation für geistiges Eigentum, in: Wolfrum, Handbuch, S. 1108–1117; Struck, M., Weltorganisation für geistiges Eigentum, in: Altmann und Kulessa (Hrsg.), Wirtschaftsorganisationen, S. 262–265.

72 Text des Übereinkommens (zugleich Satzung) in Knipping, System, Bd. I/2, S. 583–615.

Die Aufgaben der WIPO liegen somit einmal in der Ausarbeitung und dem Abschluss internationaler Abkommen sowie in der Revision bereits bestehender Übereinkommen zum Schutz des geistigen Eigentums, in der Angleichung innerstaatlicher Rechtsvorschriften und in der Gewährung juristisch-technischer Hilfe an die Entwicklungsländer. Der Sammelbegriff „geistiges Eigentum" umfasst im Verständnis der WIPO alle gesetzlichen Schutzrechte für geistig-schöpferische Leistungen in den Bereichen Wissenschaft und Technik sowie Literatur und Kunst, wobei zwischen gewerblichem Eigentum bzw. **gewerblichem Rechtsschutz** (für Patente, Handelsmarken, Warenzeichen, gewerbliche Muster oder Modelle) und literarischem bzw. künstlerischem Eigentum, d.h. **Urheberrechten** (Copyright) an Werken der Literatur, Musik, der bildenden Kunst, der Fotografie sowie der Filmkunst zu unterscheiden ist.

Die WIPO – als Dach für die Verwaltung aller Übereinkünfte zum Schutz des geistigen Eigentums errichtet – verwaltet zum Zweiten eine Reihe von Verbänden – basierend auf zwischenstaatlichen Übereinkommen – getrennt nach den beiden Hauptsachgebieten gewerblicher Rechtsschutz einerseits und Urheberrecht sowie angrenzende Rechte andererseits. In den zwischenstaatlichen Vereinbarungen verpflichten sich die teilnehmenden Regierungen, den Staatsangehörigen der übrigen Vertragsstaaten jeweils die gleichen Rechte einzuräumen wie den eigenen. Verschiedene Abkommen enthalten Mindeststandards über die Verfahren zur Erteilung von Schutzrechten und die Ausgestaltung des Rechtsschutzes. Die WIPO bemüht sich um die zeitgemäße Anpassung bestehender Übereinkommen und den Abschluss neuer Vereinbarungen angesichts des technologischen Fortschritts.

Der internationale Schutz des gewerblichen Eigentums wurde erstmals in der **Pariser Verbandsübereinkunft** von 1883 verankert; dieser inzwischen mehrfach geänderten Vereinbarung sind bis Mitte 2002 161 Staaten beigetreten. Im Gefolge und auf Grund dieser allgemeinen Übereinkunft wurden danach auf Spezialgebieten des gewerblichen Rechtsschutzes bisher 15 Sonderabkommen getroffen. In dem 1970 abgeschlossenen Vertrag über die internationale Zusammenarbeit auf dem Gebiet des Patentwesens (PCT) wird Er-

findern das Recht zugebilligt, mit einer PCT-Anmeldung das jeweilige Patent in allen PCT-Staaten anzumelden.

Die **Berner Konvention** zum Schutz von Werken der Literatur und
Kunst aus dem Jahre 1886, seitdem ebenfalls mehrmals revidiert, mit
bislang 148 Vertragsstaaten, war hingegen die erste internationale
Regelung urheberrechtlicher Art, der bis zur Gegenwart sechs weitere auf angrenzenden Rechtsfeldern (beispielsweise 1974 das Brüs-
seler Abkommen über die Verbreitung von den durch Weltraumsa-
telliten übertragenen Programmsignalen) folgten.

Zur Schlichtung von Streitfällen auf dem Gebiet des geistigen Eigentums wurde 1994 ein Streitschlichtungszentrum errichtet. Mit
Wirkung vom 1. Januar 1996 wurde mit der nicht zum UN-System
gehörenden Welthandelsorganisation (WTO) ein Kooperationsabkommen geschlossen. Eine enge Zusammenarbeit und auch Abstimmung zwischen den beiden Organisationen erscheint angesichts
des unter dem Dach der WTO zustande gekommenen „Abkommens
über handelsbezogene Rechte geistigen Eigentums" (Related Aspects
of Intellectual Property Rights – RAIPR), dessen sehr viel umfassendere Bestimmungen neben die der WIPO treten, unabdingbar.

In Zusammenarbeit mit anderen UN-Einrichtungen, insbesondere dem Entwicklungsprogramm der Vereinten Nationen (UNDP)
und der UNESCO, unterstützt die WIPO die Staaten der Dritten
Welt, neuerdings auch die Reformstaaten Mittel- und Osteuropas
u. a. bei der Ausbildung von Fachleuten, der Bereitstellung von Dokumenten sowie Ausrüstungsgegenständen und der Erarbeitung
entsprechender nationaler Rechtsschutzgesetze; seit den siebziger
Jahren leistet die Organisation auch einen wesentlichen Beitrag zur
Förderung des Technologietransfers in Entwicklungsländer. Institu-
tionalisiert sind die entwicklungspolitischen WIPO-Aktivitäten im
Programm für Entwicklung und Zusammenarbeit auf dem Gebiet
des gewerblichen Rechtsschutzes und im Programm für Entwicklung und Zusammenarbeit auf dem Gebiet des Urheberrechts.

c) Organe

Entsprechend dem komplexen Aufgabencharakter weist die
WIPO eine ausgefallene Organstruktur auf.

• **Generalversammlung.** Dem obersten Beschluss- und Kontrollorgan, das seit der Satzungsänderung nunmehr alle zwei Jahre zusammentritt (zuletzt 2003), gehören die Mitgliedstaaten der WIPO an, die zugleich Mitglieder des Pariser und/oder des Berner Verbandes sind.

- **Konferenz.** Dieses Gremium, das zusammen mit der Generalversammlung tagt, umfasst alle WIPO-Mitgliedstaaten, unabhängig von der Zugehörigkeit zu einem der beiden Verbände. Behandelt werden Fragen von allgemeinem fachlichen Interesse und die Dreijahresprogramme für die juristisch-technische Hilfe.
- **Koordinierungsausschuss.** Gebildet aus den Mitgliedern der Exekutivausschüsse der Pariser und Berner Union nimmt dieser inzwischen 79 Staaten umfassende Ausschuss, der einmal jährlich zusammenkommt, die Aufgaben der Generalversammlung zwischen deren Sitzungsperioden wahr.
- **Internationales Büro.** Zugleich auch Sekretariat der einzelnen Verbände, wird diese zentrale Verwaltungsstelle mit rund 900 Mitarbeitern von einem Generaldirektor, seit 1997 von dem Sudanesen Kamil Idris, geleitet.

d) Mitglieder und Finanzierung

Am 1. Juli 2003 hatte die WIPO 179 Mitglieder; die Bundesrepublik Deutschland trat der Organisation am 19. September 1970 bei, die Schweiz am 26. April 1970, Liechtenstein am 21. Mai 1972 und Österreich am 11. August 1973.

Der Haushalt des Internationalen Büros für die Jahre 2002/2003 beläuft sich auf rund 532 Millionen Schweizer Franken. Haupteinnahmequellen sind zu rund 85 Prozent die Gebühren der privaten Nutzer der Registrierungsdienste; die Beiträge der Mitgliedstaaten sind nach 14 Klassen gestaffelt.

Internet: www. wipo.int

17. Organisation der Vereinten Nationen für industrielle Entwicklung (UNIDO)

a) Entstehung

Die Organisation der Vereinten Nationen für industrielle Entwicklung (United Nations Industrial Development Organization –

UNIDO)[73] mit Sitz in Wien wurde auf Grund einer Entschließung der UN-Generalversammlung am 17. November 1966 als ein ständiges Sonderorgan der Versammlung gegründet und nahm am 1. Januar 1967 ihre Arbeit auf.

Damit besaß die UNIDO denselben Status wie die zwei Jahre zuvor gegründete Welthandelskonferenz (UNCTAD).[74] Die damalige Forderung der Entwicklungsländer nach Schaffung einer eigenständigen UN-Sonderorganisation für industrielle Entwicklung scheiterte zunächst am Widerstand westlicher Industrienationen; erst Mitte der siebziger Jahre gelang der „Gruppe der 77" der entscheidende Durchbruch, und Verhandlungen über eine Umwandlung konnten beginnen.

Mit der Annahme der Satzung[75] am 8. April 1979 durch eine Bevollmächtigtenkonferenz wurde eine in der Geschichte des UN-Systems bisher einmalige Umwandlungsprozedur eingeleitet, die mit dem Inkrafttreten der Satzung am 21. Juni 1985 und der Statusänderung zum 1. Januar 1986 ihren Abschluss fand: Die UNIDO als 16. Sonderorganisation der Vereinten Nationen war entstanden.

b) Aufgaben und Aktivitäten

Der Umwandlungsbeschluss hatte nichts an der grundsätzlich dreifachen Zielsetzung der Organisation geändert:

• Förderung und Beschleunigung der industriellen Entwicklung in der Dritten Welt,

• Stärkung der Zusammenarbeit zwischen Industrie- und Entwicklungsländern,

• Koordination aller industriepolitischen Maßnahmen innerhalb des UN-Systems.

Im Jahre 1975 verabschiedete die zweite UNIDO-Generalkonferenz vor dem Hintergrund der Auseinandersetzung über eine Neue Weltwirtschaftsordnung mit der Deklaration und dem Aktionsplan

---

73 Ausführliche Darstellungen der UNIDO: UNIDO, Wege in die Zukunft, Wien 1996; Hobohm, S., UNIDO, in: Altmann und Kulessa (Hrsg.), Wirtschaftsorganisationen, S. 239–247.

74 Vgl. S. 80 ff.

75 Text der Satzung in: Knipping, System, Bd. I/2, S. 803–841.

von Lima über industrielle Entwicklung und Zusammenarbeit eine langfristige Arbeitsstrategie für die Organisation: der Anteil der Entwicklungsländer an der Weltindustrieproduktion sollte von damals sieben Prozent (1985–11,3) auf 25 Prozent im Jahre 2000 gesteigert werden.

Anfang der 90er Jahre geriet die seit ihrer Umwandlung in eine UN-Sonderorganisation zwischen „Nord" und „Süd" umstrittene UNIDO in eine zunehmende Identitätskrise. Zu lange hatte sie sich auf die Förderung **staatlicher Industrialisierungsprogramme** gestützt, so dass nach dem Zerfall der Planwirtschaften eine Neuorientierung hin zum Privatsektor unvermeidlich schien. Damit verbunden waren, angesichts des dramatischen Rückgangs der Ressourcen, der offensichtlichen Führungslosigkeit und einer personellen Kopflastigkeit, prinzipielle Zweifel – etwa von den USA geäußert –, ob im Zuge der globalen Ausbreitung der Marktwirtschaften eine eigenständige Organisation für industrielle Entwicklung vonnöten sei.

Mit dem Amtsantritt eines neuen UNIDO-Generaldirektors (1993–1997) begann dann schlagartig ein Prozess der Reformierung und Restrukturierung der Organisation,[76] der mit der Wahl von Carlos Alfredo Magariños als dessen Nachfolger 1997 noch beschleunigt und intensiviert wurde. Gleichzeitig wurden eine Rationalisierung des Managements, eine flexiblere Verwaltungsstruktur sowie die Dezentralisierung von Entscheidungsabläufen in Angriff genommen, die zu einer erheblichen Einsparung der Personalkosten führen sollten. Dank der Rationalisierungsmaßnahmen und dank der Konzentration der Dienstleistungspalette konnte der Personalbestand bis Juli 1996 im Vergleich zu 1992 um 45 Prozent verringert werden.

Praktische Auswirkungen dieses für eine UN-Einrichtung ungewöhnlich **tief greifenden Reformprozesses** zeigten sich schon bald: Besonderes Augenmerk wurde nunmehr auf die Förderung kleiner und mittlerer Betriebe im Privatsektor gelegt, die Zahl der verfolgten Projekte zusammengestrichen, umweltschonende Technologien

---

76 Vgl. hierzu Maria y Campos, M. de, Reform mit Resultaten. Die UNIDO ist für die neuen Herausforderungen gerüstet, in: Vereinte Nationen, 45. Jg., Heft 4, 1997, S. 121–126.

gezielt gefördert, ein eindeutiger Trend zur Politikberatung und zum Aufbau marktwirtschaftlicher Institutionen wurde erkennbar, bei gleichzeitigem Teilrückzug aus den Bereichen traditioneller Technischer Hilfe. Regional genießen die ärmsten Länder, vor allem in Afrika, höchste Priorität.

Um eine mögliche Rivalität zwischen UNIDO und der nach neuen Aufgaben suchenden Welthandelskonferenz (UNCTAD) zu vermeiden, schlossen beide UN-Einrichtungen im April 1996 ein auf Arbeitsteilung abzielendes Kooperationsabkommen in den Bereichen Wissenschaft und Technologie, Investitionsförderung und Unternehmensentwicklung.

Greifbare Erfolge bei der Umsetzung der Restrukturierung der Organisation konnten die USA im Dezember 1995, wie schon 1994 Kanada, nicht davon abhalten, mit Wirkung zum 31. Dezember 1996 ihren Austritt aus der UNIDO zu erklären, nachdem sie bereits zuvor eigenmächtig ihren Pflichtbeitrag um die Hälfte gekürzt hatten und mit ihren Jahresbeiträgen in Rückstand waren. Mangelnde Effizienz der Organisation, zu viel Bürokratie und die schwierige Haushaltslage im eigenen Lande – lautete die offizielle Begründung. Während Großbritannien und Australien 1997 diesem Schritt folgten, zog Deutschland seine Austrittsankündigung aus politischen Erwägungen wieder zurück.

Da die USA bisher 25 Prozent des Budgets finanzierten, musste die Organisation, deren Existenzberechtigung nicht nur von den Entwicklungs- und Reformländern, sondern auch von den EU-Staaten und der Schweiz sowie Japan (nunmehr wichtigster Beitragszahler) nach wie vor unterstrichen wird, ihre Programm- und Personalplanung entsprechend anpassen.

Inzwischen gilt die finanzielle Konsolidierung als abgeschlossen, und der programmatische Konzentrationsprozess ist gemäß dem Ende 1997 von der Generalkonferenz verabschiedeten Geschäftsplan weiter fortgeschritten – wie das mittelfristige Programm für den Zeitraum 2002–2005 nachdrücklich beweist.

Die UNIDO konzentriert sich heute auf die Stärkung industrieller Kapazitäten (durch Investitionsförderung und Technologietransfer) in Entwicklungs- und Transformationsländer sowie die Verbesserung der Umweltverträglichkeit und Nachhaltigkeit von Industrialisierungsprozessen. Zentrales Ziel bleibt die **Förderung industrieller Kompetenz** und Kapazität, so soll gemeinsam mit anderen staatlichen oder privaten Organisationen vor allem Klein- und Mittelbetrieben – etwa durch die Ausarbeitung industriepolitischer Strategien – der Zugang zum Weltmarkt erleichtert werden. Unter den gegenwärtigen Aktivitäten kommt auch dem Umweltschutz große Bedeutung zu, fördert doch die UNIDO in Zusammenarbeit mit anderen Institutionen Projekte zum Schutz der Ozonschicht.

c) Organe

Laut Satzung verfügt die Organisation nunmehr über drei Hauptorgane:

- **Generalkonferenz.** In diesem wichtigsten Entscheidungsgremium, das die allgemeinen Richtlinien festlegt sowie den Haushalt beschließt, sind alle Mitgliedstaaten gleichrangig vertreten. Gemäß dem festgelegten zweijährigen Tagungsrhythmus fand nach der konstituierenden Sitzung im August 1985 in Wien die neunte UNIDO-Generalkonferenz Ende 2002 ebenfalls in Wien statt.

- **Rat für Industrielle Entwicklung.** Von der Generalkonferenz nach Maßgabe angemessener geographischer Repräsentation gewählt, sollen die 53 Mitgliedstaaten (davon 33 Entwicklungsländer) des eigentlichen Leitungsgremiums die gesamten Aktivitäten der UNIDO überwachen. Dem Rat als vorbereitendem Arbeitsgremium zur Seite steht der 27 Mitgliedstaaten umfassende **Programm- und Haushaltsausschuss.**

- **Sekretariat.** Das Sekretariat (Mitte 2002 insgesamt 660 Bedienstete und etwa 2000 externe Experten) ist in drei jeweils von einem Manager geführte Abteilungen gegliedert. Es hat seinen Sitz im Internationalen Zentrum in Wien und wird von einem Generaldirektor geleitet, seit 1997 von dem Argentinier Carlos Alfredo Magariños, der auf der Generalkonferenz 2001 für weitere vier Jahre bestätigt wurde.

Neben den beiden UNIDO-Außenstellen in Genf und New York unterhält die Organisation zur Aktivierung der Kontakte zwischen Unternehmen in Industrie-, Transformations- und Entwicklungsländern auf Kosten des jeweiligen Gastlandes ein Netzwerk von Büros zur Investitions- und Technologieförderung.

d) Mitglieder und Finanzierung

Nach der inzwischen erfolgten Statusänderung gehörten am 1. Juli 2003 170 Staaten, darunter die Bundesrepublik Deutschland, Österreich und die Schweiz, dieser jüngsten UN-Sonderorganisation an; Liechtenstein hatte in der „alten" UNIDO mitgearbeitet, ist dem neuen Statut jedoch nicht beigetreten.

Die UNIDO verfügt über zwei eigene Haushaltspläne: einen ordentlichen Haushalt (2002/2003 133,7 Millionen US-Dollar), finanziert aus Mitgliedsbeiträgen, und einen operativen Haushalt, finanziert aus Rückvergütungen der Projekt-Durchführungskosten. Des Weiteren stehen noch beträchtliche Sondermittel für die Technische Zusammenarbeit zur Verfügung, die durch freiwillige Beiträge, Zuschüsse des Entwicklungsprogramms der Vereinten Nationen (UNDP) und von verschiedenen Sonderfonds aufgebracht werden. Internet: www.unido.org

II. Angeschlossene Organisationen

1. Internationale Atomenergie-Organisation (IAEO)

a) Entstehung

Die Gründung der **Internationalen Atomenergie-Organisation** (International Atomic Energy Agency – IAEA)[77] wurde von der Generalversammlung der Vereinten Nationen am 4. Dezember 1954 beschlossen. In New York fand danach im Herbst 1956 eine von 32 Staaten beschickte Konferenz statt, an deren Ende am 26. Oktober 1956 die Unterzeichnung der Satzung der IAEO stand. Mit dem Datum des 29. Juli 1957 trat die Satzung[78] in Kraft, nachdem sie von der notwendigen Anzahl von Staaten ratifiziert worden war. Sitz der Organisation ist Wien.

---

77 Darstellung über die IAEO mit weiteren Literaturhinweisen: Pelzer, N., IAEA – Internationale Atomenergie-Organisation, in: Wolfrum, Handbuch, S. 282–290; Spreen, M., IAEA, in: Altmann und Kulessa, Wirtschaftsorganisationen, S. 87–89.
78 Text der Satzung der IAEO, in: Knipping, System, Bd. I/2, S. 1208–1253.

b) Status

Die IAEO ist keine Sonderorganisation der Vereinten Nationen im Sinne des Artikels 57 der UN-Charta, da der Kooperationsvertrag nicht dem in Artikel 63 festgelegten Verfahren unterlag.

Auf Grund des am 23. Oktober 1957 von der Generalkonferenz der IAEO angenommenen und am 14. November 1957 von der UN-Generalversammlung beschlossenen Abkommens wurde wegen der besonderen Bedeutung der friedlichen Nutzung der Atomenergie eine enge und direkte Bindung (ohne Einschaltung des Wirtschafts- und Sozialrats) an die Generalversammlung, der sie regelmäßig Bericht erstattet, und an den Sicherheitsrat hergestellt. So hat die IAEO das Recht, bei Verstößen ihrer Mitgliedstaaten (wie etwa im Streit um das nordkoreanische Atomprogramm Anfang 2003) den Sicherheitsrat direkt einzuschalten. Mit zahlreichen Sonderorganisationen, wie auch mit anderen staatlichen und nichtstaatlichen Organisationen, hat die IAEO ebenfalls Vereinbarungen über eine Kooperation oder Konsultation getroffen.

c) Aufgaben und Aktivitäten

Die IAEO will gemäß Artikel 2 ihrer Satzung

> „den Beitrag der Atomenergie zum Frieden, zur Gesundheit und zum Wohlstand ... beschleunigen und ... steigern. Die Organisation sorgt ... dafür, dass die von ihr oder auf ihr Ersuchen oder unter ihrer Überwachung oder Kontrolle geleistete Hilfe nicht zur Förderung militärischer Zwecke benutzt wird."

Um diesem Ziel zu dienen, fördert und unterstützt sie in zwei eigenen Laboratorien (in Seibersdorf bei Wien und in Monaco) und in einer gemeinsam mit der UNESCO betriebenen Einrichtung in Triest/Italien die weltweite Erforschung, Entwicklung und praktische Anwendung der Atomenergie zu friedlichen Zwecken, beispielsweise für die Verwendung von Radioisotopen in der Medizin, Industrie, Landwirtschaft und in der Wasserwirtschaft; sie vermittelt und überwacht die Lieferung von spaltbarem Material zwischen Mitgliedstaaten; sie fördert den Austausch wissenschaftlicher und technischer Informationen durch ein nukleares Informationssystem (INIS), durch Publikationen und Konferenzen ebenso wie die Ausbildung von Wissenschaftlern und Experten durch die Errichtung von Ausbildungsstätten und die Vergabe von Stipendien.

Die IAEO ist satzungsgemäß gehalten, allen Staaten die zivile Nutzung der Atomenergie zu ermöglichen. Insbesondere die Länder der Dritten Welt werden von ihr vorrangig durch Technische Hilfe beraten und materiell unterstützt: Bereitstellung von Experten, Geräten und Ausbildungsplätzen sowie die Erarbeitung von Gutachten über Bedarf und Standort von Kernkraftwerken; außerdem betreut sie gemeinsam mit dem Entwicklungsprogramm der Vereinten Nationen (UNDP) umfangreiche, langfristig angelegte Nuklearprojekte (beispielsweise den Bau von Anlagen für medizinische Strahlensterilisierung, Entwicklung von Forschungsreaktoren, Suche nach Uranlagern). Seit 1964 unterhält die IAEO zusammen mit der FAO eine gemeinsame Forschungsabteilung für die Anwendung radioaktiver und ionisierender Strahlen im Ernährungswesen und in der Landwirtschaft; auch mit anderen UN-Sonderorganisationen werden gemeinsame Projekte durchgeführt.

Ein zentraler Schwerpunkt der Tätigkeit der Organisation seit den 70er Jahren liegt darin, sich mit den Problemen und Gefahren zu beschäftigen, die sich aus der friedlichen Nutzung der Kernenergie ergeben. Die IAEO hat Sicherheitsstandards für den Strahlenschutz und die Beförderung radioaktiver Stoffe ebenso ausgearbeitet wie Richtlinien für ein Soforthilfeprogramm bei Strahlenunfällen und für die Behandlung und Entsorgung des Atommülls. Für die Mitgliedstaaten verbindlich sind diese Empfehlungen jedoch nicht.

Nach der Reaktorkatastrophe von Tschernobyl Ende April 1986 reagierte die IAEO mit ihrem damaligen Generaldirektor Hans Blix an der Spitze zwar prompt und bot im Rahmen ihrer Möglichkeiten der Sowjetunion Hilfe an, aber zugleich sollten die Aufgaben und Kompetenzen der IAEO auf den Gebieten der Reaktorsicherheit und des Strahlenschutzes möglichst rasch ausgeweitet werden.

Bereits sechs Monate nach dem Unglück in der Ukraine trat ein auf einer außerordentlichen Generalkonferenz über Reaktorsicherheit im September 1986 verabschiedetes Abkommen über die Frühwarnung bei nuklearen Unfällen mit grenzüberschreitenden Auswirkungen in Kraft; eine Konvention über internationale Hilfeleistungen bei nuklearen Unfällen oder strahlenbedingten Notfällen wurde am 26. Februar 1987 wirksam. Im Sommer 1994 wurde eine **Konvention zur nuklearen Sicherheit** zur Unterzeichnung aufgelegt, die auf eine deutsche Initiative zurückgeht und am 24. Oktober 1996 in Kraft getreten ist. Sie verpflichtet, beim Betrieb von Atomanlagen verbindliche Sicherheitsnormen einzuhalten.

Durch die Erarbeitung und Vorlage weiterer Konventionen zur Gewährung der Sicherheit von Kernenergie leistet die IAEO einen wichtigen Beitrag zur Fortentwicklung des internationalen Nuklearrechts.

Von besonderer Relevanz ist inzwischen ihre sicherheitspolitische Rolle durch die **Ausübung von Sicherungskontrollen (safeguards)**, mit denen die Anwendung der Kernenergie für ausschließlich zivile Zwecke gewährleistet werden soll. Ein 1961 bzw. 1965 zunächst für kleine Forschungsreaktoren entwickeltes Kontrollsystem wurde durch spätere Änderungen und Ergänzungen auf Kernanlagen jeder Art und Größe ausgedehnt. Mit Abschluss des Vertrags von Tlatelolco über das Verbot von Kernwaffen in Lateinamerika 1967 sowie ähnlicher regionaler Abkommen zur Schaffung kernwaffenfreier Zonen und insbesondere durch den im März 1970 in Kraft getretenen, im Mai 1995 unbefristet verlängerten **Atomsperrvertrag**, der die Weiterverbreitung von Kernwaffen verhindern soll (Nichtweiterverbreitungsvertrag – Non-Proliferation Treaty – NPT), erhielt die Überwachungsfunktion eine neue Dimension. Alle Nichtkernwaffenstaaten, die Mitglied des NPT sind, verpflichten sich, ihre gesamten nuklearen Aktivitäten IAEO-Sicherungskontrollen zu unterwerfen. In speziellen Kontrollabkommen mit der IAEO garantieren die Mitgliedstaaten einerseits die Einhaltung bestimmter Sicherungsmaßnahmen und akzeptierten andererseits das Kontrollsystem der „Atompolizei".[79]

---

[79] Zum Gesamtkomplex der IAEO-Sicherungsmaßnahmen vgl. Fischer, W., Der Vertrag über die Nichtverbreitung von Kernwaffen an der Schwelle zum 21. Jahrhundert. Berichte des Forschungszentrums Jülich, Jülich 1991, insbesondere S. 124 f.; Lohmann, T., Die rechtliche Struktur der Sicherungsmaßnahmen der Internationalen Atomenergie-Organisation, Berlin 1992; Blix, H., u. a., Probleme der nuklearen Nichtverbreitungspolitik, Bonn 1994.

Alle derzeitigen „offiziellen" fünf Kernwaffenstaaten haben freiwillig (Großbritannien 1978, USA 1980, Frankreich 1981, die frühere Sowjetunion 1985 und China 1989) mit der IAEO Abkommen
über die internationale Inspektion der jeweiligen zivilen Kernanlagen geschlossen. Mit ausgewählten Kontrollen soll gewährleistet
werden, dass kein spaltbares Material für militärische Zwecke abgezweigt wird.

Das **Sicherheitskontrollsystem** der IAEO wurde als Folge des Golfkrieges in den neunziger Jahren erheblich verschärft. Gemäß einem
1997 vom Gouverneursrat verabschiedeten Modellprotokoll (Zusatzprotokoll), welches die bestehenden Inspektionsabkommen ergänzt, werden die Informationspflicht der Staaten sowie die In-
spektionsmöglichkeiten der Organisation erweitert. Die bisherige
Kernmaterialkontrolle wurde auf die umfassende Beobachtung aller
Aspekte ziviler Nuklearprogramme (Forschung und Entwicklung,
Produktionsfähigkeit, Export/Import) ausgedehnt, und den Inspektoren wurden Kompetenzen zum Zugang zu kerntechnischen und
verwandten Anlagen zugebilligt. Dieses Modellprotokoll, das bisher
allerdings erst 78 Staaten ratifiziert haben, stellt das Herzstück des
so genannten „93+2" Programms zur Steigerung der Effektivität und
Effizienz der IAEO-Sicherheitskontrollen dar.

Mit dem Ende der Kampfhandlungen im Zweiten Golfkrieg zwischen Irak und Kuwait wurde der IAEO eine bis dahin beispiellose
Aufgabe übertragen. Am 3. April 1991 beschloss der Sicherheitsrat
in seiner Resolution 687, dass der Irak „sein gesamtes kernwaffen-
fähiges Material zur Verwahrung und Beseitigung der ausschließli-
chen Kontrolle der Internationalen Atomenergie-Organisation zu
unterstellen" hat.[80] Während normalerweise IAEO-Inspektoren nur
in Zusammenarbeit mit den Behörden der einzelnen Vertragsstaaten tätig werden können, enthält dieses auf der Grundlage von Kapitel VII der UN-Charta erteilte Mandat nicht nur ein unbe-
schränktes Inspektionsrecht, sondern auch die Maßgabe der Vernichtung atomwaffenfähigen Materials.

Da der Irak die Durchführung der verschiedenen IAEO-Missio-
nen erschwerte, Expertenteams bei ihrer Arbeit behinderte und da

---

80 Vgl. hierzu Krause, Regime.

schließlich dennoch ein umfangreiches irakisches Kernwaffenprogramm entdeckt wurde, belegte der Sicherheitsrat Mitte Oktober 1991 das Land mit einem zeitlich unbefristeten, detaillierten Überwachungs- und Verifikationssystem.

Zwischen 1991 und 1998 – d. h. bis zum zwangsweisen Abzug der Inspektoren – wurden in Zusammenarbeit mit der Sonderkommission der Vereinten Nationen (UNSCOM) zahlreiche IAEO-Inspektionen durchgeführt. Zwar setzte der Sicherheitsrat bereits 1999 als Nachfolgekommission die Überwachungs-, Verifikation- und Inspektionsmission der Vereinten Nationen (UNMOVIC) ein, aber erst nach Verabschiedung der mit „ernsthaften Konsequenzen" drohenden Resolution 1441 vom November 2002 konnten die Inspektionen – sowohl von UNMOVIC als auch von der IAEO – vor Ort wieder aufgenommen werden. Der Millitärschlag der USA und einiger anderer Staaten im März 2003 setzte den Inspektionen jedoch ein Ende.

Die Weigerung Nordkoreas im Frühjahr 1993, IAEO-Inspektoren den Zutritt zu einer geheimen Nuklearanlage zu gestatten, beschäftigte zwar ebenfalls den Sicherheitsrat, zog jedoch keine Sanktionskonsequenzen nach sich. Erst eine Vereinbarung im Herbst 1994 zwischen den USA und Nordkorea, das im Juni 1994 als bisher einziger Staat die IAEO vorübergehend verlassen hatte, schuf die Voraussetzungen für eine Beilegung des Konfliktes. Die Regierung in Pjöngjang verpflichtete sich, das bisherige Atomprogramm – basierend auf einem Reaktortyp, der für die Herstellung von Bombenmaterial besonders geeignet ist – einzufrieren bzw. auf einen moderneren Leichtwasserreaktor umzustellen. Auf Grund dieses Abkommens erhielt die IAEO zu Beginn des Jahres 1996 wieder beschränkten Zugang zu den nordkoreanischen Nuklearanlagen.

Als jedoch Nordkorea Ende 2002 mit der Reaktivierung seines Atomprogramms begann und sich dem Fortbestehen des IAEO-Überwachungssystems widersetzte, zeichnete sich eine erneute Konfrontation ab, die durch den Austritt des Landes aus dem Atomwaffensperrvertrag Anfang 2003 weiter eskalierte.

Nach In-Kraft-Treten des von der UN-Generalversammlung im September 1996 angenommenen umfassenden Atomteststoppabkommens wird die weltweite Überwachung jedoch nicht der IAEO, sondern der bereits im Aufbau befindlichen **Organisation des Vertrags über das umfassende Verbot von Nuklearversuchen** (CTBTO) zufallen, die gleichfalls in Wien ansässig ist.[81]

d) Organe

Die IAEO ist wie folgt strukturiert:

• **Generalkonferenz.** Diesem Gremium, das in der Regel jährlich im September einmal zusammentritt, um das Arbeitsprogramm und den Haushalt festzulegen, gehören alle Mitgliedstaaten mit einer Stimme an.

• **Gouverneursrat.** Ursprünglich bestand der Rat aus Vertretern von 25 Mitgliedstaaten; 1973 trat eine Erhöhung auf 34, im Sommer 1984 auf 35 Mitglieder in Kraft. (Noch nicht rechtswirksam ist die 1999 vom IAEO-Plenum beschlossene weitere Aufstockung auf 43 Sitze.)

Derzeit wählt die Generalkonferenz für jeweils zwei Jahre 22 Mitgliedstaaten, während 13 Mitglieder aus der Gruppe der in der Atomtechnik am weitesten fortgeschrittenen Staaten vom Gouverneursrat jährlich selbst ernannt werden. Als ausführendes Organ nimmt er mit sehr weit reichenden Befugnissen die „Aufgaben der Organisation" wahr und überwacht die Arbeit des Sekretariats.

• **Sekretariat.** An der Spitze des in sechs Abteilungen gegliederten Beamtenstabes steht ein für vier Jahre bestellter Generaldirektor; er ist der höchste Verwaltungsbeamte der Organisation. Seit Dezember 1997 übt der Ägypter Mohamed El Baradei dieses Amt aus. Ende 2002 beschäftigte die IAEO rund 2200 hauptamtliche Mitarbeiter.

e) Mitglieder und Finanzierung

Am 1. Januar 2003 betrug die Zahl der Mitglieder 134. Die Bundesrepublik Deutschland trat der IAEO ebenso wie Österreich und die Schweiz im Jahre 1957 bei, die DDR am 18. September 1973, Liechtenstein am 11. November 1968. Nach langem Zögern nahm die Volksrepublik China Anfang 1984 ihren Platz in der IAEO ein.

---

81 Vgl. S. 277 ff.

Finanziert wird die Organisation über einen ordentlichen und einen operativen Haushalt. Das reguläre Budget belief sich für 2002/03 auf rund 480 Millionen US-Dollar, die von den Mitgliedstaaten nach einem den Vereinten Nationen entsprechenden Beitragsschlüssel aufzubringen sind.

Daneben stehen der IAEO zur Durchführung bestimmter Projekte und für Technische Hilfe in Ländern der Dritten Welt Mittel (für 2002 rund 73 Millionen US-Dollar) aus dem freiwillig gespeisten IAEO-Fonds für Technische Zusammenarbeit zur Verfügung. Internet: www.iaea.org

2. Organisation für das Verbot chemischer Waffen (OPCW)

a) Entstehung

Mit In-Kraft-Treten des „Übereinkommen über das Verbot der Entwicklung, Herstellung, Lagerung und des Einsatzes chemischer Waffen und über die Vernichtung solcher Waffen",[82] kurz Chemiewaffenkonvention (Chemical Weapons Convention – CWC) am 29. April 1997 nahm die Organisation für das Verbot chemischer Waffen (Organization for the Prohibition of Chemical Weapons – OPCW) offiziell ihre Arbeit auf.[83]

Nach der 1993 in Paris erfolgten Unterzeichnung der CWC durch 50 Staaten hatte der UN-Generalsekretär eine Vorbereitungskommission einberufen, die in mehreren Verhandlungsrunden die rechtlichen, funktionalen, organisatorischen und finanziellen Fragen des Tätigwerdens klären sollte. Gleichzeitig wurde ein Provisorisches Technisches Sekretariat errichtet. Ein Abkommen über die Beziehungen der OPCW zu den Vereinten Nationen wurde am 17. Oktober 2000 abgeschlossen und ist nach der Zustimmung der jeweiligen

---

82 Text des Abkommens in: Knipping, System, Bd 1.I/1, S. 344–421; vgl. hierzu auch Brauch, H. G., Chemische Abrüstung wird Realität. Das Übereinkommen über das Verbot der chemischen Waffen, in: Vereinte Nationen, 41. Jg., Heft 3, 1993, S. 88–94.

83 Vgl. insbesondere die Darstellung und Analyse der OPCW in: Brauch, H. G., Weltweite Abschaffung der Chemiewaffen in Sicht. Von der Unterzeichnung zum Inkrafttreten des Übereinkommens, in: Vereinte Nationen, 45. Jg., Heft 3, 1997, S. 94–101.

Gremien beider Organisationen (Konferenz der Vertragsstaaten und UN-Generalversammlung) im September 2001 in Kraft getreten. Demnach ist die OPCW eine „autonome internationale Organisation", die zu den Vereinten Nationen Arbeitsbeziehungen unterhält. Sitz der OPCW ist Den Haag.

b) Aufgaben und Aktivitäten

Die zentrale Aufgabe der OPCW liegt darin, die **Einhaltung der Chemiewaffenkonvention** zu überwachen (Art. VIII Abs. 1 der Konvention). Ziel des nach mehr als 20 Jahren von der Genfer Abrüstungskonferenz[84] ausgehandelten multilateralen Abkommens[85] – einer der Hauptstreitpunkte bildete die Kontrolle der chemischen Industrie – ist eine Welt ohne Chemiewaffen.

Die Konvention, die den C-Waffen-Staaten direkte Abrüstungsschritte auferlegt, stellt das „bisher umfassendste und einschneidendste globale Abrüstungsregime"[86] dar. Bis zum Jahr 2012 sind vertragsgemäß sämtliche Chemiewaffen zu vernichten.

Das **Verifikationssystem** der Organisation besteht aus zwei Komponenten:

(1) Jährliche und periodische umfassende Meldungen der Vertragsstaaten über die Erfüllung ihrer Verpflichtungen aus der Konvention, insbesondere sind alle Unternehmen zu deklarieren, die Stoffe produzieren, mit denen sich Chemiewaffen gegebenenfalls herstellen lassen. Um den Fluss der Informationen zu gewährleisten, sind die Vertragsstaaten gehalten, eine Nationale Behörde als Verbindungsstelle zu errichten. (In Deutschland übernahm das Auswärtige Amt diese Aufgabe, in Österreich das Bundesministerium für Wirtschaft und Arbeit.)

(2) Ein strenges Inspektionsregime ermöglicht unangemeldete Kontrollbesuche von OPCW-Inspektoren in Militäranlagen, Chemiefabriken und Labors der Signatarstaaten, d. h. alle militärischen und zivilen Anlagen sind dem Kontrollregime der

---

84 Vgl. S. 65.
85 Text des Abkommens, in: Europa-Archiv, Folge 20, 1993, S. D 397–D 424.
86 Brauch, Abschaffung, S. 94.

Organisation unterworfen.[87] Bis Ende 2002 wurden rund 1300 Inspektionen durchgeführt und die Vernichtung von rund 6000 Tonnen Chemiewaffen überwacht. In einem sog. Verifikationsanhang zum Vertrag sind die einzelnen Schritte aufgelistet, die eine Vertragserfüllung sicherstellen sollen. Bei Verstößen gegen die Konvention kann sowohl die Konferenz der Vertragsstaaten der OPCW als auch deren Exekutivrat die UN-Generalversammlung und den Sicherheitsrat einschalten. Mitgliedstaaten, die gegen das Abkommen verstoßen, drohen somit letztlich vom Sicherheitsrat verhängte Sanktionen.

Mittels eines freiwilligen Hilfsfonds soll zudem die internationale Zusammenarbeit auf dem Gebiet der Chemie zu friedlichen Zwecken gefördert werden.

c) Organe

Die OPCW verfügt über drei Hauptorgane:

- **Konferenz der Vertragsstaaten.** Das Plenum der Organisation, dem alle Mitgliedstaaten angehören, tritt jährlich zu einer ordentlichen Tagung zusammen. Als Leitorgan kann sie zu allen inhaltlichen und organisatorischen Fragen Empfehlungen abgeben und Beschlüsse fassen.

   Die Konferenz befindet über den Haushalt, wählt die Mitglieder des Exekutivrats und ernennt den Generaldirektor des Technischen Sekretariats. Im Abstand von fünf Jahren überprüft eine außerordentliche Tagung die Wirkungsweise der Chemiewaffenkonvention.

- **Exekutivrat.** Dieses ausführende Organ besteht aus 41 Mitgliedstaaten, die nach einem regionalen Schlüssel für jeweils zwei Jahre gewählt werden (Deutschland ist seit 1997 Mitglied dieses Gremiums). Der Rat, der sich in der Regel viermal jährlich trifft, ist für die Umsetzung der Konvention verantwortlich, arbeitet mit den zuständigen Nationalen Behörden zusammen und überwacht die Tätigkeit des Sekretariats.

- **Technisches Sekretariat.** Seine Hauptaufgabe besteht in der Durchführung der Verifikationsmaßnahmen, und es verwaltet den frei-

---

87 Vgl. hierzu Krutzsch, W. und A. v. Wagner, Die Verifizierung des Chemiewaffenverbots, in: Internationale Politik, 57. Jg., Nr. 10, 2002, S. 55–60.

willigen Hilfsfonds. Geleitet wird das Sekretariat von einem auf vier Jahre gewählten Generaldirektor. Auf Druck der USA wurde unter dem Vorwurf des Missmanagements und der Anmaßung politischer Kompetenzen der im Mai 2000 wieder gewählte erste Amtsinhaber, der Brasilianer Jose Bustani, im April 2002 auf einer Sondersitzung des Plenums vorzeitig entlassen. Als Nachfolger wurde im Juli 2002 der argentinische Diplomat Rogelio Pfirter bestimmt.

Das Sekretariat verfügt derzeit über rund 500 Mitarbeiter, darunter rund 200 Inspektoren.

d) Mitglieder und Finanzierung

Am 1. Juli 2003 waren 147 Vertragsstaaten (darunter Deutschland, Liechtenstein, Österreich und die Schweiz) Mitglieder der OPCW. Während die USA nach Widerständen im Kongress das Abkommen im April 1997 ratifizierten, vollzog Russland, das weltweit über das größte deklarierte C-Waffen-Arsenal verfügt, diesen Schritt erst 1998. (Ohne weitere massive Finanzhilfen der internationalen Gemeinschaft ist das russische Abrüstungsprogramm nicht termingerecht umzusetzen.) Weitere 29 Staaten haben die Konvention unterzeichnet, nach erfolgter Ratifikation werden sie gleichfalls Mitglieder der Organisation.

Der Gesamthaushalt der OPCW – der sowohl Verwaltungs- als auch Verifikationskosten umfasst – belief sich für das Jahr 2002 auf 62 Millionen Euro.

Finanziert wird die Organisation durch Mitgliedsbeiträge in Anlehnung an den für die Vereinten Nationen jeweils gültigen Beitragsschlüssel, d. h. die USA bestreiten als größter Geldgeber 22 Prozent des Finanzaufkommens.

Internet: www.opcw.org

3. Organisation des Vertrages über das umfassende Verbot von Nuklearversuchen (CTBTO)

a) Entstehung

Die in Wien ansässige internationale Organisation (Comprehensive Nuclear-Test-Ban-Treaty Organization – CTBTO) stellt insofern einen Sonderfall dar, als die vertraglichen Grundlagen dieser Einrichtung noch nicht in Kraft getreten sind und dieser Schwebezustand möglicherweise noch länger andauern wird. Dennoch hat die CTBTO bereits 1997 mit ihrer Aufbauarbeit begonnen.[88]

Völkerrechtsgrundlage der Organisation ist der nach intensiven Verhandlungen in der Genfer Abrüstungskonferenz[89] am 10. September 1996 von der UN-Generalversammlung angenommene und am 25. September 1996 zur Unterzeichnung aufgelegte „Vertrag über das umfassende Verbot von Nuklearversuchen" (Comprehensive Nuclear-Test-Ban-Treaty – CTBO).

Dieses Teststoppabkommen verbietet jegliche Versuchsexplosionen von Kernwaffen sowie anderer nuklearer Explosionen (Art. I des Vertrags). Die zentrale Aufgabe der CTBTO besteht darin, die Einhaltung der Vertragsbestimmungen zu überwachen.

Laut Artikel XIV tritt das Abkommen jedoch erst dann in Kraft, wenn sämtliche 44 in einem Annex genannten Staaten das Abkommen ratifiziert haben. Dazu gehören die Länder, die laut Angaben der Internationalen Atomenergie-Organisation (IAEO) über nukleare Kapazitäten verfügen und die 1996 Mitglieder der Abrüstungskonferenz waren. Mitte 2003 hatten 160 Staaten das Abkommen unterschrieben, 104 ratifiziert. Deutschland und Österreich haben 1998, die Schweiz 1999 ratifiziert.

Angesichts des zu erwartenden langen Zeitraums bis zur Gültigkeit des Vertrages wurde auf einem Treffen der Signatarstaaten im November 1996 für die Übergangsphase eine „Vorbereitende Kommission" (CTBTO Preparatory Commission) eingerichtet. Dieses Gremium, dem im Anhang der Gründungsdokumente „die Stellung einer internationalen Organisation" zugebilligt wird, besteht aus einer Plenarversammlung der Vertragsstaaten und dem Provisorischen Technischen Sekretariat (Provisional Technical Secretariat – PTS), das am 17. März 1997 unter der Leitung seines Exekutivsekretärs, des Deutschen Wolfgang Hoffmann, seine Arbeit aufnahm. Die Zahl der Mitarbeiter ist inzwischen auf rund 260 Personen angewachsen.

---

88 Vgl. hierzu Freudenschuß-Reichl, I., Tritt ein Verbot von Atomtests in Kraft?, in: Der Überblick, 35. Jg., Heft 2, 1999, S. 89–92.
89 Vgl. S. 65.

b) Aufgaben und Aktivitäten

Die Aufgaben der Vorbereitenden Kommission sind:

(1) Aufbau des im Vertrag vorgesehenen **weltweiten Überprüfungssystems** (International Monitoring System – IMS). Dieses Kontrollnetz soll 321 Überwachungsstationen umfassen, die sich verschiedener Technologien bedienen, um zwischen einer Nuklearexplosion und einem Erdbeben unterscheiden zu können; hinzu kommen 16 Radionuklid-Stationen, die radioaktive Partikel erfassen können, die während einer Nuklearexplosion freigesetzt werden. Alle erfassten Daten werden in dem in Wien einzurichtenden Internationalen Datenzentrum ausgewertet. Im Vertrag sind des weiteren Konsultations- und Klärungsmechanismen sowie Vor-Ort-Inspektionen vorgesehen. Bei schwerwiegenden Vertragsverletzungen kann der Sicherheitsrat Sanktionen verhängen.

Seit Bestehen der Kommission konnten bereits große Fortschritte beim Aufbau des Verifikationssystems, das bis 2005 fertig gestellt sein soll, erzielt werden. Mitte 2003 waren 50 Prozent der vorgesehenen Überwachungsstationen bereits installiert. Auch das Datenzentrum ist inzwischen nahezu funktionsfähig.

(2) Die Kommission soll außerdem Staaten zur Ratifikation des Vertragswerks bewegen und Hilfestellung zu den gesetzlichen und technischen Fragen eines Beitritts leisten.

Für den Fall, dass das Vertragswerk drei Jahre nach seiner Auflage noch nicht in Kraft getreten ist, war im Abkommen selbst die Einberufung einer Konferenz vorgesehen, die auf hoher politischer Ebene über die Möglichkeiten einer Beschleunigung des Ratifikationsprozesses befinden sollte. Das dem Konsens verpflichtete Treffen der Signatar- und Unterzeichnerstaaten fand vom 6.–8. Oktober 1999 in Wien statt und endete mit einem nachdrücklichen Appell zu verstärkten Anstrengungen. Eine zweite Konferenz dieser Art traf sich vom 11.–13. November 2001 in New York.

Unter den Staaten, die das Abkommen nicht einmal unterzeichnet haben, befinden sich Indien und Pakistan, die beide im

Mai 1998 Nukleartests durchführten, sowie Nordkorea; nicht zur Ratifikation bereit waren bisher u. a. China, Israel und die USA.

Am 26. Mai 2000 unterzeichneten der Exekutivsekretär im Namen der Vorbereitenden Kommission und der UN-Generalsekretär für die Vereinten Nationen ein Kooperationsabkommen – gerichtet vor allem auf den Austausch von Informationen und die Zusammenarbeit in Finanzfragen –, das im Juni 2000 in Kraft trat und die im Aufbau befindliche Organisation in das UN-System lose einbindet.

c) Finanzierung

Mit einem Budget von rund 27,5 Millionen US-Dollar nahm das Provisorische Sekretariat 1997 seine Arbeit auf. Der Haushalt für das Jahr 2003 beläuft sich auf 88,5 Millionen US-Dollar. Die Finanzierung erfolgt in Anlehnung an die Regelungen bei den Vereinten Nationen durch gestaffelte Mitgliedsbeiträge. Größter Beitragszahler sind die USA, die rund 25 Prozent beisteuern.

Internet: www.ctbto.org

4. Internationaler Strafgerichtshof

Am 1. Juli 2002 trat das Römische Statut des Internationalen Strafgerichtshofs (International Criminal Court – ICC) in Kraft.[90]

Mit diesem völkerrechtlichen Vertrag wurde eine autonome, „ständige Einrichtung" (Art. 1 des Statuts) geschaffen, die mit den

---

90 Text des Statuts in: Bundesgesetzblatt 2000, Teil II, S. 1394 ff. Darstellungen über den Gerichtshof mit weiteren Literaturhinweisen: Tomuschat, Ch., Das Statut von Rom für den Internationalen Strafgerichtshof, in: Die Friedens-Warte, 73. Jg., Heft 3, 1998, S. 335–347; Zimmermann, A., Die Schaffung eines Ständigen Internationalen Strafgerichtshofs, in: Zeitschrift für ausländisches öffentliches Recht und Völkerrecht, Bd. 58, 1998, S. 47–108; Ahlbrecht, H., Geschichte der völkerrechtlichen Strafgerichtsbarkeit im 20. Jahrhundert, Baden-Baden 1999; Schorlemer, S. v., ICC – Internationaler Strafgerichtshof, in: Volger (Hrsg.), Lexikon, S. 248–254; Bruer-Schäfer, A., Der Internationale Strafgerichtshof, Frankfurt u. a. 2001; Fassbender, B., Der Internationale Strafgerichtshof: Auf dem Weg zu einem „Weltinnenrecht"?, in: Aus Politik und Zeitgeschichte, B 27–28, 2002, S. 32–38.

Vereinten Nationen durch ein Abkommen „in Beziehung" gebracht werden sollte (Art. 2). Eine entsprechende Übereinkunft kam inzwischen zustande. Der Strafgerichtshof ist somit im Unterschied zum Internationalen Gerichtshof (IGH)[91] und zu den beiden Ad-hoc-Tribunalen zur Verfolgung von Kriegsverbrechen im ehemaligen Jugoslawien bzw. Ruanda[92] kein Organ der Vereinten Nationen, sondern ein weiterer wichtiger Baustein im UN-System. Vorschläge, den ICC als zweite Gerichtssäule in der UN-Charta zu verankern, hatten keinerlei Realisierungschancen.

a) Entstehung

Die Bemühungen, einen internationalen Gerichtshof zur Verfolgung von Kriegsverbrechen, Völkermord und Verbrechen gegen die Menschlichkeit zu errichten, reichen bis zum Ausgang des Ersten Weltkriegs zurück.[93]

Doch erst nach Ende des Zweiten Weltkriegs blieb es den Siegermächten vorbehalten, zur Aburteilung der deutschen und japanischen Hauptkriegsverbrecher, d. h. einzelner Personen, in Nürnberg bzw. Tokio jeweils ein Militärtribunal zu etablieren.

Die Generalversammlung der Vereinten Nationen bestätigte Ende 1946 Statut und Rechtssprechung des Nürnberger Gerichtshofs und beauftragte einen speziellen Ausschuss sowie 1947 die Völkerrechtskommission[94] mit der Ausarbeitung eines Entwurfs für einen ständigen Internationalen Strafgerichtshof. Auch im Rahmen der von der Generalversammlung im Dezember 1948 verabschiedeten „Konvention über die Verhütung und Bestrafung des Völkermordes" war die Schaffung eines solchen Tribunals vorgesehen. Weitere Vorschläge und Verhandlungen im UN-Organisationsgefüge erbrachten angesichts des Ost-West-Konfliktes keine Ergebnisse.

Erst die weltpolitische Zeitenwende und die Greueltaten in den Bürgerkriegen in Ex-Jugoslawien und in Ruanda verliehen dem An-

---

91 Vgl. S. 151 ff.
92 Vgl. S. 113.
93 Vgl. hierzu und zur Entstehungsgeschichte insgesamt Ahlbrecht, Geschichte, insbesondere S. 27 ff. und 124 ff.
94 Vgl. S. 66.

liegen eine neue Dringlichkeit. Die Einrichtung der beiden Sondergerichtshöfe (1993 bzw. 1994) durch den Sicherheitsrat waren erste Schritte auf dem schwierigen Weg zu einem permanent wirkenden Weltstrafgerichtshof.

Im Jahre 1994 erarbeitete die Völkerrechtskommission einen ersten Entwurf, der von einem gesonderten Vorbereitungsausschuss (Prep Com) weiter verfolgt wurde. Nach Vorlage des Ergebnisses beschloss die Generalversammlung Ende Dezember 1997 die Einberufung einer „Diplomatischen Bevollmächtigtenkonferenz zur Schaffung eines Internationalen Strafgerichtshofs". Vom 15. Juni bis 17. Juli 1998 bemühten sich in Rom Regierungsdelegierte aus 159 Staaten unter Beteiligung diverser Nichtregierungsorganisationen (NGOs) in einem „zähen Tauziehen"[95] zwischen den Befürwortern und Skeptikern, allen voran den USA, um ein Vertragswerk.

In der Schlussabstimmung sprachen sich 120 Staaten für die Annahme des Römischen Statuts aus, 21 enthielten sich und sieben Staaten (China, Irak, Israel, Jemen, Katar, Libyen und die USA) votierten dagegen. Während die Clinton-Administration Ende Dezember 2000 kurz vor Ablauf der Unterzeichnungsfrist das Statut noch unterschrieb, distanzierte sich die nachfolgende Bush-Regierung von diesem Schritt und lehnte jegliche Zusammenarbeit mit dem Gerichtshof kategorisch ab.

Um in Kraft zu treten, musste der Vertrag von mindestens 60 Staaten ratifiziert werden (Art. 126).

Bereits im Dezember 1998 setzte die Generalversammlung eine UN-Vorbereitungskommission für den neuen Gerichtshof ein, die mit der Ausarbeitung von Zusatzdokumenten, z. B. Verfahrensord-

---

95 Kaul, H.-P., Durchbruch in Rom. Der Vertrag über den Internationalen Strafgerichtshof, in: Vereinte Nationen, 46. Jg., Heft 4, 1998, S. 126. Kaul – nunmehr Richter am Gerichtshof – war als deutscher Regierungsbeauftragter an den Gründungsvorbereitungen beteiligt; vgl. deshalb auch Kaul, H.-P., Auf dem Weg zum Weltstrafgerichtshof. Verhandlungsart und Perspektiven, in: Vereinte Nationen, 45. Jg., Heft 5, 1997, S. 177–181, und ders., Der Aufbau des Internationalen Strafgerichtshofs. Schwierigkeiten und Fortschritte, in: Vereinte Nationen, 49. Jg., Heft 6, 2001, S. 215–222.

nung, Finanzierung, Abkommen mit den Vereinten Nationen, für das Tätigwerden des Tribunals befasst wurde.[96]

Zur Überraschung der meisten Experten konnte bereits am 1. Juli 2002 das Statut, bestehend aus 13 Teilen und 128 Artikeln, in Kraft treten. Am Sitz des Gerichtshofs in Den Haag – zunächst untergebracht in einem Provisorium – nahm unmittelbar danach ein kleiner Arbeitsstab seine Tätigkeit auf. Die „Versammlung der Vertragsstaaten", der als politischem Leitorgan des Gerichts jeweils ein Staatenvertreter angehört (Art. 112), hat im September 2002 die von der Vorbereitungskommission bis dahin ausgearbeiteten zusätzlichen Regelungen abgesegnet. Mitte Juni 2003 hat das Tribunal seine Arbeit aufgenommen.

b) Straftatbestände

Die Zuständigkeit des ICC bezieht sich auf die individual-strafrechtliche Verantwortlichkeit natürlicher Personen (Art. 25,1) ohne Ansehen der Stellung, und beschränkt sich „auf die schwersten Verbrechen, welche die internationale Gemeinschaft als Ganzes berühren" (Art. 5.). Der **Verbrechenskatalog** des Statuts umfasst vier Tatbestände:

- Völkermord (Art. 6),
- Verbrechen gegen die Menschlichkeit (Art. 7),
- Kriegsverbrechen (Art. 8),
- Verbrechen der Aggression (Art. 5).

Während die Straftatbestände des Völkermordes, der Verbrechen gegen die Menschlichkeit und der Kriegsverbrechen im Statut genau definiert werden,[97] unterliegt der Tatbestand der Aggression zwar grundsätzlich der Jurisdiktion des Gerichtshofs, ist jedoch erst noch inhaltlich zu bestimmen und dann als Vertragsänderung in Kraft zu setzen.

---

96 Vgl. hierzu den Bericht über die einzelnen Verhandlungsrunden bei Kaul, Aufbau.

97 Vgl. hierzu Tomuschat, Statut, S. 337–341 und Ahlbrecht, Geschichte, S. 366–382.

c) Gerichtsbarkeit

Der Gerichtshof kann nur dann tätig werden, wenn ein nationales Gericht „nicht willens oder nicht in der Lage [ist] die Ermittlungen oder die Strafverfolgung ernsthaft durchzuführen" (Art. 17,1). Entsprechend diesem Grundsatz der Komplementarität ersetzt der Gerichtshof nicht die innerstaatliche Strafgerichtsbarkeit, sondern „ergänzt" diese (Art. 1).

Geahndet werden Verbrechen, die nach In-Kraft-Treten des Statuts, d. h. nach dem 1. Juli 2002, begangen wurden, entweder Taten auf dem Territorium eines Signatarstaates oder Taten eines Angehörigen einer Vertragspartei. Der ICC wird auf Grund der Initiative eines Vertragsstaates, eines Beschlusses des Sicherheitsrats gemäß Kapitel VII der UN-Charta oder durch den Chefankläger tätig (Art. 13).

Der Sicherheitsrat kann ein Eingreifen des Tribunals durch ein Veto eines Ständigen Mitglieds – wie von den USA gefordert worden war – nicht verhindern, er kann lediglich durch einen gemeinsamen Beschluss die Ermittlungen und die Strafverfolgung zeitlich begrenzt (für maximal 24 Monate) unterbrechen (Art. 16).

Das Verfahrensrecht, bestehend aus dem Ermittlungsverfahren, dem Hauptverfahren und dem Rechtsmittelverfahren, ist im Statut genau festgelegt, wobei das Hauptverfahren, bei dem der Angeklagte anwesend sein muss (Art. 63,1), „geradezu akribisch ausgestaltet" wurde.[98] Der Gerichtshof selbst setzt sich aus sechs Organen zusammen (Art. 34). Am 1. Juli 2003 hatten 91 Staaten das Statut ratifiziert.

Die 18 Richter des Gerichtshofs werden von der Versammlung der Vertragsstaaten auf deren Vorschlag – erstmals im Februar 2003 in einem komplizierten Wahlverfahren, das 33 Wahlgänge zur Folge hatte – gewählt. Unter den sieben Frauen und elf Männern aus allen fünf Kontinenten befindet sich auch der deutsche Völkerrechtler und ehemalige Diplomat Hans-Peter Kaul. Im April 2003 wurde der Argentinier Luis Moreno Ocampo zum Chefankläger gewählt.

---

98 Tomuschat, Statut, S. 344.

d) Haushalt und Finanzierung

Der Haushalt des ICC wird jeweils von der Versammlung der Vertragsstaaten beschlossen. Das erste Budget für den Zeitraum von September 2002 bis Dezember 2003 beläuft sich auf rund 30,9 Millionen US-Dollar.

In der lange strittigen Frage der Finanzierung[99] sowohl des Gerichtshofs als auch des Plenums der Vertragsstaaten sieht das Statut eine Mischfinanzierung mit drei Finanzquellen vor (Art. 115 und 116):

- Pflichtbeiträge der Vertragsstaaten nach einem zu vereinbarenden Beitragsschlüssel. (Deutschland wird zu den Hauptfinanzierern gehören.)
- Mittel der Vereinten Nationen, die von der Generalversammlung zu genehmigen sind.
- Freiwillige Beiträge, z. B. von Regierungen, internationalen Organisationen, aber auch von Unternehmen.

e) Bewertung des Gerichtshofs

Das schließlich ausgehandelte Statut stellt trotz des Kompromisses zwischen der großen Zahl der Befürworter, zu denen vor allem Deutschland zählte, der Gruppe der Skeptiker und der Minderheit der (bisherigen) Gegner einen völkerrechtlichen Durchbruch im Kampf um die weltweite Respektierung der Menschenrechte und rechtsstaatlichen Grundsätze dar, den Jahre zuvor wohl kaum jemand für möglich gehalten hätte. Ob damit „eine neue Seite im Geschichtsbuch der Menschheit aufgeschlagen wurde",[100] wie der oberste Rechtsberater der Vereinten Nationen, Hans Corell, im April 2002 das sich abzeichnende In-Kraft-Treten des Vertrages bewertete, wird die Zukunft erweisen.

Doch Skepsis bleibt angebracht angesichts der Hypotheken, welche die noch zu entwickelnde Funktionsfähigkeit belasten. Der er-

---

99 Vgl. hierzu Jarasch, F., Errichtung, Organisation und Finanzierung des Internationalen Strafgerichtshofs und die Schlussbestimmungen des Statuts, in: Humanitäres Völkerrecht, Informationsschriften, Heft 12, 1999, S. 10–22.

100 Zitiert nach Pressemitteilung des Informationsdienstes der Vereinten Nationen, Bonn, vom 12. 4. 2002.

bitterte Widerstand der Supermacht USA,[101] die auf einem Primat des Sicherheitsrats beharren und US-Bürger, insbesondere US-Soldaten, einer auch nur theoretischen Möglichkeit der Strafverfolgung durch den ICC entziehen wollen, stellt wohl die größte Belastung dar. Doch auch das Abseitsstehen Chinas und Indiens und die nach wie vor nicht ausgeräumten politischen Vorbehalte einer Reihe weiterer einflussreicher Staaten sind ebenso mögliche Funktionshemmnisse wie der fehlende unabhängige Durchsetzungsmechanismus des Gerichts und die Abhängigkeiten bei der Finanzierung.

Angesichts einer Reihe aktueller Konflikte, bei denen „schwerste Verbrechen" (Art. 1) aller Parteien offensichtlich an der Tagesordnung sind, werden bereits die ersten Verfahren vor dem ICC zeigen, ob der hehre Grundsatz „Gleiches Recht für alle" sich auch in der Realität der Strafverfolgung widerspiegelt.

Internet: www. icc-cpi.int

---

101 Zur Haltung der USA gegenüber dem ICC vgl. Kaul, Aufbau, S. 218–220; Zimmermann, A. und H. Scheel, Zwischen Konfrontation und Kooperation. Die Vereinigten Staaten und der Internationale Strafgerichtshof, in: Vereinte Nationen, 50. Jg., Heft 4, 2002, S. 137–144.

8. Kapitel. Deutschland und die Vereinten Nationen

I. Das Deutschlandproblem in den Vereinten Nationen

Ein Blick auf die Entstehungsgeschichte der Vereinten Nationen lässt erkennen, dass die Gründung der Weltorganisation vornehmlich das Werk der Siegerstaaten des Zweiten Weltkriegs war. Die Frage, ob und unter welchen Voraussetzungen die Besiegten in die Vereinten Nationen aufgenommen werden sollten, beschäftigte nicht nur eine Expertenkommission des amerikanischen Außenministeriums, sondern auch die Teilnehmer der Gründungskonferenz in San Francisco im Jahre 1945. Ein Exklusivclub der Sieger, wie es der Völkerbund lange Zeit war, sollten die Vereinten Nationen nicht werden, so dass man sich in San Francisco darauf einigte, den Verliererstaaten nach Ablauf einer gewissen Bewährungsfrist den Beitritt zu gestatten. Während jedoch nach dem Ersten Weltkrieg die Wiederherstellung des Friedens und die Errichtung des Völkerbundes durch die Aufnahme der Völkerbundsatzung in die Friedensverträge eng miteinander verknüpft waren, wollten die Vereinten Nationen nicht mit der Hypothek eines Vollzugsorgans für die Durchführung der Friedensverträge des Zweiten Weltkriegs belastet werden, d. h. das Problem der Friedensregelung zwischen den Siegern und den Besiegten sollte bis zum Eintritt der „Feindstaaten" in die UNO der Zuständigkeit der Vereinten Nationen entzogen und den Krieg führenden Staaten selbst vorbehalten bleiben. Aus diesem Grund wurden die Artikel 53 und 107, die so genannten **Feindstaatenartikel**, in die Charta aufgenommen – damals im Zeichen der noch intakten Kriegskoalition als Übergangsvorschriften bis zum baldigen Abschluss der Friedensverträge gedacht.

Durch diese Bestimmungen wurden die Sieger-Besiegte-Beziehungen quasi einem Sonderrecht unterstellt – die Siegermächte waren ohne eine Ermächtigung des Sicherheitsrats zu Zwangsmaßnahmen gegen die „Feindstaaten" befugt –, womit einer der zentralen Grundsätze der Charta, das Gewaltverbot in den internationalen Beziehungen, außer Kraft gesetzt wurde.[1]

Inzwischen politisch und rechtlich gegenstandslos – alle ehemaligen Feindstaaten sind seit langem UN-Mitglieder –, sind die beiden Artikel bis heute jedoch unverändert Bestandteil der UN-Charta. Verschiedene Initiativen – zuletzt von Japan und Anfang 1995 vom sog. Charta-Ausschuss der Generalversammlung – zur Streichung der Artikel, die ein langwieriges Charta-Änderungsverfahren voraussetzt, verliefen, nicht zuletzt aus dem vorgenannten Grund, bisher im Sande.

Die in ihrer Formulierung vagen und vielseitig auslegbaren Artikel spielten in der Zeit des Kalten Krieges auch innerhalb der Vereinten Nationen insofern eine Rolle, als die Zuständigkeit der UNO für die Behandlung der sich aus der Spaltung Deutschlands ergebenden Probleme insbesondere von der Sowjetunion bestritten wurde: Die Regelung der Kriegsfolgen sei der Kompetenz der Weltorganisation entzogen und stehe ausschließlich den Alliierten des Zweiten Weltkriegs zu. Von den Westmächten wurde hingegen die Ansicht vertreten, Artikel 107 schließe sowohl für Haupt- wie auch für Unterorgane der Vereinten Nationen keineswegs die Möglichkeit aus, sich mit der Deutschland- und Berlinfrage zu befassen.

Vorwiegend in der Generalversammlung und im Sicherheitsrat wurde das Thema Deutschland in dieser oder jener Form zwar wiederholt angesprochen, aber nur in drei konkreten Fällen wurden die Vereinten Nationen – im Wesentlichen ohne Erfolg – direkt eingeschaltet: bei der Berlin-Blockade 1948/49, bei den Bestrebungen, im Jahre 1951/52 freie Wahlen in Gesamtdeutschland durchzuführen und bei der zweiten Berlin-Krise 1958 bis 1963.[2]

---

1 Vgl. hierzu Forbes, M. H., Feindstaatenklauseln, Viermächteverantwortung und deutsche Frage. Zur Fortgeltung der Artikel 53 und 107 der Satzung der Vereinten Nationen, Baden-Baden 1983; Freiling, F.-D., Die Charta der Vereinten Nationen und ihre Sonderregelungen für Deutschland, Köln u. a. 1992.

2 Vgl. hierzu Dröge, H. F. und E. v. Puttkamer, Die Bundesrepublik Deutschland und die Vereinten Nationen, München 1966, S. 35–50; Pawelka, P., Die UNO und das Deutschlandproblem, Tübingen 1971, S. 43–105; Czempiel, E.-O., Macht und Kompromiß. Die Beziehungen der Bundesrepublik Deutschland zu den Vereinten Nationen 1956–1970, Düsseldorf 1971, S. 99–128.

Die Bundesrepublik Deutschland bzw. die im gesamtdeutschen Selbstauftrag agierenden Bundesregierungen – so bereits die erste Regierung Adenauer etwa ab dem Jahr 1951 – zeigten ihrerseits aus grundsätzlichen Erwägungen wenig Neigung, die Vereinten Nationen mit deutschen Fragen zu befassen, wollte man doch die deutschlandpolitische Verantwortung der vier Siegermächte nicht aufweichen.

II. Die Beziehungen der beiden deutschen Staaten zu den Vereinten Nationen vor ihrem Beitritt

Seit dem 18. September 1973 waren beide deutschen Staaten Vollmitglieder der Vereinten Nationen. Der vorherigen Zulassung eines Staates oder beider Länder stand bekanntermaßen eine Reihe von Hindernissen entgegen, die vor dem Hintergrund der damaligen weltpolitischen Szenerie zu sehen sind. Da eine Aufnahme in die UNO nur dann erfolgen kann, wenn alle Ständigen Mitglieder des Sicherheitsrats ihre Zustimmung geben, blieb der Bundesrepublik ein Alleingang verschlossen. Ein gleichzeitiger Beitritt der Bundesrepublik und der DDR, den die Sowjetunion akzeptiert hätte, kam für die Bundesrepublik und ihre westlichen Verbündeten so lange nicht in Frage, wie der Alleinvertretungsanspruch, d. h. der Grundsatz, für ganz Deutschland zu sprechen und zu handeln, Gültigkeit hatte.

Als Nichtmitglieder der Vereinten Nationen suchten jedoch beide Teile Deutschlands – mit unterschiedlichem Erfolg – im UN-System Fuß zu fassen.[3]

1. Die Quasi-Mitgliedschaft der Bundesrepublik Deutschland

Den Vereinten Nationen wird im Artikel 2 Abs. 6 der Charta auferlegt, dafür Sorge zu tragen, dass auch Nichtmitglieder nach den

---

3 Vgl. hierzu Auswärtiges Amt (Hrsg.), 25 Jahre Mitgliedschaft Deutschlands in den Vereinten Nationen, Bonn 1998, S. 19–24; Arnold, H., Deutschland, UN-Politik, in: Volger (Hrsg.), Lexikon, S. 70 ff.; Neugebauer, B., DDR, UN-Politik, in: ebenda, S. 46–52.

Grundsätzen der Organisation handeln, um den Frieden und die internationale Sicherheit zu gewährleisten.

Im Einklang mit Buchstaben und Geist des Grundgesetzes haben von Anbeginn alle Bundesregierungen immer wieder die Ziele und Grundsätze der Charta der Vereinten Nationen – Gewaltverbot, Friedenswahrung und Stärkung der Zusammenarbeit zwischen den Völkern – zur Richtschnur ihres Handelns erklärt. Im Zusammenhang mit dem Beitritt zur NATO hatte sich die Bundesregierung am 3. Oktober 1954 zudem verpflichtet, ihre Politik an den Grundsätzen der UN-Charta zu orientieren und die in Artikel 2 der Charta enthaltenen Verpflichtungen (u. a. Wahrung der UN-Grundsätze durch Nichtmitglieder) anzunehmen; auch in Artikel 3 des Deutschlandvertrags – nach dessen Ratifizierung die Bundesrepublik am 5. Mai 1955 ihre innere und äußere Souveränität erhielt – übernahm sie die Verpflichtung, ihre Politik im Einklang mit den Regeln der Charta zu gestalten.

Während die frühen Bundesregierungen gegenüber der UN-Kernorganisation – aus den genannten Gründen – eine gewisse **politische Abstinenz** an den Tag legten, entwickelten sie im Verhältnis zu den UN-Fachorganisationen beträchtliche Aktivitäten.[4]

Die Zusammenarbeit zwischen der Bundesrepublik und dem UN-System zeigte bereits im Jahre 1950 mit der Aufnahme in die Ernährungs- und Landwirtschaftsorganisation der Vereinten Nationen (FAO) erste konkrete Ergebnisse. In den nachfolgenden Jahren fand die Bundesrepublik als Vollmitglied mit allen dazugehörenden Rechten und Pflichten Zugang zu sämtlichen UN-Sonderorganisationen und der Internationalen Atomenergie-Organisation (IAEO). Diese Beteiligung hat der Bundesrepublik wiederum eine weitere Mitwirkungsmöglichkeit im Rahmen der Familie der Vereinten Nationen eröffnet. Da nämlich auf Grund der so genannten Wiener Formel (1961) zu den Konferenzen der Vereinten Nationen neben

---

4 Vgl. hierzu Dröge, u. a., Bundesrepublik Deutschland; Pawelka, UNO; Czempiel, Macht; Gehlhoff W., Der Weg der Bundesrepublik Deutschland in die Vereinten Nationen, in: Deutsche Gesellschaft für die Vereinten Nationen (Hrsg.), Die Vereinte Nationen und deutsche UN-Politik – aus persönlicher Sicht (DGVN-Texte 39), Bonn 1991, S. 18–39.

den Mitgliedstaaten in der Regel auch solche Staaten eingeladen werden, die in einer oder mehreren Sonderorganisationen Vollmitglied sind, nahm die Bundesrepublik seit Anfang der sechziger Jahre an allen UN-Konferenzen teil. Auch in einigen Neben- bzw. Hilfsorganen der Zentralorganisation arbeitete sie als Nichtmitglied aktiv mit.

Die Bundesrepublik betrieb somit bereits vor ihrer Aufnahme als Vollmitglied innerhalb des gesamten UN-Systems eine Politik des intensiven praktischen Engagements, insbesondere auf wirtschaftlichem, sozialem, kulturellem und humanitärem Gebiet. Entsprechend umfangreich waren ihre finanziellen und materiellen Leistungen, die sie als eine der führenden Industrienationen erbrachte.

Obgleich im rein politischen Bereich der Beteiligung der Bundesrepublik (als eines Nichtmitglieds) an den Aktionen der Vereinten Nationen Grenzen gesetzt waren, übernahm sie auch hierfür freiwillige Leistungen. Zum Beispiel: während des Korea-Krieges, als sie Ärzte und Medikamente zur Verfügung stellte; nach Beendigung des Suez-Konfliktes (1956), als sie durch die Bereitstellung eines Kredits die Räumung des Kanals ermöglichte; in der Kongo-Krise (1960–1964) unterstützte Bonn die Hilfsmaßnahmen der UNO für die Zivilbevölkerung; für die UN-Friedenstruppe auf Zypern stellte die Bundesrepublik von 1964 bis 1972 erhebliche Finanzmittel zur Verfügung.

Die finanziellen Gesamtleistungen der Bundesrepublik Deutschland an das UN-System betrugen 1972 – in dem Jahr vor ihrem UN-Beitritt – bereits über 470 Millionen DM.

Sichtbaren Ausdruck fand der Wille der Zusammenarbeit und Mitverantwortung für das Schicksal der Vereinten Nationen darin, dass die Bundesrepublik sowohl am UN-Hauptsitz als auch bei der damals einzigen europäischen Niederlassung vertreten war: In New York unterhielt sie seit Oktober 1952 eine **Ständige Beobachtermission** (Permanent Observer Mission of the Federal Republic of Germany to the United Nations), die sich ausschließlich mit UN-Angelegenheiten befasste und an deren Spitze seit 1955 ein Beamter der höchsten Rangklasse stand; am europäischen Sitz der Vereinten Nationen in Genf war sie seit 1953 ebenfalls durch eine Beobachtermission präsent. Der völkerrechtlich nicht klar umrissene

Beobachterstatus ermöglichte es ihr, an allen Sitzungen der UN-Organe und deren Ausschüssen – soweit es sich nicht um so genannte closed meetings handelte – teilzunehmen, allerdings ohne Recht auf Gehör und Stimme. Nicht übersehen werden darf jedoch die Tatsache, dass dem relativ starken finanziellen Engagement der Bundesrepublik in den Vereinten Nationen und ihren Sonderorganisationen eine unverhältnismäßig schwache personelle Vertretung Westdeutschlands in den Gremien der United Nations Family gegenüberstand.

Der Status der Bundesrepublik bei den Vereinten Nationen vor ihrem Beitritt wurde in Würdigung der vielfältigen Bindungen zutreffend mit dem Begriff **Quasi-Mitgliedschaft** charakterisiert, d. h. die Bundesrepublik Deutschland nahm im Gegensatz zur Deutschen Demokratischen Republik eine Position ein, die nur knapp unterhalb der Schwelle zur Vollmitgliedschaft lag.

Die Tatsache, dass die Bundesregierungen in jener historischen Phase aus mancherlei Gründen in der Kernorganisation in New York keine machtpolitischen Ambitionen verfolgten, d. h. eine „aktive Nicht-Mitgliedschaft"[5] betrieben, verschaffte Deutschland in den Vereinten Nationen zusätzliches Ansehen und Gewicht.

2. Die Bestrebungen der DDR um Aufnahme in die Vereinten Nationen

Zu den Zielen der bundesdeutschen UN-Politik wie der Außenpolitik Bonns generell gehörte gemäß dem Alleinvertretungsanspruch bis zum Ende der sechziger Jahre das Bemühen, die DDR aus möglichst allen Gremien der Vereinten Nationen und ihrer Sonderorganisationen fern zu halten. Umgekehrt bestand das vorrangige Ziel der Ostberliner Politik darin, die Deutsche Demokratische Republik als Staat zu konsolidieren und ihre Anerkennung als zweiter deutscher Staat durch die Völkergemeinschaft zu erreichen.

Entsprechend groß und vielfältig waren deshalb die Bestrebungen

---

5 Arnold, H., Deutschlands Rolle in der UNO, in: Aus Politik und Zeitgeschichte, B 42/1995, S. 28; so auch: Rittberger, V., Die beiden deutschen Staaten in den Vereinten Nationen, in: Deutsche Gesellschaft für die Vereinten Nationen (Reihe „Dokumentationen . . .", Nr. 33), Bonn 1990, S. 9.

der DDR, Zugang zum UN-System zu erhalten,[6] wenn auch unter Völkerrechtlern weitgehend Einhelligkeit bestand, dass eine Mitgliedschaft in den Vereinten Nationen nicht automatisch die **völkerrechtliche Anerkennung** bewirkt hätte.

Seit Mitte der fünfziger Jahre bemühte sich die DDR mit Unterstützung der Sowjetunion und der anderen sozialistischen Staaten um die Anerkennung der Staatlichkeit, wobei sie zunächst vorrangig den Beitritt zu Sonderorganisationen suchte und dort entsprechende Aufnahmeanträge stellte. Diese Versuche blieben ebenso erfolglos wie das Bestreben der DDR, in die Regionale Wirtschaftskommission für Europa (ECE), ein Hilfsorgan des Wirtschaft- und Sozialrats, als Mitglied aufgenommen zu werden; allerdings wurde ihr 1955 gestattet, einen Ständigen Vertreter zum Sitz dieses Gremiums nach Genf zu entsenden.

Etwa ab 1961 begann die DDR eine diplomatische Offensive, die zum einen dadurch gekennzeichnet war, dass Ostberlin vermehrt zu Fragen Stellung nahm, die in den Vereinten Nationen behandelt wurden (besonders zu Problemen des Kolonialismus), und zum anderen die Forderung nach Aufnahme der DDR in die Vereinten Nationen beinhaltete (in diesem Zusammenhang wurde immer wieder auf das Prinzip der Universalität der Weltorganisation verwiesen). Wie die Bundesrepublik Deutschland, so wollte auch die DDR zumindest in New York durch eine Beobachtermission präsent sein. Am 28. Februar 1966 reichte die DDR schließlich einen offiziellen Antrag auf eine Mitgliedschaft in den Vereinten Nationen ein, der jedoch auf Drängen der Bundesrepublik und der Westmächte mit der Begründung, dass es sich bei diesem Gesuch nicht um ein Schriftstück eines Staates handle, in den dafür zuständigen UN-Gremien nicht einmal diskutiert wurde.

Am 12. Juni 1973 stellte die Deutsche Demokratische Republik ihren zweiten Antrag auf Mitgliedschaft in den Vereinten Nationen,

---

6 Vgl. zur historischen Dimension der UNO-Politik der DDR: Bruns, W., Die UNO-Politik der DDR, 2. Auflage, Stuttgart 1980, S. 21 ff.

und am 15. Juni übergab der Ständige UN-Beobachter der Bundesrepublik an Generalsekretär Waldheim das Beitrittsgesuch der Bundesrepublik Deutschland – die Aufnahme zweier deutscher Staaten als 133. bzw. 134. Mitglied erfolgte dann am 18. September 1973.

Die innen- und außenpolitische Entwicklung seit dem Herbst 1969, als die neue Koalition in Bonn, gebildet aus SPD und FDP, den Alleinvertretungsanspruch der Bundesrepublik endgültig aufgab und schließlich, mit dem Abschluss des Grundlagenvertrags mit der DDR Ende 1972, politisch erst die Voraussetzungen schuf, unter denen ein Beitritt beider deutscher Staaten in die Vereinten Nationen möglich wurde, soll hier nicht nachgezeichnet werden.[7]

III. Die Bundesrepublik und die DDR in den Vereinten Nationen (1973–1990)

Für die DDR bedeutet der UNO-Beitritt eine beträchtliche politische, vor allem völkerrechtliche Aufwertung, sie hatte ihr lange Zeit vergeblich angestrebtes Ziel der internationalen Anerkennung als zweiter deutscher Staat nunmehr erreicht. Politische Vorteile aus dem gemeinsamen Beitritt könne die Bundesrepublik, so wurde damals von westdeutschen Kommentatoren geurteilt, aus der Vollmitgliedschaft dagegen kaum ziehen – im Gegenteil, zusätzliche Probleme seien zu erwarten: Nunmehr müssten die Bonner Vertreter beispielsweise in Abstimmungen eindeutige Positionen beziehen, außerdem würden sich die finanziellen Verpflichtungen weiter erhöhen.

Rückblickend gesehen gab es beträchtliche Unterschiede in der Politik der beiden deutschen Staaten gegenüber den Vereinten Nationen und ihrem jeweiligen Verhalten im UN-System, von Gemeinsamkeiten oder substantieller Zusammenarbeit konnte kaum die Rede sein, sieht man von verbalen Bekenntnissen zu den

---

7 Vgl. hierzu Zündorf, B., Die Ostverträge, München 1979, S. 285 ff.; und Haftendorn, H., Sicherheit und Entspannung. Zur Außenpolitik der Bundesrepublik Deutschland 1955–1982, Baden-Baden 1983, insbesondere S. 363 ff.

Grundsätzen der UN-Charta oder zur Stärkung der Vereinten Nationen ab.[8] Im gemeinsamen Interesse Bonns und Ostberlins lag es allerdings, die UN-Gremien nicht mit „querelles allemandes" (innerdeutschen Streitfragen) zu befassen.

Die Vereinten Nationen selbst befanden sich Anfang der siebziger Jahre, nicht zuletzt bedingt durch die neuerliche Verschlechterung der Ost-West-Beziehungen und die Verschärfung des Nord-Süd-Konfliktes, in einer Krise. Die Mitarbeit beider deutscher Staaten in einer weitgehend handlungsunfähigen, mit einer häufig anklagenden und fordernden Rhetorik der Dritten Welt konfrontierten Weltorganisation wurde von unterschiedlichen Prioritäten bestimmt. So setzte Bonn seine auf umfassende Präsenz in möglichst vielen Unter- und Sonderorganen sowie in allen Sonderorganisationen gerichtete Strategie fort, wohingegen die DDR im UN-System eine selektive Präsenz praktizierte und bis zur Wiedervereinigung weder dem Internationalen Währungsfonds noch der „kapitalistischen" Weltbankgruppe angehörte.[9] Ideologisch motivierte Vorbehalte gingen dabei Hand in Hand mit den beschränkten ökonomischen Möglichkeiten, die eine Unterstützung der zahlreichen freiwillig finanzierten UN-Hilfsprogramme nur in bescheidenem Umfang zuließen.

Die Bundesrepublik hingegen gehörte zu den wichtigsten Geldgebern aller im UN-Verband existierender multilateraler Entwicklungsfinanzierungsprogramme, sie war auch mit einem Anteil von 6,8 Prozent 1973 und 8,08 Prozent 1989 am ordentlichen UN-Haushalt der viertgrößte Beitragszahler (DDR: 1973 – 1,2 Prozent, 1989 – 1,28 Prozent). Personell waren beide Staaten in den Vereinten Na-

---

8 „Kaum miteinander, selten gegeneinander, meist nebeneinander" – so die Quintessenz eines rückschauenden Gesprächs mit dem ersten DDR-Botschafter, Peter Florin, über das deutsch-deutsche Verhältnis in den Vereinten Nationen, vgl. Brecht, E. u. a., Kaum miteinander, selten gegeneinander, meist nebeneinander, in: Vereinte Nationen, 41. Jg., Heft 4, 1993, S. 125–132. Lediglich eine Monographie beschäftigt sich bisher vergleichend mit der ersten Phase der UN-Politik der beiden deutschen Staaten: Bruns, W., Die Uneinigen in den Vereinten Nationen. Bundesrepublik Deutschland und DDR in der UNO, 2. Auflage, Köln 1981. Vgl. auch Rittberger, Die beiden deutschen Staaten, S. 5–20.

9 Vgl. hierzu Bruns, UNO-Politik, S. 122–132.

tionen unterrepräsentiert, d. h. sie waren beide nicht in der Lage, die ihnen de facto zustehenden – größenmäßig sehr unterschiedlichen – Stellenkontingente auszuschöpfen.[10]

Bei einem – in seinem Erkenntniswert allerdings nur bedingt tauglichen – Vergleich des Abstimmungsverhaltens beider deutscher Staaten in der Generalversammlung zeigten sich über Jahre hinweg signifikante Unterschiede.[11] Die DDR votierte im Plenum, in dem die Drittweltstaaten zusammen mit ihren „natürlichen Verbündeten" – so die Selbsteinschätzung der sozialistischen Staatengruppe – über eine klare Mehrheit verfügten, nicht nur völlig bündniskonform mit ihren sozialistischen „Bruderländern", sondern unterstützte in der weit überwiegenden Zahl der Abstimmungen die Mehrheitsposition, d. h. sie lag „strukturell im ‚mainstream'"[12] der in den Vereinten Nationen vertretenen Positionen. Das Stimmverhalten der Bundesrepublik wies hingegen eine viel geringere Bündniskonformität auf und wich bei etwa zwei Drittel der Plenarabstimmungen von der Mehrheitsposition ab; auffällig häufig enthielt sich Bonn auch der Stimme.

Während ihrer getrennten UN-Zugehörigkeit waren beide Staaten zweimal bzw. einmal im Sicherheitsrat als nichtständiges Mitglied vertreten; die Bundesrepublik 1977/78 und 1987/88, die DDR 1980/81.

Substantielle Divergenzen und Differenzen zwischen der UN-Politik beider Staaten zeigten sich vor allem in der Sicherheits- und Abrüstungspolitik (auf westlicher Seite Konkretisierung der Gewaltverzichtspolitik insbesondere im Bereich der konventionellen Abrüstung, östlicherseits Verwirklichung des Prinzips der friedlichen Koexistenz mit Priorität auf atomarer Abrüstung), in der Haltung gegenüber den Forderungen der Entwicklungsländer nach einer Neuen Weltwirtschaftsordnung (Ablehnung der nicht-marktkonformen, dirigistischen Eingriffe auf Seiten des Westens, vorbe-

---

10 Vgl. hierzu Göthel, D., Arbeitswelt Vereinte Nationen. Berufsbild und deutsche Beteiligung, in: Vereinte Nationen, 35. Jg., Heft 2, 1987, S. 61.

11 Vgl. hierzu Bruns, W., Zehn Jahre Vollmitgliedschaft der beiden deutschen Staaten in den Vereinten Nationen, in: Aus Politik und Zeitgeschichte, B 36/1983, S. 20 ff.

12 Rittberger, Die beiden deutschen Staaten, S. 16.

haltlose deklaratorische Unterstützung der Dritte-Welt-Forderungen durch den Osten) oder auch in der Menschenrechtspolitik (einerseits orientiert am Menschenrechtsverständnis des Grundgesetzes, andererseits verbale Zustimmungen bei allen menschenrechtlichen Kodifizierungsverfahren in den Vereinten Nationen, jedoch Zurückweisung jeglicher Kritik an der eigenen DDR-Menschenrechtspraxis).[13]

Die Bundesrepublik ihrerseits startete in den achtziger Jahren in der Generalversammlung eine Reihe bemerkenswerter Initiativen, die schließlich breite Unterstützung fanden:[14] Vorschläge zur Errichtung eines UN-Gerichtshofs für die Untersuchung von Verletzungen der Menschenrechte und zur Schaffung des Amtes eines Hohen Kommissars für Menschenrechte (im Dezember 1993 vom Plenum beschlossen), Einbringung von Konventionen gegen Geiselnahme (im Herbst 1979 von der Generalversammlung verabschiedet und seit Juni 1983 in Kraft) und gegen den internationalen Terrorismus, Initiativen zur „Internationalen Zusammenarbeit zur Vermeidung neuer Flüchtlingsströme"[15] und zur weltweiten Abschaffung der Todesstrafe (verankert im Ende 1989 angenommenen Zweiten Fakultativprotokoll zum Internationalen Pakt über bürgerliche und politische Rechte).[16]

Bei allen Unterschieden zwischen Bonn und Ostberlin im Agieren auf den einzelnen Aufgabenfeldern der Vereinten Nationen zeichnete sich Mitte der achtziger Jahre eine zunehmende Versachlichung und gegenseitige Aufgeschlossenheit in den Beziehungen und Kontakten der UN-Vertreter beider Staaten ab.

Auffallend zurückhaltend reagierte die DDR-Führung allerdings

---

13 Vgl. hierzu ebenda, S. 12–15.

14 Vgl. hierzu die rückblickenden Berichte der vier bundesdeutschen UN-Botschafter von Wechmar, van Well, Lautenschlager und Graf York, in: DGVN (Hrsg.), Vereinte Nationen, S. 40 ff.

15 Vgl. hierzu Opitz, P. J., Flüchtlingspolitik und deutsche VN-Initiative, in: Außenpolitik, 36. Jg., Heft 3, 1985, S. 328–340.

16 Vgl. hierzu Lagoni, R., Kodifikationsinitiativen der Bundesrepublik Deutschland im UN-System, in: Verfassung und Recht in Übersee, 17. Jg., Heft 4, 1984, S. 441–456.

auf die im März 1987 erstmals geäußerten – und zunächst auch im Westen wenig beachteten – spektakulären Überlegungen und Ankündigungen des damaligen sowjetischen Partei- und Regierungschefs Michail Gorbatschow zu einer grundlegenden Neuorientierung der sowjetischen UN-Politik.[17] Während das von der sowjetischen Führung initiierte und propagierte, neue politische Denken einen ungeahnten weltpolitischen Veränderungsprozess auslöste, der sich auf vielfältige Weise auch in den Vereinten Nationen niederschlug, verharrte die DDR – nicht nur in den Vereinten Nationen – auf längst überholten Positionen und wurde dafür, wie Gorbatschow prophezeit hatte, „vom Leben bestraft": Am 3. Oktober 1990 verschwand der zweite deutsche Staat von der politischen Landkarte und wurde Bestandteil der Bundesrepublik Deutschland.

IV. Das vereinigte Deutschland in den Vereinten Nationen

1. Erwartungen an die gesamtdeutsche UN-Mitgliedschaft

Durch den Beitritt der Deutschen Demokratischen Republik zur Bundesrepublik Deutschland entfielen die „völkerrechtlichen Voraussetzungen für ein Fortbestehen der DDR in der Organisation der Vereinten Nationen",[18] so dass seit dem 3. Oktober 1990 das vereinigte Deutschland unter der Bezeichnung „Deutschland"[19] die Mitgliedschaft in den Vereinten Nationen und damit im gesamten UN-System ausübt.

---

17 Vgl. hierzu Unser, G., Die Sowjetunion und die Vereinten Nationen. Gorbatschows Konzeption einer neuen UN-Politik, in: Osteuropa, 40. Jg., Heft 11, 1990, S. 1057–1083.

18 Der letzte DDR-Ministerpräsident, Lothar de Maizière, in seinem offiziellen Schreiben an den Generalsekretär der Vereinten Nationen vom 27. September 1990, wiedergegeben in: Auswärtiges Amt (Hrsg.), Deutschland in den Vereinten Nationen, 2. Auflage, Bonn 1995, S. 177.

19 Außenminister Genscher in einem Brief an den UN-Generalsekretär vom 3. Oktober 1990, in: ebenda, S. 178.

Dieser Vorgang stellte in der Geschichte der Vereinten Nationen ein Novum dar und bedingte die Klärung verschiedener juristischer Fragen, nicht zuletzt auch haushaltsrechtlicher Art.[20]

Der Zusammenschluss beider Teile Deutschlands zu einem größeren Ganzen löste im Innern des Landes, aber auch außerhalb der neuen Grenzen eine – bis in die Gegenwart immer wieder aufflammende – Diskussion über die zukünftige Rolle Deutschlands in der „Weltpolitik im Umbruch"[21] aus. Es stellte sich die Frage, inwieweit – als Folge der fundamentalen Änderungen der nationalen und internationalen Rahmenbedingungen – „eine Neubestimmung deutscher UN-Politik notwendig geworden ist und welche Herausforderungen und Optionen sich für die **zukünftige deutsche UN-Politik** ergeben".[22]

Den recht kontroversen Positionen gemeinsam war allerdings die Erkenntnis, dass weniger die Grundziele als vielmehr die Prioritäten, die Leitlinien und Instrumente deutscher Außenpolitik einer Neueinschätzung bedürfen. Auffallend oft tritt jedoch – bis heute – eine verengte Optik zutage, eine vorrangig am eigenen nationalen Interesse orientierte Nabelschau, die die gestiegenen Erwartungen der internationalen Staatengemeinschaft an das „neue" Deutschland nur unzureichend einkalkuliert.

In der im Herbst 1990 tagenden 45. UN-Generalversammlung, die ganz im Zeichen der seit Anfang August 1990 eskalierenden Krise am Golf stand, fand der deutsch-deutsche Zusammenschluss ein überaus positives Echo. Dass die Vereinten Nationen von dem geeinten Deutschland jedoch ein entschiedeneres UN-Engagement erwarteten, gab der damalige Generalsekretär Pérez de Cuéllar in einer offiziellen Verlautbarung ohne Umschweife zu verstehen. Hochrangige bundesdeutsche Politiker nährten mit ihren Auftritten

---

20 Vgl. hierzu Vereinte Nationen, 39. Jg., Heft 1, 1991, S. 26–28.

21 Czempiel, E.-O., Weltpolitik im Umbruch. Das internationale System nach dem Ende des Ost-West-Konflikts, 2. Auflage, München 1993.

22 Rittberger, V., Zur Politik Deutschlands in den Vereinten Nationen, in: Aus Politik und Zeitgeschichte, B 36/1991, S. 14; vgl. auch Kötter, W. und D. Weigert, Nach dem Ende der Teilung. Plädoyer für die Berücksichtigung der DDR-Erfahrung in der gesamtdeutschen UN-Politik, in: Vereinte Nationen, 38. Jg., Heft 4, 1990, S. 131–134.

und Äußerungen („Bereitschaft zur Übernahme größerer globaler Verantwortung") in New York zudem entsprechende Hoffnungen.[23]

2. Der Rechtsstreit um friedenssichernde Bundeswehreinsätze

Bedingt durch die Geschehnisse Anfang 1991 im Golfkrieg, als eine von den USA geführte Militärstreitmacht mit UN-Ermächtigung den Irak zum Rückzug aus Kuwait zwang, und angesichts des sprunghaften Anstiegs der UN-Friedensmissionen konzentrierte sich die außenpolitische Perspektivdiskussion in Deutschland zunächst (zu sehr) auf die Frage nach einer Beteiligung deutscher Truppen an internationalen Militäraktionen im Rahmen und im Auftrag der Vereinten Nationen.

War ein Bundeswehreinsatz zur „Verteidigung" in Zeiten des Ost-West-Konfliktes nur auf ein von der NATO vertraglich festgeschriebenes Gebiet („NATO-area") beschränkt, so gaben die Umwälzungen in Mittel- und Osteuropa Anlass, mögliche Handlungsspielräume neu zu definieren. Ob und wie die Bundeswehr in diesen Aktionsradius bei „out-of-area"-Einsätzen einbezogen werden sollte, war und ist innenpolitisch nicht nur sehr umstritten, sondern prägte und beherrschte zunächst auch die Debatten über die zukünftige Rolle des wiedervereinigten Deutschland. Bis zum Urteil des Bundesverfassungsgerichts vom 12. Juli 1994 über die verfassungskonforme Zulässigkeit internationaler Einsätze der Bundeswehr jenseits der NATO-Grenzen vollführten Regierung, Opposition, aber auch politikbegleitende Kommentatoren über die Frage der Rechtmäßigkeit deutscher Peacekeeping und Peace-enforce-

---

23 So etwa der damalige bundesdeutsche Außenminister Hans-Dietrich Genscher in der Generaldebatte des Plenums unmittelbar vor (September 1990) und nach der Vereinigung (September 1991); vgl. Genscher, H.-D., Einheit Deutschlands ein Schritt zur Einheit Europas. Rede des Bundesaußenministers vor der 45. Generalversammlung (26. September 1990), in: Vereinte Nationen, 38. Jg., Heft 6, 1990, S. 212. Genscher, H.-D., Übernahme aller Rechte und Pflichten der Charta. Rede des deutschen Außenministers vor der 46. Generalversammlung (25. September 1991), in: Vereinte Nationen, 39. Jg., Heft 5, 1991, S. 168–171.

ment-Einsätze mit akrobatischen Positionsmanövern wahre Eiertänze.[24]

An die Stelle einer politischen Debatte über die sich aus der neuen nationalen und internationalen Lage ergebenden Konsequenzen und über die Zweckmäßigkeit der Übernahme neuer Verpflichtungen militärischer Natur traten juristische Erörterungen. Eine einschränkende Interpretation des Grundgesetzes wurde zu lange als Alibi benutzt, um sich nicht konkret mit dem Gedanken beschäftigen zu müssen, ob es nicht politisch opportun sein könnte, die Bundeswehr an internationalen Ordnungsaufgaben stärker zu beteiligen. Das Sich-Verstecken hinter einem juristischen Schutzwall stieß deshalb auch vor allem innerhalb der Vereinten Nationen auf Kritik und Unverständnis, weil sich die Bundesrepublik bereits vor und nach 1990 mit z. T. militärischen Mitteln nicht nur an rein humanitären UN-Friedenssicherungsoperationen und -maßnahmen beteiligt hatte.[25]

Schon in den siebziger Jahren waren militärisches Gerät zur Verfügung gestellt und Transportleistungen erbracht worden (etwa für die UN-Friedenstruppen im Nahen Osten, UNEF II 1973/74 und UNIFIL 1978), in den achtziger Jahren wurde auch ziviles Personal eingesetzt (so in Namibia). Ab 1991 waren dann Bundeswehrangehörige an folgenden UN-Aktionen beteiligt: im Golfkrieg von April bis Juli 1991 bei Minenräumaktionen im Arabischen Golf und bei Hilfsgütertransporten für kurdische Flüchtlinge bzw. bei der Einrichtung eines Feldlazaretts im irakisch-türkischen Grenzgebiet

---

24 Aus der Vielzahl der kontroversen Stellungnahmen seien genannt: Riedel, N. K., Der Einsatz deutscher Streitkräfte im Ausland. Verfassungs- und völkerrechtliche Schranken, Frankfurt u. a. 1989; Frowein, J. A. und T. Stein, Rechtliche Aspekte einer Beteiligung der Bundesrepublik Deutschland an Friedenstruppen der Vereinten Nationen, Heidelberg 1990; Deutsche Gesellschaft für die Vereinten Nationen (Hrsg.), Beteiligung deutscher Streitkräfte an Friedenstruppen der Vereinten Nationen (Reihe „Dokumentationen . . ." Nr. 38), Bonn 1991; Löwe, V., Peacekeeping-Operationen der UN. Aspekte einer Beteiligung der Bundesrepublik Deutschland, Münster und Hamburg 1994.

25 Vgl. hierzu die regierungsamtliche Auflistung der UN-„Beiträge Deutschlands zur Erhaltung des Friedens", in: Auswärtiges Amt (Hrsg.), Deutschland, S. 66 ff.; und Löwe, Peacekeeping-Operationen, S. 210 ff.

sowie seit August 1991 durch die personelle und materielle Unterstützung der UN-Sonderkommission zur Abrüstung des Irak (UN-SCOM).

Im Rahmen der groß angelegten Kambodscha-Operation der Vereinten Nationen (UNAMIC bzw. UNTAC) errichtete die Bundeswehr in Phnom-Pen ein Feldhospital und sorgte von November 1991 bis Oktober 1993 für eine weithin anerkannte medizinische Versorgung der UN-Soldaten wie auch der kambodschanischen Zivilbevölkerung durch Bundeswehrärzte und -sanitäter. Innenpolitisch war diese direkte Bundeswehrbeteiligung an einer UN-Blauhelmmission auf keinerlei Widerspruch – etwa rechtlicher Art – gestoßen.

Als im Juli 1992 die Bundesregierung die Entsendung eines Zerstörers und dreier Seefernaufklärungs-Flugzeuge der Bundeswehr zur maritimen Überwachung (zunächst ohne militärische Gewaltanwendung) des vom Sicherheitsrat gegen Rest-Jugoslawien verhängten Embargos beschloss, eskalierte in Bonn endgültig der Rechtsstreit über die Auslegung des Grundgesetzes (insbesondere der Artikel 87 a und 24,2). Zunächst erhob die oppositionelle SPD-Fraktion Klage beim Verfassungsgericht. Als die UN-Sanktionen schließlich unter deutscher Beteiligung militärisch durchgesetzt werden sollten, schloss sich die an der Regierung beteiligte FDP dem Gang nach Karlsruhe an. Auch der Somalia-Einsatz der Bundeswehr geriet zwischen die jeweiligen von der Politik beharrlich verteidigten juristischen Fronten und landete schließlich ebenfalls vor dem BVG.[26]

Nachdem die Bundesregierung im April 1993 auf Bitten des UN-Generalsekretärs ein Nachschub- und Transportbataillon der Bundeswehr zur Unterstützung von UNOSOM II für „humanitäre Aufgaben" nach Somalia geschickt hatte, reichte wiederum die SPD-Bundestagsfraktion einen Antrag auf Erlass einer Einstweiligen Anordnung beim Bundesverfassungsgericht ein. Der oberste Verfassungsgerichtshof wies auch den neuerlichen Antrag der Opposition

---

26 Vgl. hierzu März, W., Bundeswehr in Somalia. Verfassungsrechtliche und verfassungspolitische Überlegungen zur Verwendung deutscher Streitkräfte in UN-Operationen, Berlin 1993.

zurück, verfügte aber gleichzeitig, dass die Teilnahme von Soldaten der Bundeswehr an UNOSOM II – vorbehaltlich der späteren Entscheidung der Richter in der Hauptsache – nicht gegen das Grundgesetz verstoße, der Militäreinsatz jedoch einer förmlichen Zustimmung des Bundestages bedürfe; Anfang Juli 1993 billigte der Bundestag schließlich gegen die Stimmen der damaligen Opposition den Somalia-Einsatz.

Das **Urteil des Bundesverfassungsgerichts** (BVG) vom 12. Juli 1994 hat zur Frage der Auslandseinsätze der Bundeswehr endlich **rechtliche Klarheit** geschaffen: Einsätze, auch Kampfeinsätze außerhalb des NATO-Gebietes sind vom Grundgesetz gedeckt, wenn der Bundestag dem betreffenden Einsatz mit einfacher Mehrheit zustimmt.[27]

Vom BVG angeregt und politisch sinnvoll erschien danach die Ausarbeitung und Verabschiedung eines die Leitlinien und Modalitäten der Einsatzmöglichkeiten und -grenzen festlegenden „Entsendegesetzes". („ Es ist Sache des Gesetzgebers, jenseits der im Urteil dargelegten Mindestanforderungen und Grenzen des Parlamentsvorbehalts für den Einsatz bewaffneter Streitkräfte die Form und das Ausmaß der parlamentarischen Mitwirkung näher auszugestalten."[28]) Als Vorbilder bieten sich die Regelung Österreichs[29] oder das entsprechende sehr detaillierte japanische Gesetz oder das sich auf wenige Kernpunkte beschränkende sog. Blauhelmgesetz der Schweiz an, das allerdings Mitte 1994 in einem Referendum vom Schweizer Volk verworfen wurde.[30] Bisher vergeblich blieben jedoch entsprechende Vorstöße zur Verabschiedung eines deutschen Gesetzes, in dem die Kompetenzen zwischen Parlament und Regierung bei Auslandseinsätzen eindeutig festgelegt werden. Anfang

---

27 Vgl. hierzu der Dokumentation „Das Urteil des Bundesverfassungsgerichts vom 12. Juli 1994", in: Europa-Archiv, 49. Jg., Folge 15, 1994, S. 427–431. Kommentiert wird das Urteil u. a. von Berghahn, S., Serie: Urteile des Bundesverfassungsgerichts. Bundeswehreinsätze „out of area", in: Gegenwartskunde, 43. Jg., Heft 4, 1994, S. 467–477, und Nolte, G., in: Vereinte Nationen, 42. Jg., Heft 5, 1994, S. 178–180.
28 Leitsatz 2 des BVG-Urteils vom 12. 7. 1994.
29 Vgl. S. 336.
30 Vgl. S. 348 f.

2003 hat nunmehr die zweite rot-grüne Bundesregierung die Vorlage eines „Entsendegesetzes" – möglicherweise unter einem anderen Namen – angekündigt.

3. Leitlinien deutscher UN-Politik

Wie ein roter Faden zieht sich durch die außenpolitischen Grundsatzerklärungen aller Bundesregierungen seit der Vereinigung des Landes die **Bereitschaft zur Übernahme größerer weltpolitischer Verantwortung**, die hohe Wertschätzung der Vereinten Nationen und das Bemühen, die Weltorganisation in ihrer Wirksamkeit zu stärken.[31]

Allerdings erlitt das Ansehen der Bundesrepublik nach der von allen UN-Mitgliedern mit großem Wohlwollen aufgenommenen, aber auch mit vielerlei Erwartungen verknüpften deutschen Einheit bereits 1992/93 mit der Absage der ursprünglich nach Berlin anberaumten UN-Menschenrechtskonferenz und dem unglücklichen Argumentieren und Taktieren der Bundesregierung über UN-Einsätze der Bundeswehr zunächst einen Einbruch. Auch die Nichtteilnahme des damaligen Bundeskanzlers Kohl am UN-Jubiläumsgipfel 1995 in New York stieß auf Unverständnis. Finanzprobleme mit dem Bundeshaushalt waren unter anderem Anlass für einen beabsichtigten, letztlich aber nicht realisierten Austritt aus der Organisation für industrielle Entwicklung (UNIDO) 1996; ebenso begründet wurden die Kürzungen der freiwilligen Leistungen im Bereich der UN-Entwicklungszusammenarbeit gegen Ende der neunziger Jahre.

Der Regierungswechsel im Herbst 1998 ließ jedoch sehr bald eine

---

31 Darstellungen und Analysen der deutschen UN-Politik seit den neunziger Jahren finden sich bei: Könitzer, B. und J. Martens (Hrsg.), UN-williges Deutschland. Der WEED-Report zur deutschen UNO-Politik, Bonn 1997; Auswärtiges Amt (Hrsg.), 25 Jahre; Freuding, Ch., Deutschland in der Weltpolitik. Die Bundesrepublik Deutschland als nichtständiges Mitglied im Sicherheitsrat der Vereinten Nationen in den Jahren 1977/78, 1987/88 und 1995/96, Baden-Baden 2000; Knapp, M., Die Rolle Deutschlands in den Vereinten Nationen, in: Aus Politik und Zeitgeschichte, B 27–28, 2002, S. 11–18; Andreae, L., Reform in der Warteschleife. Ein deutscher Sitz im UN-Sicherheitsrat?, München 2002, S. 51–65.

Kontinuität in den Grundsätzen der deutschen UN-Politik erkennen („bei den Bemühungen um eine Stärkung der UN [gibt es] keinen verlässlicheren Verbündeten ... als die Deutschen"[32]), gleichzeitig wurde die herausragende Rolle der Vereinten Nationen im Zeitalter der Globalisierung noch stärker in den Vordergrund gerückt („Die Vereinten Nationen sind die wichtigste Ebene zur Lösung globaler Probleme"[33]). Wohl auf Grund der realpolitischen Erfahrungen, etwa der Umgehung der Weltorganisation beim Kosovo-Krieg durch die NATO im Frühjahr 1999, fiel die UN-Passage im Koalitionsvertrag der wieder gewählten rot-grünen Regierung Ende 2002 weniger ambitioniert aus.[34]

4. Schwerpunkte deutscher UN-Politik

Deutschland hat sich seit der Vereinigung im gesamten UN-System in unterschiedlichem Maße engagiert, es ist Mitglied in allen UN-Organisationen, ist in einer Vielzahl von Leitungs- und Lenkungsgremien durch Delegierte vertreten und gehört zu den wichtigsten Geldgebern. Die Schwerpunkte der deutschen UN-Politik liegen in den großen Aufgabenbereichen der Weltorganisation, wie Friedenssicherung, Entwicklungszusammenarbeit, Umwelt- und Menschenrechtsschutz.[35]

Politik und Medien der Bundesrepublik haben die deutsche UN-Politik seit der Vereinigung Deutschlands streckenweise allzu sehr auf die Frage einer Bundeswehrbeteiligung und einer ständigen deutschen Sicherheitsratsmitgliedschaft reduziert; weitgehend

---

32 So der damilige neue deutsche Außenminister in seiner ersten Rede vor der UN-Generalversammlung im September 1999, Fischer, J., Das Vetorecht in seiner jetzigen Form erscheint nicht mehr angemessen. Rede des deutschen Außenministers vor der 54. UN-Generalversammlung, in: Vereinte Nationen, 47. Jg., Heft 5, 1999, S. 169–170.

33 Koalitionsvereinbarung 1998, in: Internationale Politik, 53. Jg., Nr. 12, 1998, S. 75.

34 Vgl. hierzu Koalitionsvereinbarung 2002, in: Das Parlament, Dokumentation, Nr. 42–43 vom 21./28. 10. 2002, S. 23.

35 Vgl. hierzu den ausführlichen bilanzierenden „Bericht der Bundesregierung zur Zusammenarbeit zwischen Deutschland und den Vereinten Nationen im Jahr 2001", der im Juni 2002 dem Bundestag vorgelegt wurde, vgl. BT- Drucksache 14/9466.

außer Acht blieben daher im Lande selbst die zahlreichen politischen Aktivitäten und Initiativen Deutschlands im UN-System.[36]

a) Friedenssicherung

Der Friedenssicherung im Rahmen der Vereinten Nationen kommt in der deutschen Außenpolitik eine besondere Bedeutung zu, und in der Wahrung des Gewaltmonopols in Händen des Sicherheitsrats sieht nicht erst neuerdings die derzeitige Bundesregierung einen zentralen Pfeiler der internationalen Politik. Ausgehend von einem **erweiterten Sicherheitsbegriff**, der auch wirtschaftliche, menschenrechtliche und entwicklungspolitische Aspekte berücksichtigt, wird als Zukunftsprojekt die Errichtung eines „umfassenden Systems globaler kooperativer Sicherheit" gefordert, bei dessen Entwicklung den „Vereinten Nationen eine überragende Rolle zu(kommt)"[37].

Den Bekenntnissen zur Mitwirkung an **friedenssichernden Operationen** sind inzwischen Taten gefolgt, wie die Beteiligung an einer Reihe von Missionen beweist – zahlenmäßig jedoch vor allem im Rahmen der vom Sicherheitsrat mandatierten NATO-Einsätze.

Die politische Führung in Bonn verhielt sich nach dem BVG-Urteil von 1994 gegenüber Anfragen und Ersuchen der Vereinten Nationen um Entsendung von Bundeswehreinheiten bzw. -material jedoch zunächst äußerst zurückhaltend bis ablehnend (etwa im Ruanda-Konflikt, in dem Bonn im Jahre 1994 eine Beteiligung mit Militärgerät an der dortigen UN-Friedensmission [UNAMIR] verweigerte). Auch die von Boutros-Ghali immer wieder erhobene Forderung, Bonn möge sich mit einem Bundeswehrkontingent an einer ständig abrufbereiten UN-Friedenstruppe beteiligen („Stand-by Arrangement System"[38]) führte – trotz mehrfacher deutscher Willens-

---

36 Vgl. hierzu die entsprechende Leistungsbilanz des Auswärtigen Amtes, in: Auswärtiges Amt, 25 Jahre; sowie dass., Die Vereinten Nationen in Genf. Die deutsche Mitarbeit, 4. Auflage, Bonn 1995; und dass., Die Vereinten Nationen in Wien. Die deutsche Mitarbeit, Bonn o. J. (1995).

37 Fischer, J., Für ein System globaler kooperativer Sicherheit. Rede des deutschen Außenministers vor der 57. UN-Generalversammlung (14. September 2002), in: Vereinte Nationen, 50. Jg., Heft 5, 2002, S. 183.

38 Vgl. S. 135 f.

bekundung – erst Ende 1999 zu einer konkreten **Stand-by-Verein-barung**. Die Bundesregierung ist demnach im Bedarfsfall grundsätz-lich – aber nicht verpflichtend – bereit, militärische Kapazitäten, d. h. Gerät und Personal zur Verfügung zu stellen, so beispielsweise Hubschrauber, Panzerfahrzeuge, Kommunikationseinrichtungen, ein Feldkrankenhaus, Militärbeobachter und -polizisten.[39]

In der sich hinziehenden Krise im ehemaligen Jugoslawien zeigte die Bundesregierung schließlich Bereitschaft zur Fortsetzung ihres Militärengagements. Zur militärischen Absicherung des Friedens-abkommens von Dayton kam es ab Dezember 1995 zu dem bis da-hin umfang- und risikoreichsten Auslandsengagement mit zunächst 4000 Soldaten. Bei dem Einsatz der von der NATO geführten IFOR-Truppe (Implementation Force) in Bosnien-Herzegowina handelte es sich zwar nicht um eine unmittelbare UN-Operation, aber der Si-cherheitsrat hatte der 50 000-köpfigen internationalen Streitmacht Mitte Dezember 1995 gemäß Kapitel VII der UN-Charta das Man-dat erteilt, mit „allen erforderlichen Mitteln" dem Dayton-Vertrag zur Umsetzung zu verhelfen. Für die im Dezember 1996 geschaffe-ne Nachfolgetruppe SFOR stellte Deutschland Ende 2002 rund 1350 Soldaten.

Zum zahlenmäßig größten Bundeswehreinsatz kam es nach Ende der NATO-Luftangriffe gegen Jugoslawien Mitte 1999, als wiederum zur militärischen Absicherung des Friedens im Kosovo und wieder-um unter einem vom Sicherheitsrat mandatierten NATO-geführten Kommando das deutsche KFOR-Kontingent bis zu 8500 Mann um-fasste; Ende 2002 waren noch rund 3800 deutsche Militärkräfte im Kosovo stationiert. Mit den Beteiligungen an der Anti-Terror-Ope-ration am Horn von Afrika, dem deutschen ABC-Abwehrkontin-gent in Kuwait sowie der Teilnahme an der vom Sicherheitsrat Ende 2001 beschlossenen Militärpräsenz der „Internationalen Sicher-heitsbeistandstruppe" (International Security Assistance Force – ISAF) in Afghanistan war Deutschland Anfang 2003 der zweitgröß-te Truppensteller bei den vom Sicherheitsrat autorisierten multila-teralen Friedensmissionen weltweit. Allerdings darf dabei nicht

---

39 Vgl. hierzu Stodiek, Th., Der deutsche Beitrag zu den „Standby Forces" der Ver-einten Nationen, Hamburg 1999.

übersehen werden, dass die deutsche Beteiligung an UN-geführten friedenssichernden Operationen inzwischen erheblich zurückgegangen ist. Deutschland, das bisher insgesamt 24 UN-Missionen finanziell und durch Einsätze der Bundeswehr, des Bundesgrenzschutzes, der Polizei und durch den Einsatz ziviler Kräfte unterstützt hat,[40] nahm Anfang 2003 unter den 89 truppenstellenden UN-Staaten nur noch den 29. Rang ein. Zu diesem Zeitpunkt war Deutschland mit 399 Peacekeepern an folgenden vier UN-Missionen beteiligt:

- 12 Militärs bei UNAMSIL in Sierra Leone,
- 14 Militärs bei UNIKOM an der irakisch-kuwaitischen Grenze,
- 362 Polizisten bei UNMIK der Übergangsverwaltung im Kosovo,
- 11 Militärbeobachter bei UNOMIG in Georgien.

Die Bundeswehr sucht aus ihren bisherigen UN-Einsätzen Lehren zu ziehen und arbeitet an Konzepten und Strategien, die die Organisation, die Logistik und vor allem die Ausbildung für künftige Auslandsaufgaben betreffen. Es gibt außerdem Anzeichen, dass die Bundesregierung in Zukunft ihr personelles und materielles Engagement bei friedenssichernden UN-Operationen gezielt auf die Unterstützung und Stabilisierung ziviler Elemente richten wird.

Der Heranziehung und Ausbildung von zivilem Personal für internationale Friedensmissionen und andere Einsätze gilt dabei ein bevorzugtes Interesse. Mit der Aufgabe der professionellen Vorbereitung, Bereitstellung und Betreuung von zivilem Friedenspersonal wurde als Dienstleister für das Auswärtige Amt Mitte 2002 das neu gegründete Berliner „Zentrum für internationale Friedenseinsätze" (ZIF)[41] betraut.

Die Auslandseinsätze der Bundeswehr im Rahmen der Vereinten Nationen sind mit erheblichen Kosten verbunden. Lediglich ein Teil der für Friedensoperationen entstandenen Kosten wird im Nachhinein von den Vereinten Nationen zurückerstattet. Da der Bei-

---

40 Vgl. hierzu Auswärtiges Amt (Hrsg.), 25 Jahre deutsche Beteiligung an Friedenserhaltenden Maßnahmen der Vereinten Nationen, Bonn 1998; Goebel, P., Von Kambodscha bis Kosovo. Auslandseinsätze der Bundeswehr seit Ende des Kalten Kriegs, Frankfurt und Bonn 2000.
41 Internet: www.zif-berlin.org

tragssatz der Pflichtbeiträge Deutschlands zu den friedenssichernden Operationen dem zum ordentlichen UN-Haushalt entspricht – 2001–2003 jeweils rund 9,8 Prozent –, zahlte die Bundesrepublik 2001 rund 280 Millionen US-Dollar.

Die Bundesregierung hat die **Krisenprävention** zu einem Leitziel ihres außenpolitischen Handelns erhoben und versucht deshalb, auch in der Weltorganisation entsprechende Instrumente und Mechanismen zu verbessern. Auf dem Gebiet der Abrüstung und Rüstungskontrolle ergriff Deutschland Initiativen sowohl zum Verbot von Massenvernichtungswaffen, etwa durch das Zustandekommen des Vertrags über ein umfassendes Verbot chemischer Waffen, als auch zur Einschränkung konventioneller Waffen, z. B. Ächtung der Landminen oder neuerdings Verbot des illegalen Transfers von Kleinwaffen.

Auf Bitten des Generalsekretärs startete die Bundesregierung eine Initiative zur Weiterentwicklung und Verbesserung des reformbedürftigen Sanktionsmechanismus der Vereinten Nationen (Bonn-Berlin-Prozess zu „smart sanctions") und legte dem Sicherheitsrat Ende 2001 entsprechende Empfehlungen vor.

b) Entwicklungszusammenarbeit

Die Aktivitäten Deutschlands auf dem weiten Feld der von den Vereinten Nationen getragenen internationalen Entwicklungszusammenarbeit, d. h. Hilfeleistungen bei der Bewältigung wirtschaftlicher, sozialer, umweltpolitischer Probleme, richten sich neben den finanziellen Leistungen vorrangig auf die Vertretung in dafür zuständigen UN-Einrichtungen, auf die zahlreichen UN-Fonds und -Hilfsprogramme sowie auf die UN-Sonderorganisationen.[42]

Die 1995 verkündete Absicht der Bundesregierung, den multilateralen Anteil am deutschen Entwicklungshilfeetat in Zukunft von derzeit 35 auf 30 Prozent zu verringern, blieb für das deutsche UN-Engagement nicht ohne Folgen, wobei kritisch anzumerken ist, dass

---

42 Vgl. hierzu Auswärtiges Amt, 25 Jahre, S. 75 ff.; Deutsche Gesellschaft für die Vereinten Nationen (Hrsg.), 25 Jahre deutsche Mitgliedschaft in den Vereinten Nationen: Der Beitrag zur multilateralen Entwicklungszusammenarbeit (DGVN-Texte 50), Bonn 1998; Bundesministerium für wirtschaftliche Zusammenarbeit (Hrsg.), Medienhandbuch Entwicklungspolitik 2002, Berlin 2002.

sich Deutschland von der 1970 von der UN-Generalversammlung festgeschriebenen Vorgabe, jährlich 0,7 Prozent des Bruttosozialprodukts an öffentlicher Entwicklungshilfe aufzubringen, immer mehr entfernt hat (2000 0,27 Prozent, 1990 noch 0,42 Prozent).

Die von der Konferenz für Umwelt und Entwicklung (1992) ausgehenden Impulse auf die UN-Politik, Entwicklungs- und Umweltpolitik als Einheit zu sehen, schlugen sich auch in der deutschen UN-Politik nieder. So war insbesondere die rot-grüne Koalition bei ihrem Amtsantritt 1998 um neue Akzente bemüht: **Entwicklungspolitik als globale Strukturpolitik** – lautete die neue Maxime.[43] Nachhaltige Reformen im UN-Entwicklungsbereich (z. B. Ausbau von UNDP zum Kernstück der multilateralen technischen Zusammenarbeit) und im Umweltbereich (Stärkung der Koordinationsfunktion von UNEP) werden deshalb gefordert.

Auf dem Weltgipfel für nachhaltige Entwicklung im August/September 2002 in Johannesburg setzte sich die Bundesregierung für eine Stärkung und Fortentwicklung der internationale Strukturen im Umweltschutz ein.

Die Regierung stellt sich ausdrücklich hinter das von den Staats- und Regierungschefs in der Millenniumserklärung beschlossene Ziel, bis 2015 den Anteil der in extremer Armut lebenden Menschen zu halbieren. Gezielte Armutsbekämpfung ist somit, wie das im April 2001 vom Bundeskabinett verabschiedete „Aktionsprogramm 2015: Der Beitrag der Bundesregierung zur weltweiten Halbierung der Armut"[44] verdeutlicht die vordringlichste Aufgabe deutscher bi- und multilateraler Entwicklungspolitik.

c) Menschenrechtsschutz

Menschenrechtsschutz ist „ein zentrales Thema der Arbeit Deutschlands in den Vereinten Nationen".[45] Die Bundesrepublik

---

43 Vgl. hierzu Wieczorek-Zeul, H., Nachhaltige Entwicklung durch Globale Strukturpolitik. Neue Akzente deutscher Entwicklungspolitik, in: Vereinte Nationen, 47. Jg., Heft 3, 1999, S. 100–103.
44 Vgl. hierzu Bundesministerium für wirtschaftliche Zusammenarbeit, Medienhandbuch, S. 20 ff.
45 Presse- und Informationsamt der Bundesregierung, Deutschland und die Vereinten Nationen, Berlin 2000, S. 54.

engagiert sich seit langem im komplexen UN-Menschenrechts-system. Sie ist Vertragspartei aller Menschenrechtskonventionen wie auch einer Reihe von Übereinkommen der ILO und UNESCO, und sie ist seit 1979 ununterbrochen in der Menschenrechtskom-mission, dem politischen Organ zur Entwicklung und Durchsetzung der Menschenrechte, vertreten.

Die Bundesregierung hat eine **Vielzahl menschenrechtlicher Initia-tiven** angestoßen,[46] so zur endgültigen Abschaffung der Todesstrafe (1989/91) oder zur Einsetzung eines UN-Hochkommissars für Menschenrechte (1994). Sie förderte aktiv das Zustandekommen eines Zusatzprotokolls zum Übereinkommen gegen Folter (2002) und war treibende Kraft bei der Schaffung des Internationalen Straf-gerichtshofs (2002). Dem Kampf gegen Rassismus, Rassendiskri-mi-nierung und Fremdenfeindlichkeit messen die Verantwortlichen in Berlin besondere Bedeutung zu; so spielte die deutsche Delegation auf der 2001 in Durban/Südafrika durchgeführten UN-Weltrassis-muskonferenz eine wichtige Vermittlerrolle beim Zustandekommen des Schlussdokuments. Gemeinsam mit Frankreich hat Deutsch-land im Jahr 2000 in der Generalversammlung eine Initiative zum Verbot des reproduktiven Klonens ergriffen. Zudem bemüht sich die Regierung seit einigen Jahren gezielt, den Menschenrechtsschutz in die Entwicklungspolitik zu integrieren.

Zur praktischen Menschenrechtspolitik der Vereinten Nationen gehören auch die sog. Beratenden Dienste unter der Aufsicht des Hohen Kommissars für Menschenrechte, die „jungen" Demokrati-en beim Aufbau eines wirksamen Menschenrechtsschutzes beiste-hen. Die maßgebliche Unterstützung dieser gestaltenden UN-Akti-vitäten ist ein weiterer Aktivposten deutscher Mitarbeit.

d) Reformbemühungen

Forderungen nach einer Reform der Vereinten Nationen gehören inzwischen zum festen Bestandteil deutscher staatlicher wie insbe-sondere nichtstaatlicher UN-Politik. Allgemeine Aussagen hierzu

---

46 Vgl. Tomuschat, Ch., Bewahrung, Stärkung, Ausgestaltung. Zur künftigen Men-schenrechtspolitik Deutschlands in der Weltorganisation, in: Vereinte Nationen, 39. Jg., Heft 1, 1991, S. 6–10; Auswärtiges Amt, 25 Jahre, S. 95 ff.

finden sich auch in der Koalitionsvereinbarung 2002 der rot-grünen Bundesregierung. Das erklärte Ziel besteht darin, die Handlungsfähigkeit der Vereinten Nationen entscheidend zu stärken.

Eine gewisse Konstanz – wenn auch mit wechselnder politischer Gewichtung – kommt seit Anfang der neunziger Jahre der **Reform des Sicherheitsrats** zu, d. h. dem Streben nach einem ständigen deutschen Ratssitz.[47]

Als Willy Brandt im Herbst 1990 als erster deutscher Politiker in einem solchen Schritt ein berechtigtes Ziel einer neuen deutschen Außenpolitik sah, fand er bei der Regierung, aber auch in der eigenen Partei zunächst wenig Widerhall. Erst die Anfang 1992 geäußerte massive Forderung Japans – gleichfalls ein ehemaliger Feindstaat der Kriegsalliierten und inzwischen zweitgrößter UN-Beitragszahler – nach einer ständigen Vertretung in dem eigentlichen Machtorgan der Vereinten Nationen führte in Bonn zu einer Kursänderung, wobei das Auswärtige Amt anfänglich eine Strategie des Abwartens verfolgte.[48]

Umso überraschender kam dann der Vorstoß des damaligen Außenministers (Klaus Kinkel), der im September 1992 in seiner Rede vor der 47. Generalversammlung unmissverständlich den Anspruch Deutschlands auf einen permanenten Ratssitz anmeldete.[49] („Dort spielt die Musik" – so Kinkels geflügeltes Wort in Interviews.[50]) Diese Vorreiterposition wurde jedoch bald wieder auf eine vorsichtigere Anspruchslinie zurückgefahren, so dass sich die Bun-

---

47 Vgl. hierzu Deutsche Gesellschaft für die Vereinten Nationen (Hrsg.), Die Reform des UN-Sicherheitsrats. Ein ständiger Sitz für Deutschland? (Blaue Reihe, Nr. 70), Bonn 1997; eine Pro- und Kontradiskussion zur Frage eines Ständigen deutschen Sicherheitsratssitzes findet sich in: Europa-Archiv, 48. Jg., Folge 19, 1993: Wagner, W., Der ständige Sitz im Sicherheitsrat. Wer braucht wen: Die Deutschen diesen Sitz? Der Sicherheitsrat die Deutschen?, S. 533–540; Kaiser, K., Die ständige Mitgliedschaft im Sicherheitsrat. Ein berechtigtes Ziel der neuen deutschen Außenpolitik, ebenda, S. 541–552. Aktuell und fundiert die Monographie von Andreae, Reform.

48 Vgl. hierzu Heberlein, H., Rechtliche Aspekte einer ständigen Mitgliedschaft Deutschlands im UN-Sicherheitsrat, in: Zeitschrift für Rechtspolitik, 27. Jg., Heft 9, 1994, S. 358 f.

49 Text der Rede in: Europa-Archiv, 47. Jg., Folge 20, 1992, S. D 597 ff.

50 Beispielhaft in: Die Zeit, 1. 10. 1993.

desregierung Mitte 1993 in einem Positionspapier bemüßigt fühlte zu erklären: „Wir werden darauf zu achten haben, dass unsere relative Zurückhaltung (auch mit Rücksicht auf unsere europäischen Partner) nicht als Desinteresse missverstanden wird." Offensichtlich bestand jedoch in der gesamten Amtszeit von Bundeskanzler Kohl ein gewisser Dissens zwischen Kanzleramt und Auswärtigem Amt hinsichtlich der politischen Priorität eines ständigen deutschen Ratssitzes.[51]

Die rot-grüne Bundesregierung hält an dem Wunsch nach einem Beitritt zum Kreis der bevorrechtigten Mitglieder fest – so etwa Bundeskanzler Schröder auf dem Millenniumsgipfel 2000[52] –, betont aber immer wieder, dass sie einem gemeinsamen europäischen Sitz den Vorzug geben würde.[53] Eine Position, die wegen ihrer derzeitigen und absehbaren Realitätsferne in die Abteilung wohlklingender „europäischer Sonntagsreden" gehört.[54]

Was die Qualität des anvisierten Sitzes angeht – der „in deutschem außenpolitischen Interesse liegt"[55] –, so war und ist die Position der Regierung eindeutig: Sie strebt im Rahmen der Reform des Sicherheitsrates eine Ständige Mitgliedschaft „ohne jede Diskriminierung" an; d.h. Berlin möchte in einem sehr entscheidenden Punkt – dem Veto-Recht – nicht hinter die bisherigen Ständigen Ratsmitglieder zurücktreten; obschon das Vetorecht – so Bundesaußenminister Fischer – „in seiner jetzigen Form von vielen als nicht mehr angemes-

---

51 Vgl. hierzu Andreae, Reform, S. 116 ff.
52 Text der Rede Schröders vom 6. September 2000, in: Vereinte Nationen, 48. Jg., Heft 6, 2000, S. 200–201. Vgl. auch Winkelmann, I., Europäische und mitgliedstaatliche Interessenvertretung in den Vereinten Nationen, in: Zeitschrift für das ausländische öffentliche Recht und Völkerrecht, 2000, S. 436–438; und ders., Das Postulat einer stärkeren Beteiligung des Südens am Sicherheitsrat der Vereinten Nationen, in: Frowein, J. A. u. a. (Hrsg.), Verhandeln für den Frieden, Heidelberg und Berlin 2003, S. 229–252.
53 Beispielsweise im Koalitionsvertrag der rot-grünen Regierung über das Arbeitsprogramm in der 15. Legislaturperiode, in: Das Parlament, Nr. 42–43 vom 21./28. 10. 2002, S. 23.
54 Vgl. zu den hierfür erforderlichen Voraussetzungen den derzeitigen deutschen UN-Botschafter in New York, Pleuger, Reform, S. 688–690; und Winkelmann, Interessenvertretung, S. 434–436.
55 Pleuger, Reform, S. 690.

sen betrachtet" wird.[56] Ob die Regierung schließlich bereit wäre, einem weniger attraktiven Kompromissvorschlag zuzustimmen, bleibt abzuwarten.

In der von der Generalversammlung Ende 1993 eingesetzten Arbeitsgruppe zur Reform des Sicherheitsrats favorisiert Berlin ein Modell, das die Aufnahme Deutschlands und Japans als zusätzliche Ständige Ratsmitglieder vorsieht sowie die Schaffung neuer Ständiger und zusätzlicher Nichtständiger Sitze der großen Regionen der Dritten Welt (Afrika, Asien, Lateinamerika/Karibik).

Die deutsche Seite legt Wert darauf, dass die Glaubwürdigkeit und Effizienz des Rats erhalten bleiben, dass gleichzeitig jedoch die vor allem von der „Gruppe der 77" geforderte Transparenz der Entscheidungsfindung und die Arbeitsweise dieses mächtigsten UN-Organs erheblich verbessert werden.

Da eine Einigung über eine Reform des Sicherheitsrats nicht in Sicht ist, musste die Bundesrepublik – wie zuletzt 1995/96[57] – ab 1. Januar 2003 für zwei Jahre mit einem Platz als Nichtständiges Ratsmitglied vorlieb nehmen. Angesichts des Zerwürfnisses mit der US-Regierung über das militärische Eingreifen im Irak im März 2003 dürfte eine permanente Ratsmitgliedschaft Deutschlands für längere Zeit ohne jegliche Realisierungschancen sein.

Die Vorschläge des unter deutscher Beteiligung im Jahr 2000 ausgearbeiteten „Brahimi-Berichts"[58], in dem die Experten eine konzeptionelle und strukturelle Weiterentwicklung der **UN-Friedensoperationen** empfehlen, werden von der Bundesregierung im Grundsatz ebenso unterstützt wie der Ausbau des Instrumentariums zur Krisenprävention.[59]

---

56 Fischer, J., Das Vetorecht in seiner jetzigen Form erscheint nicht mehr angemessen. Rede des deutschen Außenministers vor der 54. UN-Generalversammlung (22. September 1999), in: Vereinte Nationen, 47. Jg., Heft 5, 1999, S. 169.

57 Vgl. hierzu Altenburg, G., Deutschland auf dem Prüfstand. Die nichtständige Mitgliedschaft im Sicherheitsrat, in: Europa-Archiv, 49. Jg., Folge 24, 1994, S. 693–700.

58 Vgl. S. 135 f.

59 Vgl. hierzu Fischer, J., Friedenseinsätze brauchen ein robustes Mandat. Rede des deutschen Außenministers vor der 55. UN-Generalversammlung (14. September 2000), in: Vereinte Nationen, 48. Jg., Heft 6, 2000, S. 201–202.

Seit langem wird von deutscher Seite eine Straffung der Arbeit der **Generalversammlung** gefordert; so sollte sich das Plenum auf die wirklichen Kernthemen konzentrieren.

Ein ebenfalls immer wiederkehrendes Reformthema ist der inzwischen unüberschaubare **Wirtschafts- und Sozialbereich.** Zusammen mit den EU-Partnern setzt sich die Regierung nicht nur für eine grundlegende Reform des entsprechenden Koordinierungsorgans, des Wirtschafts- und Sozialrats, ein, sondern letztlich zielen die Bemühungen auf einen ganzheitlichen Ansatz, der „das heterogene Organisationsgefüge auf den Prüfstand stellt".[60]

5. Die Stellung im UN-System

a) Beitragsleistungen

Deutschland ist nach den USA und Japan inzwischen der drittgrößte Beitragszahler, sein Pflichtanteil am ordentlichen UN-Budget beträgt für den aktuellen Dreijahreszeitraum 9,825 Prozent für 2001, 9,845 Prozent für 2002 und 9,769 Prozent für das Jahr 2003. Obschon die Zahlungen der Mitgliedstaaten zu Beginn eines jeden Kalenderjahres fällig sind, überweist Bonn seinen Anteil aus haushaltsrechtlichen Gründen stets in zwei Raten (im Januar und Juni) – gehört damit jedoch zu dem relativ kleinen Kreis der „pünktlichen Beitragszahler"; für das Jahr 2001 beliefen sich die Verpflichtungen Deutschlands auf 98,18 Millionen Dollar.

Hinzu kommen die schon angesprochenen Pflichtbeiträge für die gesondert angewiesenen Etats der Peacekeeping-Operationen sowie freiwillige Finanzleistungen an verschiedene UN-Fonds und -programme. Im Wirtschafts- und Entwicklungsbereich fördert Deutschland vorrangig das Entwicklungsprogramm der Vereinten Nationen (UNDP) und den Bevölkerungsfonds (UNFPA) und rangierte bis Mitte der neunziger Jahre in der Spitzengruppe der Geldgeber. Auf Grund des wachsenden Defizits im Bundeshaushalt war jedoch 1999/2000 ein dramatischer Leistungsrückgang zu verzeichnen (UNDP-Zuwendungen 1994 138 Millionen DM, im Jahr 2000

---

60 Knapp, Rolle, S. 18.

nur noch 42,5 Millionen), und erst ab 2001 wurden die jährlichen Zahlungen wieder leicht aufgestockt.

Auch bei den zum UN-System gehörenden Sonderorganisationen nimmt Deutschland durchweg einen Spitzenplatz unter den beitragsleistenden Mitgliedern ein; der deutsche Anteil – wiederum nur auf die jeweiligen ordentlichen Haushalte bezogen – schwankt für 2000/01 zwischen rund 14,4 bei der UNIDO und 2,15 Prozent bei der Seeschifffahrts-Organisation (IMO).[61]

b) Deutsches UN-Personal

Gerade wegen der bemerkenswert hohen Finanzleistungen der Bundesrepublik an das UN-System gibt die deutsche Personalpolitik im UN-System immer wieder Anlass zu Kritik. Der Vorwurf, deutsche UN-Bedienstete seien in den Vereinten Nationen unterrepräsentiert, will bis heute nicht verstummen, wobei diese Kritik sich vor allem auf leitende Positionen, aber auch auf den Mittelbau bezieht.[62] Die Zahl der Deutschen im Höheren Dienst ("professionals") bewegte sich – nicht zuletzt auch in einigen UN-Sonderorganisationen – Mitte der neunziger Jahre an der Untergrenze der sog. Personalquote, d. h. Deutschland war lange Zeit im UN-System weitgehend unterrepräsentiert. Einer offensiveren deutschen Personalpolitik war es jedoch danach gelungen, die personelle UN-Präsenz zu erhöhen, so dass lediglich eine "partielle Unterrepräsentation"[63] – etwa in einigen Sonderorganisationen – bestand.

Deutschland lag 2001 mit 136 besetzten Positionen des Höheren Dienstes innerhalb der von den Vereinten Nationen definierten "Korridors" von 126–171 Stellen. Zu Beginn des Jahres 2001 waren im UN-System von den rund 8500 Angehörigen des Höheren Diens-

---

61 Vgl. Leistungsübersicht im Anhang, S. 446.
62 Vgl. hierzu Dicke, K., Deutsche Budget- und Personalpolitik in den Vereinten Nationen, in: Deutsche Gesellschaft für die Vereinten Nationen (Hrsg.), 20 Jahre deutsche Mitgliedschaft in den Vereinten Nationen auf dem Prüfstand (Blaue Reihe, Nr. 52), Bonn 1994, S. 29 ff.; Hüfner, K., Gibt es eine deutsche Personalpolitik im UN-System?, Policy Paper Nr. 3, hrsg. von der Deutschen Gesellschaft für die Vereinten Nationen, Bonn 2001. Eine positivere Einschätzung der gegenwärtigen personellen UN-Beteiligung Deutschlands bei Göthel, Vereinte Nationen, S. 267–276.
63 Göthel, Vereinte Nationen, S. 269.

tes, die auf die Personalquote angerechnet werden, 422 Deutsche, was einem Anteil von fünf Prozent gleichkommt. Allerdings ging Anfang 2003 die Zahl der im UN-Sekretariat tätigen Deutschen auf 129 zurück, d.h. Deutschland befindet sich damit wiederum außerhalb des festgelegten Korridors von 131–177 Stellen. Zudem nehmen derzeit zu wenige Deutsche Spitzenpositionen in UN-Einrichtungen ein, lediglich Bruno Simma als IGH-Richter, Hans-Peter Kaul als ICC-Richter, Klaus Töpfer als UNEP-Exekutivdirektor, Reinhard Helmke als UNOPS-Exekutivdirektor, Wolfgang Hofmann als Exekutivdirektor bei der im Aufbau befindlichen CTBTO und Horst Köhler als IWF-Direktor gehören zum UN-Führungszirkel.

Um eine adäquate personelle Beteiligung zu gewährleisten und die Arbeit der Vereinten Nationen stärker mitzuprägen, hat die Bundesregierung inzwischen ein umfangreiches Rekrutierungsprogramm – gerichtet auf drei Zielgruppen – gestartet: Nachwuchskräfte, Seiteneinsteiger und Führungskräfte.[64]

Mit der Beratung, Vermittlung und Betreuung deutscher Führungs- und Fachkräfte für internationale Organisationen hat die Bundesregierung Ende der siebziger Jahre das dem Bundesministerium für Arbeit und Sozialordnung unterstehende „Büro Führungskräfte zu internationalen Organisationen" (BFIO) beauftragt.[65] Seit August 2001 finden sich Stellenausschreibungen der Vereinten Nationen auch auf der Internet-Seite des Auswärtigen Amtes.

c) Deutschland im EG/EU-Verbund

Die UN-Politik der Bundesregierung soll inzwischen vertragsgemäß in enger Abstimmung mit den Partnern der Europäischen Union erfolgen. Dabei ist zu unterscheiden zwischen den im Ansatz vergemeinschafteten Außenwirtschaftsbeziehungen plus Entwicklungszusammenarbeit im Rahmen der Europäischen Gemeinschaften (EG) und der im Vertrag über die Europäische Union (EU) vereinbarten intergouvernementalen außen- und sicherheitspoliti-

---

64 Ausführlichere Informationen hierzu: ebenda, S. 270ff.

65 Auskünfte über Voraussetzungen und Möglichkeiten für eine Mitarbeit im UN-System (auch Praktika) erteilt das BFIO in Bonn, Internet: www.arbeitsamt.de/zav/international/bfio

schen Zusammenarbeit. Der EU-Vertrag (in all seinen Fassungen seit 1993) besagt, dass „die Mitgliedstaaten [der EU] ihr Handeln in internationalen Organisationen und auf internationalen Konferenzen [koordinieren]" und „dort für die gemeinsamen Standpunkte [eintreten]" (Artikel 19).

Während bereits seit 1970 die EG-Mitgliedstaaten ihre UN-Politik in der Europäischen Zusammenarbeit (EPZ) lose aufeinander abstimmten,[66] soll nunmehr die EU im Rahmen der Gemeinsamen Außen- und Sicherheitspolitik (GASP)[67] auch in den Vereinten Nationen als politisch handelnde Einheit erkennbar wirksam werden. Eine besondere Rolle kommt dabei der halbjährlich wechselnden EU-Ratspräsidentschaft zu; im zweiten Halbjahr 1994 hatte Deutschland dieses Position inne, so dass etwa der damalige Außenminister Kinkel in der 49. Generaldebatte der Generalversammlung als Anwalt europäischer Belange fungierte.[68]

Während in der Generalversammlung und im Wirtschafts- und Sozialrat die EG/EU als die wohl „geschlossenste Staatengruppierung innerhalb der Vereinten Nationen"[69] weitgehend als Einheit auftritt, kann im Sicherheitsrat von einem in Artikel 19 des EU-Vertrags geforderten abgestimmten Agieren der EU-Staaten nicht die

---

66 Vgl. hierzu Leurdijk, D. A., Gemeinschaft und Gemeinsamkeiten. Die EG und die Vereinten Nationen, in: Vereinte Nationen, 39. Jg., Heft 5, 1991, S. 157–162; und Stadler, K.-D., Die Europäische Gemeinschaft in den Vereinten Nationen, Baden-Baden 1993. Vgl. auch die neueingerichtete website der EU: www.europa-eu-un.org

67 Vgl. hierzu Auswärtiges Amt (Hrsg.), Gemeinsame Außen- und Sicherheitspolitik der Europäischen Union (GASP). Dokumentation, 11. Auflage, Bonn o. J. (1998); Laschet, A., Gemeinsame Strategie gibt der EU-Außenpolitik Profil. Für ein neues Verhältnis Brüssels zu den Vereinten Nationen, in: Vereinte Nationen, 49. Jg., Heft 3, 2001, S. 97–100.; Winkelmann, Interessenvertretung; Hobe, St. (Hrsg.), Kooperation oder Konkurrenz internationaler Organisationen. Eine Arbeitstagung zum Verhältnis von Vereinten Nationen und Europäischer Union am Beginn des 21. Jahrhunderts, Baden-Baden 2001.

68 Vgl. hierzu Kinkel, K., Unsere Interessen sind verflochtene Interessen. Rede des deutschen Außenministers vor der 49. Generalversammlung, in: Vereinte Nationen, 42. Jg., Heft 6, 1994, S. 214–216; Winkelmann, Interessenvertretung.

69 Arnold, H., Die Politik der EU in der UNO als Möglichkeit und Maßstab für ihre Gemeinsame Außen- und Sicherheitspolitik (GASP) und ihre Europäische Sicherheits- und Verteidigungspolitik, in: Schorlemer (Hrsg.), Praxishandbuch, S. 158.

Rede sein[70] – besonders gravierend die europäische Zerstrittenheit wegen des Irak-Krieges 2003. Dennoch ist die EG/EU in den letzten zehn Jahren in den Vereinten Nationen zu einem „gewichtigen politischen Faktor herangewachsen",[71] der eine nicht zu unterschätzende Sogwirkung gegenüber den EU-Beitrittskandidaten und auch gegenüber den mit der EG assoziierten Staaten entfaltete.

6. Träger deutscher UN-Politik

a) Bundesregierung

Da die Bundesregierung gemäß dem Grundgesetz für die Außenpolitik zuständig ist, obliegt ihr die Ausgestaltung der staatlichen deutschen UN-Politik. Sie ist zwar im verzweigten UN-System der eigentliche Akteur, aber die deutsche Mitarbeit wird inzwischen von einer Vielzahl – vor allem nichtstaatlicher – Einrichtungen mitgetragen.

Dem Auswärtigen Amt (AA) kommt bei überwiegend politischen Fragen im Bereich der Vereinten Nationen die Federführung zu, während die Zuständigkeit für einzelne Fachorganisationen bei anderen Ministerien liegen, z. B. dem Bundesgesundheitsministerium für die WHO. Da die Vielfalt der Kompetenzen der unterschiedlichen Ressorts – trotz der übergeordneten Querschnittsfunktion des AA – immer wieder Probleme schafft, hat dies im Hinblick auf eine kohärente deutsche UN-Politik Reibungsverluste zur Folge.[72]

Eine Aufwertung der Vereinten Nationen im letztlich maßgebenden Bundesministerium stellt zweifellos die 1998 und 2000/01 vorgenommene umfassende Strukturreform im Auswärtigen Amt dar:[73] Die bisherige Unterabteilung „Vereinte Nationen" wurde in eine eigene Abteilung „Globale Fragen, Vereinte Nationen, Menschenrechte und Humanitäre Hilfe" umgewandelt.

---

70 Vgl. hierzu Sucharipa, E., Die Europäische Union und die Vereinten Nationen, in: Europäische Rundschau, Heft 4, 1988, S. 85–89.

71 Göthel, Vereinte Nationen, S. 256.

72 Ebenda

73 Vgl. hierzu Eberlei, W., Globalisierte Politikfelder mitgestalten: Das Auswärtige Amt vor neuen Herausforderungen, in: Fues und Hamm (Hrsg.), Weltkonferenzen, S. 225–261.

Die Bundesrepublik Deutschland ist an allen UN-Sitzen sowie bei verschiedenen UN-Sonderorganisationen (z. B. UNESCO, FAO) durch „Ständige Vertretungen", geleitet von Botschaftern, präsent. Die personell stärksten Vertretungen dieser Art befinden sich in New York und Genf.

Das Ansehen eines Landes in internationalen Organisationen und bei deren Mitgliedern hängt nicht nur von den dort erbrachten, objektiv messbaren, etwa finanziellen und materiellen Leistungen ab, sondern in starkem Maße vom politischen Agieren und psychologisch wirksamen Verhalten der jeweiligen Staatenvertreter. Insofern dürfte Deutschland derzeit in den Vereinten Nationen einen guten Ruf besitzen.

b) Bundestag

Für den Deutschen Bundestag waren die Vereinten Nationen vor 1990 kein kontinuierliches Thema;[74] inzwischen beschäftigt sich das Parlament zumindest einmal jährlich – wenn auch wenig öffentlichkeitswirksam – mit der deutschen UN-Politik. Nach vergeblichen Versuchen einiger engagierter Abgeordneter setzte der Auswärtige Ausschuss schließlich im September 1991 einen speziellen Unterausschuss „Vereinte Nationen/Internationale Organisationen" (so die Bezeichnung seit 1995) ein, der sich fast ausschließlich – wie politisch einflussreich auch immer – mit der deutschen Mitarbeit im UN-System befasst.[75] Dieses Gremium hat sich seit seiner Konstituierung – trotz der begrenzten Möglichkeiten – als „nützliches Forum und als Katalysator der parlamentarischen Willensbildung erwiesen".[76]

Vor seiner Wiederkonstituierung in der 15. Wahlperiode Anfang 2003 trat der aus nunmehr neun Abgeordneten bestehende Aus-

---

74 Vgl. hierzu Hüfner, K., Deutsche UN-Politik im Bundestag, in: Deutsche Gesellschaft für die Vereinten Nationen (Hrsg.), 20 Jahre, S. 37–47.

75 Vgl. hierzu Ehrhardt, W., UN-Politik: nicht mehr allein der Exekutive überlassen. Der neue Unterausschuß „Vereinte Nationen/Weltweite Organisationen" des Deutschen Bundestages, in: Vereinte Nationen, 41. Jg., Heft 4, 1993, S. 132–137; sowie ders., Nicht im Rampenlicht, aber wirkungsvoll. Der Unterausschuß „Vereinte Nationen/Internationale Organisationen" des Deutschen Bundestages nach zwei Legislaturperioden, in: Vereinte Nationen, 46, Jg., Heft 4, 1998, S. 131–135.

76 Ehrhart, Rampenlicht, S. 135.

schuss in der Vorperiode (1999–2002) zu 29 Sitzungen zusammen und beriet sieben Anträge, im Wesentlichen zum Thema UN-Reformen. Das Plenum selbst – zustimmungspflichtig beim Einsatz bewaffneter deutscher UN-Einsätze – hat sich in den letzten Jahren in einer Reihe beachtenswerter Debatten mit den Vereinten Nationen beschäftigt. So im Juni 2001[77] auf Grund zweier Anträge und eines weiteren interfraktionellen Beschlussantrags über „Die Vereinten Nationen an der Schwelle zum neuen Jahrtausend", der mit großer Mehrheit vom Parlament verabschiedet wurde;[78] verbunden mit der Aufforderung an die Bundesregierung, erstmals einen umfassenden Bericht über die UN-Politik der Regierung zu erstellen. Dieser wurde dem Plenum in Juni 2002 vorgelegt[79] und war Grundlage für eine (zu) kurze Debatte.

c) Nichtregierungsorganisationen

Bemerkenswert zugenommen haben unter den nichtstaatlichen, außenpolitisch aktiven Gruppen das Interesse und das Engagement deutscher NGOs (oder NROs – Nicht-Regierungsorganisationen) an den Vereinten Nationen. Lange Zeit leistete hierzu lediglich die schon 1952 als zentrale UN-Informationsstelle ins Leben gerufene „Deutsche Gesellschaft für die Vereinten Nationen" (DGVN) einen nennenswerten Beitrag; inzwischen gilt die DGVN für den Themenbereich Vereinte Nationen in Deutschland als „Kristallisationspunkt der Zivilgesellschaft".[80]

Immer mehr „Basisgruppen" entdecken seit einigen Jahren die Vereinten Nationen, immer häufiger finden sich NGOs anlässlich bestimmter UN-bezogener Ereignisse (z. B. Menschenrechtskonferenz, Bevölkerungskonferenz, Weltsozialgipfel, Klimakonferenz) zusammen, veranstalten Hearings, formulieren gemeinsame argumentative Plattformen, die sie nach außen vertreten und die oftmals in konstruktiv-kritischer Distanz zur offiziellen deutschen UN-Politik stehen.

---

77 Plenarprotokoll 14/177.
78 BT-Drucksache 14/ 5243.
79 BT-Drucksache 14/ 9466.
80 Göthel, Vereinte Nationen, S. 264.

Auf Initiative des Auswärtigen Amtes wurde Ende 1989 das „Deutsche IDNDR-Komitee für Katastrophenvorbeugung" – seit Oktober 1999 „Deutsches Komitee für Katastrophenvorsorge e. V." – (DKKV) gegründet;[81] eine fachübergreifende Plattform auf dem für die Vereinten Nationen immer bedeutsamer werdenden Gebiet der Katastrophenvorsorge. Anlass dafür war die von den Vereinten Nationen für die neunziger Jahre verkündete „Internationale Dekade zur Reduzierung von Naturkatastrophen".

d) Wirtschaft

Weniger Beachtung schenkt hingegen bisher ein anderer gewichtiger nichtstaatlicher Akteur, die deutsche Wirtschaft, dem System der Vereinten Nationen, obschon seit der sog. Global Compact-Initiative Kofi Annans Anfang 1999 die Privatwirtschaft zur verstärkten UN-Mitarbeit aufgefordert bleibt.[82] Zudem zielt eine von der Bundesregierung zum Thema Globale Partnerschaft initiierte Entschließung der Generalversammlung auf eine Intensivierung der Verbindung der Organisation zur Privatwirtschaft. Zwar wird deren Handlungsrahmen durch Normen auf verschiedenen Fachgebieten – insbesondere festgelegt von UN-Sonderorganisationen, wie ILO, ICAO, IMO oder IAEO – beeinflusst, aber die Bereitschaft, etwa mit Sachverstand die vielfältigen UN-Aktivitäten zu unterstützen, ist wenig ausgeprägt. Zudem ist für deutsche Unternehmen die Weltorganisation offensichtlich kein Wirtschaftsfaktor und nach wie vor ein weitgehend „unbekannter Großkunde",[83] d. h. an Lieferungen und Beratungsdiensten sind Firmen aus Deutschland bisher nur unzureichend beteiligt Die UN-Organisationen tätigen derzeit gerade 3,1 Prozent ihrer Einkäufe in Deutschland.

---

81 Vgl. hierzu Deutsches Komitee für Katastrophenvorsorge e. V., Journalisten-Handbuch zum Katastrophenmanagement – 2002, 7. Auflage, Bonn 2002; Internet: www.dkkv.org

82 Göthel, Vereinte Narionen, S. 262 f.

83 Stüwe, H., Der unbekannte Großkunde. Deutsche Lieferungen an die Vereinten Nationen, in: Vereinte Nationen, 43. Jg., Heft 4, 1995, S. 148–151; Wegweiser GmbH Berlin (Hrsg.), Beschaffungsmarkt Vereinte Nationen, Weltbank und ausgewählte NGOs. Tipps, Hintergründe, Kontakte für das Geschäft mit den wichtigsten Weltorganisationen, Berlin 2001.

7. UN-Einrichtungen in Deutschland

Ganz neue Akzente ihrer UN-Politik sucht die Bundesregierung seit den neunziger Jahren dadurch zu setzen, dass sie sich mit Nachdruck bemüht, UN-Einrichtungen in Deutschland anzusiedeln. Insbesondere Bonn soll nach dem Umzug von Parlament und Regierung nach Berlin als „UN-Stadt" fungieren. So wurde nach Abschluss des entsprechenden Sitzstaatsabkommens zwischen Deutschland und den Vereinten Nationen Ende 1995 das neue UN-Amtsgebäude („Haus Carstanjen") am Rhein im Juni 1996 offiziell eröffnet.

Derzeit sind elf UN-Einrichtungen mit etwa 450 Mitarbeitern in Bonn ansässig, darunter:

- Informationszentrum der Vereinten Nationen (UNIC); Internet: www.uno.de
- Freiwilligenprogramm der Vereinten Nationen (UNV); Internet: www.unv.org
- Sekretariat der Klimarahmenkonvention (UNFCC); Internet: www.unfcc.int
- Sekretariat der Konvention zur Bekämpfung der Wüstenbildung (UNCCD); Internet: www.unccd.int
- Sekretariat des Übereinkommens zur Erhaltung der wandernden wild lebenden Tierarten des Umweltprogramms der Vereinten Nationen (UNEP/CMS); Internet: www. wcmc.org.ukl/cms
- Büro der Internationalen Arbeitsorganisation (ILO); Internet: www. ilo.org/bonn
- Internationales Zentrum der UNESCO für Berufsbildung (UNE-VOC); Internet: www.unevoc.de

Den großzügigen Verlockungen Bonns sind wirklich bedeutsame UN-Institutionen wie das Entwicklungsprogramm der Vereinten Nationen (UNDP) oder die bisher außerhalb des UN-Systems stehende, neu geschaffene Welthandelsorganisation (WTO) nicht erlegen.

Die Bundesregierung wird in einem Beschluss des Bundestages vom Juni 2001 aufgefordert, den UN-Standort Bonn weiter auszubauen.[84] Mit der Anfang 2003 vereinbarten Schaffung eines UN-

---

84 BT-Drucksache 14/5243.

Campus im Bereich des früheren Deutschen Bundestages soll zudem die Attraktivität Bonns für die Vereinten Nationen erhöht werden.

Vier weitere UN-Einrichtungen befinden sich an anderen Orten der Bundesrepublik:

- Internationaler Seegerichtshof (ITLOS) in Hamburg; Internet: www.itlos.org
- Büro des Hohen Flüchtlingskommissars der Vereinten Nationen (UNHCR) in Berlin; Internet: www.unhcr.de
- Institut für Pädagogik der UNESCO (UNESCO/UIP) in Hamburg; Internet: www.unesco.org/education/uie
- Büro der Internationalen Finanzkorporation (IFC) in Frankfurt.

8. Bilanz und Ausblick

Im September 2003 gehört die Bundesrepublik Deutschland den Vereinten Nationen 30 Jahre als Vollmitglied an, davon 17 Jahre zusammen mit der DDR.[85] In seiner Rede vor dem Deutschen Bundestag Anfang 2002 würdigte UN-Generalsekretär Kofi Annan die „konstruktive und großzügige Haltung (Deutschlands) gegenüber den Vereinten Nationen".[86]

Wie jede Bilanz weist auch die Bewertung der bisherigen deutschen UN-Mitgliedschaft Aktiva und Passiva auf. Ein Rückblick auf die Periode seit dem weltpolitischen Umbruch und der damit einhergehenden Wiedervereinigung lässt zunächst – trotz aller verbaler regierungsamtlicher Beteuerungen – ein zögerliches UN-Engagement vor allem im Bereich der militärischen Friedenssicherung erkennen. In der innenpolitischen Auseinandersetzung um die Rechtmäßigkeit internationaler Bundeswehreinsätze wurde über Jahre das Grundgesetz als willkommener Schutzschild für das militärische Abseitsstehen ins Feld geführt.

Seit Mitte der neunziger Jahre ist jedoch die deutsche UN-Politik – unabhängig von der jeweiligen Regierungskoalition – hinsichtlich ihres Stellenwerts in der Außenpolitik von „einer bemerkenswerten Kontinuität",[87] wenn auch „nicht immer frei von Wider-

---

85 Vgl. hierzu auch Auswärtiges Amt (Hrsg.), ABC der Vereinten Nationen, 5. Aufl., Berlin 2003.

86 http://www.uno.de/presse/2002/unic456.htm

87 Knapp, Rolle, S. 18.

sprüchen".[88] Auf der einen Seite nicht nur die Bekenntnisse zum Multilateralismus, sondern anerkennenswerte Mitarbeit und Mitgestaltung im UN-System sowie erhebliche finanzielle und personelle Unterstützung der friedenspolitischen Instrumentarien der Vereinten Nationen. Dem stehen andererseits etwa erhebliche Kürzungen der freiwilligen Finanzleistungen bei zahleichen entwicklungspolitischen und humanitären UN-Einrichtungen gegenüber.

Am 1. Januar 2003 hat nun die Bundesrepublik für zwei Jahre als Nichtständiges Mitglied im eigentlichen UN-Machtzentrum, dem Sicherheitsrat, Platz genommen. Auf der Grundlage eines als Vertrauensvotum gewerteten außerordentlich guten Wahlergebnisses (180 der 183 an der Abstimmung in der Generalversammlung teilnehmenden Staaten votierten für Deutschland) begannen in der Zentrale in Berlin sowie in New York, personell aufgestockt mit dem UN-erfahrenen Botschafter Gunter Pleuger an der Spitze, mit Nachdruck die Vorbereitungen auf die vierte deutsche Ratsmitgliedschaft.

Weltpolitisch war diese Phase im zweiten Halbjahr 2002 durch die sich zuspitzende Irak-Krise, innenpolitisch durch den für die rotgrüne Bundesregierung zunächst deprimierend verlaufenden Bundestagswahlkampf gekennzeichnet. Beide Vorgänge erwiesen sich dann beim Einzug in den Sicherheitsrat als Hypothek, wobei das in erster Linie wahlkämpferisch motivierte frühe kategorische Nein des Bundeskanzlers Schröder zu einem militärischen Vorgehen gegen den Irak besonders ins Gewicht fiel. Wenn auch das in diesem Zusammenhang benutzte Wort vom „deutschen Weg" nur einen Kurzzeitwert besaß, bedeutete die nachgeschobene Festlegung des Kanzlers im niedersächsischen Wahlkampf Anfang 2003 – selbst bei Vorliegen eines Sicherheitsratsmandats für einen Militärschlag gegen den Irak keine deutsche Beteiligung – im Kern eine Absage an das viel beschworene Gewaltmonopol der Vereinten Nationen. Eine Aussage, die nur schwerlich im „Sinne einer Stärkung der friedensbewahrenden Funktion des Sicherheitsrats" zu interpretieren sein dürfte – so eine der „Prioritäten der Bundesregierung" für die deutsche Ratsmitgliedschaft.[89]

---

88 Göthel, Vereinte Nationen, S. 256.
89 www.deutschland-im-sicherheitsrat.de

Als weitere Schwerpunkte deutscher Mitarbeit im Rat wurden genannt:[90]

• Lösung regionaler Konflikte durch kooperative Ansätze,
• konzeptionelle Weiterentwicklung der Krisenpräventions- und Nachsorgestrategien,
• Terrorismusbekämpfung,
• Verbesserung der Sanktionsregime,
• intensivere Abstimmung mit den EU-Partnern im Rahmen der GASP.

Wie die konkrete Ausgestaltung der deutschen Politik im Sicherheitsrat insbesondere im Gefolge des Irak-Krieges aussehen wird, bleibt abzuwarten.

Hinsichtlich der grundsätzlichen Positionierung Deutschlands sei an die Erkenntnisse des ehemaligen deutschen UN-Botschafters Tono Eitel aus der deutschen Ratsmitgliedschaft 1995/96 erinnert:

Zum einen: „Es gibt keinen deutschen Sonderweg und keine deutschen Alleingänge." Zum anderen nannte er drei auch für die derzeitige deutsche Ratsmitarbeit zu beherzigende Verhaltensmuster: „Wir wollten solide arbeiten, humanitär engagiert und schließlich einer hohen Transparenz verpflichtet sein."[91]

Zweifellos wird heute in Deutschland der UN-Politik als Teil der Außenpolitik – im Vergleich zur Zeit vor der internationalen und nationalen Wende – eine höhere Priorität eingeräumt. Dies gilt für die staatlichen wie die nichtstaatlichen Akteure, wobei das UN-Jubiläum 1995, der Millenniums-Gipfel 2000 sowie die Terroranschläge vom 11. September 2001 sicherlich als zusätzliche Impuls-

---

90 Vgl. hierzu Pleuger, G., Konflikte werden nicht à la carte serviert. Deutschlands neue Amtszeit im Sicherheitsrat der Vereinten Nationen, in: Vereinte Nationen, 50. Jg., Heft 6, 2002, S. 209–213; Andreae, L., Deutschland als Motor einer europäischen Politik in den Vereinten Nationen? Handlungsspielräume und Schwerpunkte deutscher VN-Politik, in: Aus Politik und Zeitgeschichte, B 48, 2002, S. 32–39; Gareis, S. B., Deutschland im Sicherheitsrat – Gestaltungsmöglichkeiten und Herausforderungen, in: Gesellschaft, Wirtschaft, Politik, 51. Jg., Heft 4, 2002, S. 471–478.

91 Eitel, Bewährungsprobe, S. 130.

geber wirkten. Alles in allem ist wohl die Erkenntnis gewachsen, dass die globalen Menschheitsprobleme nur global gelöst werden können und dass hierzu ein adäquater institutioneller Rahmen, entsprechende Mechanismen und zielgerichtete Strategien vorhanden sein müssen. Die Existenzberechtigung einer weltumspannenden Organisation wird – trotz aller zumeist auf zu hohen Erwartungen beruhenden Rückschläge – von der überwiegenden Mehrheit der Deutschen bejaht.

9. Kapitel. Österreich, Schweiz und Liechtenstein in der UNO

I. Österreich

1. Der Weg in die Vereinten Nationen

Die Republik Österreich war im Jahre 1920 dem Völkerbund beigetreten. Mit dem „Anschluss" Österreichs an das Deutsche Reich im März 1938 verschwand zwar ein Mitglied von der politischen Landkarte, ohne dass sich Rat oder Versammlung der ersten Weltfriedensorganisation mit diesem Vorgang auch nur beschäftigten, formal war jedoch die Mitgliedschaft Österreichs nicht erloschen.[1]

Schon bald nach der am 27. April 1945 proklamierten Wiederherstellung der „Demokratischen Republik Österreich" durch eine provisorische österreichische Staatsregierung wurde der interessenbedingte Wunsch des Landes nach einer Einbindung in die neu entstehenden Vereinten Nationen laut. „Abzug der Besatzungstruppen und Mitgliedschaft Österreichs in den Vereinten Nationen – dies waren die höchsten Ziele der österreichischen Politik im ersten Nachkriegsjahrzehnt."[2]

Am 24. Juni 1947 beschloss die österreichische Bundesregierung, einen formellen Antrag auf Aufnahme in die Vereinten Nationen zu stellen. Doch mehr als acht Jahre mussten vergehen, ehe Österreich in die Organisation eintreten konnte.

In dem für den Beitritt maßgebenden Sicherheitsrat sperrte sich insbesondere die Sowjetunion gegen die Aufnahme Österreichs. Vordergründig diente der fehlende Staatsvertrag und damit der Sta-

---

1 Vgl. hierzu Mauk, K., Österreich und die UNO 1945–1955. Dissertation, Wien 1981, S. 105 ff.

2 Blechner, H., Österreichs Weg in die Vereinten Nationen, in: Österreichische Zeitschrift für Außenpolitik, 1. Jg., Heft 6, 1961, S. 351; zusammenfassend bei Michal-Misak, S., Die Politik Österreichs bei den Vereinten Nationen, in: Österreichische Zeitschrift für Politikwissenschaft, 19. Jg., Heft 4, 1990, S. 383 f.

tus des Landes als Ablehnungsgrund, aber in Wirklichkeit warf der sich abzeichnende Kalte Krieg zwischen Ost und West seine Schatten auf die Beitrittsanträge einer ganzen Reihe von Staaten.[3] Österreich war ab September 1947 jedoch zumindest mit einem eigenen Beobachter und ab Juni 1953 mit einer Beobachtermission am UN-Sitz in New York vertreten.[4] Auch zu einigen UN-Sonderorganisationen hatte es in jenen Jahren bereits Zugang gefunden.

Die Verbesserung des internationalen politischen Klimas führte schließlich nach mehr als 300 Sitzungen der Delegationen der vier Besatzungsmächte zum Abschluss des Staatsvertrages am 15. Mai 1955 zwischen der Sowjetunion, den USA, Großbritannien sowie Frankreich einerseits und Österreich andererseits, das damit als ein „souveräner, unabhängiger und demokratischer Staat" wiederhergestellt war. Und nachdem sich Ost und West bei der Aufnahme neuer UN-Mitglieder vier Jahre lang gegenseitig blockiert hatten, öffneten sich unter den geänderten Rahmenbedingungen 1955 für insgesamt 16 Staaten, darunter Österreich, die Türen der Vereinten Nationen. Am 14. Dezember 1955 empfahl der Sicherheitsrat einmütig die Aufnahme dieser Staatengruppe, und noch am Abend desselben Tages gab die Generalversammlung ihr Votum ab. Österreich wurde einstimmig als vollberechtigtes 70. Mitglied in die Vereinten Nationen aufgenommen.[5]

2. Mitgliedschaft und Neutralität

Sicherheitspolitische Vorbedingung für den Abschluss des Staatsvertrags, der dem Land die volle Unabhängigkeit brachte, war die dauernde Neutralität Österreichs in Anlehnung an das Schweizer Modell. Auf Wunsch der österreichischen Bundesregierung wurde die hierzu notwendige rechtliche Basis jedoch nicht im Staatsvertrag verankert, sondern in einem eigenen Bundesverfassungsgesetz,

---

3 Hierzu ausführlich Strasser, W., Österreich und die Vereinten Nationen, Wien 1967, S. 11 ff.

4 Agstner, R., Der Österreichische Beobachter bei den Vereinten Nationen 1947–1955, in: Die Vereinten Nationen und Österreich, 40. Jg., Nr. 1, 1991, S. 11–19.

5 Mauk, Österreich, S. 245 ff.

das am 26. Oktober 1955, einen Tag nachdem der letzte Besat-
zungssoldat österreichisches Territorium verlassen hatte, vom Nationalrat beschlossen wurde.[6] Die „aus freien Stücken" (so die Formulierung im Gesetz, das am 5. November 1955 Rechtskraft erlangte) erklärte, immer während und bewaffnete Neutralität bildet
somit bis heute eine wesentliche Grundlage der Unabhängigkeit
und Souveränität Österreichs. Knapp zwei Monate nach dieser Verpflichtung, die der Staatenwelt am 14. November 1955 angezeigt
(notifiziert) wurde, erfolgte die Aufnahme Österreichs als erster,
ständig neutraler Staat in die Vereinten Nationen, ein Umstand, der
insofern rechtliche und politische Brisanz enthielt, als die Frage der
Vereinbarkeit von UN-Mitgliedschaft und Neutralität – zumindest
damals – kontrovers beantwortet wurde. Im Kern geht es um die Beteiligung eines neutralen Staates an Zwangsmaßnahmen des Sicherheitsrats gemäß Kapitel VII der UN-Charta.[7]

Da Österreich frühzeitig eine eigenständige „Neutralitätsvariante"
(Bruno Kreisky) entwickelte, die auf eine tatkräftige und kooperative Neutralitätspolitik hinauslief, war das Land von Anbeginn bestrebt, in den Vereinten Nationen als „normales" Mitglied „aktiv
mitzuarbeiten und die Möglichkeiten dieser Organisation für seine
außenpolitischen Grundsätze auszuschöpfen".[8]

3. Die Mitarbeit in den Hauptorganen und Sonderorganisationen

Anfang März 1956 nahm der erste Ständige Vertreter Österreichs
bei den Vereinten Nationen seine Tätigkeit in New York auf.

Die Mitwirkung Österreichs in den Vereinten Nationen konzentrierte sich zunächst auf das Plenum. Im Spannungsverhältnis zwi-

6 Vgl. hierzu Ermacora, F., 20 Jahre österreichische Neutralität, Frankfurt 1975,
  S. 35 ff.; Späni-Schleidt, J., Die Interpretation der dauernden Neutralität durch das
  schweizerische und österreichische Parlament, Bern und Stuttgart 1983.
7 Zur Frage der Vereinbarkeit des Status der Neutralität mit der UN-Satzung wurden
  zeitbezogen zahlreiche Vereinbarkeits- und Unvereinbarkeitstheorien entwickelt, vgl.
  hierzu aus der Sicht der achtziger Jahre Schmid, H., Dauernd neutrale Staaten im
  Sicherheitsrat der Vereinten Nationen, Winterthur 1984, S. 68 ff.
8 Jankowitsch, P., Die Neutralitätspolitik Österreichs und die Vereinten Nationen, in:
  Österreichische Zeitschrift für Politikwissenschaft, 8. Jg., Heft 3, 1979, S. 332.

schen Ost und West bewirkte die Neutralitätspolitik in den ersten Jahren bei strittigen Fragen ein „gewisses Maß an Zurückhaltung";[9] ab Mitte der sechziger Jahre kam es jedoch zu einer stetigen Ausweitung der Aktivitäten in der Generalversammlung. Als Anerkennung des österreichischen Auftretens in der Organisation durfte die Wahl Kurt Waldheims zum Generalsekretär der Vereinten Nationen im Dezember 1971 angesehen werden; 1976 erfolgte seine Wiederwahl als Generalsekretär für weitere fünf Jahre, eine dritte Kandidatur scheiterte 1981 am Widerstand Chinas.[10]

Die Neutralitätspolitik erwies sich im Verlauf der Mitgliedschaft immer weniger als Hemmschuh für eine engagierte UN-Politik, wobei auffallend war, „dass Österreich seinen besonderen Status nur sparsam erwähnt(e)".[11] Vor diesem Hintergrund beschloss die Regierung Kreisky im Frühjahr 1970 die Bewerbung Österreichs als Nichtständiges Mitglied in den allein mit bindender Entscheidungsbefugnis ausgestatteten Sicherheitsrat. Dieser innenpolitisch umstrittene Schritt war eine konsequente Weiterentwicklung der österreichischen Neutralitätsinterpretation und stand in klarem Gegensatz zu der damaligen schweizerischen Auffassung. Nach der am 20. Oktober 1972 erfolgten Wahl Österreichs für die Periode 1973/74 gab Delegationschef Jankowitsch Anfang Januar 1973 im Rat eine Art Neutralitätserklärung ab, in der er eine engagierte, jedoch unparteiische Politik des Landes in Aussicht stellte. Während seiner Mitgliedschaft im Rat, der sich in jener Zeit u. a. mit dem Vierten Nahostkrieg (Oktober 1973) und der Krise in Zypern (1974) befassen musste, hat Österreich „stets klar und eindeutig ... Stellung genommen" und enthielt sich lediglich zweimal der Stimme.[12]

Bereits im Vorfeld einer neuerlichen Kandidatur Österreichs als Nichtständiges Sicherheitsratsmitglied im Jahre 1990 wurde – ange-

---

9 Strasser, Österreich, S. 83.

10 Vgl. hierzu die persönlichen Erinnerungen: Waldheim, K., Im Glaspalast der Weltpolitik, 2. Auflage, Düsseldorf 1985, S. 69 ff.

11 Zemanek, K., Dauernd neutrale Staaten in den Vereinten Nationen, in: Frei, D. (Hrsg.), Machtpolitik in der heutigen Welt, Zürich 1979, S. 165.

12 So die Einschätzung des damaligen österreichischen UN-Botschafters Jankowitsch, Neutralitätspolitik, S. 336; im Ergebnis gleich lautend Schmid, Staaten, S. 340.

sichts des damals sich vollziehenden politischen Wandlungsprozesses in Europa – die aktive Rolle umrissen, die das Land zwischen den ehemaligen Fronten in diesem Gremium übernehmen sollte: Dialogfunktion, Brücken- und Kompromissfunktion sowie Antriebsfunktion – lauteten die Vorgaben der Regierung.[13]

Österreich zog Anfang 1991 mit dem besten Wahlergebnis (für wiederum zwei Jahre) zu einem Zeitpunkt in den Sicherheitsrat ein, als der Zweite Golfkrieg auf die militärische Entscheidung zwischen dem Aggressor Irak und der Staatengemeinschaft zusteuerte. Mit bis dahin einzigartiger Handlungskompetenz versehen war der Sicherheitsrat in dieser Phase in eine Reihe weiterer Regionalkonflikte involviert, so auch in die eskalierende Krise in unmittelbarer Nachbarschaft Österreichs, in Jugoslawien. Österreich musste im Rat diesen gefährlichen Krisensituationen naturgemäß Rechnung tragen – es stimmte, einem de facto gewandelten Neutralitätsverständnis folgend, allen 116 vom Rat 1991/92 verabschiedeten Resolutionen zu. Insgesamt konnte es in den drei ursprünglich konzipierten Funktionsbereichen eine Reihe von Erfolgen verbuchen.[14] Für die Zweijahresperiode 2009/10 will sich Österreich um eine erneute Mitgliedschaft als Nichtständiges Mitglied bewerben.

Die Akzente der Initiativen Österreichs in der Generalversammlung[15] liegen seit den siebziger Jahren beim Problemkomplex Abrüstung und Rüstungskontrolle – inzwischen ist das Land auch Mitglied in der erweiterten Abrüstungskonferenz – sowie bei Weltraumfragen, wie auch in der Weiterentwicklung des Völkerrechts.

Für die UN-Entwicklungszusammenarbeit gab es lange Zeit nur

---

13 Vgl. hierzu den Rückblick des damaligen Mitglieds der österreichischen UN-Vertretung in New York: Freudenschuss, H., Österreich im Sicherheitsrat der Vereinten Nationen 1991/92 – Versuch einer Bilanz, in: International, Heft 2–3, 1992/93, S. 25–31.

14 Vgl. hierzu Skuhra, A., Österreich im Sicherheitsrat der Vereinten Nationen 1991/92, in: Österreichische Zeitschrift für Politikwissenschaft, 24. Jg., Heft 4, 1995, S. 412–414.

15 Vgl. hierzu das zum Ende der achtziger Jahre erstellte „Aktivitätsprofil" Österreichs in der Generalversammlung bei Michal-Misak, Politik; sowie Quendler, F., Österreich in internationalen Organisationen, in: Dachs, H. u. a. (Hrsg.), Handbuch des politischen Systems Österreichs, Wien 1991, S. 708 ff.

ein „marginales" Interesse Österreichs, inzwischen kommt dieser Thematik zwar größere verbale Regierungsaufmerksamkeit zu, die jedoch in gewissem Gegensatz zu dem mit 0,29 Prozent im Jahr 2001 und 0,23 im Jahr 2002 unter dem EU-Durchschnitt (0,34) liegenden Anteil der öffentlichen Entwicklungshilfe am Bruttosozialprodukt sowie den bescheidenen freiwilligen Finanzleistungen Österreichs im UN-System stehen. (Die Pflichtbeiträge – 12 Millionen Euro für das ordentliche UN-Budget 2002 – zahlt Österreich jedoch stets pünktlich.[16])

Menschenrechtsschutz, insbesondere auch eine Verstärkung des Minderheitenschutzes, sowie Kinderrechte, Drogenkontrolle und Verbrechensverhütung, Frauenförderung, Flüchtlingsfragen, der UN-Reformprozess sowie die Suche nach langfristigen Lösungen der UN-Finanzkrise sind weitere Schwerpunkte österreichischer Mitarbeit im Plenum und in den entsprechenden Kommissionen. Besondere Unterstützung finden die in Wien angesiedelten UN-Einheiten zur Verbesserung der internationalen Zusammenarbeit gegen organisierte Kriminalität (Drogenkontrolle und Verbrechensverhütung) und Terrorismus, wobei – nicht erst seit den Ereignissen des 11. September 2001 – auf eine Aufstockung der finanziellen und personellen Ressourcen gedrängt wird.

Somit ein breites Aufgabenspektrum, das die derzeitige österreichische UN-Diplomatie vor Ort personell nur mit Mühe abdecken kann, ist doch die UN-Vertretung des Landes in New York unter den EU-Staaten nach Luxemburg in ihrer personellen Besetzung die kleinste.

Das nicht zuletzt auch sicherheitspolitisch bedingte Interesse des Landes an der Funktionsfähigkeit und Stärkung der Vereinten Nationen ist ein ebenso durchgängiges und prägendes Element österreichischer UN-Mitgliedschaft wie die „Profilierung Österreichs im allgemeinen und die Etablierung Wiens als dritter Amtssitz der Organisation und als internationales Konferenzzentrum im konkreten".[17]

---

16 Vgl. die Übersicht über die Finanzleistungen Österreichs an die Vereinten Nationen im Anhang, S. 447.
17 Michal-Misak, Politik, S. 393.

In dem für die Koordinierung der wirtschaftlichen, sozialen und humanitären Zusammenarbeit wichtigen Lenkungsorgan der Organisation, dem Wirtschafts- und Sozialrat, war Österreich während der Dreijahresperioden 1963/65, 1976/78, 1982/84, 1991/93 und zuletzt 2000/02 als Mitglied vertreten und gehört verschiedentlich den wichtigsten für diese Fragen zuständigen Fachgremien an (etwa der Menschenrechtskommission in der Periode 2002–2004).

Österreich ist heute Mitglied sämtlicher zwischenstaatlicher, mit den Vereinten Nationen verbundenen Organisationen, d. h. sowohl in der Internationalen Atomenergie-Organisation (IAEO) wie auch in allen UN-Sonderorganisationen und angeschlossenen Organisationen (OPCW, CTBTO, ICC). Außer in den jeweiligen Plenarorganen ist das Land in zahlreichen Lenkungsorganen und Kommissionen dieser Fachinstitutionen vertreten.[18]

4. Teilnahme an friedenserhaltenden Operationen

Einen ganz wesentlichen Beitrag Österreichs in den Vereinten Nationen stellte seit mehr als vier Jahrzehnten die Beteiligung an friedenserhaltenden Operationen dar, die im Herbst 1960 mit der Entsendung eines Sanitätskontingents im Rahmen der Kongo-Operation (ONUC) begann.[19] Da weder für diesen noch für den zweiten Einsatz ab April 1964 auf Zypern (UNFICYP) die Voraussetzungen im innerstaatlichen Recht vorhanden waren, schlug die österreichische Bundesregierung eine umfassende verfassungsrechtliche Regelung vor. Am 30. Juni 1965 beschloss das Parlament das „Bundesverfassungsgesetz über die Entsendung österreichischer Einheiten zur Hilfeleistung in das Ausland auf Ersuchen internationaler Or-

---

18 Vgl. hierzu die Angaben in den jährlich erscheinenden „Außenpolitischen Berichten" des Bundesministeriums für auswärtige Angelegenheiten. Eine Einschätzung der österreichischen Politik in den UN-Fachorganisationen bis Ende der achtziger Jahre gibt: Quendler, F., Das System der UN-Sonderorganisationen. Funktionale Politikfelder und politisch-administratives Handeln, in: Österreichische Zeitschrift für Politikwissenschaft, 19. Jg., Heft 4, 1990, S. 404 f.

19 Vgl. hierzu Schmidl, E. A., Blaue Helme, Rotes Kreuz. Das österreichische Sanitätskontingent im Kongo 1960 bis 1963, Innsbruck und Wien 1995; und ders., Im Dienste des Friedens. Die österreichische Teilnahme an Friedensoperationen seit 1960, Graz 2001.

ganisationen".[20] 1997 wurde das „Entsendegesetz" durch das umfassendere, aktuellen Veränderungen Rechnung tragende „Bundesverfassungsgesetz über Kooperation und Solidarität bei der Entsendung von Einheiten und Einzelpersonen in das Ausland" ersetzt.[21]

Aufgrund der langjährigen Beteiligung an UN-Friedensmissionen war Österreich zu einer Art „Musterland für aktiven Friedenseinsatz"[22] geworden; Ende 1991 nahm das Land unter den damals 50 truppenstellenden Staaten den zweiten Rang ein.

Nach dem Ende des Zweiten Golfkrieges (1991) und dem Beginn dreier spektakulärer Großeinsätze von UN-Truppen (1992) in Kambodscha, Somalia und Ex-Jugoslawien setzte auf österreichischer Seite, nach einer Phase des Zögerns und der Verunsicherung, eine Diskussion über die Frage der Neuorientierung des weiteren Engagements in den friedenssichernden Operationen der Vereinten Nationen ein.

Im Mai 1993 legte dann der Ministerrat die Grundzüge der künftigen Mitwirkung Österreichs an friedenssichernden Operationen fest: Maximal 1500 Freiwillige sollten für internationale Aktionen bereitstehen, wobei besonderer Wert auf die zivile Komponente des Einsatzes und auf einen hohen Ausbildungsstandard der Einheiten gelegt werden sollte. Mit diesen Vorgaben knüpft Österreich in einem wichtigen Punkt an eine bewährte Tradition seines Peacekeeping-Konzeptes an, in dem der Ausbildung hohe Priorität zukommt: Seit April 1987 unterhielt das „Kommando Auslandseinsätze" des Bundesheeres in Wien-Stammersdorf ein international anerkanntes Ausbildungszentrum, in dem Österreicher und Ausländer für ihre vielfältigen Einsätze im Dienste der UN-Friedenssicherung praxisnah vorbereitet wurden; als Nachfolgeeinrichtung mit zusätz-

---

20 Vgl. hierzu Agstner, R., Friedenserhaltende Operationen der Vereinten Nationen. Die Rechtsgrundlagen der Beteiligung Österreichs, in: Österreichische Militärische Zeitschrift, Heft 4, 1989, S. 286–299.

21 Vgl. hierzu Primosch, E. G. und I. Siess-Scherz, Auslandsentsenderecht KSE-BVG. Rechtliche und außenpolitische Texte, Wien 1997.

22 Der damalige Bundespräsident Kurt Waldheim anlässlich eines Festaktes „30 Jahre Beteiligung Österreichs an friedenserhaltenden Operationen", in: Bundesministerium für auswärtige Angelegenheiten (Hrsg.), Österreichische außenpolitische Dokumentation, November 1990, S. 17.

lichen Aufgaben fungiert seit 1999 das „Kommando Internationale Einsätze", das seit 2002 in Graz untergebracht ist.

Österreich war zudem das erste Land, in dem ein spezielles Ausbildungszentrum für die immer bedeutsamer werdenden Komponenten des zivilen Peacekeeping und des Peacebuilding (umfassende Friedenskonsolidierung) eingerichtet wurde; seit Herbst 1993 finden im Studienzentrum für Frieden und Konfliktlösung im burgenländischen Stadtschlaining entsprechende Kurse – ebenfalls unter starker ausländischer Beteiligung – statt.[23]

Nach dem im Herbst 2001 beendeten Abzug von 243 Soldaten aus Zypern (UNFICYP) beteiligte sich Österreich zu Jahresende 2002 mit 387 Angehörigen des Bundesheeres und 49 Exekutivbeamten an 9 friedenserhaltenden UN-Operationen sowie mit 525 Soldaten und Soldatinnen an dem vom UN-Sicherheitsrat autorisierten, NATO-geführten KFOR-Einsatz im Kosovo. An der vom UN-Sicherheitsrat autorisierten ISAF-Mission in Afghanistan nahmen bis zu 75 Österreicher teil.

In den UN-geführten Missionen und Friedensoperationen leistete Österreich am 1. Januar 2003 unter den EU-Ländern nach Portugal, Großbritannien und Deutschland den viertgrößten Personalbeitrag; Österreich befand sich damit auf Platz 26 unter den 89 Truppenstellern der Vereinten Nationen.

Seit Beginn des ersten Einsatzes im Kongo (1960–1963) haben insgesamt mehr als 485 000 Angehörige des Bundesheeres, Beamte der Exekutive und zivile Experten in 56 Missionen an Auslandseinsätzen teilgenommen, größtenteils im Rahmen von UN-Operationen. Die Ausgaben für österreichische UN-Einsätze beliefen sich im Budgetjahr 2002 auf nahezu 21 Millionen Euro; zusätzlich hatte Österreich als Truppensteller zum Jahresende 2002 noch rückständige Forderungen an die Vereinten Nationen in Höhe von etwa 27,3 Millionen Dollar.

---

23 Vgl. hierzu Truger, A., Eine österreichische Initiative für die Vereinten Nationen: Das „International Civilian Peace-keeping and Peace-building Training Program" (IPT), in: Österreichische Zeitschrift für Politikwissenschaft, 24. Jg., Heft 4, 1995, S. 465–474.

5. Die Vereinten Nationen in Wien

Einen weiteren wichtigen Pfeiler der Verankerung Österreichs im System der Vereinten Nationen stellt die UN-Präsenz in Wien dar. Die österreichische Hauptstadt ist neben New York, Genf und Nairobi nicht nur Amtssitz der Organisation, sondern Standort zahlreicher Einrichtungen der UN-Familie sowie Schauplatz einer Vielzahl von Konferenzen und Tagungen (unter UN-Ägide finden jährlich durchschnittlich 2000 Veranstaltungen dieser Art statt). Die imposante „UNO-City", das „Internationale Zentrum Wien" (Vienna International Centre – VIC), so die offizielle Bezeichnung, wurde am Ufer der Donau nach Plänen des einheimischen Architekten Johann Staber innerhalb von sechs Jahren errichtet und am 23. August 1979 mit exterritorialem Status seiner Bestimmung übergeben. Finanziert wurden die Baukosten (8,8 Milliarden Schilling) des aus drei ypsilonförmigen Bürotürmen bestehenden Projekts ausschließlich vom Bund und von der Stadt Wien, an Miete zahlen die Vereinten Nationen lediglich einen symbolischen Betrag von einem Euro jährlich. Nach österreichischen Schätzungen fließen jedoch durch die UN-Anwesenheit Jahr für Jahr etwa 290 Millionen Euro in die Volkswirtschaft des Landes.[24]

Nach einer kontinuierlichen Steigerung der budgetären und personellen Ressourcen der in Wien angesiedelten UN-Einrichtungen in den achtziger Jahren und einer gewissen Expansionseuphorie nach der weltpolitischen Wende kam es ab 1992 nicht nur zu quantitativen Einbußen, vielmehr wurde in der sich verstärkenden UN-Reformdiskussion auch der UN-Standort Wien grundsätzlich in Frage gestellt.[25]

Inzwischen ist diese Gefahr wohl gebannt – wie eine Vielzahl von Solidaritätsadressen, nicht nur des UN-Generalsekretärs Kofi Annan, dokumentierten –, aber im Zeichen der allgemeinen Finanzmisere im UN-System und als Folge der Restrukturierung des UN-Se-

---

24 Vgl. hierzu Quendler, F. und M. Ponholzer-Schachner, Der UN-Sitz Wien im Kontext sich verändernder Rahmenbedingungen der österreichischen Außenpolitik, in: Österreichische Zeitschrift für Politikwissenschaft, 24. Jg., Heft 4, 1995, S. 431–443; sowie Paschke, K. Th., Wien als UNO-Stadt, in: Vereinte Nationen, 34. Jg., Heft 6, 1986, S. 199–203.

25 Vgl. hierzu Quendler und Ponholzer-Schachner, UN-Sitz, S. 435.

kretariats 1992/93, die offensichtlich zu Lasten Wiens ging, sind – auch angesichts des sich verschärfenden Wettbewerbs um die Ansiedlung internationaler Einrichtungen – nachhaltige Anstrengungen zur Sicherung des österreichischen UN-Sitzes vonnöten.

Derzeit sind im Internationalen Zentrum Wien folgende UN-Einrichtungen mit noch knapp 4000 Beschäftigten, darunter etwa ein Drittel Österreicher und Österreicherinnen, untergebracht:

a) Vereinte Nationen

- Das Büro der Vereinten Nationen (United Nations Office – UNOV), bestehend aus einer Reihe von Sekretariatseinheiten und Diensten, geleitet von einem Generaldirektor im Range eines UN-Untergeneralsekretärs (seit 2002 übt der Italiener Antonio Maria Costa dieses Amt aus).

- Der Informationsdienst der Vereinten Nationen (UNIS); zuständig für die Öffentlichkeitsarbeit, gleichzeitig Informationszentrum für Österreich, Ungarn, die Slowakei und Slowenien.

- Das Büro der Vereinten Nationen für Drogen- und Kriminalitätsbekämpfung (UNODC), das von Ende 1997 bis Ende 2002 als Büro für Drogen- und Verbrechensbekämpfung (ODCCP) fungierte und dem das Programm der Vereinten Nationen für die Internationale Drogenkontrolle (UNDCP)[26] und das Zentrum für internationale Verbrechensverhütung (CICP)[27] zugeordnet sind.

- Das Büro für Weltraumfragen (OOSA),[28] 1993 von New York nach Wien verlegt, dient der internationalen Zusammenarbeit bei der friedlichen Nutzung des Weltraumes.

- Die Abteilung für Internationales Handelsrecht (UNCITRAL), ist das Sekretariat der entsprechenden UN-Kommission.[29]

- Die Postverwaltung der Vereinten Nationen (UNPA) für Europa.

Daneben befindet sich noch eine Reihe weiterer, kleinerer Einheiten sowie Zweig- und Verbindungsbüros von UN-Einrichtungen (etwa von UNHCR, UNESCO, WHO oder HABITAT) in Wien.

---

26 Vgl. S. 93 f.
27 Vgl. S. 147 f.
28 Vgl. S. 65 f.
29 Vgl. S. 66 f.

b) UN-Organisationen in Wien

- Internationale Atomenergie-Organisation (IAEO).[30]
- Organisation der Vereinten Nationen für Industrielle Entwicklung (UNIDO).[31]
- Organisation des Vertrages über das umfassende Verbot von Nuklearversuchen (CTBTO PrepCom).[32]

6. Aktuelle Aspekte der österreichischen UN-Politik

Das 50-jährige Bestehen der Vereinten Nationen im Jahr 1995 fiel in Österreich mit weiteren erinnerungswürdigen Jubiläen zusammen: 40 Jahre österreichische UN-Mitgliedschaft, 35 Jahre Beteiligung an UN-Operationen, 30 Jahre Entsendegesetz. Die Aufzählung dieser Daten verdeutlicht den Stellenwert und die Tradition der österreichischen UN-Politik als wesentlichen Teil der Außenpolitik des Landes. Nach wie vor hat wohl die Einschätzung des ehemaligen in New York tätigen österreichischen UN-Botschafters, Ernst Sucharipa, Gültigkeit, dass das internationale Ansehen Österreichs „maßgebend von der Qualität der österreichischen UN-Politik bestimmt"[33] wird.

Mit dem Ende des Kalten Krieges in Europa und dem Beitritt zur Europäischen Union (EU) Anfang 1995 veränderten sich tief greifend die außen- und sicherheitspolitischen Rahmenbedingungen des Landes. Dies führte zweifellos zu einer gewissen „Abkehr von der neutralen und globalen Ausrichtung der österreichischen Außenpolitik"[34] und zu einer Reduzierung des UN-Engagements (besonders auffällig im Bereich der Friedenssicherung und bei den freiwilligen Beitragsleistungen zu UN-Hilfsprogrammen).

Doch nach wie vor kommt den Vereinten Nationen – so die derzeitigen Leitlinien der österreichischen Außenpolitik[35] – eine hohe Priorität zu, wobei sich die Regierung für eine Stärkung durch Re-

---

30 Vgl. S. 267 ff.
31 Vgl. S. 262 ff.
32 Vgl. S. 277 ff.
33 Sucharipa, E., 50 Jahre Vereinte Nationen – 40 Jahre Mitgliedschaft Österreichs, in: UNO-Magazin, Heft 2–3, 1995, S. 7.
34 Quendler und Ponholzer-Schachner, UN-Sicht, S. 431.
35 Vgl. hierzu: www.bmaa.gv.at

formen einsetzt. In ihrer Rede während der Generaldebatte der 57. Generalversammlung im September 2002 unterstrich die österreichische Außenministerin Benita Ferrero-Waldner nachdrücklich die Bedeutung der Rolle der Vereinten Nationen, verwies auf das UN-Engagement Österreichs und forderte – nicht nur im Kampf gegen den Terrorismus – eine wirksame Aktivierung der Wiener UN-Einheiten.[36] Neben der kontinuierlichen Mitarbeit in dem Bereich der Friedenssicherung, insbesondere durch Krisenprävention, hat Österreich neuerdings ein Reihe von Initiativen gestartet u.a. zur Bekämpfung der Kinderpornographie im Internet und des Schleppertums.

Erwähnenswert erscheint in diesem Zusammenhang auch Österreichs Engagement als Mitbegründer im „Netzwerk Menschlicher Sicherheit" (Human Security Network), das die Außenminister von 13 Staaten (darunter Griechenland, Kanada, Mali, Niederlande, Österreich, Schweiz, Südafrika) mit Vertretern aus Wissenschaft und Zivilgesellschaft verbindet. Zu den Schwerpunktthemen des Netzwerks zählten bisher neben der Universalisierung der Anti-Personenminen-Konvention und den Bemühungen zur Schaffung des Internationalen Strafgerichtshofs u.a. auch das humanitäre Völkerrecht, Konfliktprävention, HIV/AIDS. Unter dem 2002 von Chile übernommenen österreichischen Vorsitz findet die Ministertagung des Netzwerks 2003 in Graz statt.

Die im Rahmen der Gemeinsamen Außen- und Sicherheitspolitik (GASP) von den EU-Staaten geforderte – wenn bisher auch nur ansatzweise verwirklichte – „Abstimmung" der Aktivitäten in internationalen Organisationen erschwert sichtlich eine eigenständige und unabhängige UN-Politik insbesondere der kleineren Mitgliedstaaten. Andererseits ergeben sich auch Chancen zur Profilierung, etwa bei der Übernahme der für die Koordinierung der EU-Positionen in den Vereinten Nationen federführenden Ratspräsidentschaft: Österreich hat sich während seiner EU-Präsidentschaft im zweiten Halbjahr 1998 darum bemüht, dass die UN-Politik als wichtiger Baustein einer Gemeinsamen Außen- und Sicherheitspolitik der Europäi-

---

36 Text der Rede im Internet www.un.int/austria

schen Union verstanden wird. In den einschlägigen Diskussionen innerhalb der EU tritt Österreich mit Nachdruck für die Kompatibilität und Koordination der Maßnahmen zum Aufbau des europäischen militärischen Krisenmanagements mit dem UN-Krisenmanagement ein.

II. Die Schweiz

Die Schweiz ist erst seit dem 10. September 2002 Mitglied der Vereinten Nationen. Anfang März 2002 hatte das Volk in einer Abstimmung schließlich grünes Licht für einen Aufnahmeantrag gegeben. Damit ist die Schweiz das einzige Land, in dem die Bevölkerung direkt über die Frage der Zugehörigkeit zur Weltorganisation entscheiden konnte.[37]

1. Die UN-Beziehungen in der Nachkriegszeit

Dem Völkerbund war die Eidgenossenschaft 1920 nur nach Anerkennung ihrer allerdings zuvor modifizierten Neutralität beigetreten. Doch bereits 1938 wurde die sog. differentielle Neutralität, die eine Beteiligung an Wirtschaftssanktionen des Völkerbundes ermöglichte, von der schweizerischen Regierung aufgekündigt. Das Land gehörte danach dem Völkerbund bis zu dessen Auflösung unter Wahrung seiner überlieferten uneingeschränkten Neutralität an. Nach dem Ende des Zweiten Weltkriegs und der Gründung der Vereinten Nationen kam ein UN-Beitritt – als mit dem nun wieder traditionellen Neutralitätsstatus unvereinbar – zunächst nicht in Betracht. Die Berner Regierung beschloss 1946 vielmehr ein Drei-

---

37 Ausführlich zur Entwicklung der Beziehungen der Schweiz zu den Vereinten Nationen: Hohengartner, R., Schweizerische Neutralität und Vereinte Nationen 1945–1981, Wien 1993; Diethelm, R., Die Schweiz und friedenserhaltende Operationen 1920–1995, Winterthur 1997; Bernauer, Th. und S. Lavenex, Abschied vom Sonderfall. Die 90-Prozent-Mitgliedschaft der Schweiz, in: Vereinte Nationen, 48. Jg., Heft 3, 2000, S. 89–94; Volger, H., Nachzügler Schweiz, in: Blätter für deutsche und internationale Politik, 47. Jg., Heft 9, 2002, S. 1047–1051; Unser, G., Weil das Volk jetzt will. Der lange Marsch der Schweiz in die Vereinten Nationen, in: Schorlemer, S. von (Hrsg.), Praxishandbuch UNO, Berlin u. a. 2003, S. 657–681.

punkteprogramm, das in der Folgezeit das politische Verhalten zum UN-System bestimmte. Danach sollte die Schweiz die Tätigkeit der Weltorganisation genau verfolgen, dem Statut des Internationalen Gerichtshofs und den Sonderorganisationen beitreten und die Ansiedlung von UN-Einrichtungen auf schweizerischem Gebiet erleichtern. Orientiert an diesen Leitlinien, die mehr als zwanzig Jahre die offizielle Haltung der Schweiz bestimmten, entwickelten sich die Beziehungen zum UN-System wie folgt:

Genf wurde bereits 1946 europäischer Sitz der Vereinten Nationen, und zahlreiche Unterorgane und Sonderorganisationen ließen sich dort nieder. Die Schweiz erwarb die Parteifähigkeit beim Internationalen Gerichtshof, sie fand Zugang zu den wichtigsten UN-Hilfs- und Sonderorganen, wie ECE, UNCTAD, UNEP, UNDP und UNICEF, nahm an fast allen großen UN-Konferenzen teil, und sie wurde Mitglied in allen Sonderorganisationen – ausgenommen zunächst der Internationale Währungsfonds und die Weltbank-Gruppe. Bereits im Jahr 1948 wurde ihr von den Vereinten Nationen der Beobachterstatus zuerkannt, der ihr zunächst in New York und ab Ende 1965 auch in Genf eine mittelbare Teilhabe an den internen Vorgängen der Weltorganisation ermöglichte.

Die vielfältigen Beziehungen der Schweiz zum Gesamtsystem der Vereinten Nationen entwickelten sich in der Substanz eng, doch mit dem entscheidenden Schritt zur Vollmitgliedschaft wurde aus vielerlei Gründen immer wieder gezögert.

2. Der gescheiterte Anlauf zum UN-Beitritt

Erst Ende der sechziger Jahre kam Bewegung in die innenpolitische Diskussion über einen möglichen Beitritt der Eidgenossenschaft. In einem Bericht untersuchte 1969 die Regierung die Entwicklung und den damaligen Zustand der UN sowie die Beziehungen der Schweiz zu den Vereinten Nationen.[38]

---

38 Bericht des Bundesrates an die Bundesversammlung über das Verhältnis der Schweiz zu den Vereinten Nationen vom 16. Juni 1969; Materialien über die Beziehungen der Schweiz zu den Vereinten Nationen, in: Schindler, D. (Hrsg.), Dokumente zur schweizerischen Neutralität seit 1945, Bern und Stuttgart 1984, S. 55–258.

Ein ähnlich aufgebauter zweiter Bericht im Jahre 1971 enthielt zudem den Vorschlag, eine beratende Kommission mit der Prüfung des Verhältnisses der Schweiz zur Weltorganisation zu beauftragen.[39] Doch erst der dritte Bericht des Bundesrates vom Juni 1977 brachte mit der Schlussfolgerung, „dass ein Beitritt der Schweiz zur UNO wünschbar ist",[40] eine zukunftweisende Neuorientierung. Eine Weichenstellung auf dem mühsamen Weg in den New Yorker Glaspalast erfolgte im Dezember 1981 durch eine entsprechende „Botschaft" der Berner Regierung, in welcher diese die Zustimmung des Parlaments zu einem entsprechenden Beitrittsgesetz beantragte.

Beide Kammern des Bundesparlamentes votierten Ende 1984 positiv und empfahlen dem Volk, diesen Schritt gutzuheißen. Das letzte Wort über die institutionalisierte UN-Mitwirkung der Schweiz hatten damit die Stimmbürger, denn die eidgenössische Verfassung verlangt obligatorisch eine entsprechende Zustimmung, und zwar eine „doppelte": eine Mehrheit der Stimmenden („Volksmehr") und eine Mehrheit der Kantone („Ständemehr").

Obschon nach Ansicht der Befürworter die Vollmitgliedschaft keine Gefahr für die Neutralitätsposition darstellte und zudem im Beitrittsverfahren selbst die Maxime der immer währenden und bewaffneten Neutralität rechtlich und politisch abgesichert werden sollte, nahmen die seriösen Kritiker diesen für sie entscheidenden Punkt zum Anlass für ihre Nein-Parole im Referendum am 16. März 1986.[40]

Nicht unerwartet, aber in der Eindeutigkeit überraschend lehnten

---

39 Bericht des Bundesrates an die Bundesversammlung über das Verhältnis der Schweiz zu den Vereinten Nationen und ihren Spezialorganisationen für die Jahre 1969–1971 vom 17. November 1971, Bern 1971. Mit beiden genannten Berichten beschäftigt sich auch Haug, H., Das Verhältnis der Schweiz zu den Vereinten Nationen, Bern und Stuttgart 1972.

40 Bericht über das Verhältnis der Schweiz zu den Vereinten Nationen und ihren Spezialorganisationen für die Jahre 1972–1976 vom 29. Juni 1977, Bern 1977, S. 149.

41 Vgl. Dicke, D. Chr., Völkerrechtliche Probleme eines eventuellen Beitritts der Schweiz zu den Vereinten Nationen, in: Archiv des Völkerrechts, 22. Bd., 1984, S. 405–417.

bei einer für Schweizer Verhältnisse überdurchschnittlich hohen Beteiligung von 50,7 Prozent die Stimmbürger mit 75,7 Prozent den UNO-Beitritt massiv ab.[42]

In keinem der 26 Kantone bzw. Halbkantone konnte die von Parlament und Regierung – wie von der überwiegenden Zahl der politisch relevanten Gruppierungen – propagierte Vorlage auch nur annähernd eine Mehrheit erzielen; selbst im Kanton Genf mit seiner „UNO-Stadt" votierten rund 70 Prozent gegen einen Beitritt.

Eine unmittelbar nach dem Referendum durchgeführte Repräsentativbefragung[43] förderte drei wesentliche Beweggründe für die Ablehnung zutage: Einmal stuften die Nein-Stimmenden die Kosten eines Beitritts im Vergleich zum erwarteten Nutzen als zu hoch ein. Zum Zweiten äußerten sie Bedenken wegen der Aufrechterhaltung der Neutralität, die sie bei einer Vollmitgliedschaft bedroht sahen. Der dritte Vorbehalt betraf die Politik bzw. Funktionsweise der Vereinten Nationen selbst – ein negatives UNO-Image war somit vorherrschend.

3. Eine engagierte Nichtmitgliedschaft

Der Schock der „UNO-Verwerfungslawine" (Neue Zürcher Zeitung) vom Spätwinter 1986 hat in der Folgezeit jedoch zu keiner Kursänderung der schweizerischen UN-Politik geführt, vielmehr wurde die engagierte Mitarbeit unterhalb der Ebene der Vollmitgliedschaft fortgesetzt. „Die Beziehungen zwischen der Schweiz

---

42 Vgl. hierzu Streuli, J., Mentekel am 16. März. Warum die Schweizer nicht den Vereinten Nationen beitreten wollten, in: Vereinte Nationen, 34. Jg., Heft 3, 1986, S. 95–99; Wildhaber, L., Das Schweizer Nein zu einer Vollmitgliedschaft in den Vereinten Nationen, in: Europa-Archiv, 41. Jg., 15. Folge, 1986, S. 461–468; Pfirter, D., Verhältnis Schweiz–UNO: Wie weiter nach dem 16. März 1986?, in: Schweizer Jahrbuch für Politische Wissenschaft 1988, Bd. 28, Bern 1989, S. 73–90; Frei, Organisationen, S. 163 ff.; Moos, C., Ja zum Völkerbund – Nein zur UNO: Die Volksabstimmungen von 1920 und 1986 in der Schweiz, Zürich 2001.

43 Universität Bern, Forschungszentrum für schweizerische Politik, Analyse der eidgenössischen Abstimmung vom 16. März 1986, Vox-Analysen, 10. Jg., Juni 1986.

und der UNO [haben sich] intensiviert", so die rückblickende Bewertung im zuständigen schweizerischen Fachressort Anfang der neunziger Jahre.[44]

Durch ihren Beitritt zum Internationalen Währungsfonds (IMF) und zur Weltbankgruppe,[45] dem die Mehrheit des Volkes (55,8 Prozent) in einem Referendum am 17. Mai 1992 trotz entwicklungspolitischer Vorbehalte „linker" Gruppen und „isolationistischer" Opposition aus dem „rechten" Parteienspektrum zugestimmt hatte,[46] war die Eidgenossenschaft nunmehr in allen UN-Sonderorganisationen vertreten.

Bern unterhielt in New York (wie auch in Genf und Wien) eine personell bemerkenswert gut ausgestattete Ständige Beobachtermission,[47] die dank der eingegangenen Verpflichtungen hohes Ansehen genoss, aber unter einem „Mitwirkungsdefizit" (so der frühere Schweizer UN-Botschafter Manz) litt.

Die Schweiz war bereits vor ihrer Vollmitgliedschaft eines der wichtigsten Geberländer im UN-System, mit einem jährlichen Beitrag zum ordentlichen UNO-Haushalt, der seit 1990 30 Prozent des hypothetischen Mitgliedsbeitrags betrug, womit die Eidgenossenschaft den fünftgrößten Pro-Kopf-Beitrag zahlte und Rang 14 auf der Skala der beitragleistenden Länder einnahm; sie beteiligte sich ebenso an der freiwilligen Finanzierung der wirtschaftlichen, sozialen und humanitären Aktivitäten der Vereinten Nationen. Im Jahr 2001 flossen aus der Staatskasse insgesamt 516

---

44 Nordmann, F. und D. Petter, Die Rolle der UNO in der schweizerischen Außenpolitik. Ausgezeichnete, aber unvollständige Beziehungen, in: Volkswirtschaft, Heft 7, 1993, S. 18; Gesellschaft zur Förderung der schweizerischen Wirtschaft (Hrsg.), Der Stand der Zusammenarbeit der Schweiz mit internationalen Organisationen, Dokumentation Wirtschaftskunde, Heft 4, Zürich 1992.

45 Vgl. hierzu Botschaft über den Beitritt der Schweiz zu den Institutionen von Bretton Woods vom 15. Mai 1991, Bern 1991.

46 Forschungsinstitut der Schweizerischen Gesellschaft für praktische Sozialforschung (Hrsg.), Analyse der eidgenössischen Abstimmungen vom 17. Mai 1992, VOX-Publikationen, Nr. 45, Zürich 1992.

47 Vgl. hierzu Seger, P., Die Stellung der Schweiz als Beobachter bei den Vereinten Nationen in New York, in: Schweizerische Zeitschrift für internationales und europäisches Recht, Heft 4, 1995, S. 479–514.

Millionen Schweizer Franken an das System der Vereinten Nationen.[48]

Während sich bis Mitte der achtziger Jahre die Eidgenossenschaft nur punktuell – vorwiegend mit finanziellen und logistischen Mitteln – an friedenserhaltenden UN-Operationen beteiligte, stellte die Regierung 1988 eine Intensivierung ihres friedenspolitischen UN-Engagements in Aussicht.

Am 14. März 1988 verabschiedete der Bundesrat ein Konzept über den Ausbau der Schweizer Beteiligung an friedenssichernden UN-Operationen. Neben einer beträchtlichen Erhöhung der Finanzmittel wurden umfangreiche Materiallieferungen und eine stärkere personelle Teilnahme an UN-Missionen beschlossen.

Als Folge der revolutionären Umwälzungen in Mittel- und Osteuropa nahm dann der Schweizer Bundesrat im Herbst 1990 eine umfassende Überprüfung der Sicherheitspolitik vor („Bericht 90"). An der außenpolitischen Maxime der bewaffneten Neutralität festhaltend, wurden jedoch wesentliche neue Akzente gesetzt; so sollte die „Friedensförderung" einen integralen Bestandteil der sicherheitspolitischen Strategie der Schweiz bilden, was eine intensivere multilaterale Zusammenarbeit bei der Bewältigung internationaler Krisen voraussetzte. Als mit dem Neutralitätsrecht vereinbar wurde auch die Teilnahme der Schweiz an wirtschaftlichen Sanktionen der Vereinten Nationen gemäß Kapitel VII der UN-Charta angesehen.[49]

Diesem Leitgedanken folgend, beschloss die Regierung Ende März 1991 dafür die gesetzlichen Voraussetzungen zu schaffen, um in Zukunft auch bewaffnete Truppenverbände („Blauhelmtruppen") bei multilateralen Friedenssicherungsoperationen im Rahmen der UNO einsetzen zu können.

Nach Abschluss der üblichen Anhörung („Vernehmlassung") zu einem „Bundesgesetz über schweizerische Truppen für friedenser-

---

48 Vgl. Übersicht über die Finanzleistungen der Schweiz in den Jahren 1999, 2000 und 2001 im Anhang, S. 448f.
49 Vgl. hierzu Schindler, D., Kollektive Sicherheit der Vereinten Nationen und dauernde Neutralität der Schweiz, in: Schweizerische Zeitschrift für internationales und europäisches Recht, Heft 4, 1992, S. 435ff.

haltende Operationen" verabschiedete der Bundesrat den Gesetz-
entwurf Ende August 1992 und leitete ihn an das Parlament weiter,[50]
wo er im März bzw. Juni 1993 von beiden Kammern verabschiedet
wurde.

Das schweizerische **Blauhelmgesetz** sollte im Vergleich etwa zu
dem entsprechenden japanischen Gesetz vom Juni 1992 nur einige
wenige Kernpunkte regeln und umfasste daher lediglich neun Artikel.[51] Aufgrund einer klaren Formulierung war nicht nur die Hand-
lungsfreiheit der Regierung jederzeit gewährleistet, vielmehr sollte
sich der Einsatz der nur aus Freiwilligen bestehenden Blauhelm-
truppe auf „klassische" Friedenssicherungsoperationen beschränken.

Wie schon beim abgelehnten UNO-Beitritt (1986) machten die
Gegner trotz des eindeutigen parlamentarischen Abstimmungser-
gebnisses gegen dieses Gesetz mobil und lancierten ein fakultatives
Referendum, wobei sie ihre Kampagne auf folgende Argumente
stützten: Zum einen unterhöhle das Gesetz das ablehnende UN-Re-
ferendum von 1986; daneben gefährde es die Neutralität der
Schweiz; des Weiteren würden die traditionellen „Guten Dienste"
der Schweiz in Frage gestellt; auch sei die Schweizer Milizarmee für
Blauhelmeinsätze ungeeignet; zudem seien die Kosten zu hoch; und
schließlich solle anstelle der Blauhelmfinanzierung das Rote Kreuz
stärker unterstützt werden.[52]

Bei einer Beteiligung von 45,8 Prozent wurde das „Blauhelmgesetz" am 12. Juni 1994 mit einem Nein-Stimmenanteil von 57,2
Prozent verworfen. In nur vier der 26 Kantone beziehungsweise
Halbkantone stimmte die Bevölkerung für das Gesetz, wobei sich
ähnlich wie beim negativen EWR-Referendum 1992 eine Aufspal-
tung zwischen den Befürwortern aus der französischsprachigen

---

50 Botschaft betreffend das Bundesgesetz über schweizerische Truppen für friedenserhaltende Operationen vom 24. August 1992, Bern 1992.

51 Text des Gesetzentwurfs, in: ebenda, S. 42–44.

52 Vgl. hierzu Unser, G., Das Nein des Schweizervolkes zum Blauhelmgesetz, in: Bulletin zur schweizerischen Sicherheitspolitik, Jg. 1994, Zürich 1994, S. 1–11, und
ders., Schweiz: Nein zum „Blauhelmeinsatz" – UN-Beitritt in weiter Ferne, in: Vereinte Nationen, 42. Jg., Heft 4, 1994, S. 147 f.

Westschweiz und den Skeptikern in der deutschen Schweiz ergab.[53]

Außenpolitisch bedeutete der negative Volksentscheid einen abermaligen Rückschlag im Bemühen der Regierenden, die Eidgenossenschaft in die neu zu gestaltende regionale und globale Umwelt einzuordnen. Eine UN-Mitgliedschaft, nach wie vor ein Ziel Schweizer Regierungspolitik – wie dies im Bericht des Bundesrats über die Außenpolitik in den neunziger Jahren mehrfach betont wurde[54] –, war damit in weite Ferne gerückt.

Am 10. Juni 2001 war dann das Schweizervolk wieder aufgerufen, über eine sicherheitspolitische Frage mit UN-Bezug zu entscheiden. Ausgangspunkt war der „Sicherheitsbericht 2000" des Bundesrates. Unter dem Motto „Sicherheit durch Kooperation" wurde eine sicherheitspolitische Korrektur vorgezeichnet und dabei eine stärkere Beteiligung der Schweiz an internationalen Friedensoperationen als notwendig erachtet. Konsequenz: Teilrevision des sog. **Militärgesetzes** dahin gehend, dass auch bewaffnete Truppenkontingente an multilateralen Friedensoperationen teilnehmen können. Voraussetzung: Vorliegen eines UNO- oder OSZE-Mandats. Mit hauchdünner Mehrheit wurde diese Vorlage, gegen die ein Oppositionskomitee ein Referendum erzwungen hatte, vom Volk angenommen.

4. Die letzte Etappe zum Beitritt

Nach der negativen Volksabstimmung über das Blauhelmgesetz im Jahre 1994 erhielt die UNO-Beitrittsdiskussion ab 1997 wieder Auftrieb. Parlamentarische Vorstöße verlangten 1997 von der Regierung Beitrittsvorbereitungen in die Hand zu nehmen und in einem Bericht die Entwicklung der Beziehungen Schweiz–UNO seit 1986 aufzuzeigen. In diesem Bericht[55] hielt der Bundesrat fest, er

---

53 Vgl. hierzu Forschungsinstitut der Schweizerischen Gesellschaft für praktische Sozialforschung (Hrsg.), Analyse der eidgenössischen Abstimmungen vom 12. Juni 1994, VOX-Publikationen, Nr. 53, Adliswil 1994, S. 7–22.

54 Vgl. Bericht über die Außenpolitik der Schweiz in den 90er Jahren vom 29. November 1993, Bern 1993.

55 Bericht über das Verhältnis zwischen der Schweiz und der Organisation der Vereinten Nationen (UNO) vom Juli 1998, Bern 1998.

wolle das strategische Ziel der UNO-Mitgliedschaft „zum politisch frühestmöglichen Zeitpunkt" erreichen, und Ende 1998 erklärte er den UNO-Beitritt zur außenpolitischen Priorität der Legislaturperiode 1999–2003. Zuvor hatte im selben Jahr ein kleiner Kreis schweizerischer Parlamentarier einen entsprechenden Vorstoß unternommen – signalisierten doch Umfragen einen positiven Meinungstrend. Die zugrunde liegende Strategie zielte einmal darauf ab, die UN-Mitgliedschaft über den Weg einer Volksinitiative zur Ergänzung der Bundesverfassung zu erreichen, zum anderen von der Regierung die erwähnte Vorbereitung eines Beitritts zu verlangen.

Nachdem Anfang 2000 die für das Zustandekommen der Initiative notwendigen Unterschriften vorlagen und die vom Bundesrat danach angesetzte Vernehmlassung im Ergebnis eine breite Zustimmung ergab, sah sich nunmehr die Landesregierung bestärkt, dem Parlament die Volksinitiative möglichst bald zur Annahme zu empfehlen. Am 4. Dezember 2000 legte der Bundesrat die entsprechende „Botschaft" vor,[56] und im Verlauf des Jahres 2001 billigten beide Kammern mit großer Mehrheit den Antrag. Das notwendige Referendum sollte dann am 3. März 2002 stattfinden.

Zu Beginn der Abstimmungskampagne stellte der Bundesrat klar, dass der UN-Beitritt für die schweizerische Außenpolitik keinen „Quantensprung" darstelle, dass es für ein weiteres Abseitsstehen aber keinen Grund mehr gebe, sich die Handlungsmöglichkeiten des Landes jedoch erheblich erweitern ließen.[57] Mit Blick auf die innenpolitisch heikle Neutralitätsfrage versicherte die Regierung nicht nur immer wieder die Vereinbarkeit einer UN-Mitgliedschaft mit der Neutralität; das Beitrittsgesuch an den UN-Generalsekretär sollte die unmissverständliche Klausel enthalten: „Die Schweiz bleibt auch als Mitglied der Organisation der Vereinten Nationen neutral."[58]

---

56 Botschaft über die Volksinitiative „Für einen Beitritt der Schweiz zur Organisation der Vereinten Nationen (UNO)" vom 4. Dezember 2000, Bern 2000.

57 Vgl. hierzu beispielhaft Däniken, F. von, Die Schweiz: Abseits der Welt oder in der Welt?, in: Politorbis, Sonderausgabe April 2001, S. 3.

58 Vollständiger Text des offiziellen Beitrittsgesuchs, in: Erläuterungen des Bundesrats zur Volksabstimmung vom 3. März 2002, Bern 2002, S. 9.

Sowohl auf der Seite der Befürworter als auch bei den Gegnern einer Mitgliedschaft bildeten sich Unterstützergruppen, wobei die Ja-Front immer breiter wurde und von der Wirtschaft über Wissenschaftler und Künstler bis zu den beiden Kirchen reichte. Die Kerntruppe der Opposition „Gegen den Beitritt zur politischen UNO" bildete, wie schon bei vorhergehenden außenpolitischen Abstimmungen, das „Aktionskomitee für eine unabhängige und neutrale Schweiz" (AUNS) unter ihrem Präsidenten, dem Nationalrat und Großindustriellen Christoph Blocher, wobei deren Argumentationsweise weniger auf Sachlichkeit als vielmehr auf Vorurteilen und Emotionen gründete: Gefahren für die Neutralität wurden heraufbeschworen, angebliche Verpflichtungen zu militärischen Interventionen konstruiert, die hohen Kosten eines Beitritts moniert, der undemokratische Charakter der Weltorganisation angeprangert und auf die geringen Einflussmöglichkeiten Berns in New York verwiesen.

Vergleicht man die Abstimmungskampagne vom 3. März 2002 mit der von 1986, so lässt sich trotz eines weltpolitisch völlig veränderten Umfeldes eine Parallelität der Positionen, der Argumente und des Stils feststellen, wenn auch die Front der aktiven Befürworter eine erhebliche Stärkung erfahren hatte.

Nach einer Zitterpartie stand am Abend des 3. März 2002 schließlich fest: Die Schweiz wird den Vereinten Nationen als Vollmitglied beitreten. Doch während eine deutliche Mehrheit von 54,6 Prozent der Stimmenden eine Mitgliedschaft befürwortete, fiel das notwendige Ständemehr mit 12 gegen 11 Kantone äußerst knapp aus.

Wie wird die Schweiz als 190. Mitgliedstaat seine UN-Politik ausgestalten? Welche Schwerpunkte wird die Regierung in Bern in Zukunft setzen? Schon in der ersten Generalversammlung mit eidgenössischer Vollmitgliedschaft verdeutlichte die Schweiz,[59] dass sie sich in Zukunft besonders in den Bereichen Menschenrechte, Humanitäres und Entwicklungszusammenarbeit, Stärkung des Völ-

---

59 Vgl. hierzu Eidgenössisches Departement für auswärtige Angelegenheiten (Hrsg.), 57. UNO-Generalversammlung 2002. Erste Session mit schweizerischer Mitgliedschaft, Bern o. J. (2003); sowie dass., Die Schweiz und die UNO. Bericht des Bundesrates 2003, Bern 2003. Internet: www.uno.admin.ch

kerrechts und Schutz der natürlichen Lebensgrundlagen einsetzen wird. Priorität wird zudem der Unterstützung des zivilen Arms der Friedenspolitik der Vereinten Nationen zugestanden, hat doch das schweizerische Außenministerium im Jahr 2000 ein „Konzept friedensfördernder Maßnahmen" ausgearbeitet, verbunden mit dem Aufbau eines zentralen Expertenpools.[60]

III. Liechtenstein

1. Der Weg in die Vereinten Nationen

Das Fürstentum Liechtenstein ist seit 1806 ein souveräner Staat. Gemäß der heute gültigen, am 5. Oktober 1921 in Kraft getretenen, auf Grund einer Volksabstimmung im März 2003 geänderten Verfassung ist das Fürstentum eine „konstitutionelle Erbmonarchie auf demokratischer und parlamentarischer Grundlage", d.h. Fürst und Volk üben gemeinsam die Staatsgewalt aus. Ein Charakteristikum dieses Kleinstaates (160 qkm, 32 000 Einwohner) lag von Anbeginn darin, dass seine Entwicklung von den unmittelbaren Nachbarstaaten entscheidend beeinflusst wurde: Die historisch gewachsenen engen Bindungen an Österreich fanden im Ersten Weltkrieg zunächst ein Ende. Danach folgte eine außenpolitische Kehrtwendung hin zum westlichen Nachbarn, der Schweiz.

Nach dem Ersten Weltkrieg unternahm Liechtenstein, das seit 1868 kein Militär mehr unterhält, den Versuch, auch auf internationaler Ebene Fuß zu fassen.[61] Am 15. Juli 1920 unterbreitete die mit der diplomatischen Vertretung des Fürstentums im Ausland betraute Eidgenossenschaft dem Völkerbund das Aufnahmegesuch Liechtensteins. Die Völkerbundversammlung lehnte jedoch den Antrag

---

60 Vgl. hierzu Eidgenössisches Departement für auswärtige Angelegenheiten, Gewalt vorbeugen, Frieden mitgestalten, Demokratie stärken. Die Friedenspolitik der Politischen Direktion der EDA, Bern 2001.

61 Vgl. hierzu Geiger, P., Geschichtliche Grundzüge der liechtensteinischen Außenbeziehungen, in: Waschkuhn, A. (Hrsg.), Kleinstaat Liechtenstein, Vaduz 1993, S. 321 ff.; Thürer, D., Liechtenstein und die Völkerrechtsordnung. Ein Kleinstaat im völkerrechtlichen Spannungsfeld zwischen Singularität und Modell rechtlicher Integration, in: Archiv des Völkerrechts, Bd. 36, 1968, S. 100 ff.

am 17. Dezember entschieden ab, und zwar mit der Begründung, der Kleinstaat sei nicht in der Lage, alle in der Völkerbundsatzung enthaltenen Verpflichtungen zu übernehmen.[62]

Mit dem Ziel der Verankerung der eigenen Souveränität auf regionaler und globaler Ebene strebte das Land, das heute zu über 60 Staaten direkte diplomatische Beziehungen unterhält, nach dem Zweiten Weltkrieg den Beitritt zu internationalen Einrichtungen bzw. Vereinbarungen an; so gehörte Liechtenstein von Anbeginn zu den KSZE(heute OSZE)-Staaten und trat 1978 dem Europarat bei. Im Mai 1991 erlangte es die EFTA-Vollmitgliedschaft, und vier Jahre später, am 1. Mai 1995, konnte das Land dem Europäischen Wirtschaftsraum (EWR) beitreten, was umfangreiche Vertragsänderungen mit dem Nicht-EWR-Mitglied Schweiz nach sich zog. Neben der nachbarschaftlichen Kooperation und europäischen Integration kam als dritter Pfeiler liechtensteinischer Außenpolitik die multilaterale Zusammenarbeit mit dem System der Vereinten Nationen hinzu.

Der Grundstein zu dieser Politik wurde am 29. März 1950 mit dem Beitritt zum Statut des Internationalen Gerichtshofs (IGH) gelegt. Mehr als ein Jahrzehnt verging, bis die nächsten Schritte erfolgten, bei denen souveränitätspolitische Argumente immer im Vordergrund standen.[63] Am 13. April 1962 wurde das Land Mitglied des Weltpostvereins (UPU), am 25. Juli 1963 Mitglied der Internationalen Fernmeldeunion (ITU). Mit der Zugehörigkeit zu diesen beiden selbständigen UN-Sonderorganisationen hatte sich Liechtenstein gemäß der sog. „Wiener Formel" das Recht zur Teilnahme an Konferenzen der Vereinten Nationen erworben.

Seit Bestehen der Welthandelskonferenz (UNCTAD) im Jahre 1964 ist das Fürstentum Mitglied dieser UN-Einrichtung. In einem Unterorgan des Wirtschafts- und Sozialrates (ECOSOC), der regio-

---

62 Vgl. hierzu Jansen, N., Liechtenstein und die Vereinten Nationen, Vaduz 1991, S. 18–23.

63 Vgl. hierzu: Das Fürstentum Liechtenstein und die Vereinten Nationen (Schriftenreihe der Regierung, Nr. 2), Vaduz 1988; und Enzelsberger, E. F., Liechtensteins Außenpolitik in einer sich wandelnden Welt, in: Österreichisches Jahrbuch für Internationale Politik, 11. Jg., Wien 1994, S. 71–74.

nalen Wirtschaftskommission für Europa (ECE), hatte es seit dem Jahre 1976 den Konsultativstatus inne. Zugang zu zwei weiteren UN-Fachorganisationen fand Liechtenstein am 13. Dezember 1968 mit dem Beitritt zur Internationalen Atomenergie-Organisation (IAEO), und am 21. Mai 1972 erfolgte die Mitgliedschaft in der Weltorganisation für geistiges Eigentum (WIPO).

Die Mitgliedschaft in den Vereinten Nationen selbst war ab Anfang der siebziger Jahre Gegenstand innenpolitischer Diskussionen. Überschattet wurde die Beitrittsfrage zunächst von der damals in der Weltorganisation geführten sog. Mikrostaatendebatte (es ging um das Für und Wider einer Vollmitgliedschaft von Kleinststaaten); jedoch hatte dieses Thema schon bald seine Brisanz und Aktualität in den Vereinten Nationen wieder verloren.

Der politische Aufbruch Liechtensteins in die Vereinten Nationen ist zweifellos das Verdienst eines Mannes, seiner Weitsicht, politischen Dynamik und Beharrlichkeit: Fürst Hans-Adam II. von und zu Liechtenstein, der nach dem Tode seines Vaters, Franz-Joseph II., im November 1989 die Regentschaft übernahm, hatte schon früh auf den UNO-Beitritt hingewirkt.[64]

Bereits im Jahre 1974 führte der damalige Erbprinz inoffizielle Sondierungsgespräche am UN-Sitz in New York. Doch erst um die Jahreswende 1984/85 prüfte die liechtensteinische Regierung in einem Arbeitspapier die Chancen und Risiken einer Mitgliedschaft des Landes in den Vereinten Nationen; in einem umfangreichen, zunächst vertraulichen zweiten Bericht an das Parlament schwenkte die Regierung auf die Linie des Erbprinzen ein und befürwortete nachdrücklich den Beitritt. Daraufhin wurden unverzüglich Sondierungsgespräche in New York aufgenommen.

Die Schlussphase auf dem Weg in die Weltorganisation begann am 31. Oktober 1989 mit dem Antrag der Regierung an den Landtag auf Zustimmung zum UN-Beitritt des Fürstentums. Nochmals wurden die Beitrittsgesichtspunkte dargelegt, wobei souveränitätspolitische

---

64 Einzelheiten über die Etappen des UNO-Beitritts bei Jansen, Liechtenstein, S. 35 ff.; Unser, G., Liechtenstein: rühriger Fürst, zögerndes Volk. Der Weg eines europäischen Kleinstaates in die Vereinten Nationen, in: Vereinte Nationen, 38. Jg., Heft 5, 1990, S. 163–167; Enzelsberger, Außenpolitik, S. 74–77.

Überlegungen, aber auch die liechtensteinische Solidarität mit der internationalen Staatengemeinschaft eine herausragende Rolle spielten. Mit dem Plazet des Parlaments am 14. Dezember 1989 erhielt die Regierung endgültig grünes Licht, die Beitrittsprozedur gemäß Artikel 4 der Charta der Vereinten Nationen in New York in Gang zu setzen.

Bereits in seiner Sitzung am 14. August empfahl der Sicherheitsrat der Generalversammlung einstimmig die Aufnahme Liechtensteins. Zum Auftakt ihrer 45. ordentlichen Sitzungsperiode beschloss die Generalversammlung am 18. September 1990 die Aufnahme Liechtensteins als damals 160. Mitglied der Vereinten Nationen. Unmittelbar danach zog das Fürstentum als bis dahin kleinster Mitgliedstaat in das UN-Plenum ein, und schon am 20. September 1990 ergriff der Regierungschef dort das Wort.[65]

2. Schwerpunkte der UN-Politik Liechtensteins

Da ein kleines Land wie Liechtenstein sich stets „seiner beschränkten Möglichkeiten" in der Weltorganisation „bewusst sein muss" – so die liechtensteinische UN-Botschafterin Claudia Fritsche am Beginn ihrer Arbeit in New York –, ist eine Konzentration „auf wenige Themen geboten".[66] Mitwirkungschancen für kleinere Staaten eröffnen sich vor allem durch die gezielte Mitarbeit in den verschiedenen Ländergruppen innerhalb der Vereinten Nationen. So spielt Liechtenstein eine wichtige Rolle in der hauptsächlich als Wahlgremium fungierenden Regionalgruppe der „Westeuropäischen und Anderen Staaten" (WEOG) und gehört zudem einer Reihe informeller Ländergruppen an, so auch dem von Singapur ins Leben gerufenen Forum der Kleinstaaten und der JUSCANZ-Gruppe (benannt nach den Initialen der Gründungsmitglieder), die sich mit UN-Menschenrechtsfragen befasst. Mit den UN-Vertretungen der Nachbarn Österreich, Deutschland und Schweiz besteht nicht nur

---

65 Eine umfassende Dokumentation über den Weg Liechtensteins in die Vereinten Nationen mit einer ersten Bilanz enthält: Der Beitritt Liechtensteins zu den Vereinten Nationen, Vaduz 1991.

66 Liechtensteins erste UN-Botschafterin Fritsche Ende 1991, in: ebenda, S. 44.

eine infrastrukturelle, sondern auch eine vertrauensvolle fachlich-sachliche Zusammenarbeit; einzelne EU-Initiativen werden auch von Liechtenstein mitgetragen.

Neben der regelmäßigen Teilnahme an den Beratungen im Plenum der Generalversammlung, in ausgewählten Ausschüssen (insbesondere im Ersten, Dritten und Sechsten Hauptausschuss) und an den von den Vereinten Nationen einberufenen Großkonferenzen galten die Aktivitäten Liechtensteins in den ersten zehn Jahren seiner Zugehörigkeit zur Organisation Themenbereichen, auf denen auch in Zukunft das Hauptaugenmerk liegen soll: soziale und humanitäre Probleme, Stärkung des Völkerrechts und der internationalen Gerichtsbarkeit, Ausbau der Rechte der Frauen, Umweltthemen, Schutz der Kinder, Konfliktverhütung und Abrüstungsfragen (etwa vollständige Beseitigung der Landminen).

Im liechtensteinischen UN-Engagement kommt dem inzwischen weitgefächerten Menschenrechtsbereich eindeutige Priorität zu.[67]

Zur Profilierung des Kleinstaates in der Weltorganisation trug zweifellos der im September 1991 von Fürst Hans-Adam II. persönlich in der 46. Generalversammlung eingebrachte Vorschlag zur Neuinterpretation und Kodifizierung des Selbstbestimmungsrechts der Völker bei. Vor dem Hintergrund einer Renaissance des Selbstbestimmungsrechts in vielen Teilen der Welt, das bereits zum Auseinanderbrechen einer Reihe etablierter Staaten führte und die Vereinten Nationen vor mancherlei Probleme stellt, schlug der Fürst die Ausarbeitung einer „Selbstbestimmungskonvention" vor. Darin sollte dezidiert festgelegt werden, wie die von den meisten UN-Mitgliedern akzeptierte „Theorie zur Selbstbestimmung ... in der Praxis anzuwenden ist".[68] Um die Realisierung des recht detailliert vorgetragenen Plans voranzutreiben, gab der Fürst gleichzeitig die Einsetzung einer Sachverständigenkommission bekannt.

Die realpolitisch brisante Initiative zur Vermeidung von Konflikten wurde im Herbst 1993 im Dritten Hauptausschuss des Plenums kontrovers behandelt, dann von der offiziellen Tagesordnung der

---

67 Vgl. hierzu: Zehn Jahre UNO-Mitgliedschaft, in: Liechtenstein Pressebulletin, 17/2000, S. 1–6.
68 Text der Rede des Landesfürsten in: ebenda, S. 51–55.

Generalversammlung abgesetzt und in einem vom Landesfürsten finanzierten Forschungsprojekt an der Princeton University (USA) außerhalb der Vereinten Nationen weiterverfolgt. Inzwischen fanden zu den verschiedensten Aspekten des Selbstbestimmungsrechts Konferenzen statt, deren Ergebnisse publiziert wurden. Im Dezember 2000 erfolgte die Umwandlung des bisherigen Forschungsprogramms in ein Forschungsinstitut (Institute on Self-Determination) an der Princeton University.

Liechtenstein nimmt aktiv an den vielfältigen organisationsinternen UN-Reformbemühungen teil, so auch an den Beratungen der von der Generalversammlung eingesetzten Reform-Arbeitsgruppen. Die vom Fürstentum im Dezember 1993 innerhalb der „Westgruppe" (WEOG) initiierte Einsetzung einer Studiengruppe, die Änderungen des Besetzungsverfahrens (größere Chancen für die Mitwirkung der Kleinstaaten) innerhalb der Gruppe für den Wirtschafts- und Sozialrat vorschlagen sollte, konnte Anfang 1998 ihre Arbeit erfolgreich beenden. Nunmehr setzt sich Liechtenstein für eine Verbesserung der Arbeitsmethoden der WEOG ein.

Im Vergleich zu den anderen europäischen Kleinstaaten liegt die personelle Ausstattung der liechtensteinischen UN-Vertretung an der untersten Grenze. Da jedoch das Ansehen gerade eines sehr kleinen Landes am Sitz der Vereinten Nationen von der Persönlichkeit des jeweiligen Repräsentanten bestimmt wird, kommt Liechtenstein zugute, dass die seit Anbeginn seiner Mitgliedschaft mit ihrem Miniteam tätige Botschafterin, Claudia Fritsche – eine der ganz wenigen Frauen an der Spitze einer UN-Vertretung –, allgemeine Wertschätzung und hohes Ansehen genoss. Nicht zuletzt ihrem Engagement hatte sie ihre Wahl zu einem der Vizepräsidenten der 48. Generalversammlung (1993/94) zu verdanken. Im September 2002 übernahm ihr bisheriger Stellvertreter, Christian Wenaweser, die Funktion des Ständigen Vertreters Liechtensteins in New York.

An den UN-Standorten in Genf (seit Herbst 1995) und Wien (seit Mai 2000) unterhält Liechtenstein inzwischen ebenfalls Ständige Missionen, jeweils vertreten durch einen Botschafter bzw. eine Botschafterin.

Die Finanzleistungen Liechtensteins an das gesamte UN-System beliefen sich im Kalenderjahr 2001 auf rund 985 000 Schweizer

Franken (darunter der Pflichtbeitrag zum ordentlichen Budget rund 83 400 Franken, Pflichtbeiträge für Peacekeeping-Operationen 286 700 Franken). Die Schwerpunkte der freiwilligen Beitragsleistungen liegen im Bereich der humanitären Hilfe, der Entwicklungssowie der Flüchtlingshilfe (UNHCR).

Unter dem Eindruck der Ereignisse vom 11. September 2001 wird in Zukunft auch der Kampf gegen den Terrorismus eine Herausforderung für die liechtensteinische Innen- und Außenpolitik darstellen. Die Regierung hat am 2. Oktober 2001 das „Internationale Übereinkommen zur Bekämpfung der Finanzierung des Terrorismus" vom Dezember 1999 unterzeichnet und eine zügige Ratifizierung in Aussicht gestellt. Liechtenstein hat außerdem inzwischen mehrfach versichert, dass es als wichtiger europäischer Finanzplatz die Finanzierung terroristischer Aktivitäten wirkungsvoll bekämpfen werde. In New York setzt sich die dortige UN-Vertretung des Landes nachdrücklich für die baldige Verabschiedung einer umfassenden Konvention gegen den Terrorismus ein. Der Unterstützung des vom Sicherheitsrat in seiner Resolution 1373 vom 28. September 2001 eingesetzten Anti-Terrorismus-Ausschuss wird von Liechtenstein höchste Priorität eingeräumt.

Internet-Informationen unter: www.liechtenstein.li

10. Kapitel. Entwicklungsphasen
der Vereinten Nationen

Am Ende eines Überblicks über das Gesamtsystem der Vereinten Nationen mag der Leser aus gutem Grund eine Art Bilanz der bisherigen Lebensgeschichte der UN-Familie erwarten, in der säuberlich die Aktiva und Passiva einander gegenübergestellt werden.

Die Vereinten Nationen als die größte und bedeutendste globale Organisation der Neuzeit wurden als Hoffnungsträger und Garant für eine friedvollere Welt in den Wirren des Zweiten Weltkriegs ins Leben gerufen. Da ihr Wirken seit der ersten Stunde an den in der Charta normierten Ansprüchen gemessen wurde, überwogen bei ihrer Beurteilung in der Vergangenheit – bis auf ein kurzes Intermezzo in neuerer Zeit – zumeist skeptische Töne. Doch bei aller Kritik, auch aus den eigenen Reihen, zieht sich eine – immer wiederkehrende – Feststellung wie ein roter Faden durch die mehr als 50-jährige Existenz der Vereinten Nationen: „Die UNO hat sicherlich viele Schwächen. Sie ist keine perfekte Organisation. Aber es gibt keine vernünftige Alternative" (so der frühere Generalsekretär Waldheim).

Die Absicht dieses Kapitels liegt weniger darin, Erfolge und Misserfolge im Einzelnen aufzuzählen und Zensuren zu erteilen, als vielmehr darin, in groben Strichen ansatzweise die Entwicklung der Vereinten Nationen – eines inzwischen weit verzweigten Gebildes, bestehend aus mehr als einhundert Einzelinstitutionen – von der Gründung bis zur Gegenwart nachzuzeichnen, um abschließend einen Blick auf die viel diskutierte Reformfrage zu werfen.

Die Geschichte der Vereinten Nationen lässt sich – um eine Orientierung zu erleichtern – in verschiedene Phasen einteilen, wobei die Grenzen zwischen den einzelnen Zeitabschnitten nicht genau zu markieren sind. Ausgehend von der allgemein anerkannten These, dass diese internationale Organisation ihrem Wesen entsprechend ein Instrument bzw. ein Forum der Staaten darstellt und nur bedingt als Akteur agieren kann, orientiert sich die folgende Periodisierung einmal an der Dynamik der internationalen Politik seit dem Zweiten Weltkrieg und der damit einhergehenden Entwicklung des machtpolitisch – nach wie vor – von Nationalstaaten dominierten internationalen Systems; zum anderen wurde die innere Entwicklung der Vereinten Nationen in Betracht gezogen.

I. Der Kalte Krieg (1945–1953)

Vorrangiges Ziel dieser auf dem Prinzip der kollektiven Sicherheit basierenden internationalen Organisation war es ursprünglich, den durch die Beendigung des Krieges geschaffenen Zustand des internationalen Systems zu stabilisieren und jeder gewaltsamen Veränderung des Status quo entgegenzuwirken. Die Aufrechterhaltung des Weltfriedens sollte ein Direktorium der Großmächte garantieren, wie deren herausragende Position als Ständige Mitglieder des Sicherheitsrats belegt. Die Gründer der Vereinten Nationen waren demnach von der Annahme ausgegangen, dass die Kriegskoalition nach Abschluss der Kampfhandlungen in gleicher Weise weiterbestehen werde, denn das Instrumentarium der Friedenssicherung konnte nur dann zur Anwendung gelangen, wenn der Konsens der Alliierten erhalten blieb: Das Prinzip der Einstimmigkeit, wie es sich in der so genannten Jalta-Formel für den Sicherheitsrat niederschlägt, setzt gleichgerichtete Interessen der Großmächte voraus – Divergenzen zwischen ihnen lähmen die friedenspolitische Handlungsfähigkeit der Organisation.

Das Auseinanderbrechen der Allianz in zwei Blöcke, das sich schon unmittelbar nach der Entstehung der UNO abzeichnete, belastete von vornherein jede konstruktive Vermittlertätigkeit der Vereinten Nationen mit nur schwer zu beseitigenden Hypotheken. Gegen Ende der vierziger Jahre war der Zustand der Organisation – wie auch danach jeweils ein Abbild der internationalen Szenerie – gekennzeichnet durch einen gefährlichen machtpolitischen und ideologischen Dualismus, der die Welt spaltete und als Phase des Kalten Krieges (ein 1947 von amerikanischen Publizisten propagierter Ausdruck) in die Nachkriegsgeschichte einging. Die Arbeit der Vereinten Nationen wurde in den folgenden Jahren vom Kalten Krieg überschattet und geprägt. Besonders in dem von der Charta mit der

Hauptverantwortung für die Aufrechterhaltung des Weltfriedens und der internationalen Sicherheit betrauten UN-Organ, dem Sicherheitsrat, spiegelte sich der zunehmende Ost-West-Gegensatz wider, der dieses Gremium in seiner Funktionsfähigkeit lähmte: Die Sowjetunion machte – zum Teil von den USA provoziert – bei Problemen des Kalten Krieges, d. h. bei Streitigkeiten, an denen die UdSSR und die USA mittelbar oder unmittelbar beteiligt waren, in reichlichem Maße von ihrem Veto-Recht Gebrauch (von den von 1946 bis 1949 eingelegten 49 Vetos gehen 47 auf das Konto der Sowjetunion), so dass sich das Manövrierfeld der Weltorganisation praktisch auf jene Gebiete einengte, in denen keine direkten Interessen der Großmächte auf dem Spiele standen.

Das Ringen der Blöcke miteinander und alle damit verbundenen Begleiterscheinungen, wie das Konkurrenzverhältnis in den Haupt- und Nebenorganen der Vereinten Nationen, bestimmten die Arbeit der Organisation in dieser ersten Phase. So stand auch die Frage der Aufnahme neuer Mitglieder im Zeichen der Ost-West-Rivalität, wobei nicht nach rechtlichen, sondern ausschließlich nach politischen Grundsätzen entschieden wurde. Hier prägte sich der Kalte Krieg besonders sichtbar aus, ging es doch für beide Seiten darum, stimmen- und zahlenmäßige Unterstützung für das eigene Lager zu finden. Die Sowjetunion blockierte mit ihrem Veto die von westlicher Seite unterstützten Aufnahmeanträge (beispielsweise Irlands, Italiens, Österreichs, Jordaniens und Portugals), während der Westen seinerseits den Ostblock – in der Regel durch Stimmenthaltung, aber auch durch Nein-Stimmen – daran hinderte, die erforderliche Mehrheit für den Beitritt „seiner" Kandidaten (zum Beispiel Albanien und Bulgarien) im Sicherheitsrat zu finden. Die Fronten verhärteten sich zunehmend: Die Zahl der jährlich neu aufgenommenen Länder ging immer weiter zurück, bis schließlich in den Jahren 1948 bis 1950 jeweils nur noch ein Staat zugelassen wurde und danach (von September 1950 bis Dezember 1955) ein totaler Aufnahmestopp eintrat. Die Sowjetunion war lediglich bereit, der pauschalen Aufnahme einer Reihe von Bewerberstaaten zuzustimmen. Dem widersetzten sich die Westmächte, weil dieser „Paketvorschlag" Ostblockstaaten umfasste, die von den USA völkerrechtlich nicht anerkannt wurden. Da zu Beginn der fünfziger Jahre weder die

USA noch die Sowjetunion ihre Haltung aufgaben, blieben die Türen der UNO für neue Mitglieder bis 1955 verschlossen.

Die Blockierung des Sicherheitsrats im Verlauf des Korea-Krieges durch die Veto-Praxis der Sowjetunion, die den Rat bei Ausbruch dieses Konflikts wegen der umstrittenen Vertretung Chinas zunächst boykottiert und dadurch ungewollt die erste kollektive, primär von den USA getragene UN-Hilfsaktion für das aus dem Norden angegriffene Südkorea ermöglicht hatte, führte im November 1950 als Ausdruck der westlichen Dominanz in den Vereinten Nationen zu einer Aufwertung der Position der Generalversammlung: Mit der Uniting-for-Peace-Resolution wurde der Handlungsspielraum des Plenums auf dem Gebiet der Friedenssicherung formell erweitert. Angesichts der machtpolitischen Gegebenheiten ließen sich jedoch bei den 30 internationalen Konflikten, mit denen die Vereinten Nationen zwischen 1946 und 1953 befasst wurden, die Grenzen der in der Charta vorgesehenen Friedenssicherungsmechanismen bereits erkennen.

Neben der Erhaltung des Friedens und der internationalen Sicherheit besteht laut Charta eine wesentliche Aufgabe darin, den wirtschaftlichen und sozialen Fortschritt sowie die Durchsetzung der Menschenrechte in der Welt zu fördern. In diesem Bereich mussten sich die Vereinten Nationen in den ersten Nachkriegsjahren vorwiegend mit Problemen beschäftigen, die der Krieg hinterlassen hatte. Spezielle Organisationen und Unterorgane wurden ins Leben gerufen, um den Wiederaufbau der zerstörten Gebiete – vor allem in Europa – zu erleichtern bzw. zu ermöglichen. 1945 wurden Sonderorganisationen wie die Weltbank und die FAO und 1946/47 Hilfsorgane wie UNICEF und die Wirtschaftskommission für Europa gegründet. Mit der Annahme der Allgemeinen Erklärung der Menschenrechte im Jahr 1948 wurde der Grundstein für den Menschenrechtsschutz gelegt.

Die USA verfügten als westliche Führungsmacht in dieser Phase nicht nur in der Generalversammlung über eine sichere Mehrheit, sondern nahmen insgesamt eine dominierende Stellung innerhalb des UN-Verbandes ein. Die Sowjetunion, die gegen die „Untergrabung und Zerstörung der Vereinten Nationen durch aggressive Elemente und deren Komplizen" polemisierte – gemeint waren in dieser Erklärung des sowjetischen Außenministeriums von 1949 die Westmächte –, verweigerte ihre Mitarbeit in einem Großteil der Hilfsorgane und Sonderorganisationen. Sie brandmarkte diese als Werkzeuge der kapitalistischen Feinde im Kalten Krieg.

II. Der Aufbruch der Dritten Welt (1954–1964)

Nach Stalins Tod im Jahre 1953 begann eine Neuorientierung der sowjetischen Außenpolitik – auch gegenüber den Vereinten Nationen –, die unter Nikita Chruschtschow etwa ab 1955 deutlichere Umrisse erhielt. Auf die im Abklingen begriffene Periode des Kalten Krieges folgte eine Entwicklung, in der das Prinzip der friedlichen Koexistenz – nicht nur in ihrer sozialistischen Ausprägung – zur außenpolitischen Maxime erhoben wurde.

Nach Ende des Korea-Krieges (1953) mehrten sich zunächst außerhalb der UNO die Zeichen für eine vorsichtige Lockerung der Konfrontation zwischen den beiden Blöcken (z. B. Genfer Gipfelkonferenz 1955), die sich allmählich auch in den Vereinten Nationen widerspiegelte und Ende 1955 ihren sichtbaren Ausdruck in der Einigung der Großmächte über die Aufnahme von 16 Staaten fand.

Ab Mitte der fünfziger Jahre beteiligten sich die Ostblockstaaten an den freiwillig finanzierten Hilfsprogrammen und arbeiteten an verschiedenen Projekten der wirtschaftlichen Entwicklung und Technischen Hilfeleistung mit. Der Beitritt (1954) der Sowjetunion zur UNESCO und zur ILO dokumentierte zudem eine veränderte Haltung gegenüber bestimmten Sonderorganisationen (wohingegen die FAO, der Währungsfonds und die Weltbankgruppe weiterhin auf sowjetische Ablehnung stießen).

Die bedeutendste Leistung der Vereinten Nationen in dieser Phase liegt wohl darin, den Prozeß der Entkolonialisierung durch direkte Handlungen wie durch ihre Existenz („Entkolonialisierung durch Resolutionen") in vielen Fällen erheblich beschleunigt, in manchen Fällen erst ermöglicht zu haben. (Von zentraler Bedeutung war die im Dezember 1960 von der Generalversammlung verabschiedete „Deklaration über die Gewährung der Unabhängigkeit an koloniale Länder und Völker".) Dieser Vorgang wäre mit großer

Wahrscheinlichkeit sehr viel langsamer und blutiger verlaufen, hätte nicht die UNO eine ausgleichende Vermittler- und Auffangfunktion erfüllt.

Der Eintritt zahlreicher neu entstandener, vornehmlich afrikanischer und asiatischer Staaten in die UNO (von 1955 bis 1962 erhielten insgesamt 50 Staaten die Mitgliedschaft), aber auch die wachsende Diskrepanz zwischen den industrialisierten, meist reichen Ländern Europas und Nordamerikas einerseits und den vorwiegend noch traditionellen Produktionsmethoden verhafteten, teilweise überbevölkerten Entwicklungsländern in Afrika, Asien und Lateinamerika andererseits zeitigten innerhalb der Vereinten Nationen zwei herausragende Folgen:

Die eine bestand darin, dass die politischen, wirtschaftlichen und sozialen Probleme der Dritten Welt immer stärker in den Vordergrund rückten. Mit dem Beitritt von Staaten mit unzureichenden Wirtschafts- und Sozialstrukturen wurden in wachsendem Maße entwicklungspolitische Defizite an die UNO herangetragen. Die Entwicklungsländer, die in einem weltweiten Forum wie den Vereinten Nationen eine geeignete Plattform für die Lösung oder zumindest Linderung ihrer brennenden Probleme erblickten, überfluteten die Organisation unaufhörlich mit neuen Forderungen und Initiativen. Diesem Druck Rechnung tragend, übernahm die UNO kontinuierlich neue Aufgaben in der Entwicklungspolitik, die sich auch in der Organisationsstruktur niederschlugen, vor allem in der Gründung von Hilfsprogrammen (so 1961 des Welternährungsprogramms) und zusätzlichen Unterorganen. Die Mehrzahl der UN-Sonderorganisationen – ursprünglich mit anderer Zielrichtung geschaffen – verlagerte ebenfalls die inhaltlichen und geographischen Schwerpunkte ihrer Tätigkeit und beschäftigte sich in zunehmendem Umfang mit Entwicklungsaufgaben.

Die andere Konsequenz lag in der Änderung der Mehrheitsverhältnisse in der Generalversammlung. Das anfänglich zahlenmäßige Übergewicht der USA und der ihnen nahe stehenden Länder wich allmählich einer Mehrheit der Staaten der Dritten Welt.

Als sich im April 1955 die in den Vereinten Nationen zuvor entstandene afroasiatische Staatengruppe in Bandung (Indonesien) zu ihrer historischen Konferenz traf, war der Grundstein für eine Bewegung gelegt, die sich im September 1961 in Belgrad zu dem Ersten Gipfeltreffen der blockfreien Länder zusammenfand. Damit hatte sich die Dritte Welt ein zusätzliches politisches und organisatorisches Forum geschaffen, zugleich betraf dieser historische Vorgang auch unmittelbar das Gefüge der Vereinten Nationen. Mit der numerischen Zunahme ihrer UN-Mitglieder wuchs Anfang der sechziger Jahre der Wunsch nach größerer politischer Mitsprache und einer entsprechend verbesserten Repräsentation in verschiedenen UN-Organen.

Dies führte schließlich dazu, dass die Generalversammlung im Dezember 1963 beschloss, die Mitgliederzahl (ab 1965) im Sicherheitsrat und im Wirtschafts- und Sozialrat zu erhöhen, wodurch eine gerechtere geographisch-politische Vertretung der Drittweltländer sichergestellt werden sollte.

Nach dem ebenso spektakulären wie problembehafteten Einsatz der UN-Militärverbände im Korea-Konflikt (1950–1953) kam es in dieser Zeitspanne unter ganz anderen politischen und völkerrechtlichen Voraussetzungen mit der Entsendung der UN-Friedenstruppe (UNEF) im Suez-Konflikt (1956/57) zur ersten größeren „friedenssichernden Operation" der Vereinten Nationen. Diese Befriedungsaktion – die fortan „Blauhelme" genannte Truppe sollte über die Beendigung der Feindseligkeiten und die Einhaltung des Waffenstillstandes wachen, ohne ihrerseits Partei zu ergreifen – war wegen der interessenbedingten Übereinstimmung der beiden Supermächte trotz des Vetos der an den kriegerischen Auseinandersetzungen direkt beteiligten Ratsstaaten, Großbritannien und Frankreich, zustande gekommen. Formal wurde diese beispielhafte Variante der Konflikteindämmung durch die Anwendung der Uniting-for-Peace-Resolution in der Generalversammlung ermöglicht, wobei die Sowjetunion, die dieses Instrument zur Überwindung der Lähmung des Sicherheitsrats ursprünglich abgelehnt hatte, nunmehr ihre Zustimmung nicht verweigerte.

Im Kongo-Konflikt (1960–1964) gelang mit Hilfe einer weiteren, massiven UN-Friedensstreitmacht schließlich eine friedliche Lösung, wobei die bemerkenswerte Neuerung für die Organisation darin lag, dass sie das Prinzip der strikten Nichteinmischung in die inneren Angelegenheiten eines Staates erstmals aufgab. Das engagierte Verhalten des damaligen Generalsekretärs Dag Hammarskjöld, der als eigentlicher Kopf dieser UN-Operation fungierte, in einem Konflikt, der in seiner politischen und militärischen Vielschichtigkeit die Weltorganisation vor eine Zerreißprobe stellte, stieß bei der Sowjetunion nach anfänglicher Zustimmung auf energischen Widerstand. Chruschtschow forderte daraufhin im Herbst 1960 – kurz nach seinem peinlichen Auftritt mit der „Schuh-Szene" im Plenum – nicht nur ultimativ „wegen Amtsmissbrauchs" die Ablösung Hammarskjölds (der knapp ein Jahr später in Ausübung einer Mission unter bisher nicht geklärten Umständen im Kongo, dem heutigen Zaire, den Tod fand), sondern auch die Reorganisation der Spitze des Generalsekretariats und die Schaffung einer Troika-Führung: An die Stelle eines Generalsekretärs sollte (ähnlich den sowjetischen Vorstellungen auf der UN-Gründungskonferenz im Jahre 1945) ein Kollegium treten, bestehend aus je einem Vertreter der drei „Blöcke" (West, Ost, Dritte Welt).

Bei der Bewältigung der wohl gefährlichsten Konfrontation zwischen den beiden Großmächten USA und UdSSR nach Ende des Zweiten Weltkriegs, der Kuba-Krise (1960 bis 1962), spielten die Vereinten Nationen mit der erfolglosen Vermittlungstätigkeit ihres Generalsekretärs U Thant nur eine Randrolle.

Radikale Kräfte in der Dritten Welt übten zu jener Zeit ebenfalls heftige Kritik an den Vereinten Nationen. Ihre Wortführer aus der Volksrepublik China, Pakistan und allen voran der damalige Präsident Indonesiens, Sukarno, verlangten eine grundlegende Umgestaltung dieser „so genannten Weltorganisation", die als Werkzeug der „USA-Imperialisten" angesehen wurde. Gleichzeitig drohten sie mit der Gründung einer Gegen-UNO, einer revolutionären „Organisation der neuen aufstrebenden Staaten" (United Nations of New Emerging Forces – UNNEFO).

Das Schlagwort von der „Krise der Vereinten Nationen" machte Mitte der sechziger Jahre (bereits) die Runde. Untermauert wurde diese Zustandsbeschreibung noch dadurch, dass die UN-Aktionen am Suez-Kanal und im Kongo die Organisation in ernste finanzielle Schwierigkeiten stürzten. Die Weigerung einiger Hauptbeitragszahler, wie Frankreichs und der Sowjetunion, zur Finanzierung der Kosten für die friedenserhaltenden Operationen beizutragen, hatte

u. a. zur Folge, dass die Arbeit der Generalversammlung zeitweise ruhte und die 19. Sitzung des Plenums erst am 1. Dezember 1964 eröffnet werden konnte und im Februar 1965 erneut vertagt wurde.

III. An der Schwelle zur Universalität und der beginnende Nord-Süd-Konflikt (1965–1973)

Zu Beginn der sechziger Jahre hatte sich die Mitgliederzahl der Vereinten Nationen seit ihrem Bestehen verdoppelt (von ursprünglich 51 auf 104 Staaten Anfang 1962), wobei die Mehrzahl der hinzugekommenen Länder ehemalige Kolonien waren. Am 1. Dezember 1973 gehörten 135 Staaten der Weltorganisation an, einschließlich der im Herbst 1971 an die Stelle der Republik China getretenen Volksrepublik China, des bevölkerungsreichsten Landes der Erde mit damals nahezu 800 Millionen Einwohnern. Parallel zum Prozess der Dekolonisation war mit dem Beitritt der beiden deutschen Staaten im Herbst 1973 bis auf wenige Ausnahmen – so die geteilten Länder Vietnam und Korea wie auch die Schweiz – das Ziel der Universalität der Weltorganisation erreicht. Da die Verwirklichung dieses in der Charta zwar nicht ausdrücklich genannten, aber dem Selbstverständnis der UNO entsprechenden Prinzips auch Probleme mit sich brachte, die die Struktur, die Arbeitsweise und das Erfolgspotential der Organisation berührten, konstituierte sich der Sicherheitsrat im September 1969 als Mikrostaaten-Ausschuss, der – in dieser Funktion inzwischen wieder aufgelöst – die Problematik der Mitgliedschaft kleiner und kleinster Staaten untersuchte.

Der Schauplatz des militärischen Konflikts, der die internationale Politik jener Zeit beherrschte, lag in Südostasien; Eskalation und Ende des Vietnam-Krieges vollzogen sich jedoch im Wesentlichen außerhalb der UNO. Da die Großmächte in diese Auseinandersetzung unmittelbar verwickelt waren und beide vietnamesischen Staaten der Weltorganisation nicht angehörten, wurde weder der Sicherheitsrat noch die Generalversammlung bei der Suche nach einer friedlichen Lösung eingeschaltet.

Ähnlich verhielt es sich mit den Bemühungen um Abrüstung und Rüstungskontrolle, für die – praktisch seit Bestehen der Organisation – die Vereinten Nationen häufig den Anstoß gaben oder auch den institutionellen Rahmen bildeten und als Diskussionsforum dienten. Die Generalversammlung sowie immer wieder neu- und umgebildete Kommissionen und Ausschüsse befassten sich in Permanenz mit Fragen der Abrüstung und Rüstungsbeschränkung. Substantielle Teilvereinbarungen, wie das partielle Atomteststopp-Abkommen von 1963 oder der Atomsperrvertrag (Nichtverbreitungsvertrag) von 1968, wurden zwar im damaligen Genfer UN-Abrüstungsausschuss ausgehandelt, doch die entscheidenden Gespräche fanden stets außerhalb des Konferenzsaales zwischen den beiden Supermächten statt; dies galt in noch stärkerem Maße für die 1969 eingeleiteten bilateralen Verhandlungen zwischen den USA und der UdSSR und die beiden Abkommen von 1972 und 1979 über die Begrenzung strategischer Waffen (SALT I und II).

Die Supermächte waren offensichtlich daran interessiert, der vor allem in den fünfziger und frühen sechziger Jahren sichtbar werdenden Tendenz zur Verlagerung des politischen Entscheidungszentrums vom Sicherheitsrat zur Generalversammlung Einhalt zu gebieten und zur faktischen Kompetenzverteilung zwischen diesen beiden Organen, wie sie während der vierziger Jahre bestand, zurückzukehren; man kann deshalb von einer ersten Renaissance der Kompetenzausübung durch den Sicherheitsrat in Angelegenheiten der Friedenswahrung sprechen.

In den sechziger Jahren verstärkte sich der bereits erwähnte einschneidende Aufgaben- bzw. Bedeutungswandel der Vereinten Nationen, dessen Anfänge bis in die zweite Hälfte der fünfziger Jahre zurückreichen: Für die in der Satzung verankerten Verfahren zur Regelung internationaler Konflikte ergaben sich in der Praxis nur geringe Realisierungschancen, während die unter dem Schlagwort Entwicklungspolitik zusammenzufassenden Aktivitäten zunehmend das gesamte Organisationssystem dominierten.

Diese Umbruchsphase war weiterhin dadurch gekennzeichnet, dass angesichts der – zunächst nur zögernd einsetzenden – Entspannung zwischen den beiden Weltmächten der Ost-West-Konflikt in wachsendem Ausmaß vom Nord-Süd-Gegensatz überlagert wurde. Nunmehr gehörten Entwicklungsprobleme zu den meistdiskutierten und meistumstrittenen Themen in nahezu allen UN-Organen. Das traf sowohl für die Generalversammlung als auch für den Wirtschafts- und Sozialrat und die mit diesen beiden Hauptorganen verbundenen Organisationen, Institutionen und Programme der UN-Familie zu. Dementsprechend verlagerte sich die Sekretariatsarbeit ebenfalls in diesen Bereich. Die Vereinten Nationen wurden zum wichtigsten Träger multilateraler Entwicklungspolitik. Etwa 80 Prozent der gesamten Finanzmittel und mehr als 75 Prozent des Personals wurden von nun an hierfür eingesetzt.

Im Bereich des konkreten Menschenrechtsschutzes konnte trotz erheblicher Positionsunterschiede zwischen den Blöcken 1966 mit der Verabschiedung der beiden Menschenrechtskonventionen durch die Generalversammlung ein erster qualitativer Durchbruch erzielt werden.

Die augenfällige Berücksichtigung der Interessen der Drittweltländer fand ihren Niederschlag in der zuvor erwähnten Charta-Änderung über die Erhöhung der Mitgliederzahlen des Sicherheitsrats und des Wirtschafts- und Sozialrats (1971 wurde eine neuerliche Aufstockung der Mitgliederzahl des ECOSOC beschlossen) sowie in der Institutionalisierung der Welthandels- und Entwicklungskonferenz (UNCTAD) – 1964 auf Betreiben der Entwicklungsländer zustande gekommen, die sich im Gefolge dieser Konferenz im Oktober 1967 zur „Gruppe der 77" zusammenschlossen. Es folgte die Gründung des Entwicklungsprogramms der Vereinten Nationen (UNDP – 1965) sowie die Schaffung der Organisation für industrielle Entwicklung (UNIDO – 1966).

Die von der Generalversammlung 1961 auf Initiative der USA proklamierte „Erste Entwicklungsdekade der Vereinten Nationen" (1961–1970) wurde entsprechend einer aus Anlass des 25-jährigen UN-Jubiläums gefassten Entschließung für eine internationale Entwicklungsstrategie durch eine „Zweite Entwicklungsdekade" für die Jahre 1971 bis 1980 abgelöst. Inhalte und Organisation der Entwicklungspolitik der Vereinten Nationen wurden zur Diskussion gestellt und neu überdacht, wobei Bestandsaufnahmen, so der Pearson-Bericht (1969) und der Jackson-Report (1969), wertvolle Anregungen gaben. Ein weiterer, 1975 veröffentlichter Sachverständigenbericht sah eine institutionelle Straffung der wirtschafts- und entwicklungspolitischen Organvielfalt vor. Neue Aufgaben, wie zum Beispiel der weltweite Umweltschutz – die Generalversammlung sah darin erstmals 1968 ein globales Problem, und 1972 fand in Stockholm eine von den Vereinten Nationen einberufene Umweltschutzkonferenz statt, die zur Gründung des UNEP führte – traten hinzu.

Der damalige Generalsekretär Kurt Waldheim machte wiederholt den Vorschlag, zweckmäßigere Arbeitsmethoden und Mechanismen für die Weltorganisation in die Wege zu leiten. Diese Forderung ist ebenfalls in einer Resolution der Generalversammlung vom 27. November 1972 enthalten, in der die Notwendigkeit betont wird, „die Rolle der UNO zu stärken, damit sie einen vermehrten Beitrag bei der Regelung internationaler Fragen leisten kann"; ein entsprechender Sonderausschuss des Plenums nahm einige Zeit später seine Tätigkeit auf.

IV. Die Dominanz des Nord-Süd-Konfliktes (1974–1986)

Der vierte Nahost-Krieg im Oktober 1973 und die im Gefolge dieses Konfliktes von einer Reihe Erdöl exportierender Länder, die sich als Interessenwahrer der Dritten Welt verstanden, praktizierte Preis- und Lieferungspolitik führten zu weltpolitischen Turbulenzen. Die Vereinten Nationen als Brennglas der internationalen Politik gerieten in den Strudel wachsender Konfrontation zwischen den Industriestaaten des Nordens und den selbstbewusster auftretenden Entwicklungsländern des Südens, und in etlichen ihrer Organe bzw. Organisationen standen die Zeichen auf Sturm. Besorgte Stimmen sprachen damals bereits vom „Abschied von den Vereinten Nationen".

Für die Zukunft des gesamten UN-Systems besonders gefährlich erschien eine Entwicklung, die vor allem im Verlauf der 29. und der 30. Sitzungsperiode (1974 und 1975) der Generalversammlung sichtbar wurde: Eine aggressive Rhetorik prägte die Debatten, Mehrheiten suchten sich über Buchstaben und Geist der Charta hinwegzusetzen und griffen zum Mittel der Manipulation. Dies galt für den Versuch der Isolierung Israels im Plenum und in zahlreichen Sonderorganisationen (z. B. UNESCO, ILO, WMO) ebenso wie für den Ausschluss Südafrikas von der Mitarbeit in der Generalversammlung (1974). Gewisse, einer Majorität missliebige Staaten sollten von der weltpolitischen Landkarte einfach gestrichen werden; doch damit geriet das Prinzip der Universalität, lange Zeit lautstark propagierter Grundsatz der Charta, in Gefahr.

Der Vorwurf gegenüber der numerischen Drittweltmehrheit, in vielen Fragen mit zweierlei Maß zu messen, so beispielsweise auf der einen Seite das Regime in Südafrika wegen seiner Rassenpolitik und permanenten Verletzung der Menschenrechte aus der UNO ausschließen zu wollen, andererseits den durch Stammes- und Rassengegensätze bedingten Pogromen in Mitgliederstaaten wie Burundi und Uganda oder dem Völkermord in Kambodscha (Kampuchea) nicht entgegenzutreten, wurde nicht nur von den USA erhoben. Hinzu kamen ab Anfang der siebziger Jahre radikale, ultimative Forderungen nach einer tief greifenden Umstrukturierung des westlich-kapitalistisch dominierten Weltwirtschaftssystems, d. h. nach Errichtung einer Neuen Weltwirtschaftsordnung, so auf zwei Sondergeneralversammlungen (1974 und 1975).

Nicht bei allen Auseinandersetzungen in den Vereinten Nationen standen sich dieselben „Blöcke" als Kontrahenten gegenüber. Die sozialistischen Länder Osteuropas unter der Führung der Sowjetunion unterstützten zwar stets lautstark die Positionen der Dritten Welt, aber bei Wirtschafts- und Sozialfragen wurden die industrialisierten RGW-Staaten von den Entwicklungsländern zunehmend mit den westlichen Industriestaaten auf eine Stufe gestellt. Die im Dezember 1974 von der Generalversammlung angenommene „Charta der wirtschaftlichen Rechte und Pflichten der Staaten" dokumentierte diese Zwei-Welten-Sicht eindeutig. Der Kern der so genannten Weltwirtschafts-Charta, wie auch einer Reihe anderer Erklärungen, lag in dem berechtigten Wunsch der überwiegend auf der südlichen Erdhalbkugel befindlichen Länder, die vorherrschende internationale Wirtschaftsstruktur generell und sektoral zu ihren Gunsten zu verändern und den Nochnicht-Industriestaaten einen größeren Anteil am Weltwirtschaftsprodukt zu sichern.

Mit einer sicheren Zwei-Drittel-Mehrheit beherrschte in dieser Phase die mit dem Interessenverband der blockfreien Staaten weitgehend identische „Gruppe der 77" – eine Art Gewerkschaft der

Entwicklungsländer – die UN-Generalversammlung ebenso wie zahlreiche Plena anderer Organe und Sonderorganisationen der Vereinten Nationen. Dieser „automatischen Mehrheit" stand die Minderheit westlicher Staaten sehr kritisch gegenüber. Als Wortführer beklagten die USA, in fast allen UN-Einrichtungen mit Abstand größter Geldgeber, am vehementesten diese Konstellation, die auch dafür verantwortlich gemacht wurde, dass Fragen vorwiegend wirtschaftlicher oder technischer Natur zu oft mit politisch-ideologischen Hypotheken belastet wurden.

Beitragskürzungen, Austritte (aus der ILO 1977, Rückkehr 1980, und aus der UNESCO zum 31. Dezember 1984) sowie weitere Austrittsdrohungen und die Forderung nach Einführung des gewichteten Stimmrechts in der Generalversammlung waren die amerikanischen Reaktionen.

Auch auf den von der UNO einberufenen Mammutkonferenzen (wie der Weltbevölkerungskonferenz – 1974 und 1984, Welternährungskonferenz – 1974, Weltfrauenkonferenz – 1975, 1980 sowie 1985) dominierten die Staaten Afrikas, Asiens und Lateinamerikas. Weniger klar verliefen die Fronten auf der 1982 abgeschlossenen III. UN-Seerechtskonferenz; bei der Suche nach einer Neuen Weltmeeresordnung zeigten sich auf Grund spezifischer nationaler Interessen bemerkenswerte Positionsverschiebungen in und zwischen den einzelnen Gruppierungen.

In zwei Grundsatzbeschlüssen legte die Generalversammlung 1979 bzw. 1980 die organisatorischen und inhaltlichen Leitlinien für die UN-Entwicklungspolitik der achtziger Jahre fest: Einmal wurden zwischen Nord und Süd „Globale Verhandlungen" über die Themen Rohstoffe, Energie, Handel, Entwicklung sowie Währung und Finanzen gefordert. Zum anderen konnte die Internationale Entwicklungsstrategie für die Dritte Entwicklungsdekade der Vereinten Nationen (1981 bis 1990) nach langwierigen Auseinandersetzungen einvernehmlich verabschiedet werden. Damit hatte die Forderung nach der Neuen Weltwirtschaftsordnung offensichtlich an Brisanz verloren, und es war ein erster gemeinsamer Nenner geschaffen, der zur beginnenden Versachlichung des Nord-Süd-Dialogs wesentlich beitrug. Bei der Überwindung des in den achtziger Jahren eskalierenden Schuldenproblems – hervorgerufen durch den enormen Auslandsschuldenberg vieler Entwicklungsländer – spielten die zuständigen UN-Einrichtungen (zunächst) eine nur in Ansätzen wirksame Rolle.

Im Bereich der Menschenrechte war fraglos einer der wichtigsten normativen Erfolge der Vereinten Nationen das In-Kraft-Treten der beiden internationalen Übereinkommen zum Schutz und zur Förderung der Menschenrechte und Grundfreiheiten Anfang 1976, zehn Jahre nach ihrer Unterzeichnung: des Paktes über wirtschaftliche, soziale und kulturelle Rechte – des so genannten Sozialpaktes – und des Paktes über bürgerliche und politische Rechte – des Zivilpaktes. Die Einhaltung und Kontrolle dieser rechtlichen Verpflichtungen war damit in der Praxis noch keineswegs gewährleistet, aber gleichzeitig wurde mit dem Aufbau eines entsprechenden Überwachungssystems begonnen.

Obschon die Generalversammlung die Frage der allgemeinen und vollständigen Abrüstung bereits 1959 zum „wichtigsten Problem unserer heutigen Welt" deklarierte und zu entsprechenden Anstrengungen aufgerufen hatte, drehte sich die Rüstungsspirale im Osten und im Westen wie auch in der Dritten Welt weiter. Angesichts dieser deprimierenden Entwicklung beschloss das Plenum 1975 eine prinzipielle Überprüfung der Rolle der Vereinten Nationen auf dem Gebiet der Abrüstung.

Wegweisende Impulse für eine umfassende internationale Abrüstungsstrategie erhoffte man sich von der ersten Sondergeneralversammlung über Abrüstungsfragen, die im Mai/Juni 1978 ein abrüstungspolitisches Grundsatzprogramm aufstellte und der im Juni/Juli 1982 eine zweite Sondersitzung folgte (zuvor waren die achtziger Jahre zur Zweiten Abrüstungsdekade proklamiert worden). Der komplexe Abrüstungsapparat der Vereinten Nationen lief zwar fortwährend auf Hochtouren: An der Spitze die Generalversammlung (mehr als 20 seit 1980 entstandene, zumeist voluminöse Abrüstungsstudien lieferten die konzeptionellen Grundlagen, Jahr für Jahr wurden vom Plenum bis zu 70 Abrüstungsresolutionen verabschiedet). Doch vor dem Hintergrund des sich im Verlauf dieser Entwicklungsphase der Vereinten Nationen zunächst wieder verschärfenden Ost-West-Konfliktes blieben konkrete Ergebnisse aus.

Nach wie vor waren die Vereinten Nationen in einigen „traditionellen" Konfliktgebieten engagiert, vor allem im südlichen Afrika sowie im Nahen Osten, wo mit den Friedenssicherungsoperationen ein Erfolg versprechendes Instrumentarium zur Verfügung stand, um zumindest Spannungen abzubauen und Auseinandersetzungen einzugrenzen. Unabdingbare Voraussetzung für das Zustandekommen solcher UN-Aktionen, die von der Entsendung von Beobachtern bis zum Einsatz von Truppeneinheiten reichen, war die Zustimmung oder zumindest Duldung der USA und der Sowjetunion. UN-Kontingente – wie UNEF II (bis 1979), UNDOF oder UNIFIL – operieren an den Brennpunkten des schwelenden Nahost-Konfliktes, UNFICYP ist seit 1974 auf Zypern stationiert.

Zur Beilegung neu entstandener kriegerischer Regionalkonflikte konnten die Vereinten Nationen in jener Periode (noch) keine durchschlagenden Beiträge leisten:

Die „Lage in Afghanistan und ihre Auswirkungen auf den Weltfrieden und die internationale Sicherheit" beschäftigten seit 1980 regelmäßig die Generalversammlung, und der Generalsekretär bemühte sich intensiv um eine Vermittlung; auch der Kambodscha (Kampuchea)-Konflikt stand alljährlich auf der Tagesordnung des Plenums; der Unruheherd Zentralamerika, insbesondere das Nicaragua-Problem, beanspruchte sogar mehrere UN-Hauptorgane; und in dem 1980 ausgebrochenen Golfkrieg zwischen Iran und Irak bemühte sich insbesondere der Generalsekretär um die Einstellung der Kampfhandlungen.

Die friedenspolitischen Möglichkeiten der Vereinten Nationen waren nicht nur dadurch in ihrer Wirksamkeit begrenzt, dass Appelle und konkrete Lösungsvorschläge ihrer Organe nicht oder nur bedingt befolgt wurden; ein weiteres grundsätzliches Hemmnis lag in der oftmals fehlenden Bereitschaft vieler Mitgliedstaaten, bei internationalen Krisen die Organisation gar nicht oder zu spät einzuschalten. Eine für die Funktionsfähigkeit der UNO gefährliche Verhaltensweise der Mitglieder wurde damit sichtbar: Konfliktregelung abseits der Organisation zu suchen. Der seit Anfang 1982 amtierende Generalsekretär Javier Pérez de Cuéllar bestätigte diese Einschätzung: „Eine Tendenz zum Unilateralismus und eine Abkehr von der ... Betonung des multilateralen Ansatzes zur Problemlösung ist unverkennbar." (Jahresbericht 1986)

Bereits in seinem ersten Jahresbericht (im September 1982) hatte sich der 1985 für weitere fünf Jahre wiedergewählte Generalsekretär mit der „zentralen Frage" beschäftigt, „wieweit die Vereinten Nationen imstande sind, den Frieden zu erhalten und als Forum für Verhandlungen zu dienen".

Im Jahre 1986, dem von den Vereinten Nationen anlässlich ihres vierzigjährigen Bestehens proklamierten „Internationalen Jahr des Friedens", das auch eine Stärkung der Organisation als zentralen Friedensgaranten zum Ziel hatte, geriet die UNO in eine „schwere Krise" – die „schwerste Finanzkrise in ihrer Geschichte" (Péres de Cuéllar). Vordergründig hatte sich die seit Jahren schwierige Finanzlage durch die Weigerung einiger Mitgliedstaaten, vorrangig des wichtigsten Beitragszahlers, der USA, ihren finanziellen Verpflichtungen fristgerecht und in voller Höhe nachzukommen, für fast alle UN-Organisationen zu einer Existenzbedrohung ausgeweitet.

Da die eigentlichen Ursachen jedoch politischer Natur waren und schon damals mit den divergierenden Einschätzungen des Zustandes und der Arbeitsweise der UNO durch einflussreiche Mitglieder zusammenhingen, konnten weder Zahlungsappelle noch Sparmaßnahmen allein zu einer Lösung führen. Die Wurzeln der Probleme der Vereinten Nationen suchte der angesehene Insider der UN-Szene, Maurice Bertrand, in seinem im Herbst 1985 erschienenen und viel beachteten Bericht offen zu legen; neben einer umfassenden und kritischen Bestandsaufnahme des UN-Systems lieferte er zugleich ein Reformkonzept, das in der Forderung nach einer „Weltorganisation der dritten Generation", orientiert an der Struktur der Europäischen Gemeinschaft, gipfelte.

Die Generalversammlung selbst initiierte im Jubiläumsjahr 1985 eine tief greifende Überprüfung der „strukturellen und administrativen Effizienz" der Vereinten Nationen, indem sie eine „Gruppe hochrangiger Sachverständiger" (G-18) einsetzte, die bereits ein Jahr später als Ergebnis 71 durchaus praktikable Änderungsempfehlungen vorlegte. Mit einer Reihe substantieller Beschlüsse, wie der Neuordnung des Haushaltsverfahrens, dokumentierte die 41. Generalversammlung im Herbst 1986 ihre Bereitschaft zur Fortsetzung des Reformprozesses.

V. Vom sicherheitspolitischen Aufbruch zum Millenniumsgipfel (1987/88–2000)

Als am 11. März 1985 Michail Gorbatschow zum Generalsekretär des Zentralkomitees der KPdSU gewählt wurde, konnte niemand ahnen, dass damit der Grundstein zu einer fundamentalen Umgestaltung der internationalen Beziehungen gelegt worden war. Mit der Annäherung der beiden Supermächte begann ein weltgeschichtlicher Prozess, dessen nächste Etappe der endgültige Zerfall des einstmals monolithischen Ostblocks bildete und der schließlich zum Auseinanderbrechen der militärisch-politischen Supermacht Sowjetunion führte.

1. Friedenssicherung

In den Vereinten Nationen, dem Mikrokosmos der internationalen Politik, spiegelte sich dieser revolutionäre Wandlungsprozess etwa ab 1987/88 wider. Die Auswirkungen des veränderten weltpolitischen Klimas schlugen sich bezeichnenderweise in dem UN-Organ am augenfälligsten nieder, das über Jahrzehnte hinweg in seiner Handlungsfähigkeit immer wieder blockiert gewesen war: dem **Sicherheitsrat**. Als Wendepunkt gilt die „historische" Entschließung vom Juli 1987 (Resolution 598), in der auf der Grundlage des Kapitels VII der Charta ein verbindlicher Friedensplan für den seit 1980 tobenden Krieg zwischen Iran und Irak einstimmig beschlossen werden konnte. Der Sicherheitsrat, der sich noch 1986 zu mehr als 90 – meist erfolglosen Sitzungen – zusammengefunden hatte, traf sich ab 1987 häufiger zu informellen Konsultationen und initiierte Verhandlungen zur Beilegung einer Reihe von bis dahin unlösbar erscheinenden Regionalkonflikten. Dies veranlasste den damaligen Generalsekretär Pérez de Cuéllar in seinem von vorsichtigem Optimismus geprägten Jahresbericht 1987 zu der Bewertung: Der Sicherheitsrat „ist in einer Art und Weise tätig geworden, die an sich schon eine vielversprechende Neuerung darstellt".

Weitere substantielle Ergebnisse konnten im folgenden Jahr erreicht werden. Am spektakulärsten war – in Anbetracht der langjährigen Verstrickungen und Interessengegensätze der USA und der

Sowjetunion – sicherlich die Unterzeichnung des Afghanistan-Abkommens im April 1988 mit der Vereinbarung über den sowjetischen Truppenabzug; und mit dem im August 1988 geschlossenen Waffenstillstandsabkommen fand schließlich der erste Golfkrieg sein Ende. In beiden Fällen wurde der Einsatz von UN-Friedenstruppen bzw. -Beobachtern beschlossen.

Die neu gewonnene Aktivität der Weltorganisation fand ihre Anerkennung und Würdigung in der Verleihung des Friedensnobelpreises im Herbst 1988 an die Friedenstruppen der Vereinten Nationen – stellvertretend für den gesamten UN-Friedenssicherungsapparat. Plötzlich entdeckten die Medien die Vereinten Nationen (wieder), und Schlagzeilen wie „Morgenröte im Glaspalast" oder „Eine neue Rolle für die UN" kündeten allenthalben von einer „UN-Renaissance".

In der Tat bewegte sich die Erfolgskurve des Sicherheitsrats bei der Beherrschung oder Eindämmung wie auch bei der Beilegung schwelender Konflikte stetig nach oben: Mit der Einigung über die Schaffung einer weiteren UN-Friedenstruppe stellte der im April 1989 in Kraft getretene Friedensplan für Namibia, der dem Land bereits im März 1990 die Unabhängigkeit brachte, eine der bedeutendsten Leistungen der Vereinten Nationen dar.

Eine wirksame Konfliktbereinigung durch den Sicherheitsrat setzt eine zweifache Bereitschaft seiner Mitglieder, letztlich der Großmächte voraus: Einmal muss bei allen Beteiligten der politische Wille vorhanden sein, sich des Instrumentariums der Friedenssicherung der Vereinten Nationen zu bedienen, zum anderen bedarf es der Bereitschaft, einem Interessenausgleich in der Substanz zuzustimmen.

Beide Voraussetzungen waren nach Jahren der Stagnation erst gegen Ende der achtziger Jahre gegeben, wobei die zuvor von den USA betriebene Politik der Distanzierung von den Vereinten Nationen vom „neuen außenpolitischen" Denken in der Sowjetunion unter Gorbatschow quasi unterlaufen wurde. Gorbatschow wies in der von ihm 1987/88 propagierten Planskizze eines alternativen Ordnungsmodells für eine Welt mit weniger Waffen, dessen Kernstück – dem globalen Denken und der globalen Verantwortung Rechnung tragend – in einem „allumfassenden Sicherheitsspektrum" bestand, den Vereinten Nationen, genauer: dem System der Vereinten Nationen, eine Schlüsselrolle zu. Stellung und Autorität der Vereinten Nationen sollten durch die Erhöhung der Wirksamkeit der Hauptorgane, durch die Schaffung neuer UN-Einrichtungen und durch die finanzielle Sanierung gestärkt bzw. aufgewertet werden.

Nachdem die USA ihre zunächst zögernde Haltung gegenüber der multilateralen Konfliktregelung in Händen des Sicherheitsrats aufgegeben hatten, diente dieses einflussreichste UN-Gremium zunehmend als Clearing-Stelle zwischen den beiden damaligen Weltmächten. Um ihre Kooperationsbereitschaft in der Weltorganisation demonstrativ zu dokumentieren, legten die USA und die UdSSR Anfang November 1989 – erstmals seit Bestehen der UNO – in der Generalversammlung eine gemeinsame Entschließung vor, in der sie die Gültigkeit und Relevanz „der UN-Charta bekräftigten" und zu stärkeren „praktischen" Friedensbemühungen aufriefen.

Die Bewährungsprobe für die auf dieser Interessenallianz basierende, neu gewonnene Handlungsfähigkeit stellte sich mit dem Kriegsausbruch am Golf am 2. August 1990. Die Großmächte, die Gemeinschaft der Staaten insgesamt, reagierten auf den irakischen Einmarsch in Kuwait mit einer nie zuvor gekannten Schnelligkeit und einer beispiellosen Solidarität und Entschlossenheit: Bereits wenige Stunden später trat der Sicherheitsrat zusammen und stellte in der einstimmig verabschiedeten Resolution 660 ohne Umschweife fest, dass es sich bei der irakischen Aggression um einen „Bruch des Weltfriedens" handelte. Damit erhielt der Rat bereits in diesem frühen Konfliktstadium die außergewöhnliche Vollmacht, das in Kapitel VII der Charta verankerte, auf dem System der kollektiven Sicherheit beruhende Eskalationsmodell anzuwenden. Da der Irak keinerlei Bereitschaft zum Rückzug zeigte, verhängte der Rat schon am 6. August 1990 ein weltweites Handelsembargo, das stufenweise mit der Anordnung einer See- und einer Luftblockade verschärft wurde. Am 29. November 1990 setzte der Rat mit dem 15. Januar 1991 eine letzte Rückzugsfrist; gleichzeitig „ermächtigte" er die „Mitgliedstaaten", nach Ablauf des Ultimatums „alle erforderlichen Mittel einzusetzen" (Resolution 678), um sämtlichen seit Kriegsbeginn verabschiedeten zwölf UN-Resolutionen Geltung zu verschaffen.

Die Legitimation der Staatengemeinschaft zu militärischem Vorgehen gegen den Aggressor nach Ablauf der Frist war damit gegeben. Erstmals in der UN-Geschichte war ein solch weitreichender Beschluss zustande gekommen. Eine multilaterale Streitmacht unter US-amerikanischem Oberbefehl führte schließlich die militärischen Zwangsmaßnahmen – gleichsam stellvertretend für die Organisation – durch, die jedoch „nicht streng in der in den Artikeln 42 ff. des Kapitels VII vorgesehenen Form" abliefen (so Pérez de Cuéllar in seinem letzten Jahresbericht 1991), d. h. der Sicherheitsrat war nach Beginn der militärischen Gegenoperation vom Geschehen weitgehend ausgeschaltet.

Erst mit dem Waffenstillstand ging die Initiative wieder auf den Rat über, als dieser – am 3. April 1991 – in beispielloser Weise den Irak mit einschneidenden Auflagen überzog (Resolution 687) und dabei unter Schaffung neuartiger Instrumente und Vorgehensweisen den Vereinten Nationen und der Internationalen Atomenergie-Organisation weitreichende Überwachungs- und Kontrollfunktionen zuwies. Juristisches Neuland betrat der Sicherheitsrat mit der am 5. April 1991 verabschiedeten „Kurdenresolution" (Resolution 688), als er im Zusammenhang mit dem Kurdenproblem im Irak das Prinzip der Nichteinmischung der Vereinten Nationen in die inneren Angelegenheiten erheblich relativierte – ein für die Zukunft der Organisation wegweisender Präzedenzfall.

In zahlreichen späteren Regionalkonflikten griff der Sicherheitsrat auf die im Golfkrieg kreierte Ermächtigungsvariante als Legitimationsgrundlage für ein militärisches Eingreifen von Regionalorganisationen oder Staatenallianzen zurück; so in Somalia (1993), auf dem Balkan (1995/96 bzw. 1997) oder 1999 in Osttimor.

Ohne jegliche direkte Mandatierung durch den Sicherheitsrat bombardierten Ende 1998 amerikanische und britische Flugzeuge irakische Stellungen, und im Frühjahr 1999 führte die NATO einen massiven Luftkrieg gegen das ehemalige Jugoslawien. Wurde der chartaverletzende Sündenfall auf dem Balkan – politisch und medienwirksam begleitet von z. T. zweifelhaften Katastrophenszenarien – durch ein übergeordnetes „Recht auf humanitäre Intervention" schließlich völkerrechtlich „geheiligt", blieb doch ein Zweifel an der Legitimität dieser eigenmächtigen Selbstmandatierung einer Regionalorganisation.

Die 1998/99 auf der Basis von Kapitel VII der Charta zustande gekommene beträchtliche Ausweitung der Sanktionsregime führte zu einer Intensivierung der Diskussion über die Wirksamkeit dieses Instruments und die Notwendigkeit zielgerichteterer Sanktionen.

Zu den herausragenden Merkmalen der gestärkten Handlungsfähigkeit der Weltorganisation in der ersten Hälfte der neunziger Jahre gehörte das nahezu sprunghafte Anwachsen der Einsätze von UN-Friedenseinheiten in Asien, Afrika und in Mittelamerika; insgesamt kamen von 1988 bis 1996 29 neue – sowohl kleinere als auch sehr umfangreiche – friedenssichernde Operationen zustande; die maximale Personalstärke erreichte 1994 mit insgesamt über 82 000 Militär-, Polizei- und Zivilpersonal ihren Höhepunkt.

Peacekeeping erwies sich immer mehr als das geeignete Instrument in Händen des Sicherheitsrats, um Regionalkonflikte einzudämmen und Bedingungen für eine politische Lösung zu schaffen. Im Gegensatz zu den ursprünglichen Aufgaben der Überwachung der Waffenruhe oder der Trennung der Streitparteien wurden die Einsatzmöglichkeiten erweitert, Elemente der Friedenssicherung und Friedensstiftung ebenso kombiniert wie der gemeinsame Einsatz von Truppen, Beobachtern und Zivilpersonal. Modellcharakter kam hierbei der Unterstützungseinheit für die Übergangszeit in Namibia (UNTAG) zu, aber auch die anderen komplexen UN-Einsätze in Haiti, Angola und in der Westsahara, in Nicaragua und vor allem in El Salvador reichen weit über das lange Zeit recht statische Friedenssicherungskonzept hinaus.

Die seit dem Ende der achtziger Jahre allenthalben zu konstatierende, zunehmend positivere Einschätzung der Weltorganisation hatte sich in der Substanz nahezu ausschließlich auf die Leistungen im Aufgabengebiet der Friedenssicherung bezogen; da hierfür der Sicherheitsrat die Hauptverantwortung trug, betraf die nun wieder viel zitierte Renaissance primär nur dieses UN-Organ, das praktisch in Permanenz tagte.

Drei Friedensmissionen, die jeweils nach Vorarbeiten und Vorschlägen des damals neuen Generalsekretärs Boutros Boutros-Ghali Anfang 1992 vom Sicherheitsrat ins Leben gerufen wurden, bargen für die Vereinten Nationen in vielerlei Hinsicht Risiken in sich: Am 21. Februar 1992 verfügte der Sicherheitsrat einstimmig die Entsendung einer etwa 14 000 Personen umfassenden Schutztruppe (UNPROFOR) in das jugoslawische Krisengebiet, mit der schwierigen und weitgesteckten Aufgabe, „die Bedingungen des Friedens und der Sicherheit zu schaffen, die für Verhandlungen über eine umfassende Beilegung der Jugoslawienkrise erforderlich sind".

Wie unzureichend das mehrfach ausgeweitete UN-Mandat in diesem eskalierenden und vielschichtigen Konfliktszenario ausgeübt wurde und schließlich doch nach NATO-Luftschlägen zum Friedensabkommen von Dayton im November 1995 und damit zum Abbruch des UNPROFOR-Einsatzes nach fast vier Jahren führte, sei hier nur angedeutet. Zur Umsetzung der militärischen Seite des Abkommens hatte der Sicherheitsrat zunächst eine multinationale, unter der Führung der NATO stehende Implementierungstruppe (IFOR) legitimiert.

Einen weiteren Großeinsatz startete der Sicherheitsrat praktisch gleichzeitig mit UNPROFOR: Am 28. Februar 1992 beschloss er die Stationierung von Friedenstruppen, Polizeibeobachtern sowie Verwaltungspersonal mit einer Gesamtstärke von mehr als 20 000 Personen, zusammengefasst unter der Bezeichnung: UN-Übergangsverwaltung in Kambodscha. UNTAC sollte die Bürgerkriegsparteien entwaffnen, Wahlen vorbereiten und die etwa 360 000 Flüchtlinge zurückführen. Entgegen vielen Befürchtungen erwies sich die Kambodscha-Mission nicht als Fehlschlag, wenn auch das Land nach der Einsetzung einer kombodschanischen Regierung und dem Erlöschen des UNTAC-Mandats im Herbst 1993 keineswegs als befriedet gelten kann.

Auch bei der dritten Großoperation der Vereinten Nationen Anfang der neunziger Jahre, in Somalia, lag kein zwischenstaatlicher Konflikt zugrunde, sondern wiederum eine verworrene Bürgerkriegssituation, noch dazu in einem der ärmsten Länder Afrikas.

Nachdem die vom Sicherheitsrat im Frühjahr 1992 gebilligte, zunächst kleine UN-Beobachtertruppe (UNOSOM) wenig erreichen konnte und sich die menschliche Not im Lande verschärfte, „ermächtigte" der Rat die Staatenwelt im Dezember 1992 zu Maßnahmen der Friedenserzwingung gemäß Kapitel VII der Charta – eine Interventionsverfügung neuer Art in einem UN-Mitgliedstaat (auf grund „der Einmaligkeit der derzeit in Somalia herrschenden Situation"). Die unter dem Oberkommando der USA stehende internationale Streitmacht wurde im Frühjahr 1993 durch eine in ihrem Mandat und in ihrer Mannschaftsstärke erheblich erweiterte zweite UN-Friedenstruppe (UNOSOM II) abgelöst. Chaotische politische Verhältnisse, mangelnde Sicherheit und ein immer geringerer Aktionsradius der UN-Einheiten führten schließlich am 31. März 1995 zum abrupten Ende der Mission. Das Scheitern des UN-Engagements war damit offenkundig.

Als zudem die UN-Mitgliedstaaten 1994 nicht bereit waren, dem Völkermord in Ruanda und Burundi durch eine „robuste" Friedenstruppe entschieden entgegenzutreten, mehrten sich die kritischen Stimmen – nicht nur aus dem Lager der Gruppe der Entwicklungsländer – an der friedenspolitischen Rolle der Vereinten Nationen. Die Misserfolge einzelner Operationen und wachsende Budgetprobleme veranlassten den Sicherheitsrat zunächst zu einer größeren Zurückhaltung bei der Schaffung von insbesondere umfangreicheren Friedensmissionen; zwar waren 1998 noch 15 Operationen im Gange, aber die gesamte Truppenstärke betrug nur noch 14 000 Blauhelme. Erst 1999, nachdem der Sicherheitsrat zuvor im Kosovo-Konflikt marginalisiert worden war, kamen mit UNAMSIL in Sierra Leone (mit über 12 000 Personen) und UNTAET in Osttimor wieder zwei größere multifunktionale UN-Truppen zum Einsatz. Ende 2000 belief sich die Gesamtzahl der UN-Peacekeeper wieder auf rund 38 000.

Bei der Realisierung des Konzepts vom Einsatz friedenserhaltender Operationen als Instrument der Krisenprävention hatten die Vereinten Nationen mit dem Abbruch der 1992 vom Sicherheitsrat beschlossenen, bisher einzigen Präventivoperation einen herben Rückschlag zu verzeichnen. Eine sachfremdes chinesischen Veto verhinderte die Verlängerung des Mandats von UNPREDEP, deren Stationierung ein Übergreifen des Krieges im ehemaligen Jugoslawien auf Mazedonien verhindern sollte.

2. Entwicklungszusammenarbeit

Vermehrte und verbesserte Kommunikation in der Vielzahl der für die multilaterale Entwicklungszusammenarbeit zuständigen UN-

Einrichtungen konnte nicht darüber hinwegtäuschen, dass die Ergebnisse der 1990 ausgelaufenen Dritten Entwicklungsdekade der Vereinten Nationen enttäuschend waren, so dass mit Recht eine „verlorene Dekade" beklagt wurde. Die Kluft zwischen den armen Ländern des Südens und dem insgesamt reichen Norden hat sich, das ist – trotz positiver Ansätze und regionaler Differenzierungen – das bittere und simple Fazit, weiter vergrößert. Alarmierend ist vor allem, dass die Zahl der am wenigsten entwickelten Länder inzwischen auf 49 – davon 32 in Afrika – anstieg, d. h. mehr als eine Milliarde Menschen leben mittlerweile in absoluter Armut. Entsprechende Maßnahmen und Aktionsprogramme wurden für diese Ländergruppe und speziell für Afrika mit Anfang der neunziger Jahre beschlossen.

Grundlegende Merkmale der operativen Entwicklungsaktivitäten des Systems der Vereinten Nationen sind ihre Freiwilligkeit und ihr Zuschusscharakter, und sie werden entsprechend den entwicklungspolitischen Leitlinien auf Ersuchen der Empfängerländer durchgeführt.

Neue Sichtweisen und Ansätze in der Entwicklungspolitik erbrachte die Verknüpfung von Entwicklung einerseits mit dem in Ost und West einsetzenden Abrüstungsprozess, andererseits mit der globalen Umweltbedrohung. Beruhend auf dem Konzept einer ökologisch und sozial „dauerhaften Entwicklung" wurde in dem 1987 vorgelegten „Brundtland-Bericht" („Unsere gemeinsame Zukunft") die Notwendigkeit einer Strategie des Übergangs zu einer global umweltverträglichen wirtschaftlichen Entwicklung gefordert – eine Zielsetzung, die Verlauf und Ergebnis der im Juni 1992 in Rio de Janeiro veranstalteten Konferenz über Umwelt und Entwicklung (UNCED) bestimmte – der ersten Weltgipfelkonferenz, für die die Generalversammlung ein offizielles Mandat erteilt hatte.

Das Schlagwort „sustainable development" (meist mit „nachhaltige Entwicklung" übersetzt) fand von da ab in geradezu inflationärer Weise Eingang in die Entwicklungszusammenarbeit, und kein nachfolgendes UN-Grundsatzdokument verzichtet auf die Beschwörung dieser Formel. Dies gilt auch im Wesentlichen für die nunmehr startende Serie von Großkonferenzen, die mit UNCED (1992) begonnen hatte, gefolgt von Konferenzen über Bevölkerungsfragen

(1994), soziale Fragen (1995) oder Ernährungsfragen (1996), sowie die Überprüfungskonferenzen (Rio+5) oder der Weltgipfel für nachhaltige Entwicklung (Rio+10) im Jahr 2000. Da die behandelten Problemkreise weitgehend auf gemeinsame Wurzeln zurückzuführen sind, besitzen die getroffenen Vereinbarungen weitgehend „Paketcharakter".

Auf diesen – vor allem für die öffentliche Bewusstseinsbildung wichtigsten – Weltkonferenzen versuchen die Vereinten Nationen der multilateralen Zusammenarbeit im Blick auf das neue Jahrhundert nicht nur neue Impulse zu verleihen, sondern auch umfassende Konzepte und Handlungsstrategien zu entwerfen, wie die „alten" Probleme, etwa Hunger, Armut und Bevölkerungswachstum, und die „neuen" Menschheitsprobleme – etwa Umweltzerstörung, Flüchtlingsströme, Drogenmissbrauch und internationale Kriminalität – in globalem Zusammenwirken gemeistert werden können.

Geprägt von der nicht eben neuen Erkenntnis, dass viele Konflikte auf ökonomischen und sozialen Ursachen beruhen, umgekehrt Frieden nur bei stabilen wirtschaftlichen und gesellschaftlichen Verhältnissen Bestand haben kann, machte in zahlreichen Entwicklungsforen der Vereinten Nationen das Schlagwort von der „menschlichen Sicherheit" die Runde. Auch dies ist ein Indiz für eine forciert betriebene Verschiebung der Handlungsprioritäten innerhalb der Organisation, weg vom rein militärischen Sicherheitsdenken, hin zur sozioökonomischen und humanitären Sicherheitsvorsorge.

Die sprunghafte Steigerung der speziellen UN-Haushalte für friedenssichernde Operationen von 230 Millionen US-Dollar im Jahre 1988 auf schließlich 3,6 Milliarden 1994 und die Konzentration des öffentlichen Interesse auf die sicherheitspolitischen Aktivitäten der Organisation stießen jedoch bei den Entwicklungsländern zunehmend auf Kritik. Nicht zu Unrecht sahen sie die eigenen, für sie vorrangigen Probleme der sozioökonomischen Entwicklung in den Hintergrund gedrängt, nicht zu Unrecht befürchteten sie – die hilfebedürftigen Transformationsländer Osteuropas als zusätzliche „Konkurrenz" betrachtend – eine Verschiebung der Prioritäten auf der Aufgabenskala der Vereinten Nationen zu ihren Ungunsten.

Insgesamt verstärkte sich Ende der neunziger Jahre wiederum der Trend zunehmender Polarisierung zwischen Industrie- und Entwicklungsländern. Nach dem Auslaufen der von geringen Fortschritten begleiteten Vierten Entwicklungsdekade (1999) wurde auch die Ausarbeitung einer neuen „Internationalen Entwicklungsstrategie" zunächst zurückgestellt.

3. Menschenrechtspolitik

Die Menschenrechtspolitik als der dritte große Aufgabenbereich der Vereinten Nationen erfuhr durch den Zusammenbruch der sozialistischen Staatenwelt in Europa tendenziell nicht nur einen sichtbaren Aufschwung, sondern erhielt auch wesentliche neue Impulse.

Schritt für Schritt hat die UNO mit ihrer Menschenrechtspolitik ein heute umfassendes Netz von Normen und Instrumentarien geschaffen, wobei sie auf drei Ebenen tätig ist: Aufstellung von Menschenrechtsstandards, Entwicklung von Schutzmechanismen und aktive Hilfe bei der Förderung der Menschenrechte. Als Haupthindernis für eine wirksame Durchsetzung des „Internationalen Menschenrechtskodex", der sowohl bürgerliche und politische als auch wirtschaftliche und soziale Rechte umfasst, erwies sich über mehr als 40 Jahre der vom Prinzip der Staatensouveränität abgeleitete Grundsatz des Interventionsverbots.

Dieser vermeintliche völkerrechtliche „Schutzwall", der bereits zu Zeiten des Kalten Krieges einige Male, wie im Falle der Apartheidspolitik Südafrikas, von der Staatengemeinschaft durchlöchert wurde und zur massiven Einmischung durch UN-Organe führte, schien Anfang der neunziger Jahre endgültig zu fallen. Der Beschluss des Sicherheitsrats zum Schutz der Kurden im Nord-Irak im April 1991 und die Somalia-Resolution aus dem Jahre 1992 stellten für die UN-Menschenrechtspolitik eine Zäsur dar. Der Organisation, d. h. nur dem Sicherheitsrat – so die uneingeschränkte Völkerrechtsposition bis zum militärischen Kosovo-Eingriff 1999 – wurde vorrangig von den westlichen Staaten propagiert, nunmehr ein Recht zur – letztlich auch militärischen – Intervention bei gravierenden Menschenrechtsverletzungen im Innern eines Staates zugebilligt; selbst das Wort von der Pflicht zur Intervention machte nach dem Kosovo-Krieg in manchen Kreisen die Runde.

Sehr bald zeigte sich jedoch, dass diese menschenrechtspolitische Kompetenzerweiterung innerhalb der Vereinten Nationen auf entschiedenen Widerstand stieß. China übernahm dabei zusammen mit einer Reihe islamischer Staaten wie Syrien und dem Iran die Rolle des Wortführers, aber auch viele andere Staaten der Dritten Welt verwahrten sich gegen „neoimperialistische" Eingriffe solcher Art von außen. Alle Doktrinen und Konzepte, die in irgendeiner Form die Souveränität in Frage stellten, stießen auf deutliche Ablehnung.

Zu Beginn der Menschenrechtskonferenz in Wien im Juni 1993 schien die UN-Menschenrechtspolitik insofern vor einem gravierenden Rückschlag zu stehen, als eben von dieser Staatengruppe die universelle Gültigkeit der Menschenrechte in Frage gestellt und regionale bzw. kulturelle Sonderrechte reklamiert wurden. Die Konferenz endete schließlich zwar mit einer Bestandswahrung der Menschenrechte, aber seit jenen Tagen ist die Forderung nach „humanitärer Intervention", gar mit militärischen Mitteln, aus dem Repertoire der UN-Terminologie weitgehend verschwunden. Dagegen hat Wien einen neuerlichen, aber ebenfalls sehr umstrittenen Anstoß zur Kodifizierung der „Menschenrechte der dritten Generation" gegeben, wozu das Recht auf Entwicklung, intakte Umwelt, ausreichende Ernährung sowie auf Frieden zählt. Positiv zu bewerten ist die lange geforderte und im Gefolge der Wiener Konferenz von der Generalversammlung beschlossene Schaffung des Amtes eines Hochkommissars für Menschenrechte. Eine Überprüfung der Umsetzung des 1993 verabschiedeten Aktionsprogramms fand 1998 auf einer neuerlichen Weltkonferenz für Menschenrechte („Vienna+5") statt.

Durchaus schlagzeilenträchtig war die vom Sicherheitsrat 1993 auf der Grundlage von Kapitel VII der Charta verfügte Einrichtung eines Strafgerichtshofes zur individuellen Verfolgung der im ehemaligen Jugoslawien begangenen Kriegsverbrechen, nach dessen Vorbild im Herbst 1994 ein entsprechendes Strafgericht für die im ruandischen Bürgerkrieg begangenen Verbrechen geschaffen wurde. Nach langwierigen Verhandlungen und trotz der ablehnenden Haltung der USA konnte im Juni 1998 das Statut des ständigen Internationalen Strafgerichtshofes (ICC) verabschiedet werden.

4. Dauerthema Finanzprobleme

Eine Zwischenbilanz über Zustand und Leistungsfähigkeit des Systems der Vereinten Nationen in einer Welt auf der Suche nach neuen Ordnungsmustern darf jedoch eine gewichtige Hypothek nicht übersehen, die die Arbeit nahezu aller UN-Einrichtungen zunehmend belastet hat und auch gegenwärtig noch belastet: die Finanz- und Haushaltsprobleme.

Die vom damaligen Generalsekretär Pérez de Cuéllar bereits 1986 konstatierte „schwerste Finanzkrise" der Vereinten Nationen konnte in den Jahren danach nicht etwa gemildert werden, sondern nahm angesichts der rein quantitativen Ausweitung der Friedensoperationen sowie der Übertragung weiterer Aufgaben noch dramatischere Ausmaße an. Betrugen die Außenstände im ordentlichen UN-Haushalt und für Friedenstruppen Ende 1990 nahezu 750 Millionen US-Dollar, so belief sich das Defizit Ende 1996 auf 2,2 Milliarden, davon 1,6 Milliarden bei den Friedensmissionen. Die schlechte Zahlungsmoral vieler Mitgliedstaaten, insbesondere des Hauptbeitragszahlers USA, die lange Zeit 25 Prozent des ordentlichen Budgets und rund 32 Prozent der Kosten für die Friedenstruppen aufbrachten (Zahlungsrückstand der USA Ende 2000 rund 220 Millionen US-Dollar für den ordentlichen Haushalt und rund 2 Milliarden für die Friedensoperationen), war der Hauptgrund für die Liquiditäts- und Finanzprobleme, die auch den weitgehend freiwillig finanzierten Wirtschafts- und Sozialbereich sowie die meisten Sonderorganisationen erfassten. Angesichts der nationalen Haushaltsprobleme vieler Industrieländer besteht derzeit bei nur wenigen UN-Einrichtungen Hoffnung auf finanzielle Gesundung, auch wenn sich die Liquiditätslage bei den Pflichthaushalten durch die angelaufene Begleichung der Außenstände insbesondere durch die USA verbessert hat.

5. Aufbruch ins neue Jahrhundert

Rückblickend auf das Aktivitätsspektrum der Vereinten Nationen in den neunziger Jahren bleibt festzuhalten, dass viele Einrichtungen bemüht waren, ihre Strategien und Programme den neuen Anforderungen unter Berücksichtigung der Gesichtspunkte Gute

Staatsführung (Good Governance), Menschenrechte und Demokratisierung anzupassen.

Der Übergang in ein neues Jahrhundert sollte vor allem auf Betreiben Kofi Annans genutzt werden, „um sich mit der Rolle der Vereinten Nationen im 21. Jahrhundert zu befassen". Daraufhin beschloss die Generalversammlung ihre 55. Tagung im Jahr 2000 als Millenniums-Generalversammlung abzuhalten und einen Millenniumsgipfel einzuberufen. Um auch die Zivilgesellschaft an der Zukunftsgestaltung zu beteiligen, wurde zuvor im Mai 2000 ein Millenniumsforum der Nichtregierungsorganisationen in New York abgehalten. Das wohl größte Zusammentreffen von Staats- und Regierungschefs aller Zeiten fand dann im Rahmen des Millenniumsgipfels in der Zeit vom 6.–8. September 2000 am Hauptsitz in New York statt. Diskussionsgrundlage des Gipfels war der vom Generalsekretär ausgearbeitete Millenniumsbericht, der ein praxisnahes Zukunftsbild von den Vereinten Nationen in einer grundlegend veränderten, globalisierten Welt skizzierte.

Aufbruchstimmung kennzeichnete zwar die im Rampenlicht der Öffentlichkeit stehenden Gipfeltage, aber in den verabschiedeten Dokumenten blieb es weitgehend bei Absichtserklärungen; konkrete Zusagen wurden weitgehend vermieden.

Die Millenniumserklärung der Generalversammlung nimmt auf die meisten Elemente des Millenniumsberichts in positiver Weise Bezug, bekräftigt und formuliert etwa im Bereich der Armutsbekämpfung auch einige spezifische Ziele. Wie schon bei UN-Konferenzen zuvor wird im Hinblick auf die Realisierung der Ziele gleichzeitig ein follow-up vereinbart, in dem der Generalsekretär verpflichtet wird, über die Fortschritte bei der Umsetzung der Erklärung „regelmäßig" zu berichten. In einer Resolution des Sicherheitsrats, der ebenfalls auf höchster Ebene zusammentrat, wird die Notwendigkeit der Sicherstellung einer wirksamen Rolle des Gremiums bei der Friedenswahrung unterstrichen und ein Stärkung der UN-Friedenssicherungseinsätze gefordert.

Die Vereinten Nationen fit zu machen für die Zukunft, war das Credo vom September 2000 – doch schon ein Jahr danach stand die Weltorganisation vor neuen Herausforderungen.

VI. Die Terroranschläge und ihre Folgen

Die heimtückischen Terroranschläge am 11. September 2001 in den USA lösten nicht nur weltweites Entsetzen und Mitgefühl aus, sondern rückten ein globales Bedrohungsszenario in den Mittelpunkt der internationalen Politik.

Wie schon 1990 zu Beginn des zweiten Golfkriegs reagierten die Vereinten Nationen unverzüglich, und sowohl Sicherheitsrat als auch Generalversammlung und Generalsekretär verurteilten nachdrücklich die terroristischen Akte.

Der Sicherheitsrat stufte die Anschläge als Bedrohung des Weltfriedens ein (Resolution 1368), rief zu Gegenmaßnahmen auf und verwies auf das Recht zur individuellen und kollektiven Selbstverteidigung. In einer weiteren Resolution (1373) trat er – bislang einmalig in der Geschichte – als eine Art internationaler Gesetzgeber auf und verpflichtete die Staaten zu umfangreichen Maßnahmen gegen den Terrorismus, zugleich schuf er mit dem Anti-Terror-Ausschuss ein spezielles Kontrollregime, dem jeder Staat über die Umsetzung der Resolution Rechenschaft abzulegen hatte. Völkerrechtlich gesehen, stellten die Anschläge einen bewaffneten Angriff auf die USA und zugleich ein Verbrechen gegen die Menschlichkeit dar.

Unter Führung der USA, die nach den Anschlägen den sofortigen Schulterschluss mit der Weltorganisation gesucht hatten, begannen am 7. Oktober 2001 militärische Operationen gegen das Al-Qaida-Netzwerk und das Osama Bin Laden unterstützende Taliban-Regime in Afghanistan.

Der internationale Terrorismus, der nunmehr die Arbeit vieler UN-Einrichtungen dominierte, war schon sehr früh als Gefahr erkannt worden, und zu seiner Bekämpfung waren von der Generalversammlung seit 1963 insgesamt 12 Konventionen auf den Weg gebracht worden, allerdings nur teilweise in Kraft. Als zusätzliches Problem erwies sich dabei, dass sich die Staatengemeinschaft – bis heute – nicht auf eine Definition des Terrorismus verständigen konnte.

Die Weltorganisation erwies sich angesichts der eskalierenden terroristischen Bedrohung offensichtlich als anpassungs- und handlungsfähig. Wohl nicht zuletzt deshalb erhielten die Vereinten Nationen und der wieder gewählte Generalsekretär Kofi Annan („in Würdigung ihres Einsatzes für eine besser organisierte und friedlichere Welt") im Oktober 2001 unter dem einhelligen Beifall der Öffentlichkeit zu gleichen Teilen den 100. Friedensnobelpreis.

Doch bei all den zunächst positiven Entwicklungstendenzen hinsichtlich der Bedeutung der weltpolitischen Rolle der Vereinten Nationen und den oftmals modisch anmutenden Bekenntnissen vieler politisch Verantwortlicher zum Multilateralismus ließen durchaus traditionelle Verhaltensmuster vieler Mitgliedstaaten die Grenzen der Staatenorganisation erkennen: Zwischen hehren Absichtserklärungen und der Bereitschaft zu deren substantieller Realisierung besteht in der Regel eine Kluft.

So konnte der Generalsekretär, der 2001 einen „Kompass für die Umsetzung der Millenniumserklärung der Vereinten Nationen" vorgelegt hatte, in seinem entsprechenden ersten Jahresbericht im Sommer 2002 über die Erfolgschancen der Erklärung nur eine „bestenfalls gemischte Bilanz" ziehen; wenig hoffnungsvoll äußerte er sich dabei zu den Aussichten für eine fristgerechte Erreichung der Millenniums-Entwicklungsziele. Anhaltende Skepsis kommt auch im zweiten Umsetzungsbericht Kofi Annans im September 2003 zum Ausdruck: „Es bestehen weiterhin große Zweifel, ob die Mitgliedstaaten ausreichend entschlossen sind, dementsprechend zu handeln."

Im weiteren Verlauf des Jahres 2002 und zu Beginn 2003 bestätigte sich in der eskalierenden Irak-Krise erneut, dass die friedenspolitischen Handlungsmöglichkeiten der Vereinten Nationen entscheidend vom Verhalten und der Interessenslage der einzigen Supermacht abhängen. Die USA, die trotz ihres Widerstands gegen den Internationalen Strafgerichtshof und eine Reihe anderer UN-Aktivitäten der UNO beim Kampf gegen den Terrorismus eine Schlüsselrolle zubilligten, sehen in den Vereinten Nationen nicht erst in jüngster Zeit primär ein Instrument ihres außenpolitischen Handelns. Schon die Clinton-Administration ließ sich von der Devise leiten, „wenn möglich mit der Weltorganisation, wenn nötig, auch ohne sie". Dieses außenpolitische Selbstverständnis bestimmt auch die „Neue amerikanische Sicherheitsstrategie" vom September

2002, in der sich die USA das Recht vorbehalten, vorbeugende Militäraktionen in Form von „präemptiven Erstschlägen" durchzuführen.

Sowohl im Kosovo-Konflikt (1999) als auch im Kampf gegen das den Terrorismus unterstützende Taliban-Regime in Afghanistan favorisierten die Vereinigten Staaten eine problematische „Arbeitsteilung": Die USA im Verband mit „willigen" Staaten agieren – ohne oder mit UN-Ermächtigung – militärisch nach eigenem Ermessen, die Vereinten Nationen übernehmen danach die Festlegung und den Aufbau einer Nachkriegsordnung. Im Gefolge des völkerrechtlich nicht legitimierten Krieges gegen den Irak (2003) verweigerte die Supermacht den Vereinten Nationen (zunächst) selbst diese nachgeordnete Rolle als legitimierender und gestaltender Akteur und bestimmt weitgehend unilateral das weitere Geschehen im Irak.

Das 50. Jubiläum der Vereinten Nationen 1995 hatte berechtigten Anlass zu einer Vielzahl von Kommentaren und Bilanzen über das Wirken und den Zustand der Weltorganisation gegeben. Oftmals handelte es sich – vor allem in den Medien – lediglich um eine Aneinanderreihung negativer Klischees; andererseits zeigt ein Blick auf die damaligen Presseschlagzeilen, dass trotz einer vorherrschend kritischen Einschätzung auch Differenzierungen Platz fanden: „Reformbedürftige Jubilarin" (Frankfurter Allgemeine Zeitung), „Wenig Grund zum Feiern" (die tageszeitung), „Ein überlastetes Geburtstagskind" (Die Welt), „Die UNO nicht bloß an Sarajewo messen" (Süddeutsche Zeitung), „Die UN 50: ein Denkmal der Erfolglosigkeit und Verschwendung" (New York Times).

Bei einem so komplexen Gebilde wie den Vereinten Nationen lassen sich für alle diese Pauschalurteile „Beweise" finden; es stellt sich jedoch die grundsätzliche Frage nach dem Bewertungsmaßstab – wer bestimmt die Höhe der Messlatte?

Ein wesentlicher Grund für den ab 1993/94 zu beobachtenden Imageverlust lag in einer von den friedenspolitischen UN-Erfolgen genährten, überzogenen Erwartungshaltung gegenüber der Organisation in fast allen Aufgabenbereichen. Die Vereinten Nationen dienen zudem den Regierungen der Mitgliedstaaten immer wieder als willkommener Sündenbock, um von eigenem Versagen abzulenken.

Als Paradebeispiel kann die Entwicklung bei der Friedenssicherung gelten, auf die sich die Blicke von außen nach wie vor konzentrieren: Hier kam es nach Ende des Ost-West-Konfliktes zu einer geradezu inflationären Expansion der Einsätze – sowohl personell als auch finanziell und auch bezüglich des Aufgabenspektrums. Bei der überwiegenden Zahl der Konflikte handelte es sich jedoch nicht um „klassische" zwischenstaatliche Auseinandersetzungen, deren ausschließliche Regelung die Charta den UN-Organen auferlegt, sondern um Krisen und Kriege innerhalb von Staaten, wobei deren Typisierung als „ethnische," neuerdings mit dem Schlagwort „asymmetrische" Konflikte charakterisiert, sich als diffuser, unpräziser Sammelbegriff erweist. Doch auch in einigen solcher „Fälle" konnten die Vereinten Nationen ihr Engagement erfolgreich abschließen.

Peacekeeping – das zu sehr strapazierte „Allheilmittel" – erwies sich überall dort als ein probates Instrument, wo die Maximen des „traditionellen" Peacekeeping (Zustimmung der Konfliktparteien, Unparteilichkeit, Gewaltanwendung nur zur Selbstverteidigung) Anwendung fanden. Zu Problemfällen entwickelten sich allerdings vor allem die drei Großoperationen – in Kambodscha, Somalia und zunächst im ehemaligen Jugoslawien – sowie jüngere UN-Einsätze in Schwarzafrika, die sich, gemessen an den Erwartungen, weitgehend als Fehlschläge erwiesen; doch niemand kann sagen, welchen Verlauf die Szenarien auf den Schauplätzen ohne die Präsenz der UN-Truppen genommen hätten.

Von einem generellen Versagen des friedenssichernden Instrumentariums kann jedoch wahrlich nicht gesprochen werden angesichts einer Reihe in jüngster Zeit erfolgreich beendeter UN-Missionen, etwa in Guatemala oder in Osttimor, ganz zu schweigen von den „vergessenen", noch andauernden und die jeweilige Konfliktsituation stabilisierenden Operationen im Nahen Osten oder auf Zypern. Selbst die jüngsten Operationen auf dem Balkan oder in Afghanistan weisen behutsame Fortschritte auf.

Konnten die Vereinten Nationen durch ihre entschlossene Reaktion auf die Terroranschläge vom 11. September 2001 und ihre weitreichenden Aktivitäten wieder einmal Pluspunkte sammeln, so schlug das UN-Image-Pendel zu Beginn des Jahres 2003 abermals um.

Angesichts des eigenmächtigen militärischen Vorgehens der USA und einiger, auch europäischer Verbündeter gegen den Irak im März/April 2003 wurde vielerorts, vor allem in den Medien, ein Abgesang auf die Weltorganisation angestimmt. Apokalyptische Sichtweisen verkündeten das „Ende des Völkerrechts" oder gar das „Ende der Weltordnung". Doch bei aller Besorgnis und notwendiger, aber differenzierender Kritik an dem formalen Rechtsbruch müssen sich angesichts der zunehmenden Globalisierung und Brutalisierung des Terrorismus, der möglichen Weitergabe und Aneignung von Massenvernichtungswaffen das Völkerrecht und die internationale Gemeinschaft den neuen Herausforderungen ernsthafter als bisher stellen. Inwieweit sind die zur Verfügung stehenden Regeln und Instrumente ausreichend und wirksam genug, um diesem Spektrum von Gefahren begegnen zu können? Eine offensive Diskussion über die Weiterentwicklung bestimmter Völkerrechtsnormen, die nach dem gravierenden ersten Sündenfall (Kosovo-Krieg 1999) lediglich für kurze Zeit um das „Recht auf humanitäre Intervention" kreiste, sollte nunmehr auch ein „Recht auf vorbeugende Selbstverteidigung" zumindest einmal thematisieren.

VII. Reale und realistische Reformen: Blick nach vorn

Die gerade im Aufgabenbereich der Friedenssicherung immer wieder festzustellende, weitgehend selektive Wahrnehmung der umfangreichen UN-Aktivitäten und die damit verbundene Gefahr der Vereinfachung bzw. Pauschalierung dürfen jedoch nicht darüber hinwegtäuschen, dass die Vereinten Nationen – vor allem die Kern- und einige Sonderorganisationen – mit Defiziten und Mängeln behaftet sind und immer wieder in Krisenlagen geraten – zumeist hervorgerufen durch das Verhalten von Mitgliedstaaten.

Wie schon einige Male in der Geschichte der Vereinten Nationen werden insbesondere Krisenzeiten oder Jubiläen zum Anlass genommen, Reformen für die Organisation zu fordern. In diesen wohlfeilen Ruf nach Veränderungen stimmten zuletzt nachhaltig die Jubiläumskommentatoren (1995) unisono ein, was eine Flut von Vorschlägen nach sich zog.

Besonders außerhalb der UN machte sich in Politik, Wissenschaft und Publizistik eine oftmals überzogene Reformeuphorie breit. So präsentierte in den neunziger Jahren nahezu jede bedeutende Konferenz der Industrieländer (etwa der Wirtschaftsgipfel der „G-7" in Lyon im Juli 1996) oder der Entwicklungsländer (wie das OAU-Gipfeltreffen in Jaundé, ebenfalls im Juli 1996) zum Abschluss einen entsprechenden Reformkatalog. Es war wohl einmalig in der Geschichte der internationalen Politik, dass im Gefolge eines historischen Umbruchs eine Institution Gegenstand so zahlreicher, in ihrem Ansatz und ihren Zielsetzungen so unterschiedlicher Optionen wurde.

Im Gegensatz zu der Flut von Vorschlägen anlässlich des 50. UN-Jubiläums 1995 förderte das Millenniumsgeschehen im Jahr 2000 nur wenige weitreichende Reformkonzepte zu Tage; spektakuläre Rund-um-Erneuerungs-Konvolute blieben aus, bestenfalls zu Einzelfragen wurde Stellung bezogen. In beiden zentralen Millenniumsdokumenten finden sich jeweils recht allgemein gehaltene Reformpassagen, so fordert etwa die Erklärung der Generalversammlung in vier Punkten nur verhalten zur „Stärkung der Vereinten Nationen" auf.

Andererseits: Die Vereinten Nationen sind, das hat ihr mehr als fünfzigjähriges Wirken bewiesen, eine für neue, maßvolle Anforderungen offene und im Hinblick auf neue Realitäten anpassungsfähige Organisation. Seit ihrem Bestehen sind grundlegende Zielsetzungen ihrer Charta weiterentwickelt worden, geänderte internationale Rahmenbedingungen haben zu einer beträchtlichen Ausweitung des Aufgabenkatalogs und des Betätigungsfeldes geführt – erinnert sei nur an die Schaffung des friedenspolitischen Instruments des „Peacekeeping" oder den Ausbau des Menschenrechtsschutzes. Reformen im Sinne der Anpassung – Anpassung allerdings innerhalb der vorgegebenen Charta – haben in der Vergangenheit das Fortbestehen dieses einzigen wirklich globalen Organisationstyps garantiert.

Obschon die Gründer der Vereinten Nationen vor über 50 Jahren davon ausgingen, dass die Aktualität der Satzung nach spätestens zehn Jahren auf einer Konferenz überprüft werden sollte (Artikel 109 der UN-Charta), ist diese Satzung, von drei kleineren Änderungen abgesehen, bis heute in ihrer ursprünglichen Fassung in Kraft.

Überblickt man die neueren Reformansätze, so lassen sich hinsichtlich ihrer Zielsetzungen und Reichweiten pauschalierend drei miteinander in Verbindung stehende Kategorien unterscheiden:

1. Reformen, die primär auf eine größere Leistungsfähigkeit und Wirkungsmöglichkeit in den zentralen Aufgabenbereichen der bestehenden Organisation abzielen

Diese im Wesentlichen auf eine höhere Effektivität und Effizienz gerichteten Anregungen bzw. bereits umgesetzten Maßnahmen sprengen durchweg nicht den Rahmen der gültigen UN-Charta und verändern kaum substantiell den politischen Status quo der Vereinten Nationen.

Durch klarere Zielsetzungen, Modifizierungen im Instrumentarium, wirksamere Koordination soll die Handlungs- und Durchsetzungsfähigkeit erhöht werden. Hierzu gehören Forderungen nach administrativen Verbesserungen ebenso wie Reformen im Finanz- und Haushaltsbereich.

Als Beispiel für Paketvorschläge, in denen sowohl substantielle wie strukturelle, verfahrenstechnische und finanzielle Forderungen enthalten sind, seien hier einige der nach ihrer Veröffentlichung am meisten diskutierten Reformdokumente angesprochen, Reformansätze, die innerhalb der Vereinten Nationen formuliert wurden.

Das Mitte 1992 von Boutros-Ghali vorgelegte „**Programm für den Frieden**" war vom Sicherheitsrat Ende Januar 1992 in Auftrag gegeben worden und sollte Vorschläge enthalten, wie die friedens- und sicherheitspolitische „Kapazität" im Rahmen der vorgegebenen Charta, d. h. ohne Charta-Änderungen, „gestärkt" und „effizienter" gestaltet werden könnte. Der Bericht greift auf Ideen und Anregungen auch von außerhalb der Vereinten Nationen zurück und stellt nicht nur einen konzeptionellen Rahmen dar, sondern ist insgesamt sehr handlungsorientiert angelegt, d. h. es werden durchweg konkrete, oftmals sehr detaillierte Vorschläge unterbreitet.

Wenn auch der damalige Generalsekretär in seinem Folgebericht (1995) rückblickend Fehleinschätzungen dahin gehend einräumen musste, dass einige seiner zentralen Forderungen fern einer Realisierung waren, so konnte er dennoch auf Erfolge verweisen. Eine Reihe konkreter Maßnahmen wurde seither getroffen bzw. in Angriff genommen (etwa im Hinblick auf Frühwarnung, Tatsachenermittlung oder Informationsbeschaffung, zur Verbesserung des Konsultationsmechanismus zwischen Sekretariat, Sicherheitsrat und den truppenstellenden Staaten, Schaffung einer militärischen Lagezentrale in der Hauptabteilung Friedensoperationen) – sicherlich kleine Reformschritte, die von der Öffentlichkeit kaum wahrgenommen wurden.

Die Reaktionen auf die Agenda – sie ist ein bemerkenswerter Beweis bisher ungenutzter Gestaltungsspielräume auf der Grundlage der gültigen Charta – waren innerhalb und außerhalb der Organisation durchweg positiv, und schon nach kurzer Zeit entpuppte sich dieses kompakte sicherheitspolitische Programm, das eine Vielzahl von Stellungnahmen und Studien nach sich zog, als eine unverzichtbare Plattform und als Meilenstein auf dem dornigen Weg der Reformen.

Ein zentraler Gedanke im Programmpapier des vormaligen Generalsekretärs nahm sehr schnell den ersten Platz in der Hitliste der friedens- und sicherheitspolitischen Reformvorschläge ein und hat seither „politisch-rhetorische Hochkonjunktur" (Volker Matthies, 1996): Vorbeugende Diplomatie oder kurz Prävention. Vielfältige Konzepte und Strategien zur Konflikt-, treffender wohl, Krisenprävention wurden schon ausgearbeitet; von einer „Kultur der Prävention" (Kofi Annan) ist inzwischen gar die Rede. Auch dies nicht unbedingt ein neuer Königsweg, denn sowohl Begriff als auch Ziele und Mittel vorbeugenden Handelns durch die Vereinten Nationen gehörten bereits zum Repertoire des UN-Generalsekretärs Dag Hammarskjöld Mitte der fünfziger Jahre.

Der neuralgische Punkt liegt auch hier weniger im Fehlen entsprechender Konzeptionen und Instrumentarien für bestimmte Szenarien als in der mangelnden Bereitschaft zum konkreten Handeln bei den in Frage kommenden Akteuren, d. h. bei bestimmten Mitgliedstaaten. Boutros-Ghali hatte sehr zum Missfallen speziell der Regierungen einflussreicher UN-Mitglieder immer wieder dieses Zögern und Zaudern beklagt und in diesem Zusammenhang auf ein drastisches chinesisches Sprichwort verwiesen: Es ist leichter, Geld für einen Sarg zu sammeln als für die Medizin.

Einem der wenigen Beispiele für erfolgreiches präventives Eingreifen der Vereinten Nationen in jüngster Zeit (der erwähnten zeitweisen Stationierung von Blauhelmen im mazedonischen Grenzgebiet) stehen die Fälle des realpolitischen Versagens bzw. Nichtzustandekommens einer internationalen Prävention in Burundi oder auch im Sudan und zuvor schon in Ruanda gegenüber. Dennoch muss versucht werden, vorbeugende Therapien schrittweise in den Mittelpunkt der friedenspolitischen UN-Aktivitäten zu rücken.

Die mittlerweile zu verzeichnende Zurückhaltung des Sicherheitsrats, neue UN-Friedensmissionen zu beschließen, spiegelt eine zweifellos vorhandene Ernüchterung hinsichtlich der Erfolgschancen solcher Einsätze wider. Deshalb ist es wichtig, aus den Fehlschlägen, aber auch aus den Erfolgen mit diesem breit gefächerten Instrumentarium Lehren für zukünftige UN-Missionen zu ziehen. Die Ausarbeitung und Festlegung inhaltlicher, organisatorischer und finanzieller Kriterien und Leitlinien ist daher ein wesentlicher Schwerpunkt des sicherheitspolitischen UN-Reformprozesses.

Auf dieser Linie bewegte sich der so genannte **Brahimi-Bericht** zur Verbesserung der UN-Friedensoperationen, benannt nach dem Vorsitzenden des vom Generalsekretär einberufenen Expertengremiums. Dieses Mitte 2000 vorgelegte UN-Dokument, das die „Schwachstellen" des bestehenden Friedenssicherungssystems umfassend „analysieren" und „freimütige, konkrete und realistische Reformempfehlungen" enthalten sollte, stellte in seiner kritischen Offenheit ein Novum dar; in 57 Punkten wurden tief greifende Struktur- und Einsatzänderungen bei der Durchführung friedenserhaltender UN-Operationen gefordert. Durch die Praxisnähe und die Handlungsorientiertheit des Reports konnte trotz des Zögerns vor allem der Länder der „Gruppe der 77" (G-77) schrittweise mit der Umsetzung – zumindest im Sekretariatsbereich – begonnen werden.

Die Vereinten Nationen haben ihrerseits in jüngster Zeit immer häufiger die wachsende Bedeutung der Regionalorganisationen bei der Wahrung des Friedens (vgl. Kapitel VIII der UN-Charta) betont und die Zusammenarbeit unter dem Gesichtspunkt der Rationalisierung und Dezentralisierung nicht nur vorbereitet (etwa durch den Aufbau von Konsultations- und Kooperationsmechanismen), sondern in einigen wenigen Fällen bereits praktiziert (so bei der Umsetzung des Dayton-Abkommens in Bosnien-Herzegowina). „Die Zeit für Kapitel VIII scheint gekommen" – so Boutros-Ghali Anfang 1995 in einem Vortrag in Wien, in dem er eine Typologie der derzeitigen Modalitäten für die Zusammenarbeit zwischen den Vereinten Nationen und den Regionalorganisationen anregte (Konsultation, diplomatische Unterstützung, gemeinsame Stationierung von Missionen).

Auf Druck der G-77 (Entwicklungsländer) wurde Ende 1992 dem Generalsekretär von der Generalversammlung die Ausarbeitung einer die rein militärisch-politisch orientierte Friedensagenda ergänzenden **„Agenda für Entwicklung"** übertragen. Wiederum auf dem Boden der UN-Charta erwartete man Empfehlungen für eine Stärkung der Rolle der Vereinten Nationen und ihrer Beziehungen zu den als Sonderorganisationen fungierenden Finanzinstituten bei der Förderung der internationalen Entwicklungszusammenarbeit. Doch was auf dem Gebiet der Friedenssicherung innerhalb weniger Monate möglich war, erwies sich für das Aufgabenfeld der Entwicklungszusammenarbeit als sehr viel schwieriger.

Im Vergleich zu der konkreten, auf einzelne Reformschritte hinzielende „Agenda for Peace" blieb die 1994 vorgelegte Entwicklungsagenda, in der eine umfassende „Kultur der Entwicklung" propagiert wurde, sehr dem Prinzipiellen verhaftet und ließ – wie schon eine Reihe früherer entwicklungspraktischer Grundsatz- und Reformdokumente der Vereinten Nationen – praxisorientierte Umsetzungsstrategien weitgehend vermissen.

Den im Hinblick auf die Effizienz der Vereinten Nationen sicherlich neuralgischsten Bereich stellt seit längerem die multilaterale Entwicklungszusammenarbeit dar. Hier werden mit Recht der – wiederum von den Mitgliedstaaten selbst durch ihre Beschlüsse verursachte – Wildwuchs der Organe und Programme, die Doppelarbeit oder unklare Zuständigkeiten kritisiert. An Reformbemühungen hat es seit 1970 nicht gefehlt, und fast alle entwicklungspolitische UN-Einrichtungen leiteten Schritte zur besseren Abstimmung oder zur Erhöhung der Wirksamkeit der Überwachungsorgane der Entwicklungsprogramme ein. Aber in dem historisch entstandenen, dezentralisierten Netzwerk lässt sich etwa eine sachgerechte und wirkungsvolle Koordination zwischen Kernorganisation und den rechtlich selbständigen Sonderorganisationen nur im Konsens und nicht per Knopfdruck von einer (eben nicht vorhandenen) Befehlszentrale aus erreichen.

Doch erste – wenn auch sicherlich nicht ausreichende – Verbesserungen finden sich gerade an dieser sensiblen Nahtstelle: Im Zuge der „Neugliederung und Neubelebung" (so die UN-Terminologie) des Wirtschafts- und Sozialbereichs wurden ab 1992 die Arbeitsweise und das Arbeitsprogramm des für die Koordinierung und Gesamtleitung im UN-System verantwortlichen Hauptorgans, des Wirtschafts- und Sozialrats, wesentlich geändert; mit der Einführung eines Hochrangigen Tagungssegments, mit der erfolgten Einrichtung kleinerer Exekutivräte als Aufsicht über die wichtigsten UN-Hilfsprogramme soll außerdem die operative Entwicklungstätigkeit transparenter und schlagkräftiger gestaltet werden.

Zu wenig Beachtung finden die neuerdings erfolgreich durchgeführten **Reformen bei Fachorganisationen** – diese werden generell, von wenigen Ausnahmen abgesehen, im Zusammenhang mit den Aktivitäten der Vereinten Nationen kaum erwähnt. Dabei wurden bereits eindrucksvolle Beweise für die Fähigkeit zur Bündelung der Aufgaben und für Strukturverbesserungen bei reduziertem Personal geliefert, so von der Landwirtschaftsorganisation (FAO), der Organisation für Industrielle Entwicklung (UNIDO), der Internationalen Fernmelde-Union (ITU) oder auch der Welthandelskonferenz (UNCTAD).

Was die Verwaltungsdefizite im Organisationsgetriebe angeht, war auf diesem Feld seit Beginn der neunziger Jahre, insbesondere seit dem Amtsantritt von Boutros-Ghali Anfang 1992, eine Reihe konkreter Beschlüsse gefasst worden, die z. T. auf Vorschläge der zahlreichen im UN-System selbst tätigen oder mit Expertisen betrauten außenstehenden Expertengruppen zurückgingen und eine Kosten sparende Verschlankung und Modernisierung der Arbeitstrukturen mit sich brachten. So verfügte etwa der vormalige Generalsekretär, der von Beginn an als dynamischer, aber eigenwilliger, für Mitarbeiter und Mitgliedstaaten oftmals unbequemer Mahner und Reformer auftrat, eine einschneidende Umbildung der Führungsspitze des New Yorker Sekretariats und der Außenstellen in Wien und Genf; außerdem reduzierte er unmittelbar nach seinem Amtsantritt die Zahl der Untergeneralsekretäre und Beigeordneten Generalsekretäre erheblich.

Der auf Druck der USA 1994 geschaffene und zunächst mit dem deutschen Spitzendiplomaten Karl Theodor Paschke besetzte Posten eines unabhängigen Generalinspekteurs zur Durchforstung der Verwaltungsabläufe der Organisation stellte zweifellos eine Stärkung des internen Kontrollmechanismus dar, wobei nicht übersehen werden sollte, dass eine internationale Bürokratie mit ihrer heterogenen Beamtenschaft per se ein spezifisches Geflecht bildet.

Neue Akzente und Reformmaßstäbe setzte der Anfang 1997 neu ins Amt berufene Generalsekretär Kofi Annan, der bereits Mitte jenes Jahres unter der Überschrift **„Erneuerung der Vereinten Nationen: Ein Reformprogramm"** ein ambitioniertes Vorschlagsbündel präsentierte. Nicht zu Unrecht sprach er später von der „stillen Revolution", die er 1997 eingeleitet habe. Bereits der Aufbau stellte eine taktische Meisterleistung dar, unterschied doch Kofi Annan zwischen „Maßnahmen", deren Realisierung weitgehend in seiner Macht standen, und „Empfehlungen", über deren Umsetzung die Mitgliedstaaten zu befinden hatten. Sehr bald zeigte sich, dass die von ihm selbst zu verantwortenden Schritte zur Management- und Verwaltungsreform (z. B. Neugliederung der Sekretariatsstruktur, Bildung eines Arbeitskabinetts, Schaffung einer Planungseinheit) insgesamt erfolgreich waren, während die Mitgliedstaaten ihrer Reformverantwortung – von Zugeständnissen wie etwa zur Einsetzung eines Stellvertretenden Generalsekretärs einmal abgesehen – wieder einmal nicht gerecht wurden.

Weniger positiv zu bewerten sind hingegen die bisher vorliegenden Ergebnisse zur Sicherung einer ausreichenden finanziellen Basis. Von den zahlreichen – schon von Peréz de Cuéllar ebenso wie von dessen Nachfolger Boutros-Ghali oder der von der Ford-Stiftung 1992 einberufenen Sachverständigengruppe zur Prüfung der UN-Finanzierungsfrage – vorgelegten Vorschlägen (z. B. neues Beitragssystem, Errichtung eines Stiftungsfonds für den Frieden, internationale Abgaben auf Waffenexporte, Aufnahme von Krediten auf dem Kapitalmarkt, Heranziehung nichtstaatlicher Finanzquellen, Strafzinsen für nichtentrichtete Mitgliedsbeiträge) konnten nur wenige verwirklicht werden (so etwa die Einrichtung eines mit 50 Millionen US-Dollar ausgestatteten Reservefonds für friedenssichernde Operationen und eines revolvierenden Fonds für humanitäre Zwecke).

Ende 2000 kam es auf Druck des Hauptbeitragszahlers USA nach schwierigen Verhandlungen zu einer Neuordnung der Beitragsskala für den ordentlichen Haushalt und die friedenssichernden Operationen, die eine Reduzierung des US-Beitragssatzes mit sich brachte. Eine zumindest moderate Verbesserung der äußerst angespannten Liquiditätslage der Organisation wurde zwar kürzlich erreicht, aber im Hinblick auf Lösungsmöglichkeiten war und ist immer wieder in Erinnerung zu rufen: Nicht Geldverschwendung oder das Dickicht der UN-Bürokratie ist der Hauptgrund für die Finanzmisere, sondern das pflichtwidrige Verhalten einiger Hauptbeitragszahler, die sich weigern, für die von ihnen mitbeschlossenen Ausgaben Mittel bereitzustellen.

2. Reformen, die strukturell-institutionelle Umgestaltungen der Vereinten Nationen zum Ziel haben

Hierzu gehören die insbesondere in Deutschland vielerorts zur „nationalen Frage" hochstilisierte Sicherheitsratsreform (Erweiterung der Mitgliedschaft, Abschaffung bzw. Modifizierung des Veto-Rechts etc.) sowie Vorschläge zur Auflösung bestehender Hauptorgane (etwa des Wirtschafts- und Sozialrats) oder Schaffung neuer Organe, z. B. eines ökonomischen oder/und ökologischen Sicherheitsrats; des Weiteren wird eine „Demokratisierung" der Vereinten Nationen angemahnt.

Strukturmaßnahmen solcher Art, die vordergründig das Institutionengefüge betreffen, aber durchweg den politischen Kern der derzeitigen Organisation berühren, setzen für ihre Verwirklichung ein langwieriges Charta-Änderungsverfahren voraus.

Gerade das Beispiel Reform des Sicherheitsrats lässt erkennen, welche Anstrengungen es erfordert, die sehr unterschiedlichen Interessen der inzwischen 191 Mitgliedstaaten in substantiellen Revisionsfragen auf einen gemeinsamen politischen Nenner zu bringen, um dann das juristische Prozedere mit Erfolgsaussichten in Gang setzen zu können.

Obschon Einigkeit herrscht, dass sich im Vergleich zur Gründerzeit der Vereinten Nationen das internationale Mächtekonzert in seiner Zusammensetzung entscheidend verändert hat, somit konkreter Handlungsbedarf besteht, ist noch kein Kompromiss in Sicht. Der bisherige Verlauf der zähflüssigen Diskussion um eine Erweiterung dieses wichtigsten UN-Organs zeigt lediglich, dass die Staatenwelt zwar sowohl Deutschland als auch Japan als „natürliche" Aspiranten ansieht, dass aber eine Aufstockung um nur diese beiden Staaten nicht durchsetzbar ist und somit vor einer endgültigen Einigung über Zusammensetzung und Kompetenzen des Sicherheitsrats noch größere Stolpersteine beseitigt werden müssen. (Dagegen konnte die Arbeitsweise dieses Gremiums im Hinblick auf Transparenz und Effizienz in jüngster Zeit durchaus verbessert werden.)

Mehr Demokratie innerhalb der Vereinten Nationen fordern heute sowohl Staatenvertreter aus der Dritten Welt als auch mit besonderem Nachdruck engagierte Nichtregierungsorganisationen aus den Industriestaaten. Hinter dem Schlagwort Demokratisierung verbergen sich jedoch ganz unterschiedliche Ansätze: einmal Demokratisierung der UN-Organe bzw. der Entscheidungsprozesse auf Staatenebene in UN-Einrichtungen, vor allem im Sicherheitsrat oder in UN-Sonderorganisationen wie Internationaler Währungsfonds (IMF) und Weltbank, in denen bislang ein gewichtetes Stimmrecht gilt; zum anderen Demokratisierung im Sinne einer stärkeren, unmittelbaren Beteiligung der Bevölkerung der UN-Mitgliedstaaten, d.h. Überwindung des gouvernementalen Charakters der Organisation, etwa durch eine stärkere politische Aufwertung und Einbindung der Zivilgesellschaft in Entscheidungsvorgänge und Aktivitäten der Vereinten Nationen – wie dies als erster Schritt bereits im Aufgabenbereich der Menschenrechtspolitik in jüngster Zeit der Fall ist.

3. Reformen, die auf eine grundsätzliche Veränderung der Prinzipien und des Charakters der bestehenden Organisation gerichtet sind

Die Organisation oder einzelne Organe mit mehr Machtbefugnissen auszustatten, ist das Ziel graduell unterschiedlicher Ansätze, die letztlich auf eine Transformation der internationalen Organisation des klassischen Völkerrechtstyps in eine weltumspannende supranationale Organisation mit eigenständigen Kompetenzen – vergleichbar der Europäischen Union auf regionaler Ebene – hinauslaufen. Hierzu gehört auch der Ruf nach dem De-facto-Gewaltmonopol der Vereinten Nationen in den zwischenstaatlichen Beziehungen. Vorschläge solcher Art sind keineswegs neu, denn bereits Ende der fünfziger Jahre legten die beiden US-Autoren Clark und Sohn einen entsprechend ausgearbeiteten Modellvorschlag („Weltfrieden durch Weltrecht") vor. Im Übrigen sei hier an die Ahnenreihe der Weltstaat-Theoretiker seit dem 13. Jahrhundert erinnert, die in einer Weltregierung das Heil des Weltfriedens sahen.

Nahezu allen Reformansätzen dieser Kategorie gemeinsam ist der Wunsch nach einer „neuen" UNO in einer „neuen", auf veränderten Prinzipien und gewandelten Strukturen basierenden „Weltordnung", die den Herausforderungen des 21. Jahrhunderts besser gewachsen sein soll. Kofi Annan ist sicherlich zuzustimmen, wenn er in seinem Millenniumsbericht 2000 zu der Erkenntnis gelangte: „Würde die internationale Gemeinschaft die Vereinten Nationen morgen neu gründen, so würde diese sicherlich anders aussehen als unsere heutige Organisation."

Die in den Kriegswirren der vierziger Jahre konzipierte Organisation grundlegend verändern zu wollen, sie den neuen internationalen Rahmenbedingungen anzupassen, ist ein berechtigtes Anliegen. Doch allen in der Substanz tief greifenden Reformansätzen dieser Zielkategorie gemeinsam ist, dass sie in absehbarer Zeit wohl kaum Chancen haben, in der Welt der gegenwärtigen politischen Realitäten umgesetzt zu werden. Generell wird der Gesichtspunkt der Umsetzung propagierter Vorschläge in praktische Politik bei der Diskussion der Frage der Reformierbarkeit der Vereinten Nationen häufig völlig vernachlässigt oder gar völlig ausgeblendet. Vorschläge ohne erkennbare Umsetzungsstrategien tragen jedoch zur Veränderung praktischer Politik wenig bei.

Seit wenigen Jahren ist die Welt einem revolutionären Wandel unterworfen: Während unter dem Druck der Ereignisse die bipolare Nachkriegsordnung lawinenartig überrollt wurde, ist das augenblickliche ordnungspolitische Vakuum durch die Suche nach tragfähigen Pfeilern und Strukturen, nach stabilisierenden, globalen und regionalen Kooperations- und Integrationsmustern gekennzeichnet.

Unbestritten ist heute, dass die Vereinten Nationen eine zentrale Rolle im internationalen System spielen sollen. Unstrittig ist ebenfalls, dass die Vereinten Nationen auf Grund des eingetretenen Epochenbruchs weiterer Reformen bedürfen.

Umstritten ist hingegen die künftige Ausgestaltung der „zentralen" weltpolitischen Rolle der Organisation bzw. des Organisationen-Systems, d. h. etwa die Frage: Welche konkreten Aufgaben mit welchen Kompetenzen soll sie übernehmen? Während die Industriestaaten – mit Ausnahme der USA – primär die friedenserhaltende Rolle der Vereinten Nationen in Händen des Sicherheitsrats stärken wollen, fordern die Entwicklungsländer eine Konzentration auf die Entwicklungszusammenarbeit und eine machtpolitische Gewichtsverlagerung vom Sicherheitsrat auf die Generalversammlung, d. h. entsprechend den jeweils zugrunde liegenden spezifischen Interessen unterscheiden sich die Reformvorschläge in ihrer Zielsetzung und Reichweite.

Wer die Umwandlung der Organisation vom Staateninstrument in einen selbständigen Akteur will, also in eine supranationale Einrichtung, der muss naturgemäß sehr tief greifende Reformen fordern. Die derzeit das internationale System dominierenden Staaten werden allerdings in absehbarer Zeit nicht bereit sein, in nennenswertem Umfang weitreichende nationale Kompetenzen an eine globale Organisation abzutreten.

Dies gilt in besonderem Maße für die nunmehr einzige Supermacht, die USA, die in den letzten Jahren mehrfach demonstrierten, dass die Entschärfung oder Beilegung größerer Konflikte durch die Vereinten Nationen ihre Bereitschaft voraussetzt, eine politisch-militärische Führungsrolle zu übernehmen. In der eskalierenden Irak-

Krise 2002/03 wurde die Rolle der Vereinten Nationen durch das Vorgehen der USA schließlich nahezu marginalisiert. Zur hochgradigen Abhängigkeit der Vereinten Nationen im friedens- und sicherheitspolitischen Bereich vom Engagement der USA kommt noch die starke Stellung des Landes als Hauptfinanzier des gesamten UN-Systems.

Nicht zuletzt der Irak-Krieg dokumentierte eindrucksvoll das wahre Machtgefüge in der internationalen Politik und die Grenzen des viel beschworenen Multilateralismus zu Beginn des 21. Jahrhunderts.

Das grundsätzliche Dilemma im Verhältnis USA–UNO liegt darin, dass die Vereinten Nationen ohne die USA nicht lebensfähig sind, die Supermacht in der Weltorganisation jedoch primär **ein Instrument** sieht, dessen Nutzung letztlich von den „nationalen Interessen" des Landes bestimmt wird. Ein realpolitischer Tatbestand, der im ungeheueren Machtgefälle zwischen den Nationalstaaten begründet liegt, die trotz aller Veränderungen noch immer die „klassischen" Akteure der Weltpolitik darstellen. Die Überwindung dieses Zustandes ist jedoch nicht durch eine noch so radikale Reform der Vereinten Nationen zu erreichen, sondern nur durch eine machtpolitische Umstrukturierung des internationalen Systems.

Die Hauptursache für die immer wieder eintretenden Identitäts- und Vertrauenskrisen der Vereinten Nationen ist letztlich in der Überforderung und in der von außen entfachten übersteigerten Erwartungshaltung zu sehen. Dringend notwendig erscheint daher eine „lean organization", eine in der Organstruktur kompaktere Organisation, die sich unter Umständen aus bestimmten operativen Aufgabenfeldern zurückzieht und diese einzelnen – mit mehr Nachdruck auszubauenden – regionalen Organisationen oder auch kompetenten NGOs zuweist. Die Vereinten Nationen würden somit einerseits entlastet und könnten sich andererseits in stärkerem Maße auf politische Leitfunktionen konzentrieren. Doch wer gehofft hatte, die Mitgliedstaaten würde auf dem Millenniumsgipfel der Notwendigkeit nachkommen, klare Prioritäten hinsichtlich der Handlungsfelder der Vereinten Nationen im 21. Jahrhundert zu setzen, sah sich enttäuscht.

Aus heutiger Sicht erscheint eine baldige machtpolitische Aufwertung der UNO wenig wahrscheinlich. Die Vereinten Nationen sollten sich deshalb – solange die angesprochene qualitative Veränderung des internationalen Systems nicht in Ansätzen sichtbar ist – darum bemühen, ihren in über 50 Jahren gewachsenen Wesenskern beizubehalten, jedoch den Erfordernissen unserer Zeit entsprechende sachliche Prioritäten festlegen und dabei ihr Wirken weniger auf „enforcement", d. h. zwangsweise Durchsetzung ausrichten – und zwar weder bei der Sicherung des Friedens noch in der Entwicklungspolitik noch in der Menschenrechtspolitik –, sondern eindeutig den friedlichen Mitteln und Verfahren den Vorzug geben. Die Vereinten Nationen sollten mit Nachdruck ihre Rolle als Moderator, Mittler und Tribüne betonen. Eine bewusst realitätsbezogene Beschränkung auf das Leistbare führt letztlich auch zu einer Stärkung der Weltorganisation.

Anhang

1. Charta der Vereinten Nationen[1]

(vom 26. Juni 1945, in der Fassung vom 20. 12. 1965 mit allen Änderungen)

WIR, DIE VÖLKER DER VEREINTEN NATIONEN –
FEST ENTSCHLOSSEN,
   künftige Geschlechter vor der Geißel des Krieges zu bewahren, die zweimal zu unseren Lebzeiten unsagbares Leid über die Menschheit gebracht hat,
   unseren Glauben an die Grundrechte des Menschen, an Würde und Wert der menschlichen Persönlichkeit, an die Gleichberechtigung von Mann und Frau sowie von allen Nationen, ob groß oder klein, erneut zu bekräftigen,
   Bedingungen zu schaffen, unter denen Gerechtigkeit und die Achtung vor den Verpflichtungen aus Verträgen und anderen Quellen des Völkerrechts gewahrt werden können,
   den sozialen Fortschritt und einen besseren Lebensstandard in größerer Freiheit zu fördern,
UND FÜR DIESE ZWECKE
   Duldsamkeit zu üben und als gute Nachbarn in Frieden miteinander zu leben,
   unsere Kräfte zu vereinen, um den Weltfrieden und die internationale Sicherheit zu wahren,
   Grundsätze anzunehmen und Verfahren einzuführen, die gewährleisten, daß Waffengewalt nur noch im gemeinsamen Interesse angewendet wird, und
   internationale Einrichtungen in Anspruch zu nehmen, um den wirtschaftlichen und sozialen Fortschritt aller Völker zu fördern –
HABEN BESCHLOSSEN, IN UNSEREM BEMÜHEN UM DIE ERREICHUNG DIESER ZIELE ZUSAMMENZUWIRKEN.

---

1 Aus BGBl. 1973 II S. 431 ff.; 1974 II S. 770; 1980 II S. 1252. Die in Klammern gesetzten Überschriften sind nicht Bestandteil des Vertragstextes.

Dementsprechend haben unsere Regierungen durch ihre in der Stadt San Franzisko versammelten Vertreter, deren Vollmachten vorgelegt und in guter und gehöriger Form befunden wurden, diese Charta der Vereinten Nationen angenommen und errichten hiermit eine internationale Organisation, die den Namen „Vereinte Nationen" führen soll.

Kapitel I. Ziele und Grundsätze

Art. 1 [Ziele der Vereinten Nationen] Die Vereinten Nationen setzen sich folgende Ziele:

1. den Weltfrieden und die internationale Sicherheit zu wahren und zu diesem Zweck wirksame Kollektivmaßnahmen zu treffen, um Bedrohungen des Friedens zu verhüten und zu beseitigen, Angriffshandlungen und andere Friedensbrüche zu unterdrücken und internationale Streitigkeiten oder Situationen, die zu einem Friedensbruch führen könnten, durch friedliche Mittel nach den Grundsätzen der Gerechtigkeit und des Völkerrechts zu bereinigen oder beizulegen;

2. freundschaftliche, auf der Achtung vor dem Grundsatz der Gleichberechtigung und Selbstbestimmung der Völker beruhende Beziehungen zwischen den Nationen zu entwickeln und andere geeignete Maßnahmen zur Festigung des Weltfriedens zu treffen;

3. eine internationale Zusammenarbeit herbeizuführen, um internationale Probleme wirtschaftlicher, sozialer, kultureller und humanitärer Art zu lösen und die Achtung vor den Menschenrechten und Grundfreiheiten für alle ohne Unterschied der Rasse, des Geschlechts, der Sprache oder der Religion zu fördern und zu festigen;

4. ein Mittelpunkt zu sein, in dem die Bemühungen der Nationen zur Verwirklichung dieser gemeinsamen Ziele aufeinander abgestimmt werden.

Art. 2 [Grundsätze] Die Organisation und ihre Mitglieder handeln im Verfolg der in Artikel 1 dargelegten Ziele nach folgenden Grundsätzen:

1. Die Organisation beruht auf dem Grundsatz der souveränen Gleichheit aller ihrer Mitglieder.

2. Alle Mitglieder erfüllen, um ihnen allen die aus der Mitgliedschaft erwachsenden Rechte und Vorteile zu sichern, nach Treu und Glauben die Verpflichtungen, die sie mit dieser Charta übernehmen.

3. Alle Mitglieder legen ihre internationalen Streitigkeiten durch friedliche Mittel so bei, daß der Weltfriede, die internationale Sicherheit und die Gerechtigkeit nicht gefährdet werden.

4. Alle Mitglieder unterlassen in ihren internationalen Beziehungen jede gegen die territoriale Unversehrtheit oder die politische Unabhängigkeit eines Staates gerichtete oder sonst mit den Zielen der Vereinten Nationen unvereinbare Androhung oder Anwendung von Gewalt.

5. Alle Mitglieder leisten den Vereinten Nationen jeglichen Beistand bei jeder Maßnahme, welche die Organisation im Einklang mit dieser Charta ergreift; sie leisten einem Staat, gegen den die Organisation Vorbeugungs- oder Zwangsmaßnahmen ergreift, keinen Beistand.

6. Die Organisation trägt dafür Sorge, daß Staaten, die nicht Mitglieder der Vereinten Nationen sind, insoweit nach diesen Grundsätzen handeln, als dies zur Wahrung des Weltfriedens und der internationalen Sicherheit erforderlich ist.

7. Aus dieser Charta kann eine Befugnis der Vereinten Nationen zum Eingreifen in Angelegenheiten, die ihrem Wesen nach zur inneren Zuständigkeit eines Staates gehören, oder eine Verpflichtung der Mitglieder, solche Angelegenheiten einer Regelung auf Grund dieser Charta zu unterwerfen, nicht abgeleitet werden; die Anwendung von Zwangsmaßnahmen nach Kapitel VII wird durch diesen Grundsatz nicht berührt.

Kapitel II. Mitgliedschaft

Art. 3 [Ursprüngliche Mitglieder] Ursprüngliche Mitglieder der Vereinten Nationen sind die Staaten, welche an der Konferenz der Vereinten Nationen über eine Internationale Organisation in San Franzisko teilgenommen oder bereits vorher die Erklärung der Vereinten Nationen vom 1. Januar 1942 unterzeichnet haben und nunmehr diese Charta unterzeichnen und nach Artikel 110 ratifizieren.

Art. 4 [Aufnahme neuer Mitglieder] (1) Mitglied der Vereinten Nationen können alle sonstigen friedliebenden Staaten werden, welche die Verpflichtungen aus dieser Charta übernehmen und nach dem Urteil der Organisation fähig und willens sind, diese Verpflichtungen zu erfüllen.

(2) Die Aufnahme eines solchen Staates als Mitglied der Vereinten Nationen erfolgt auf Empfehlung des Sicherheitsrats durch Beschluß der Generalversammlung.

Art. 5 [Suspension] Einem Mitglied der Vereinten Nationen, gegen das der Sicherheitsrat Vorbeugungs- oder Zwangsmaßnahmen getroffen hat, kann die Generalversammlung auf Empfehlung des Sicherheitsrats die Ausübung der Rechte und Vorrechte aus seiner Mitgliedschaft zeitweilig entziehen. Der Sicherheitsrat kann die Ausübung dieser Rechte und Vorrechte wieder zulassen.

Art. 6 [Ausschluß] Ein Mitglied der Vereinten Nationen, das die Grundsätze dieser Charta beharrlich verletzt, kann auf Empfehlung des Sicherheitsrats durch die Generalversammlung aus der Organisation ausgeschlossen werden.

Kapitel III. Organe

Art. 7 [Haupt- und Nebenorgane] (1) Als Hauptorgane der Vereinten Nationen werden eine Generalversammlung, ein Sicherheitsrat, ein Wirtschafts- und Sozialrat, ein Treuhandrat, ein Internationaler Gerichtshof und ein Sekretariat eingesetzt.

(2) Je nach Bedarf können in Übereinstimmung mit dieser Charta Nebenorgane eingesetzt werden.

Art. 8 [Gleichheit von Mann und Frau] Die Vereinten Nationen schränken hinsichtlich der Anwartschaft auf alle Stellen in ihren Haupt- und Nebenorganen die Gleichberechtigung von Männern und Frauen nicht ein.

Kapitel IV. Die Generalversammlung

Zusammensetzung

Art. 9 [Mitglieder] (1) Die Generalversammlung besteht aus allen Mitgliedern der Vereinten Nationen.

(2) Jedes Mitglied hat höchstens fünf Vertreter in der Generalversammlung.

Aufgaben und Befugnisse

Art. 10 [Zuständigkeit] Die Generalversammlung kann alle Fragen und Angelegenheiten erörtern, die in den Rahmen dieser Charta fallen oder Befugnisse und Aufgaben eines in dieser Charta vorgesehenen Organs betreffen; vorbehaltlich des Artikels 12 kann sie zu diesen Fragen und

Angelegenheiten Empfehlungen an die Mitglieder der Vereinten Nationen oder den Sicherheitsrat oder an beide richten.

Art. 11 [Wahrung des Weltfriedens] (1) Die Generalversammlung kann sich mit den allgemeinen Grundsätzen der Zusammenarbeit zur Wahrung des Weltfriedens und der internationalen Sicherheit einschließlich der Grundsätze für die Abrüstung und Rüstungsregelung befassen und in bezug auf diese Grundsätze Empfehlungen an die Mitglieder oder den Sicherheitsrat oder an beide richten.

(2) Die Generalversammlung kann alle die Wahrung des Weltfriedens und der internationalen Sicherheit betreffenden Fragen erörtern, die ihr ein Mitglied der Vereinten Nationen oder der Sicherheitsrat oder nach Artikel 35 Absatz 2 ein Nichtmitgliedstaat der Vereinten Nationen vorlegt; vorbehaltlich des Artikels 12 kann sie zu diesen Fragen Empfehlungen an den oder die betreffenden Staaten oder den Sicherheitsrat oder an beide richten. Macht eine derartige Frage Maßnahmen erforderlich, so wird sie von der Generalversammlung vor oder nach der Erörterung an den Sicherheitsrat überwiesen.

(3) Die Generalversammlung kann die Aufmerksamkeit des Sicherheitsrats auf Situationen lenken, die geeignet sind, den Weltfrieden und die internationale Sicherheit zu gefährden.

(4) Die in diesem Artikel aufgeführten Befugnisse der Generalversammlung schränken die allgemeine Tragweite des Artikels 10 nicht ein.

Art. 12 [Vorrang des Sicherheitsrates] (1) Solange der Sicherheitsrat in einer Streitigkeit oder einer Situation die ihm in dieser Charta zugewiesenen Aufgaben wahrnimmt, darf die Generalversammlung zu dieser Streitigkeit oder Situation keine Empfehlung abgeben, es sei denn auf Ersuchen des Sicherheitsrats.

(2) Der Generalsekretär unterrichtet mit Zustimmung des Sicherheitsrats die Generalversammlung bei jeder Tagung über alle die Wahrung des Weltfriedens und der internationalen Sicherheit betreffenden Angelegenheiten, die der Sicherheitsrat behandelt; desgleichen unterrichtet er unverzüglich die Generalversammlung oder, wenn diese nicht tagt, die Mitglieder der Vereinten Nationen, sobald der Sicherheitsrat die Behandlung einer solchen Angelegenheit einstellt.

Art. 13 [Förderung der internationalen Zusammenarbeit, Kodifizierung des Völkerrechtes] (1) Die Generalversammlung veranlaßt Untersuchungen und gibt Empfehlungen ab,

a) um die internationale Zusammenarbeit auf politischem Gebiet zu fördern und die fortschreitende Entwicklung des Völkerrechts sowie seine Kodifizierung zu begünstigen;

b) um die internationale Zusammenarbeit auf den Gebieten der Wirtschaft, des Sozialwesens, der Kultur, der Erziehung und der Gesundheit zu fördern und zur Verwirklichung der Menschenrechte und Grundfreiheiten für alle ohne Unterschied der Rasse, des Geschlechts, der Sprache oder der Religion beizutragen.

(2) Die weiteren Verantwortlichkeiten, Aufgaben und Befugnisse der Generalversammlung in bezug auf die in Absatz 1 Buchstabe b genannten Angelegenheiten sind in den Kapiteln IX und X dargelegt.

Art. 14 [Maßnahmen der Generalversammlung] Vorbehaltlich des Artikels 12 kann die Generalversammlung Maßnahmen zur friedlichen Bereinigung jeder Situation empfehlen, gleichviel wie sie entstanden ist, wenn diese Situation nach ihrer Auffassung geeignet ist, das allgemeine Wohl oder die freundschaftlichen Beziehungen zwischen Nationen zu beeinträchtigen; dies gilt auch für Situationen, die aus einer Verletzung der Bestimmungen dieser Charta über die Ziele und Grundsätze der Vereinten Nationen entstehen.

Art. 15 [Berichte des Sicherheitsrats an die Generalversammlung] (1) Die Generalversammlung erhält und prüft Jahresberichte und Sonderberichte des Sicherheitsrats; diese Berichte enthalten auch eine Darstellung der Maßnahmen, die der Sicherheitsrat zur Wahrung des Weltfriedens und der internationalen Sicherheit beschlossen oder getroffen hat.

(2) Die Generalversammlung erhält und prüft Berichte der anderen Organe der Vereinten Nationen.

Art. 16 [Aufsicht über das Treuhandwesen] Die Generalversammlung nimmt die ihr bezüglich des internationalen Treuhandsystems in den Kapiteln XII und XIII zugewiesenen Aufgaben wahr; hierzu gehört die Genehmigung der Treuhandabkommen für Gebiete, die nicht als strategische Zonen bezeichnet sind.

Art. 17 [Haushaltsrecht] (1) Die Generalversammlung prüft und genehmigt den Haushaltsplan der Organisation.

(2) Die Ausgaben der Organisation werden von den Mitgliedern nach einem von der Generalversammlung festzusetzenden Verteilungsschlüssel getragen.

(3) Die Generalversammlung prüft und genehmigt alle Finanz- und Haushaltsabmachungen mit den in Artikel 57 bezeichneten Sonderorganisationen; sie prüft deren Verwaltungshaushalt mit dem Ziel, Empfehlungen an sie zu richten.

Abstimmung

Art. 18 [Abstimmungsmehrheiten] (1) Jedes Mitglied der Generalversammlung hat eine Stimme.

(2) Beschlüsse der Generalversammlung über wichtige Fragen bedürfen einer Zweidrittelmehrheit der anwesenden und abstimmenden Mitglieder. Zu diesen Fragen gehören: Empfehlungen hinsichtlich der Wahrung des Weltfriedens und der internationalen Sicherheit, die Wahl der nichtständigen Mitglieder des Sicherheitsrats, die Wahl der Mitglieder des Wirtschafts- und Sozialrats, die Wahl von Mitgliedern des Treuhandrats nach Artikel 86 Absatz 1 Buchstabe c, die Aufnahme neuer Mitglieder in die Vereinten Nationen, der zeitweilige Entzug der Rechte und Vorrechte aus der Mitgliedschaft, der Ausschluß von Mitgliedern, Fragen betreffend die Wirkungsweise des Treuhandsystems sowie Haushaltsfragen.

(3) Beschlüsse über andere Fragen, einschließlich der Bestimmung weiterer Gruppen von Fragen, über die mit Zweidrittelmehrheit zu beschließen ist, bedürfen der Mehrheit der anwesenden und abstimmenden Mitglieder.

Art. 19 [Stimmrecht bei Beitragsrückstand] Ein Mitglied der Vereinten Nationen, das mit der Zahlung seiner finanziellen Beiträge an die Organisation im Rückstand ist, hat in der Generalversammlung kein Stimmrecht, wenn der rückständige Betrag die Höhe der Beiträge erreicht oder übersteigt, die dieses Mitglied für die vorausgegangenen zwei vollen Jahre schuldet. Die Generalversammlung kann ihm jedoch die Ausübung des Stimmrechts gestatten, wenn nach ihrer Überzeugung der Zahlungsverzug auf Umständen beruht, die dieses Mitglied nicht zu vertreten hat.

Verfahren

Art. 20 [Ordentliche und außerordentliche Tagungen] Die Generalversammlung tritt zu ordentlichen Jahrestagungen und, wenn die Umstände es erfordern, zu außerordentlichen Tagungen zusammen. Außerordentliche Tagungen hat der Generalsekretär auf Antrag des Sicherheitsrats oder der Mehrheit der Mitglieder der Vereinten Nationen einzuberufen.

Art. 21 [Geschäftsordnung, Präsident] Die Generalversammlung gibt sich eine Geschäftsordnung. Sie wählt für jede Tagung ihren Präsidenten.

Art. 22 [Nebenorgane] Die Generalversammlung kann Nebenorgane einsetzen, soweit sie dies zur Wahrnehmung ihrer Aufgaben für erforderlich hält.

Kapitel V. Der Sicherheitsrat

Zusammensetzung

Art. 23 [Mitglieder] (1) Der Sicherheitsrat besteht aus fünfzehn Mitgliedern der Vereinten Nationen. Die Republik China, Frankreich, die Union der Sozialistischen Sowjetrepubliken, das Vereinigte Königreich Großbritannien und Nordirland sowie die Vereinigten Staaten von Amerika sind ständige Mitglieder des Sicherheitsrats. Die Generalversammlung wählt zehn weitere Mitglieder der Vereinten Nationen zu nichtständigen Mitgliedern des Sicherheitsrats; hierbei sind folgende Gesichtspunkte besonders zu berücksichtigen: in erster Linie der Beitrag von Mitgliedern der Vereinten Nationen zur Wahrung des Weltfriedens und der internationalen Sicherheit und zur Verwirklichung der sonstigen Ziele der Organisation sowie ferner eine angemessene geographische Verteilung der Sitze.

(2) Die nichtständigen Mitglieder des Sicherheitsrats werden für zwei Jahre gewählt. Bei der ersten Wahl der nichtständigen Mitglieder, die nach Erhöhung der Zahl der Ratsmitglieder von elf auf fünfzehn stattfindet, werden zwei der vier zusätzlichen Mitglieder für ein Jahr gewählt. Ausscheidende Mitglieder können nicht unmittelbar wiedergewählt werden.

(3) Jedes Mitglied des Sicherheitsrats hat in diesem einen Vertreter.

Aufgaben und Befugnisse

Art. 24 [Aufgaben] (1) Um ein schnelles und wirksames Handeln der Vereinten Nationen zu gewährleisten, übertragen ihre Mitglieder dem

Sicherheitsrat die Hauptverantwortung für die Wahrung des Weltfriedens und der internationalen Sicherheit und erkennen an, daß der Sicherheitsrat bei der Wahrnehmung der sich aus dieser Verantwortung ergebenden Pflichten in ihrem Namen handelt.

(2) Bei der Erfüllung dieser Pflichten handelt der Sicherheitsrat im Einklang mit den Zielen und Grundsätzen der Vereinten Nationen. Die ihm hierfür eingeräumten besonderen Befugnisse sind in den Kapiteln VI, VII, VIII und XII aufgeführt.

(3) Der Sicherheitsrat legt der Generalversammlung Jahresberichte und erforderlichenfalls Sonderberichte zur Prüfung vor.

Art. 25 [Bindende Wirkung der Beschlüsse] Die Mitglieder der Vereinten Nationen kommen überein, die Beschlüsse des Sicherheitsrats im Einklang mit dieser Charta anzunehmen und durchzuführen.

Art. 26 [System einer Rüstungsregelung] Um die Herstellung und Wahrung des Weltfriedens und der internationalen Sicherheit so zu fördern, daß von den menschlichen und wirtschaftlichen Hilfsquellen der Welt möglichst wenig für Rüstungszwecke abgezweigt wird, ist der Sicherheitsrat beauftragt, mit Unterstützung des in Artikel 47 vorgesehenen Generalstabsausschusses Pläne auszuarbeiten, die den Mitgliedern der Vereinten Nationen zwecks Errichtung eines Systems der Rüstungsregelung vorzulegen sind.

Abstimmung

Art. 27 [Stimmrecht, Vetorecht] (1) Jedes Mitglied des Sicherheitsrats hat eine Stimme.

(2) Beschlüsse des Sicherheitsrats über Verfahrensfragen bedürfen der Zustimmung von neun Mitgliedern.

(3) Beschlüsse des Sicherheitsrats über alle sonstigen Fragen bedürfen der Zustimmung von neun Mitgliedern einschließlich sämtlicher ständigen Mitglieder, jedoch mit der Maßgabe, daß sich bei Beschlüssen aufgrund des Kapitels VI und des Artikels 52 Absatz 3 die Streitparteien der Stimme enthalten.

Verfahren

Art. 28 [Ständige Wahrnehmung der Aufgaben] (1) Der Sicherheitsrat wird so organisiert, daß er seine Aufgaben ständig wahrnehmen kann.

Jedes seiner Mitglieder muß zu diesem Zweck jederzeit am Sitz der Organisation vertreten sein.

(2) Der Sicherheitsrat tritt regelmäßig zu Sitzungen zusammen; bei diesen kann jedes seiner Mitglieder nach Wunsch durch ein Regierungsmitglied oder durch einen anderen eigens hierfür bestellten Delegierten vertreten sein.

(3) Der Sicherheitsrat kann außer am Sitz der Organisation auch an anderen Orten zusammentreten, wenn dies nach seinem Urteil seiner Arbeit am dienlichsten ist.

Art. 29 [Nebenorgane] Der Sicherheitsrat kann Nebenorgane einsetzen, soweit er dies zur Wahrnehmung seiner Aufgaben für erforderlich hält.

Art. 30 [Geschäftsordnung, Präsident] Der Sicherheitsrat gibt sich eine Geschäftsordnung; in dieser regelt er auch das Verfahren für die Wahl seines Präsidenten.

Art. 31 [Teilnahme anderer Mitglieder der VN] Ein Mitglied der Vereinten Nationen, das nicht Mitglied des Sicherheitsrats ist, kann ohne Stimmrecht an der Erörterung jeder vor den Sicherheitsrat gebrachten Frage teilnehmen, wenn dieser der Auffassung ist, daß die Interessen dieses Mitglieds besonders betroffen sind.

Art. 32 [Teilnahme der Streitparteien] Mitglieder der Vereinten Nationen, die nicht Mitglied des Sicherheitsrats sind, sowie Nichtmitgliedstaaten der Vereinten Nationen werden eingeladen, an den Erörterungen des Sicherheitsrats über eine Streitigkeit, mit der dieser befaßt ist, ohne Stimmrecht teilzunehmen, wenn sie Streitpartei sind. Für die Teilnahme eines Nichtmitgliedstaats der Vereinten Nationen setzt der Sicherheitsrat die Bedingungen fest, die er für gerecht hält.

Kapitel VI. Die friedliche Beilegung von Streitigkeiten

Art. 33 [Verpflichtung zur friedlichen Streiterledigung] (1) Die Parteien einer Streitigkeit, deren Fortdauer geeignet ist, die Wahrung des Weltfriedens und der internationalen Sicherheit zu gefährden, bemühen sich zunächst um eine Beilegung durch Verhandlung, Untersuchung, Vermittlung, Vergleich, Schiedsspruch, gerichtliche Entscheidung, Inanspruchnahme regionaler Einrichtungen oder Abmachungen oder durch andere friedliche Mittel eigener Wahl.

(2) Der Sicherheitsrat fordert die Parteien auf, wenn er dies für notwendig hält, ihre Streitigkeit durch solche Mittel beizulegen.

Art. 34 [Untersuchungsrecht des Sicherheitsrates] Der Sicherheitsrat kann jede Streitigkeit sowie jede Situation, die zu internationalen Reibungen führen oder eine Streitigkeit hervorrufen könnte, untersuchen, um festzustellen, ob die Fortdauer der Streitigkeit oder der Situation die Wahrung des Weltfriedens und der internationalen Sicherheit gefährden könnte.

Art. 35 [Zuständigkeit bei Friedensgefährdung] (1) Jedes Mitglied der Vereinten Nationen kann die Aufmerksamkeit des Sicherheitsrats oder der Generalversammlung auf jede Streitigkeit sowie auf jede Situation der in Artikel 34 bezeichneten Art lenken.

(2) Ein Nichtmitgliedstaat der Vereinten Nationen kann die Aufmerksamkeit des Sicherheitsrats oder der Generalversammlung auf jede Streitigkeit lenken, in der er Partei ist, wenn er im voraus hinsichtlich dieser Streitigkeit die in dieser Charta für eine friedliche Beilegung festgelegten Verpflichtungen annimmt.

(3) Das Verfahren der Generalversammlung in Angelegenheiten, auf die ihre Aufmerksamkeit gemäß diesem Artikel gelenkt wird, bestimmt sich nach den Artikeln 11 und 12.

Art. 36 [Empfehlungen zur Bereinigung von Streitigkeiten] (1) Der Sicherheitsrat kann in jedem Stadium einer Streitigkeit im Sinne des Artikels 33 oder einer Situation gleicher Art geeignete Verfahren oder Methoden für deren Bereinigung empfehlen.

(2) Der Sicherheitsrat soll alle Verfahren in Betracht ziehen, welche die Parteien zur Beilegung der Streitigkeit bereits angenommen haben.

(3) Bei seinen Empfehlungen auf Grund dieses Artikels soll der Sicherheitsrat ferner berücksichtigen, daß Rechtsstreitigkeiten im allgemeinen von den Parteien dem Internationalen Gerichtshof im Einklang mit dessen Statut zu unterbreiten sind.

Art. 37 [Entscheidung des Sicherheitsrates] (1) Gelingt es den Parteien einer Streitigkeit der in Artikel 33 bezeichneten Art nicht, diese mit den dort angegebenen Mitteln beizulegen, so legen sie die Streitigkeit dem Sicherheitsrat vor.

(2) Könnte nach Auffassung des Sicherheitsrats die Fortdauer der Streitigkeit tatsächlich die Wahrung des Weltfriedens und der interna-

tionalen Sicherheit gefährden, so beschließt er, ob er nach Artikel 36 tätig werden oder die ihm angemessen erscheinenden Empfehlungen für eine Beilegung abgeben will.

Art. 38 [Vermittlungsvorschlag] Unbeschadet der Artikel 33 bis 37 kann der Sicherheitsrat, wenn alle Parteien einer Streitigkeit dies beantragen, Empfehlungen zu deren friedlicher Beilegung an die Streitparteien richten.

Kapitel VII. Maßnahmen bei Bedrohung oder Bruch des Friedens und bei Angriffshandlungen

Art. 39 [Feststellung der Friedensgefährdung] Der Sicherheitsrat stellt fest, ob eine Bedrohung oder ein Bruch des Friedens oder eine Angriffshandlung vorliegt; er gibt Empfehlungen ab oder beschließt, welche Maßnahmen auf Grund der Artikel 41 und 42 zu treffen sind, um den Weltfrieden und die internationale Sicherheit zu wahren oder wiederherzustellen.

Art. 40 [Vorläufige Maßnahmen] Um einer Verschärfung der Lage vorzubeugen, kann der Sicherheitsrat, bevor er nach Artikel 39 Empfehlungen abgibt oder Maßnahmen beschließt, die beteiligten Parteien auffordern, den von ihm für notwendig oder erwünscht erachteten vorläufigen Maßnahmen Folge zu leisten. Diese vorläufigen Maßnahmen lassen die Rechte, die Ansprüche und die Stellung der beteiligten Parteien unberührt. Wird den vorläufigen Maßnahmen nicht Folge geleistet, so trägt der Sicherheitsrat diesem Versagen gebührend Rechnung.

Art. 41 [Friedliche Sanktionsmaßnahmen] Der Sicherheitsrat kann beschließen, welche Maßnahmen – unter Ausschluß von Waffengewalt – zu ergreifen sind, um seinen Beschlüssen Wirksamkeit zu verleihen; er kann die Mitglieder der Vereinten Nationen auffordern, diese Maßnahmen durchzuführen. Sie können die vollständige oder teilweise Unterbrechung der Wirtschaftsbeziehungen, des Eisenbahn-, See- und Luftverkehrs, der Post-, Telegraphen- und Funkverbindungen sowie sonstiger Verkehrsmöglichkeiten und den Abbruch der diplomatischen Beziehungen einschließen.

Art. 42 [Militärische Sanktionsmaßnahmen] Ist der Sicherheitsrat der Auffassung, daß die in Artikel 41 vorgesehenen Maßnahmen unzulänglich sein würden oder sich als unzulänglich erwiesen haben, so kann er mit Luft-, See- oder Landstreitkräften die zur Wahrung oder Wiederherstellung des Weltfriedens und der internationalen Sicherheit erforderlichen Maßnahmen durchführen. Sie können Demonstrationen, Blockaden und sonstige Einsätze der Luft-, See- oder Landstreitkräfte von Mitgliedern der Vereinten Nationen einschließen.

Art. 43 [Beistandspflicht aller Mitglieder der VN] (1) Alle Mitglieder der Vereinten Nationen verpflichten sich, zur Wahrung des Weltfriedens und der internationalen Sicherheit dadurch beizutragen, daß sie nach Maßgabe eines oder mehrerer Sonderabkommen dem Sicherheitsrat auf sein Ersuchen Streitkräfte zur Verfügung stellen, Beistand leisten und Erleichterungen einschließlich des Durchmarschrechts gewähren, soweit dies zur Wahrung des Weltfriedens und der internationalen Sicherheit erforderlich ist.

(2) Diese Abkommen haben die Zahl und Art der Streitkräfte, ihren Bereitschaftsgrad, ihren allgemeinen Standort sowie die Art der Erleichterungen und des Beistands vorzusehen.

(3) Die Abkommen werden auf Veranlassung des Sicherheitsrats so bald wie möglich im Verhandlungswege ausgearbeitet. Sie werden zwischen dem Sicherheitsrat einerseits und Einzelmitgliedern oder Mitgliedergruppen andererseits geschlosssen und von den Unterzeichnerstaaten nach Maßgabe ihres Verfassungsrechts ratifiziert.

Art. 44 [Gehör eines zur Hilfe aufgeforderten Mitgliedes] Hat der Sicherheitsrat die Anwendung von Gewalt beschlossen, so lädt er ein in ihm nicht vertretenes Mitglied, bevor er es zur Stellung von Streitkräften auf Grund der nach Artikel 43 übernommenen Verpflichtungen auffordert, auf dessen Wunsch ein, an seinen Beschlüssen über den Einsatz von Kontingenten der Streitkräfte dieses Mitglieds teilzunehmen.

Art. 45 [Bereithaltung von Luftstreitkräften] Um die Vereinten Nationen zur Durchführung dringender militärischer Maßnahmen zu befähigen, halten Mitglieder der Organisation Kontingente ihrer Luftstreitkräfte zum sofortigen Einsatz bei gemeinsamen internationalen Zwangsmaßnahmen bereit. Stärke und Bereitschaftsgrad dieser Kontingente sowie die Pläne für ihre gemeinsamen Maßnahmen legt der Sicherheitsrat mit Unterstützung des Generalstabsausschusses im Rahmen der in Artikel 43 erwähnten Sonderabkommen fest.

Art. 46 [Pläne für Anwendung von Waffengewalt] Die Pläne für die Anwendung von Waffengewalt werden vom Sicherheitsrat mit Unterstützung des Generalstabsausschusses aufgestellt.

Art. 47 [Generalstabsausschuß] (1) Es wird ein Generalstabsausschuß eingesetzt, um den Sicherheitsrat in allen Fragen zu beraten und zu unterstützen, die dessen militärische Bedürfnisse zur Wahrung des Weltfriedens und der internationalen Sicherheit, den Einsatz und die Führung der dem Sicherheitsrat zur Verfügung gestellten Streitkräfte, die Rüstungsregelung und eine etwaige Abrüstung betreffen.

(2) Der Generalstabsausschuß besteht aus den Generalstabschefs der ständigen Mitglieder des Sicherheitsrats oder ihren Vertretern. Ein nicht ständig im Ausschuß vertretenes Mitglied der Vereinten Nationen wird vom Ausschuß eingeladen, sich ihm zu assoziieren, wenn die Mitarbeit dieses Mitglieds für die wirksame Durchführung der Aufgaben des Ausschusses erforderlich ist.

(3) Der Generalstabsausschuß ist unter der Autorität des Sicherheitsrats für die strategische Leitung aller dem Sicherheitsrat zur Verfügung gestellten Streitkräfte verantwortlich. Die Fragen bezüglich der Führung dieser Streitkräfte werden später geregelt.

(4) Der Generalstabsausschuß kann mit Ermächtigung des Sicherheitsrats nach Konsultation mit geeigneten regionalen Einrichtungen regionale Unterausschüsse einsetzen.

Art. 48 [Durchführung der Beschlüsse] (1) Die Maßnahmen, die für die Durchführung der Beschlüsse des Sicherheitsrats zur Wahrung des Weltfriedens und der internationalen Sicherheit erforderlich sind, werden je nach dem Ermessen des Sicherheitsrats von allen oder von einigen Mitgliedern der Vereinten Nationen getroffen.

(2) Diese Beschlüsse werden von den Mitgliedern der Vereinten Nationen unmittelbar sowie durch Maßnahmen in den geeigneten internationalen Einrichtungen durchgeführt, deren Mitglieder sie sind.

Art. 49 [Gegenseitige Beistandspflicht] Bei der Durchführung der vom Sicherheitsrat beschlossenen Maßnahmen leisten die Mitglieder der Vereinten Nationen einander gemeinsam handelnd Beistand.

Art. 50 [Mitbetroffene dritte Staaten] Ergreift der Sicherheitsrat gegen einen Staat Vorbeugungs- oder Zwangsmaßnahmen, so kann jeder andere Staat, ob Mitglied der Vereinten Nationen oder nicht, den die

Durchführung dieser Maßnahmen vor besondere wirtschaftliche Probleme stellt, den Sicherheitsrat zwecks Lösung dieser Probleme konsultieren.

Art. 51 [Selbstverteidigungsrecht] Diese Charta beeinträchtigt im Falle eines bewaffneten Angriffs gegen ein Mitglied der Vereinten Nationen keineswegs das naturgegebene Recht zur individuellen oder kollektiven Selbstverteidigung, bis der Sicherheitsrat die zur Wahrung des Weltfriedens und der internationalen Sicherheit erforderlichen Maßnahmen getroffen hat. Maßnahmen, die ein Mitglied in Ausübung dieses Selbstverteidigungsrechts trifft, sind dem Sicherheitsrat sofort anzuzeigen; sie berühren in keiner Weise dessen auf dieser Charta beruhende Befugnis und Pflicht, jederzeit die Maßnahmen zu treffen, die er zur Wahrung oder Wiederherstellung des Weltfriedens und der internationalen Sicherheit für erforderlich hält.

Kapitel VIII. Regionale Abmachungen

Art. 52 [Regionale Abmachungen zur Wahrung des Friedens] (1) Diese Charta schließt das Bestehen regionaler Abmachungen oder Einrichtungen zur Behandlung derjenigen die Wahrung des Weltfriedens und der internationalen Sicherheit betreffenden Angelegenheiten nicht aus, bei denen Maßnahmen regionaler Art angebracht sind; Voraussetzung hierfür ist, daß diese Abmachungen oder Einrichtungen und ihr Wirken mit den Zielen und Grundsätzen der Vereinten Nationen vereinbar sind.

(2) Mitglieder der Vereinten Nationen, die solche Abmachungen treffen oder solche Einrichtungen schaffen, werden sich nach besten Kräften bemühen, durch Inanspruchnahme dieser Abmachungen oder Einrichtungen örtlich begrenzte Streitigkeiten friedlich beizulegen, bevor sie den Sicherheitsrat damit befassen.

(3) Der Sicherheitsrat wird die Entwicklung des Verfahrens fördern, örtlich begrenzte Streitigkeiten durch Inanspruchnahme dieser regionalen Abmachungen oder Einrichtungen friedlich beizulegen, sei es auf Veranlassung der beteiligten Staaten oder auf Grund von Überweisungen durch ihn selbst.

(4) Die Anwendung der Artikel 34 und 35 wird durch diesen Artikel nicht beeinträchtigt.

Art. 53 [Zwangsmaßnahmen auf Grund von Regionalabmachungen]
(1) Der Sicherheitsrat nimmt gegebenenfalls diese regionalen Abmachungen oder Einrichtungen zur Durchführung von Zwangsmaßnahmen unter seiner Autorität in Anspruch. Ohne Ermächtigung des Sicherheitsrats dürfen Zwangsmaßnahmen auf Grund regionaler Abmachungen oder seitens regionaler Einrichtungen nicht ergriffen werden; ausgenommen sind Maßnahmen gegen einen Feindstaat im Sinne des Absatzes 2, soweit sie in Artikel 107 oder in regionalen, gegen die Wiederaufnahme der Angriffspolitik eines solchen Staates gerichteten Abmachungen vorgesehen sind; die Ausnahme gilt, bis der Organisation auf Ersuchen der beteiligten Regierungen die Aufgabe zugewiesen wird, neue Angriffe eines solchen Staates zu verhüten.

(2) Der Ausdruck „Feindstaat" in Absatz 1 bezeichnet jeden Staat, der während des Zweiten Weltkriegs Feind eines Unterzeichners dieser Charta war.

Art. 54 [Benachrichtigung des Sicherheitsrates] Der Sicherheitsrat ist jederzeit vollständig über die Maßnahmen auf dem laufenden zu halten, die zur Wahrung des Weltfriedens und der internationalen Sicherheit auf Grund regionaler Abmachungen oder seitens regionaler Einrichtungen getroffen oder in Aussicht genommen werden.

Kapitel IX. Internationale Zusammenarbeit auf wirtschaftlichem und sozialem Gebiet

Art. 55 [Wirtschaftliche und soziale Ziele] Um jenen Zustand der Stabilität und Wohlfahrt herbeizuführen, der erforderlich ist, damit zwischen den Nationen friedliche und freundschaftliche, auf der Achtung vor dem Grundsatz der Gleichberechtigung und Selbstbestimmung der Völker beruhende Beziehungen herrschen, fördern die Vereinten Nationen

a) die Verbesserung des Lebensstandards, die Vollbeschäftigung und die Voraussetzungen für wirtschaftlichen und sozialen Fortschritt und Aufstieg;

b) die Lösung internationaler Probleme wirtschaftlicher, sozialer, gesundheitlicher und verwandter Art sowie die internationale Zusammenarbeit auf den Gebieten der Kultur und der Erziehung;

c) die allgemeine Achtung und Verwirklichung der Menschenrechte und Grundfreiheiten für alle ohne Unterschied der Rasse, des Geschlechts, der Sprache oder der Religion.

Art. 56 [Zusammenarbeit der Mitglieder] Alle Mitgliedstaaten verpflichten sich, gemeinsam und jeder für sich mit der Organisation zusammenzuarbeiten, um die in Artikel 55 dargelegten Ziele zu erreichen.

Art. 57 [Sonderorganisationen] (1) Die verschiedenen durch zwischenstaatliche Übereinkünfte errichteten Sonderorganisationen, die auf den Gebieten der Wirtschaft, des Sozialwesens, der Kultur, der Erziehung, der Gesundheit und auf verwandten Gebieten weitreichende, in ihren maßgebenden Urkunden umschriebene internationale Aufgaben zu erfüllen haben, werden gemäß Artikel 63 mit den Vereinten Nationen in Beziehung gebracht.

(2) Diese mit den Vereinten Nationen in Beziehung gebrachten Organisationen sind im folgenden als „Sonderorganisationen" bezeichnet.

Art. 58 [Empfehlungen für die Sonderorganisationen] Die Organisation gibt Empfehlungen ab, um die Bestrebungen und Tätigkeiten dieser Sonderorganisationen zu koordinieren.

Art. 59 [Errichtung von Sonderorganisationen] Die Organisation veranlaßt gegebenenfalls zwischen den in Betracht kommenden Staaten Verhandlungen zur Errichtung neuer Sonderorganisationen, soweit solche zur Verwirklichung der in Artikel 55 dargelegten Ziele erforderlich sind.

Art. 60 [Verantwortung der Generalversammlung] Für die Wahrnehmung der in diesem Kapitel genannten Aufgaben der Organisation sind die Generalversammlung und unter ihrer Autorität der Wirtschafts- und Sozialrat verantwortlich; dieser besitzt zu diesem Zweck die ihm in Kapitel X zugewiesenen Befugnisse.

Kapitel X. Der Wirtschafts- und Sozialrat

Zusammensetzung

Art. 61 [Mitglieder] (1) Der Wirtschafts- und Sozialrat besteht aus vierundfünfzig von der Generalversammlung gewählten Mitgliedern der Vereinten Nationen.

(2) Vorbehaltlich des Absatzes 3 werden alljährlich achtzehn Mitglieder des Wirtschafts- und Sozialrats für drei Jahre gewählt. Ein ausscheidendes Mitglied kann unmittelbar wiedergewählt werden.

(3) Bei der ersten Wahl, die nach Erhöhung der Zahl der Ratsmitglieder von siebenundzwanzig auf fünfundvierzig stattfindet, werden zusätzlich zu den Mitgliedern, die anstelle der neun Mitglieder gewählt werden, deren Amtszeit mit dem betreffenden Jahr endet, siebenundzwanzig weitere Mitglieder des Wirtschafts- und Sozialrats gewählt. Die Amtszeit von neun dieser siebenundzwanzig zusätzlichen Mitglieder endet nach einem Jahr, diejenige von neun weiteren Mitgliedern nach zwei Jahren; das Nähere regelt die Generalversammlung.

(4) Jedes Mitglied des Wirtschafts- und Sozialrats hat in diesem einen Vertreter.

Aufgaben und Befugnisse

Art. 62 [Zuständigkeit] (1) Der Wirtschafts- und Sozialrat kann über internationale Angelegenheiten auf den Gebieten der Wirtschaft, des Sozialwesens, der Kultur, der Erziehung, der Gesundheit und auf verwandten Gebieten Untersuchungen durchführen oder bewirken sowie Berichte abfassen oder veranlassen; er kann zu jeder derartigen Angelegenheit an die Generalversammlung, die Mitglieder der Vereinten Nationen und die in Betracht kommenden Sonderorganisationen Empfehlungen richten.

(2) Er kann Empfehlungen abgeben, um die Achtung und Verwirklichung der Menschenrechte und Grundfreiheiten für alle zu fördern.

(3) Er kann über Angelegenheiten, für die er zuständig ist, Übereinkommen entwerfen und der Generalversammlung vorlegen.

(4) Er kann nach den von den Vereinten Nationen festgesetzten Regeln internationale Konferenzen über Angelegenheiten einberufen, für die er zuständig ist.

Art. 63 [Verhältnis zu den Sonderorganisationen] (1) Der Wirtschafts- und Sozialrat kann mit jeder der in Artikel 57 bezeichneten Organisationen Abkommen schließen, in denen die Beziehungen der betreffenden Organisation zu den Vereinten Nationen geregelt werden. Diese Abkommen bedürfen der Genehmigung durch die Generalversammlung.

(2) Er kann die Tätigkeit der Sonderorganisationen koordinieren, indem er Konsultationen mit ihnen führt und an sie, an die Generalver-

sammlung und die Mitglieder der Vereinten Nationen Empfehlungen richtet.

Art. 64 [Berichte der Sonderorganisationen] (1) Der Wirtschafts- und Sozialrat kann geeignete Schritte unternehmen, um von den Sonderorganisationen regelmäßig Berichte zu erhalten. Er kann mit den Mitgliedern der Vereinten Nationen und mit den Sonderorganisationen Abmachungen treffen, um Berichte über die Maßnahmen zu erhalten, die zur Durchführung seiner Empfehlungen und der Empfehlungen der Generalversammlung über Angelegenheiten getroffen werden, für die er zuständig ist.

(2) Er kann der Generalversammlung seine Bemerkungen zu diesen Berichten mitteilen.

Art. 65 [Verhältnis zum Sicherheitsrat] Der Wirtschafts- und Sozialrat kann dem Sicherheitsrat Auskünfte erteilen und ihn auf dessen Ersuchen unterstützen.

Art. 66 [Aufgaben] (1) Der Wirtschafts- und Sozialrat nimmt alle Aufgaben wahr, für die er im Zusammenhang mit der Durchführung von Empfehlungen der Generalversammlung zuständig ist.

(2) Er kann mit Genehmigung der Generalversammlung alle Dienste leisten, um die ihn Mitglieder der Vereinten Nationen oder Sonderorganisationen ersuchen.

(3) Er nimmt alle sonstigen Aufgaben wahr, die ihm in dieser Charta oder durch die Generalversammlung zugewiesen werden.

Abstimmung

Art. 67 [Stimmrecht, Stimmenmehrheit] (1) Jedes Mitglied des Wirtschafts- und Sozialrats hat eine Stimme.

(2) Beschlüsse des Wirtschafts- und Sozialrats bedürfen der Mehrheit der anwesenden und abstimmenden Mitglieder.

Verfahren

Art. 68 [Kommissionen] Der Wirtschafts- und Sozialrat setzt Kommissionen für wirtschaftliche und soziale Fragen und für die Förderung der Menschenrechte sowie alle sonstigen zur Wahrnehmung seiner Aufgaben erforderlichen Kommissionen ein.

Art. 69 [Teilnahme anderer Mitglieder der VN] Behandelt der Wirtschafts- und Sozialrat eine Angelegenheit, die für ein Mitglied der Vereinten Nationen von besonderem Belang ist, so lädt er es ein, ohne Stimmrecht an seinen Beratungen teilzunehmen.

Art. 70 [Zusammenwirken mit den Sonderorganisationen] Der Wirtschafts- und Sozialrat kann Abmachungen dahingehend treffen, daß Vertreter der Sonderorganisationen ohne Stimmrecht an seinen Beratungen und an den Beratungen der von ihm eingesetzten Kommissionen teilnehmen und daß seine eigenen Vertreter an den Beratungen der Sonderorganisationen teilnehmen.

Art. 71 [Mitwirkung nichtstaatlicher Organisationen] Der Wirtschafts- und Sozialrat kann geeignete Abmachungen zwecks Konsultation mit nichtstaatlichen Organisationen treffen, die sich mit Angelegenheiten seiner Zuständigkeit befassen. Solche Abmachungen können mit internationalen Organisationen und, soweit angebracht, nach Konsultation des betreffenden Mitglieds der Vereinten Nationen auch mit nationalen Organisationen getroffen werden.

Art. 72 [Geschäftsordnung, Präsident] (1) Der Wirtschafts- und Sozialrat gibt sich eine Geschäftsordnung; in dieser regelt er auch das Verfahren für die Wahl seines Präsidenten.

(2) Der Wirtschafts- und Sozialrat tritt nach Bedarf gemäß seiner Geschäftsordnung zusammen; in dieser ist auch die Einberufung von Sitzungen auf Antrag der Mehrheit seiner Mitglieder vorzusehen.

Kapitel XI. Erklärung über Hoheitsgebiete ohne Selbstregierung

Art. 73 [Förderung von Hoheitsgebieten ohne Selbstregierung] Mitglieder der Vereinten Nationen, welche die Verantwortung für die Verwaltung von Hoheitsgebieten haben oder übernehmen, deren Völker noch nicht die volle Selbstregierung erreicht haben, bekennen sich zu dem Grundsatz, daß die Interessen der Einwohner dieser Hoheitsgebiete Vorrang haben; sie übernehmen als heiligen Auftrag die Verpflichtung, im Rahmen des durch diese Charta errichteten Systems des Weltfriedens und der internationalen Sicherheit das Wohl dieser Einwohner aufs äußerste zu fördern; zu diesem Zweck verpflichten sie sich,

a) den politischen, wirtschaftlichen, sozialen und erzieherischen Fortschritt, die gerechte Behandlung und den Schutz dieser Völker gegen Mißbräuche unter gebührender Achtung vor ihrer Kultur zu gewährleisten;

b) die Selbstregierung zu entwickeln, die politischen Bestrebungen dieser Völker gebührend zu berücksichtigen und sie bei der fortschreitenden Entwicklung ihrer freien politischen Einrichtungen zu unterstützen, und zwar je nach den besonderen Verhältnissen jedes Hoheitsgebiets, seiner Bevölkerung und deren jeweiliger Entwicklungsstufe;

c) den Weltfrieden und die internationale Sicherheit zu festigen;

d) Aufbau- und Entwicklungsmaßnahmen zu fördern, die Forschungstätigkeit zu unterstützen sowie miteinander und gegebenenfalls mit internationalen Fachorganisationen zusammenzuarbeiten, um die in diesem Artikel dargelegten sozialen, wirtschaftlichen und wissenschaftlichen Ziele zu verwirklichen;

e) dem Generalsekretär mit der durch die Rücksichtnahme auf Sicherheit und Verfassung gebotenen Einschränkung zu seiner Unterrichtung regelmäßig statistische und sonstige Informationen technischer Art über das Wirtschafts-, Sozial- und Erziehungswesen in den nicht unter die Kapitel XII und XIII fallenden Hoheitsgebieten zu übermitteln, für die sie verantwortlich sind.

Art. 74 [Gute Nachbarschaft zu Gebieten ohne Selbstregierung] Die Mitglieder der Vereinten Nationen sind sich ferner darin einig, daß die Politik, die sie für die unter dieses Kapitel fallenden Hoheitsgebiete verfolgen, nicht minder auf dem allgemeinen Grundsatz der guten Nachbarschaft in sozialen, wirtschaftlichen und Handelsangelegenheiten beruhen muß als die Politik, die sie für ihr Mutterland verfolgen; hierbei sind die Interessen und das Wohl der übrigen Welt gebührend zu berücksichtigen.

Kapitel XII. Das internationale Treuhandsystem

Art. 75 [Treuhandgebiete] Die Vereinten Nationen errichten unter ihrer Autorität ein internationales Treuhandsystem für die Verwaltung und Beaufsichtigung der Hoheitsgebiete, die auf Grund späterer Einzelabkommen in dieses System einbezogen werden. Diese Hoheitsgebiete werden im folgenden als Treuhandgebiete bezeichnet.

Art. 76 [Zweck des Treuhandsystems] Im Einklang mit den in Artikel 1 dieser Charta dargelegten Zielen der Vereinten Nationen dient das Treuhandsystem hauptsächlich folgenden Zwecken:

a) den Weltfrieden und die internationale Sicherheit zu festigen;

b) den politischen, wirtschaftlichen, sozialen und erzieherischen Fortschritt der Einwohner der Treuhandgebiete und ihre fortschreitende Entwicklung zur Selbstregierung oder Unabhängigkeit so zu fördern, wie es den besonderen Verhältnissen eines jeden dieser Hoheitsgebiete und seiner Bevölkerung sowie deren frei geäußerten Wünschen entspricht und in dem diesbezüglichen Treuhandabkommen vorgesehen ist;

c) die Achtung vor den Menschenrechten und Grundfreiheiten für alle ohne Unterschied der Rasse, des Geschlechts, der Sprache oder der Religion zu fördern und das Bewußtsein der gegenseitigen Abhängigkeit der Völker der Welt zu stärken;

d) die Gleichbehandlung aller Mitglieder der Vereinten Nationen und ihrer Staatsangehörigen in sozialen, wirtschaftlichen und Handelsangelegenheiten sowie die Gleichbehandlung dieser Staatsangehörigen in der Rechtspflege sicherzustellen, ohne jedoch die Verwirklichung der vorgenannten Zwecke zu beeinträchtigen; Artikel 80 bleibt unberührt.

Art. 77 [Anwendung des Treuhandsystems] (1) Das Treuhandsystem findet auf die zu den folgenden Gruppen gehörenden Hoheitsgebiete Anwendung, soweit sie auf Grund von Treuhandabkommen in dieses System einbezogen werden:

a) gegenwärtig bestehende Mandatsgebiete;

b) Hoheitsgebiete, die infolge des Zweiten Weltkriegs von Feindstaaten abgetrennt werden;

c) Hoheitsgebiete, die von den für ihre Verwaltung verantwortlichen Staaten freiwillig in das System einbezogen werden.

(2) Die Feststellung, welche Hoheitsgebiete aus den genannten Gruppen in das Treuhandsystem einbezogen werden und welche Bestimmungen hierfür gelten, bleibt einer späteren Übereinkunft vorbehalten.

Art. 78 [Keine Anwendung auf Mitglieder der VN] Das Treuhandsystem findet keine Anwendung auf Hoheitsgebiete, die Mitglied der Vereinten Nationen geworden sind; die Beziehungen zwischen Mitgliedern beruhen auf der Achtung des Grundsatzes der souveränen Gleichheit.

Art. 79 [Treuhandabkommen] Für jedes in das Treuhandsystem einzubeziehende Hoheitsgebiet werden die Treuhandbestimmungen einschließlich aller ihrer Änderungen und Ergänzungen von den unmittelbar beteiligten Staaten, zu denen bei Mandatsgebieten eines Mitglieds der Vereinten Nationen auch die Mandatsmacht zählt, in Form eines Abkommens vereinbart; sie bedürfen der Genehmigung nach den Artikeln 83 und 85.

Art. 80 [Vorbehalt für bestehende Rechte] (1) Soweit in einzelnen, auf Grund der Artikel 77, 79 und 81 geschlossenen Treuhandabkommen zur Einbeziehung eines Treuhandgebiets in das Treuhandsystem nichts anderes vereinbart wird und solange derartige Abkommen noch nicht geschlossen sind, ist dieses Kapitel nicht so auszulegen, als ändere es unmittelbar oder mittelbar die Rechte von Staaten oder Völkern oder in Kraft befindliche internationale Übereinkünfte, deren Vertragsparteien Mitglieder der Vereinten Nationen sind.

(2) Aus Absatz 1 kann keine Rechtfertigung dafür abgeleitet werden, Verhandlungen über Abkommen zu der in Artikel 77 vorgesehenen Einbeziehung von Mandatsgebieten und sonstigen Hoheitsgebieten in das Treuhandsystem oder den Abschluß solcher Abkommen zu verzögern oder aufzuschieben.

Art. 81 [Verwaltung des Treuhandgebietes] Jedes Treuhandabkommen enthält die Bestimmungen, nach denen das Treuhandgebiet zu verwalten ist, und bezeichnet die verwaltende Obrigkeit. Diese, im folgenden als „Verwaltungsmacht" bezeichnet, kann ein Staat oder eine Staatengruppe oder die Organisation selbst sein.

Art. 82 [Strategische Zonen] Jedes Treuhandabkommen kann eine oder mehrere strategische Zonen bezeichnen, die das ganze Treuhandgebiet, für welches das Abkommen gilt, oder einen Teil davon umfassen; Sonderabkommen nach Artikel 43 bleiben unberührt.

Art. 83 [Aufgaben des Sicherheitsrates] (1) Alle Aufgaben der Vereinten Nationen in bezug auf strategische Zonen, einschließlich der Genehmigung der Treuhandabkommen sowie ihrer Änderungen und Ergänzungen, nimmt der Sicherheitsrat wahr.

(2) Die in Artikel 76 dargelegten Hauptzwecke gelten auch für die Bevölkerung jeder strategischen Zone.

(3) Unter Beachtung der Treuhandabkommen nimmt der Sicherheits-

rat vorbehaltlich der Sicherheitserfordernisse die Unterstützung des Treuhandrats in Anspruch, um im Rahmen des Treuhandsystems diejenigen Aufgaben der Vereinten Nationen wahrzunehmen, die politische, wirtschaftliche, soziale und erzieherische Angelegenheiten in den strategischen Zonen betreffen.

Art. 84 [Militärische Beiträge der Treuhandgebiete] Die Verwaltungsmacht hat die Pflicht, dafür zu sorgen, daß das Treuhandgebiet seinen Beitrag zur Wahrung des Weltfriedens und der internationalen Sicherheit leistet. Zu diesem Zweck kann sie freiwillige Streitkräfte, Erleichterungen und Beistand von dem Treuhandgebiet in Anspruch nehmen, um die Verpflichtungen zu erfüllen, die sie in dieser Hinsicht gegenüber dem Sicherheitsrat übernommen hat, und um die örtliche Verteidigung und die Aufrechterhaltung von Recht und Ordnung innerhalb des Treuhandgebiets sicherzustellen.

Art. 85 [Aufgaben der Generalversammlung] (1) Die Aufgaben der Vereinten Nationen in bezug auf Treuhandabkommen für alle nicht als strategische Zonen bezeichneten Gebiete, einschließlich der Genehmigung der Treuhandabkommen sowie ihrer Änderungen und Ergänzungen, werden von der Generalversammlung wahrgenommen.

(2) Bei der Durchführung dieser Aufgaben wird die Generalversammlung von dem unter ihrer Autorität handelnden Treuhandrat unterstützt.

Kapitel XIII. Der Treuhandrat

Zusammensetzung

Art. 86 [Mitglieder] (1) Der Treuhandrat besteht aus folgenden Mitgliedern der Vereinten Nationen:

a) den Mitgliedern, die Treuhandgebiete verwalten;

b) den in Artikel 23 namentlich aufgeführten Mitgliedern, soweit sie keine Treuhandgebiete verwalten;

c) so vielen weiteren von der Generalversammlung für je drei Jahre gewählten Mitgliedern, wie erforderlich sind, damit der Treuhandrat insgesamt zur Hälfte aus Mitgliedern der Vereinten Nationen besteht, die Treuhandgebiete verwalten, und zur Hälfte aus solchen, die keine verwalten.

(2) Jedes Mitglied des Treuhandrats bestellt eine besonders geeignete Person zu seinem Vertreter im Treuhandrat.

Aufgaben und Befugnisse

Art. 87 [Befugnisse] Die Generalversammlung und unter ihrer Autorität der Treuhandrat können bei der Wahrnehmung ihrer Aufgaben
a) von der Verwaltungsmacht vorgelegte Berichte prüfen;
b) Gesuche entgegennehmen und sie in Konsultation mit der Verwaltungsmacht prüfen;
c) regelmäßige Bereisungen der einzelnen Treuhandgebiete veranlassen, deren Zeitpunkt mit der Verwaltungsmacht vereinbart wird;
d) diese und sonstige Maßnahmen in Übereinstimmung mit den Treuhandabkommen treffen.

Art. 88 [Jährlicher Bericht] Der Treuhandrat arbeitet einen Fragebogen über den politischen, wirtschaftlichen, sozialen und erzieherischen Fortschritt der Einwohner jedes Treuhandgebiets aus; die Verwaltungsmacht jedes Treuhandgebiets, für das die Generalversammlung zuständig ist, erstattet dieser auf Grund des Fragebogens alljährlich Bericht.

Abstimmung

Art. 89 [Stimmrecht, Stimmenmehrheit] (1) Jedes Mitglied des Treuhandrats hat eine Stimme.

(2) Beschlüsse des Treuhandrats bedürfen der Mehrheit der anwesenden und abstimmenden Mitglieder.

Verfahren

Art. 90 [Geschäftsordnung, Präsident, Zusammentritt] (1) Der Treuhandrat gibt sich eine Geschäftsordnung; in dieser regelt er auch das Verfahren für die Wahl seines Präsidenten.

(2) Der Treuhandrat tritt nach Bedarf gemäß seiner Geschäftsordnung zusammen; in dieser ist auch die Einberufung von Sitzungen auf Antrag der Mehrheit seiner Mitglieder vorzusehen.

Art. 91 [Unterstützung durch den Wirtschafts- und Sozialrat] Der Treuhandrat nimmt gegebenenfalls die Unterstützung des Wirtschafts- und Sozialrats und der Sonderorganisationen in Angelegenheiten in Anspruch, für die sie zuständig sind.

Kapitel XIV. Der Internationale Gerichtshof

Art. 92 [Aufgaben] Der Internationale Gerichtshof ist das Hauptrechtsprechungsorgan der Vereinten Nationen. Er nimmt seine Aufgaben nach Maßgabe des beigefügten Statuts wahr, das auf dem Statut des Ständigen Internationalen Gerichtshofs beruht und Bestandteil dieser Charta ist.

Art. 93 [Vertragsparteien der Satzung] (1) Alle Mitglieder der Vereinten Nationen sind ohne weiteres Vertragsparteien des Statuts des Internationalen Gerichtshofs.

(2) Ein Staat, der nicht Mitglied der Vereinten Nationen ist, kann zu Bedingungen, welche die Generalversammlung jeweils auf Empfehlung des Sicherheitsrats festsetzt, Vertragspartei des Statuts des Internationalen Gerichtshofs werden.

Art. 94 [Wirksamkeit der Entscheidungen] (1) Jedes Mitglied der Vereinten Nationen verpflichtet sich, bei jeder Streitigkeit, in der es Partei ist, die Entscheidung des Internationalen Gerichtshofs zu befolgen.

(2) Kommt eine Streitpartei ihren Verpflichtungen aus einem Urteil des Gerichtshofs nicht nach, so kann sich die andere Partei an den Sicherheitsrat wenden; dieser kann, wenn er es für erforderlich hält, Empfehlungen abgeben oder Maßnahmen beschließen, um dem Urteil Wirksamkeit zu verschaffen.

Art. 95 [Andere Gerichte] Diese Charta schließt nicht aus, daß Mitglieder der Vereinten Nationen auf Grund bestehender oder künftiger Abkommen die Beilegung ihrer Streitigkeiten anderen Gerichten zuweisen.

Art. 96 [Gutachten des Gerichtshofes] (1) Die Generalversammlung oder der Sicherheitsrat kann über jede Rechtsfrage ein Gutachten des Internationalen Gerichtshofs anfordern.

(2) Andere Organe der Vereinten Nationen und Sonderorganisationen können mit jeweiliger Ermächtigung durch die Generalversammlung ebenfalls Gutachten des Gerichtshofs über Rechtsfragen anfordern, die sich in ihrem Tätigkeitsbereich stellen.

Kapitel XV. Das Sekretariat

Art. 97 [Generalsekretär und sonstige Bedienstete] Das Sekretariat besteht aus einem Generalsekretär und den sonstigen von der Organisation benötigten Bediensteten. Der Generalsekretär wird auf Empfehlung des Sicherheitsrats von der Generalversammlung ernannt. Er ist der höchste Verwaltungsbeamte der Organisation.

Art. 98 [Aufgaben des Generalsekretärs] Der Generalsekretär ist in dieser Eigenschaft bei allen Sitzungen der Generalversammlung, des Sicherheitsrats, des Wirtschafts- und Sozialrats und des Treuhandrats tätig und nimmt alle sonstigen ihm von diesen Organen zugewiesenen Aufgaben wahr. Er erstattet der Generalversammlung alljährlich über die Tätigkeit der Organisation Bericht.

Art. 99 [Befugnis bei Friedensgefährdung] Der Generalsekretär kann die Aufmerksamkeit des Sicherheitsrats auf jede Angelegenheit lenken, die nach seinem Dafürhalten geeignet ist, die Wahrung des Weltfriedens und der internationalen Sicherheit zu gefährden.

Art. 100 [Unabhängigkeit] (1) Der Generalsekretär und die sonstigen Bediensteten dürfen bei der Wahrnehmung ihrer Pflichten von einer Regierung oder von einer Autorität außerhalb der Organisation Weisungen weder erbitten noch entgegennehmen. Sie haben jede Handlung zu unterlassen, die ihrer Stellung als internationale, nur der Organisation verantwortliche Bedienstete abträglich sein könnte.

(2) Jedes Mitglied der Vereinten Nationen verpflichtet sich, den ausschließlich internationalen Charakter der Verantwortung des Generalsekretärs und der sonstigen Bediensteten zu achten und nicht zu versuchen, sie bei der Wahrnehmung ihrer Aufgaben zu beeinflussen.

Art. 101 [Bedienstete] (1) Die Bediensteten werden vom Generalsekretär im Einklang mit Regelungen ernannt, welche die Generalversammlung erläßt.

(2) Dem Wirtschafts- und Sozialrat, dem Treuhandrat und erforderlichenfalls anderen Organen der Vereinten Nationen werden geeignete ständige Bedienstete zugeteilt. Sie gehören dem Sekretariat an.

(3) Bei der Einstellung der Bediensteten und der Regelung ihres Dienstverhältnisses gilt als ausschlaggebend der Gesichtspunkt, daß es

notwendig ist, ein Höchstmaß an Leistungsfähigkeit, fachlicher Eignung und Ehrenhaftigkeit zu gewährleisten. Der Umstand, daß es wichtig ist, die Auswahl der Bediensteten auf möglichst breiter geographischer Grundlage vorzunehmen, ist gebührend zu berücksichtigen.

Kapitel XVI. Verschiedenes

Art. 102 [Registrierung von Verträgen] (1) Alle Verträge und sonstigen internationalen Übereinkünfte, die ein Mitglied der Vereinten Nationen nach dem Inkrafttreten dieser Charta schließt, werden so bald wie möglich beim Sekretariat registriert und von ihm veröffentlicht.

(2) Werden solche Verträge oder internationalen Übereinkünfte nicht nach Absatz 1 registriert, so können sich ihre Vertragsparteien bei einem Organ der Vereinten Nationen nicht auf sie berufen.

Art. 103 [Vorrang der Charta] Widersprechen sich die Verpflichtungen von Mitgliedern der Vereinten Nationen aus dieser Charta und ihre Verpflichtungen aus anderen internationalen Übereinkünften, so haben die Verpflichtungen aus dieser Charta Vorrang.

Art. 104 [Rechtsstellung der VN] Die Organisation genießt im Hoheitsgebiet jedes Mitglieds die Rechts- und Geschäftsfähigkeit, die zur Wahrnehmung ihrer Aufgaben und zur Verwirklichung ihrer Ziele erforderlich ist.

Art. 105 [Vorrechte der VN] (1) Die Organisation genießt im Hoheitsgebiet jedes Mitglieds die Vorrechte und Immunitäten, die zur Verwirklichung ihrer Ziele erforderlich sind.

(2) Vertreter der Mitglieder der Vereinten Nationen und Bedienstete der Organisation genießen ebenfalls die Vorrechte und Immunitäten, deren sie bedürfen, um ihre mit der Organisation zusammenhängenden Aufgaben in voller Unabhängigkeit wahrnehmen zu können.

(3) Die Generalversammlung kann Empfehlungen abgeben, um die Anwendung der Absätze 1 und 2 im einzelnen zu regeln, oder sie kann den Mitgliedern der Vereinten Nationen zu diesem Zweck Übereinkommen vorschlagen.

Kapitel XVII. Übergangsbestimmungen betreffend die Sicherheit

Art. 106 [Vorbehalt aus dem Abkommen von Moskau von 1943] Bis das Inkrafttreten von Sonderabkommen der in Artikel 43 bezeichneten Art den Sicherheitsrat nach seiner Auffassung befähigt, mit der Ausübung der ihm in Artikel 42 zugewiesenen Verantwortlichkeiten zu beginnen, konsultieren die Parteien der am 30. Oktober 1943 in Moskau unterzeichneten Viermächte-Erklärung und Frankreich nach Absatz 5 dieser Erklärung einander und gegebenenfalls andere Mitglieder der Vereinten Nationen, um gemeinsam alle etwa erforderlichen Maßnahmen zur Wahrung des Weltfriedens und der internationalen Sicherheit im Namen der Organisation zu treffen.

Art. 107 [Vorbehalt gegenüber Feindstaaten des 2. Weltkrieges] Maßnahmen, welche die hierfür verantwortlichen Regierungen als Folge des Zweiten Weltkriegs in bezug auf einen Staat ergreifen oder genehmigen, der während dieses Krieges Feind eines Unterzeichnerstaats dieser Charta war, werden durch diese Charta weder außer Kraft gesetzt noch untersagt.

Kapitel XVIII. Änderungen

Art. 108 [Änderungen der Charta] Änderungen dieser Charta treten für alle Mitglieder der Vereinten Nationen in Kraft, wenn sie mit Zweidrittelmehrheit der Mitglieder der Generalversammlung angenommen und von zwei Dritteln der Mitglieder der Vereinten Nationen einschließlich aller ständigen Mitglieder des Sicherheitsrats nach Maßgabe ihres Verfassungsrechts ratifiziert worden sind.

Art. 109 [Revision der Charta] (1) Zur Revision dieser Charta kann eine Allgemeine Konferenz der Mitglieder der Vereinten Nationen zusammentreten; Zeitpunkt und Ort werden durch Beschluß einer Zweidrittelmehrheit der Mitglieder der Generalversammlung und durch Beschluß von neun beliebigen Mitgliedern des Sicherheitsrats bestimmt. Jedes Mitglied der Vereinten Nationen hat auf der Konferenz eine Stimme.

(2) Jede Änderung dieser Charta, die von der Konferenz mit Zweidrittelmehrheit empfohlen wird, tritt in Kraft, sobald sie von zwei Dritteln der Mitglieder der Vereinten Nationen einschließlich aller stän-

digen Mitglieder des Sicherheitsrats nach Maßgabe ihres Verfassungsrechts ratifiziert worden ist.

(3) Ist eine solche Konferenz nicht vor der zehnten Jahrestagung der Generalversammlung nach Inkrafttreten dieser Charta zusammengetreten, so wird der Vorschlag, eine solche Konferenz einzuberufen, auf die Tagesordnung jener Tagung gesetzt; die Konferenz findet statt, wenn dies durch Beschluß der Mehrheit der Mitglieder der Generalversammlung und durch Beschluß von sieben beliebigen Mitgliedern des Sicherheitsrats bestimmt wird.

Kapitel XIX. Ratifizierung und Unterzeichnung

Art. 110 [Ratifizierung] (1) Diese Charta bedarf der Ratifizierung durch die Unterzeichnerstaaten nach Maßgabe ihres Verfassungsrechts.

(2) Die Ratifikationsurkunden werden bei der Regierung der Vereinigten Staaten von Amerika hinterlegt; diese notifiziert jede Hinterlegung allen Unterzeichnerstaaten sowie dem Generalsekretär der Organisation, sobald er ernannt ist.

(3) Diese Charta tritt in Kraft, sobald die Republik China, Frankreich, die Union der Sozialistischen Sowjetrepubliken, das Vereinigte Königreich Großbritannien und Nordirland und die Vereinigten Staaten von Amerika sowie die Mehrheit der anderen Unterzeichnerstaaten ihre Ratifikationsurkunden hinterlegt haben. Die Regierung der Vereinigten Staaten von Amerika errichtet sodann über die Hinterlegung der Ratifikationsurkunden ein Protokoll, von dem sie allen Unterzeichnerstaaten Abschriften übermittelt.

(4) Die Unterzeichnerstaaten dieser Charta, die sie nach ihrem Inkrafttreten ratifizieren, werden mit dem Tag der Hinterlegung ihrer Ratifikationsurkunde ursprüngliche Mitglieder der Vereinten Nationen.

Art. 111 [Authentischer Text, Hinterlegung] Diese Charta, deren chinesischer, französischer, russischer, englischer und spanischer Wortlaut gleichermaßen verbindlich ist, wird im Archiv der Regierung der Vereinigten Staaten von Amerika hinterlegt. Diese übermittelt den Regierungen der anderen Unterzeichnerstaaten gehörig beglaubigte Abschriften.

ZU URKUND DESSEN haben die Vertreter der Regierungen der Vereinten Nationen diese Charta unterzeichnet.

GESCHEHEN in der Stadt San Franzisko am 26. Juni 1945.

2. Die Mitgliedstaaten der Vereinten Nationen

(Stand 1. Juli 2003)

In der nachfolgenden Übersicht sind die 191 Mitgliedstaaten der Vereinten Nationen und ihre prozentualen Beitragsleistungen zum ordentlichen UN-Haushalt der Jahre 2001 und 2003 (auf zwei Stellen hinter dem Komma beschränkt) aufgeführt. Die 51 Gründungsmitglieder (vgl. Kapitel 5. Mitgliedschaft) sind alphabetisch, die später hinzugekommenen Mitglieder nach Beitrittsdaten geordnet.

a) Gründungsmitglieder (alphabetisch geordnet)

Mitglieder	Prozentuale Beteiligung am UN-Budget der Jahre	
	2001	2003
Ägypten[2]	0,081	0,081
Äthiopien	0,004	0,004
Argentinien	1,156	1,149
Australien	1,636	1,627
Belarus[3]	0,019	0,019
Belgien	1,136	1,129
Bolivien	0,008	0,008
Brasilien	2,231	2,390
Chile	0,198	0,212
China[4]	1,541	1,532

2 Ägypten und Syrien, beide Gründungsmitglieder der Vereinten Nationen, schlossen sich am 21.2.1958 zur Vereinigten Arabischen Republik (VAR) zusammen. Daraufhin wurden die Mitgliedschaften beider Länder am 1.3.1958 zu einer zusammengezogen. Nach der Loslösung von der VAR kehrte Syrien am 13.10.1961 ohne Aufnahmeverfahren wieder als eigenständiges Mitglied in die Vereinten Nationen zurück, während Ägypten zunächst weiterhin unter dem Namen VAR UN-Mitglied blieb; am 2.9.1971 wurde die VAR in Arabische Republik Ägypten unbenannt.

3 Seit 17.9.1991 offizielle Bezeichnung des früheren Bjelorussland (Weißrußland).

4 25 Jahre lang nahm Taiwan (Nationalchina) die chinesische UN-Mitgliedschaft wahr. Am 25. Oktober 1971 beschloss die Generalversammlung, die Volksrepublik China als einzigen rechtmäßigen Vertreter Chinas anzuerkennen, und die Republik China musste die UNO verlassen.

Mitglieder	Prozentuale Beteiligung am UN-Budget der Jahre	
	2001	2003
Costa Rica	0,020	0,020
Dänemark	0,753	0,749
Dominikanische Republik	0,023	0,023
Ecuador	0,025	0,025
El Salvador	0,018	0,018
Frankreich	6,503	6,466
Griechenland	0,542	0,539
Großbritannien	5,568	5,536
Guatemala	0,027	0,027
Haiti	0,002	0,002
Honduras	0,005	0,005
Indien	0,343	0,341
Irak	0,127	0,136
Iran	0,253	0,272
Jugoslawien[5]	0,020	0,020
Kanada	2,253	2,558
Kolumbien	0,186	0,201
Kuba	0,030	0,030
Libanon	0,012	0,012
Liberia	0,001	0,001
Luxemburg	0,080	0,080
Mexiko	1,093	1,086
Neuseeland	0,242	0,241
Nicaragua	0,001	0,001
Niederlande	1,748	1,738
Norwegen	0,650	0,646
Panama	0,018	0,018
Paraguay	0,016	0,016
Peru	0,119	0,118
Philippinen	0,101	0,100

5 Am 22. 9. 1992 beschloss die Generalversammlung, dass die Föderative Republik Jugoslawien (Serbien und Montenegro) nicht „automatisch" die UN-Mitgliedschaft der bisherigen Sozialistischen Föderativen Republik Jugoslawien fortführen kann, sondern einen Antrag auf Aufnahme in die Vereinten Nationen stellen muss; die Wiederaufnahme erfolgte am 1. 11. 2000.

Mitglieder	Prozentuale Beteiligung am UN-Budget der Jahre	
	2001	2003
Polen	0,353	0,378
Russische Föderation (Russland)[6]	1,200	1,200
Saudi-Arabien	0,557	0,554
Südafrika	0,410	0,408
Syrien[7]	0,081	0,080
Türkei	0,443	0,440
Ukraine	0,053	0,053
Uruguay	0,075	0,080
Venezuela	0,210	0,208
Vereinigte Staaten	22,00	22,00

b) Später aufgenommene Mitglieder (nach Beitrittsdaten geordnet)

Mitglieder	Beitritts-datum	Prozentuale Beteiligung am UN-Budget der Jahre	
		2001	2003
1946: 4 neue Mitglieder			
Afghanistan	19. 11. 1946	0,008	0,009
Island	19. 11. 1946	0,033	0,033
Schweden	19. 11. 1946	1,033	1,026
Thailand	16. 12. 1946	0,275	0,294
1947: 2 neue Mitglieder			
Jemen[8]	30. 9. 1947	0,007	0,006
Pakistan	30. 9. 1947	0,061	0,061

6 Nach der Auflösung der Sowjetunion zum Jahresende 1991 wurde deren Mitgliedschaft von der Russischen Föderation (Russland) fortgesetzt.

7 Vgl. S. 437, Fußnote 2.

8 Die Arabische Republik Jemen, Mitglied der Vereinten Nationen seit 30. 9. 1947, und die Demokratische Republik Jemen, Mitglied seit 14. 12. 1967, vereinigten sich am 22. 5. 1990 zur Republik Jemen.

Mitglieder	Beitritts-datum	Prozentuale Beteiligung am UN-Budget der Jahre	
		2001	2003
1948: 1 neues Mitglied			
Myanmar (früher Birma)	19. 4. 1948	0,010	0,010
1949: 1 neues Mitglied			
Israel	11. 5. 1949	0,417	0,415
1950: 1 neues Mitglied			
Indonesien[9]	28. 9. 1950	0,201	0,200
1951: keine neuen Mitglieder			
1952: keine neuen Mitglieder			
1953: keine neuen Mitglieder			
1954: keine neuen Mitglieder			
1955: 16 neue Mitglieder			
Albanien	14. 12. 1955	0,003	0,003
Bulgarien	14. 12. 1955	0,013	0,013
Sri Lanka	14. 12. 1955	0,016	0,016
Finnland	14. 12. 1955	0,525	0,522
Irland	14. 12. 1955	0,296	0,294
Italien	14. 12. 1955	5,094	5,064
Jordanien	14. 12. 1955	0,008	0,008
Kambodscha	14. 12. 1955	0,002	0,002
Laos	14. 12. 1955	0,001	0,001
Libyen	14. 12. 1955	0,067	0,067
Nepal	14. 12. 1955	0,004	0,004
Österreich	14. 12. 1955	0,952	0,947
Portugal	14. 12. 1955	0,465	0,462
Rumänien	14. 12. 1955	0,059	0,058
Spanien	14. 12. 1955	2,534	2,518
Ungarn	14. 12. 1955	0,121	0,120
1956: 4 neue Mitglieder			
Marokko	12. 11. 1956	0,045	0,044
Sudan	12. 11. 1956	0,006	0,006
Tunesien	12. 11. 1956	0,031	0,030
Japan	18. 12. 1956	19,629	19,515

9 Indonesien verließ am 1. 3. 1965 wegen der Aufnahme Malaysias in den Sicherheitsrat die Vereinten Nationen, trat jedoch am 28. 9. 1966 wieder als Mitglied ein.

Mitglieder	Beitritts-datum	Prozentuale Beteiligung am UN-Budget der Jahre 2001	2003
1957: 2 neue Mitglieder			
Ghana	8. 3. 1957	0,005	0,005
Malaysia[10]	17. 9. 1957	0,237	0,235
1958: 1 neues Mitglied			
Guinea	12. 12. 1958	0,003	0,003
1959: keine neuen Mitglieder			
1960: 17 neue Mitglieder			
Benin	20. 19. 1960	0,002	0,002
Côte d'Ivoire (Elfenbeinküste)	20. 9. 1960	0,009	0,009
Gabun	20. 9. 1960	0,014	0,014
Kamerun	20. 9. 1960	0,009	0,009
Kongo	20. 9. 1960	0,001	0,001
Zaire	20. 9. 1960	0,004	0,004
Madagaskar	20. 9. 1960	0,003	0,003
Niger	20. 9. 1960	0,001	0,001
Burkina Faso	20. 9. 1960	0,002	0,002
Somalia	20. 9. 1960	0,001	0,001
Togo	20. 9. 1960	0,001	0,001
Tschad	20. 9. 1960	0,001	0,001
Zentralafrik. Republik	20. 9. 1960	0,001	0,001
Zypern	20. 9. 1960	0,038	0,038
Mali	28. 9. 1960	0,002	0,002
Senegal	28. 9. 1960	0,062	0,062
Nigeria	7. 10. 1960	0,062	0,062
1961: 4 neue Mitglieder			
Sierra Leone	27. 9. 1961	0,001	0,001
Mauretanien	27. 10. 1961	0,001	0,001
Mongolei	27. 10. 1961	0,001	0,001

10 Malaysia war am 17. 9. 1957 unter dem Namen Föderation von Malaya Mitglied der Vereinten Nationen geworden. Am 16. 9. 1963 wurde die bisherige Föderation durch die Vereinigung mit Singapur, Sarawak und Sabah zur Föderation von Malaysia erweitert. Nach der Trennung von der Malaysischen Föderation am 9. 8. 1965 wurde Singapur am 21. 9. 1965 selbständiges Mitglied der UNO.

Mitglieder	Beitritts-datum	Prozentuale Beteiligung am UN-Budget der Jahre 2001	2003
Tansania[11]	14. 12. 1961	0,004	0,004
1962: 6 neue Mitglieder			
Rwanda	18. 9. 1962	0,001	0,001
Burundi	18. 9. 1962	0,001	0,001
Trinidad und Tobago	18. 9. 1962	0,016	0,016
Jamaika	18. 9. 1962	0,004	0,004
Algerien	8. 10. 1962	0,070	0,070
Uganda	25. 10. 1962	0,005	0,005
1963: 3 neue Mitglieder[11]			
Kuweit	14. 5. 1963	0,148	0,148
Kenia	16. 12. 1963	0,008	0,008
1964: 3 neue Mitglieder[11]			
Malawi	1. 12. 1964	0,002	0,002
Malta	1. 12. 1964	0,015	0,015
Sambia	1. 12. 1964	0,002	0,002
1965: 3 neue Mitglieder			
Gambia	21. 9. 1965	0,001	0,001
Singapur[12]	21. 9. 1965	0,395	0,093
Malediven	21. 9. 1965	0,001	0,001
1966: 4 neue Mitglieder			
Guyana	20. 9. 1966	0,001	0,001
Botswana	17. 10. 1966	0,010	0,010
Lesotho	17. 10. 1966	0,001	0,001
Barbados	9. 12. 1966	0,009	0,009
1967: 1 neues Mitglied[13]			
1968: 3 neue Mitglieder			
Mauritius	24. 4. 1968	0,011	0,011

11 Durch den Zusammenschluss der Staaten Tanganyika (UN-Mitglied seit 14. 12. 1961) und Sansibar (Mitglied seit 16. 12. 1963) war am 26. 4. 1964 die Vereinigte Republik Tanganyika und Sansibar entstanden, die am 29. 10. 1964 in Tansania umbenannt wurde. Die Mitgliedschaften beider Länder wurden daraufhin zu einer zusammengezogen.

12 Vgl. S. 441, Fußnote 10.

13 Vgl. S. 439, Fußnote 8.

Mitglieder	Beitritts-datum	Prozentuale Beteiligung am UN-Budget der Jahre	
		2001	2003
Swasiland	24. 9. 1968	0,002	0,002
Äquatorial-Guinea	12. 11. 1968	0,001	0,001
1969: keine neuen Mitglieder			
1970: 1 neues Mitglied			
Fidschi	13. 10. 1970	0,004	0,004
1971: 5 neue Mitglieder			
Bhutan	21. 9. 1971	0,001	0,001
Katar	21. 9. 1971	0,034	0,034
Bahrain	21. 9. 1971	0,018	0,018
Oman	7. 10. 1971	0,062	0,061
Vereinigte Arabische Emirate	9. 12. 1971	0,204	0,202
1972: keine neuen Mitglieder			
1973: 3 neue Mitglieder			
Deutschland[14]	18. 9. 1973	9,825	9,769
Bahamas	18. 9. 1973	0,019	0,019
1974: 3 neue Mitglieder			
Bangladesch	17. 9. 1974	0,010	0,010
Grenada	17. 9. 1974	0,001	0,001
Guinea-Bissau	17. 9. 1974	0,001	0,001
1975: 6 neue Mitglieder			
Kap Verde	16. 9. 1975	0,001	0,001
São Tomé und Príncipe	16. 9. 1975	0,001	0,001
Mosambik	16. 9. 1975	0,001	0,001
Papua-Neuguinea	10. 10. 1975	0,006	0,006
Komoren	12. 11. 1975	0,001	0,001
Suriname	4. 12. 1975	0,002	0,002
1976: 3 neue Mitglieder			
Seychellen	21. 9. 1976	0,002	0,002
Angola	1. 12. 1976	0,002	0,002
Samoa	15. 12. 1976	0,001	0,001

14 Durch den Beitritt der Deutschen Demokratischen Republik zur Bundesrepublik Deutschland haben sich beide Staaten am 3. 10. 1990 vereinigt; ihre UN-Mitgliedschaft (jeweils seit 18. 9. 1973) wird unter der Bezeichnung „Deutschland" fortgeführt.

Mitglieder	Beitritts-datum	Prozentuale Beteiligung am UN-Budget der Jahre	
		2001	2003
1977: 2 neue Mitglieder			
Dschibuti	20. 9. 1977	0,001	0,001
Vietnam	20. 9. 1977	0,015	0,015
1978: 2 neue Mitglieder			
Salomonen	19. 9. 1978	0,001	0,001
Dominica	18. 12. 1978	0,001	0,001
1979: 1 neues Mitglied			
St. Lucia	18. 9. 1979	0,002	0,002
1980: 2 neue Mitglieder			
Simbabwe	25. 8. 1980	0,008	0,008
St. Vincent und die Grenadinen	16. 9. 1980	0,001	0,001
1981: 3 neue Mitglieder			
Vanuatu	15. 9. 1981	0,001	0,001
Belize	25. 9. 1981	0,001	0,001
Antigua und Barbuda	11. 11. 1981	0,002	0,002
1982: keine neuen Mitglieder			
1983: 1 neues Mitglied			
St. Kitts und Nevis	23. 9. 1983	0,001	0,001
1984: 1 neues Mitglied			
Brunei	21. 9. 1984	0,033	0,033
1990: 2 neue Mitglieder			
Namibia	23. 4. 1990	0,007	0,007
Liechtenstein	18. 9. 1990	0,006	0,006
1991: 7 neue Mitglieder			
Estland	17. 9. 1991	0,010	0,010
Lettland	17. 9. 1991	0,010	0,010
Litauen	17. 9. 1991	0,017	0,017
Demokratische Volksrepublik Korea	17. 9. 1991	0,009	0,009
Republik Korea	17. 9. 1991	1,728	1,851
Marshallinseln	17. 9. 1991	0,001	0,001
Mikronesien	17. 9. 1991	0,001	0,001
1992: 13 neue Mitglieder			
Armenien	2. 3. 1992	0,002	0,002

Mitglieder	Beitritts-datum	Prozentuale Beteiligung am UN-Budget der Jahre	
		2001	2003
Aserbaidschan	12. 3. 1992	0,004	0,004
Kasachstan	12. 3. 1992	0,029	0,028
Kirgistan	12. 3. 1992	0,001	0,001
Moldau	12. 3. 1992	0,002	0,002
San Marino	12. 3. 1992	0,002	0,002
Tadschikistan	12. 3. 1992	0,001	0,001
Turkmenistan	12. 3. 1992	0,003	0,003
Usbekistan	12. 3. 1992	0,011	0,011
Bosnien-Herzegowina	22. 5. 1992	0,004	0,004
Kroatien	22. 5. 1992	0,039	0,039
Slowenien	22. 5. 1992	0,081	0,081
Georgien	31. 7. 1992	0,005	0,005
1993: 6 neue Mitglieder			
Slowakei	19. 1. 1993	0,043	0,043
Tschechien	19. 1. 1993	0,189	0,203
Mazedonien	8. 4. 1993	0,006	0,006
Eritrea	28. 5. 1993	0,001	0,001
Monaco	28. 5. 1993	0,004	0,004
Andorra	28. 7. 1993	0,004	0,004
1994: 1 neues Mitglied			
Palau	15. 12. 1994	0,001	0,001
1995: keine neuen Mitglieder			
1996: keine neuen Mitglieder			
1997: keine neuen Mitglieder			
1998: keine neuen Mitglieder			
1999: keine neuen Mitglieder			
2000: 1 neues Mitglied			
Tuvalu	5. 9. 2000	0,001	0,001
2001: keine neuen Mitglieder			
2002: 2 neue Mitglieder			
Schweiz	10. 9. 2002	–	1,274
Timor-l'Este	27. 9. 2002	–	0,001

3. Die bedeutenderen finanziellen Leistungen der Bundesrepublik Deutschland im Gesamtsystem der Vereinten Nationen (Pflichtbeiträge und freiwillige Zahlungen) in den Jahren 2001 und 2002 (in Millionen Euro)[15]

Einrichtungen/Leistungsart/Organisationen	2001 (Ist)	2002 (Soll)
a) Vereinte Nationen (Pflichtbeiträge einschl. Friedenstruppen und intern. Gerichtshöfe)	447,6	458,5
b) Programme, Fonds, Hilfsleistungen (freiw. Beiträge)		
– UNICEF	4,3	4,3
– UNHCR	4,1	4,3
– UNRWA	4,7	4,7
– UNEP	6,1	6,2
– UNFPA	14,3	14,3
– UNDP	24,0	25,0
– WFP	23,0	23,0
– UNDCP	0,6	0,6
– UNIFEM	0,8	0,8
– Weitere zweckgebundene Beiträge[16]	16,0	35,6
c) Sonderorganisationen einschl. IAEO		
– IAEO	25,6	23,0
– ILO	22,4	24,4
– FAO	34,9	34,1
– IFAD	8,8	12,0
– UNESCO	34,6	35,2
– WHO3	46,5	45,4
– Weltbank, IDA und IFC[17]	443,3	334,5
– ICAO	4,0	4,5
– UPU	1,3	1,3
– ITU	6,2	6,2
– WMO	4,0	4,0
– IMO	0,6	0,7
– WIPO	0,7	0,7
– UNIDO	9,3	10,0

15 *Quelle:* Vom Verfasser zusammengestellt mit freundlicher Unterstützung des Bundesministeriums der Finanzen.

16 Zusammengefasste Leistungen an verschiedene UN-Hilfs- und Sonderorgane

17 Kapitalanteile.

4. Ausgewählte finanzielle Leistungen Österreichs im Gesamtsystem der Vereinten Nationen (Pflichtbeiträge und freiwillige Zahlungen) in den Jahren 2001 und 2002 (in Millionen Euro)[18]

Einrichtungen	2001	2002
a) **Vereinte Nationen (Pflichtbeiträge einschl. Friedenstruppen und internationale Gerichtshöfe)**	43,84	34,04
b) **Programme, Fonds, Hilfsleistungen (freiwillige Leistungen)**		
– UNICEF	0,98	1,15
– UNHCR	0,78	0,24
– UNDP	3,55	x[19]
– Zusammengefaßte Leistungen	1,73	2,02
c) **Sonderorganisationen und autonome UN-Organisationen[20]**		
– IAEO	2,70	2,71
– ILO	1,93	2,43
– FAO	3,26	3,09
– IFAD[21]	30,51	37,60
– UNESCO	3,31	3,06
– WHO	4,46	3,83
– IMF[21]	2622,91	1870,00
– Weltbank[21]	1573,82	1330,00
– IFC[21]	23,28	19,79
– IDA[21]	1056,72	x[19]
– ICAO	0,38	0,43
– UPU	0,12	0,14
– ITU	0,21	0,22
– WMO	0,38	0,39
– IMO	0,03	0,03
– UNIDO	3,11	3,10
– WIPO	0,23	0,23
– OPCW	0,52	0,60
– CTBTO-PrepCom	0,85	0,87
– ICC	–	0,07

18 *Quelle:* Zusammengestellt nach Angaben des Bundesministeriums für Auswärtige Angelegenheiten, Wien
19 keine Angaben.
20 im wesentlichen Pflichtbeiträge
21 Kapitalanteile

5. Finanzielle Leistungen der Schweiz im Gesamtsystem der Vereinten Nationen in den Jahren 2000 und 2001 (in Schweizer Franken)[22]

Einrichtungen	2001	2002
a) Vereinte Nationen		
– ordentlicher Haushalt (Beobachter- pauschale) 6 134 797 6 522 504		
– deutscher Übersetzungsdienst	160 000	165 000
– friedenserhaltende Operationen (freiwillige Beiträge)	7 924 627	9 365 691
– weitere projektgebundene Beiträge	351 389	756 449
b) Nebenorgane, Institute, Kommissionen		
ITC	5 670 615	3 547 048
OCHA	4 432 300	5 477 843
UNAIDS	2 200 000	4 000 000
UNCTAD	397 500	3 318 650
UNDP	65 764 349	68 214 844
UNEP	9 485 742	12 989 832
UNFPA	11 500 000	13 200 000
UNHCR	23 657 510	23 498 089
UNICEF	21 581 687	21 320 902
UNITAR	1 363 812	3 588 857
UNRWA	9 025 000	12 224 602
WFP	30 400 000	19 387 610
andere Nebenorgane	3 038 960	6 130 570
c) Sonderorganisationen		
FAO	6 067 438	3 124 900
IEAO	5 106 790	5 555 713
IFAD	985 506	997 052
ICAO	5 000 000	5 000 000
ILO	5 422 283	5 634 801
ITU	103 733	155 968
IMO	4 725 000	4 725 000
UNESCO	7 581 348	7 929 459
UNIDO	6 080 484	6 966 252

22 *Quelle:*Eidgenössisches Departement für auswärtige Angelegenheiten, Bern

Einrichtungen	2001	2002
c) Sonderorganisationen		
UPU	624 809	669 946
Einrichtungen	2000	2001
WHO	15 724 726	19 480 486
WIPO	804 233	804 536
WMO	2 117 927	2 507 806
d) IMF, Weltbankgruppe, assoziierte		
Institutionen (Kapitalanteile)		
IMF	17 054 404	16 278 988
Weltbank	34 987 190	47 216 654
IDA	123 001 000	121 767 000
IFC	9 845 200	9 105 000
andere Finanzinstitute	30 218 780	44 901 676
Gesamtleistungen	478 539 235	516 529 728

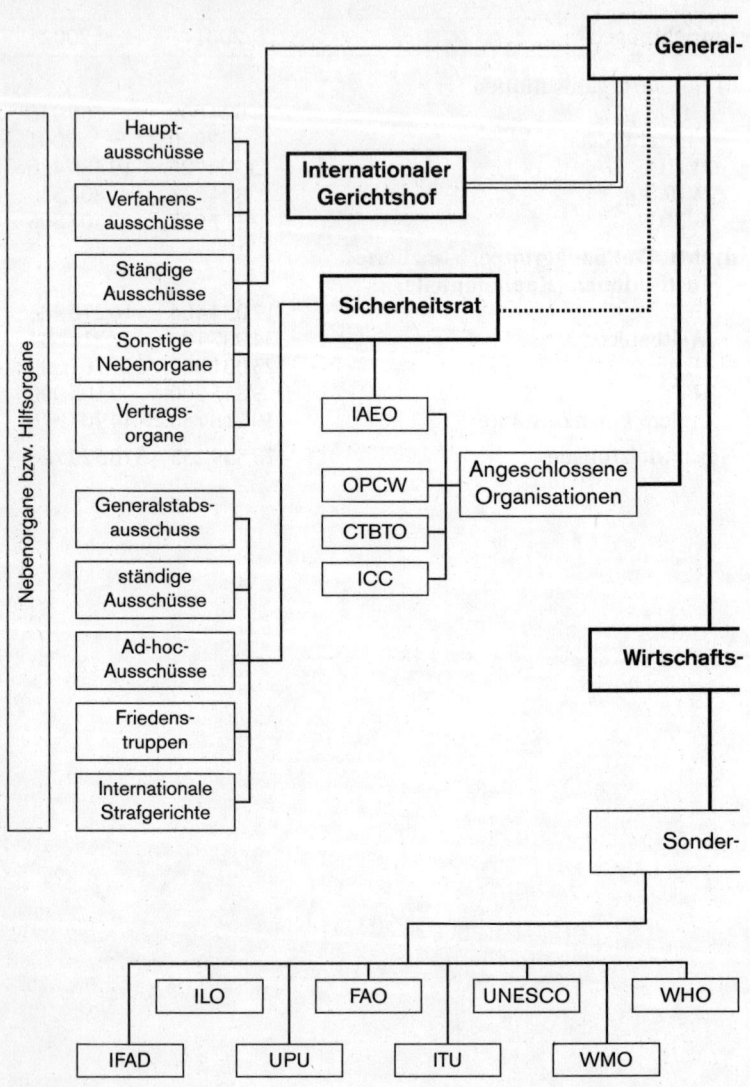

Struktur des Systems der Vereinten Nationen (Organigramm)

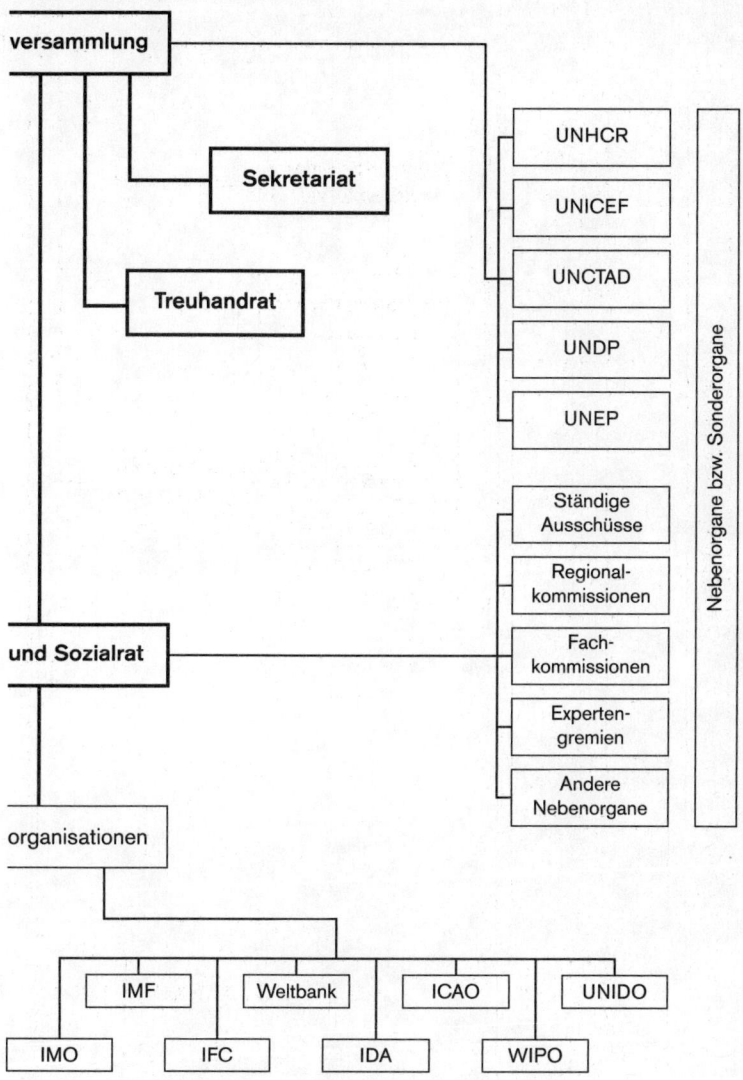

Literaturverzeichnis

1. Bibliographien

Deutsche Gesellschaft für die Vereinten Nationen (Hrsg.), Die Vereinten Nationen in der Literatur (Blaue Reihe, Nr. 63), Bonn 1996.

Gunzenhäuser, Max, Der Genfer Völkerbund 1920–1946. I. Literaturbericht, II. Bibliographie, in: Jahresbibliothek. Bibliothek für Zeitgeschichte, Jg. 1969, Frankfurt a. M. 1971, S. 425–536.

Hüfner, Klaus, The United Nations System – International Bibliography. Das System der Vereinten Nationen – Internationale Bibliographie. 2 Bände, München 1991.

Hüfner, Klaus, Das System der Vereinten Nationen – Internationale Bibliographie. Bd. 5, Teil A: Monographien und Artikel in Sammelbänden 1976–1980, Bonn und Berlin 1994.

Hüfner, Klaus und Jens Naumann, Das System der Vereinten Nationen. Internationale Bibliographie. 5 Bände, München 1976–1979.

2. Völkerbund und Ideengeschichte

Ableitinger, Alfred, Der Völkerbund – der erste Realisierungsversuch kollektiven Friedens im 20. Jahrhundert, in: Zeitschrift für Wissenschaftsforschung, Bd. 2, Heft 4, 1983, S. 133–143.

Baker, R. St. (Hrsg.), Woodrow Wilson. Memoiren und Dokumente über den Vertrag zu Versailles anno MCMXIX, Bd. III, Dokumente, Leipzig 1924.

Batscha, Zwi und Richard Saage (Hrsg.), Friedensutopien. Kant, Fichte, Schlegel, Görres, Frankfurt a. M. 1979.

Beestermöller, Gerhard, Die Völkerbundsidee. Leistungsfähigkeit und Grenzen der Kriegsächtung durch Staatensolidarität, Stuttgart 1995.

Craig, G. A. und A. L. George, Zwischen Krieg und Frieden. Konfliktlösung in Geschichte und Gegenwart, München 1988.

Czempiel, Ernst-Otto, Friedensstrategien. Eine systematische Darstellung außenpolitischer Theorien von Machiavelli bis Madariaga, 2. Auflage, Wiesbaden 1998.

Dietze, Anita und Walter (Hrsg.), Ewiger Friede? Dokumente einer deutschen Diskussion um 1800, München 1989.

Elstermann, Heinrich, Die Tätigkeit des Völkerbundes auf dem Gebiet der Wirtschaft, Dissertation, Osnabrück 1932.

Fortuna, Ursula, Der Völkerbundsgedanke in Deutschland während des Ersten Weltkrieges, Zürich 1974.

Göppert, Otto, Der Völkerbund. Organisation und Tätigkeit des Völkerbundes, Stuttgart 1938.

Guggenheim, Paul, Der Völkerbund. Systematische Darstellung seiner Gestaltung in der politischen und rechtlichen Wirklichkeit, Leipzig und Berlin 1932.

Heideking, Jürgen, Völkerbund und Vereinte Nationen in der internationalen Politik, in: Aus Politik und Zeitgeschichte, B 36/1983, S. 3–16.

Kant, Immanuel, Zum ewigen Frieden. Ein philosophischer Entwurf. Hrsg. von Rudolf Malter, Stuttgart 1999.

Kiss, Silvia, Die Schweiz als Gastgeberland des Völkerbundes in den Jahren 1938–1942, in: Studien und Quellen, Zeitschrift des Schweizerischen Bundesarchivs, Bd. 15, Bern 1989, S. 83–149.

Knipping, F. (Hrsg.), Das System der Vereinten Nationen. Bd. II; Vorläufer der Vereinten Nationen. 19. Jahrhundert und Völkerbundszeit, Bern und München 1966.

Lange, Birgit, Medienpolitik des Völkerbundes, Konstanz 1991.

Meienberger, Norbert, Entwicklungshilfe unter dem Völkerbund, Winterthur 1965.

Niedhart, Gottfried, Internationale Beziehungen 1917–1947, Paderborn u. a. 1989.

Pfeil, Alfred, Der Völkerbund. Literaturbericht und kritische Darstellung seiner Geschichte, Darmstadt 1976.

Raumer, Kurt von, Ewiger Friede. Friedensrufe und Friedenspläne seit der Renaissance, Freiburg und München 1953.

Riesenberger, Dieter, Geschichte der Friedensbewegung in Deutschland. Von den Anfängen bis 1933, Göttingen 1985.

Rothbarth, Margarete (Hrsg.), William Penns Völkerbundplan, Berlin 1920.

Schlochauer, Hans-Jürgen, Die Idee des ewigen Friedens. Ein Überblick über Entwicklung und Gestaltung des Friedenssicherungsgedankens auf der Grundlage einer Quellenauswahl, Bonn 1953.

Schücking, Walter und Hans Wehberg, Die Satzung des Völkerbundes. Kommentar, Band 1, 3. Auflage, Berlin 1931.

Simon, Werner, Das historische Archiv der Bibliothek der Vereinten Nationen in Genf, in: Vereinte Nationen, 29. Jg., Heft 4, 1981, S. 122–126.

Weber, Hermann, Vom Völkerbund zu den Vereinten Nationen, Bonn 1987.

3. Vereinte Nationen

a) Gesamtdarstellungen und Einzelaspekte

Angenendt, Steffen, Das Weltflüchtlingsproblem und die Vereinten Nationen, in: Aus Politik und Zeitgeschichte, B 27–8/2002, S. 26–31.

Annan, Kofi, Wir die Völker. Die Rolle der Vereinten Nationen im 21. Jahrhundert, Bonn 2000.

Ansprenger, Franz, Das politische Konzept für Blauhelm-Einsätze nach dem Zusammenbruch von UNOSOM und UNPROFOR, in: Welt Trends, Nr. 8, 1995, S. 21–31.

Arnold, Pascal, Der UNO-Sicherheitsrat und die strafrechtliche Verfolgung von Individuen . . ., Basel u. a. 1999.

Arntz, Joachim, Der Begriff der Friedensbedrohung in Satzung und Praxis der Vereinten Nationen, Berlin 1975.

Auswärtiges Amt (Hrsg.), Gemeinsame Außen- und Sicherheitspolitik der Europäischen Union (GASP). Dokumentation, 11. Auflage, Bonn o. J. (1998).

Auswärtiges Amt (Hrsg.), ABC der Vereinten Nationen, 5. Auflage, Berlin 2003.

Bartl, Jürgen, Die humanitäre Intervention durch den Sicherheitsrat der Vereinten Nationen im „Failed State". Das Beispiel Somalia, Frankfurt a. M. u. a. 1999.

Bauer, Andreas, Effektivität und Legitimität. Die Entwicklung der Friedenssicherung durch Zwang nach Kapitel VII der Charta der Vereinten Nationen unter besonderer Berücksichtigung der neueren Praxis des Sicherheitsrats, Berlin 1996.

Baum, Gerhart, Eibe Riedel, Michael Schaefer (Hrsg.), Menschenrechtsschutz in der Praxis der Vereinten Nationen, Baden-Baden 1998, 314 S.

Bechthold, Heinrich, UNO-Krise und Gegen-UNO, in: Außenpolitik, 16. Jg., Heft 2, 1965, S. 77–80.

Bernauer, Thomas und Thomas Schmalberger, Forschung im Dienste der internationalen Sicherheit und Abrüstung. Das Programm des Instituts der Vereinten Nationen für Abrüstungsforschung (UNIDIR), in: Vereinte Nationen, 40. Jg., Heft 3, 1992, S. 93–97.

Bertrand, Maurice, UNO. Geschichte und Bilanz, Frankfurt a. M. 1995.

Boekle, Henning, Die Vereinten Nationen und der internationale Schutz der Menschenrechte. Eine Bestandsaufnahme, in: Aus Politik und Zeitgeschichte, B 46–47/1998, S. 3–17.

Böckstiegel, Karl-Heinz, Ein Aggressor wird haftbar gemacht. Die Entschädigungskommission der Vereinten Nationen (UNCC) für Ansprüche gegen Irak, in: Vereinte Nationen, 45. Jg., Heft 3, 1997, S. 89–93.

Böhmer, Friederike, Die Ermächtigung zu militärischer Gewaltanwendung durch den Sicherheitsrat. Resolution 678 und die Praxis des Sicherheitsrates seit 1990, Baden-Baden 1997.

Bothe, Michael, Die Golfkrise und die Vereinten Nationen – eine Rückkehr zur kollektiven Sicherheit?, in: Demokratie und Recht, 19. Jg., Heft 1, 1991, S. 2–10.

Bothe, Michael und Bernd Martenczuk, Die NATO und die Vereinten Nationen nach dem Kosovo-Konflikt. Eine völkerrechtliche Standortbestimmung, in: Vereinte Nationen, 47. Jg., Heft 4, 1999, S. 125–132.

Boutros-Ghali, Boutros, Globale Perspektiven für die Vereinten Nationen, in: Außenpolitik, 46. Jg., Heft 2, 1995, S. 107–114.

Boutros-Ghali, Boutros, Wider die Tyrannei der Dringlichkeit. Die Agenden für Frieden, Entwicklung und Demokratisierung, Hamburg 2001.

Boutros-Ghali, Boutros, Hinter den Kulissen der Weltpolitik. Die UNO – wird ein Hoffnungsträger verspielt? Bilanz meiner Amtszeit als Generalsekretär der Vereinten Nationen, Hamburg 2000.

Brauch, Hans Günter, Chemische Abrüstung wird Realität. Das Übereinkommen über das Verbot der chemischen Waffen, in: Vereinte Nationen, 41. Jg., Heft 3, 1993, S. 88–94.

Brauch, Hans Günter, Paradigma und Praxis. Die Vereinten Nationen und die Abrüstung (1945–2000), in: Vereinte Nationen, 44. Jg., Heft 5, 1996, S. 167–174.

Broek, Hans van den, Ein besonderer Partner. Die europäische Union und die Vereinten Nationen, in: Vereinte Nationen, 43. Jg., Heft 5/6, 1995, S. 189–192.

Bruha, Thomas und Matthias Bortfeld, Terrorismus und Selbstverteidigung. Voraussetzungen und Umfang erlaubter Selbstverteidigungsmaßnahmen nach den Anschlägen vom 11. September 2001, in: Vereinte Nationen, 49. Jg., Heft 5, 2001, S. 161–167.

Bruha, Thomas und Markus Krajewski, Funktionswandel des Sicherheitsrats als Verfassungsproblem. Die rechtliche Sicht der neuen Praxis, in: Vereinte Nationen, 46. Jg. Heft 1, 1998, S. 13–18.

Bruha, Thomas und Markus Krajewski, Gerichtliche Kontrolle des Sicherheitsrates?, in: S+F, 16. Jg., Heft 2, 1998, S. 93–97.

Brzoska, Michael, Der Schatten Saddams. Die Vereinten Nationen auf der Suche nach zielgerichteten Sanktionen, in: Vereinte Nationen, 49. Jg., Heft 2, 2001, S. 56–60.

Bundeszentrale für politische Bildung (Hrsg.), Menschenrechte. Dokumente und Deklarationen, 3. Auflage, Bonn 1999.

Bungarten, Pia und Ute Koczy (Hrsg.), Handbuch der Menschenrechtsarbeit, Bonn 1996.

Cede, Franz und Lilly Sucharipa-Behrmann (Hrsg.), Die Vereinten Nationen. Recht und Praxis, Wien und München 1999.

Clark, Grenville und Louis B. Sohn, Frieden durch ein neues Weltrecht, Berlin 1961.

Conlon, Paul, Die fragwürdige Sanktionspraxis der UNO, in: Außenpolitik, 46. Jg., Heft 4, 1995, S. 327–338.

Czempiel, Ernst-Otto, Die Reform der UNO. Möglichkeiten und Mißverständnisse, München 1994.

Czempiel, Ernst-Otto, Weltpolitik im Umbruch. Das internationale System nach dem Ende des Ost-West-Konflikts, 2. Auflage, München 1993.

Dammann, Burkhard und Dimitri Vlassis, Stärkung des internationalen Strafrechts. Das Übereinkommen der Vereinten Nationen gegen die grenzüberschreitende organisierte Kriminalität, in: Vereinte Nationen, 49. Jg., Heft 6, 2001, S. 222–226.

Debiel, Tobias, Die Vereinten Nationen in einer Welt des Umbruchs, in: Welt Trends, Nr. 8, 1995, S. 8–20.

Deiseroth, Dieter, Krieg im Namen der Vereinten Nationen? Eine Kurzstudie zur völkerrechtlichen Lage, in: Blätter für deutsche und internationale Politik, 36. Jg., Heft 3, 1991, S. 303–316.

Delbrück, Jost, Die Effektivität des UN-Gewaltverbots. Bedarf es einer Modifikation der Reichweite des Art. 2(4) UN-Charta?, in: Die Friedens-Warte, 74. Jg., Heft 1–2, 1999, S. 139–158.

Deutsche Gesellschaft für die Vereinten Nationen (Hrsg.), Agenda für den Frieden. Vorbeugende Diplomatie, Friedenschaffung und Friedenssicherung von UN-Generalsekretär Butros Butros-Ghali (Reihe: Dokumentationen, Informationen, Meinungen, Nr. 43), Bonn 1992.

Deutsche Gesellschaft für die Vereinten Nationen (Hrsg.), Aktionsprogramm der Konferenz der Vereinten Nationen über Bevölkerung und Entwicklung (ICPD) (Blaue Reihe, Nr. 54), Bonn 1994.

Deutsche Gesellschaft für die Vereinten Nationen (Hrsg.), Die Vereinten Nationen in ihren nächsten 50 Jahren. Ein Bericht der Unabhängigen Arbeitsgruppe über die Zukunft der Vereinten Nationen, Bonn 1995.

Deutsche Gesellschaft für die Vereinten Nationen (Hrsg.), Gleiche Menschenrechte für alle. Dokumente zur Menschenrechtsweltkonferenz der Vereinten Nationen in Wien 1993 (DGVN-Texte 43), Bonn 1994.

Deutsche Gesellschaft für die Vereinten Nationen (Hrsg.), Strukturreform der UN? Notwendigkeit, Ansätze und Handlungsspielraum einer Reform der Vereinten Nationen im Bereich der wirtschaftlichen Zusammenarbeit (Reihe: Dokumentationen, Informationen, Meinungen, Nr. 42), Bonn 1992.

Deutsche Gesellschaft für die Vereinten Nationen (Hrsg.), Zukunft der Vereinten Nationen. Überlegungen zu Reformansätzen, Bonn 1992.

Deutsche Gesellschaft für die Vereinten Nationen (Hrsg.), Erneuerung der Vereinten Nationen: Ein Reformprogramm. Bericht des Generalsekretärs. Blau Reihe, Nr. 69, Bonn 1997.

Deutsche Gesellschaft für die Vereinten Nationen (Hrsg.), Bericht der Sachverständigengruppe für die Friedensmissionen der Vereinten Nationen. Blaue Reihe, Nr. 82, Bonn 2000.

Deutsche Gesellschaft für die Vereinten Nationen (Hrsg.), Erklärungen zu den Terroranschlägen vom 11. September 2001. Policy Paper, No. 4, Bonn 2001.

Deutsche Stiftung Weltbevölkerung (Hrsg.), Weltbevölkerungsbericht 2001. Bevölkerung und Umwelt, Stuttgart 2002.

Dicke, Detlev Christian, Hans-Werner Rengeling, Die Sicherung des Weltfriedens durch die Vereinten Nationen. Ein Überblick über die Befugnisse der wichtigsten Organe, Baden-Baden 1975.

Dicke, Klaus, Die UN-Charta. Ausbau und ungenutzte Möglichkeiten, in: Hanns-Seidel-Stiftung (Hrsg.), Nach Überwindung des Ost-West-Konflikts. Gedanken zur „Neuen Weltordnung", München 1994, S. 48–75.

Dicke, Klaus, Die UN-Deklaration zum Minderheitenschutz, in: Europa-Archiv, 48. Jg., Folge 4, 1993, S. 107–116.

Dicke, Klaus, Effizienz und Effektivität internationaler Organisationen. Darstellung und kritische Analyse eines Topos im Reformprozeß der Vereinten Nationen, Berlin 1994.

Dicke, Klaus, Globales Recht ohne Weltherrschaft! Der Sicherheitsrat der Vereinten Nationen als Weltgesetzgeber?, Forum Politicum Jenense, Nr. 11, Jena 2001.

Dicke, Klaus, "... das von allen Völkern zu erreichende gemeinsame Ideal ...". Zum Politikprogramm der Allgemeinen Erklärung, in: Vereinte Nationen, 46. Jg., Heft 6, S. 191–194.

Dicke, Klaus, Die Vereinten Nationen und der 11. September 2001, in: Zeitschrift für Politikwissenschaft, 13. Jg., Heft 1, 2003, S. 105–121.

Die Charta der Vereinten Nationen mit Völkerbundssatzung, IGH-Statut und zwei UNO-Resolutionen, 7. Auflage, München 1979.

Dokumente zur Reform des Sicherheitsrats der Vereinten Nationen, in: Europa-Archiv, 48. Jg., Folge 19, 1993, S. D379–D396.

Ehrhardt, Dieter, Der Begriff Mikrostaaten im Völkerrecht, Aalen 1970.

Ehrhart, Hans-Georg und Konrad Klingenburg, UN-Friedenssicherung 1985–1995. Analyse und Bibliographie, Baden-Baden 1996.

Ehrhart, Hans-Georg und Konrad Klingenburg, Was heißt Peacekeeping?, in: S+F, 12. Jg., Heft 2, 1994, S. 52–63.

Eisele, Manfred und Ekkehard Griep, „Standby": neue Wege in der Friedenssicherung. Die Verfügungsbereitschaftsabkommen für Blauhelmeinsätze, in: Vereinte Nationen, 44. Jg., Heft 2, 1996, S. 50–56.

Eisele, Manfred, Im Auftrag des Sicherheitsrats: Friedensmissionen der Vereinten Nationen. Erfahrungen als Beigeordneter Generalsekretär für Planung und Unterstützung der UN-Friedenseinsätze, in: Vereinte Nationen, 46. Jg., Heft 1, 1998, S. 1–6.

Eisele, Manfred, Die Vereinten Nationen und das internationale Krisenmanagement. Ein Insider-Bericht, Frankfurt a. M. 2000.

Eitel, Tono, Eine Konvention zur friedlichen Nutzung der Meere. Das Seerechtsübereinkommen der Vereinten Nationen, in: Europa-Archiv, 49. Jg., Folge 24, 1994, S. 701–708.

Eitel, Tono, Bewährungsproben für den Sicherheitsrat der Vereinten Nationen, in: Die Friedens-Warte, 74. Jg., Heft 1–2, 1999, S. 127–138.

Falterbaum, Johannes, Entwicklungsförderung im Völkerrecht, in: Aus Politik und Zeitgeschichte, B 47/1994, S. 22–29.

Fink, Udo, Kollektive Fiedenssicherung. Kapitel VII UN-Charta in der Praxis des Sicherheitsrats der Vereinten Nationen, Frankfurt a. M. 1999, (2 Teile im Schuber).

Fischer, Wolfgang, Klimaschutz und internationale Politik. Die Konferenz von Rio zwischen globaler Verantwortung und nationalen Interessen, Aachen 1992.

Fleischhauer, Carl-August, Wirtschaftliche Zwangsmaßnahmen in Recht und Praxis der Weltorganisation. Die Anwendung von Sanktionen in der Golfkrise, in: Vereinte Nationen, 39. Jg., Heft 2, 1991, S. 41–44.

Fleischhauer, Carl-August, Der Internationale Gerichtshof und die Staatengemeinschaft am Ende des Jahrhunderts, in: Die Friedens-Warte, 74. Jg., Heft 1–2, 1999, S. 113–125.

Frei, Daniel, Die Organisation der Vereinten Nationen (UNO). Eine Einführung in 15 Vorlesungen, Grüsch 1990.

Freudenschuß, Helmut, Beschlüsse des Sicherheitsrates der VN nach Kapitel VII: Anspruch und Wirklichkeit, Bonn 1995.

Freudenschuß, Helmut, Drei Generationen von Friedensoperationen der VN: Stand und Ausblick, in: Österreichisches Jahrbuch für Internationale Politik 1993, Wien 1994, S. 44–72.

Freudenschuß-Reichel, Irene, Tritt ein Verbot von Atomtests in Kraft? Eine Konferenz soll dafür sorgen, daß der Teststoppvertrag ratifiziert wird, in: Der Überblick, 35. Jg., Heft 2, 1999, S. 89–92.

Fröhlich, Manuel, Dag Hammarskjöld und die Vereinten Nationen. Die politische Ethik des UNO-Generalsekretärs, Paderborn u. a. 2002.

Frowein, Jochen A., Claus Scharioth, Ingo Winkelmann, Rüdiger Wolfrum (Hrsg.), Verhandeln für den Frieden. Liber amicoricum Tono Eitel, Heidelberg und Berlin 2003.

Fues, Thomas und Brigitte J. Hamm (Hrsg.), Die Weltkonferenzen der neunziger Jahre. Baustellen für Global Governance, Bonn 2001, 391 S.

Gael McSweeney, Brenda, Neue Anschrift: Bundesstadt Bonn. Das Freiwilligenprogramm der Vereinten Nationen (UNV) in: Vereinte Nationen, 44. Jg., Nr. 6, 1996, S. 199–205.

Gareis, Sven Bernhard und Johannes Varwich, Die Vereinten Nationen. Aufgaben, Instrumente und Reformen, Opladen 2002.

Geschäftsordnung der Generalversammlung, New York 1994.

Geschäftsordnung des Wirtschafts- und Sozialrats, New York 1993.

Göller, Josef-Thomas, Anwälte des Friedens. Die UNO und ihre sechs Generalsekretäre, Bonn 1995.

Göthel, Dieter, Die Vereinten Nationen: Eine Innenansicht, hrsg. vom Auswärtigen Amt, 2. Auflage, Bonn 2002.

Graefrath, Bernhard, Jugoslawien und die internationale Strafgerichtsbarkeit, in: Haukel, Gerd und Gerhard Stuby (Hrsg.), Strafgerichte gegen Menschheitsverbrechen, Hamburg 1995, S. 295–324.

Greenwood, Christopher, Gibt es ein Recht auf humanitäre Intervention?, in: Europa-Archiv, 48. Jg., Folge 4, 1993, S. 93–107.

Griep, Ekkehard, Neue Maßstäbe für die UN-Friedensmissionen. Der Brahimi-Bericht und seine Folgen: eine Bestandsaufnahme, in: Vereinte Nationen, 50. Jg., Heft 2, 2002, S. 61–66.

Guéhenno, Jean-Marie, Konfliktverhütung und Friedenssicherung. Für eine Bündelung der Interessen von EU und UN, in: Internationale Politik, Heft 12, 2002, S. 11–18.

Hampe, Michael, Das Entwicklungsprogramm der Vereinten Nationen (UNDP): Anspruch, Probleme, Reformen, Wiesbaden 1997.

Hansen, Peter, Wechsel nach Gaza als neue Herausforderung. Das UNRWA und der Friedensprozeß im Nahen Osten, in: Vereinte Nationen, 45. Jg., Nr. 6, 1997, S. 208–214.

Hasse, Jana, Erwin Müller, Patricia Schneider (Hrsg.), Menschenrechte. Bilanz und Perspektiven, Baden-Baden 2002.

Hauff, Volker (Hrsg.), Unsere gemeinsame Zukunft. Weltkommission für Umwelt und Entwicklung, Greven 1987.

Hazzard, Shirley, Die Maske der Wahrheit. Zur Ohnmacht der Vereinten Nationen, München 1991.

Heidelmeyer, Wolfgang, Die Definition der Aggression – ein Instrument für den Sicherheitsrat, in: Vereinte Nationen, 23. Jg., Heft 4, 1975, S. 108–112.

Heinz, Ursula, Christiane Philipp und Rüdiger Wolfrum, Zweiter Golfkrieg: Anwendungsfall von Kapitel VII der UN-Charta, in: Vereinte Nationen, 39. Jg., Heft 4, 1991, S. 121–128.

Heinz, Wolfgang S., Internationaler Menschenrechtsschutz durch die VN-Menschenrechtskommission (MRK): Chancen und Grenzen, in: S+F, 19. Jg., Heft 3, 2001, S. 120–125.

Helmke, Reinhart, Der Kunde ist König. Prinzip Selbstfinanzierung: Reformbeispiel UNOPS, in: Vereinte Nationen, 47. Jg., Heft 2, 1999, S. 60–65.

Herz, Dietmar, Christian Jetzlsperger, Marc Schattenmann (Hrsg.), Die Vereinten Nationen. Entwicklung, Aktivitäten, Perspektiven, Frankfurt a. M. 2002.

Hildenbrand, Jan Christian, Zur Krisenreaktionsfähigkeit der Friedenstruppen der VN. Notwendigkeiten, Konzepte und Perspektiven ihrer Verbesserung, Baden-Baden 2001.

Hobe, Stephan (Hrsg.), Die Präambel der UN-Charta im Lichte aktuellen Völkerrechtsentwicklung, Berlin 1997.

Hobe, Stephan (Hrsg.), Kooperation oder Konkurrenz internationaler Organisationen. Eine Arbeitstagung zum Verhältnis von Vereinten Nationen und Europäischer Union am Beginn des 21. Jahrhunderts, Baden-Baden 2001.

Hohmann, Harald, Meeresumweltschutz als globale und regionale Aufgabe. Die Anstrengungen von UNEP, IMO und ECE, in: Vereinte Nationen, 37. Jg., Heft 2, 1989, S. 53–61.

Honsowitz, Herbert, Friedenssicherung: auch eine Kostenfrage. Die Finanzierung der Friedenstruppen der Vereinten Nationen, in: Vereinte Nationen, 37. Jg., Heft 1, 1989, S. 6–12.

Hübner, Danuta, Gestalt und Gestaltung Europas. Die aktuellen und die künftigen Herausforderungen für die ECE, in: Vereinte Nationen, 49. Jg., Heft 3, 2001, S. 89–96.

Hüfner, Klaus (Hrsg.), Die Reform der Vereinten Nationen. Die Weltorganisation zwischen Krise und Erneuerung, Opladen 1994.

Hüfner, Klaus, Die Vereinten Nationen und ihre Sonderorganisationen. Strukturen, Aufgaben, Dokumente. Eine Orientierungshilfe für Wissenschaftler, Lehrer und Studenten, Teil 1: Die Haupt- und Spezialorgane, 2. Auflage, Bonn 1995.

Hüfner, Klaus, Die Vereinten Nationen und ihre Sonderorganisationen. Teil 3: Finanzierung des Systems der Vereinten Nationen 1971–1995. Teil 3 A: Vereinte Nationen – Friedensoperationen – Spezialorgane. DGVN-Texte 45, Bonn 1997.

Hüfner, Klaus, Die Vereinten Nationen und ihre Sonderorganisationen. Finanzierung des Systems der Vereinten Nationen 1971–1995. Teil 3 B: Sonderorganisationen – Gesamtdarstellungen – Alternative Finanzierungsmöglichkeiten. DGVN-Texte 46, Bonn 1997.

Hüfner, Klaus, UNO-Planspiele (Model United Nations – MUN), Bonn 1995.

Hüfner, Klaus und Wolfgang Reuther, Menschenrechtsverletzungen: Was kann ich dagegen tun? Menschenrechtsverfahren in der Praxis, DGVN-Texte 48, Bonn 1998.

Hufnagel, Frank-Erich, UN-Friedensoperationen der zweiten Generation. Vom Puffer zur Neuen Treuhand, Berlin 1996.

Ipsen, Knut, Völkerrecht. Ein Studienbuch, 4. Auflage, München 1999.

Jütte, Verena, Die United Nations Compensation Commission. Eine Darstellung von Aufbau und Verfahren sowie der historischen und rechtlichen Grundlagen, Frankfurt a. M. u. a. 1999.

Karádi, Matthias Z. und Konrad Klingenburg, Auf den Trümmern der „Neuen Weltordnung". Das Scheitern von UNO und NATO im Balkankrieg, in: S+F, 13. Jg., Heft 1, 1995, S. 16–23.

Kaul, Hans-Peter, Die Sanktionsausschüsse des Sicherheitsrats. Ein Einblick in Arbeitsweise und Verfahren, in: Vereinte Nationen, 44. Jg., Heft 3, 1996, S. 96–103.

Kaul, Hans-Peter, Arbeitsweise und informelle Verfahren des Sicherheitsrats. Beobachtungen eines Unterhändlers, in: Vereinte Nationen, 46. Jg., Heft 1, 1998, S. 6–13.

Keil, Imke und Sabine Lobner, UNO – Weltpolizei auf dem Prüfstand. 38 Jahre Friedensmissionen von Suez bis Kambodscha, Hamburg 1994.

Keil, Imke, Wer rettet die Welt? Die Umweltpolitik der Vereinten Nationen, in: Welt Trends, Nr. 8, 1995, S. 57–67.

Kilian, Michael, Umweltschutz durch Internationale Organisationen. Die Antwort des Völkerrechts auf die Krise der Umwelt?, Berlin und München 1987.

Kimmenich, Otto und Stephan Hobe, Einführung in das Völkerrecht, 7. Auflage, Tübingen und Basel 2000.

Klein, Eckart, Die Internationalen und Supranationalen Organisationen, in: Graf Vitzthum, Wolfgang (Hrsg.), Völkerrecht, Berlin und New York 2001, S. 267–377.

Klingebiel, Stephan, Leistungsfähigkeit und Reform des Entwicklungsprogramms der Vereinten Nationen (UNDP), Köln 1998.

Klingebiel, Stephan, Verläßliche Finanzierung als unverzichtbares Reformelement. Perspektiven für die Entwicklungszusammenarbeit der Vereinten Nationen und das UNDP, in: Vereinte Nationen, 47. Jg., Heft 1, 1999, S. 7–11.

Knipping, Franz, Hans von Mangoldt, Volker Rittberger (Hrsg.), Das System der Vereinten Nationen und seine Vorläufer. Bd. I/1: Vereinte Nationen, hrsg. von Hans von Mangoldt und Volker Rittberger, Bern und München 1995.

Koch, Lothar und Armin Plaga, Interessenausgleich mit Hindernissen. Das reformierte Haushaltsaufstellungsverfahren der Vereinten Nationen, in: Vereinte Nationen, 40. Jg., Heft 1, 1992, S. 16–19.

Köck, Heribert Franz und Peter Fischer, Das Recht der Internationalen Organisationen, 3. Auflage, Wien 1997.

Körbs, Hartmut, Die Friedenssicherung durch die Vereinten Nationen und Regionalorganisationen nach Kapitel VIII der Satzung der Vereinten Nationen, Bochum 1997 (Bochumer Schriften zur Friedenssicherung und zum humanitären Völkerrecht, 34/Diss. in Köln 1986).

Krause, Joachim, Neuartiges internationales Regime mit Präzedenzwirkung? Die Kontrolle der irakischen Rüstung durch Vereinte Nationen und IAEA, in: Vereinte Nationen, 40. Jg., Heft 2, 1992, S. 46–51.

Kühne, Hartmut, Friedenssicherung durch regionale Organisationen in Europa, Frankfurt a. M. u. a. 1998.

Kühne, Winrich (Hrsg.), Blauhelme in einer turbulenten Welt. Beiträge internationaler Experten zur Fortentwicklung des Völkerrechts und der Vereinten Nationen, Baden-Baden 1993.

Kühne, Winrich, Erweiterung und Reform des UN-Sicherheitsrats: keine weltpolitische Nebensache, in: Europa-Archiv, 49. Jg., Folge 24, 1994, S. 685–692.

Kühne, Winrich, Friedenssicherung durch die Vereinten Nationen in einer Welt ethno-nationaler Konflikte, in: Aus Politik und Zeitgeschichte, B 15–16/1993, S. 9–19.

Kühne, Winrich, Zukunft der UN-Friedenseinsätze. Lehren aus dem Brahimi-Report, in: Blätter für deutsche und internationale Politik, 45 Jg., Heft 11, 2000, S. 1355–1364.

Kühne, Winrich, Humanitäre NATO-Einsätze ohne Mandat? Ein Diskussionsbeitrag zur Fortentwicklung der UNO-Charta, Stiftung Wissenschaft und Politik, Bericht 3096, 1999.

Kulessa, Manfred, Von Märchen und Mechanismen. Gefahren und Chancen der Sanktionen des Sicherheitsrats, in: Vereinte Nationen, 44. Jg., Heft 3, 1996, S. 89–96.

Kunze, Rolf, Das Waffenregister der Vereinten Nationen, in: Europäische Sicherheit, 43. Jg., Heft 12, 1994, S. 642–643.

Lailach, Martin, Die Wahrung des Weltfriedens und der internationalen Sicherheit als Aufgabe des Sicherheitsrates der Vereinten Nationen, Berlin 1998.

Laschet, Armin, Gemeinsame Strategie gibt der EU-Außenpolitik Profil. Für ein neues Verhältnis Brüssels zu den Vereinten Nationen, in: Vereinte Nationen, 49. Jg., Heft 3, 2001, S. 97–100.

Leiß, Elisabeth, Interventionen des Sicherheitsrates bei innerstaatlich begangenen Menschenrechtsverletzungen nach Kapitel VII der Charta der Vereinten Nationen. Versuch einer Standardisierung, Frankfurt a. M. u. a. 2000.

Leurdijk, Dick A., Gemeinschaft und Gemeinsamkeiten. Die EG und die Vereinten Nationen, in: Vereinte Nationen, 39. Jg., Heft 5, 1991, S. 157–162.

Link, Werner, Die Neuordnung der Weltpolitik. Grundprobleme globaler Politik an der Schwelle zum 21. Jahrhundert, 3. Auflage, München 2001.

Lutz, Dieter S. (Hrsg.), Der Kosovo-Krieg. Rechtliche und rechtsethische Aspekte, Baden-Baden 1999/2000.

Loeper, Sabine, Multilateralismus ohne Hegemonie? Die amerikanische Politik gegenüber den Vereinten Nationen, in: Dembinski, Matthias u. a. (Hrsg.), Amerikanische Weltpolitik nach dem Ost-West-Konflikt, Baden-Baden 1994, S. 381–406.

Löwe, Volker, Die Vetos im Sicherheitsrat der Vereinten Nationen (1983–1990), in: Vereinte Nationen, 39. Jg., Heft 1, 1991, S. 11–15.

Maier, Jürgen, Weder Durchbruch noch Rückschlag. Eine erste Bilanz des Weltgipfels für nachhaltige Entwicklung in Johannesburg, in: Vereinte Nationen, 50. Jg., Heft 5, 2002, S. 177–182.

Mair, Stefan, Internationale Präsenz und nationale Souveränität. Wahlbeobachtung: ein expandierendes Betätigungsfeld der Staatengemeinschaft, in: Vereinte Nationen, 42. Jg., Heft 4, 1994, S. 133–140.

Martens, Jens, Abstieg vom Erdgipfel. Fünf Jahre nach Rio: 19. UN-Sondergeneralversammlung mit ernüchternder Bilanz, in: Vereinte Nationen, 45. Jg., Heft 4, 1997, S. 137–142.

Matthies, Volker (Hrsg.), Frieden durch Einmischung? Der Schrecken des Krieges und die (Ohn)Macht der internationalen Gemeinschaft, Bonn 1993.

Matthies, Volker, Zwischen Erfolg und Fehlschlag. Die Friedensmissionen der Vereinten Nationen in Afrika, in: Vereinte Nationen, 43. Jg., Heft 3, 1995, S. 105–112.

Mayr-Singer, Jelka, Unheilige Allianz oder segensreiche Partnerschaft. Der Heilige Stuhl und die Vereinten Nationen, in: Vereinte Nationen, 48. Jg., Heft 6, 2000, S. 193–198.

McSweeny, Brenda Gael, Meine Anschrift: Bundesstadt Bonn. Das Freiwilligenprogramm der Vereinten Nationen (UNV), in: Vereinte Nationen, 44. Jg., Heft 6, 1996, S. 199–205.

Meinecke, Christiane, Grundwerte Solidarität, Respekt, Toleranz. Ein Rückblick auf die Weltkonferenz gegen den Rassismus in Durban, in: Vereinte Nationen, 50. Jg., Heft 2, 2002, S. 94–99.

Melchers, Konrad, Hehre Ziele, klares Scheitern. Die Schlußbilanz des Aktionsprogramms der Vereinten Nationen für Afrika (UNPAAERD), in: Vereinte Nationen, 40. Jg., Heft 3, 1992, S. 81–87.

Melchers, Konrad, Totgesagte leben länger. Nach UNCTAD IX: eine gestraffte Organisation mit Zukunft, in: Vereinte Nationen, 44. Jg., Heft 4, 1996, S. 147–153.

Menk, Thomas Michael, Gewalt für den Frieden. Die Idee der kollektiven Sicherheit und die Pathognomie des Krieges im 20. Jahrhundert, Berlin 1992.

Merkel, Reinhard (Hrsg.), Der Kosovo-Krieg und das Völkerrecht, Frankfurt a. M. 2000.

Messner, Dirk und Franz Nuscheler (Hrsg.), Weltkonferenzen und Weltberichte. Ein Wegweiser durch die internationale Diskussion, Bonn 1996.

Meyer, Georg-Maria (Hrsg.), Friedensengel im Kampfanzug? Zur Theorie und Praxis militärischer UN-Einsätze, Opladen 1996.

Milzow, Wolfgang und Wolfgang Münch, Euro und UNO. Das System der Vereinten Nationen und die gemeinsame europäische Währung, in: Vereinte Nationen, 47. Jg., Heft 1, 1999, S. 1–6.

Mizutani, Tomiji, Joachim Müller, Wolfgang Münch, Ergebnisorientiertes Haushalten. Erste Erfahrungen mit einem neuen Budgetverfahren im Verband der Vereinten Nationen, 48. Jg., Heft 2, 2000 S. 59–64.

Mohr, Manfred, Der Lockerbie-Fall vor UN-Sicherheitsrat und Internationalem Gerichtshof. Hintergrund und gegenwärtiger Stand, in: Demokratie und Recht, 20. Jg., Heft 3, 1992, S. 305–314.

Much, Christian, Der begrenzte Handlungsspielraum des UN-Hochkommissars für Menschenrechte, in: Europa-Archiv, 49. Jg., Folge 19, 1994, S. 560–566.

Münch, Wolfgang, Experten für den Interessenausgleich. Aufgaben und Arbeitsweise des Beratenden Ausschusses für Verwaltungs- und Haushaltsfragen (ACABQ), in: Vereinte Nationen, 44. Jg., Heft 2, 1996, S. 45–50.

Münch, Wolfgang, Inspektionen, Evaluierungen und Untersuchungen. Zur Tätigkeit der Gemeinsamen Inspektionsgruppe (J/K) der Vereinten Nationen, in: Vereinte Nationen, 45. Jg., Heft 5, 1997, S. 172–176.

Münzing, Ekkehard, Die UNO – Instrument amerikanischer Außenpolitik? Die UNO-Politik der Bush-Administration 1988–1992, München und Hamburg 1995.

Nassaker, Otfried, Junger Wein in alten Schläuchen. Vereinte Nationen oder Nordatlantikpakt-Organisation?, in: Vereinte Nationen, 47. Jg., Heft 4, 1999, S. 132–139.

New Zealand Ministry of Foreign Affairs and Trade (Hrsg.), United Nations Handbook, Wellington. (Ein unverzichtbares Handbuch in englischer Sprache, das jährlich erscheint und von der Botschaft Neuseelands in Berlin bezogen werden kann.)

Oberleitner, Gerd, Menschenrechtsschutz durch Staatenberichte. Frankfurt a. M. u. a. 1998.

Oberthür, Sebastian und Hermann E. Ott, Das Kyoto-Protokoll. Internationale Klimapolitik für das 21. Jahrhundert. Opladen 2000.

Opitz, Peter J., Die Vereinten Nationen, München 2002.

Opitz, Peter J., Menschenrechte und Internationaler Menschenrechtsschutz im 21. Jahrhundert, München 2002.

Paech, Norman, Nuklearwaffen vor dem Internationalen Gerichtshof. Zum Gutachten des IGH über die Völkerrechtswidrigkeit von Nuklearwaffen, in: Kritische Justiz, 30. Jg., Heft 3, 1997, S. 345–356.

Partsch, Karl Josef, Belgrads leerer Stuhl im Glaspalast. Das Einfrieren der UN-Mitgliedschaft Jugoslawiens durch Sicherheitsrat und Generalversammlung, in: Vereinte Nationen, 40. Jg., Heft 6, 1992, S. 181–188.

Partsch, Karl Josef, Der Sicherheitsrat als Gerichtsgründer. Zur Entstehung des besonderen internationalen Strafgerichts für Jugoslawien, in: Vereinte Nationen, 42. Jg., Heft 1, 1994, S. 11–18.

Paech, Norman und Gerhard Stuby, Völkerrecht und Machtpolitik in den internationalen Beziehungen. Ein Studienbuch, Hamburg 2001.

Pape, Matthias, Humanitäre Intervention. Zur Bedeutung der Menschenrechte in den Vereinten Nationen, Baden-Baden 1997.

Paqué, Ruprecht, Vielsprachigkeit, Mehrsprachigkeit, Einsprachigkeit. Zu den Sprachen der Vereinten Nationen und zur Resolution 50/11 der Generalversammlung über „Multilingualism", in: Vereinte Nationen, 45. Jg., Heft 2, 1997, S. 61–68.

Partsch, Karl Josef, Hoffen auf Menschenrechte. Rückbesinnung auf eine internationale Entwicklung, Zürich 1994.

Paschke, Karl Theodor, Innenrevision in den Vereinten Nationen – eine neue Erfahrung, in: Vereinte Nationen, 44. Jg., Heft 2, 1996, S. 41–45.

Paschke, Karl Theodor, Kein hoffnungsloser Fall. Fünf Jahre UN-Inspektorat: Versuch einer Bilanz, in: Vereinte Nationen, 47. Jg., Heft 6, 1999, S. 187– 191.

Peterson, M. J., „Freunde des Präsidenten" und andere Helfer. Informelle Verhandlungspraktiken in der Generalversammlung der Vereinten Nationen, in: Vereinte Nationen, 37. Jg., Heft 4, 1989, S. 121–125.

Piel, Andreas, Finanzierungsproblematik der Vereinten Nationen und pragmatische Lösungsperspektiven unter Berücksichtigung einer alternativen Finanzierungsstrategie für den ordentlichen Haushalt, Berlin 1996.

Pleuger, Gunther, Die Reform des Sicherheitsrats der Vereinten Nationen, in:

Schorlemer, Sabine von (Hrsg.), Praxishandbuch UNO, Berlin u.a. 2003, S. 683–693.

Ramonat, Wolfgang, Mikrostaaten in den Vereinten Nationen, in: Außenpolitik, 32. Jg., Heft 3, 1981, S. 282–295.

Randelzhofer, Albrecht (Hrsg.), Völkerrechtliche Verträge, 8. Auflage, München 1999.

Reckhard, Michael, Die rechtlichen Rahmenbedingungen von Beitragsverweigerung im System der Vereinten Nationen, Frankfurt a.M. 1999.

Reinhardt, Dieter, Unvermeidliche Politisierung der humanitären Hilfe. Neuere Entwicklungen im Verhältnis von humanitärer Hilfe und internationaler Politik, in: Vereinte Nationen, 47. Jg., Heft 1, 1999, S. 11–15.

Die Resolutionen des Sicherheitsrats von 1996 bis 1998, in: Vereinte Nationen, 47. Jg., Heft 3, 1999, S. 108–113.

Die Resolutionen des Sicherheitsrats von 1999 bis 2001, in: Vereinte Nationen, 50. Jg., Heft 4, 2002, S. 149–153.

Rittberger, Volker, Claudia Dedeke, Gabriele Kittel, Langsame Wiederannäherung. Das Verhältnis zwischen USA und UN unter den Präsidenten Reagan, Bush und Clinton, in: Vereinte Nationen, 42. Jg., Heft 2, 1994, S. 45–52.

Rittberger, Volker, Internationale Organisationen. Politik und Geschichte, Opladen 1994. 2. Auflage, Opladen 2003.

Roggemann, Herwig, Die internationalen Strafgerichtshöfe. Einführung, Rechtsgrundlage, Dokumente, 2. Auflage, Berlin 1998.

Ruf, Werner, Die neue Welt-UN-Ordnung. Vom Umgang des Sicherheitsrats mit der Souveränität der „Dritten Welt", Münster 1994.

Schaber, Thomas, Internationale Verrechtlichung der Menschenrechte. Eine reflexive institutionentheoretische Analyse des Menschenrechtsregimes der Vereinten Nationen, Baden-Baden 1996.

Schaefer, Michael, Notstandssondertagungen der Generalversammlung. Kritische Würdigung einer rezenten Entwicklung, in: Vereinte Nationen, 31. Jg., Heft 3, 1983, S. 78–83.

Scharpenack, H., Das Recht auf Entwicklung, Frankfurt a.M. 1996.

Schmidl, Erwin, A. und J. Wimmer, Friedenserhaltende Operationen, Wien 1998.

Schöbener, Burkhard, Schutz der Menschenrechte mit militärischer Gewalt: die humanitäre Intervention zwischen Völkerrecht und internationaler Politik, in: Zeitschrift für Politik, 47. Jg., Heft 3, 2000, S. 292–317.

Schöpp-Schilling, Hanna Beate, Die Effektivität von Abkommen zum Schutz der Menschenrechte am Beispiel des CEDAW, in: Die Friedens-Warte, 74. Jg., Heft 1–2, 1999, S. 205–228.

Schoettle, Enid C. B., Kein Geld für den Frieden? Die Finanzierung der UN-Friedenserhaltung, in: Europa-Archiv, 48. Jg., Folge 16, 1993, S, 453–462.

Schorlemer, Sabine von, Menschenrechte und „humanitäre Intervention", in: Internationale Politik, 55. Jg., Nr. 2, 2000, S. 41–48.

Schorlemer, Sabine von (Hrsg.), Praxishandbuch UNO. Die Vereinten Nationen im Lichte globaler Herausforderungen, Berlin, Heidelberg, New York 2003.

Schraepler, Hans-Albrecht, Taschenbuch der Internationalen Organisationen, München 1994.

Seidel, Gerd, Ist die UN-Charta noch zeitgemäß, in: Archiv des Völkerrechts, Bd. 33, 1995, S. 21–66.

Seidl-Hohenveldern, Ignaz (Hrsg.), Vereinte Nationen, Menschenrechte und Sicherheitspolitik – Völkerrechtliche Fragen zu internationalen Konfliktbegrenzungen, Köln u. a. 1994.

Seidl-Hohenveldern, Ignaz und Gerhard Loibl, Das Recht der Internationalen Organisationen einschließlich der Supranationalen Gemeinschaften, 6. Auflage, Köln u. a. 1996.

Shannon, Donald H., Ernüchterung, Erfolg, Erleichterung. Zur Amtszeit von Javier Pérez de Cuéllar (1982–1991), in: Vereinte Nationen, 40. Jg., Heft 1, 1992, S. 1–4.

Shields, Margaret, Frauenforschung: Unsichtbares sichtbar machen. Das Programm des Internationalen Forschungs- und Ausbildungsinstituts der Vereinten Nationen zur Förderung der Frau (INSTRAW), in: Vereinte Nationen, 40. Jg., Heft 6, 1992, S. 188–192.

Simma, Bruno (Hrsg.), Charta der Vereinten Nationen. Kommentar, München 1991.

Simma, Bruno und Ulrich Fastenrath (Hrsg.), Menschenrechte. Ihr internationaler Schutz, 4. Auflage, München 1998.

Simma, Bruno (Hrsg.), The Charter of the United Nations, 2. Auflage, 2 Bände, München 2002.

Stadler, Klaus-Dieter, Die Europäische Gemeinschaft in den Vereinten Nationen, Baden-Baden 1993.

Stahl, Karin, Die UN-Konferenz über „Umwelt und Entwicklung". Probleme, Ergebnisse und Perspektiven, in: Massarrat, Mohssen u. a. (Hrsg.), Die Dritte Welt und wir, Freiburg 1993, S. 299–316.

Stark, Dorothee, Die Rechtmäßigkeit von UNO-Wirtschaftssanktionen in Anbetracht ihrer Auswirkungen auf die Zivilbevölkerung. Grenzen der Kompetenzen des Sicherheitsrates am Beispiel der Maßnahmen gegen den Irak und die Bundesrepublik Jugoslawien, Berlin 2000.

Stein, Andreas, Der Sicherheitsrat der Vereinten Nationen und die Rule of

Law. Auslegung und Rechtsfortbildung des Begriffs der Friedensbedrohung bei humanitären Interventionen auf der Grundlage des Kapitels VII der Charta der Vereinten Nationen, Baden-Baden 1999.

Stiftung Entwicklung und Frieden (Hrsg.), Die Agenda für den Frieden. Analysen und Empfehlungen des UN-Generalsekretärs. Forderungen an die deutsche Politik, Bonn-Bad Godesberg 1992.

Stiftung Entwicklung und Frieden (Hrsg.), Nachbarn in Einer Welt. Der Bericht der Kommission für Weltordnungspolitik, Bonn 1995.

Sucharipa, Ernst und Lilly Sucharipa-Behrmann, Die Finanzkrise der Vereinten Nationen. Gibt es eine Chance für eine Lösung?, in: Österreichisches Jahrbuch für Internationale Politik, 12. Jg., Wien 1995, S. 1–20.

Sucharipa, Ernst, Die Europäische Union und die Vereinten Nationen, in: Europäische Rundschau, Heft 4, 1998, S. 85–89.

Thürer, Daniel, Der Kosovo-Konflikt im Lichte des Völkerrechts. Von drei – echten und scheinbaren – Dilemmata, in: Archiv des Völkerrechts, Bd. 38, Heft 1, 2000, S. 1–22.

Töpfer, Klaus, Abschied von der Wegwerfgesellschaft. Neues Paradigma Lebenszyklen: der UNEP im Reformprozeß, in: Vereinte Nationen, 47. Jg., Heft 2, 1999, S. 56–59.

Tomuschat, Christian, Ein neues Modell der Friedenssicherung tut not. Blauhelmeinsätze der zweiten Generation, in: Europa-Archiv, 49. Jg., Folge 24, 1994, S. 677–684.

Tomuschat, Christian, Völkerrechtliche Aspekte des Kosovo-Konflikts, in: Die Friedens-Warte, 74. Jg., Heft 1–2, 1999, S. 33–37.

Tomuschat, Christian, Globale Menschenrechtspolitik, in: Kaiser, Karl und Hans-Peter Schwarz (Hrsg.), Weltpolitik im neuen Jahrhundert, Bonn 2000, S. 431–441.

Tomuschat, Christian, „Uniting for Peace". Ein Rückblick nach 50 Jahren, in: Die Friedens-Warte, 76. Jg., Heft 2–3, 2001, S. 289–303.

Tomuschat, Christian (Hrsg.), Menschenrechte. Eine Sammlung internationaler Dokumente zum Menschenrechtsschutz (DGVN-Texte 42), 2. Auflage, Bonn 2002.

Tomuschat, Christian, Mehr Schutz für die Schutzlosen. Die beiden Fakultativprotokolle zu dem Übereinkommen über die Rechte des Kindes, in: Vereinte Nationen, 50. Jg., Heft 3, 2002, S. 89–93.

Troost, Georg, Die Autorisierung von UN-Mitgliedstaaten zur Durchführung militärischer Zwangsmaßnahmen des Sicherheitsrates in Recht und Praxis der Vereinten Nationen, Aachen 1997.

Türk, V., Das Flüchtlingshochkommissariat der Vereinten Nationen, Berlin 1992.

UNDP/Deutsche Gesellschaft für die Vereinten Nationen (Hrsg.), Bericht über menschliche Entwicklung 2002: Stärkung der Demokratie in einer fragmentierten Welt, Bonn 2002.

United Nations High Commissioner for Refugees (Hrsg.), Zur Lage der Flüchtlinge in der Welt. UNHCR-Report, 2001/2001, Bonn 2000.

Unmüßig, Barbara, Zwischen Hoffnung und Enttäuschung. Die Konferenz der Vereinten Nationen über Umwelt und Entwicklung (UNCED). Eine erste Bewertung, in: Vereinte Nationen, 40. Jg., Heft 4, 1992, S. 117–122.

Unser, Günther und Michaela Wimmer, Die Vereinten Nationen. Zwischen Anspruch und Wirklichkeit, durchgesehene Auflage, Bonn 1996.

Unser, Günther, Die Sowjetunion und die Vereinten Nationen. Gorbatschows Konzeption einer neuen UN-Politik, in: Osteuropa, 40. Jg., Heft 11, 1990, S. 1057–1083.

Unser, Günther, Moskaus Rolle auf der New Yorker Weltbühne. Schwerpunkte russischer Politik in den Vereinten Nationen, in: Osteuropa, 51. Jg., Heft 4/5, 2001, S. 408–422.

Volger, Helmut, Die Geschichte der Vereinten Nationen, München und Wien 1995.

Volger, Helmut, Die Vereinten Nationen, München und Wien 1994.

Volger, Helmut, (Hrsg.), Lexikon der Vereinten Nationen, München und Wien 2000.

Walter, Christian, Vereinte Nationen und Regionalorganisationen. Eine Untersuchung zu Kapitel VIII der Satzung der Vereinten Nationen, Berlin 1996, 407 S.

Weizsäcker, Richard von, Alles steht und fällt mit dem politischen Willen der Mitglieder. UN-Reform als Vorbereitung auf die nächsten 50 Jahre, in: Vereinte Nationen, 43. Jg., Heft 5/6, 1995, S. 179–183.

Westendorff, David G., Kernfragen der Entwicklungsforschung in den neunziger Jahren. Das Programm des Forschungsinstituts der Vereinten Nationen für soziale Entwicklung (UNRISD), in: Vereinte Nationen, 39. Jg., Heft 5, 1991, S. 162–167.

Wiehen, Michael, Ein 20-Milliarden-Dollar-Geschäft. Das Beschaffungswesen im Verband der Vereinten Nationen, in: Vereinte Nationen, 43. Jg., Heft 4, 1995, S. 143–148.

Williams, Jan, Szenen einer Ehe. Die unamerikanischen UN, in: Vereinte Nationen, 44. Jg., Heft 4, 1996, S. 135–141.

Williams, Jan, Nur das letzte Mittel. Der Bericht der Axworthy-Kommission zur humanitären Intervention, in: Vereinte Nationen, 50. Jg., Heft 1, 2002, S. 10–16.

Williams, Jan, Abbringen, Verweigern, Zusammenarbeit. Der Ausschuß des

Sicherheitsrats zur Bekämpfung des Terrorismus, in: Vereinte Nationen, 50. Jg., Heft 6, 2002, S. 213–216.

Winkelmann, Ingo, Europäische und mitgliedstaatliche Interessenvertretung in den Vereinten Nationen, in: Zeitschrift für das ausländische öffentliche Recht und Völkerrecht, 2000, S. 413–445.

Witzsch, Günter, Von Rio nach Kyoto. Die großen Umweltkonferenzen der Vereinten Nationen in den 90er Jahren, Münster 1999.

Wolf, Klaus Dieter, Die Dritte Seerechtskonferenz der Vereinten Nationen, Baden-Baden 1981.

Wolfrum, Rüdiger (Hrsg.), Handbuch Vereinte Nationen, 2. Auflage, München 1991.

Wolfrum, Rüdiger, Die Entwicklung des internationalen Menschenrechtsschutzes. Perspektiven nach der Weltmenschenrechtskonferenz von Wien, in: Europa-Archiv, 48. Jg., Folge 23, 1993, S. 681–690.

Wolfrum, Rüdiger, Der Internationale Seegerichtshof in Hamburg, in: Vereinte Nationen, 44. Jg., Heft 6, 1996, S. 205–210.

Wolfrum, Rüdiger, Der Internationale Seegerichtshof – eine erste Bilanz, in: Vereinte Nationen, 48. Jg., Heft 4, 2000, S. 127–132.

Wündisch, Martin, Die United Nations Joint Inspection Unit als Instrument zur Einführung organisatorischer Rationalität in internationalen Organisationen, Frankfurt a. M. u. a. 1999.

Wüstenhagen, Axel, Die Vereinten Nationen und der internationale Terrorismus – Versuch einer Chronologie, in: Schorlemer (Hrsg.), Praxishandbuch, S. 101–144.

Wulf, Herbert, Kleinwaffen – die Massenvernichtungsmittel unsere Zeit. Die Bemühungen der Vereinten Nationen um Mikroabrüstung, in: Vereinte Nationen, 49. Jg., Heft 5, 2001, S. 174–178.

Zenk, Peter-Michael, Zur Problematik kollektiver militärischer Intervention bei innerstaatlichen Konflikten, in: S+F, 12. Jg., Heft 2, 1994, S. 76–84.

Zumach, Andreas, Globale Zukunftssicherung oder Geldverschwendung? Was die UN-Weltkonferenzen bewirken können, in: Internationale Politik, Nr. 5, 2001, S 21–24.

b) Sonderorganisationen und angeschlossene Organisationen

Ahlbrecht, Heiko, Geschichte der völkerrechtlichen Strafgerichtsbarkeit im 20. Jahrhundert. Unter besonderer Berücksichtigung der völkerrechtlichen Straftatbestände und der Bemühungen um einen Ständigen Internationalen Strafgerichtshof, Baden-Baden 1999.

Altmann, Björn und Margareta E. Kulessa (Hrsg.), Internationale Wirtschaftsorganisationen. Ein Taschenlexikon, Stuttgart 1998.

Bargelame, Massoud, Die Sonderziehungsrechte im internationalen Währungssystem, Berlin 1981.

Beise, Marc, Die Welthandelsorganisation (WTO). Funktion, Status, Organisation, Baden-Baden 2001.

Blix, Hans u. a., Probleme der nuklearen Nichtverbreitungspolitik, Bonn 1994.

Block, Heiko, Standardisierung im internationalen Seerecht. Moderne Regelsetzungsverfahren der IMO für die Schiffsicherheit, in: Vereinte Nationen, 51. Jg., Heft 1, 2003, S. 11–14.

Brauch, Hans-Günter, Chemische Abrüstung wird Realität. Das Übereinkommen über das Verbot der chemischen Waffen, in: Vereinte Nationen, 41. Jg., Heft 3, 1993, S. 88–94.

Brauch, Hans-Günter, Weltweite Abschaffung der Chemiewaffen in Sicht. Von der Unterzeichnung zum Inkrafttreten des Übereinkommens, in: Vereinte Nationen, 45. Jg., Heft 3, 1997, S. 94–101.

Brinkmann, Gisbert, Ausgleich zwischen Beweglichkeit und Starrheit. Die Verfassungsreform der Internationalen Arbeitsorganisation (ILO), in: Vereinte Nationen, 35. Jg., Heft 3, 1987, S. 93–98.

Bruer-Schäfer, Aline, Der Internationale Strafgerichtshof. Die Internationale Strafgerichtsbarkeit im Spannungsfeld von Recht und Politik, Frankfurt a. M. u. a. 2001.

Deutsche Bundesbank, Weltweite Organisationen und Gremien im Bereich von Währung und Wirtschaft, Frankfurt a. M. 1997.

Deutsche UNESCO-Kommission (Hrsg.), Lernziel Weltoffenheit. Fünfzig Jahre deutsche Mitarbeit in der UNESCO, Bonn 2001.

Dickmann, Bernd, Die Kreditvergabe des IWF, in: Konjunkturpolitik, 40. Jg., Heft 2, 1994, S. 154–174.

Ebenroth, Carsten Thomas und Joachim Karl, Die Multilaterale Investitions-Garantie-Agentur. Kommentar zum MIGA-Übereinkommen, Heidelberg 1989.

Falk, Rainer, IWF und Weltbank unter Reformdruck. Ein halbes Jahrhundert nach Bretton Woods, in: Blätter für deutsche und internationale Politik, 39. Jg., Heft 3, 1994, S. 328–338.

Die FAO und die Mitwirkung der Bundesrepublik Deutschland, Schriftenreihe des Bundesministeriums für Ernährung, Landwirtschaft und Forsten, Heft 446, Münster 1995.

Fassbender, Bardo, Der Internationale Strafgerichtshof: Auf dem Weg zu einem „Weltinnenrecht"?, in: Aus Politik und Zeitgeschichte, B 27–28/2002, S. 32–38.

Fischer, Wolfgang, Der Vertrag über die Nichtverbreitung von Kernwaffen an der Schwelle zum 21. Jahrhundert (Bericht des Forschungszentrums Jülich), Jülich 1991.

Flohn, Hermann, Mensch und Klima. Das Weltklimaforschungsprogramm der Weltorganisation für Meteorologie (WMO), in: Vereinte Nationen, 35. Jg., Heft 3, 1987, S. 89–93.

Gehlhoff, Walter, Krise und Wandel in der UNESCO, in: Europa-Archiv, 47. Jg., Folge 19, 1992, S. 557–565.

Gehring, Thomas, Das internationale Regime zum Schutz der Ozonschicht, in: Europa-Archiv, 45. Jg., Folge 23, 1990, S, 703–712.

Goldberg, Jörg, Front gegen die Armut? Neue Strategien der Bretton-Woods-Institutionen, in: Blätter für deutsche und internationale Politik, 45. Jg., Heft 4, 2000, S. 456–464.

Hüfner, Klaus, Die Vereinten Nationen und ihre Sonderorganisationen. Strukturen, Aufgaben, Dokumente, Teil 2: Die Sonderorganisationen, Bonn 1992.

Hüfner, Klaus, Die Vereinten Nationen und ihre Sonderorganisationen. Teil 3, Band 2: Finanzierung des Systems der Vereinten Nationen: Sonderorganisationen – Gesamtdarstellungen – Alternative Finanzierungsmöglichkeiten, Bonn 1997.

Hüfner, Klaus und Wolfgang Reuther (Hrsg.), UNESCO-Handbuch, Neuwied und Berlin 1996.

Internationales Arbeitsamt, Verfassung der Internationalen Arbeitsorganisation und Geschäftsordnung der Internationalen Arbeitskonferenz, Genf 1993.

Internationales Arbeitsamt, Die Internationale Arbeitsorganisation, Genf 1994.

Jarasch, Frank, Errichtung, Organisation und Finanzierung des Internationalen Strafgerichtshofs und die Schlußbestimmungen des Statuts, in: Humanitäres Völkerrecht, Informationsschriften, Heft 12, 1999, S. 10–22.

Kaul, Hans-Peter, Auf dem Weg zum Weltstrafgericht, in: Vereinte Nationen, 45. Jg., Heft 5, 1997, S. 177–181.

Kaul, Hans-Peter, Durchbruch in Bonn. Der Vertrag über den Internationalen Strafgerichshof, in: Vereinte Nationen, 46. Jg., Heft 4, 1998, S. 125–130.

Kaul, Hans-Peter, Der Aufbau des Internationalen Strafgerichtshofs. Schwierigkeiten und Fortschritte, in: Vereinte Nationen, 49. Jg., Heft 6, 2001, S. 215–222.

Kittel, Gabriele, Charakteristika internationaler Organisationen und Außenpolitikanalyse. Zwischen konditionaler Kooperation und Austritt: Die Außenpolitik der USA gegenüber der UNESCO und der ITU (1982–1988), Baden-Baden 1997.

Knipping, Franz, Hans von Mangoldt, Volker Rittberger (Hrsg.), Das System der Vereinten Nationen und seine Vorläufer. Bd. I/2: Sonderorganisationen und andere Institutionen, hrsg. von Hans von Mangoldt und Volker Rittberger, Bern und München 1995.

Kreile, Michael, Deutschland und die Reform der internationalen Finanzarchitektur, in: Aus Politik und Zeitgeschichte, B 37–38, 2000, S. 12–20.

Krutzsch, Walter und Adolf von Wagner, Die Verifizierung des Chemiewaffenverbots, in: Internationale Politik, 57. Jg., Heft 10, 2002, S. 55–60.

Lampe, Wilhelm H., Sicherheit der Schiffahrt und Schutz der Meeresumwelt. Die Internationale Seeschiffahrts-Organisation (IMCO/IMO), in: Vereinte Nationen, 30. Jg., Heft 3, 1982, S. 86–91.

Leinung, Hans Friedrich, Der Weltpostverein im 110. Jahr. Zum XIX. Weltpostkongreß (Hamburg 1984), in: Vereinte Nationen, 32. Jg., Heft 3, 1984, S. 83–87.

Lohmann, Torsten, Die rechtliche Struktur der Sicherungsmaßnahmen der Internationalen Atomenergie-Organisation, Berlin 1992.

Maleev, Jurij Nikolaevic, Internationales Luftrecht. Fragen der Theorie und Praxis, Berlin 1989.

Maria y Campos, Mauricio de, Reform mit Resultaten. Die UNO ist für die neuen Herausforderungen gerüstet, in: Vereinte Nationen, 45. Jg., Heft 4, 1997, S. 121–126.

Merkle, Rüdiger, Der Codex Alimentarius der FAO und WHO, Bayreuth 1994.

Morhard, Thilo, Die Rechtsnatur der Übereinkommen der Internationalen Arbeitsorganisation, Frankfurt a. M. 1988.

Pahr, Willibald P., Im Interesse der Gäste wie der Gastgeber. Die Weltorganisation für Tourismus (WTO), in: Vereinte Nationen, 35. Jg., Heft 3, 1987, S. 98–102.

Pfanner, Klaus, Die Weltorganisation für geistiges Eigentum, in: Vereinte Nationen, 25. Jg., Heft 5, 1977, S. 143–151.

Rittberger, Volker (Hrsg.), Anpassung oder Austritt. Industriestaaten in der UNESCO-Krise (1978–1987), Berlin 1995.

Schöfthaler, Traugott, Die Globalisierung menschlich gestalten. Die 31. UNESCO-Generalkonferenz, in: UNESCO heute, 49. Jg., Ausgabe 1–2, 2002, S. 16–20.

Schorlemer, Sabine von, Zwischen Abgrenzung und Kooperation. Die Rechtsnatur der WTO und ihr Verhältnis zum UN-System, in: Vereinte Nationen, 49. Jg., Heft 3, 2001, S. 101–104.

Schrogl, Kai-Uwe, Die „neue" ITU. Strukturreform einer internationalen Organisation als Routine, in: Vereinte Nationen, 42. Jg., Heft 3, 1994, S. 97–101.

Siegler, H.-J. und W. Theis, Möglichkeiten und Grenzen von Strukturanpassungsprogrammen in Entwicklungsländern, in: Vierteljahresberichte, Nr. 131, 1993, S. 69–81.

Somaria, Juan, Menschenwürdige Arbeit: vorrangige Aufgabe im neuen Jahrtausend, in: Vereinte Nationen, 48. Jg., Heft 2, 2000, S. 49–52.

Stoll, Peter-Tobias und Frank Schorkopf, WTO. Welthandelsordnung und Welthandelsrecht, Köln 2002.

Tegge, Andreas, Die Internationale Telekommunikationsunion: Organisation und Funktion einer Weltorganisation im Wandel, Baden-Baden 1994.

Tetzlaff, Rainer, Weltbank und Währungsfonds. Gestalter der Bretton-Woods-Ära, Opladen 1996.

Tomuschat, Christian, Der Status von Bonn für den Internationalen Strafgerichtshof, in: Die Friedens-Warte, 73. Jg., Heft 3, 1998, S. 335–347.

UNESCO-Institut für Pädagogik, Auf dem Weg zu einer lernenden Welt. 50 Jahre UNESCO-Institut für Pädagogik, Hamburg 2002.

UNIDO, Wege in die Zukunft, Wie 1996.

Weltorganisation für geistiges Eigentum (Hrsg.), WIPO. Allgemeine Informationen, Genf 1990.

Woicke, Peter L., Geschäftszweck: Förderung des privaten Sektors. Die Internationale Finanzcorporation (IFC), in: Vereinte Nationen, 47. Jg., Heft 5, 1999, S. 157–162.

Zeidler, Frank, Der Austritt und Ausschluß von Mitgliedern aus den Sonderorganisationen der Vereinten Nationen, Frankfurt a. M. u. a. 1990.

Zimmermann, A., Die Schaffung eines Ständigen Internationalen Gerichtshofs, in: Zeitschrift für ausländisches öffentliches Recht und Völkerrecht, Bd. 58, 1998, S. 47–108.

Zimmermann, Andreas und Holger Scheel, Zwischen Konfrontation und Kooperation. Die Vereinigten Staaten und der Internationale Strafgerichtshof, in: Vereinte Nationen, 50. Jg., Heft 4, 2002, S. 137–144.

c) Deutschland und die Vereinten Nationen

Altenburg, Günther, Deutschland auf dem Prüfstand. Die nichtständige Mitgliedschaft im Sicherheitsrat der Vereinten Nationen, in: Europa-Archiv, 49. Jg., Folge 24, 1994, S. 693–700.

Andreae, Lisette, Reform in der Warteschleife. Ein deutscher Sitz im UN-Sicherheitsrat? München 2002.

Andreae, Lisette, Deutschland als Motor einer europäischen Politik in den Vereinten Nationen? Handlungsspielräume und Schwerpunkte deutscher UN-Politik, in: Aus Politik und Zeitgeschichte, B 48, 2002, S. 32–39.

Arnold, Hans, Deutschlands Rolle in der UNO, in: Aus Politik und Zeitgeschichte, B 42/1995, S. 27–34.

Auswärtiges Amt (Hrsg.), Deutschland in den Vereinten Nationen, 2. Auflage, Bonn 1995.

Auswärtiges Amt (Hrsg.), Die Vereinten Nationen in Genf. Die deutsche Mitarbeit, 4. Auflage, Bonn 1995.

Auswärtiges Amt (Hrsg.), Die Vereinten Nationen in Wien. Die deutsche Mitarbeit, Bonn o. J. (1995).

Auswärtiges Amt (Hrsg.), 25 Jahre Mitgliedschaft Deutschlands in den Vereinten Nationen, Bonn 1998.

Auswärtiges Amt (Hrsg.), 25 Jahre deutsche Beteiligung an Friedenserhaltenden Maßnahmen der Vereinten Nationen, Bonn 1998.

Berghan, Sabine, Serie: Urteile des Bundesverfassungsgerichts. Bundeswehreinsätze „out of area", in: Gegenwartskunde, 43. Jg., Heft 4, 1994, S. 467–477.

Brecht, Eberhard, Peter Florin und Volker Weyel, Kaum miteinander, selten gegeneinander, meist nebeneinander. Ein Gespräch über die Zeit der deutschen Zweistaatlichkeit in den Vereinten Nationen, in: Vereinte Nationen, 41. Jg., Heft 4, 1993, S. 125–132.

Brecht, Eberhard, Elemente einer künftigen deutschen UN-Politik, in: Vereinte Nationen, 43. Jg., Heft 5/6, 1995, S. 209–213.

Bruns, Wilhelm, Zehn Jahre Vollmitgliedschaft der beiden deutschen Staaten in den Vereinten Nationen, in: Aus Politik und Zeitgeschichte, B 36/1983, S. 17–30.

Bundesministerium für wirtschaftliche Zusammenarbeit (Hrsg.), Medienhandbuch. Entwicklungspolitik 2002, Berlin 2002.

Deutsche Gesellschaft für die Vereinten Nationen (Hrsg.), Die beiden deutschen Staaten in den Vereinten Nationen: Rückblick und Bilanz (Reihe: Dokumentationen ... Nr. 33), Bonn 1990.

Deutsche Gesellschaft für die Vereinten Nationen (Hrsg.), Die Vereinten Nationen und deutsche UN-Politik – aus persönlicher Sicht. Deutsche UN-Botschafter berichten (DGVN-Texte 39), Bonn 1991.

Deutsche Gesellschaft für die Vereinten Nationen (Hrsg.), Beteiligung deutscher Streitkräfte an Friedenstruppen der Vereinten Nationen. Hintergründe, Optionen, Probleme (Reihe: Dokumentationen ... Nr. 38), Bonn 1991.

Deutsche Gesellschaft für die Vereinten Nationen (Hrsg.), 20 Jahre deutsche Mitgliedschaft in den Vereinten Nationen auf dem Prüfstand (Blaue Reihe, Nr. 52), Bonn 1994.

Deutsche Gesellschaft für die Vereinten Nationen (Hrsg.), Die Reform des UN-Sicherheitsrates. Ein ständiger Sitz für Deutschland?, Blaue Reihe, Nr. 70, Bonn 1997.

Deutsche Gesellschaft für die Vereinten Nationen (Hrsg.), 25 Jahre deutsche Mitgliedschaft in den Vereinten Nationen: Der Beitrag zur multilateralen Entwicklungszusammenarbeit, DGVN-Texte 50, Bonn 1998.

Deutsches Komitee für Katastrophenvorsorge e. V., Journalisten-Handbuch zum Katastrophenmanagement – 2002, 7. Auflage, Bonn 2002.

Ehrhart, Wolfgang, UN-Politik: nicht mehr allein der Exekutive überlassen. Der neue Unterausschuß „Vereinte Nationen/Weltweite Organisationen" des Deutschen Bundestages, in: Vereinte Nationen, 41. Jg., Heft 4, 1993, S. 132–137.

Ehrhart, Wolfgang, Nicht im Rampenlicht, aber wirkungsvoll. Der Unterausschuß „Vereinte Nationen/Internationale Organisationen" des Deutschen Bundestages nach zwei Legislaturperioden, in: Vereinte Nationen, 46. Jg., Heft 4, 1998, S. 131–135.

Fischer, Josef, Das Vetorecht in seiner jetzigen Form erscheint nicht mehr angemessen. Rede des deutschen Außenministers vor der 54. UN-Generalversammlung (22. September 1999), in: Vereinte Nationen, 47. Jg., Heft 5, 1999, S. 169–170.

Fischer, Josef, Friedenseinsätze brauchen ein robustes Mandat. Rede des deutschen Außenministers vor der 55. UN-Generalversammlung (14. September 2000), in: Vereinte Nationen, 48. Jg., Heft 6, 2000, S. 201–202.

Fischer, Joschka, Für ein System globaler, kooperativer Sicherheit. Rede des deutschen Außenministers vor der 57. UN-Generalversammlung (14. September 2002), in: Vereinte Nationen, 50. Jg., Heft 5, 2002, S. 183–184.

Forbes, Monica H., Feindstaatenklauseln, Viermächteverantwortung und deutsche Frage. Zur Fortgeltung der Artikel 53 und 107 der Satzung der Vereinten Nationen, Baden-Baden 1983.

Freiling, Frank-Dieter, Die Charta der Vereinten Nationen und ihre Sonderregelungen für Deutschland. Köln u. a. 1992.

Freuding, Christian, Deutschland in der Weltpolitik. Die Bundesrepublik Deutschland als nichtständiges Mitglied im Sicherheitsrat der Vereinten Nationen in den Jahren 1977/78, 1987/88 und 1995/96, Baden-Baden 2000.

Frowein, Jochen A. und Torsten Stein, Rechtliche Aspekte einer Beteiligung der Bundesrepublik Deutschland an Friedenstruppen der Vereinten Nationen, Heidelberg 1990.

Gareis, Sven Bernhard, Deutschland im Sicherheitsrat – Gestaltungsmöglichkeiten und Herausforderungen, in: Gesellschaft, Wirtschaft, Politik, 51. Jg., Heft 4, 2002, S. 471–478.

Genscher, Hans-Dierich, Übernahme aller Rechte und Pflichten der Charta. Rede des deutschen Außenministers vor der 46. Generalversammlung (25. 9. 1991), in: Vereinte Nationen, 39. Jg., Heft 5, 1991, S. 168– 171.

Goebel, Peter (Hrsg.), Von Kambodscha bis Kosovo. Auslandseinsätze der Bundeswehr seit Ende des Kalten Krieges, Frankfurt a. M. und Bonn 2000.

Göthel, Dieter, Arbeitswelt Vereinte Nationen. Berufsbild und deutsche Beteiligung, in: Vereinte Nationen, 35. Jg., Heft 2, 1987, S. 55–62.

Haftendorn, Helga, Sicherheit und Entspannung. Zur Außenpolitik der Bundesrepublik Deutschland 1955–1982, Baden-Baden 1983.

Heberlein, Horst, Rechtliche Aspekte einer ständigen Mitgliedschaft Deutschlands im UN-Sicherheitsrat, in: Zeitschrift für Rechtspolitik, 27. Jg., Heft 9, 1994, S. 358–365.

Hoffmann, Oskar, Deutsche Blauhelme bei UN-Missionen. Politische Hintergründe und rechtliche Aspekte, Bonn 1993.

Hüfner, Klaus, Gibt es eine deutsche Personalpolitik im UN-System?, Policy Paper Nr. 3, hrsg. von der Deutschen Gesellschaft für die Vereinten Nationen, Bonn 2001.

Kaiser, Karl, Die ständige Mitgliedschaft im Sicherheitsrat. Ein berechtigtes Ziel der neuen deutschen Außenpolitik, in: Europa-Archiv, 48. Jg., Folge 19, 1993, S. 541–552.

Kinkel, Klaus, Unsere Interessen sind verflochtene Interessen. Rede des deutschen Außenministers vor der 49. Generalversammlung (27. September 1994), in: Vereinte Nationen, 42. Jg., Heft 6, 1994, S. 214–216.

Knapp, Manfred, Die Rolle Deutschlands in den Vereinten Nationen, in: Aus Politik und Zeitgeschichte, B 27–28/2002, S. 11–18.

Könitzer, Burkhard und Jens Martens (Hrsg.), UN-williges Deutschland. Der WEED-Report zur deutschen UNO-Politik, Bonn 1997.

Kötter, Wolfgang und Dieter Weigert, Nach dem Ende der Teilung. Plädoyer für die Berücksichtigung der DDR-Erfahrung in der gesamtdeutschen UN-Politik, in: Vereinte Nationen, 38. Jg., Heft 4, 1990, S. 131–134.

Lagoni, Rainer, Kodifikationsinitiativen der Bundesrepublik Deutschland im UN-System, in: Verfassung und Recht in Übersee, 17. Jg., Heft 4, 1984, S. 441–456.

Löwe, Volker, Peacekeeping-Operation der UN. Aspekte einer Beteiligung der Bundesrepublik Deutschland, Münster und Hamburg 1994.

März, Wolfgang, Bundeswehr in Somalia. Verfassungsrechtliche und verfassungspolitische Überlegungen zur Verwendung deutscher Streitkräfte in UN-Operationen, Berlin 1993.

Pleuger, Gunter, Konflikte werden nicht à la carte serviert. Deutschlands neue Amtszeit im Sicherheitsrat der Vereinten Nationen, in: Vereinte Nationen, 50. Jg., Heft 6, 2002, S. 209–213.

Presse- und Informationsamt der Bundesregierung, Deutschland und die Vereinten Nationen, Berlin 2000.

Riedel, Norbert Karl, Der Einsatz deutscher Streitkräfte im Ausland. Verfassungs- und völkerrechtliche Schranken, Frankfurt a. M. u. a. 1989.

Rittberger, Volker, Zur Politik Deutschlands in den Vereinten Nationen, in: Aus Politik und Zeitgeschichte, B 36/1991, S. 14–24.

Siedschlag, Alexander, Die aktive Beteiligung Deutschlands an militärischen Aktionen zur Verwirklichung kollektiver Sicherheit, Frankfurt a. M. u. a. 1995.

Stodiek, Thorsten, Der deutsche Beitrag zu den „Standby Forces" der Vereinten Nationen, Hamburg 1999.

Stüwe, Heinz, Der unbekannte Großkunde. Deutsche Lieferungen an die Vereinten Nationen, in: Vereinte Nationen, 43. Jg., Heft 4, 1995, S. 148–151.

Tomuschat, Christian, Bewahrung, Stärkung, Ausgestaltung. Zur künftigen Menschenrechtspolitik Deutschlands in der Weltorganisation, in: Vereinte Nationen, 39. Jg., Heft 1, 1991, S. 6–10.

Wagner, Wolfgang, Der ständige Sitz im Sicherheitsrat. Wer braucht wen: Die Deutschen diesen Sitz? Der Sicherheitsrat die Deutschen?, in: Europa-Archiv, 48. Jg., Folge 19, 1993, S. 533–540.

Wegweiser GmbH Berlin (Hrsg.), Beschaffungsmarkt Vereinte Nationen, Weltbank und ausgewählte NGOs. Tips, Hintergründe, Kontakte für das Geschäft mit den wichtigsten Weltorganisationen, Berlin 2001.

Wieczorek-Zeul, Heidemarie, Nachhaltige Entwicklung durch Globale Strukturpolitik. Neue Akzente deutscher Entwicklungspolitik, in: Vereinte Nationen, 47. Jg., Heft 3, 1999, S. 100–103.

Winkelmann, Ingo, Das Postulat einer stärkeren Beteiligung des Südens am Sicherheitsrat der Vereinten Nationen, in: Frowein, Jochen A. u. a. (Hrsg.), Verhandeln für den Frieden, Heidelberg und Berlin 2003, S. 229–252.

Zündorf, Benno, Die Ostverträge, München 1979.

d) Liechtenstein, Österreich, Schweiz und die Vereinten Nationen

Agstner, Rudolf, Friedenserhaltende Operationen der Vereinten Nationen. Die Rechtsgrundlagen der Beteiligung Österreichs, in: Österreichische Militärische Zeitschrift, 4, 1989, S. 286–299.

Agstner, Rudolf, Der Österreichische Beobachter bei den Vereinten Nationen 1947–1955, in: Die Vereinten Nationen und Österreich, 40. Jg., Nr. 1, 1991, S. 11–19.

Der Beitritt Liechtensteins zu den Vereinten Nationen (Schriftenreihe der Regierung, Nr. 1), Vaduz 1991.

Bericht über die Außenpolitik der Schweiz in den 90er Jahren vom 29. November 1993, Bern 1993.

Bericht des Bundesrates an die Bundesversammlung über das Verhältnis der Schweiz zu den Vereinten Nationen vom 16. Juni 1969, Bern 1969.

Bericht des Bundesrates an die Bundesversammlung über das Verhältnis der Schweiz zu den Vereinten Nationen und ihren Spezialorganisationen für die Jahre 1969–1971 vom 17. November 1971, Bern 1971.

Bericht über das Verhältnis der Schweiz zu den Vereinten Nationen und ihren Spezialorganisationen für die Jahre 1972–1976 vom 29. Juni 1977, Bern 1977.

Bericht über das Verhältnis zwischen der Schweiz und der Organisation der Vereinten Nationen (UNO) vom 1. Juli 1998, Bern 1998.

Bericht 2003 über die Zusammenarbeit der Schweiz mit der Organisation der Vereinten Nationen und mit den internationalen Organisationen mit Sitz in der Schweiz, Bern 2003.

Bernauer, Thomas und Sandra Lavenex, Abschied vom Sonderfall. Die 90-Prozent-Mitgliedschaft der Schweiz in den Vereinten Nationen, Vereinte Nationen, 48. Jg., Heft 3, S. 89–94.

Blechner, Heinrich, Österreichs Weg in die Vereinten Nationen, in: Österreichische Zeitschrift für Außenpolitik, Jg. 1, Heft 6, 1961, S. 351–356.

Botschaft über den Beitritt der Schweiz zu den Institutionen von Bretton Woods vom 15. Mai 1991, Bern 1991.

Botschaft betreffend das Bundesgesetz über schweizerische Truppen für friedenserhaltende Operationen vom 24. August 1992, Bern 1992.

Botschaft über die Volksinitiative „Für den Beitritt der Schweiz zur Organisation der Vereinten Nationen (UNO)" vom 4. Dezember 2000, Bern 2000.

Bundesministerium für auswärtige Angelegenheiten (Hrsg.), Österreichische außenpolitische Dokumentation. Texte und Dokumente, Wien 1990 ff.

Bundesministerium für auswärtige Angelegenheiten (Hrsg.), Jahrbuch der österreichischen Außenpolitik. Außenpolitischer Bericht, erscheint jährlich, Wien.

Däniken, Franz von, Die Schweiz: Abseits der Welt oder in der Welt?, in: Politorbis, Sonderausgabe, April 2001, S. 2–3.

Dicke, Detlev Christian, Völkerrechtliche Probleme eines eventuellen Beitritts der Schweiz zu den Vereinten Nationen, in: Archiv des Völkerrechts, 22. Bd., 1984, S. 405–417.

Diethelm, Robert, Die Schweiz und friedenserhaltende Operationen 1920–1995, Winterthur 1997.

Eidgenössisches Departement für auswärtige Angelegenheiten (Hrsg.), 57. UNO-Generalversammlung 2002. Erste Session mit schweizerischer Mitgliedschaft, Bern o. J. (2003).

Eidgenössisches Departement für auswärtige Angelegenheiten (Hrsg.), Gewalt vorbeugen, Frieden mitgestalten, Demokratie stärken. Die Friedenspolitik der Politischen Direktion der EDA, Bern 2001.

Eidgenössisches Departement für auswärtige Angelegenheiten (Hrsg.), Die Schweiz und die UNO. Bericht des Bundesrates 2003, Bern 2003.

Enzelsberger, Ernst F., Liechtensteins Außenpolitik in einer sich wandelnden

Welt, in: Österreichisches Jahrbuch für Internationale Politik, 11. Jg., Wien 1994, S. 65–98.

Erläuterungen des Bundesrats zur Volksabstimmung vom 2. März 2002, Bern 2002.

Ermacora, Felix, 20 Jahre österreichische Neutralität, Frankfurt a. M. 1975.

Forschungsinstitut der Schweizerischen Gesellschaft für praktische Sozialforschung (Hrsg.), Analyse der eidgenössischen Abstimmungen vom 17. Mai 1992 (VOX-Publikation Nr. 45), Zürich 1992, S. 4–14.

Forschungsinstitut der Schweizerischen Gesellschaft für praktische Sozialforschung (Hrsg.), Analyse der eidgenössischen Abstimmungen vom 12. Juni 1994 (VOX-Publikationen, Nr. 53), Adliswil 1994, S. 7–22.

Freudenschuß, Helmut, Österreich im Sicherheitsrat der Vereinten Nationen 1991/92) – Versuch einer Bilanz, in: International, Heft 2–3, 1992/93, S. 25–31.

Das Fürstentum Liechtenstein und die Vereinten Nationen (Schriftenreihe der Regierung, Nr. 2), Vaduz 1988.

Geiger, Peter, Geschichtliche Grundzüge der liechtensteinischen Außenbeziehungen, in: Waschkuhn, Arno (Hrsg.), Kleinstaat Liechtenstein, Vaduz 1993, S. 321–340.

Gesellschaft zur Förderung der schweizerischen Wirtschaft (Hrsg.), Der Stand der Zusammenarbeit der Schweiz mit internationalen Organisationen, besonders im wirtschaftlichen und sozialen Bereich, Dokumentation Wirtschaftskunde, Heft 4, Zürich 1992.

Haug, Hans, Das Verhältnis der Schweiz zu den Vereinten Nationen, Bern und Stuttgart 1972.

Hohengartner, Reinold, Schweizerische Neutralität und Vereinte Nationen 1945–1981. Die Problematik des schweizerischen UNO-Beitritts im Spannungsfeld zwischen Bundesrat und Parlament, Wien 1991.

Jankowitsch, Peter, Die Neutralitätspolitik Österreichs und die Vereinten Nationen, in: Österreichische Zeitschrift für Politikwissenschaft, 8. Jg., Heft 3, 1979, S. 327–344.

Jansen, Norbert, Liechtenstein und die Vereinten Nationen (Liechtenstein – Wirtschaftsfragen, Heft 18), Vaduz 1991.

Mauck, Karl, Österreich und die UNO 1945–1955. Dissertation, Wien 1981.

Michal-Misak, Silvia, Die Politik Österreichs bei den Vereinten Nationen, in: Österreichische Zeitschrift für Politikwissenschaft, 19. Jg., Heft 4, 1990, S. 379–395.

Moos, Carlo, Ja zum Völkerbund – Nein zur UNO. Die Volksabstimmungen der Schweiz von 1920 und 1986 in der Schweiz, Zürich 2001, 231 S.

Nordmann, Francois und Dominique Petter, Die Rolle der UNO in der schweizerischen Außenpolitik. Ausgezeichnete, aber unvollständige Beziehungen,
in: Volkswirtschaft, Heft 7, 1993, S. 18–28.

Paschke, Karl Th., Wien als UNO-Stadt, in: Vereinte Nationen, 34. Jg., Heft 6,
1986, S. 199–203.

Pfirter, Dieter, Verhältnis Schweiz – UNO: Wie weiter nach dem 16. März
1986?, in: Jahrbuch für Politische Wissenschaft 1988, Bd. 28, Bern 1989,
S. 73–90.

Primosch, G. und Ingrid Siess-Scherz, Auslandsentsenderecht KSE-BVG.
Rechtliche und außenpolitische Texte, Wien 1997.

Quendler, Franz, Das System der UN-Sonderorganisationen und Probleme
funktionaler Außenpolitik am Beispiel Österreichs, in: Österreichische Zeitschrift für Politikwissenschaft. 19. Jg., Heft 4, 1990, S. 397–408.

Quendler, Franz, Österreich in internationalen Organisationen, in: Dachs,
Herbert u. a. (Hrsg.), Handbuch des politischen Systems Österreichs,
Wien 1991, S. 705–724.

Quendler, Franz, Herausforderungen für Österreichs UN-Politik im veränderten internationalen System der 90er Jahre, in: SWS-Rundschau, 14. Jg.,
Heft 1, 1992. S. 1–13.

Quendler, Franz und Maria M. Ponholzer-Schachner, Der UN-Sitz Wien im
Kontext sich verändernder Rahmenbedingungen der österreichischen
Außenpolitik, in: Österreichische Zeitschrift für Politikwissenschaft, 24. Jg.,
Heft 4, 1995, S. 431–443.

Schindler, Dietrich (Hrsg.), Dokumente zur schweizerischen Neutralität seit
1945, Bern und Stuttgart 1984.

Schindler, Dieter, Kollektive Sicherheit der Vereinten Nationen und dauernde
Neutralität der Schweiz, in: Schweizerische Zeitschrift für internationales
und europäisches Recht, Heft 4, 1992, S. 435 ff.

Schmid, Heinz, Dauernd neutrale Staaten im Sicherheitsrat der Vereinten Nationen, Winterthur 1984.

Schmidl, Erwin A., Blaue Helme, Rotes Kreuz. Das österreichische UN-Sa-
nitätskontingent im Kongo 1960 bis 1963, Innsbruck und Wien 1995.

Schmidl, Erwin, Im Dienste des Friedens. Die österreichische Teilnahme an
Friedensoperationen seit 1960, Graz 2001.

Seger, Paul, Die Stellung der Schweiz als Beobachter bei den Vereinten Nationen in New York, in: Schweizerische Zeitschrift für internationales und
europäisches Recht, Heft 4, 1995, S. 479–514.

Skuhra, Anselm, Österreich im Sicherheitsrat der Vereinten Nationen
1991/92, in: Österreichische Zeitschrift für Politikwissenschaft, 24. Jg.,
Heft 4, 1995, S. 399–419.

Späni-Schleidt, Jürg, Die Interpretation der dauernden Neutralität durch das schweizerische Parlament, Bern und Stuttgart 1983.

Streuli, Jakob, Menetekel am 16. März. Warum die Schweizer nicht den Vereinten Nationen beitreten wollten, in: Vereinte Nationen, 34. Jg., Heft 3, 1986, S. 95–99.

Sucharipa, Ernst, 50 Jahre Vereinte Nationen – 40 Jahre Mitgliedschaft Österreichs, in: UNO-Magazin, Heft 2–3, 1995, S. 7–9.

Thürer, Daniel, Liechtenstein und die Völkerrechtsordnung. Ein Kleinstaat im völkerrechtlichen Spannungsfeld zwischen Singularität und rechtlicher Integration, in: Archiv des Völkerrecht, Bd. 36, 1998, S. 98–127.

Truger, Arno, Eine österreichische Initiative für die Vereinten Nationen: Das „International Civilian Peace-keeping and Peace-building Training Program" (IPT), in: Österreichische Zeitschrift für Politikwissenschaft, 24. Jg. Heft 4, 1995, S. 465–474.

Universität Bern, Forschungszentrum für schweizerische Politik, Analyse der eidgenössischen Abstimmung vom 16. März 1986, VOX-Analysen, 10. Jg., Juni 1986.

Unser, Günther, Liechtenstein: rühriger Fürst, zögerndes Volk. Der Weg eines europäischen Kleinstaates in die Vereinten Nationen, in: Vereinte Nationen, 38. Jg., Heft 5, 1990. S. 163–167.

Unser, Günther, Schweiz: Nein zum „Blauhelmeinsatz" – UN-Beitritt in weiter Ferne, in: Vereinte Nationen, 42. Jg., Heft 4, 1994, S. 147 f.

Unser, Günther, Das Nein des Schweizervolkes zum Blauhelmgesetz, in: Bulletin zur schweizerischen Sicherheitspolitik, Jg. 1994, Zürich 1994, S. 1–11.

Unser, Günther, Weil das Volk jetzt will … Der lange Marsch der Schweiz in die Vereinten Nationen, in: Schorlemer, Sabine von (Hrsg.), Praxis-Handbuch UNO, Berlin u. a., S. 657–681.

Volger, Helmut, Nachzügler Schweiz, in: Blätter für deutsche und internationale Politik, 47. Jg., Heft 9, 2002, S. 1047–1051.

Waschkuhn, Arno (Hrsg.), Kleinstaat Liechtenstein, Vaduz 1993.

Wildhaber, Luzius, Das Schweizer Nein zu einer Vollmitgliedschaft in den Vereinten Nationen, in: Europa-Archiv, 41. Jg., 15. Folge, 1986, S. 461–468.

Zemanek, Karl, Dauernd neutrale Staaten in den Vereinten Nationen, in: Frei, Daniel (Hrsg.), Machtpolitik in der heutigen Welt, Zürich 1979, S. 153–167.

e) Wichtige Veröffentlichungen der Vereinten Nationen

United Nations, Department of Public Information, Yearbook of the United Nations, Dordrecht, Boston und London. (Erscheint seit der ersten Ausgabe 1946/47 jährlich und enthält einen das ganze UN-System umfassenden Jahresrückblick; zuletzt 2003 Bd. 54 für das Jahr 2000 mit einem Umfang von 1536 Seiten.)

United Nations, Department of Public Information, Yearbook of the United Nations. Special Edition: UN Fiftieth Anniversary 1945–1995, The Hague, Boston, London 1995, 443 S.

United Nations, Department of Public Information, Basic Facts about the United Nations, New York. (Erscheint in unregelmäßiger Folge und enthält auf knappem Raum einen Gesamtüberblick; zuletzt 2000.)

United Nations, Department of Public Information, UN Chronicle, New York. (Offizielle Vierteljahresschrift der Vereinten Nationen.)

United Nations, Publications Catalogue, New York. (Verzeichnis der von den Vereinten Nationen herausgegebenen Monographien und Dokumente, erscheint in der Regel jährlich und ist kostenlos erhältlich.)

UN-Dokumente in deutscher Sprache. Seit dem 1. Juli 1975 werden alle Resolutionen und Beschlüsse der Generalversammlung, des Sicherheitsrats und des Wirtschafts- und Sozialrats sowie eine Reihe jährlicher Berichte einzelner Haupt- und Nebenorgane vom Deutschen Übersetzungsdienst der Vereinten Nationen in New York ins Deutsche übersetzt.

Hinweise zur Benutzung des umfangreichen Quellenmaterials der Vereinten Nationen (Dokumente, Protokolle usw.) finden sich bei:
– Steiner, Otto, Dokumente und Publikationen der Vereinten Nationen. Einführung für Juristen und Politologen, Tübingen 1978.
– Stölken, Ilona, Dokumentenführer Vereinte Nationen, in: Wolfrum, Rüdiger (Hrsg.), Handbuch Vereinte Nationen, München, 2. Auflage 1991, S. 1159–1171.

f) Zeitschriften in deutscher Sprache

Speziell mit Problemen der Vereinten Nationen und ihren Sonderorganisationen in Form von Einzelbeiträgen, Übersichten über die Tätigkeit der Weltorganisation und Dokumentationen beschäftigt sich (2003 im 51. Jahrgang) die Zweimonatsschrift „Vereinte Nationen", hrsg. von der Deutschen Gesellschaft für die Vereinten Nationen in Bonn. (Mitglieder dieser Gesellschaft, die als überparteiliche und unabhängige Einrichtung informieren und Verständnis wecken will für die Vereinten Nationen, erhalten die Zeitschrift kostenlos.)

Mit den Vereinten Nationen befassen sich in loser Folge u. a. die deutschsprachigen Fachzeitschriften:
– Archiv des Völkerrechts
– Blätter für deutsche und internationale Politik

- Die Friedens Warte
- Humanitäres Völkerrecht
- Internationale Politik Nord-Süd-Aktuell
- Österreichische Zeitschrift für Außenpolitik
- Österreichische Zeitschrift für öffentliches Recht und Völkerrecht
- S+F. Vierteljahresschrift für Sicherheit und Frieden
- Zeitschrift für ausländisches öffentliches Recht und Völkerrecht
- Zeitschrift für Politikwissenschaft

g) Die Vereinten Nationen im Internet

Im Internet findet sich inzwischen ein vielfältiges Angebot an Informationen über die Vereinten Nationen.

Die Vereinten Nationen selbst verfügen über eine benutzerfreundliche UN Home Page mit einer Vielzahl von Links zu einzelnen UN-Einrichtungen, Tätigkeitsfeldern und Kontaktmöglichkeiten. Die Homepage führt auch zu umfangreichen offiziellen UN-Dokumenten.

Der Zugang zur englischsprachigen Homepage der Vereinten Nationen erfolgt über: http://www.un.org

Zahlreiche UN-Einrichtungen, insbesondere die Sonderorganisationen und viele Sonderorgane, sind mit eigenen Webseiten im Internet vertreten (vgl. hierzu die Angaben im Textteil); auf entsprechende Zugriffsmöglichkeiten weist die Übersicht http://www.unsystem.org hin.

Offizielle Informationen und Dokumente in deutscher Sprache können unter http://www.uno.de (UN-Informationszentrum, Bonn) und unter http://www.un.org/Depts.german (Deutscher Übersetzungsdienst bei den Vereinten Nationen, New York) abgerufen werden.

Personenverzeichnis

Sachverzeichnis

Das Sachregister enthält Stichworte und deutschsprachige Bezeichnungen von Institutionen, soweit sie im Textteil des Buches (ohne Anmerkungen und Anhang) angesprochen werden und sich nicht eindeutig aus dem Inhaltsverzeichnis ermitteln lassen. Unberücksichtigt bleiben deshalb u. a. die Hauptorgane der Vereinten Nationen, wie Generalversammlung, Sicherheitsrat usw. Die **halbfetten** Seitenangaben verweisen auf eine ausführlichere Behandlung im Text.

Buchanzeigen

EIN- UND ÜBERBLICKE

Einstieg

BGB · Bürgerliches Gesetzbuch

mit EinführungsG, BeurkundungsG, ProdukthaftungsG, UnterlassungsklagenG, WohnungseigentumsG, HausratsVO, BGB-Informationspflichten-VO, ErbbauVO und GewaltschutzG. Mit einem ausführlichen Sachverzeichnis und einer Einführung von Universitätsprofessor Dr. Helmut Köhler. Stand: 1. September 2003.

Textausgabe.
54. A. 2003. 729 S.
€ 5,–. dtv 5001

Neu im Oktober 2003

Däubler
BGB kompakt

Die systematische Darstellung des Zivilrechts.
Der Band gibt einen umfassenden Einblick in die Rechtsverhältnisse des täglichen Lebens, die im BGB und seinen Nebengesetzen geregelt sind, und informiert gezielt über Kauf und Miete ebenso wie über Ehe- und Erbrecht.
Bereits berücksichtigt: Zweites Gesetz zur Änderung schadensersatzrechtlicher Vorschriften.

2. A. 2003. 1625 S.
€ 29,–. dtv 5693 §

Geiger/Mürbe/Linderer/Obenaus
Beck'sches Rechtslexikon

Rund 1800 Rechtsbegriffe für Beruf und Alltag. Leicht verständlich erklärt von erfahrenen Richtern.

3. A. 2003. 822 S.
€ 15,50. dtv 5601 §

Haft
Aus der Waagschale der Justitia

Ein Lesebuch aus 2000 Jahren Rechtsgeschichte. Vom Prozess Jesu bis zum Nürnberger Tribunal, vom Pentateuch bis zum Grundgesetz, von Platon bis Bloch.

3. A. 2001. 258 S.
€ 10,–. dtv 5690 §

Zeichenerklärung: § Rechtsberater € Wirtschaftsberater

Europa

Europa-Recht
Europäische Union
EG-Vertrag
Charta der Grundrechte
Gerichtsbarkeit
Europarat-Satzung
EMRK
Ausführungsgesetze

18. Auflage
2003

Beck-Texte im dtv

EuR · Europa-Recht

Verträge zur Gründung der Europäischen Gemeinschaften, Vertrag über die Europäische Union (beide in der Fassung von Nizza), Übereinstimmungstabellen, Charta der Grundrechte, Satzung des Europarates, Verfahrensordnungen, Menschenrechtskonvention, Europawahl-Gesetz, Europa-Abgeordnetengesetz, Europäisches Zivilverfahrensrecht.

Textausgabe.
18.A. 2003. 696 S.
€ 9,50. dtv 5014

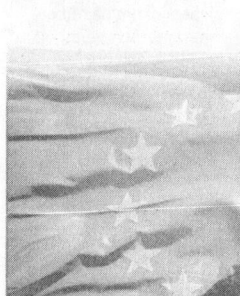

EUV · Europäischer Unionsvertrag

Vertrag über die Europäische Union mit sämtlichen Protokollen und Erklärungen, Vertrag zur Gründung der Europäischen Gemeinschaft (EG-Vertrag) in der Fassung von Amsterdam und Nizza, Charta der Grundrechte.

Textausgabe.
5.A. 2001. 486 S.
€ 8,50. dtv 5572

Verfassungen der EU-Mitgliedstaaten
5. Auflage 2000

Beck-Texte im dtv

Verfassungen der EU-Mitgliedstaaten

Belgien, Dänemark, Deutschland, Finnland, Frankreich, Griechenland, Irland, Italien, Luxemburg, Niederlande, Österreich, Portugal, Schweden, Spanien, Vereinigtes Königreich.

Textausgabe.
5.A. 2000. 626 S.
€ 17,64. dtv 5554

Europarecht von A–Z
Das Recht der Europäischen Union nach dem Vertrag von Nizza
Hrsg. von Reimer von Borries und Christian Zacker
3. Auflage

Beck-Rechtsberater im dtv

von Borries/Zacker (Hrsg.) Europarecht von A–Z

Das Recht der Europäischen Union nach dem Vertrag von Nizza.
Die aktualisierte Neuauflage des bewährten Lexikons informiert umfassend und bietet die ideale Grundlage zur Beschäftigung mit dem Thema.

3.A. 2003. 766 S.
€ 19,50. dtv 5056

EU-ArbR · EU-Arbeitsrecht

Richtlinien und Verordnungen der Europäischen Union dominieren in zunehmendem Maße das nationale Arbeitsrecht. Dieser Band enthält alle einschlägigen Vorschriften mit Querverweisen auf die Textausgabe „ArbG", dtv 5006.

Textausgabe.
2.A. 2004. 467 S.
€ 11,–. dtv 5751

Neu im Dezember 2003

Weltweit

VölkeR

Völkerrechtliche
Verträge

Beistandspakte
Menschenrechte
Seerecht
Luft- und Weltraumrecht
Umweltrecht
Kriegsverhütungsrecht
Kriegsrecht
Int. Strafgerichtsbarkeit

9. Auflage
2002

Beck-Texte im dtv

MenscR
Menschenrechte

Menschenrechtspakte
OSZE/KSZE
Sozialcharta
Flüchtlinge
Folter/Todesstrafe
Diskriminierung
Verfahrensordnungen

4. Auflage
1998

Beck-Texte im dtv

WTO
Welthandels-
organisation

WTO-Übereinkommen
GATT 1947/1994
SPS
TBT
GATS
TRIPS
Streitbeilegung

2. Auflage
2003

Beck-Texte im dtv

Völkerrechtliche Verträge

Vereinte Nationen, Beistandspakte, Menschenrechte, See-, Luft- und WeltraumR, UmweltR, KriegsverhütungsR, Int. Strafgerichtsbarkeit.

Textausgabe.
9.A. 2002. 866 S.
€ 12,–. dtv 5031

Menschenrechte – Ihr internationaler Schutz

Menschenrechtspakte der Vereinte Nationen, Europäische Menschenrechtskonvention, Europäische Sozialcharta, KSZE-Schlussakte u.a.

Textausgabe.
4.A.1998. 591 S.
€ 11,71. dtv 5531

WTO · Welthandelsorganisation

WTO-Übereinkommen, Auszüge aus dem Allgemeinen Zoll- und Handelsabkommen (GATT) in den Fassungen von 1947 und 1994, Landwirtschaftsübereinkommen, Übereinkommen über gesundheitspolizeiliche Maßnahmen (SPS), Übereinkommen über technische Handelshemmnisse (TBT), Subventionsübereinkommen, Antidumping-Übereinkommen, Dienstleistungsabkommen (GATS), Übereinkommen über geistiges Eigentum (TRIPS), Streitbeilegungsvereinbarung (DSU).
Mit Sachregister.

Textausgabe.
2.A. 2003. 384 S.
€ 11,50. dtv 5752

Unser
Die UNO

Aufgaben - Strukturen - Politik.
Mit der Charta der Vereinten Nationen.
Mit einem Vorwort von Kofi Annan, Generalsekretär der Vereinten Nationen.

7.A. 2004. 531 S.
€ 16,–. dtv 5254 §
Neu im Januar 2004

Schraepler
Taschenbuch der Internationalen Organisationen

Daten, Aufbau, Ziele, Entstehung und Mitglieder der wichtigsten europäischen und internationalen Zusammenschlüsse.

1.A.1995. 497 S.
€ 10,17. dtv 5641 §

Zeichenerklärung: § Rechtsberater € Wirtschaftsberater

P130500-53.1

Der Staat und Sie

KENNEN SIE IHRE RECHTE ?

P130500-549.1

Rechtliche Grundlagen

Sozialhilfe

Mein Recht auf Sozialhilfe

Mit Asylbewerber- und Grundsicherungsleistungen

Von Albrecht Brühl

18. Auflage

Beck-Rechtsberater im dtv

Toptitel

AusIR · Deutsches Ausländerrecht

Die wesentlichen Vorschriften des deutschen Fremdenrechts.
AusländerG, DVAuslG, AuslGebV, ArbErlVO, AufenthG/EWG, AsylVfG, AsylbewleistG, Genfer Konvention u.v.m.

Textausgabe.
17.A. 2003. 342 S.
€ 8,–. dtv 5537

WaffR · Waffenrecht

Das neue Waffenrecht gültig ab 1.4.2003.
WaffenG, BeschussG, SprengstoffG, Gesetz über die Kontrolle von Kriegswaffen mit Durchführungsvorschriften.

Textausgabe.
12.A. 2003. 346 S.
€ 7,50. dtv 5032

BSHG · Bundessozialhilfegesetz

u.a. mit den Regelsätzen der Länder, AsylbewerberleistungsG, BundesversorgungsG, BeratungshilfeG, Grundsicherungsrente, Sozialgesetzbuch (Auszüge).

Textausgabe.
14.A. 2003. 403 S.
€ 7,–. dtv 5567

Hüttenbrink
Fragen zur Sozialhilfe

Voraussetzungen und Umfang meines Rechts auf Sozialhilfe.
Der Ratgeber erklärt Sozialhilfe schnell und leicht verständlich anhand zahlreicher Beispiele.
7.A. 2002. 283 S.
€ 7,–. dtv 50605

Brühl
Mein Recht auf Sozialhilfe

Mit Asylbewerber- und Grundsicherungsleistungen. Viele Betroffene nehmen die ihnen zustehende Sozialhilfe aus Unkenntnis nicht in Anspruch. Der Ratgeber schafft Transparenz in diesem komplexen und unübersichtlichen Bereich. Die aktuelle Neuauflage informiert u.a. über • Regelsätze und Bedarfsmessung • Mehrbedarf und Unterkunftskosten • Bekleidungs-, Hausrats- und Wohnungshilfe • Widerspruch und einstweilige Anordnung • Einsatz von Einkommen und Vermögen • Rückforderung • Heranziehung von Unterhaltspflichtigen • Soziale Leistungen für Ausländer.
Rechtsstand: 1. Juli 2003
18.A. 2003. 558 S.
€ 9,50. dtv 5243

Neu im November 2003

Sozialhilfe

Brühl/Winkler
Sozialhilfe von A–Z

4.A. Rd. 350 S.
Ca. € 9,–. dtv 5060
In Vorbereitung

Guter Rat bei Arbeitslosigkeit

Arbeitslosengeld · Arbeitslosenhilfe
Soziale Sicherung · Rechtsschutz
Von Thomas Bubeck
9. Auflage

Beck-Rechtsberater im dtv

Bubeck
Guter Rat bei Arbeitslosigkeit

Arbeitslosengeld, Arbeitslosenhilfe, Soziale Sicherung, Rechtsschutz.
Mit Besonderheiten für
ältere Arbeitslose. Das
Job-Aqtiv-Gesetz ist
bereits berücksichtigt.
9.A. 2002. 240 S.
€ 8,50. dtv 5237 §

Wehrpflicht und Zivildienst

WehR
Wehrpflicht-
und Soldatenrecht
WehrpflichtG
SoldatenG
SoldatenbeteiligungsG
ZivildienstG
WehrsoldG
und andere Gesetze

29. Auflage
2002

Beck-Texte im dtv

**WehrR ·
Wehrpflicht- und
Soldatenrecht**

WehrpflichtG, SoldatenG,
SoldatenbeteiligungsG,
ZivildienstG, WehrsoldG,
Wehrdisziplinarordnung,
MusterungsVO u.a.
Textausgabe.
29.A. 2002. 383 S.
€ 7,50. dtv 5012

Wilk/Stauf
Wehrrecht von A–Z

Begriffe und Sachverhalte
des militärischen Lebens.
Anhand von Recht-
sprechung und Dienst-
vorschriften beantwortet
das Buch die Fragen aller
Soldaten, verschafft aber
auch Juristen und interes-
sierten Laien den nötigen
Überblick.
4.A. 2003. 431 S.
€ 12,50. dtv 5058 §

Zeichenerklärung: § Rechtsberater € Wirtschaftsberater

Streit und Strafe

BESSER IM RECHT SEIN

Strafe und Bußgeld

StGB ·
Strafgesetzbuch

mit EinführungsG, Völkerstrafgesetzbuch, WehrstrafG, WirtschaftsstrafG, BetäubungsmittelG, VersammlungsG, Auszügen aus dem JugendgerichtsG und OrdnungswidrigkeitenG sowie anderen Vorschriften des Nebenstrafrechts.
....
Textausgabe.
38.A. 2002. 343 S.
€ 5,–. dtv 5007
....

StPO ·
Strafprozessordnung

mit Auszügen aus dem GerichtsverfassungsG, EGGVG, StraßenverkehrsG und GrundG.
....
Textausgabe.
36.A. 2003. 336 S.
€ 6,50. dtv 5011
Neu im November 2003

StVollzG ·
Strafvollzugsgesetz

mit Strafvollstreckungsordnung, Untersuchungshaftvollzugsordnung, BundeszentralregisterG und JugendgerichtsG.
....
Textausgabe.
16.A. 2003. 310 S.
€ 7,–. dtv 5523
....

OWiG ·
Gesetz über Ordnungswidrigkeiten

mit Auszügen aus der Strafprozessordnung, dem JugendgerichtsG, dem StraßenverkehrsG, der Abgabenordnung, dem WirtschaftsstrafG u.a.
Stand: 1.3.2003
....
Textausgabe.
17.A. 2003. 222 S.
€ 6,–. dtv 5022
....

Strafe und Bußgeld

Strafrecht und Strafprozess von A–Z

Straftaten und Ordnungswidrigkeiten
Jugendstrafrecht
Straf- und Bußgeldverfahren
Von Ermin Brießmann
8. Auflage

Beck-Rechtsberater im dtv

Brießmann
Strafrecht und Strafprozess von A–Z

Straftaten und Ordnungs-
widrigkeiten, Jugend-
strafrecht, Straf- und
Bußgeldverfahren.
....
8.A. 2001. 491 S.
€ 11,50. dtv 5047 §

Burmann/Gebhardt
**Der neue Bußgeld-
katalog von A–Z**

Geldbußen, Verfahrens-
ablauf, Rechtsschutz.
Der neue Ratgeber für alle
Verkehrsteilnehmer gibt
leicht verständliche Information zu den Vorausset-
zungen und der Höhe der
aktuellen Bußgeldsätze bei
Verkehrsverstößen und zu
den Rechtsmitteln gegen
den Bußgeldbescheid.
1.A. 2002. 155 S.
€ 8,50. dtv 5681 §

*Das Buch zur ▸ZDF-Serie „Wie
würden Sie entscheiden?"*

Roxin/Töpper
**Mein Recht im
Straf- und Bußgeld-
verfahren**

Rechte der Beschuldigten,
Zeugen, Verletzten (mit
vielen Beispielen und Mustern); dazu 12 Original-
Fälle aus der ZDF-Serie.
....
2.A.1999. 173 S. mit
18 Fotos
€ 8,13. dtv 5644 §

**Richtiges Verhalten
im Strafverfahren**

Ein Ratgeber für Beschuldigte
Von Carsten Schrank
1. Auflage

Beck-Rechtsberater im dtv

Schrank
**Richtiges Verhalten
im Strafverfahren**

Ein Ratgeber für Beschul-
digte.
Mit praktischen Hinweisen
zu allen Situationen, auf
die ein Beschuldigter im
Strafverfahren üblicher-
weise trifft.
....
1.A.2002. 259 S.
€ 10,–. dtv 5685 §

Prozesse und Verfahren

ZPO
Zivilprozess-
ordnung

GerichtsverfassungsG
Rechtspflegergesetz
Kostenrecht
EuGVO
Neu: EheVO

36. Auflage
2003

Toptitel

Beck-Texte im dtv

**ZPO ·
Zivilprozessordnung**

mit
SchuldnerverzeichnisVO,
GerichtsverfassungsG mit
EG (Auszug), Zwangs-
versteigerungsG (Aus-
zug), EuGVO und EheVO,
RechtspflegerG, Gerichts-
kostenG (Auszug),
BundesgebührenO für
Rechtsanwälte (Auszug)
u.a.
Textausgabe.
36.A. 2003. 644 S.
€ 6,50. dtv 5005

Zeichenerklärung: § Rechtsberater € Wirtschaftsberater

FGG · Freiwillige Gerichtsbarkeit

Gesetz über die Angelegenheiten der freiwilligen Gerichtsbarkeit (FGG), RechtspflegerG, Gesetz über die Kosten in Angelegenheiten der freiwilligen Gerichtsbarkeit (Kostenordnung).
....
Textausgabe.
14.A. 2003. 181 S.
€ 7,–. dtv 5527

Neu im November 2003

ZVR · Zwangsvollstrekkungsrecht

Zivilprozessordnung (Auszug), Gesetz über die Zwangsversteigerung und Zwangsverwaltung, BGB (Auszug), AnfechtungsG, Hinterlegungsordnung, RechtspflegerG (Auszug), Gerichtsvollzieherordnung (Auszug), Geschäftsanweisung für Gerichtsvollzieher, SchuldnerverzeichnisVO, Kostenrecht, EuGVO (Auszug) u.a.
....
Textausgabe.
2.A. 2003. 716 S.
€ 16,–. dtv 5587
....

Mewing/Nickel
Mahnen – Klagen – Vollstrecken

Leitfaden für Gläubiger und Schuldner.
Die Neuauflage berücksichtigt die Änderungen nach der Euro-Umstellung sowie der Schuldrechts- und Zivilprozessrechtsreform.
Ein Anhang mit Gebühren- und Pfändbarkeitstabellen sowie Mustern und Übersichten.
....
6.A. 2003. 261 S.
€ 9,50. dtv 5218   §

Neu im November 2003

Matschke/Baran
Immobilienversteigerung

Zwangs- und Teilungsversteigerung, Zwangsverwaltung, Bieterinformation.
Ein Ratgeber für Interessenten, Schuldner, Gläubiger, Erbengemeinschaften und Eheleute, die sich scheiden lassen. Eine systematische Darstellung mit einem ABC aller wichtigen Begriffe.
....
3.A. 2004. Rd. 320 S.
Ca. € 10,–. dtv 5297   §
....
In Vorbereitung für Frühjahr 2004

Slizyk
Guter Rat zum Schmerzensgeld

Voraussetzungen, Höhe und Geltendmachung des Schmerzensgeldanspruchs.
....
2.A. 2003. 185 S.
€ 9,50. dtv 5659   §

Beruf und Karriere

DIE RICHTIGEN BÜCHER FÜR IHREN ERFOLG

Arbeitsrecht

ArbG · Arbeitsgesetze

mit den wichtigsten Bestimmungen zum Arbeitsverhältnis, KündigungsR, ArbeitsschutzR, BerufsbildungsR, TarifR, BetriebsverfassungsR, MitbestimmungsR und VerfahrensR. Stand: 1.4.2003.

Textausgabe. 63.A. 2003. 848 S. € 6,50. dtv 5006

EU-ArbR · EU-Arbeitsrecht

Richtlinien und Verordnungen der Europäischen Union dominieren in zunehmendem Maße das nationale Arbeitsrecht. Dieser Band enthält alle einschlägigen Vorschriften mit Querverweisen auf die Textausgabe „ArbG", dtv 5006 (siehe oben).

Textausgabe. 1.A. 2001. 419 S. € 11,–. dtv 5751

v. Hoyningen-Huene
Arbeitsrecht kompakt

Ein Wegweiser, der das Arbeitsrecht in anschaulicher Weise erklärt. Die wichtigsten Eckpunkte von der Einstellung bis zur Entlassung werden knapp und leicht verständlich erörtert.

1.A. dtv 50625 §

In Vorbereitung

Schaub
Arbeitsrecht von A–Z

Rund 500 Stichwörter zur aktuellen Rechtslage. Aussperrung, Befristung von Arbeitsverträgen, Betriebsrat, Gewerkschaften, Jugendarbeitsschutz, Kündigung, Mitbestimmung, Elternzeit, Ruhegeld, Streik, Tarifvertrag, Teilzeitarbeit, Zeugnis u.a.m.

16.A. 2001. 1008 S. € 13,50. dtv 5041 §

Schaub/Rühle
Guter Rat im Arbeitsrecht

Für Arbeitgeber und Arbeitnehmer. Eine praxisnahe Übersicht über das gesamte Arbeitsrecht mit zahlreichen Mustern und Beispielsfällen.

3.A. 2003. 889 S. € 14,–. dtv 5600 §

Neu im Oktober 2003

Schaub
Rechte und Pflichten als Arbeitnehmer

Anbahnung und Abschluss des Arbeitsvertrages sowie seine Beendigung, Rechte und Pflichten, der Einfluss des Betriebsrats, Betriebsnachfolge, Sonderrechte.

8.A. 2001. 576 S. € 13,50. dtv 5229 §